Legislação de Direito Fiscal

Legislação de Direito Fiscal

José Casalta Nabais
Professor da Faculdade de Direito de Coimbra

Rodrigo Esteves de Oliveira
Assistente da Faculdade de Direito de Coimbra

2011 · 5ª Edição

LEGISLAÇÃO DE DIREITO FISCAL
AUTORES
JOSÉ CASALTA NABAIS
RODRIGO ESTEVES DE OLIVEIRA (reo@fd.uc.pt) (reo@vda.pt)
EDITOR
EDIÇÕES ALMEDINA, S.A.
Rua Fernandes Tomás, nºs 76, 78, 80
3000-167 Coimbra
Tel.: 239 851 904 · Fax: 239 851 901
www.almedina.net · editora@almedina.net
DESIGN DE CAPA
FBA.
PRÉ-IMPRESSÃO, IMPRESSÃO E ACABAMENTO
G.C. - GRÁFICA DE COIMBRA, LDA.
Palheira, Assafarge, 3001-153 Coimbra
producao@graficadecoimbra.pt
Maio, 2011
DEPÓSITO LEGAL
327566/11

Apesar do cuidado e rigor colocados na elaboração da presente obra, devem os diplomas legais dela constantes ser sempre objecto de confirmação com as publicações oficiais.

Toda a legislação contida na presente obra encontra-se actualizada de acordo com os diplomas publicados em Diário da República, independentemente de terem já iniciado a sua vigência ou não.

Toda a reprodução desta obra, por fotocópia ou outro qualquer processo, sem prévia autorização escrita do Editor, é ilícita e passível de procedimento judicial contra o infractor.

 GRUPOALMEDINA

BIBLIOTECA NACIONAL DE PORTUGAL – CATALOGAÇÃO NA PUBLICAÇÃO
PORTUGAL. Leis, decretos, etc.
    Legislação de direito fiscal / [org.] José Casalta Nabais, Rodrigo Esteves de Oliveira. – 5ª ed.
    (Colectâneas de legislação)
    ISBN 978-972-40-4540-5

I – NABAIS, José Casalta
II – OLIVEIRA. Rodrigo E.
CDU 34
     336
     378

NOTA PRÉVIA

Permanecem inalterados os propósitos desta publicação. Sem excluir a hipótese de vir a revelar-se útil para outras pessoas e para outros efeitos, o objectivo é proporcionar aos nossos alunos da Faculdade de Direito da Universidade de Coimbra um instrumento de trabalho adequado e actualizado, que contenha a legislação mais importante para o estudo da disciplina de Direito Fiscal.

Maio de 2009
OS ORGANIZADORES

Constituição da República Portuguesa

Constituição da República Portuguesa

ARTIGO 1º
(República Portuguesa)

Portugal é uma República soberana, baseada na dignidade da pessoa humana e na vontade popular e empenhada na construção de uma sociedade livre, justa e solidária.

ARTIGO 2º
(Estado de direito democrático)

A República Portuguesa é um Estado de direito democrático, baseado na soberania popular, no pluralismo de expressão e organização política democráticas, no respeito e na garantia de efectivação dos direitos e liberdades fundamentais e na separação e interdependência de poderes, visando a realização da democracia económica, social e cultural e o aprofundamento da democracia participativa.

....

ARTIGO 6º
(Estado unitário)

1 – O Estado é unitário e respeita na sua organização e funcionamento o regime autonómico insular e os princípios da subsidiariedade, da autonomia das autarquias locais e da descentralização democrática da Administração Pública.

2 – Os arquipélagos dos Açores e da Madeira constituem regiões autónomas dotadas de estatutos político-administrativos e de órgãos de governo próprio.

ARTIGO 7º
(Relações internacionais)

....

6 – Portugal pode, em condições de reciprocidade, com respeito pelos princípios fundamentais do Estado de Direito Democrático e pelo princípio da subsidiariedade e tendo em vista a realização da coesão económica, social e territorial, de um espaço de liberdade, segurança e justiça e a definição e execução de uma política externa, de segurança e de defesa comuns, convencionar o exercício, em comum, em coope-

ração ou pelas instituições da União, dos poderes necessários à construção e aprofundamento da União Europeia.

ARTIGO 8º
(Direito internacional)

1 – As normas e os princípios de direito internacional geral ou comum fazem parte integrante do direito português.

2 – As normas constantes de convenções internacionais regularmente ratificadas ou aprovadas vigoram na ordem interna após a sua publicação oficial e enquanto vincularem internacionalmente o Estado Português.

3 – As normas emanadas dos órgãos competentes das organizações internacionais de que Portugal seja parte vigoram directamente na ordem interna, desde que tal se encontre estabelecido nos respectivos tratados constitutivos.

4 – As disposições dos tratados que regem a União Europeia e as normas emanadas das suas instituições, no exercício das respectivas competências, são aplicáveis na ordem interna, nos termos definidos pelo Direito da União, com respeito pelos princípios fundamentais do Estado de Direito Democrático.

ARTIGO 12º
(Princípio da universalidade)

1 – Todos os cidadãos gozam dos direitos e estão sujeitos aos deveres consignados na Constituição.

2 – As pessoas colectivas gozam dos direitos e estão sujeitas aos deveres compatíveis com a sua natureza.

ARTIGO 13º
(Princípio da igualdade)

1 – Todos os cidadãos têm a mesma dignidade social e são iguais perante a lei.

2 – Ninguém pode ser privilegiado, beneficiado, prejudicado, privado de qualquer direito ou isento de qualquer dever em razão de ascendência, sexo, raça, língua, território de origem, religião, convicções políticas ou ideológicas, instrução, situação económica, condição social ou orientação sexual.

ARTIGO 35º
(Utilização da informática)

1 – Todos os cidadãos têm o direito de acesso aos dados informatizados que lhes digam respeito, podendo exigir a sua rectificação e actualização, e o direito de conhecer a finalidade a que se destinam, nos termos da lei.

2 – A lei define o conceito de dados pessoais, bem como as condições aplicáveis ao seu tratamento automatizado, conexão, transmissão e utilização, e garante a sua protecção, designadamente através de entidade administrativa in de pendente.

ARTIGO 66º
(Ambiente e qualidade de vida)

....

2 – Para assegurar o direito ao ambiente, no quadro de um desenvolvimento sustentável, incumbe ao Estado, por meio de organismos próprios e com o envolvimento e a participação dos cidadãos:

....

h) Assegurar que a política fiscal compatibilize desenvolvimento com protecção do ambiente e qualidade de vida.

ARTIGO 67º
(Família)

....

2 – Incumbe, designadamente, ao Estado para protecção da família:

....

f) Regular os impostos e os benefícios sociais, de harmonia com os encargos familiares;

....

ARTIGO 81º
(Incumbências prioritárias do Estado)

Incumbe prioritariamente ao Estado no âmbito económico e social:

....

b) Promover a justiça social, assegurar a igualdade de oportunidades e operar as necessárias correcções das desigualdades na distribuição da riqueza e do rendimento, nomeadamente através da política fiscal;

....

e) Assegurar o funcionamento eficiente dos mercados, de modo a garantir a equilibrada concorrência entre as empresas, a contrariar as formas de organização monopolistas e a reprimir os abusos de posição dominante e outras práticas lesivas do interesse geral;

....

ARTIGO 103º
(Sistema fiscal)

1 – O sistema fiscal visa a satisfação das necessidades financeiras do Estado e outras entidades públicas e uma repartição justa dos rendimentos e da riqueza.

2 – Os impostos são criados por lei, que determina a incidência, a taxa, os benefícios fiscais e as garantias dos contribuintes.

3 – Ninguém pode ser obrigado a pagar impostos que não hajam sido criados nos termos da Constituição, que tenham natureza retroactiva ou cuja liquidação e cobrança se não façam nos termos da lei.

ARTIGO 104º
(Impostos)

1 – O imposto sobre o rendimento pessoal visa a diminuição das desigualdades e será único e progressivo, tendo em conta as necessidades e os rendimentos do agregado familiar.

2 – A tributação das empresas incide fundamentalmente sobre o seu rendimento real.

3 – A tributação do património deve contribuir para a igualdade entre os cidadãos.

4 – A tributação do consumo visa adaptar a estrutura do consumo à evolução das necessidades do desenvolvimento económico e da justiça social, devendo onerar os consumos de luxo.

ARTIGO 115º
(Referendo)

....

4 – São excluídas do âmbito do referendo:

....

b) As questões e os actos de conteúdo orçamental, tributário ou financeiro;

....

ARTIGO 164º
(Reserva absoluta de competência legislativa)

É da exclusiva competência da Assembleia da República legislar sobre as seguintes matérias:

....

t) Regime de finanças das regiões autónomas;

....

ARTIGO 165º
(Reserva relativa de competência legislativa)

1 – É da exclusiva competência da Assembleia da República legislar sobre as seguintes matérias, salvo autorização ao Governo:

....

i) Criação de impostos e sistema fiscal e regime geral das taxas e demais contribuições financeiras a favor das entidades públicas;

....

q) Estatuto das autarquias locais, incluindo o regime das finanças locais;

....

2 – As leis de autorização legislativa devem definir o objecto, o sentido, a extensão e a duração da autorização, a qual pode ser prorrogada.

3 – As autorizações legislativas não podem ser utilizadas mais de uma vez, sem prejuízo da sua execução parcelada.

4 – As autorizações caducam com a demissão do Governo a que tiverem sido concedidas, com o termo da legislatura ou com a dissolução da Assembleia da República.

5 – As autorizações concedidas ao Governo na lei do Orçamento observam o disposto no presente artigo e, quando incidam sobre matéria fiscal, só caducam no termo do ano económico a que respeitam.

ARTIGO 166º
(Forma dos actos)

....

2 – Revestem a forma de lei orgânica os actos previstos nas alíneas *a)* a *f)*, *h)*, *j)*, primeira parte da alínea *l)*, *q)* e *t)* do artigo 164º e no artigo 255º

....

ARTIGO 168º
(Discussão e votação)

....

4 – São obrigatoriamente votadas na especialidade pelo Plenário as leis sobre as matérias previstas nas alíneas *a)* a *f)*, *h)*, *n)* e *o)* do artigo 164º, bem como na alínea *q)* do nº 1 do artigo 165º

....

ARTIGO 209º
(Categorias de tribunais)

1 – Além do Tribunal Constitucional, existem as seguintes categorias de tribunais:
  a) O Supremo Tribunal de Justiça e os tribunais judiciais de primeira e de segunda instância;
  b) O Supremo Tribunal Administrativo e os demais tribunais administrativos e fiscais;
  c) O Tribunal de Contas.

....

ARTIGO 212º
(Tribunais administrativos e fiscais)

1 – O Supremo Tribunal Administrativo é o órgão superior da hierarquia dos tribunais administrativos e fiscais, sem prejuízo da competência própria do Tribunal Constitucional.

2 – O Presidente do Supremo Tribunal Administrativo é eleito de entre e pelos respectivos juízes.

3 – Compete aos tribunais administrativos e fiscais o julgamento das acções e recursos contenciosos que tenham por objecto dirimir os litígios emergentes das relações jurídicas administrativas e fiscais.

....

ARTIGO 227º
(Poderes das regiões autónomas)

As regiões autónomas são pessoas colectivas territoriais e têm os seguintes poderes, a definir nos respectivos estatutos: .

b) Legislar em matérias de reserva relativa da Assembleia da República, mediante autorização desta, com excepção das previstas nas alíneas *a)* a *c)*, na primeira parte da alínea *d)*, nas alíneas *f)* e *i)*, na segunda parte da alínea *m)* e nas alíneas *o)*, *p)*, *q)*, *s)*, *t)*, *v)*, *x)* e *aa)* do nº 1 do artigo 165º;

i) Exercer poder tributário próprio, nos termos da lei, bem como adaptar o sistema fiscal nacional às especificidades regionais, nos termos de lei-quadro da Assembleia da República;

j) Dispor, nos termos dos estatutos e da lei de finanças das regiões autónomas, das receitas fiscais nelas cobradas ou geradas, bem como de uma participação nas receitas tributárias do Estado, estabelecida de acordo com um princípio que assegure a efectiva solidariedade nacional, e de outras receitas que lhes sejam atribuídas e afectá-las às suas despesas;

r) Participar na definição e execução das políticas fiscal, monetária, financeira e cambial, de modo a assegurar o controlo regional dos meios de pagamento em circulação e o financiamento dos investimentos necessários ao seu desenvolvimento económico-social;

4 – Os decretos legislativos regionais previstos nas alíneas *b)* e *c)* do nº 1 devem invocar expressamente as respectivas leis de autorização ou leis de bases, sendo aplicável aos primeiros o disposto no artigo 169º, com as necessárias adaptações.

ARTIGO 232º
(Competência da assembleia legislativa regional)

1 – É da exclusiva competência da assembleia legislativa regional o exercício das atribuições referidas nas alíneas *a)*, *b)* e *c)*, na segunda parte da alínea *d)*, na alínea *f)*, na primeira parte da alínea *i)* e nas alíneas *l)*, *n)* e *q)* do nº 1 do artigo 227º, bem como a aprovação do orçamento regional, do plano de desenvolvimento económico e social e das contas da região e ainda a adaptação do sistema fiscal nacional às especificidades da região.

ARTIGO 238º
(Património e finanças locais)

1 – As autarquias locais têm património e finanças próprios.

2 – O regime das finanças locais será estabelecido por lei e visará a justa repartição dos recursos públicos pelo Estado e pelas autarquias e a necessária correcção de desigualdades entre autarquias do mesmo grau.

3 – As receitas próprias das autarquias locais incluem obrigatoriamente as provenientes da gestão do seu património e as cobradas pela utilização dos seus serviços.

4 – As autarquias locais podem dispor de poderes tributários, nos casos e nos termos previstos na lei.

ARTIGO 254º
(Participação nas receitas dos impostos directos)

1 – Os municípios participam, por direito próprio e nos termos definidos pela lei, nas receitas provenientes dos impostos directos.

2 – Os municípios dispõem de receitas tributárias próprias, nos termos da lei.

ARTIGO 266º
(Princípios fundamentais)

1 – A Administração Pública visa a prossecução do interesse público, no respeito pelos direitos e interesses legalmente protegidos dos cidadãos.

2 – Os órgãos e agentes administrativos estão subordinados à Constituição e à lei e devem actuar, no exercício das suas funções, com respeito pelos princípios da igualdade, da proporcionalidade, da justiça, da imparcialidade e da boa-fé.

ARTIGO 268º
(Direitos e garantias dos administrados)

1 – Os cidadãos têm o direito de ser informados pela Administração, sempre que o requeiram, sobre o andamento dos processos em que sejam directamente interessados, bem como o de conhecer as resoluções definitivas que sobre eles forem tomadas.

2 – Os cidadãos têm também o direito de acesso aos arquivos e registos administrativos, sem prejuízo do disposto na lei em matérias relativas à segurança interna e externa, à investigação criminal e à intimidade das pessoas.

3 – Os actos administrativos estão sujeitos a notificação aos interessados, na forma prevista na lei, e carecem de fundamentação expressa e acessível quando afectem direitos ou interesses legalmente protegidos.

4 – É garantido aos administrados tutela jurisdicional efectiva dos seus direitos ou interesses legalmente protegidos, incluindo, nomeadamente, o reconhecimento desses direitos ou interesses, a impugnação de quaisquer actos administrativos que os lesem, independentemente da sua forma, a determinação da prática de actos administrativos legalmente devidos e a adopção de medidas cautelares adequadas.

5 – Os cidadãos têm igualmente direito de impugnar as normas administrativas com eficácia externa lesivas dos seus direitos ou interesses legalmente protegidos.

6 – Para efeitos dos nºs 1 e 2, a lei fixará um prazo máximo de resposta por parte da Administração.

Lei Geral Tributária

Decreto-Lei nº 398/98, de 17 de Dezembro

A reforma fiscal da tributação directa de 1989 não foi precedida da instituição de uma lei geral tributária que clarificasse os princípios fundamentais do sistema fiscal, as garantias dos contribuintes e os poderes da administração tributária. O Código de Processo Tributário, na esteira do Código de Processo das Contribuições e Impostos, viria a dispor genericamente, no título I, sobre as relações tributárias, especialmente as principais garantias dos contribuintes, mas continua a fazer-se sentir a ausência dessa peça fundamental do sistema fiscal português.

A concentração, clarificação e síntese em único diploma das regras fundamentais do sistema fiscal que só uma lei geral tributária é susceptível de empreender poderão, na verdade, contribuir poderosamente para uma maior segurança das relações entre a administração tributária e os contribuintes, a uniformização dos critérios de aplicação do direito tributário, de que depende a aplicação efectiva do princípio da igualdade, e a estabilidade e coerência do sistema tributário. A imagem de um sistema tributário disperso e contraditório prejudica fortemente a aceitação social das suas normas e, consequentemente, a eficácia do combate à fraude e evasão fiscal.

É tempo de suprir essa lacuna e dotar o sistema tributário português de um meio que o fará aproximar decididamente do sistema tributário das sociedades democráticas mais avançadas. É o que se pretende com a presente lei, cuja aprovação constitui, sem dúvida, um momento fundamental da acção reformadora do Governo, coroando um processo desencadeado a partir de 1996 com o acordo de concertação estratégica e a aprovação do Orçamento do Estado de 1997, onde já vinha prevista a realização de estudos tendentes à aprovação de uma lei geral tributária que clarificasse e sistematizasse os direitos e garantias dos contribuintes e os poderes da administração fiscal, e prosseguido pela Resolução do Conselho de Ministros nº 119/97, de 14 de Julho, onde, no ponto 8º, nº 3, alínea b), se assinala o papel determinante da referida lei na reforma fiscal que o Governo vem empreendendo.

Esse objectivo insere-se, de resto, nos objectivos gerais, enunciados na mesma resolução para a reforma fiscal de transição para o século XXI: estabilidade do sistema; redução das desigualdades na sociedade portuguesa através da redistribuição da carga fiscal; simplificação, modernização e desburocratização da administração fiscal e aduaneira; prossecução, com mais eficácia, da luta contra a evasão e fraude fiscais e aduaneiras; promoção e desenvolvimento sócio-económico sustentável, em particular pela criação de condições favoráveis ao reforço da competitividade, ao crescimento económico e ao emprego e à consolidação e criação de empresas viáveis.

No título I, procede a presente lei, em conformidade com esses objectivos, à definição dos princípios fundamentais da ordem tributária, acolhendo as normas da Constituição fiscal e clarificando as regras de aplicação das leis tributárias no tempo e no espaço. No título II é regulada a relação jurídica tributária, do nascimento à extinção. No título III é regulado o procedimento tributário em ordem à sua adequação ao Código do Procedimento Administrativo e à 4ª revisão da Constituição, que desenvolveu e aprofundou as garantias dos cidadãos. No título IV são definidos os princípios fundamentais, também em harmonia com a 4ª revisão do processo judicial tributário. Finalmente, o título V enuncia os princípios fundamentais do sistema sancionatório tributário.

A presente lei não se limita à sistematização e aperfeiçoamento de normas já existentes, o que já seria relevante tendo em conta a incoerência ou dispersão que ainda caracterizam o actual sistema tributário, mas modifica aspectos fundamentais da relação Fisco-contribuinte, sem prejuízo do reforço de garantias dos contribuintes em termos de sigilo e confidencialidade e sem perversão dos normativos legais em vigor.

São paradigmáticos destes desígnios os seguintes princípios: a consagração da regra geral da transitoriedade dos benefícios fiscais, sujeitando-os a uma avaliação periódica visando impedir a sua transformação em verdadeiros privilégios fiscais; a sujeição a uma regulamentação clara e equilibrada do instituto da responsabilidade subsidiária, incluindo dos administradores ou gerentes, limitando os pressupostos da reversão e libertando, assim, os tribunais tributários de múltiplos casos susceptíveis de resolução meramente administrativa; o encurtamento pontual ou genérico dos prazos de caducidade do direito de liquidação e de prescrição das obrigações tributárias; criação de uma circunstância excepcional de encurtamento do prazo de caducidade do direito de liquidação em caso de fiscalização por iniciativa do sujeito passivo, que será relevante para a vida económica e reestruturação empresarial; a sujeição da possibilidade de adopção de providências cautelares a favor da administração tributária ao princípio da proporcionalidade e à condição de não causarem dano irreparável ao sujeito passivo; a possibilidade de o executado ser isento da prestação de garantia e indemnizado pela prestação de garantia indevida na execução fiscal; o alargamento muito substancial dos deveres de colaboração da administração tributária com o contribuinte; a consagração expressa e regulamentação clara da audiência prévia no procedimento tributário, cuja aplicação efectiva pode reduzir significativamente os litígios; a clarificação dos poderes da fiscalização tributária e sua sujeição expressa ao princípio da proporcionalidade; a definição dos princípios fundamentais da avaliação directa e indirecta da matéria tributável; a substituição das actuais comissões de revisão por um diálogo directo entre o Fisco e o contribuinte, que é susceptível de conferir maior eficácia e independência ao sistema; a clarificação das condições de avaliação indirecta da matéria tributável, explicitando-se os casos em que a administração tributária pode considerar existirem, de acordo com a terminologia dos actuais códigos tributários, indícios fundados de a matéria tributável real não corresponder à declarada, caso em que se invertem as regras gerais do ónus de prova no procedimento tributário.

Tratam-se de exemplos, entre bastantes outros possíveis, de que a presente lei não é a mera reprodução de disposições já existentes mas introduz uma nova filosofia na actividade tributária, assente numa cooperação mais estreita e sólida entre a administração tributária e o contribuinte, ou seja, num contrato de tipo novo, fruto de uma moderna concepção da fiscalidade.

No uso da autorização legislativa concedida pelo artigo 1º da Lei nº 41/98, de 4 de Agosto, e nos termos das alíneas a) e b) do nº 1 do artigo 198º e do nº 5 do artigo 112º da Constituição, o Governo decreta o seguinte:

ARTIGO 1º
Aprovação da lei geral tributária

É aprovada a lei geral tributária, em anexo ao presente diploma e que dele faz parte integrante.

ARTIGO 2º
Revogação de normas do Código de Processo Tributário

....

ARTIGO 3º
Revisão da matéria tributável

1 – O regime da revisão da matéria tributável pre visto no presente diploma aplica-se apenas às reclamações apresentadas após a sua entrada em vigor.

2 – O contribuinte pode optar, até à entrada em vigor do novo Código de Processo Tributário, pelo regime de reclamação previsto nos artigos 84º e seguintes do Código de Processo Tributário vigente.

ARTIGO 4º
Competências

Para efeitos de regime do processo de revisão da matéria tributável e até à reorganização da Direcção-Geral dos Impostos, são considerados órgãos da administração tributária do domicílio ou sede dos sujeitos passivos os directores distritais de finanças e os directores de finanças das Regiões Autónomas da Madeira e dos Açores.

ARTIGO 5º
Prazos de prescrição e caducidade

1 – Ao novo prazo de prescrição aplica-se o disposto no artigo 297º do Código Civil, sem prejuízo do disposto no número seguinte.

2 – Aos impostos já abolidos à data da entrada em vigor da lei geral tributária aplicam-se os novos prazos de prescrição, contando-se para o efeito todo o tempo decorrido, independentemente de suspensões ou interrupções de prazo.

3 – Ao prazo máximo de contagem dos juros de mora previsto na lei geral tributária é aplicável o artigo 297º do Código Civil.

4 – O disposto no número anterior não se aplica aos regimes excepcionais de pagamento em prestações em vigor.

5 – O novo prazo de caducidade do direito de liquidação dos tributos aplica-se aos factos tributários ocorridos a partir de 1 de Janeiro de 1998.

6 – O disposto no número anterior aplica-se aos prazos previstos nos nºs 1 e 5 do artigo 78º da lei geral tributária.

ARTIGO 6º
Entrada em vigor

A presente lei entra em vigor no dia 1 de Janeiro de 1999.

Lei Geral Tributária

TÍTULO I
Da Ordem tributária

CAPÍTULO I
Princípios gerais

ARTIGO 1º
Âmbito de aplicação

1 – A presente lei regula as relações jurídico-tributárias, sem prejuízo do disposto no direito comunitário e noutras normas de direito internacional que vigorem directamente na ordem interna ou em legislação especial.

2 – Para efeitos da presente lei, consideram-se relações jurídico-tributárias as estabelecidas entre a administração tributária, agindo como tal, e as pessoas singulares e colectivas e outras entidades legalmente equiparadas a estas.

3 – Integram a administração tributária, para efeitos do número anterior, a Direcção-Geral dos Impostos, a Direcção-Geral das Alfândegas e dos Impostos Especiais sobre o Consumo, a Direcção-Geral de Informática e Apoio aos Serviços Tributários e Aduaneiros, as demais entidades públicas legalmente incumbidas da liquidação e cobrança dos tributos, o Ministro das Finanças ou outro membro do Governo competente, quando exerçam competências administrativas no domínio tributário, e os órgãos igualmente competentes dos Governos Regionais e autarquias locais.

ARTIGO 2º
Legislação complementar

De acordo com a natureza das matérias, às relações jurídico-tributárias aplicam-se, sucessivamente:

a) A presente lei;
b) O Código de Processo Tributário e os demais códigos e leis tributárias, incluindo a lei geral sobre infracções tributárias e o Estatuto dos Benefícios Fiscais;
c) O Código do Procedimento Administrativo e demais legislação administrativa;
d) O Código Civil e o Código de Processo Civil.

ARTIGO 3º
Classificação dos tributos

1 – Os tributos podem ser:

a) Fiscais e parafiscais;

b) Estaduais, regionais e locais.

2 – Os tributos compreendem os impostos, incluindo os aduaneiros e especiais, e outras espécies tributárias criadas por lei, designadamente as taxas e demais contribuições financeiras a favor de entidades públicas.

3 – O regime geral das taxas e das contribuições financeiras referidas no número anterior consta de lei especial.

ARTIGO 4º
Pressupostos dos tributos

1 – Os impostos assentam essencialmente na capacidade contributiva, revelada, nos termos da lei, através do rendimento ou da sua utilização e do património.

2 – As taxas assentam na prestação concreta de um serviço público, na utilização de um bem do domínio público ou na remoção de um obstáculo jurídico ao comportamento dos particulares.

3 – As contribuições especiais que assentam na obtenção pelo sujeito passivo de benefícios ou aumentos de valor dos seus bens em resultado de obras públicas ou da criação ou ampliação de serviços públicos ou no especial desgaste de bens públicos ocasionados pelo exercício de uma actividade são consideradas impostos.

ARTIGO 5º
Fins da tributação

1 – A tributação visa a satisfação das necessidades financeiras do Estado e de outras entidades públicas e promove a justiça social, a igualdade de oportunidades e as necessárias correcções das desigualdades na distribuição da riqueza e do rendimento.

2 – A tributação respeita os princípios da generalidade, da igualdade, da legalidade e da justiça material.

ARTIGO 6º
Características da tributação e situação familiar

1 – A tributação directa tem em conta:

a) A necessidade de a pessoa singular e o agregado familiar a que pertença disporem de rendimentos e bens necessários a uma existência digna;

b) A situação patrimonial, incluindo os legítimos encargos, do agregado familiar;

c) A doença, velhice ou outros casos de redução da capacidade contributiva do sujeito passivo.

2 – A tributação indirecta favorece os bens e consumos de primeira necessidade.

3 – A tributação respeita a família e reconhece a solidariedade e os encargos familiares, devendo orientar-se no sentido de que o conjunto dos rendimentos do agre-

gado familiar não esteja sujeito a impostos sup riores aos que resultariam da tributação autónoma das pessoas que o constituem.

ARTIGO 7º
Objectivos e limites da tributação

1 – A tributação favorecerá o emprego, a formação do aforro e o investimento socialmente relevante.

2 – A tributação deverá ter em consideração a competitividade e internacionalização da economia portuguesa, no quadro de uma sã concorrência.

3 – A tributação não discrimina qualquer profissão ou actividade nem prejudica a prática de actos legítimos de carácter pessoal, sem prejuízo dos agravamentos ou benefícios excepcionais determinados por finalidades económicas, sociais, ambientais ou outras.

ARTIGO 8º
Princípio da legalidade tributária

1 – Estão sujeitos ao princípio da legalidade tributária a incidência, a taxa, os benefícios fiscais, as garantias dos contribuintes, a definição dos crimes fiscais e o regime geral das contra-ordenações fiscais.

2 – Estão ainda sujeitos ao princípio da legalidade tributária:

a) A liquidação e cobrança dos tributos, incluindo os prazos de prescrição e caducidade;
b) A regulamentação das figuras da substituição e responsabilidade tributárias;
c) A definição das obrigações acessórias;
d) A definição das sanções fiscais sem natureza criminal;
e) As regras de procedimento e processo tributário.

ARTIGO 9º
Acesso à justiça tributária

1 – É garantido o acesso à justiça tributária para a tutela plena e efectiva de todos os direitos ou interesses legalmente protegidos.

2 – Todos os actos em matéria tributária que lesem direitos ou interesses legalmente protegidos são impugnáveis ou recorríveis nos termos da lei.

3 – O pagamento do imposto nos termos de lei que atribua benefícios ou vantagens no conjunto de certos encargos ou condições não preclude o direito de reclamação, impugnação ou recurso, não obstante a possibilidade de renúncia expressa, nos termos da lei.

ARTIGO 10º
Tributação de rendimentos ou actos ilícitos

O carácter ilícito da obtenção de rendimentos ou da aquisição, titularidade ou transmissão dos bens não obsta à sua tributação quando esses actos preencham os pressupostos das normas de incidência aplicáveis.

CAPÍTULO II
Normas tributárias

ARTIGO 11º
Interpretação

1 – Na determinação do sentido das normas fiscais e na qualificação dos factos a que as mesmas se aplicam são observadas as regras e os princípios gerais de interpretação e aplicação das leis.

2 – Sempre que, nas normas fiscais, se empreguem termos próprios de outros ramos de direito, devem os mesmos ser interpretados no mesmo sentido daquele que aí têm, salvo se outro decorrer directamente da lei.

3 – Persistindo a dúvida sobre o sentido das normas de incidência a aplicar, deve atender-se à substância económica dos factos tributários.

4 – As lacunas resultantes de normas tributárias abrangidas na re serva de lei da Assembleia da República não são susceptíveis de integração analógica.

ARTIGO 12º
Aplicação da lei tributária no tempo

1 – As normas tributárias aplicam-se aos factos posteriores à sua entrada em vigor, não podendo ser criados quaisquer impostos retroactivos.

2 – Se o facto tributário for de formação sucessiva, a lei nova só se aplica ao período decorrido a partir da sua entrada em vigor.

3 – As normas sobre procedimento e processo são de aplicação imediata, sem prejuízo das garantias, direi tos e interesses legítimos anteriormente constituídos dos contribuintes.

4 – Não são abrangidas pelo disposto no número anterior as normas que, embora integradas no processo de determinação da matéria tributável, tenham por função o desenvolvimento das normas de incidência tributária.

ARTIGO 13º
Aplicação da lei tributária no espaço

1 – Sem prejuízo de convenções internacionais de que Portugal seja parte e salvo disposição legal em sentido contrário, as normas tributárias aplicam-se aos factos que ocorram no território nacional.

2 – A tributação pessoal abrange ainda todos os rendimentos obtidos pelo sujeito passivo com domicílio, sede ou direcção efectiva em território português, independentemente do local onde sejam obtidos.

ARTIGO 14º
Benefícios fiscais e outras vantagens de natureza social[1]

1 – A atribuição de benefícios fiscais ou outras vantagens de natureza social concedidas em função dos rendimentos do beneficiário ou do seu agregado familiar depende, nos termos da lei, do conhecimento da situação tributária global do interessado.

---

[1] Redacção dada pela Lei nº 53-A/2006, de 29 de Dezembro.

2 – Os titulares de benefícios fiscais de qualquer natureza são sempre obrigados a revelar ou a autorizar a revelação à administração tributária dos pressupostos da sua concessão, ou a cumprir outras obrigações previstas na lei ou no instrumento de reconhecimento do benefício, nomeadamente as relativas aos impostos sobre o rendimento, a despesa ou o património, ou às normas do sistema de segurança social, sob pena de os referidos benefícios ficarem sem efeito.

3 – A criação de benefícios fiscais depende da clara definição dos seus objectivos e da prévia quantificação da despesa fiscal.

TÍTULO II
Da relação jurídica tributária

CAPÍTULO I
Sujeitos da relação jurídica tributária

ARTIGO 15º
Personalidade tributária

A personalidade tributária consiste na susceptibilidade de ser sujeito de relações jurídicas tributárias.

ARTIGO 16º
Capacidade tributária

1 – Os actos em matéria tributária praticados pelo representante em nome do representado produzem efeitos na esfera jurídica deste, nos limites dos poderes de representação que lhe forem conferidos por lei ou por mandato.

2 – Salvo disposição legal em contrário, tem capa cidade tributária quem tiver personalidade tributária.

3 – Os direitos e os deveres dos incapazes e das entidades sem personalidade jurídica são exercidos, respectivamente, pelos seus representantes, designados de acordo com a lei civil, e pelas pessoas que administrem os respectivos interesses.

4 – O cumprimento dos deveres tributários pelos incapazes não invalida o respectivo acto, sem prejuízo do direito de reclamação, recurso ou impugnação do representante.

5 – Qualquer dos cônjuges pode praticar todos os actos relativos à situação tributária do agregado familiar e ainda os relativos aos bens ou interesses de outro cônjuge, desde que este os conheça e não se lhes tenha expressamente oposto.

6 – O conhecimento e a ausência de oposição expressa referidas no número anterior presumem-se, até prova em contrário.

ARTIGO 17º
Gestão de negócios

1 – Os actos em matéria tributária que não sejam de natureza puramente pessoal podem ser praticados pelo gestor de negócios, produzindo efeitos em relação ao dono do negócio nos termos da lei civil.

2 – Enquanto a gestão de negócios não for ratificada, o gestor de negócios assume os direitos e deveres do sujeito passivo da relação tributária.

3 – Em caso de cumprimento de obrigações acessórias ou de pagamento, a gestão de negócios presume-se ratificada após o termo do prazo legal do seu cumprimento.

ARTIGO 18º
Sujeitos

1 – O sujeito activo da relação tributária é a entidade de direito público titular do direito de exigir o cumprimento das obrigações tributárias, quer directamente quer através de representante.

2 – Quando o sujeito activo da relação tributária não for o Estado, todos os documentos emitidos pela administração tributária mencionarão a denominação do sujeito activo.

3 – O sujeito passivo é a pessoa singular ou colectiva, o património ou a organização de facto ou de direito que, nos termos da lei, está vinculado ao cumprimento da prestação tributária, seja como contribuinte directo, substituto ou responsável.

4 – Não é sujeito passivo quem:

a) Suporte o encargo do imposto por repercussão legal, sem prejuízo do direito de reclamação, recurso, impugnação ou de pedido de pronúncia arbitral nos termos das leis tributárias;([1])

b) Deva prestar informações sobre assuntos tributários de terceiros, exibir documentos, emitir laudo em processo administrativo ou judicial ou permitir o acesso a imóveis ou locais de trabalho.

ARTIGO 19º
Domicílio fiscal

1 – O domicílio fiscal do sujeito passivo é, salvo disposição em contrário:

a) Para as pessoas singulares, o local da residência habitual;

b) Para as pessoas colectivas, o local da sede ou direcção efectiva ou, na falta destas, do seu estabelecimento estável em Portugal.

2 – É obrigatória, nos termos da lei, a comunicação do domicílio do sujeito passivo à administração tributária.

3 – É ineficaz a mudança de domicílio enquanto não for comunicada à administração tributária.

4 – Os sujeitos passivos residentes no estrangeiro, bem como os que, embora residentes no território nacional, se ausentem deste por período superior a seis meses, bem como as pessoas colectivas e outras entidades legalmente equiparadas que cessem a actividade, devem, para efeitos tributários, designar um representante com residência em território nacional([2]).

5 – Independentemente das sanções aplicáveis, depende da designação de representante nos termos do número anterior o exercício dos direitos dos sujeitos passi-

---

([1]) Redacção dada pela Lei nº 55-A/2010, de 31 de Dezembro.
([2]) Redacção dada pela Lei nº 55-B/2004, de 30 de Dezembro.

vos nele referidos perante a administração tributária, incluindo os de reclamação, recurso ou impugnação.

6 – A administração tributária poderá rectificar oficiosamente o domicilio fiscal dos sujeitos passivos se tal decorrer dos elementos ao seu dispor.

ARTIGO 20º
Substituição tributária

1 – A substituição tributária verifica-se quando, por imposição da lei, a prestação tributária for exigida a pessoa diferente do contribuinte.

2 – A substituição tributária é efectivada através do mecanismo da retenção na fonte do imposto devido.

ARTIGO 21º
Solidariedade passiva

1 – Salvo disposição da lei em contrário, quando os pressupostos do facto tributário se verifiquem em relação a mais de uma pessoa, todas são solidariamente responsáveis pelo cumprimento da dívida tributária.

2 – No caso de liquidação de sociedades de responsabilidade ilimitada ou de outras entidades sujeitas ao mesmo regime de responsabilidade, os sócios ou membros são solidariamente responsáveis, com aquelas e entre si, pelos impostos em dívida.

ARTIGO 22º
Responsabilidade tributária

1 – A responsabilidade tributária abrange, nos termos fixados na lei, a totalidade da dívida tributária, os juros e demais encargos legais.

2 – Para além dos sujeitos passivos originários, a responsabilidade tributária pode abranger solidária ou subsidiariamente outras pessoas.

3 – A responsabilidade tributária por dívidas de outrem é, salvo determinação em contrário, apenas subsidiária.

4 – As pessoas solidária ou subsidiariamente responsáveis poderão reclamar ou impugnar a dívida cuja responsabilidade lhes for atribuída nos mesmos termos do devedor principal, devendo, para o efeito, a notificação ou citação conter os elementos essenciais da sua liquidação, incluindo a fundamentação nos termos legais.

ARTIGO 23º
Responsabilidade tributária subsidiária

1 – A responsabilidade subsidiária efectiva-se por reversão do processo de execução fiscal.

2 – A reversão contra o responsável subsidiário depende da fundada insuficiência dos bens penhoráveis do devedor principal e dos responsáveis solidários, sem prejuízo do benefício da excussão.

3 – Caso, no momento da reversão, não seja possível determinar a suficiência dos bens penhorados por não estar definido com precisão o montante a pagar pelo responsável subsidiário, o processo de execução fiscal fica suspenso desde o termo do prazo de oposição até à completa excussão do património do executado,

sem prejuízo da possibilidade de adopção das medidas cautelares adequadas nos termos da lei.

4 – A reversão, mesmo nos casos de presunção legal de culpa, é precedida de audição do responsável subsidiário nos termos da presente lei e da declaração fundamentada dos seus pressupostos e extensão, a incluir na citação.

5 – O responsável subsidiário fica isento de custas e de juros de mora liquidados no processo de execução fiscal se, citado para cumprir a dívida constante do título executivo, efectuar o respectivo pagamento no prazo de oposição.([1])

6 – O disposto no número anterior não prejudica a manutenção da obrigação do devedor principal ou do responsável solidário de pagarem os juros de mora e as custas, no caso de lhe virem a ser encontrados bens.

ARTIGO 24º
Responsabilidade dos membros de corpos sociais e responsáveis técnicos

1 – Os administradores, directores e gerentes e outras pessoas que exerçam, ainda que somente de facto, funções de administração ou gestão em pessoas colectivas e entes fiscalmente equiparados são subsidiariamente responsáveis em relação a estas e solidariamente entre si:

a) Pelas dívidas tributárias cujo facto constitutivo se tenha verificado no período de exercício do seu cargo ou cujo prazo legal de pagamento ou entrega tenha terminado depois deste, quando, em qualquer dos casos, tiver sido por culpa sua que o património da pessoa colectiva ou ente fiscalmente equiparado se tornou insuficiente para a sua satisfação;

b) Pelas dívidas tributárias cujo prazo legal de pagamento ou entrega tenha terminado no período do exercício do seu cargo, quando não provem que não lhes foi imputável a falta de pagamento.

2 – A responsabilidade prevista neste artigo aplica-se aos membros dos órgãos de fiscalização e revisores oficiais de contas nas pessoas colectivas em que os houver, desde que se demonstre que a violação dos deveres tributários destas resultou do incumprimento das suas funções de fiscalização.

3 – A responsabilidade prevista neste artigo aplica-se aos técnicos oficiais de contas desde que se demonstre a violação dos deveres de assunção de responsabilidade pela regularização técnica nas áreas contabilística e fiscal ou de assinatura de declarações fiscais, demonstrações financeiras e seus anexos.([2])

ARTIGO 25º
Responsabilidade do titular de estabelecimento individual de responsabilidade limitada

1 – Pelas dívidas fiscais do estabelecimento individual de responsabilidade limitada respondem apenas os bens a este afectos.

2 – Sem prejuízo do disposto no artigo anterior, em caso de falência do estabelecimento individual de responsabilidade limitada por causa relacionada com a acti-

---

([1]) Redacção dada pela Lei nº 55-A/2010, de 31 de Dezembro.
([2]) Redacção dada pela Lei nº 60-A/2005, de 30 de Dezembro.

vidade do seu titular, responderão todos os seus bens, salvo se ele provar que o princípio da separação patrimonial foi devidamente observado na sua gestão.

ARTIGO 26º
Responsabilidade dos liquidatários das sociedades

1 – Na liquidação de qualquer sociedade, devem os liquidatários começar por satisfazer as dívidas fiscais, sob pena de ficarem pessoal e solidariamente responsáveis pelas importâncias respectivas.

2 – A responsabilidade prevista no número anterior fica excluída em caso de dívidas da sociedade que gozem de preferência sobre os débitos fiscais.

3 – Quando a liquidação ocorra em processo de falência, devem os liquidatários satisfazer os débitos fis cais em conformidade com a ordem prescrita na sentença de verificação e graduação dos créditos nele proferida.

ARTIGO 27º
Responsabilidade de gestores de bens ou direitos de não residentes

1 – Os gestores de bens ou direitos de não residentes sem estabelecimento estável em território português são solidariamente responsáveis em relação a estes e entre si por todas as contribuições e impostos do não residente relativos ao exercício do seu cargo.

2 – Para os efeitos do presente artigo, consideram-se gestores de bens ou direitos todas aquelas pessoas singulares ou colectivas que assumam ou sejam incumbidas, por qualquer meio, da direcção de negócios de entidade não residente em território português, agindo no interesse e por conta dessa entidade.

3 – O representante fiscal do não residente, quando pessoa diferente do gestor dos bens ou direitos, deve obter a identificação deste e apresentá-la à administração tributária, bem como informar no caso da sua inexistência, presumindo-se, salvo prova em contrário, gestor dos bens ou direitos na falta destas informações.

ARTIGO 28º
Responsabilidade em caso de substituição tributária

1 – Em caso de substituição tributária, a entidade obrigada à retenção é responsável pelas importâncias retidas e não entregues nos cofres do Estado, ficando o substituído desonerado de qualquer responsabilidade no seu pagamento, sem prejuízo do disposto nos números seguintes.

2 – Quando a retenção for efectuada meramente a título de pagamento por conta do imposto devido a final, cabe ao substituído a responsabilidade originária pelo imposto não retido e ao substituto a responsabilidade subsidiária, ficando este ainda sujeito aos juros compensatórios devidos desde o termo do prazo de entrega até ao termo do prazo para apresentação da declaração pelo responsável originário ou até à data da entrega do imposto retido, se anterior.

3 – Nos restantes casos, o substituído é apenas subsidiariamente responsável pelo pagamento da diferença entre as importâncias que deveriam ter sido deduzidas e as que efectivamente o foram.

ARTIGO 29º
Transmissão dos créditos e obrigações tributárias

1 – Os créditos tributários não são susceptíveis de cessão a terceiros, salvo nos casos previstos na lei.

2 – As obrigações tributárias originárias e subsidiárias transmitem-se, mesmo que não tenham sido ainda liquidadas, em caso de sucessão universal por morte, sem prejuízo do benefício do inventário.

3 – As obrigações tributárias não são susceptíveis de transmissão *inter vivos*, salvo nos casos previstos na lei.

CAPÍTULO II
Objecto da relação jurídica tributária

ARTIGO 30º
Objecto da relação jurídica tributária

1 – Integram a relação jurídica tributária:

a) O crédito e a dívida tributários;
b) O direito a prestações acessórias de qualquer natureza e o correspondente dever ou sujeição;
c) O direito à dedução, reembolso ou restituição do imposto;
d) O direito a juros compensatórios;
e) O direito a juros indemnizatórios.

2 – O crédito tributário é indisponível, só podendo fixar-se condições para a sua redução ou extinção com respeito pelo princípio da igualdade e da legalidade tributária.

3 – O disposto no número anterior prevalece sobre qualquer legislação especial.([1])

ARTIGO 31º
Obrigações dos sujeitos passivos

1 – Constitui obrigação principal do sujeito passivo efectuar o pagamento da dívida tributária.

2 – São obrigações acessórias do sujeito passivo as que visam possibilitar o apuramento da obrigação de imposto, nomeadamente a apresentação de declarações, a exibição de documentos fiscalmente relevantes, incluindo a contabilidade ou escrita, e a prestação de informações.

ARTIGO 32º
Dever de boa prática tributária

Aos representantes de pessoas singulares e quaisquer pessoas que exerçam funções de administração em pessoas colectivas ou entes fiscalmente equiparados

---

([1]) Aditado pela Lei nº 55-A/2010, de 31 de Dezembro.

incumbe, nessa qualidade, o cumprimento dos deveres tributários das entidades por si representadas.

ARTIGO 33º
Pagamento por conta

As entregas pecuniárias antecipadas que sejam efectuadas pelos sujeitos passivos no período de formação do facto tributário constituem pagamento por conta do imposto devido a final.

ARTIGO 34º
Retenções na fonte

As entregas pecuniárias efectuadas por dedução nos rendimentos pagos ou postos à disposição do titular pelo substituto tributário constituem retenção na fonte.

ARTIGO 35º
Juros compensatórios

1 – São devidos juros compensatórios quando, por facto imputável ao sujeito passivo, for retardada a liquidação de parte ou da totalidade do imposto devido ou a entrega de imposto a pagar antecipadamente, ou retido ou a reter no âmbito da substituição tributária.

2 – São também devidos juros compensatórios quando o sujeito passivo, por facto a si imputável, tenha recebido reembolso superior ao devido.

3 – Os juros compensatórios contam-se dia a dia desde o termo do prazo de apresentação da declaração, do termo do prazo de entrega do imposto a pagar antecipadamente ou retido ou a reter, até ao suprimento, correcção ou detecção da falta que motivou o retardamento da liquidação.

4 – Para efeitos do número anterior, em caso de inspecção, a falta considera-se suprida ou corrigida a partir do auto de notícia.

5 – Se a causa dos juros compensatórios for o recebimento de reembolso indevido, estes contam-se a partir deste até à data do suprimento ou correcção da falta que o motivou.

6 – Para efeitos do presente artigo, considera-se haver sempre retardamento da liquidação quando as declarações de imposto forem apresentadas fora dos prazos legais.

7 – Os juros compensatórios só são devidos pelo prazo máximo de 180 dias no caso de erro do sujeito passivo evidenciado na declaração ou, em caso de falta apurada em acção de fiscalização, até aos 90 dias posteriores à sua conclusão.

8 – Os juros compensatórios integram-se na própria dívida do imposto, com a qual são conjuntamente liquidados.

9 – A liquidação deve sempre evidenciar claramente o montante principal da prestação e os juros compensatórios, explicando com clareza o respectivo cálculo e distinguindo-os de outras prestações devidas.

10 – A taxa dos juros compensatórios é equivalente à taxa dos juros legais fixados nos termos do nº 1 do artigo 559º do Código Civil.

CAPÍTULO III
Constituição e alteração da relação jurídica tributária

ARTIGO 36º
Regras gerais

1 – A relação jurídica tributária constitui-se com o facto tributário.

2 – Os elementos essenciais da relação jurídica tributária não podem ser alterados por vontade das partes.

3 – A administração tributária não pode conceder moratórias no pagamento das obrigações tributárias, salvo nos casos expressamente previstos na lei.

4 – A qualificação do negócio jurídico efectuada pelas partes, mesmo em documento autêntico, não vincula a administração tributária.

5 – A administração tributária pode subordinar a atribuição de benefícios fiscais ou a aplicação de regimes fiscais de natureza especial, que não sejam de concessão inteiramente vinculada, ao cumprimento de condições por parte do sujeito passivo, inclusivamente, nos casos previstos na lei, por meio de contratos fiscais.

ARTIGO 37º
Contratos fiscais

1 – Caso os benefícios fiscais sejam constituídos por contrato fiscal, a tributação depende da sua caducidade ou resolução nos termos previstos na lei.

2 – A lei pode prever que outros contratos sejam celebrados entre a Administração e o contribuinte, sempre com respeito pelos princípios da legalidade, da igualdade, da boa fé e da indisponibilidade do crédito tributário.

ARTIGO 38º
Ineficácia de actos e negócios jurídicos

1 – A ineficácia dos negócios jurídicos não obsta à tributação, no momento em que esta deva legalmente ocorrer, caso já se tenham produzido os efeitos económicos pretendidos pelas partes.

2 – São ineficazes no âmbito tributário os actos ou negócios jurídicos essencial ou principalmente dirigidos, por meios artificiosos ou fraudulentos e com abuso das formas jurídicas, à redução, eliminação ou diferimento temporal de impostos que seriam devidos em resultado de factos, actos ou negócios jurídicos de idêntico fim económico, ou à obtenção de vantagens fiscais que não seriam alcançadas, total ou parcialmente, sem utilização desses meios, efectuando-se então a tributação de acordo com as normas aplicáveis na sua ausência e não se produzindo as vantagens fiscais referidas.

ARTIGO 39º
Simulação dos negócios jurídicos

1 – Em caso de simulação de negócio jurídico, a tributação recai sobre o negócio jurídico real e não sobre o negócio jurídico simulado.

2 – Sem prejuízo dos poderes de correcção da matéria tributável legalmente atribuídos à administração tributária, a tributação do negócio jurídico real cons-

tante de documento autêntico depende de decisão judicial que declare a sua nulidade.

CAPÍTULO IV
Extinção da relação jurídica tributária

SECÇÃO I
Pagamento da prestação tributária

ARTIGO 40º
Pagamento e outras formas de extinção das prestações tributárias

1 – As prestações tributárias são pagas em moeda corrente ou por cheque, débito em conta, transferência conta a conta e vale postal ou por outros meios utilizados pelos serviços dos correios ou pelas instituições de crédito que a lei expressamente autorize.

2 – A dação em cumprimento e a compensação são admitidas nos casos expressamente previstos na lei.

3 – Os contribuintes ou terceiros que efectuem o pagamento devem indicar os tributos e períodos de tributação a que se referem.

4 – Em caso de o montante a pagar ser inferior ao devido, o pagamento é sucessivamente imputado pela seguinte ordem a:

a) Juros moratórios;
b) Outros encargos legais;
c) Dívida tributária, incluindo juros compensatórios;
d) Coimas.

ARTIGO 41º
Pagamento por terceiro

1 – O pagamento das dívidas tributárias pode ser realizado pelo devedor ou por terceiro.

2 – O terceiro que proceda ao pagamento das dívidas tributárias após o termo do prazo do pagamento voluntário fica sub-rogado nos direitos da administração tributária, desde que tenha previamente requerido a declaração de subrogação e obtido autorização do devedor ou prove interesse legítimo.

ARTIGO 42º
Pagamento em prestações

1 – O devedor que não possa cumprir integralmente e de uma só vez a dívida tributária pode requerer o pagamento em prestações, nos termos que a lei fixar.

2 – O disposto no número anterior não se aplica às dívidas de recursos próprios comunitários e, nos termos da lei, às quantias retidas na fonte ou legalmente repercutidas a terceiros ou ainda quando o pagamento do imposto seja condição da entrega ou transmissão dos bens.

ARTIGO 43º
Pagamento indevido da prestação tributária

1 – São devidos juros indemnizatórios quando se determine, em reclamação graciosa ou impugnação judicial, que houve erro imputável aos serviços de que resulte pagamento da dívida tributária em montante superior ao legalmente devido.

2 – Considera-se também haver erro imputável aos serviços nos casos em que, apesar de a liquidação ser efectuada com base na declaração do contribuinte, este ter seguido, no seu preenchimento, as orientações genéricas da administração tributária, devidamente publicadas.

3 – São também devidos juros indemnizatórios nas seguintes circunstâncias:

a) Quando não seja cumprido o prazo legal de restituição oficiosa dos tributos;

b) Em caso de anulação do acto tributário por iniciativa da administração tributária, a partir do 30º dia posterior à decisão, sem que tenha sido processada a nota de crédito;

c) Quando a revisão do acto tributário por iniciativa do contribuinte se efectuar mais de um ano após o pedido deste, salvo se o atraso não for imputável à administração tributária.

4 – A taxa dos juros indemnizatórios é igual à taxa dos juros compensatórios.

ARTIGO 44º
Falta de pagamento da prestação tributária

1 – São devidos juros de mora quando o sujeito passivo não pague o imposto devido no prazo legal.

2 – O prazo máximo de contagem dos juros de mora é de três anos, salvo nos casos em que a dívida tributária seja paga em prestações, caso em que os juros de mora são contados até ao termo do prazo do respectivo pagamento, sem exceder oito anos.(¹)

3 – A taxa de juro de mora será a definida na lei geral para as dívidas ao Estado e outras entidades públicas.

4 – No caso de a dívida ser paga no prazo de 30 dias contados da data da citação, os juros de mora são contados até à data da emissão desta(²).

SECÇÃO II
Caducidade do direito de liquidação

ARTIGO 45º
Caducidade do direito à liquidação

1 – O direito de liquidar os tributos caduca se a liquidação não for validamente notificada ao contribuinte no prazo de quatro anos, quando a lei não fixar outro.

2 – Nos casos de erro evidenciado na declaração do sujeito passivo ou de utilização de métodos indirectos por motivo da aplicação à situação tributária do sujeito

---

(¹) Redacção dada pela Lei nº 3-B/2010, de 28 de Abril.
(²) Redacção dada pela Lei nº 67-A/2007, de 31 de Dezembro.

passivo dos indicadores objectivos da actividade previstos na presente lei, o prazo de caducidade referido no número anterior é de três anos.

3 – Em caso de ter sido efectuado reporte de prejuízos, bem como de qualquer outra dedução ou crédito de imposto, o prazo de caducidade é o do exercício desse direito([1]).

4 – O prazo de caducidade conta-se, nos impostos periódicos, a partir do termo do ano em que se verificou o facto tributário e, nos impostos de obrigação única, a partir da data em que o facto tributário ocorreu, excepto no imposto sobre o valor acrescentado e nos impostos sobre o rendimento quando a tributação seja efectuada por retenção na fonte a título definitivo, caso em que aquele prazo se conta a partir do início do ano civil seguinte àquele em que se verificou, respectivamente, a exigibilidade do imposto ou o facto tributário([1]).

5 – Sempre que o direito à liquidação respeite a factos relativamente aos quais foi instaurado inquérito criminal, o prazo a que se refere o nº 1 é alargado até ao arquivamento ou trânsito em julgado da sentença, acrescido de um ano.([2])

6 – Para efeitos de contagem do prazo referido no nº 1, as notificações sob registo consideram-se validamente efectuadas no 3º dia posterior ao do registo ou no 1º dia útil seguinte a esse, quando esse dia não seja útil.([3])

ARTIGO 46º
Suspensão e interrupção do prazo de caducidade

1 – O prazo de caducidade suspende-se com a notificação ao contribuinte, nos termos legais, da ordem de serviço ou despacho no início da acção de inspecção externa, cessando, no entanto, esse efeito, contando-se o prazo do seu início, caso a duração da inspecção externa tenha ultrapassado o prazo de seis meses após a notificação.

2 – O prazo de caducidade suspende-se ainda:

a) Em caso de litígio judicial de cuja resolução dependa a liquidação do tributo, desde o seu início até ao trânsito em julgado da decisão;

b) Em caso de benefícios fiscais de natureza contratual, desde o início até à resolução do contrato ou durante o decurso do prazo dos benefícios;

c) Em caso de benefícios fiscais de natureza condicionada, desde a apresentação da declaração até ao termo do prazo legal do cumprimento da condição;

d) Em caso de o direito à liquidação resultar de reclamação ou impugnação, a partir da sua apresentação até à decisão.

3 – Em caso de aplicação de sanções da perda de benefícios fiscais de qualquer natureza, o prazo de caducidade suspende-se desde o início do respectivo procedimento criminal, fiscal ou contra-ordenacional até ao trânsito em julgado da decisão final.

([1]) Redacção dada pela Lei nº 55-B/2004, de 30 de Dezembro.
([2]) Aditado pela Lei nº 60-A/2005, de 30 de Dezembro. Segundo o art. 57º/2 da Lei nº 60-A/2005, "o disposto no nº 5 do artigo 45º da LGT é aplicável aos prazos de caducidade em curso à data da entrada em vigor da presente lei".
([3]) Redacção dada pela Lei nº 53-A/2006, de 29 de Dezembro.

ARTIGO 47º
Fiscalização tributária a solicitação do sujeito passivo

1 – Em caso de fiscalização tributária por solicitação do sujeito passivo, nos termos de lei especial e sem prejuízo das disposições desta, não podem ser praticados posteriormente à notificação das suas conclusões ao contribuinte novos actos tributários de liquidação com fundamento em factos ocorridos no período compreendido na referida acção e incluídos no seu objecto.

2 – A fiscalização referida no número anterior poderá, com autorização expressa do sujeito passivo, ser requerida por terceiro que demonstre nela ter igualmente interesse legítimo.

SECÇÃO III
Prescrição da prestação tributária

ARTIGO 48º
Prescrição

1 – As dívidas tributárias prescrevem, salvo o disposto em lei especial, no prazo de oito anos contados, nos impostos periódicos, a partir do termo do ano em que se verificou o facto tributário e, nos impostos de obrigação única, a partir da data em que o facto tributário ocorreu, excepto no imposto sobre o valor acrescentado e nos impostos sobre o rendimento quando a tributação seja efectuada por retenção na fonte a título definitivo, caso em que aquele prazo se conta a partir do início do ano civil seguinte àquele em que se verificou, respectivamente, a exigibilidade do imposto ou o facto tributário.[1]

2 – As causas de suspensão ou interrupção da prescrição aproveitam igualmente ao devedor principal e aos responsáveis solidários ou subsidiários.

3 – A interrupção da prescrição relativamente ao devedor principal não produz efeitos quanto ao responsável subsidiário se a citação deste, em processo de execução fiscal, for efectuada após o 5º ano posterior ao da liquidação.

ARTIGO 49º
Interrupção e suspensão da prescrição

1 – A citação, reclamação, o recurso hierárquico, a impugnação e o pedido de revisão oficiosa da liquidação do tributo interrompem a prescrição.

2 – *(Revogado.)*[2]

3 – Sem prejuízo do disposto no número seguinte, a interrupção tem lugar uma única vez, com o facto que se verificar em primeiro lugar.[3]

4 – O prazo de prescrição legal suspende-se em virtude de pagamento de prestações legalmente autorizadas, ou enquanto não houver decisão definitiva ou pas-

---

[1] Redacção dada pela Lei nº 55-B/2004, de 30 de Dezembro.
[2] Revogado pela Lei nº 53-A/2006, de 29 de Dezembro.
[3] Redacção dada pela Lei nº 53-A/2006, de 29 de Dezembro.

sada em julgado, que puser termo ao processo, nos casos de reclamação, impugnação, recurso ou oposição, quando determinem a suspensão da cobrança da dívida.([1])

CAPÍTULO V
Garantia da prestação tributária

ARTIGO 50º
Garantia dos créditos tributários

1 – O património do devedor constitui a garantia geral dos créditos tributários.

2 – Para garantia dos créditos tributários, a administração tributária dispõe ainda:

a) Dos privilégios creditórios previstos no Código Civil ou nas leis tributárias;

b) Do direito de constituição, nos termos da lei, de penhor ou hipoteca legal, quando essas garantias se revelem necessárias à cobrança efectiva da dívida ou quando o imposto incida sobre a propriedade dos bens;

c) Do direito de retenção de quaisquer mercadorias sujeitas à acção fiscal de que o sujeito passivo seja proprietário, nos termos que a lei fixar.

3 – A eficácia dos direitos referidos na alínea *b)* do número anterior depende do registo.

ARTIGO 51º
Providências cautelares

1 – A administração tributária pode, nos termos da lei, tomar providências cautelares para garantia dos créditos tributários em caso de fundado receio de frustração da sua cobrança ou de destruição ou extravio de documentos ou outros elementos necessários ao apuramento da situação tributária dos sujeitos passivos e demais obrigados tributários.

2 – As providências cautelares devem ser proporcionais ao dano a evitar e não causar dano de impossível ou difícil reparação.

3 – As providências cautelares consistem na apreensão de bens, direitos ou documentos ou na retenção, até à satisfação dos créditos tributários, de prestações tributárias a que o contribuinte tenha direito.

ARTIGO 52º
Garantia da cobrança da prestação tributária

1 – A cobrança da prestação tributária suspende-se no processo de execução fiscal em virtude de pagamento em prestações ou reclamação, recurso, impugnação e oposição à execução que tenham por objecto a ilegalidade ou inexigibilidade da dívida exequenda, bem como durante os procedimentos de resolução de diferendos no quadro da Convenção de Arbitragem nº 90/436/CEE, de 23 de Julho, relativa à eliminação da dupla tributação em caso de correcção de lucros entre empresas associadas de diferentes Estados membros([2]).

([1]) Aditado pela Lei nº 53-A/2006, de 29 de Dezembro.
([2]) Redacção dada pela Lei nº 67-A/2007, de 31 de Dezembro.

2 – A suspensão da execução nos termos do número anterior depende da prestação de garantia idónea nos termos das leis tributárias.

3 – A administração tributária pode exigir ao executado o reforço da garantia no caso de esta se tornar manifestamente insuficiente para o pagamento da dívida exequenda e acrescido.

4 – A administração tributária pode, a requerimento do executado, isentá-lo da prestação de garantia nos casos de a sua prestação lhe causar prejuízo irreparável ou manifesta falta de meios económicos revelada pela insuficiência de bens penhoráveis para o pagamento da dívida exequenda e acrescido, desde que em qualquer dos casos a insuficiência ou inexistência de bens não seja da responsabilidade do executado.

5 – A garantia pode, uma vez prestada, ser excepcionalmente substituída, em caso de o executado provar interesse legítimo na substituição.

6 – A garantia só pode ser reduzida após a sua prestação nos casos de anulação parcial da dívida exequenda, pagamento parcial da dívida no âmbito de regime prestacional legalmente autorizado ou se se verificar, posteriormente, qualquer das circunstâncias referidas no nº 4.

ARTIGO 53º
Garantia em caso de prestação indevida

1 – O devedor que, para suspender a execução, ofereça garantia bancária ou equivalente será indemnizado total ou parcialmente pelos prejuízos resultantes da sua prestação, caso a tenha mantido por período superior a três anos em proporção do vencimento em recurso administrativo, impugnação ou oposição à execução que tenham como objecto a dívida garantida.

2 – O prazo referido no número anterior não se aplica quando se verifique, em reclamação graciosa ou impugnação judicial, que houve erro imputável aos serviços na liquidação do tributo.

3 – A indemnização referida no nº 1 tem como limite máximo o montante resultante da aplicação ao valor garantido da taxa de juros indemnizatórios prevista na presente lei e pode ser requerida no próprio processo de reclamação ou impugnação judicial, ou autonomamente.

4 – A indemnização por prestação de garantia indevida será paga por abate à receita do tributo do ano em que o pagamento se efectuou.

TÍTULO III
Do procedimento tributário

CAPÍTULO I
Regras gerais

ARTIGO 54º
Âmbito e forma do procedimento tributário

1 – O procedimento tributário compreende toda a sucessão de actos dirigida à declaração de direitos tributários, designadamente:

a) As acções preparatórias ou complementares de informação e fiscalização tributária;
b) A liquidação dos tributos quando efectuada pela administração tributária;
c) A revisão, oficiosa ou por iniciativa dos interessados, dos actos tri butários;
d) O reconhecimento ou revogação dos benefícios fiscais;
e) A emissão ou revogação de outros actos administrativos em matéria tributária;
f) As reclamações e os recursos hierárquicos;
g) A avaliação directa ou indirecta dos rendimentos ou valores patrimoniais;
h) A cobrança das obrigações tributárias, na parte que não tiver natureza judicial.

2 – As garantias dos contribuintes previstas no presente capítulo aplicam-se também à autoliquidação, retenção na fonte ou repercussão legal a terceiros da dívida tributária, na parte não incompatível com a natureza destas figuras.

3 – O procedimento tributário segue a forma escrita, sem prejuízo da tramitação electrónica dos actos do procedimento tributário nos termos definidos por portaria do Ministro das Finanças.(¹)

4 – Os documentos emitidos e os actos praticados por meios electrónicos pela administração tributária têm o mesmo valor legal dos documentos autênticos emitidos e dos actos praticados em suporte papel, desde que garantida a sua autenticidade, integridade, confidencialidade e conservação de acordo com os requisitos legais e regulamentares exigíveis pelo Sistema de Certificação Electrónica do Estado – Infra-Estrutura de Chaves Públicas, nos termos a regulamentar por portaria do Ministro das Finanças.(¹)

5 – Sem prejuízo do disposto na presente lei, o exercício do direito de inspecção tributária constará do diploma regulamentar próprio.

ARTIGO 55º
Princípios do procedimento tributário

A administração tributária exerce as suas atribuições na prossecução do interesse público, de acordo com os princípios da legalidade, da igualdade, da proporcionalidade, da justiça, da imparcialidade e da celeridade, no respeito pelas garantias dos contribuintes e demais obrigados tributários.

ARTIGO 56º
Princípio da decisão

1 – A administração tributária está obrigada a pronunciar-se sobre todos os assuntos da sua competência que lhe sejam apresentados por meio de reclamações, recursos, representações, exposições, queixas ou quais quer outros meios previstos na lei pelos sujeitos passivos ou quem tiver interesse legítimo.

2 – Não existe dever de decisão quando:

a) A administração tributária se tiver pronunciado há menos de dois anos sobre pedido do mesmo autor com idênticos objecto e fundamentos;

c) Tiver sido ultrapassado o prazo legal de revisão do acto tributário.

(¹) Redacção dada pelo Decreto-Lei nº 238/2006, de 20 de Dezembro.

ARTIGO 57º
Prazos

1 – O procedimento tributário deve ser concluído no prazo de seis meses, devendo a administração tributária e os contribuintes abster-se da prática de actos inúteis ou dilatórios.

2 – Os actos do procedimento tributário devem ser praticados no prazo de 10 dias, salvo disposição legal em sentido contrário.

3 – No procedimento tributário, os prazos são contínuos e contam-se nos termos do Código Civil.

4 – Os prazos referidos no presente artigo suspendem-se no caso de a dilação do procedimento ser imputável ao sujeito passivo por incumprimento dos seus deveres de cooperação.

5 – Sem prejuízo do princípio da celeridade e diligência, o incumprimento do prazo referido no nº 1, contado a partir da entrada da petição do contribuinte no serviço competente da administração tributária, faz presumir o seu indeferimento para efeitos de recurso hierárquico, recurso contencioso ou impugnação judicial.

ARTIGO 58º
Principio do inquisitório

A administração tributária deve, no procedimento, realizar todas as diligências necessárias à satisfação do interesse público e à descoberta da verdade material, não estando subordinada à iniciativa do autor do pedido.

ARTIGO 59º
Princípio da colaboração

1 – Os órgãos da administração tributária e os contribuintes estão sujeitos a um dever de colaboração recíproco.

2 – Presume-se a boa fé da actuação dos contribuintes e da administração tributária.

3 – A colaboração da administração tributária com os contribuintes compreende, designadamente:

a) A informação pública, regular e sistemática sobre os seus direitos e obrigações;

b) A publicação, no prazo de 30 dias, das orientações genéricas sobre a interpretação e aplicação das normas tributárias;[1]

c) A assistência necessária ao cumprimento dos deveres acessórios;

d) A notificação do sujeito passivo ou demais interessados para esclarecimento das dúvidas sobre as suas declarações ou documentos;

e) A prestação de informações vinculativas, nos termos da lei;[1]

f) O esclarecimento regular e atempado das fundadas dúvidas sobre a interpretação e aplicação das normas tributárias;

g) O acesso, a título pessoal ou mediante representante, aos seus processos individuais ou, nos termos da lei, àqueles em que tenham interesse directo, pessoal e legítimo;

---

[1] Redacção dada pela Lei nº 64-A/2008, de 31 de Dezembro.

h) A criação, por lei, em casos justificados, de regi mes simplificados de tributação e a limitação das obrigações acessórias às necessárias ao apu ramento da situação tributária dos sujeitos passivos;

i) A publicação, nos termos da lei, dos benefícios ou outras vantagens fiscais, salvo quando a sua concessão não comporte qualquer margem de livre apreciação da administração tributária;

j) O direito ao conhecimento pelos contribuintes da identidade dos funcionários responsáveis pela direcção dos procedimentos que lhes respeitem;

l) A comunicação antecipada do início da inspecção da escrita, com a indicação do seu âmbito e extensão e dos direitos e deveres que assistem ao sujeito passivo.

4 – A colaboração dos contribuintes com a administração tributária compreende o cumprimento das obrigações acessórias previstas na lei e a prestação dos esclarecimentos que esta lhes solicitar sobre a sua situação tributária, bem como sobre as relações económicas que mantenham com terceiros.

5 – A publicação dos elementos referidos nos alíneas *a), b), e), f)* e *i)* do nº 3 é promovida por meios electrónicos.([1])

6 – A administração tributária disponibiliza a versão electrónica dos códigos e demais legislação tributária actualizada.([1])

ARTIGO 60º
Princípio da participação

1 – A participação dos contribuintes na formação das decisões que lhes digam respeito pode efectuar-se, sempre que a lei não prescrever em sentido diverso, por qualquer das seguintes formas:

a) Direito de audição antes da liquidação;

b) Direito de audição antes do indeferimento total ou parcial dos pedidos, reclamações, recursos ou petições;

c) Direito de audição antes da revogação de qualquer benefício ou acto administrativo em matéria fiscal;

d) Direito de audição antes da decisão de aplicação de métodos indirectos, quando não haja lugar a relatório de inspecção;([2])

e) Direito de audição antes da conclusão do relatório da inspecção tributária.

2 – É dispensada a audição:([3])

a) No caso de a liquidação se efectuar com base na declaração do contribuinte ou a decisão do pedido, reclamação, recurso ou petição lhe seja favorável;

b) No caso de a liquidação se efectuar oficiosamente, com base em valores objectivos previstos na lei, desde que o contribuinte tenha sido notificado para apresentação da declaração em falta, sem que o tenha feito.

([1]) Redacção dada pela Lei nº 64-A/2008, de 31 de Dezembro.
([2]) Redacção dada pela Lei nº 55-B/2004, de 30 de Dezembro. Nos termos do artigo 40º, nº 2, da Lei nº 55-B/2004, "a nova redacção da alínea d) do nº 1 do artigo 60º da lei geral tributária, aprovada pelo Decreto-Lei nº 398/98, de 17 de Dezembro, tem natureza interpretativa".
([3]) Redacção dada pela Lei nº 53-A/2006, de 29 de Dezembro.

3 – Tendo o contribuinte sido anteriormente ouvido em qualquer das fases do procedimento a que se referem as alíneas *b)* a *e)* do nº 1, é dispensada a sua audição antes da liquidação, salvo em caso de invocação de factos novos sobre os quais ainda se não tenha pronunciado.

4 – O direito de audição deve ser exercido no prazo a fixar pela administração tributária em carta registada a enviar para esse efeito para o domicílio fiscal do contribuinte.

5 – Em qualquer das circunstâncias referidas no nº 1, para efeitos do exercício do direito de audição, deve a administração tributária comunicar ao sujeito passivo o projecto da decisão e sua fundamentação.

6 – O prazo do exercício oralmente ou por escrito do direito de audição, não pode ser inferior a 8 nem superior a 15 dias.

7 – Os elementos novos suscitados na audição dos contribuintes são tidos obrigatoriamente em conta na fundamentação da decisão.

CAPÍTULO II
Sujeitos

SECÇÃO I
Administração tributária

ARTIGO 61º
Competência tributária

1 – A incompetência no procedimento deve ser conhecida oficiosamente pela administração tributária e pode ser arguida pelos interessados.

2 – O órgão da administração tributária material ou territorialmente incompetente é obrigado a enviar as peças do procedimento para o órgão da administração tributária competente no prazo de quarenta e oito horas após a declaração de incompetência, considerando-se o requerimento apresentado na data do primeiro registo do processo.

3 – O interessado será devidamente notificado da remessa prevista no número anterior.

4 – Em caso de dúvida, é competente para o procedimento o órgão da administração tributária do domicílio fiscal do sujeito passivo ou interessado ou, no caso de inexistência de domicílio, do seu representante legal.

ARTIGO 62º
Delegação de poderes

1 – Salvo nos casos previstos na lei, os órgãos da administração tributária podem delegar a competência do procedimento.[1]

2 – A competência referida no número anterior pode ser subdelegada, com autorização do delegante, salvo nos casos em que a lei o proíba.

---

[1] Redacção dada pela Lei nº 55-A/2010, de 31 de Dezembro.

ARTIGO 63º
Inspecção

1 – Os órgãos competentes podem, nos termos da lei, desenvolver todas as diligências necessárias ao apuramento da situação tributária dos contribuintes, nomeadamente:

a) Aceder livremente às instalações ou locais onde possam existir elementos relacionados com a sua actividade ou com a dos de mais obrigados fiscais;

b) Examinar e visar os seus livros e registos da contabilidade ou escrituração, bem como todos os elementos susceptíveis de esclarecer a sua situação tributária;

c) Aceder, consultar e testar o seu sistema informático, incluindo a documentação sobre a sua análise, programação e execução;

d) Solicitar a colaboração de quaisquer entidades públicas necessária ao apuramento da sua situação tributária ou de terceiros com quem mantenham relações económicas;

e) Requisitar documentos dos notários, conservadores e outras entidades oficiais;

f) Utilizar as suas instalações quando a utilização for necessária ao exercício da acção inspectiva.

2 – O acesso à informação protegida pelo segredo profissional ou qualquer outro dever de sigilo legalmente regulado depende de autorização judicial, nos termos da legislação aplicável.([1])

3 – Sem prejuízo do número anterior, o acesso à informação protegida pelo sigilo bancário faz-se nos termos previstos nos artigos 63º-A, 63º-B e 63º-C.([2])

4 – O procedimento da inspecção e os deveres de cooperação são os adequados e proporcionais aos objectivos a prosseguir, só podendo haver mais de um procedimento externo de fiscalização respeitante ao mesmo sujeito passivo ou obrigado tributário, imposto e período de tributação mediante decisão, fundamentada com base em factos novos, do dirigente máximo do serviço, salvo se a fiscalização visar apenas a confirmação dos pressupostos de direitos que o contribuinte invoque perante a administração tributária e sem prejuízo do apuramento da situação tributária do sujeito passivo por meio de inspecção ou inspecções dirigidas a terceiros com quem mantenha relações económicas.

5 – A falta de cooperação na realização das diligências previstas no nº 1 só será legítima quando as mesmas impliquem:

a) O acesso à habitação do contribuinte;

b) A consulta de elementos abrangidos pelo segredo profissional ou outro dever de sigilo legalmente regulado, à excepção do segredo bancário, realizada nos termos do nº 3;([1])

c) O acesso a factos da vida íntima dos cidadãos;

d) A violação dos direitos de personalidade e outros direitos, liberdades e garantias dos cidadãos, nos termos e limites previstos na Constituição e na lei.

([1]) Redacção dada pela Lei nº 37/2010, de 2 de Setembro.
([2]) Aditado pela Lei nº 37/2010, de 2 de Setembro.

6 – Em caso de oposição do contribuinte com fundamento nalgumas circunstâncias referidas no número anterior, a diligência só poderá ser realizada mediante autorização concedida pelo tribunal da comarca competente com base em pedido fundamentado da administração tributária.

7 – A notificação das instituições de crédito, sociedades financeiras e demais entidades, para efeitos de permitirem o acesso a elementos cobertos pelo sigilo a que estejam vinculados quando a administração tributária exija fundamentadamente a sua derrogação, deve ser instruída com os seguintes elementos:([1])

a) Nos casos de acesso directo, cópia da decisão fundamentada proferida pelo director-geral dos Impostos ou pelo director-geral das Alfândegas e dos Impostos Especiais sobre o Consumo, nos termos do nº 4 do artigo 63º-B;([1])

b) Nos casos de acesso directo com audição prévia obrigatória do sujeito passivo ou de familiares ou terceiros que se encontrem numa relação especial com o contribuinte, prevista no nº 5 do artigo 63º-B, cópia da decisão fundamentada proferida pelo director-geral dos Impostos ou pelo director-geral das Alfândegas e dos Impostos Especiais sobre o Consumo e cópia da notificação dirigida para o efeito de assegurar a referida audição prévia.([1])

8 – As instituições de crédito, sociedades financeiras e demais entidades devem cumprir as obrigações relativas ao acesso a elementos cobertos pelo sigilo a que estejam vinculadas no prazo de 10 dias úteis.([2])

ARTIGO 63º-A
Informações relativas a operações financeiras

1 – As instituições de crédito e sociedades financeiras estão sujeitas a mecanismos de informação automática relativamente à abertura ou manutenção de contas por contribuintes cuja situação tributária não se encontre regularizada, nos termos dos nºs 5 e 6 do artigo 64º, ou inseridos em sectores de risco, bem como quanto às transferências transfronteiras que não sejam relativas a pagamentos de rendimentos sujeitos a algum dos regimes de comunicação para efeitos fiscais já previstos na lei, a transacções comerciais ou efectuadas por entidades públicas, nos termos a definir por portaria do Ministro das Finanças, ouvido o Banco de Portugal.([3])

2 – As instituições de crédito e sociedades financeiras estão obrigadas a comunicar à Direcção-Geral dos Impostos até ao final do mês de Julho de cada ano, através de declaração de modelo oficial, aprovada por portaria do Ministro das Finanças, as transferências financeiras que tenham como destinatário entidade localizada em país, território ou região com regime de tributação privilegiada mais favorável que não sejam relativas a pagamentos de rendimentos sujeitos a algum dos regimes de comunicação para efeitos fiscais já previstos na lei ou operações efectuadas por pessoas colectivas de direito público.([4])

([1]) Redacção dada pela Lei nº 37/2010, de 2 de Setembro.
([2]) Redacção dada pela Lei nº 55-B/2004, de 30 de Dezembro.
([3]) Redacção dada pela Lei nº 55-A/2010, de 31 de Dezembro.
([4]) Redacção dada pela Lei nº 94/2009, de 1 de Setembro.

3 – As instituições de crédito e sociedades financeiras têm a obrigação de fornecer à administração tributária, até ao final do mês de Julho de cada ano, através de declaração de modelo oficial, aprovada por portaria do Ministro das Finanças e ouvido o Banco de Portugal, o valor dos fluxos de pagamentos com cartões de crédito e de débito, efectuados por seu intermédio, a sujeitos passivos que aufiram rendimentos da categoria B de IRS e de IRC, sem por qualquer forma identificar os titulares dos referidos cartões.([1])

4 – Os pedidos de informação a que se refere o número anterior são da competência do director-geral dos Impostos ou do director-geral das Alfândegas e dos Impostos Especiais sobre o Consumo, ou seus substitutos legais, ou do conselho directivo do Instituto de Gestão Financeira da Segurança Social, I. P., sem possibilidade de delegação.([2])

5 – A informação a submeter, nos termos do nº 1, inclui a identificação das contas, o número de identificação fiscal dos titulares, o valor dos depósitos no ano, o saldo em 31 de Dezembro, bem como outros elementos que constem da declaração de modelo oficial.([3])

6 – Os sujeitos passivos de IRS são obrigados a mencionar na correspondente declaração de rendimentos a existência e identificação de contas de depósitos ou de títulos abertas em instituição financeira não residente em território português.([3])

ARTIGO 63º-B
Acesso a informações e documentos bancários([4])

1 – A administração tributária tem o poder de aceder a todas as informações ou documentos bancários sem dependência do consentimento do titular dos elementos protegidos:

a) Quando existam indícios da prática de crime em matéria tributária;

b) Quando se verifiquem indícios da falta de veracidade do declarado ou esteja em falta declaração legalmente exigível;([3])

c) Quando se verifiquem indícios da existência de acréscimos de património não justificados, nos termos da alínea *f)* do nº 1 do artigo 87º;([3])

d) Quando se trate da verificação de conformidade de documentos de suporte de registos contabilísticos dos sujeitos passivos de IRS e IRC que se encontrem sujeitos a contabilidade organizada;([3])

e) Quando exista a necessidade de controlar os pressupostos de regimes fiscais privilegiados de que o contribuinte usufrua;([3])

f) Quando se verifique a impossibilidade de comprovação e quantificação directa e exacta da matéria tributável, nos termos do artigo 88º, e, em geral, quando estejam verificados os pressupostos para o recurso a uma avaliação indirecta.([3])

g) Quando se verifique a existência comprovada de dívidas à administração fiscal ou à segurança social.([4])

([1]) Redacção dada pela Lei nº 55-A/2010, de 31 de Dezembro.
([2]) Redacção dada pela Lei nº 29-A/2011, de 1 de Março.
([3]) Redacção dada pela Lei nº 94/2009, de 1 de Setembro.
([4]) Aditado pela Lei nº 55-B/2004, de 30 de Dezembro.

2 – A administração tributária tem, ainda, o poder de aceder directamente aos documentos bancários, nas situações de recusa da sua exibição ou de autorização para a sua consulta, quando se trate de familiares ou terceiros que se encontrem numa relação especial com o contribuinte.([1])

3 – *(Revogado.)*([2])

4 – As decisões da administração tributária referidas nos números anteriores devem ser fundamentadas com expressa menção dos motivos concretos que as justificam e, salvo o disposto no número seguinte, notificadas aos interessados no prazo de 30 dias após a sua emissão, sendo da competência do director-geral dos Impostos ou do director-geral das Alfândegas e dos Impostos Especiais sobre o Consumo, ou seus substitutos legais, sem possibilidade de delegação.([1])

5 – Os actos praticados ao abrigo da competência definida no nº 1 são susceptíveis de recurso judicial com efeito meramente devolutivo e os previstos no nº 2 dependem da audição prévia do familiar ou terceiro e são susceptíveis de recurso judicial com efeito suspensivo, por parte destes.([1])

6 – Nos casos de deferimento do recurso previsto no número anterior, os elementos de prova entretanto obtidos não podem ser utilizados para qualquer efeito em desfavor do contribuinte.

7 – As entidades que se encontrem numa relação de domínio com o contribuinte ficam sujeitas aos regimes de acesso à informação bancária referidos nos nºs 1, 2 e 3.

8 – *(Revogado.)*([2])

9 – O regime previsto nos números anteriores não prejudica a legislação aplicável aos casos de investigação por infracção penal e só pode ter por objecto operações e movimentos bancários realizados após a sua entrada em vigor, sem prejuízo do regime vigente para as situações anteriores.

10 – Para os efeitos desta lei, considera-se documento bancário qualquer documento ou registo, independentemente do respectivo suporte, em que se titulem, comprovem ou registem operações praticadas por instituições de crédito ou sociedades financeiras no âmbito da respectiva actividade, incluindo os referentes a operações realizadas mediante utilização de cartões de crédito.

11 – A administração tributária presta ao ministério da tutela informação anual de carácter estatístico sobre os processos em que ocorreu o levantamento do sigilo bancário, a qual é remetida à Assembleia da República com a apresentação da proposta de lei do Orçamento do Estado.([3])

ARTIGO 63º-C
Contas bancárias exclusivamente afectas à actividade empresarial([4])

1 – Os sujeitos passivos de IRC, bem como os sujeitos passivos de IRS que disponham ou devam dispor de contabilidade organizada, estão obrigados a possuir,

---

([1]) Redacção dada pela Lei nº 94/2009, de 1 de Setembro.
([2]) Revogado pela Lei nº 94/2009, de 1 de Setembro.
([3]) Aditado pela Lei nº 37/2010, de 2 de Setembro.
([4]) Aditado pela Lei nº 55-B/2004, de 30 de Dezembro.

pelo menos, uma conta bancária através da qual devem ser, exclusivamente, movimentados os pagamentos e recebimentos respeitantes à actividade empresarial desenvolvida.

2 – Devem, ainda, ser efectuados através da conta ou contas referidas no nº 1 todos os movimentos relativos a suprimentos, outras formas de empréstimos e adiantamentos de sócios, bem como quaisquer outros movimentos de ou a favor dos sujeitos passivos.

3 – Os pagamentos respeitantes a facturas ou documentos equivalentes de valor igual ou superior a 20 vezes a retribuição mensal mínima devem ser efectuados através de meio de pagamento que permita a identificação do respectivo destinatário, designadamente transferência bancária, cheque nominativo ou débito directo.

4 – A administração tributária pode aceder a todas as informações ou documentos bancários relativos à conta ou contas referidas no nº 1 sem dependência do consentimento dos respectivos titulares.([1])

5 – A possibilidade prevista no número anterior é estabelecida nos mesmos termos e circunstâncias do artigo 63º-B.([1])

ARTIGO 64º
Confidencialidade

1 – Os dirigentes, funcionários e agentes da administração tributária estão obrigados a guardar sigilo sobre os dados recolhidos sobre a situação tributária dos contribuintes e os elementos de natureza pessoal que obtenham no procedimento, nomeadamente os decorrentes do sigilo profissional ou qualquer outro dever de segredo legal mente regulado.

2 – O dever de sigilo cessa em caso de:

a) Autorização do contribuinte para a revelação da sua situação tributária;

b) Cooperação legal da administração tributária com outras entidades públicas, na medida dos seus poderes;

c) Assistência mútua e cooperação da administração tributária com as administrações tributárias de outros países resultante de convenções internacionais a que o Estado Português esteja vinculado, sempre que estiver prevista reciprocidade;

d) Colaboração com a justiça nos termos do Código de Processo Civil e Código de Processo Penal.

3 – O dever de confidencialidade comunica-se a quem quer que, ao abrigo do número anterior, obtenha elementos protegidos pelo segredo fiscal, nos mesmos termos do sigilo da administração tributária.

4 – O dever de confidencialidade não prejudica o acesso do sujeito passivo aos dados sobre a situação tributária de outros sujeitos passivos que sejam comprovadamente necessários à fundamentação da reclamação, recurso ou impugnação judicial, desde que expurgados de quaisquer elementos susceptíveis de identificar a pessoa ou pessoas a que dizem respeito.

([1]) Aditado pela Lei nº 37/2010, de 2 de Setembro.

5 – Não contende com o dever de confidencialidade:([1])

a) A divulgação de listas de contribuintes cuja situação tributária não se encontre regularizada, designadamente listas hierarquizadas em função do montante em dívida, desde que já tenha decorrido qualquer dos prazos legalmente previstos para a prestação de garantia ou tenha sido decidida a sua dispensa;

b) A publicação de rendimentos declarados ou apurados por categorias de rendimentos, contribuintes, sectores de actividades ou outras, de acordo com listas que a administração tributária deve organizar anualmente a fim de assegurar a transparência e publicidade.

6 – Considera-se como situação tributária regularizada, para efeitos do disposto na alínea *a)* do número anterior, o pagamento integral de quaisquer tributos, a inexistência de situações de mora ou a sua regularização em conformidade com as disposições e planos previstos no Código de Procedimento e de Processo Tributário e demais legislação em vigor.([2])

ARTIGO 64º-A
Garantias especiais de confidencialidade

Compete ao Ministro das Finanças definir regras especiais de reserva da informação a observar pelos serviços da administração tributária no âmbito dos processos de derrogação do dever de sigilo bancário.

SECÇÃO II
Contribuintes e outros interessados

ARTIGO 65º
Legitimidade

Têm legitimidade no procedimento os sujeitos passivos da relação tributária e quaisquer pessoas que provem interesse legalmente protegido.

ARTIGO 66º
Actos interlocutórios

1 – Os contribuintes e demais interessados podem, no decurso do procedimento, reclamar de quaisquer actos ou omissões da administração tributária.

2 – A reclamação referida no número anterior não suspende o procedimento, mas os interessados podem recorrer ou impugnar a decisão final com fundamento em qualquer ilegalidade.

ARTIGO 67º
Direito à informação

1 – O contribuinte tem direito à informação sobre:

a) A fase em que se encontra o procedimento e a data previsível da sua conclusão;

([1]) Redacção dada pela Lei nº 60-A/2005, de 30 de Dezembro.
([2]) Aditado pela Lei nº 60-A/2005, de 30 de Dezembro.

b) A existência e teor das denúncias dolosas não confirmadas e a identificação do seu autor;
c) A sua concreta situação tributária.

2 – As informações referidas no número anterior, quando requeridas por escrito, são prestadas no prazo de 10 dias.

ARTIGO 68º
Informações vinculativas ([1])

1 – As informações vinculativas sobre a situação tributária dos sujeitos passivos, incluindo, nos termos da lei, os pressupostos dos benefícios fiscais, são requeridas ao dirigente máximo do serviço, sendo o pedido acompanhado da descrição dos factos cuja qualificação jurídico-tributária se pretenda.

2 – Mediante solicitação justificada do requerente, a informação vinculativa pode ser prestada com carácter de urgência, no prazo de 60 dias, desde que o pedido seja acompanhado de uma proposta de enquadramento tributário.

3 – As informações vinculativas não podem compreender factos abrangidos por procedimento de inspecção tributária cujo início tenha sido notificado ao contribuinte antes do pedido e, caso revista natureza urgente, os actos ou factos cujo enquadramento jurídico-tributário se pretende têm de ser prévios ao pedido.

4 – O pedido pode ser apresentado por sujeitos passivos, outros interessados ou seus representantes legais, por via electrónica e segundo modelo oficial a aprovar pelo dirigente máximo do serviço, e a resposta é notificada pela mesma via no prazo máximo de 90 dias.

5 – As informações vinculativas podem ser requeridas por advogados, solicitadores, revisores e técnicos oficiais de contas ou por quaisquer entidades habilitadas ao exercício da consultadoria fiscal acerca da situação tributária dos seus clientes devidamente identificados, sendo obrigatoriamente comunicadas também a estes.

6 – Caso a informação vinculativa seja pedida com carácter de urgência, a administração tributária, no prazo máximo de 15 dias, notifica obrigatoriamente o contribuinte do reconhecimento ou não da urgência e, caso esta seja aceite, do valor da taxa devida, a ser paga no prazo de cinco dias.

7 – Pela prestação urgente de uma informação vinculativa é devida uma taxa a fixar entre 25 a 100 unidades de conta, a fixar em função da complexidade da matéria.

8 – A proposta de enquadramento jurídico-tributário dos factos a que se refere o pedido de informação vinculativa urgente considera-se tacitamente sancionada pela administração tributária como informação vinculativa se o pedido não for respondido no prazo previsto no nº 2. ([2])

([1]) Redacção dada pela Lei nº 64-A/2008, de 31 de Dezembro.
([2]) A alteração ao nº 8 do artigo 68º da LGT, na redacção dada pela presente lei, só produz efeitos em relação aos pedidos de informação vinculativa urgente apresentados a partir de 1 de Setembro de 2009.

9 – Os efeitos do deferimento tácito previsto no número anterior restringem-se especificamente aos actos e factos identificados no pedido e ao período de tributação em que os mesmos ocorram.

10 – Se a administração tributária notificar o requerente da inexistência dos pressupostos para a prestação de uma informação vinculativa urgente, da existência de especial complexidade técnica que impossibilite a prestação da informação vinculativa, ou em caso de falta de pagamento da taxa prevista no nº 6, o pedido segue o regime regra da informação vinculativa.

11 – Caso os elementos apresentados pelo contribuinte para a prestação da informação vinculativa se mostrem insuficientes, a administração tributária notifica-o para suprir a falta no prazo de 10 dias, sob pena de arquivamento do procedimento.

12 – O pedido de informação vinculativa é arquivado se estiver pendente ou vier a ser apresentada reclamação, recurso ou impugnação judicial que implique os factos objecto do pedido de informação.

13 – Antes da prestação da informação vinculativa e quando o entender conveniente, a administração tributária procede à audição do requerente, ficando suspensos os prazos previstos nos nºs 2 e 4.

14 – A administração tributária, em relação ao objecto do pedido, não pode posteriormente proceder em sentido diverso da informação prestada, salvo em cumprimento de decisão judicial.

15 – As informações vinculativas caducam em caso de alteração superveniente dos pressupostos de facto ou de direito em que assentaram.

16 – As informações vinculativas podem ser revogadas, com efeitos para o futuro, após um ano a contar da sua prestação, precedendo audição do requerente, nos termos da presente lei, com a salvaguarda dos direitos e interesses legítimos anteriormente constituídos.

17 – Todas as informações vinculativas prestadas, incluindo as urgentes, são publicadas no prazo de 30 dias por meios electrónicos, salvaguardando-se os elementos de natureza pessoal do contribuinte.

18 – O incumprimento do prazo previsto no nº 4 do presente artigo, quando o contribuinte actue com base numa interpretação plausível e de boa-fé da lei, limita a sua responsabilidade à dívida do imposto, abrangendo essa exclusão de responsabilidade as coimas, os juros e outros acréscimos legais.

19 – A limitação de responsabilidade prevista no número anterior compreende o período entre o termo do prazo para a prestação da informação vinculativa e a notificação desta ao requerente.

ARTIGO 68º-A
Orientações genéricas [1]

1 – A administração tributária está vinculada às orientações genéricas constantes de circulares, regulamentos ou instrumentos de idêntica natureza, independentemente da sua forma de comunicação, visando a uniformização da interpretação e da aplicação das normas tributárias.

---

[1] Aditado pela Lei nº 64-A/2008, de 31 de Dezembro.

2 – Não são invocáveis retroactivamente perante os contribuintes que tenham agido com base numa interpretação plausível e de boa-fé da lei as orientações genéricas que ainda não estavam em vigor no momento do facto tributário.

3 – A administração tributária deve proceder à conversão das informações vinculativas ou de outro tipo de entendimento prestado aos contribuintes em circulares administrativas, quando tenha sido colocada questão de direito relevante e esta tenha sido apreciada no mesmo sentido em três pedidos de informação ou seja previsível que o venha a ser.

CAPÍTULO III
Do procedimento

SECÇÃO I
Início do procedimento

ARTIGO 69º
Impulso

1 – O procedimento inicia-se nos prazos e com os fundamentos previstos na lei, por iniciativa dos interessados ou da administração tributária.

2 – O início do procedimento dirigido ao apuramento de qualquer situação tributária é comunicado aos interessados, salvo quando a comunicação possa pôr em causa os efeitos úteis que visa prosseguir ou o procedimento incida sobre situações tributárias em que os interessados não estão ainda devidamente identificados.

ARTIGO 70º
Denúncia

1 – A denúncia de infracção tributária pode dar origem ao procedimento, caso o denunciante se identifique e não seja manifesta a falta de fundamento da denúncia.

2 – O denunciante não é considerado parte do procedimento, nem tem legitimidade para reclamar, recorrer ou impugnar a decisão.

3 – O contribuinte tem direito a conhecer o teor e autoria das denúncias dolosas não confirmadas sobre a sua situação tributária.

SECÇÃO II
Instrução

ARTIGO 71º
Direcção da instrução

1 – A direcção da instrução cabe, salvo disposição legal em sentido diferente, ao órgão da administração tributária competente para a decisão.

2 – Sempre que, nos termos da lei, a instrução for realizada por órgão diferente do competente para a decisão, cabe ao órgão instrutor a elaboração de um relatório definindo o conteúdo e objecto do procedimento instrutório e contendo uma pro-

posta de decisão, cujas conclusões são obrigatoriamente notificadas aos interessados em conjunto com esta.

ARTIGO 72º
Meios de prova

O órgão instrutor pode utilizar para o conhecimento dos factos necessários à decisão do procedimento todos os meios de prova admitidos em direito.

ARTIGO 73º
Presunções

As presunções consagradas nas normas de incidência tributária admitem sempre prova em contrário.

ARTIGO 74º
Ónus da prova

1 – O ónus da prova dos factos constitutivos dos direitos da administração tributária ou dos contribuintes recai sobre quem os invoque.([1])

2 – Quando os elementos de prova dos factos estiverem em poder da administração tributária, o ónus previsto no número anterior considera-se satisfeito caso o interessado tenha procedido à sua correcta identificação junto da administração tributária.

3 – Em caso de determinação da matéria tributável por métodos indirectos, compete à administração tributária o ónus da prova da verificação dos pressupostos da sua aplicação, cabendo ao sujeito passivo o ónus da prova do excesso na respectiva quantificação.

ARTIGO 75º
Declarações e outros elementos dos contribuintes

1 – Presumem-se verdadeiras e de boa fé as declarações dos contribuintes apresentadas nos termos previstos na lei, bem como os dados e apuramentos inscritos na sua contabilidade ou escrita, quando estas estiverem organizadas de acordo com a legislação comercial e fiscal.

2 – A presunção referida no número anterior não se verifica quando:

a) As declarações, contabilidade ou escrita revelarem omissões, erros, inexactidões ou indícios fundados de que não reflectem ou impeçam o conhecimento da matéria tributável real do sujeito passivo;

b) O contribuinte não cumprir os deveres que lhe couberem de esclarecimento da sua situação tributária, salvo quando, nos termos da presente lei, for legítima a recusa da prestação de informações;

c) A matéria tributável do sujeito passivo se afastar significativa mente para menos, sem razão justificada, dos indicadores objectivos da actividade de base técnico-científica previstos na presente lei.

([1]) Redacção dada pela Lei nº 50/2005, de 30 de Agosto.

d) Os rendimentos declarados em sede de IRS se afastarem significativamente para menos, sem razão justificativa, dos padrões de rendimento que razoavelmente possam permitir as manifestações de fortuna evidenciadas pelo sujeito passivo nos termos do artigo 89º-A.

3 – A força probatória dos dados informáticos dos contribuintes de pende, salvo o disposto em lei especial, do fornecimento da documentação relativa à sua análise, programação e execução e da possibilidade de a administração tributária os confirmar.

ARTIGO 76º
Valor probatório

1 – As informações prestadas pela inspecção tributária fazem fé, quando fundamentadas e se basearem em critérios objectivos, nos termos da lei.

2 – As cópias obtidas a partir dos dados registados informaticamente ou de outros suportes arquivísticos da administração tributária têm a força probatória do original, desde que devidamente autenticadas.

3 – A autenticação pode efectuar-se pelos meios genericamente definidos pelo dirigente máximo do serviço.

4 – São abrangidas pelo nº 1 as informações prestadas pelas administrações tributárias estrangeiras ao abrigo de convenções internacionais de assistência mútua a que o Estado Português esteja vinculado, sem prejuízo da prova em contrário do sujeito passivo ou interessado.

CAPÍTULO IV
Decisão

ARTIGO 77º
Fundamentação e eficácia

1 – A decisão de procedimento é sempre fundamentada por meio de sucinta exposição das razões de facto e de direito que a motivaram, podendo a fundamentação consistir em mera declaração de concordância com os fundamentos de anteriores pareceres, informações ou propostas, incluindo os que integrem o relatório da fiscalização tributária.

2 – A fundamentação dos actos tributários pode ser efectuada de forma sumária, devendo sempre conter as disposições legais aplicáveis, a qualificação e quantificação dos factos tributários e as operações de apuramento da matéria tributável e do tributo.

3 – Em caso de existência de operações ou séries de operações sobre bens, direitos ou serviços, ou de operações financeiras, efectuadas entre um sujeito passivo de imposto sobre o rendimento e qualquer outra entidade, sujeita ou não a imposto sobre o rendimento, com a qual aquele esteja em situação de relações especiais, e sempre que haja incumprimento de qualquer obrigação estatuída na lei para essa situação, a fundamentação da determinação da matéria tributável corrigida dos efeitos das relações especiais deve observar os seguintes requisitos:

a) Descrição das relações especiais;
b) Indicação das obrigações incumpridas pelo sujeito passivo;
c) Aplicação dos métodos previstos na lei, podendo a Direcção-Geral dos Impostos utilizar quaisquer elementos de que disponha e considerando-se o seu dever de fundamentação dos elementos de comparação adequadamente observado ainda que de tais elementos sejam expurgados os dados susceptíveis de identificar as entidades a quem dizem respeito;
d) Quantificação dos respectivos efeitos.

4 – A decisão da tributação pelos métodos indirectos nos casos e com os fundamentos previstos na presente lei especificará os motivos da impossibilidade da comprovação e quantificação directas e exacta da matéria tributável, ou descreverá o afastamento da matéria tributável do sujeito passivo dos indicadores objectivos da actividade de base científica ou fará a descrição dos bens cuja propriedade ou fruição a lei considerar manifestações de fortuna relevantes, ou indicará a sequência de prejuízos fiscais relevantes, e indicará os critérios utilizados na avaliação da matéria tributável.

5 – Em caso de aplicação de métodos indirectos por afastamento dos indicadores objectivos de actividade de base científica a fundamentação deverá também incluir as razões da não aceitação das justificações apresentadas pelo contribuinte nos termos da presente lei.

6 – A eficácia da decisão depende da notificação.

ARTIGO 78º
Revisão dos actos tributários

1 – A revisão dos actos tributários pela entidade que os praticou pode ser efectuada por iniciativa do sujeito passivo, no prazo de reclamação administrativa e com fundamento em qualquer ilegalidade, ou, por iniciativa da administração tributária, no prazo de quatro anos após a liquidação ou a todo o tempo se o tributo ainda não tiver sido pago, com fundamento em erro imputável aos serviços.

2 – Sem prejuízo dos ónus legais de reclamação ou impugnação pelo contribuinte, considera-se imputável aos serviços, para efeitos do número anterior, o erro na autoliquidação.

3 – A revisão dos actos tributários nos termos do nº 1, independentemente de se tratar de erro material ou de direito, implica o respectivo reconhecimento devidamente fundamentado nos termos do nº 1 do artigo anterior.([1])

4 – O dirigente máximo do serviço pode autorizar, excepcionalmente, nos três anos posteriores ao do acto tributário a revisão da matéria tributável apurada com fundamento em injustiça grave ou notória, desde que o erro não seja imputável a comportamento negligente do contribuinte.([2])

5 – Para efeitos do número anterior, apenas se considera notória a injustiça ostensiva e inequívoca e grave a resultante de tributação manifestamente exagerada e des-

---

([1]) Redacção dada pela Lei nº 55-B/2004, de 30 de Dezembro.
([2]) Redacção dada pela Lei nº 60-A/2005, de 30 de Dezembro.

proporcionada com a realidade ou de que tenha resultado elevado prejuízo para a Fazenda Nacional.

6 – A revisão do acto tributário por motivo de duplicação de colecta pode efectuar-se, seja qual for o fundamento, no prazo de quatro anos.

7 – Interrompe o prazo da revisão oficiosa do acto tributário ou da matéria tributável o pedido do contribuinte dirigido ao órgão competente da administração tributária para a sua realização.

ARTIGO 79º
Revogação, ratificação, reforma, conversão e rectificação

1 – O acto decisório pode revogar total ou parcialmente acto anterior ou reformá-lo, ratificá-lo ou convertê-lo nos prazos da sua revisão.

2 – A administração tributária pode rectificar as declarações dos contribuintes em caso de erros de cálculo ou escrita.

ARTIGO 80º
Recurso hierárquico

A decisão do procedimento é susceptível de recurso hierárquico para o mais elevado superior hierárquico do autor do acto, mas, salvo disposição legal em sentido contrário, este é sempre facultativo.

CAPÍTULO V
Procedimentos de avaliação

SECÇÃO I
Princípios gerais

ARTIGO 81º
Âmbito

1 – A matéria tributável é avaliada ou calculada directamente segundo os critérios próprios de cada tributo, só podendo a administração tributária proceder a avaliação indirecta nos casos e condições expressamente previstos na lei.

2 – Em caso de regime simplificado de tributação, o sujeito passivo pode optar pela avaliação directa, nas condições que a lei definir.

ARTIGO 82º
Competência

1 – A competência para a avaliação directa é da administração tributária e, nos casos de autoliquidação, do sujeito passivo.

2 – A competência para a avaliação indirecta é da administração tributária.

3 – O sujeito passivo participa na avaliação indirecta nos termos da presente lei.

4 – O sujeito passivo pode ainda participar, nos termos da lei, na revisão da avaliação indirecta efectuada pela administração tributária.

ARTIGO 83º
Fins

1 – A avaliação directa visa a determinação do valor real dos rendimentos ou bens sujeitos a tributação.

2 – A avaliação indirecta visa a determinação do valor dos rendimentos ou bens tributáveis a partir de indícios, presunções ou outros elementos de que a administração tributária disponha.

ARTIGO 84º
Critérios técnicos

1 – A avaliação dos rendimentos ou valores sujeitos a tributação baseia-se em critérios objectivos.

2 – O sujeito passivo que proceda à autoliquidação deve esclarecer, quando solicitado pela administração tributária, os critérios utilizados e a sua aplicação na determinação dos valores que declarou.

3 – A fundamentação da avaliação contém obrigatoriamente a indicação dos critérios utilizados e a ponderação dos factores que influenciaram a determinação do seu resultado.

ARTIGO 85º
Avaliação indirecta

1 – A avaliação indirecta é subsidiária da avaliação directa.

2 – À avaliação indirecta aplicam-se, sempre que possível e a lei não prescrever em sentido diferente, as regras da avaliação directa.

ARTIGO 86º
Impugnação judicial

1 – A avaliação directa é susceptível, nos termos da lei, de impugnação contenciosa directa.

2 – A impugnação da avaliação directa depende do esgotamento dos meios administrativos previstos para a sua revisão.

3 – A avaliação indirecta não é susceptível de impugnação contenciosa directa, salvo quando não dê origem a qualquer liquidação.

4 – Na impugnação do acto tributário de liquidação em que a matéria tributável tenha sido determinada com base em avaliação indirecta, pode ser invocada qualquer ilegalidade desta, salvo quando a liquidação tiver por base o acordo obtido no processo de revisão da matéria tributável regulado no presente capítulo.

5 – Em caso de erro na quantificação ou nos pressupostos da determinação indirecta da matéria tributável, a impugnação judicial da liquidação ou, se esta não tiver lugar, da avaliação indirecta depende da prévia reclamação nos termos da presente lei.

SECÇÃO II
Avaliação indirecta

SUBSECÇÃO I
Pressupostos

ARTIGO 87º
Realização da avaliação indirecta

1 – A avaliação indirecta só pode efectuar-se em caso de:

a) Regime simplificado de tributação, nos casos e condições previstos na lei;

b) Impossibilidade de comprovação e quantificação directa e exacta dos elementos indispensáveis à correcta determinação da matéria tributável de qualquer imposto;

c) A matéria tributável do sujeito passivo se afastar, sem razão justificada, mais de 30% para menos ou, durante três anos seguidos, mais de 15% para menos, da que resultaria da aplicação dos indicadores objectivos da actividade de base técnico-científica referidos na presente lei.

d) Os rendimentos declarados em sede de IRS se afastarem significativa mente para menos, sem razão justificada, dos padrões de rendimento que razoavelmente possam permitir as manifestações de fortuna evidenciadas pelo sujeito passivo nos termos do artigo 89º-A;

e) Os sujeitos passivos apresentarem, sem razão justificada, resulta dos tributáveis nulos ou prejuízos fiscais durante três anos consecutivos, salvo nos casos de início de actividade, em que a contagem deste prazo se faz do termo do terceiro ano, ou em três anos durante um período de cinco;

f) Acréscimo de património ou despesa efectuada, incluindo liberalidades, de valor superior a € 100 000, verificados simultaneamente com a falta de declaração de rendimentos ou com a existência, no mesmo período de tributação, de uma divergência não justificada com os rendimentos declarados.([1])

2 – No caso de verificação simultânea dos pressupostos de aplicação da alínea *d)* e da alínea *f)* do número anterior, a avaliação indirecta deve ser efectuada nos termos dos nºs 3 e 5 do artigo 89º-A.([2])

ARTIGO 88º
Impossibilidade de determinação directa e exacta da matéria tributável

A impossibilidade de comprovação e quantificação directa e exacta da matéria tributável para efeitos de aplicação de métodos indirectos, referida na alínea *b)* do artigo anterior, pode resultar das seguintes anomalias e incorrecções quando inviabilizem o apuramento da matéria tributável:

a) Inexistência ou insuficiência de elementos de contabilidade ou declaração, falta ou atraso de escrituração dos livros e registos ou irregularidades na sua organi-

---

([1]) Redacção dada pela Lei nº 94/2009, de 1 de Setembro.
([2]) Aditado pela Lei nº 64-A/2008, de 31 de Dezembro.

zação ou execução quando não supri das no prazo legal, mesmo quando a ausência desses elementos se deva a razões acidentais;

b) Recusa de exibição da contabilidade e demais documentos legalmente exigidos, bem como a sua ocultação, destruição, inutilização, falsificação ou viciação;

c) Existência de diversas contabilidades ou grupos de livros com o propósito de simulação da realidade perante a administração tributária e erros e inexactidões na contabilidade das operações não supridos no prazo legal.

d) Existência de manifesta discrepância entre o valor declarado e o valor de mercado de bens ou serviços, bem como de factos concretamente identificados através dos quais seja patenteada uma capacidade contributiva significativamente maior do que a declarada.

ARTIGO 89º
Indicadores de actividade inferiores aos normais

1 – A aplicação de métodos indirectos com fundamentos em a matéria tributável ser significativamente inferior à que resultaria da aplicação de indicadores objectivos de actividade de base técnico-científica só pode efectuar-se, para efeitos da alínea *c)* do artigo 87º, em caso de o sujeito passivo não apresentar na declaração em que a liquidação se baseia razões justificativas desse afastamento, desde que tenham decorrido mais de três anos sobre o início da sua actividade.

2 – Os indicadores objectivos de base técnico-científica referidos no número anterior são definidos anualmente, nos termos da lei, pelo Ministro das Finanças, após audição das associações empresariais e profissionais, e podem consistir em margens de lucro ou rentabilidade que, tendo em conta a localização e dimensão da actividade, sejam manifestamente inferiores às normais do exercício da actividade e possam, por isso, constituir factores distorcivos da concorrência.

ARTIGO 89º-A
Manifestações de fortuna

1 – Há lugar a avaliação indirecta da matéria colectável quando falte a declaração de rendimentos e o contribuinte evidencie as manifestações de fortuna constantes da tabela prevista no nº 4 ou quando o rendimento líquido declarado mostre uma desproporção superior a 50%, para menos, em relação ao rendimento padrão resultante da referida tabela.([1])

2 – Na aplicação da tabela prevista no nº 4 tomam-se em consideração:

a) Os bens adquiridos no ano em causa ou nos três anos anteriores pelo sujeito passivo ou qualquer elemento do respectivo agre gado familiar;

b) Os bens de que frua no ano em causa o sujeito passivo ou qualquer elemento do respectivo agregado familiar, adquiridos, nesse ano ou nos três anos anteriores, por sociedade na qual detenham, directa ou indirectamente, participação maioritária, ou por entidade sediada em território de fiscalidade privilegiada ou cujo regime não permita identificar o titular respectivo.

([1]) Redacção dada pela Lei nº 53-A/2006, de 29 de Dezembro.

c) Os suprimentos e empréstimos efectuados pelo sócio à sociedade, no ano em causa, ou por qualquer elemento do seu agregado familiar.

3 – Verificadas as situações previstas no n.º 1 deste artigo, bem como na alínea *f)* do n.º 1 do artigo 87.º, cabe ao sujeito passivo a comprovação de que correspondem à realidade os rendimentos declarados e de que é outra a fonte das manifestações de fortuna ou do acréscimo de património ou da despesa efectuada.([1])

4 – Quando o sujeito passivo não faça a prova referida no número anterior relativamente às situações previstas no n.º 1 deste artigo, considera-se como rendimento tributável em sede de IRS, a enquadrar na categoria G, no ano em causa, e no caso das alíneas *a)* e *b)* do n.º 2, nos três anos seguintes, quando não existam indícios fundados, de acordo com os critérios previstos no artigo 90.º, que permitam à administração tributária fixar rendimento superior, o rendimento padrão apurado nos termos da tabela seguinte:([2])

Manifestações de fortuna	Rendimento padrão
1 — Imóveis de valor de aquisição igual ou superior a € 250 000.	20 % do valor de aquisição.
2 — Automóveis ligeiros de passageiros de valor igual ou superior a € 50 000 e motociclos de valor igual ou superior a € 10 000.	50 % do valor no ano de matrícula com o abatimento de 20 % por cada um dos anos seguintes.
3 — Barcos de recreio de valor igual ou superior a € 25 000.	Valor no ano de registo, com o abatimento de 20 % por cada um dos anos seguintes.
4 — Aeronaves de turismo.	Valor no ano de registo, com o abatimento de 20 % por cada um dos anos seguintes.
5 — Suprimentos e empréstimos feitos no ano de valor igual ou superior a € 50 000.	50 % do valor anual.

5 – Para efeitos da alínea *f)* do n.º 1 do artigo 87.º:([1])

a) Considera-se como rendimento tributável em sede de IRS, a enquadrar na categoria G, quando não existam indícios fundados, de acordo com os critérios previstos no artigo 90.º, que permitam à administração tributária fixar rendimento superior, a diferença entre o acréscimo de património ou a despesa efectuada, e os rendimentos declarados pelo sujeito passivo no mesmo período de tributação;

b) Os acréscimos de património consideram-se verificados no período em que se manifeste a titularidade dos bens ou direitos e a despesa quando efectuada;

c) Na determinação dos acréscimos patrimoniais, deve atender-se ao valor de aquisição e, sendo desconhecido, ao valor de mercado;

([1]) Redacção dada pela Lei n.º 94/2009, de 1 de Setembro.
([2]) Redacção dada pela Lei n.º 53-A/2006, de 29 de Dezembro.

d) Consideram-se como rendimentos declarados os rendimentos líquidos das diferentes categorias de rendimentos.

6 – A decisão de avaliação da matéria colectável pelo método indirecto constante deste artigo é da competência do director de finanças da área do domicílio fiscal do sujeito passivo, sem faculdade de delegação.([1])

7 – Da decisão de avaliação da matéria colectável pelo método indirecto constante deste artigo cabe recurso para o tribunal tributário, com efeito suspensivo, a tramitar como processo urgente, não sendo aplicável o procedimento constante dos artigos 91º e seguintes.

8 – Ao recurso referido no número anterior aplica-se, com as necessárias adaptações, a tramitação prevista no artigo 146º-B do Código de Procedimento e de Processo Tributário.

9 – Para a aplicação dos nºs 3 a 4 da tabela, atende-se ao valor médio de mercado, considerando, sempre que exista, o indicado pelas associações dos sectores em causa.

10 – A decisão de avaliação da matéria colectável com recurso ao método indirecto constante deste artigo, após tornar-se definitiva, deve ser comunicada pelo director de finanças ao Ministério Público e, tratando-se de funcionário ou titular de cargo sob tutela de entidade pública, também à tutela destes para efeitos de averiguações no âmbito da respectiva competência.([2])

11 – A avaliação indirecta no caso da alínea *f)* do nº 1 do artigo 87º deve ser feita no âmbito de um procedimento que inclua a investigação das contas bancárias, podendo no seu decurso o contribuinte regularizar a situação tributária, identificando e justificando a natureza dos rendimentos omitidos e corrigindo as declarações dos respectivos períodos.([3])

SUBSECÇÃO II
Critérios

ARTIGO 90º
Determinação da matéria tributável por métodos indirectos

1 – Em caso de impossibilidade de comprovação e quantificação directa e exacta da matéria tributável, a determinação da matéria tributável por métodos indirectos poderá ter em conta os seguintes elementos:

a) As margens médias do lucro líquido sobre as vendas e prestações de serviços ou compras e fornecimentos de serviços de terceiros;

b) As taxas médias de rentabilidade de capital investido;

c) O coeficiente técnico de consumos ou utilização de matérias-primas e outros custos directos;

([1]) Redacção dada pela Lei nº 53-A/2006, de 29 de Dezembro.
([2]) Aditado pela Lei nº 19/2008, de 21 de Abril.
([3]) Redacção dada pela Lei nº 94/2009, de 1 de Setembro.

d) Os elementos e informações declaradas à administração tributária, incluindo os relativos a outros impostos e, bem assim, os relativos a empresas ou entidades que tenham relações económicas com o contribuinte;
e) A localização e dimensão da actividade exercida;
f) Os custos presumidos em função das condições concretas do exercício da actividade;
g) A matéria tributável do ano ou anos mais próximos que se encontre determinada pela administração tributária.
h) O valor de mercado dos bens ou serviços tributados;
i) Uma relação congruente e justificada entre os factos apurados e a situação concreta do contribuinte.

2 – No caso de a matéria tributável se afastar significativamente para menos, sem razão justificada, dos indicadores objectivos de actividade de base técnico-científica, a sua determinação efectua-se de acordo com esses indicadores.

SUBSECÇÃO III
Procedimentos

ARTIGO 91º
Pedido de revisão da matéria colectável

1 – O sujeito passivo pode, salvo nos casos de aplicação do regime simplificado de tributação em que não sejam efectuadas correcções com base noutro método indirecto, solicitar a revisão da matéria tributável fixada por métodos indirectos em requerimento fundamentado dirigido ao órgão da administração tributária da área do seu domicílio fiscal, a apresentar no prazo de 30 dias contados a partir da data da notificação da decisão e contendo a indicação do perito que o representa.

2 – O pedido referido no número anterior tem efeito suspensivo da liquidação do tributo.

3 – Recebido o pedido de revisão e se estiverem reunidos os requisitos legais da sua admissão, o órgão da administração tributária referido no nº 1 designará no prazo de 8 dias um perito da administração tributária que preferencialmente não deve ter tido qualquer intervenção anterior no processo e marcará uma reunião entre este e o perito indicado pelo contribuinte a realizar no prazo máximo de 15 dias.

4 – No requerimento referido no nº 1, pode o sujeito passivo requerer a nomeação de perito independente, igual faculdade cabendo ao órgão da administração tributária até à marcação da reunião referida no nº 3.

5 – A convocação é efectuada com antecedência não inferior a 8 dias por carta registada e vale como desistência do pedido a não comparência injustificada do perito designado pelo contribuinte.

6 – Em caso de falta do perito do contribuinte, o órgão da administração tributária marcará nova reunião para o 5º dia subsequente, advertindo simultaneamente o perito do contribuinte que deverá justificar a falta à primeira reunião e que a não justificação da falta ou a não comparência à segunda reunião valem como desistência da reclamação.

7 – A falta do perito independente não obsta à realização das reuniões sem prejuízo de este poder apresentar por escrito as suas observações no prazo de cinco dias a seguir à reunião em que devia ter comparecido.

8 – O sujeito passivo que apresente pedido de revisão da matéria tributável não está sujeito a qualquer encargo em caso de indeferimento do pedido, sem prejuízo do disposto no número seguinte.

9 – Poderá ser aplicado ao sujeito passivo um agravamento até 5% da colecta reclamada quando se verificarem cumulativamente as seguintes circunstâncias:

a) Provar-se que lhe é imputável a aplicação de métodos indirectos;
b) A reclamação ser destituída de qualquer fundamento;
c) Tendo sido deduzida impugnação judicial, esta ser considerada improcedente.

10 – O agravamento referido no número anterior será aplicado pelo órgão da administração tributária referido no nº 1 e exigido adicionalmente ao tributo a título de custas.

11 – Os peritos da Fazenda Pública constarão da lista de âmbito distrital a aprovar anualmente pelo Ministro das Finanças até 31 de Março.

12 – As listas poderão estar organizadas, por sectores de actividade económica, de acordo com a qualificação dos peritos.

13 – Os processos de revisão serão distribuídos pelos peritos de acordo com a data de entrada e a ordem das listas referidas no nº 11, salvo impedimento ou outra circunstância devidamente fundamentada pela entidade referida no nº 1.

14 – As correcções meramente aritméticas da matéria tributável resultantes de imposição legal e as questões de direito, salvo quando referidas aos pressupostos de determinação indirecta da matéria tributável, não estão abrangidas pelo disposto neste artigo.

15 – É autuado um único procedimento de revisão em caso de reclamação de matéria tributável apurada na mesma acção de inspecção, ainda que respeitante a mais de um exercício ou tributo.

ARTIGO 92º
Procedimento de revisão

1 – O procedimento de revisão da matéria colectável assenta num debate contraditório entre o perito indicado pelo contribuinte e o perito da administração tributária, com a participação do perito independente, quando houver, e visa o estabelecimento de um acordo, nos termos da lei, quanto ao valor da matéria tributável a considerar para efeitos de liquidação.

2 – O procedimento é conduzido pelo perito da administração tributária e deve ser concluído no prazo de 30 dias contados do seu início, dispondo o perito do contribuinte de direito de acesso a todos os elementos que tenham fundamentado o pedido de revisão.

3 – Havendo acordo entre os peritos nos termos da presente subsecção, o tributo será liquidado com base na matéria tributável acordada.

4 – O acordo deverá, em caso de alteração da matéria inicialmente fixada, fundamentar a nova matéria tributável encontrada.

5 – Em caso de acordo, a administração tributária não pode alterar a matéria tributável acordada, salvo em caso de trânsito em julgado de crime de fraude fiscal envolvendo os elementos que serviram de base à sua quantificação, considerando-se então suspenso o prazo de caducidade no período entre o acordo e a decisão judicial.

6 – Na falta de acordo no prazo estabelecido no nº 2, o órgão competente para a fixação da matéria tributável resolverá, de acordo com o seu prudente juízo, tendo em conta as posições de ambos os peritos.

7 – Se intervier perito independente, a decisão deve obrigatoriamente fundamentar a adesão ou rejeição, total ou parcial, do seu parecer.

8 – No caso de o parecer do perito independente ser conforme ao do perito do contribuinte e a administração tributária resolver em sentido diferente, a reclamação graciosa ou impugnação judicial têm efeito suspensivo, independentemente da prestação de garantia quanto à parte da liquidação controvertida em que aqueles peritos estiveram de acordo.

ARTIGO 93º
Perito independente

1 – O perito independente referido no artigo anterior é sorteado entre as personalidades constantes de listas distritais, que serão organizadas pela Comissão Nacional, nos termos do artigo 94º.

2 – Os peritos independentes não podem desempenhar, ou ter desempenhado nos últimos três anos, qualquer função ou cargo público na administração financeira do Estado e seus organismos autónomos, Regiões Autónomas e autarquias locais, devem ser especialmente qualificados no domínio da economia, gestão ou auditoria de empresas e exercer actividade há mais de 10 anos.

3 – Sob pena de exclusão das listas distritais a determinar pelo presidente da Comissão Nacional, os peritos independentes não podem intervir nos processos de revisão de matéria tributária dos sujeitos passivos a quem, há menos de três anos, tenham prestado serviços a qualquer título.

4 – A remuneração dos peritos independentes é regulada por portaria do Ministro das Finanças.

ARTIGO 94º
Comissão Nacional

1 – Compete à Comissão Nacional de Revisão a elaboração trienal das listas distritais de peritos independentes a que se refere o artigo anterior e contribuir para a uniformidade dos critérios técnicos utilizados na determinação da matéria tributável por métodos indirectos.

2 – No desempenho das competências referidas no número anterior, deve a Comissão Nacional elaborar um relatório anual.

3 – A Comissão Nacional é constituída por representantes da Direcção-Geral dos Impostos, da Direcção-Geral das Alfândegas e dos Impostos Especiais sobre o Consumo e da Inspecção-Geral de Finanças e por cinco fiscalistas de reconhecido mérito que não façam parte da administração tributária, nem o tenham feito nos últimos cinco anos, a nomear por despacho do Ministro das Finanças, ouvido o Con-

selho Nacional de Fiscalidade e desde que a maioria dos representantes dos contribuintes e de entidades e organizações que representem categorias de interesses económicos, sociais e culturais que o integram se pronuncie favoravelmente.

4 – A Comissão Nacional, no exercício das competências referidas no nº 1, pode apresentar recomendações à administração tributária e proceder a correcção à composição das listas, designadamente afastando aquelas que se revelarem inidóneas para o adequado exercício das funções, por infracção aos deveres de zelo e imparcialidade que lhes cabem ou por falta injustificada às reuniões marcadas para apreciação do pedido de revisão da matéria colectável, fundamentando sempre o respectivo acto.

5 – O funcionamento da Comissão e o estatuto e remuneração dos seus membros são regulados por portaria do Ministro das Finanças.

TÍTULO IV
Do processo tributário

CAPÍTULO I
Acesso à justiça tributária

ARTIGO 95º
Direito de impugnação ou recurso

1 – O interessado tem o direito de impugnar ou recorrer de todo o acto lesivo dos seus direitos e interesses legalmente protegidos, segundo as formas de processo prescritas na lei.

2 – Podem ser lesivos, nomeadamente:

a) A liquidação de tributos, considerando-se também como tal para efeitos da presente lei os actos de autoliquidação, retenção na fonte e pagamento por conta;

b) A fixação de valores patrimoniais;

c) A determinação da matéria tributável por métodos indirectos quando não dê lugar a liquidação do tributo;

d) O indeferimento, expresso ou tácito e total ou parcial, de reclamações, recursos ou pedidos de revisão ou reforma da liquidação;

e) O agravamento à colecta resultante do indeferimento de reclamação;

f) O indeferimento de pedidos de isenção ou de benefícios fiscais sempre que a sua concessão esteja dependente de procedimento autónomo;

g) A fixação de contrapartidas ou compensações autoritariamente impostas em quaisquer procedimentos de licenciamento ou autorização;

h) Outros actos administrativos em matéria tributária;

i) A aplicação de coimas e sanções acessórias;

j) Os actos praticados na execução fiscal;

l) A apreensão de bens ou outras providências cautelares da competência da administração tributária.

ARTIGO 96º
Renúncia ao direito de impugnação ou recurso

1 – O direito de impugnação ou recurso não é renunciável, salvo nos casos previstos na lei.

2 – A renúncia ao exercício do direito de impugnação ou recurso só é válida se constar de declaração ou outro instrumento formal.

ARTIGO 97º
Celeridade da justiça tributária

1 – O direito de impugnar ou de recorrer contenciosamente implica o direito de obter, em prazo razoável, uma decisão que aprecie, com força de caso julgado, a pretensão regularmente deduzida em juízo e a possibilidade da sua execução.

2 – A todo o direito de impugnar corresponde o meio processual mais adequado de o fazer valer em juízo.

3 – Ordenar-se-á a correcção do processo quando o meio usado não for o adequado segundo a lei.

ARTIGO 98º
Igualdade de meios processuais

As partes dispõem no processo tributário de iguais faculdades e meios de defesa.

ARTIGO 99º
Princípio do inquisitório e direitos e deveres de colaboração processual

1 – O tribunal deve realizar ou ordenar oficiosa mente todas as diligências que se lhe afigurem úteis para conhecer a verdade relativamente aos factos ale gados ou de que oficiosamente pode conhecer.

2 – Os particulares estão obrigados a prestar colaboração nos termos da lei de processo civil.

3 – Todas as autoridades ou repartições públicas são obrigadas a prestar as informações ou remeter cópia dos documentos que o juiz entender necessários ao conhecimento do objecto do processo.

ARTIGO 100º
Efeitos de decisão favorável ao sujeito passivo

A administração tributária está obrigada em caso de procedência total ou parcial de reclamação, impugnação judicial ou recurso a favor do sujeito passivo, à imediata e plena reconstituição da legalidade do acto ou situação objecto do litígio, compreendendo o pagamento de juros indemnizatórios, se for caso disso, a partir do termo do prazo da execução da decisão.

CAPÍTULO II
Formas de processo e processo de execução

ARTIGO 101º
Meios processuais tributários

São meios processuais tributários:

a) A impugnação judicial;

b) A acção para reconhecimento de direito ou interesse legítimo em matéria tributária;

c) O recurso, no próprio processo, de actos de aplicação de coimas e sanções acessórias;

d) O recurso, no próprio processo, de actos praticados na execução fiscal;

e) Os procedimentos cautelares de arrolamento e de arresto;

f) Os meios acessórios de intimação para consulta de processos ou documentos administrativos e passagem de certidões;

g) A produção antecipada de prova;

h) A intimação para um comportamento, em caso de omissões da administração tributária lesivas de quaisquer direitos ou interesses legítimos;

i) A impugnação das providências cautelares adoptadas pela administração tributária;

j) Os recursos contenciosos de actos denegadores de isenções ou benefícios fiscais ou de outros actos relativos a questões tributárias que não impliquem a apreciação do acto de liquidação.

ARTIGO 102º
Execução da sentença

1 – A execução das sentenças dos tribunais tributários e aduaneiros segue o regime previsto para a execução das sentenças dos tribunais administrativos.

2 – Em caso de a sentença implicar a restituição de tributo já pago, são devidos juros de mora a partir do termo do prazo da sua execução espontânea([1]).

ARTIGO 103º
Processo de execução

1 – O processo de execução fiscal tem natureza judicial, sem prejuízo da participação dos órgãos da administração tributária nos actos que não tenham natureza jurisdicional.

2 – É garantido aos interessados o direito de reclamação para o juiz da execução fiscal dos actos materialmente administrativos praticados por órgãos da administração tributária, nos termos do número anterior.

([1]) Redacção dada pela Lei nº 67-A/2007, de 31 de Dezembro.

ARTIGO 104º
Litigância de má fé

1 – Sem prejuízo da isenção de custas, a administração tributária pode ser condenada numa sanção pecuniária a quantificar de acordo com as regras sobre a litigância de má fé em caso de actuar em juízo contra o teor de informações vinculativas anteriormente prestadas aos interessados ou o seu procedimento no pro cesso divergir do habitualmente adoptado em situações idênticas.

2 – O sujeito passivo poderá ser condenado em multa por litigância de má fé, nos termos da lei geral.

ARTIGO 105º
Alçadas

A lei fixará as alçadas dos tribunais tributários, sem prejuízo da possibilidade de recurso para o Supremo Tribunal Administrativo, em caso de este visar a uniformização das decisões sobre idêntica questão de direito.

Código de Procedimento e de Processo Tributário

Decreto-Lei nº 433/99, de 26 de Outubro

1 – A lei geral tributária, aprovada pelo artigo 1º do Decreto-Lei nº 398/98, de 17 de Dezembro, exige uma extensa e profunda adaptação às suas disposições dos vários códigos e leis tributárias, designadamente do Código de Processo Tributário, aprovado pelo artigo 1º do Decreto-Lei nº 154/91, de 23 de Abril.

Na verdade, aquela Lei chamou a si a regulamentação directa de aspectos essenciais da relação jurídico-tributária e do próprio procedimento tributário, que constavam até então do Código de Processo Tributário e de outras leis tributárias. Impõe-se agora a modificação da sistematização e disciplina deste Código, que ficará essencialmente a ser um código de processo judicial tributário e das execuções fiscais, sem prejuízo de complementar a regulamentação do procedimento tributário efectuada pela Lei Geral Tributária, o que é feito no Título II.

2 – A reforma do Código de Processo Civil efectuada pelos Decretos-Lei nº 329-A/95, de 12 de Dezembro, e nº 180/96, de 25 de Setembro, impõe também a harmonização com as suas disposições do Código de Processo Tributário.

O processo tributário é processo especial, mas a evolução do processo civil não podia deixar de reflectir-se na evolução do processo tributário, que não é qualquer realidade estática nem enclave autónomo do direito processual comum.

3 – As modificações agora introduzidas no Código de Processo Tributário (agora definido, de acordo com a nova terminologia da lei geral tributária, como sendo também código do procedimento tributário) visam também objectivos gerais de simplicidade e eficácia.

Simplicidade e eficácia não são, no entanto, incompatíveis com os direitos e garantias dos contribuintes. Pelo contrário, sem eficácia e simplicidade do procedimento e processo, esses direitos e garantias não passarão de proclamações retóricas, sem conteúdo efectivo. Pretende-se que a regulamentação do procedimento e processo tributários assegure não só a certeza, como a celeridade na declaração e realização dos direitos tributários, que é condição essencial de uma melhor justiça fiscal.

O presente Código de Procedimento e de Processo Tributário não se aplica apenas aos impostos administrados tradicionalmente pela Direcção-Geral dos Impostos (DGCI). Fica também claro que se aplica ao exercício dos direitos tributários em geral, quer pela DGCI, quer por outras entidades públicas, designadamente a Direcção-Geral das Alfândegas e dos Impostos Especiais sobre o Consumo (DGAIEC), quer inclusivamente por administrações tributárias não dependentes do Ministério das Finanças. Foram eliminadas todas as referências ao Código de Processo Tributário que inviabilizavam ou dificultavam a sua aplicação por parte das referidas entidades, sem prejuízo de se salvaguardar o disposto no direito comunitário ou em lei especial que pontualmente aponte para soluções diferentes das consagradas no presente Código. Paralelamente, introduziram-se no Regulamento das Custas dos Processos Tributários, aprovado pelo artigo 1º do Decreto-Lei nº 29/98, de 11 de Fevereiro, as adaptações destinadas a viabilizar a sua efectiva aplicação aos processos aduaneiros.

4 – A opção por novas sistematização e ordenação das disposições que integravam o Código de Processo Tributário resulta da amplitude das modificações exigidas pela lei geral tributária e pela reforma do Código de Processo Civil. É o resultado, no entanto, de meras opções de técnica legislativa, não representando qualquer alteração substancial do actual quadro das relações Fisco-contribuinte, que é considerado equilibrado, e mantendo-se rigorosamente no âmbito da autorização legislativa concedida pelo nº 1 do artigo 51º da Lei nº 87-B/98, de 31 de Dezembro.

5 – O título I do presente Código mantém, na medida do possível, a estrutura do título I do Código do Processo Tributário, expurgada das matérias substantivas, incluindo as normas sobre responsabilidade tributária, que passaram entretanto a constar da lei geral tributária.

Assinalam-se em especial nesse título a adaptação das normas sobre a personalidade e capacidade tributárias, prazos e notificações às alterações do Código de Processo Civil e à lei geral tributária e a definição de um quadro claro de resolução de conflitos de competências, incluindo entre administrações tributárias diferentes.

6 – No título II, registam-se a adaptação das normas de procedimento tributário que não foram incluídas na lei geral tributária aos princípios e disposições desta, a consagração do princípio do duplo grau de decisão no procedimento tributário, que é uma garantia da sua celeridade e eficácia, a possibilidade de, em caso de erro na forma de procedimento, este ser convolado na forma adequada, o desenvolvimento dos deveres de informação dos contribuintes previstos na lei geral tributária, a regulamentação de sub-procedimentos de especial importância, como os da declaração de abuso de direito ou de elisão de presunções legais, e a simplificação do processo de decisão das reclamações. São igualmente integradas no Código as normas de natureza procedimental do Estatuto dos Benefícios Fiscais, que não devam caber na lei geral tributária.

7 – No processo judicial tributário, que integra o título III, anotam-se especialmente, além da simplificação do processo de decisão, incluindo na fase da preparação do processo pela administração tributária, a regulamentação, pela primeira vez, da impugnação das providências cautelares adoptadas pela administração tributária e da possibilidade de reacção dos contribuintes contra omissões lesivas da administração tributária, dando-se assim, consagração a inovações da última revisão constitucional obviamente acolhidas pela lei geral tributária.

8 – Na execução fiscal, que integra o título IV, avulta essencialmente a sua adequação ao modelo do novo processo civil, acentuando-se a ideia de uma execução não universal, mas simultaneamente ampliando-se as garantias do executado e de terceiros, sem prejuízo das necessárias eficácia e celeridade do processo.

9 – No título V, regressa-se ao modelo do Código de Processo das Contribuições e Impostos, reconhecido como mais adequado, da autonomização da matéria dos recursos jurisdicionais e esclarecem-se algumas das soluções legislativas do Código de Processo Tributário à luz da experiência concreta da sua aplicação. Procede-se também, de acordo com o balanço feito da

aplicação do Código de Processo Tributário, a uma simplificação e harmonização do sistema de recursos.

10 – Finalmente, a aprovação do presente Código insere-se na linha da Resolução de Conselho de Ministros nº 119/97, de 14 de Julho, na medida em que reforça e aperfeiçoa o sistema de garantias dos contribuintes e imprime maior eficácia e celeridade à justiça tributária.

Foi ouvida a Associação Nacional de Municípios Portugueses.

Assim:

No uso da autorização legislativa concedida pelos nºs 1 e 6 do artigo 51º da Lei nº 87 B/92, de 31 de Dezembro, e nos termos das alíneas a) e b) do nº 1 do artigo 198º da Constituição, o Governo decreta, para valer como lei geral da República, o seguinte:

ARTIGO 1º
Aprovação

É aprovado o Código de Procedimento e de Processo Tributário, que faz parte integrante do presente decreto-lei.

ARTIGO 2º
Revogação

1 – É revogado a partir da entrada em vigor do Código de Procedimento e de Processo Tributário o Código de Processo Tributário aprovado pelo artigo 1º do Decreto-Lei nº 154/91, de 23 de Abril, bem como toda a legislação contrária ao Código aprovado pelo presente decreto-lei, sem prejuízo das disposições que este expressamente mantenha em vigor.

2 – Ficam também revogados a partir da entrada em vigor do presente Código os artigos 14º a 17º do Estatuto dos Benefícios Fiscais, aprovado pelo artigo 1º do Decreto-Lei nº 215/89, de 1 de Julho.

ARTIGO 3º
Continuação em vigor

1 – Até à revisão do Regime Jurídico das Infracções Fiscais não Aduaneiras, aprovado pelo artigo 1º do Decreto-Lei nº 20-A/90, de 15 de Janeiro, continuarão em vigor os artigos 25º a 30º, 35º, 36º e 180º a 232º do Código de Processo Tributário.

2 – Manter-se-á em vigor o disposto nos nºs 1 e 2 do artigo 49º do Código de Processo Tributário, na parte relativa à contagem do prazo de interposição do recurso das decisões de aplicação das coimas.

ARTIGO 4º
Entrada em vigor

O Código de Procedimento e de Processo Tributário entra em vigor a 1 de Janeiro de 2000 e só se aplica aos procedimentos iniciados e aos processos instaurados a partir dessa data.

ARTIGO 5º
Unidade de conta

Para efeitos do Código aprovado pelo presente Decreto-Lei, considera-se unidade de conta a unidade de conta processual a que se referem os nºs 5 e 6 do Decreto-Lei nº 212/89, de 30 de Junho.

ARTIGO 6º
Disposições especiais

1 – Consideram-se órgãos periféricos locais, para efeitos do código aprovado pelo presente decreto-lei, as repartições de finanças e tesourarias de Fazenda Pública da Direcção-Geral dos Impostos (DGCI) e as alfândegas, delegações aduaneiras e postos aduaneiros da Direcção-Geral das Alfândegas e dos Impostos Especiais sobre o Consumo (DGAIEC).

2 – Na execução fiscal consideram-se órgãos periféricos locais as repartições de finanças ou quaisquer outros órgãos da administração tributária a quem lei especial atribua as competências destas no processo.

3 – Consideram-se órgãos periféricos regionais, para efeitos do código aprovado pelo presente decreto-lei, as direcções de finanças da DGCI e as alfândegas da DGAIEC de que dependam os postos aduaneiros ou delegações aduaneiras, sempre que estejam em causa actos por estes praticados.

4 – Nos tributos, incluindo parafiscais, não administrados pelas entidades referidas nos números 1 e 3, consideram-se órgãos periféricos locais os territorial mente competentes para a sua liquidação e cobrança e órgãos periféricos regionais os imediatamente superiores.

ARTIGO 7º
Tributos administrados por autarquias locais

1 – As competências atribuídas no código aprovado pelo presente decreto-lei a órgãos periféricos locais serão exercidas, nos termos da lei, em caso de tributos administrados por autarquias locais, pela respectiva autarquia.

2 – As competências atribuídas no código aprovado pelo presente decreto-lei ao dirigente máximo do serviço ou a órgãos executivos da administração tributária serão exercidas, nos termos da lei, pelo presidente da autarquia.

3 – As competências atribuídas pelo código aprovado pelo presente decreto-lei ao representante da Fazenda Pública serão exercidas, nos termos da lei, por licenciado em direito desempenhando funções de mero apoio jurídico.

ARTIGO 8º
Constituição de fundo

....

ARTIGO 9º
Processos aduaneiros

....

ARTIGO 10º
Remissões

Consideram-se feitas para as disposições correspondentes do Código de Procedimento e de Processo Tributário todas as remissões efectuadas nos códigos e leis tributárias, bem como em legislação avulsa, para o Código de Processo Tributário.

Código de Procedimento e de Processo Tributário

TÍTULO I
Disposições gerais

CAPÍTULO I
Âmbito e direito subsidiário

ARTIGO 1º
Âmbito

O presente Código aplica-se, sem prejuízo do disposto no direito comunitário, noutras normas de direito internacional que vigorem directamente na ordem interna, na lei geral tributária ou em legislação especial, incluindo as normas que regulam a liquidação e cobrança dos tributos parafiscais:

a) Ao procedimento tributário;
b) Ao processo judicial tributário;
c) À cobrança coerciva das dívidas exigíveis em processo de execução fiscal;
d) Aos recursos jurisdicionais.

ARTIGO 2º
Direito subsidiário

São de aplicação supletiva ao procedimento e processo judicial tributário, de acordo com a natureza dos casos omissos:

a) As normas de natureza procedimental ou processual dos códigos e demais leis tributárias;
b) As normas sobre a organização e funcionamento da administração tributária;
c) As normas sobre organização e processo nos tribunais administrativos e tributários;
d) O Código do Procedimento Administrativo;
e) O Código de Processo Civil.

CAPÍTULO II
Dos sujeitos procedimentais e processuais

SECÇÃO I
Da personalidade e da capacidade tributárias

ARTIGO 3º
Personalidade e capacidade tributárias

1 – A personalidade judiciária tributária resulta da personalidade tributária.

2 – A capacidade judiciária e para o exercício de quaisquer direitos no procedimento tributário tem por base e por medida a capacidade de exercício dos direitos tributários.

3 – Os incapazes só podem estar em juízo e no procedimento por intermédio dos seus representantes, ou autorizados pelo seu curador, excepto quanto aos actos que possam exercer pessoal e livremente.

ARTIGO 4º
Intervenção das sucursais

As sucursais, agências, delegações ou representações podem intervir, no procedimento ou no processo judicial tributário, mediante autorização expressa da administração principal, quando o facto tributário lhes respeitar.

ARTIGO 5º
Mandato tributário

1 – Os interessados ou seus representantes legais podem conferir mandato, sob a forma prevista na lei, para a prática de actos de natureza procedimental ou processual tributária que não tenham carácter pessoal.

2 – O mandato tributário só pode ser exercido, nos termos da lei, por advogados, advogados estagiários e solicitadores quando se suscitem ou discutam questões de direito perante a administração tributária em quaisquer petições, reclamações ou recursos.

3 – A revogação do mandato tributário só produz efeitos para com a administração tributária quando lhe for notificada.

ARTIGO 6º
Mandato judicial

1 – É obrigatória a constituição de advogado nas causas judiciais cujo valor exceda o décuplo da alçada do tribunal tributário de 1ª instância, bem como nos processos da competência do Tribunal Central Administrativo e do Supremo Tribunal Administrativo.

2 – No caso de não intervir mandatário judicial, a assinatura do interessado será acompanhada da indicação, feita pelo signatário, do número, data e entidade emitente do respectivo bilhete de identidade ou documento equivalente emitido por autoridade competente de um dos países da União Europeia ou do passaporte, confrontada com o respectivo documento de identificação.

3 – Quando o interessado não souber ou não puder escrever, será admitida a assinatura a rogo, identificando-se o rogado através do bilhete de identidade ou documento equivalente.

ARTIGO 7º
Curador especial ou provisório

1 – Em caso de, no procedimento tributário, se apurar a inexistência de designação de um representante legal do incapaz e sem prejuízo dos poderes legalmente atribuídos ao Ministério Público, deve a entidade legal mente incumbida da sua direcção requerer de imediato a sua nomeação ao tribunal competente e, em caso de urgência, proceder simultaneamente à nomeação de um curador provisório que o represente até à nomeação do representante legal.

2 – O disposto no número anterior aplica-se às pessoas singulares que, por anomalia psíquica ou qualquer outro motivo grave, se mostre estarem impossibilitadas de receber as notificações ou citações promovidas pela administração tributária ou ausentes em parte incerta sem representante legal ou procurador.

3 – O curador a que se refere o presente artigo tem direito ao reembolso pelo representado das despesas que comprovadamente haja efectuado no exercício das suas funções.

ARTIGO 8º
Representação das entidades desprovidas de personalidade jurídica mas que dispõem de personalidade tributária e das sociedades ou pessoas colectivas sem representante conhecido

1 – As entidades desprovidas de personalidade jurídica mas que disponham de personalidade tributária são representadas pelas pessoas que, legalmente ou de facto, efectivamente as administrem.

2 – Aplica-se o disposto no nº 1 do artigo anterior, com as adaptações necessárias, se as pessoas colectivas ou entes legalmente equiparados não dispuserem de quem as represente.

SECÇÃO II
Da legitimidade

ARTIGO 9º
Legitimidade

1 – Têm legitimidade no procedimento tributário, além da administração tributária, os contribuintes, incluindo substitutos e responsáveis, outros obrigados tributários, as partes dos contratos fiscais e quaisquer outras pessoas que provem interesse legalmente protegido.

2 – A legitimidade dos responsáveis solidários resulta da exigência em relação a eles do cumprimento da obrigação tributária ou de quaisquer deveres tributários, ainda que em conjunto com o devedor principal.

3 – A legitimidade dos responsáveis subsidiários resulta de ter sido contra eles ordenada a reversão da execução fiscal ou requerida qualquer providência cautelar de garantia dos créditos tributários.

4 – Têm legitimidade no processo judicial tributário, além das entidades referidas nos números anteriores, o Ministério Público e o representante da Fazenda Pública.

SECÇÃO III
Da competência

ARTIGO 10º
Competências da administração tributária

1 – Aos serviços da administração tributária cabe:

a) Liquidar e cobrar ou colaborar na cobrança dos tributos, nos termos das leis tributárias;

b) Proceder à revisão oficiosa dos actos tributários;

c) Decidir as petições e reclamações e pronunciar-se sobre os recursos hierárquicos apresentados pelos contribuintes;

d) Reconhecer isenções ou outros benefícios fiscais e praticar, nos casos previstos na lei, outros actos administrativos em matéria tributária;

e) Receber e enviar ao tribunal tributário competente as petições iniciais nos processos de impugnação judicial que neles sejam entregues e dar cumprimento ao disposto nos artigos 111º e 112º;

f) Instaurar os processos de execução fiscal e realizar os actos a estes respeitantes, salvo os previstos no nº 1 do artigo 151º do presente Código;

g) Cobrar as custas dos processos e dar-lhes o destino legal;

h) Efectuar as diligências que lhes sejam ordenadas ou solicitadas pelos tribunais tributários;

i) Cumprir deprecadas;

j) Realizar os demais actos que lhes sejam cometidos na lei.

2 – Sem prejuízo do disposto na lei, designadamente quanto aos procedimentos relativos a tributos parafiscais, serão competentes para o procedimento os órgãos periféricos locais da administração tributária do domicílio ou sede do contribuinte, da situação dos bens ou da liquidação.

3 – Se a administração tributária não dispuser de órgãos periféricos locais, serão competentes os órgãos periféricos regionais da administração tributária do domicílio ou sede do contribuinte, da situação dos bens ou da liquidação.

4 – Se a administração tributária não dispuser de órgãos periféricos regionais, as competências atribuídas pelo presente Código a esses órgãos serão exercidas pelo dirigente máximo do serviço ou por aquele em quem ele delegar essa competência.

5 – Salvo disposição expressa em contrário, a competência do serviço determina-se no início do procedimento, sendo irrelevantes as alterações posteriores.

ARTIGO 11º
Conflitos de competência

1 – Os conflitos positivos ou negativos de competência entre diferentes serviços do mesmo órgão da administração tributária são resolvidos pelo seu dirigente máximo.

2 – Os conflitos positivos ou negativos de competência entre órgãos da administração tributária pertencentes ao mesmo Ministério são resolvidos pelo Ministro respectivo.

3 – Os conflitos positivos ou negativos de competência entre órgãos da administração tributária pertencentes a Ministérios diferentes são resolvidos pelo Primeiro-Ministro.

4 – Os conflitos positivos ou negativos da competência entre órgãos da administração tributária do Governo Central, dos Governos Regionais e das autarquias locais são resolvidos, nos termos do presente Código, pelos tribunais tributários.

5 – São resolvidos oficiosamente os conflitos de competência dentro do mesmo Ministério, devendo os órgãos que os suscitarem solicitar a sua resolução à entidade competente no prazo de 8 dias.

6 – Salvo disposição em contrário, o interessado deve requerer a resolução do conflito de competência no prazo de 30 dias após a notificação da decisão ou do conhecimento desta.

ARTIGO 12º
Competência dos tribunais tributários

1 – Os processos da competência dos tribunais tributários são julgados em 1ª instância pelo tribunal da área do serviço periférico local onde se praticou o acto objecto da impugnação ou onde deva instaurar-se a execução.

2 – No caso de actos tributários ou em matéria tributária praticados por ou tros serviços da administração tributária, julgará em 1ª instância o tribunal da área do domicilio ou sede do contribuinte, da situação dos bens ou da transmissão.

ARTIGO 13º
Poderes do juiz

1 – Aos juízes dos tribunais tributários incumbe a direcção e julgamento dos processos da sua jurisdição, devendo realizar ou ordenar todas as diligências que considerem úteis ao apuramento da verdade relativamente aos factos que lhes seja lícito conhecer.

2 – As autoridades e repartições públicas são obrigadas a prestar as informações que o juiz entender necessárias ao bom andamento dos processos.

ARTIGO 14º
Competência do Ministério Público

1 – Cabe ao Ministério Público a defesa da legalidade, a promoção do inte resse público e a representação dos ausentes, incertos e incapazes.

2 – O Ministério Público será sempre ouvido nos processos judiciais antes de ser proferida a decisão final, nos termos deste Código.

ARTIGO 15º
Competência do representante da Fazenda Pública

1 – Compete ao representante da Fazenda Pública nos tribunais tributários:

a) Representar a administração tributária e, nos termos da lei, quais quer outras entidades públicas no processo judicial tributário e no processo de execução fiscal;

b) Recorrer e intervir em patrocínio da Fazenda Pública na posição de recorrente ou recorrida;
c) Praticar quaisquer outros actos previstos na lei.

2 – No exercício das suas competências, deve o representante da Fazenda Pública promover o rápido andamento dos processos, podendo requisitar às repartições públicas os elementos de que necessitar e solicitar, nos termos da lei, aos serviços da administração tributária as diligências necessárias.

3 – Quando a representação do credor tributário não for do representante da Fazenda Pública, as competências deste são exercidas pelo mandatário judicial que aquele designar.

ARTIGO 16º
Incompetência absoluta em processo judicial

1 – A infracção das regras de competência em razão da hierarquia e da matéria determina a incompetência absoluta do tribunal.

2 – A incompetência absoluta é de conhecimento oficioso e pode ser arguida pelos interessados ou suscitada pelo Ministério Público, ou pelo representante da Fazenda Pública até ao trânsito em julgado da decisão final.

ARTIGO 17º
Incompetência territorial em processo judicial

1 – A infracção das regras de competência territorial determina a incompetência relativa do tribunal ou serviço periférico local ou regional onde correr o processo.

2 – A incompetência relativa só pode ser arguida:

a) No processo de impugnação, pelo representante da Fazenda Pública, antes do início da produção da prova;
b) No processo de execução, pelo executado, até findar o prazo para a oposição.

3 – Se a petição de impugnação for apresentada em serviço periférico local ou regional territorialmente incompetente, o seu dirigente promoverá a sua remessa para o serviço considerado competente no prazo de 48 horas, disso notificando o impugnante.

ARTIGO 18º
Efeitos da declaração judicial de incompetência

1 – A decisão judicial da incompetência territorial implica a remessa oficiosa do processo ao tribunal competente no prazo de 48 horas.

2 – Nos restantes casos de incompetência pode o interessado, no prazo de 14 dias a contar da notificação da decisão que a declare, requerer a remessa do processo ao tribunal competente.

3 – A decisão que declare a incompetência indicará o tribunal considerado competente.

4 – Em qualquer dos casos, a petição considera-se apresentada na data do primeiro registo do processo.

ARTIGO 19º
Deficiências ou irregularidades processuais

O tribunal ou qualquer serviço da administração tributária para onde subir o processo, se nele verificar qualquer deficiência ou irregularidade que não possa sanar, mandá-lo-á baixar para estas serem supridas.

SECÇÃO IV
Dos actos procedimentais e processuais

SUBSECÇÃO I
Dos prazos

ARTIGO 20º
Contagem dos prazos

1 – Os prazos do procedimento tributário e de impugnação judicial contam-se nos termos do artigo 279º do Código Civil.

2 – Os prazos para a prática de actos no processo judicial contam-se nos termos do Código de Processo Civil.

ARTIGO 21º
Despacho e sentenças. Prazos

Na falta de disposições especiais, observar-se-ão os seguintes prazos para os despachos e sentenças:

a) Os despachos que não sejam de mero expediente serão proferidos dentro de 10 dias, devendo os de mero expediente ser proferidos no prazo de 5 dias;

b) As sentenças serão proferidas dentro de 20 dias.

ARTIGO 22º
Promoções do Ministério Público e do representante da Fazenda Pública. Prazo

1 – No processo judicial tributário, os prazos para a prática de actos pelo Ministério Público e pelo representante da Fazenda Pública têm a natureza de prazos peremptórios.

2 – Na falta de disposição especial, os prazos mencionados no nº 1 são de 15 dias na 1ª instância e de 30 dias nos tribunais superiores.

ARTIGO 23º
Prazos fixados

1 – Quando, nos termos da lei, o prazo do acto deva ser fixado pela administração tributária ou pelo juiz, este não pode ser inferior a 10 nem superior a 30 dias.

2 – Se a administração tributária ou o juiz não fixarem o prazo, este será de 10 dias.

ARTIGO 24º
Passagem de certidões e cumprimento de cartas precatórias. Prazos

1 – As certidões de actos e termos do procedimento tributário e do processo judicial, bem como os comprovativos de cadastros ou outros elementos em arquivo na administração tributária, sempre que informatizados, são passados por via electrónica através da Internet ou mediante impressão nos serviços da administração tributária, e os pedidos respectivos formulados por transmissão electrónica de dados, nos termos previstos por portaria do Ministro das Finanças.(¹)

2 – Nos procedimentos e processos não informatizados, as certidões e termos serão obrigatoriamente passados mediante a apresentação de pedido escrito ou oral, no prazo máximo de 10 dias.(¹)

3 – As certidões poderão ser passadas no prazo de 48 horas caso a administração tributária disponha dos elementos necessários e o contribuinte invoque fundamentadamente urgência na sua obtenção.

4 – A validade de certidões passadas pela administração tributária que estejam sujeitas a prazo de caducidade poderá ser prorrogada, a pedido dos interessados, por períodos sucessivos de um ano, que não poderão ultrapassar três anos, desde que não haja alteração dos elementos anteriormente certificados.

5 – O pedido a que se refere o número anterior pode ser formulado no requerimento inicial, competindo aos serviços, no momento da prorrogação, a verificação de que não houve alteração dos elementos anteriormente certificados.(²)

6 – As cartas precatórias serão cumpridas nos 60 dias posteriores ao da sua entrada nos serviços deprecados.

ARTIGO 25º
Cumprimento dos prazos

Os serviços competentes da administração tributária ou dos tribunais tributários elaborarão relações trimestrais dos procedimentos e processos em que os prazos previstos no presente Código não foram injustificadamente cumpridos e remetê-las-ão às entidades com competência inspectiva e disciplinar sobre os responsáveis do incumprimento, para os efeitos que estas entenderem apropriados.

SUBSECÇÃO II
Do expediente interno

ARTIGO 26º
Recibos

1 – Os serviços da administração tributária passarão obrigatoriamente recibo das petições e de quaisquer outros requerimentos, exposições ou reclamações, com menção dos documentos que os instruam e da data da apresentação, independentemente da natureza do processo administrativo ou judicial.

(¹) Redacção dada pelo Decreto-Lei nº 238/2006, de 20 de Dezembro.
(²) Aditado pelo Decreto-Lei nº 238/2006, de 20 de Dezembro.

2 – No caso de remessa pelo correio, sob registo, de requerimentos, petições ou outros documentos dirigidos à administração tributária, considera-se que a mesma foi efectuada na data do respectivo registo, salvo o especialmente estabelecido nas leis tributárias.

ARTIGO 27º
Processos administrativos ou judiciais instaurados. Extracção de verbetes. Averbamentos. Verbetes e cartas precatórias

1 – Dos processos administrativos ou judiciais instaurados extrair-se-ão verbetes informatizados, os quais conterão o seu número, a data da autuação, nome, número de identificação fiscal e domicílio do requerente, reclamante, impugnante, executado ou arguido, proveniência e montante da dívida ou valor do processo e natureza da infracção.

2 – No espaço reservado a averbamentos, além de quaisquer outras indicações úteis, anotar-se-ão, além do respectivo número de identificação fiscal, o novo domicílio do requerente, reclamante, impugnante ou executado, os nomes e moradas dos representantes das sociedades ou empresas de responsabilidade limitada, dos restantes responsáveis solidários ou subsidiários e dos sucessores do executado e os motivos de extinção da execução.

3 – Sempre que exista, em relação ao interessado, algum verbete relativo a outro processo administrativo ou judicial, extrair-se-ão dele os elementos úteis ao andamento do novo procedimento ou processo.

4 – Serão também extraídos verbetes informatizados das cartas precatórias recebidas.

5 – Apenas em caso de impossibilidade de processamento dos verbetes por meios informáticos, poderão estes ser processados manualmente.

ARTIGO 28º
Arquivo

1 – Com os verbetes a que se refere o artigo anterior, organizar-se-á um índice geral alfabético informatizado dos processos administrativos e judiciais.

2 – À medida que os processos administrativos ou judiciais findarem, serão os verbetes retirados do índice geral vivo e com eles organizar-se-ão, de acordo com as características do serviço e a natureza de cada um dele, os seguintes índices históricos:

a) Processos administrativos de reclamação graciosa;

b) Processos administrativos de cobrança *a posteriori* dos tributos;

c) Processos administrativos de reembolso ou dispensa de pagamento dos tributos;

d) Processos de impugnação judicial;

e) Execuções extintas por cobrança;

f) Execuções extintas por dação;

g) Execuções extintas por confusão;

h) Execuções extintas por conversão de créditos em capital.

i) Execuções extintas por transferência de titularidade dos créditos.

j) Execuções extintas por perdão ou amnistia;
k) Execuções extintas por prescrição;
l) Execuções extintas por anulação das dívidas;
m) Execuções extintas por declaração em falhas;
n) Cartas precatórias cumpridas;
o) Outros processos administrativos;
p) Outros processos judiciais.

3 – Apenas em caso de impossibilidade de processamento dos índices por meios informáticos, poderão estes ser processados manualmente.

4 – Os documentos integrando os processos administrativos ou judiciais correspondentes aos verbetes referidos no nº 2 manter-se-ão arquivados por 8 anos, salvo aqueles em que tenha havido venda de bens, subrogação, oposição, embargos de terceiros e reclamação de créditos quando os pagamentos tenham sido efectuados de acordo com a graduação de créditos, que permanecerão arquivados por tempo indeterminado.

ARTIGO 29º
Modelo dos impressos processuais

1 – Os impressos a utilizar no procedimento administrativo tributário obedecerão a modelos aprovados pelo membro do Governo ou órgão executivo de quem dependam os serviços da administração tributária.

2 – Os impressos a utilizar no processo judicial tributário e no processo de execução fiscal obedecerão a modelos aprovados pelo Minis tro das Finanças e pelo Ministro da Justiça.

ARTIGO 30º
Consulta dos processos administrativos ou judiciais

1 – Os documentos dos processos administrativos e judiciais pendentes ou arquivados podem ser consultados pelos interessados ou seus representantes.

2 – Os mandatários judiciais constituídos podem requerer que os processos pendentes ou arquivados nos tribunais lhes sejam confiados para exame fora da secretaria, com observância das normas do Código de Processo Civil.

ARTIGO 31º
Editais

1 – Quando, nos termos da lei, houver lugar à publicação de editais ou anúncios, esta será feita a expensas do interessado, entrando em regra de custas.

2 – Os editais e os anúncios publicados na imprensa são juntos aos restantes documentos do processo administrativo ou judicial, com indicação do título do jornal e a data e custo da publicação.[1]

---

[1] Redacção dada pelo Decreto-Lei nº 238/2006, de 20 de Dezembro.

ARTIGO 32º
Restituição de documentos

Findo o processo administrativo ou judicial, os documentos serão restituídos ao interessado a seu pedido, sendo substituídos por certidões do mesmo teor ou, tratando-se de documentos que existam permanentemente em repartições ou serviços públicos, desde que fique no processo a indicação da repartição ou serviço e do livro e lugar respectivos.

ARTIGO 33º
Processos administrativos ou judiciais concluídos

1 – Os documentos dos processos administrativos ou judiciais concluídos, de pois de mensalmente descarregados no registo geral, serão arquivados no tribunal ou serviço que os tenha instaurado, por ordem sequencial ou alfabética, em tantos maços distintos quantos os índices especiais referidos no artigo 28º.

2 – O disposto no número anterior não prejudica a obrigação de remessa dos processos concluídos ao órgão da administração tributária competente para a execução da sentença ou acórdão, nos termos previstos neste Código.([1])

ARTIGO 34º
Valor probatório dos documentos existentes nos arquivos da administração tributária

1 – O conhecimento dos documentos existentes nos arquivos da administração tributária, relativos às relações estabelecidas com os contribuintes no âmbito da execução da política tributária ou outra, pode ser obtido pelas seguintes formas:

a) Informação escrita;
b) Certidão, fotocópia, reprodução de microfilme, reprodução de registo informático ou reprodução de registo digital.

2 – As cópias obtidas a partir dos suportes arquivísticos utilizados na administração tributária têm a força probatória do original, desde que devidamente autenticadas.

3 – O interessado pode requerer, nos termos legais, o confronto das cópias referidas no número anterior com o original.

SUBSECÇÃO III
Das notificações e citações

ARTIGO 35º
Notificações e citações

1 – Diz-se notificação o acto pelo qual se leva um facto ao conhecimento de uma pessoa ou se chama alguém a juízo.

([1]) Aditado pelo Decreto-Lei nº 238/2006, de 20 de Dezembro.

2 – A citação é o acto destinado a dar conhecimento ao executado de que foi proposta contra ele determinada execução ou a chamar a esta, pela primeira vez, pessoa interessada.

3 – Os despachos a ordenar citações ou notificações podem ser impressos e assinados por chancela.

ARTIGO 36º
Notificações em geral

1 – Os actos em matéria tributária que afectem os direitos e interesses legítimos dos contribuintes só produzem efeitos em relação a estes quando lhes sejam validamente notificados.

2 – As notificações conterão sempre a decisão, os seus fundamentos e meios de defesa e prazo para reagir contra o acto notificado, bem como a indicação da entidade que o praticou e se o fez no uso de delegação ou subdelegação de competências.

3 – Constitui notificação o recebimento pelo interessado de cópia de acta ou assento do acto a que assista.

ARTIGO 37º
Comunicação ou notificação insuficiente

1 – Se a comunicação da decisão em matéria tributária não contiver a fundamentação legalmente exigida, a indicação dos meios de reacção contra o acto notificado ou outros requisitos exigidos pelas leis tributárias, pode o interessado, dentro de 30 dias ou dentro do prazo para reclamação, recurso ou impugnação ou outro meio judicial que desta decisão caiba, se inferior, requerer a notificação dos requisitos que tenham sido omitidos ou a passagem de certidão que os contenha, isenta de qualquer pagamento.

2 – Se o interessado usar da faculdade concedida no número anterior, o prazo para a reclamação, recurso, impugnação ou outro meio judicial conta-se a partir da notificação ou da entrega da certidão que tenha sido requerida.

3 – A apresentação do requerimento previsto no nº 1 pode ser provada por duplicado do mesmo, com o registo de entrada no serviço que promoveu a comunicação ou notificação ou por outro documento autêntico.

4 – No caso de o tribunal vier a reconhecer como estando errado o meio de reacção contra o acto notificado indicado na notificação, poderá o meio de reacção adequado ser ainda exercido no prazo de 30 dias a contar do trânsito em julgado da decisão judicial.

ARTIGO 38º
Avisos e notificações por via postal ou telecomunicações endereçadas

1 – As notificações são efectuadas obrigatoriamente por carta registada com aviso de recepção, sempre que tenham por objecto actos ou decisões susceptíveis de alterarem a situação tributária dos contribuintes ou a convocação para estes assistirem ou participarem em actos ou diligências.

2 – Para efeitos do disposto no número anterior, a comunicação dos serviços postais para levantamento de carta registada remetida pela administração fiscal deve sempre conter de forma clara a identificação do remetente.

3 – As notificações não abrangidas pelo nº 1, bem como as relativas às liquidações de tributos que resultem de declarações dos contribuintes ou de correcções à matéria tributável que tenha sido objecto de notificação para efeitos do direito de audição, são efectuadas por carta registada.([1])

4 – As notificações relativas a liquidações de impostos periódicos feitas nos prazos previstos na lei são efectuadas por simples via postal.([1])

5 – As notificações serão pessoais nos casos previstos na lei ou quando a entidade que a elas proceder o entender necessário.

6 – Às notificações pessoais aplicam-se as regras sobre a citação pessoal.

7 – O funcionário que emitir qualquer aviso ou notificação indicará o seu nome e mencionará a identificação do procedimento ou processo e o resumo dos seus objectivos.

8 – As notificações referidas nos nºs 3 e 4 do presente artigo podem ser efectuadas, nos termos do número anterior, por telefax quando a administração tributária tenha conhecimento do número de telefax do notificando e possa posteriormente confirmar o conteúdo da mensagem e o momento em que foi enviada([2]).

9 – As notificações referidas no presente artigo podem ser efectuadas por transmissão electrónica de dados, que equivalem, consoante os casos, à remessa por via postal registada ou por via postal registada com aviso de recepção.([3])

10 – *(Revogado.)*([4])

ARTIGO 39º
Perfeição das notificações

1 – As notificações efectuadas nos termos do nº 3 do artigo anterior presumem-se feitas no 3º dia posterior ao do registo ou no 1º dia útil seguinte a esse, quando esse dia não seja útil.

2 – A presunção do número anterior só pode ser ilidida pelo notificado quando não lhe seja imputável o facto de a notificação ocorrer em data posterior à presumida, devendo para o efeito a administração tributária ou o tribunal, com base em requerimento do interessado, requerer aos correios informação sobre a data efectiva da recepção.

3 – Havendo aviso de recepção, a notificação considera-se efectuada na data em que ele for assinado e tem-se por efectuada na própria pessoa do notificando, mesmo quando o aviso de recepção haja sido assinado por terceiro presente no domicílio do contribuinte, presumindo-se neste caso que a carta foi oportunamente entregue ao destinatário.

4 – O distribuidor do serviço postal procederá à notificação das pessoas referidas no número anterior por anotação do bilhete de identidade ou de outro documento oficial.

5 – Em caso de o aviso de recepção ser devolvido ou não vier assinado por o destinatário se ter recusado a recebê-lo ou não o ter levantado no prazo previsto no

---

([1]) Redacção dada pela Lei nº 55-B/2004, de 30 de Dezembro.
([2]) Redacção dada pela Lei nº 64-A/2008, de 31 de Dezembro.
([3]) Redacção dada pela Lei nº 3-B/2010, de 28 de Abril.
([4]) Revogado pela Lei nº 3-B/2010, de 28 de Abril.

regulamento dos serviços postais e não se comprovar que entretanto o contribuinte comunicou a alteração do seu domicílio fiscal, a notificação será efectuada nos 15 dias seguintes à devolução por nova carta registada com aviso de recepção, presumindo-se a notificação se a carta não tiver sido recebida ou levantada, sem prejuízo de o notificando poder provar justo impedimento ou a impossibilidade de comunicação da mudança de residência no prazo legal.

6 – No caso da recusa de recebimento ou não levantamento da carta, previstos no número anterior, a notificação presume-se feita no 3º dia posterior ao do registo ou no 1º dia útil seguinte a esse, quando esse dia não seja útil.

7 – Quando a notificação for efectuada por telefax ou via Internet, presume-se que foi feita na data de emissão, servindo de prova, respectivamente, a cópia do aviso de onde conste a menção de que a mensagem foi enviada com sucesso, bem como a data, hora e número de telefax do receptor ou o extracto da mensagem efectuado pelo funcionário, o qual será incluído no processo.

8 – A presunção referida no número anterior poderá ser ilidida por informação do operador sobre o conteúdo e data da emissão.

9 – As notificações efectuadas por transmissão electrónica de dados consideram-se feitas no momento em que o destinatário aceda à caixa postal electrónica.([1])

10 – Em caso de ausência de acesso à caixa postal electrónica, deve ser efectuada nova transmissão electrónica de dados, no prazo de 15 dias seguintes ao respectivo conhecimento por parte do serviço que tenha procedido à emissão da notificação, aplicando-se com as necessárias adaptações a presunção prevista no nº 6, caso, no prazo de 10 dias, se verifique de novo o não acesso à caixa postal electrónica.([1])

11 – O acto de notificação será nulo no caso de falta de indicação do autor do acto e, no caso de este o ter praticado no uso de delegação ou subdelegação de competências, da qualidade em que decidiu, do seu sentido e da sua data.([1])

12 – O presente artigo não prejudica a aplicação do disposto no nº 6 do artigo 45º da Lei Geral Tributária.([1])

ARTIGO 40º
Notificações aos mandatários

1 – As notificações aos interessados que tenham constituído mandatário serão feitas na pessoa deste e no seu escritório.

2 – Quando a notificação tenha em vista a prática pelo interessado de acto pessoal, além da notificação ao mandatário, será enviada carta ao próprio interessado, indicando a data, o local e o motivo da comparência.

3 – As notificações serão feitas por carta ou aviso registados, dirigidos para o domicílio ou escritório dos notificandos, podendo estes ser notificados pelo funcionário competente quando encontrados no edifício do serviço ou tribunal.

([1]) Redacção dada pela Lei nº 3-B/2010, de 28 de Abril.

ARTIGO 41º
Notificação ou citação das pessoas colectivas ou sociedades

1 – As pessoas colectivas e sociedades serão citadas ou notificadas na pessoa de um dos seus administradores ou gerentes, na sua sede, na residência destes ou em qualquer lugar onde se encontrem.

2 – Não podendo efectuar-se na pessoa do representante por este não ser encontrado pelo funcionário, a citação ou notificação realiza-se na pessoa de qualquer empregado, capaz de transmitir os termos do acto, que se encontre no local onde normalmente funcione a administração da pessoa colectiva ou sociedade.

3 – O disposto no número anterior não se aplica se a pessoa colectiva ou sociedade se encontrar em fase de liquidação ou falência, caso em que a diligência será efectuada na pessoa do liquidatário.

ARTIGO 42º
Notificação ou citação do Estado, das autarquias locais e dos serviços públicos

1 – As notificações e citações de autarquia local ou outra entidade de direito público serão feitas por carta registada com aviso de recepção, dirigida ao seu presidente ou membro em que este tenha delegado essa competência.

2 – Se o notificando ou citando for um serviço público do Estado, a notificação ou citação será feita na pessoa do seu presidente, director-geral ou funcionário equiparado, salvo disposição legal em contrário.

ARTIGO 43º
Obrigação de participação de domicílio

1 – Os interessados que intervenham ou possam intervir em quaisquer procedimentos ou processos nos serviços da administração tributária ou nos tribunais tributários comunicarão, no prazo de 15 dias, qualquer alteração do seu domicílio ou sede.[1]

2 – A falta de recebimento de qualquer aviso ou comunicação expedidos nos termos dos artigos anteriores, devido ao não cumprimento do disposto no nº 1, não é oponível à administração tributária, sem prejuízo do que a lei dispõe quanto à obrigatoriedade da citação e da notificação e dos termos por que devem ser efectuadas.

3 – A comunicação referida no nº 1 só produzirá efeitos, sem prejuízo da possibilidade legal de a administração tributária proceder oficiosamente à sua rectificação se o interessado fizer a prova de já ter solicitado ou obtido a actualização fiscal do domicílio ou sede.

---

[1] Redacção dada pela Lei nº 55-B/2004, de 30 de Dezembro.

TÍTULO II
Do procedimento tributário

CAPÍTULO I
Disposições gerais

ARTIGO 44º
Procedimento tributário

1 – O procedimento tributário compreende, para efeitos do presente Código:

a) As acções preparatórias ou complementares da liquidação dos tributos, incluindo parafiscais, ou de confirmação dos factos tributários declarados pelos sujeitos passivos ou outros obrigados tributários;

b) A liquidação dos tributos, quando efectuada pela administração tributária;

c) A revisão, oficiosa ou por iniciativa dos interessados, dos actos tributários;

d) A emissão, rectificação, revogação, ratificação, reforma ou conversão de quaisquer outros actos administrativos em matéria tributária, incluindo sobre benefícios fiscais;

e) As reclamações e os recursos hierárquicos;

f) A avaliação directa ou indirecta dos rendimentos ou valores patrimoniais;

g) A cobrança das obrigações tributárias, na parte que não tiver natureza judicial;

h) A contestação de carácter técnico relacionada com a classificação pautal, a origem ou o valor das mercadorias objecto de uma declaração aduaneira, sem prejuízo da legislação especial aplicável;

i) Todos os demais actos dirigidos à declaração dos direitos tributários.

2 – As acções de observação das realidades tributárias, da verificação do cumprimento das obrigações tributárias e de prevenção das infracções tributárias são reguladas pelo Regime Complementar do Procedimento de Inspecção Tributária.

ARTIGO 45º
Contraditório

1 – O procedimento tributário segue o princípio do contraditório, participando o contribuinte, nos termos da lei, na formação da decisão.

2 – O contribuinte é ouvido oralmente ou por escrito, conforme o objectivo do procedimento.

3 – No caso de audiência oral, as declarações do contribuinte serão reduzidas a termo.

ARTIGO 46º
Proporcionalidade

Os actos a adoptar no procedimento serão os adequados aos objectivos a atingir, de acordo com os princípios da proporcionalidade, eficiência, praticabilidade e simplicidade.

ARTIGO 47º
Duplo grau de decisão

1 – No procedimento tributário vigora o princípio do duplo grau de decisão, não podendo a mesma pretensão do contribuinte ser apreciada sucessivamente por mais de dois órgãos integrando a mesma administração tributária.

2 – Considera-se que a pretensão é a mesma, para efeitos do número anterior, em caso de identidade do autor e dos fundamentos de facto e de direito invocados.

3 – O pedido de reapreciação da decisão deve, salvo lei especial, ser dirigido ao dirigente máximo do serviço ou a quem ele tiver delegado essa competência.

ARTIGO 48º
Cooperação da administração tributária e do contribuinte

1 – A administração tributária esclarecerá os contribuintes e outros obrigados tributários sobre a necessidade de apresentação de declarações, reclamações e petições e a prática de quaisquer outros actos necessários ao exercício dos seus direitos, incluindo a correcção dos erros ou omissões manifestas que se observem.

2 – O contribuinte cooperará de boa-fé na instrução do procedimento, esclarecendo de modo completo e verdadeiro os factos de que tenha conhecimento e oferecendo os meios de prova a que tenha acesso.

ARTIGO 49º
Cooperação de entidades públicas

Estão sujeitos a um dever geral de cooperação no procedimento os serviços, estabelecimentos e organismos, ainda que personalizados, do Estado, das Regiões Autónomas e das autarquias locais, as associações públicas, as empresas públicas ou de capital exclusivamente público, as instituições particulares de solidariedade social e as pessoas colectivas de utilidade pública.

ARTIGO 50º
Meios de prova

No procedimento, o órgão instrutor utilizará todos os meios de prova legalmente previstos que sejam necessários ao correcto apuramento dos factos, podendo designadamente juntar actas e documentos, tomar declarações de qualquer natureza do contribuinte ou outras pessoas e promover a realização de perícias ou inspecções oculares.

ARTIGO 51º
Contratação de outras entidades

1 – A administração tributária pode, nos termos da lei e no âmbito das suas competências, contratar o serviço de quaisquer outras entidades para a colaboração em operações de entrega e recepção de declarações ou outros documentos ou de processamento da liquidação ou cobrança das obrigações tributárias.

2 – A administração tributária pode igualmente, nos termos da lei, celebrar protocolos com entidades públicas e privadas com vista à realização das suas atribuições.

3 – Quem, em virtude dos contratos e protocolos referidos nos números anteriores, tomar conhecimento de quaisquer dados relativos à situação tributária dos contribuintes fica igualmente sujeito ao dever de sigilo fiscal.

ARTIGO 52º
Erro na forma de procedimento

Se, em caso de erro na forma de procedimento, puderem ser aproveitadas as peças úteis ao apuramento dos factos, será o procedimento oficiosamente convolado na forma adequada.

ARTIGO 53º
Arquivamento

1 – O procedimento da iniciativa do contribuinte será obrigatoriamente arquivado se ficar parado mais de 90 dias por motivo a este imputável.

2 – A administração tributária deve, até 15 dias antes do termo do prazo referido no nº 1, notificar o contribuinte, por carta registada, e informá-lo sobre os efeitos do incumprimento dos seus deveres de cooperação.

ARTIGO 54º
Impugnação unitária

Salvo quando forem imediatamente lesivos dos direitos do contribuinte ou disposição expressa em sentido diferente, não são susceptíveis de impugnação contenciosa os actos interlocutórios do procedimento, sem prejuízo de poder ser invocada na impugnação da decisão final qualquer ilegalidade anteriormente cometida.

CAPÍTULO II
Procedimentos prévios de informação e avaliação

ARTIGO 55º
Orientações genéricas

1 – É da exclusiva competência do dirigente máximo do serviço ou do funcionário em quem ele tiver delegado essa competência, a emissão de orientações genéricas visando a uniformização da interpretação e aplicação das normas tributárias pelos serviços.

2 – Somente as orientações genéricas emitidas pelas entidades referidas no número anterior vinculam a administração tributária.

3 – As orientações genéricas referidas no nº 1 devem constar obrigatoriamente de circulares administrativas e aplicam-se exclusivamente à administração tributária que procedeu à sua emissão.

ARTIGO 56º
Base de dados

1 – A administração tributária organizará uma base de dados, permanentemente actualizada, contendo as orientações genéricas referidas no nº 1 do artigo anterior.

2 – Aos contribuintes será facultado o acesso directo à base de dados referida no nº 1 do presente artigo.

3 – Os interessados em qualquer procedimento ou processo regulado pelo presente Código poderão requerer ao dirigente máximo do serviço a comunicação de quaisquer despachos comportando orientações genéricas da administração tributária sobre as questões discutidas.

4 – A administração tributária responderá comunicando ao contribuinte o teor dos despachos solicitados expurgados dos seus elementos de carácter pessoal e procedendo à sua inclusão na base de dados a que se refere o nº 1 no prazo de 90 dias.

5 – O disposto nos nºs 3 e 4 aplica-se a quaisquer informações ou pareceres que a administração tributária invoque no procedimento ou processo para fundamentar a sua posição.

ARTIGO 57º
Informações vinculativas

1 – A notificação aos interessados da resposta ao pedido de informação vinculativa inclui obrigatoriamente a informação ou parecer em que a administração tributária se baseou para a sua prestação.([1])

2 – Os interessados não ficam dispensados, quando o despacho for sobre os pressupostos de qualquer benefício fiscal dependente de reconhecimento, de o requerer autonomamente nos termos da lei.

3 – Apresentado o pedido de reconhecimento que tenha sido precedido do pedido de informação vinculativa, este ser-lhe-á apensado a requerimento do interessado, devendo a entidade competente para a decisão conformar-se com o anterior despacho, na medida em que a situação hipotética objecto do pedido de informação vinculativa coincida com a situação de facto objecto do pedido de reconhecimento, sem prejuízo das medidas de controlo do benefício fiscal exigidas por lei.

ARTIGO 58º
Avaliação prévia

1 – Os contribuintes poderão, caso provem interesse legítimo, me diante o pagamento de uma taxa a fixar entre limites mínimos e máximos definidos anualmente pelo Ministro competente, solicitar a avaliação de bens ou direitos que constituam a base de incidência de quaisquer tributos, a que a administração tributária ainda não tenha procedido.

2 – A avaliação efectuada no número anterior tem efeitos vinculativos para a administração tributária por um período de três anos após se ter tornado definitiva.

3 – O efeito vinculativo referido no número anterior não se produz, em caso de reclamação ou impugnação da avaliação, até à decisão.

([1]) Redacção dada pela Lei nº 64-A/2008, de 31 de Dezembro.

CAPÍTULO III
Do procedimento de liquidação

SECÇÃO I
Da instauração

ARTIGO 59º
Início do procedimento

1 – O procedimento de liquidação instaura-se com as declarações dos contribuintes ou, na falta ou vício destas, com base em todos os elementos de que disponha ou venha a obter a entidade competente.

2 – O apuramento da matéria tributável far-se-á com base nas declarações dos contribuintes, desde que estes as apresentem nos termos previstos na lei e forneçam à administração tributária os elementos indispensáveis à verificação da sua situação tributária.

3 – Em caso de erro de facto ou de direito nas declarações dos contribuintes, estas podem ser substituídas:

a) Seja qual for a situação da declaração a substituir, se ainda decorrer o prazo legal da respectiva entrega;

b) Sem prejuízo da responsabilidade contra-ordenacional que ao caso couber, quando desta declaração resultar imposto superior ou reembolso inferior ao anteriormente apurado, nos seguintes prazos:

    I) Nos 30 dias seguintes ao termo do prazo legal, seja qual for a situação da declaração a substituir;

    II) Até ao termo do prazo legal de reclamação graciosa ou impugnação judicial do acto de liquidação, para a correcção de erros ou omissões imputáveis aos sujeitos passivos de que resulte imposto de montante inferior ao liquidado com base na declaração apresentada;

    III) Até 60 dias antes do termo do prazo de caducidade, para a correcção de erros imputáveis aos sujeitos passivos de que resulte imposto superior ao anteriormente liquidado.

4 – Para efeitos de aplicação do disposto na subalínea II) da alínea *b)* do número anterior, a declaração de substituição deve ser apresentada no serviço local da área do domicílio fiscal do sujeito passivo.

5 – Nos casos em que os erros ou omissões a corrigir decorram de divergência entre o contribuinte e o serviço na qualificação de actos, factos ou documentos invocados, em declaração de substituição apresentada no prazo legal para a reclamação graciosa, com relevância para a liquidação do imposto ou de fundada dúvida sobre a existência dos referidos actos, factos ou documentos, o chefe de finanças deve convolar a declaração de substituição em reclamação graciosa da liquidação, notificando da decisão o sujeito passivo.

6 – Da apresentação das declarações de substituição não pode resultar a ampliação dos prazos de reclamação graciosa, impugnação judicial ou revisão do acto tributário, que seriam aplicáveis caso não tivessem sido apresentadas.

7 – Sempre que a entidade competente tome conhecimento de factos tributários não declarados pelo sujeito passivo e do suporte probatório necessário, o procedimento de liquidação é instaurado oficiosamente pelos competentes serviços.

SECÇÃO II
Da decisão

ARTIGO 60º
Definitividade dos actos tributários

Os actos tributários praticados por autoridade fiscal competente em razão da matéria são definitivos quanto à fixação dos direitos dos contribuintes, sem prejuízo da sua eventual revisão ou impugnação nos termos da lei.

SECÇÃO III
Dos juros indemnizatórios

ARTIGO 61º
Juros indemnizatórios

1 – O direito aos juros indemnizatórios é reconhecido pelas seguintes entidades:([1])

a) Pela entidade competente para a decisão de reclamação graciosa, quando o fundamento for erro imputável aos serviços de que tenha resultado pagamento da dívida tributária em montante superior ao legalmente devido;

b) Pela entidade que determina a restituição oficiosa dos tributos, quando não seja cumprido o prazo legal de restituição;

c) Pela entidade que procede ao processamento da nota de crédito, quando o fundamento for o atraso naquele processamento;

d) Pela entidade competente para a decisão sobre o pedido de revisão do acto tributário por iniciativa do contribuinte, quando não seja cumprido o prazo legal de revisão do acto tributário.

2 – Em caso de anulação judicial do acto tributário, cabe à entidade que execute a decisão judicial da qual resulte esse direito determinar o pagamento dos juros indemnizatórios a que houver lugar.([1])

3 – Os juros indemnizatórios serão liquidados e pagos no prazo de 90 dias contados a partir da decisão que reconheceu o respectivo direito ou do dia seguinte ao termo do prazo legal de restituição oficiosa do tributo.

4 – Se a decisão que reconheceu o direito a juros indemnizatórios for judicial, o prazo de pagamento conta-se a partir do início do prazo da sua execução espontânea.

([1]) Aditados pela Lei nº 55-A/2010, de 31 de Dezembro.

5 – Os juros são contados desde a data do pagamento indevido do imposto até à data do processamento da respectiva nota de crédito, em que são incluídos.(¹)

6 – Sem prejuízo do disposto no número seguinte, pode o interessado reclamar, junto do competente órgão periférico regional da administração tributária, do não pagamento de juros indemnizatórios nos termos previstos no nº 1, no prazo de 120 dias contados da data do conhecimento da nota de crédito ou, na sua falta, do termo do prazo para a sua emissão.(¹)

7 – O interessado pode ainda, no prazo de 30 dias contados do termo do prazo de execução espontânea da decisão, reclamar, junto do competente órgão periférico regional da administração tributária, do não pagamento de juros indemnizatórios no caso da execução de uma decisão judicial de que resulte esse direito.(²)

SECÇÃO IV
Procedimentos próprios

ARTIGO 62º
Acto de liquidação consequente

1 – Em caso de a fixação ou a revisão da matéria tributável dever ter lugar por procedimento próprio, a liquidação efectua-se de acordo com a decisão do referido procedimento, salvo em caso de esta violar manifestamente competências legais.

2 – A declaração da violação das referidas competências legais pode ser requerida pelo contribuinte ou efectuada pela administração tributária, sendo neste caso obrigatoriamente notificada ao contribuinte no prazo máximo de 15 dias após o termo do procedimento referido no número anterior.

ARTIGO 63º
Aplicação das normas anti-abuso

1 – A liquidação dos tributos com base em quaisquer disposições anti-abuso nos termos dos Códigos e outras leis tributárias depende da abertura para o efeito de procedimento próprio.

2 – Consideram-se disposições anti-abuso, para os efeitos do presente Código, quaisquer normas legais que consagrem a ineficácia perante a administração tributária de negócios ou actos jurídicos celebrados ou praticados com manifesto abuso das formas jurídicas de que resulte a eliminação ou redução dos tributos que de outro modo seriam devidos.

3 – O procedimento referido no nº 1 pode ser aberto no prazo de três anos a contar do início do ano civil seguinte ao da realização do negócio jurídico objecto das disposições anti-abuso.(³)

4 – A aplicação das disposições anti-abuso depende da audição do contribuinte, nos termos da lei.

(¹) Redacção dada pela Lei nº 55-A/2010, de 31 de Dezembro.
(²) Aditado pela Lei nº 55-A/2010, de 31 de Dezembro.
(³) Redacção dada pela Lei nº 64-A/2008, de 31 de Dezembro.

5 – O direito de audição será exercido no prazo de 30 dias após a notificação, por carta registada, do contribuinte, para esse efeito.

6 – No prazo referido no número anterior, poderá o contribuinte apresentar as provas que entender pertinentes.

7 – A aplicação das disposições anti-abuso será prévia e obrigatoriamente autorizada, após a observância do disposto nos números anteriores, pelo dirigente máximo do serviço ou pelo funcionário em quem ele tiver delegado essa competência.

8 – As disposições não são aplicáveis se o contribuinte tiver solicitado à administração tributária informação vinculativa sobre os factos que a tiverem fundamentado e a administração tributária não responder no prazo de 90 dias.([1])

9 – Salvo quando de outro modo resulte da lei, a fundamentação da decisão referida no nº 7 conterá:

a) A descrição do negócio jurídico celebrado ou do acto jurídico realizado e da sua verdadeira substância económica;

b) A indicação dos elementos que demonstrem que a celebração do negócio ou prática do acto tiveram como fim único ou determinante evitar a tributação que seria devida em caso de negócio ou acto de substância económica equivalente;

c) A descrição dos negócios ou actos de substância económica equivalente aos efectivamente celebrados ou praticados e das normas de incidência que se lhes aplicam.

10 – A autorização referida no nº 7 do presente artigo é passível de recurso contencioso autónomo.

ARTIGO 64º
Presunções

1 – O interessado que pretender ilidir qualquer presunção prevista nas normas de incidência tributária deverá para o efeito, caso não queira utilizar as vias da reclamação graciosa ou impugnação judicial de acto tributário que nela se basear, solicitar a abertura de procedimento contraditório próprio.

2 – O procedimento previsto no número anterior será instaurado no órgão periférico local da área do domicílio ou sede do contribuinte, da situação dos bens ou da liquidação, mediante petição do contribuinte dirigida àquele órgão, acompanhada dos meios de prova admitidos nas leis tributárias.

3 – A petição considera-se tacitamente deferida se não lhe for dada qualquer resposta no prazo de seis meses, salvo quando a falta desta for imputável ao contribuinte.

4 – Caso já tenham terminado os prazos gerais de reclamação ou de impugnação judicial do acto tributário, a decisão do procedimento previsto no presente artigo apenas produz efeitos para o futuro.

([1]) Redacção dada pela Lei nº 64-A/2008, de 31 de Dezembro.

CAPÍTULO IV
Do reconhecimento dos benefícios fiscais

ARTIGO 65º
Reconhecimento dos benefícios fiscais

1 – Salvo disposição em contrário e sem prejuízo dos direitos resultantes da informação vinculativa a que se refere o nº 1 do artigo 57º, o reconhecimento dos benefícios fiscais depende da iniciativa dos interessados, mediante requerimento dirigido especificamente a esse fim, o cálculo, quando obrigatório, do benefício requerido e a prova da verificação dos pressupostos do reconhecimento nos termos da lei.

2 – Os pedidos de reconhecimento serão apresentados nos serviços competentes para a liquidação do tributo a que se refere o benefício e serão instruídos de acordo com as normas legais que concedam os benefícios.

3 – Os pedidos referidos no número anterior são apresentados nos seguintes prazos:([1])

a) Se se tratar de benefícios fiscais relativos a factos tributários sujeitos a retenção na fonte a título definitivo, até ao limite do prazo para entrega do respectivo imposto nos cofres do Estado;

b) Nos restantes casos, até ao limite do prazo para a entrega da declaração de rendimentos relativa ao período em que se verificarem os pressupostos da atribuição do benefício fiscal.

4 – O despacho de deferimento fixará as datas do início e do termo do benefício fiscal, dele cabendo recurso hierárquico do indeferimento nos termos do presente Código.

5 – Sem prejuízo das sanções contra-ordenacionais aplicáveis, a manutenção dos efeitos de reconhecimento do benefício dependem de o contribuinte facultar à administração fiscal todos os elementos necessários ao controlo dos seus pressupostos, de que esta não disponha.

CAPÍTULO V
Dos recursos hierárquicos

ARTIGO 66º
Interposição do recurso hierárquico

1 – Sem prejuízo do princípio do duplo grau de decisão, as decisões dos órgãos da administração tributária são susceptíveis de recurso hierárquico.

2 – Os recursos hierárquicos são dirigidos ao mais elevado superior hierárquico do autor do acto e interpostos, no prazo de 30 dias a contar da notificação do acto respectivo, perante o autor do acto recorrido.

([1]) Aditado pela Lei nº 55-B/2004, de 30 de Dezembro.

3 – Os recursos hierárquicos devem, salvo no caso de revogação total do acto previsto no número seguinte, subir no prazo de 15 dias, acompanhados do processo a que respeite o acto ou, quando tiverem efeitos meramente devolutivos, com um seu extracto.

4 – No prazo referido no número anterior pode o autor do acto recorrido revogá-lo total ou parcialmente.

5 – Os recursos hierárquicos serão decididos no prazo máximo de 60 dias.

ARTIGO 67º
Recurso hierárquico.
Relações com o recurso contencioso

1 – Os recursos hierárquicos, salvo disposição em contrário das leis tributárias, têm natureza meramente facultativa e efeito devolutivo.

2 – Em caso de a lei atribuir ao recurso hierárquico efeito suspensivo, este limita-se à parte da decisão contestada.

CAPÍTULO VI
Do procedimento de reclamação graciosa

ARTIGO 68º
Procedimento de reclamação graciosa

1 – O procedimento de reclamação graciosa visa a anulação total ou parcial dos actos tributários por iniciativa do contribuinte, incluindo, nos termos da lei, os substitutos e responsáveis.

2 – Não pode ser deduzida reclamação graciosa quando tiver sido apresentada impugnação judicial com o mesmo fundamento.

ARTIGO 69º
Regras fundamentais

São regras fundamentais do procedimento de reclamação graciosa:

a) Simplicidade de termos e brevidade das resoluções;
b) Dispensa de formalidades essenciais;
c) Inexistência do caso decidido ou resolvido;
d) Isenção de custas;
e) Limitação dos meios probatórios à forma documental e aos elementos oficiais de que os serviços disponham, sem prejuízo do direito de o órgão instrutor ordenar outras diligências complementares manifestamente indispensáveis à descoberta da verdade material;
f) Inexistência do efeito suspensivo, salvo quando for prestada garantia adequada nos termos do presente Código, a requerimento do contribuinte a apresentar com a petição, no prazo de 10 dias após a notificação para o efeito pelo órgão periférico local competente.

ARTIGO 70º
Apresentação, fundamentos e prazo da reclamação graciosa

1 – A reclamação graciosa pode ser deduzida com os mesmos fundamentos previstos para a impugnação judicial e será apresentada no prazo de 120 dias contados a partir dos factos previstos no nº 1 do artigo 102º([1]).

2 – *(Revogado.)* ([2])

3 – *(Revogado.)* ([2])

4 – Em caso de documento ou sentença superveniente, bem como de qualquer outro facto que não tivesse sido possível invocar no prazo previsto no nº 1, este conta-se a partir da data em que se tornou possível ao reclamante obter o documento ou conhecer o facto.([3])

5 – Se os fundamentos da reclamação graciosa constarem de documento público ou sentença, o prazo referido no número anterior suspende-se entre a solicitação e a emissão do documento e a instauração e a decisão da acção judicial.

6 – A reclamação graciosa é apresentada por escrito no serviço periférico local da área do domicílio ou sede do contribuinte, da situação dos bens ou da liquidação, podendo sê-lo oralmente mediante redução a termo em caso de manifesta simplicidade.([3])

7 – A reclamação graciosa pode igualmente ser enviada por transmissão electrónica de dados, nos termos definidos em portaria do Ministro das Finanças.([4])

ARTIGO 71º
Cumulação de pedidos

1 – Na reclamação graciosa poderá haver cumulação de pedidos quando o órgão instrutor entenda, fundamentadamente não haver prejuízo para a celeridade da decisão.

2 – A cumulação de pedidos depende da identidade do tributo e do órgão competente para a decisão, bem como dos fundamentos de facto e de direito invocados.

ARTIGO 72º
Coligação de reclamantes

1 – A reclamação graciosa poderá ser apresentada em coligação quando o órgão instrutor entenda fundamentadamente não haver prejuízo para a celeridade da decisão.

2 – A coligação depende da identidade do tributo e do órgão competente para a decisão, bem como dos fundamentos de facto e de direito invocados.

([1]) Redacção dada pela Lei nº 60-A/2005, de 30 de Dezembro.
([2]) Revogado pela Lei nº 60-A/2005, de 30 de Dezembro. De acordo com o art. 58º/2 da Lei nº 60-A/2005, "o novo prazo de reclamação estabelecido no artigo 70º do CPPT só é aplicável aos prazos que se iniciem após a entrada em vigor da presente lei".
([3]) Redacção dada pelo Decreto-Lei nº 238/2006, de 20 de Dezembro.
([4]) Aditado pelo Decreto-Lei nº 238/2006, de 20 de Dezembro.

ARTIGO 73º
Competência para a instauração e instrução do processo

1 – Salvo quando a lei estabeleça em sentido diferente, a reclamação graciosa é dirigida ao órgão periférico regional da administração tributária e instruída, quando necessário, pelo serviço periférico local da área do domicílio ou sede do contribuinte, da situação dos bens ou da liquidação.(¹)

2 – O órgão periférico local instaurará o processo, instruí-lo-á com os elementos ao seu dispor em prazo não superior a 90 dias e elaborará proposta fundamentada de decisão.

3 – Não haverá instrução, caso a entidade referida no número anterior disponha de todos os elementos necessários para a decisão.

4 – Quando o valor do processo não exceda o quíntuplo da alçada do tribunal tributário, o órgão periférico local decide de imediato após o fim da instrução, caso esta tenha tido lugar.(²)

5 – Caso não se verifiquem as circunstâncias referidas no número anterior, o órgão periférico local remeterá de imediato a reclamação para o órgão competente para a decisão.

6 – *(Revogado.)*(³)

ARTIGO 74º
Apensação

1 – Se houver fundamento para a cumulação de pedidos ou para a coligação de reclamantes nos termos dos artigos 71º e 72º e o procedimento estiver na mesma fase, os interessados poderão requerer a sua apensação à reclamação apresentada em primeiro lugar.

2 – A apensação só terá lugar quando não houver prejuízo para a celeridade do procedimento de reclamação.

ARTIGO 75º
Entidade competente para a decisão

1 – Salvo quando a lei estabeleça em sentido diferente, a entidade competente para a decisão da reclamação graciosa é, sem prejuízo do disposto nos nºs 4 e 6 do artigo 73º, o dirigente do órgão periférico regional da área do domicílio ou sede do contribuinte, da situação dos bens ou da liquidação ou, não havendo órgão periférico regional, o dirigente máximo do serviço.

2 – O director de serviços da área operativa dos serviços centrais de inspecção tributária é competente para a decisão sobre a reclamação de actos praticados em consequência de procedimentos inspectivos realizados pelos respectivos serviços.(⁴)

3 – A competência referida nos números anteriores pode ser delegada pelo dirigente máximo do serviço, director de serviços ou dirigente do órgão periférico regio-

---

(¹) Redacção dada pelo Decreto-Lei nº 238/2006, de 20 de Dezembro.
(²) Redacção dada pela Lei nº 53-A/2006, de 29 de Dezembro.
(³) Revogado pela Lei nº 53-A/2006, de 29 de Dezembro.
(⁴) Redacção dada pela Lei nº 55-A/2010, de 31 de Dezembro.

nal em funcionários qualificados ou nos dirigentes dos órgãos periféricos locais, cabendo neste último caso ao imediato inferior hierárquico destes a proposta de decisão.([1])

ARTIGO 76º
Recurso hierárquico. Relações com o recurso contencioso

1 – Do indeferimento total ou parcial da reclamação graciosa cabe recurso hierárquico no prazo previsto no artigo 66º, nº 2, com os efeitos previstos no artigo 67º, nº 1.

2 – A decisão sobre o recurso hierárquico é passível de recurso contencioso, salvo se de tal decisão já tiver sido deduzida impugnação judicial com o mesmo objecto.

ARTIGO 77º
Agravamento da colecta

1 – Nos casos em que a reclamação graciosa não seja condição da impugnação judicial e não existirem motivos que razoavelmente a fundamentem, a entidade competente para a decisão aplicará um agravamento graduado até 5% da colecta objecto do pedido, o qual será liquidado adicionalmente, a título de custas, pelo órgão periférico local do domicílio ou sede do reclamante, da situação dos bens ou da liquidação.

2 – Nos casos em que a reclamação graciosa seja condição de impugnação judicial, o agravamento só é exigível caso tenha sido julgada improcedente a impugnação judicial deduzida pelo reclamante.

3 – O agravamento pode ser objecto de impugnação autónoma com fundamento na injustiça da decisão condenatória.

CAPÍTULO VII
Da cobrança

SECÇÃO I
Disposições gerais

ARTIGO 78º
Modalidades da cobrança

A cobrança das dívidas tributárias pode ocorrer sob as seguintes modalidades:

a) Pagamento voluntário;
b) Cobrança coerciva.

ARTIGO 79º
Competência

A cobrança dos tributos é assegurada pelas entidades legalmente competentes e, em caso de serem periódicos, os respectivos prazos serão divulgados pela comunicação social.

([1]) Aditado pela Lei nº 55-A/2010, de 31 de Dezembro.

SECÇÃO II
Das garantias da cobrança

ARTIGO 80º
Citação para reclamação de créditos tributários

1 – Salvo nos casos expressamente previstos na lei, em processo de execução que não tenha natureza tributária são obrigatoriamente citados os chefes dos serviços periféricos locais da área do domicílio fiscal ou da sede do executado, dos seus estabelecimentos comerciais e industriais e da localização dos bens penhorados para apresentarem, no prazo de 15 dias, certidão de quaisquer dívidas de tributos à Fazenda Pública imputadas ao executado que possam ser objecto de reclamação de créditos, sob pena de nulidade dos actos posteriores à data em que a citação devia ter sido efectuada.

2 – Não havendo dívidas, a certidão referida no número anterior será substituída por simples comunicação através de ofício.

3 – As certidões referidas no nº 1 serão remetidas, mediante recibo, ao respectivo representante do Ministério Público e delas deverão constar, além da natureza, montante e período de tempo de cada um dos tributos ou outras dívidas, a matéria tributável que produziu esse tributo ou a causa da dívida, a indicação dos artigos matriciais dos prédios sobre que recaiu, o montante das custas, havendo execução, e a data a partir da qual são devidos os juros de mora.

4 – Da citação referida no nº 1 deverá constar o número de identificação fiscal do executado.

ARTIGO 81º
Restituição do remanescente nas execuções

1 – O remanescente do produto de quaisquer bens vendidos ou liquidados em processo de execução ou das importâncias nele penhoradas poderá ser aplicado no prazo de 30 dias após a conclusão do processo para o pagamento de quaisquer dívidas tributárias de que o executado seja devedor à Fazenda Nacional e que não tenham sido reclamadas nem impugnadas.

2 – Findo o prazo referido no número anterior, o remanescente será restituído ao executado.

3 – No caso de ter havido transmissão do direito ao remanescente, deverá o interessado provar que está pago ou assegurado o pagamento do tributo que sobre ela recair.

ARTIGO 82º
Trespasse de estabelecimento comercial ou industrial

1 – O notário que celebrar escritura do trespasse ou outro tipo de transmissão contratual relativa a estabelecimento comercial ou industrial exigirá previamente do cedente documento comprovativo da sua comunicação ao serviço periférico local da administração tributária da área da sua sede ou domicílio, feita com uma antecedência mínima de 30 dias e máxima de 60 relativamente à data da escritura.

2 – O disposto no número anterior não será aplicável se, antes da escritura, o transmitente apresentar ao notário certidão do serviço periférico local da residência, comprovativa da inexistência de quaisquer dívidas tributárias, emitida no prazo de 5 dias úteis após o pedido.

3 – Quando o trespasse for celebrado por qualquer outra forma legalmente admissível que não por escritura pública, o cedente deve comunicar a transmissão ao serviço periférico local da administração tributária da área da sua sede ou domicílio, nos mesmos prazos estabelecidos no nº 1, relativamente à data da transmissão.([1])

ARTIGO 83º
Sujeitos passivos inactivos([2])

1 – Independentemente do procedimento contra-ordenacional a que haja lugar, em caso de sociedades, cooperativas e estabelecimentos individuais de responsabilidade limitada cuja declaração de rendimentos evidencie não desenvolverem actividade efectiva por um período de dois anos consecutivos, a administração tributária comunica tal facto à conservatória de registo competente, para efeitos de instauração dos procedimentos administrativos de dissolução e de liquidação da entidade, no prazo de 30 dias posteriores à apresentação daquela declaração.

2 – A administração tributária comunica ainda ao serviço de registo competente, para os efeitos referidos no número anterior:

a) A omissão do dever de entrega da declaração fiscal de rendimentos por um período de dois anos consecutivos;

b) A declaração oficiosa de cessação de actividade, promovida pela administração tributária.

3 – Não se considera exercício da actividade, para efeitos do presente artigo, a mera emissão directa ou indirecta de facturas a utilizar por terceiros, sem que a causa da emissão tenha sido qualquer operação económica comprovada.

SECÇÃO III
Do pagamento voluntário

ARTIGO 84º
Pagamento voluntário

Constitui pagamento voluntário de dívidas de impostos e demais prestações tributárias o efectuado dentro do prazo estabelecido nas leis tributárias.

ARTIGO 85º
Prazos. Proibição da moratória e da suspensão da execução

1 – Os prazos de pagamento voluntário dos tributos são regulados nas leis tributárias.

([1]) Aditado pela Lei nº 55-B/2004, de 30 de Dezembro.
([2]) Redacção dada pelo Decreto-Lei nº 76-A/2006, de 29 de Março.

2 – Nos casos em que as leis tributárias não estabeleçam prazo de pagamento, este será de 30 dias após a notificação para pagamento efectuada pelos serviços competentes.

3 – A concessão da moratória ou a suspensão da execução fiscal fora dos casos previstos na lei, quando dolosas, são fundamento de responsabilidade tributária subsidiária.

4 – A responsabilidade subsidiária prevista no número anterior de pende de condenação disciplinar ou criminal do responsável.

ARTIGO 86º
Termo do prazo de pagamento voluntário.
Pagamentos por conta

1 – Findo o prazo de pagamento voluntário, começarão a vencer-se juros de mora nos termos das leis tributárias.

2 – O contribuinte pode, a partir do termo do prazo de pagamento voluntário, requerer o pagamento em prestações nos termos das leis tributárias.

3 – Sem prejuízo do disposto no número anterior, poderá ser requerido à entidade competente para a apreciação do pedido na execução fiscal, a partir do início do prazo do pagamento voluntário, o pagamento em prestações, no âmbito e nos termos previstos em processo conducente à celebração de acordo de recuperação dos créditos do Estado.

4 – Antes da extracção da certidão de dívida, nos termos e para efeitos do artigo 88º, pode o contribuinte efectuar um pagamento por conta de dívidas por tributos constantes das notas de cobrança, desde que se verifiquem cumulativamente as seguintes condições:

a) Ter sido deduzida reclamação graciosa ou impugnação judicial da liquidação, apresentado pedido de revisão oficiosa da liquidação do tributo, com fundamento em erro imputável aos serviços, ou apresentada declaração de substituição de cuja liquidação resulte imposto inferior ao inicialmente liquidado;

b) Abranger o pagamento por conta a parte da colecta que não for objecto de reclamação graciosa ou impugnação judicial.

5 – O pagamento por conta deve ser solicitado à entidade competente para a instauração de processo de execução fiscal.

6 – Aos pagamentos por conta previstos no presente artigo aplica-se, com as necessárias adaptações, o disposto aos pagamentos por conta na execução fiscal.

7 – No caso de recurso hierárquico com efeito suspensivo da liquidação, o contribuinte deve proceder ao pagamento da liquidação, com base na matéria tributável não contestada, no prazo do pagamento voluntário, sob pena de ser instaurado, quanto a àquela, o respectivo processo de execução fiscal.

ARTIGO 87º
Dação em pagamento antes da execução fiscal

1 – A dação em pagamento antes da instauração do processo de execução fiscal só é admissível no âmbito de processo conducente à celebração de acordo de recuperação de créditos do Estado.

2 – O requerimento da dação em pagamento pode ser apresentado a partir do início do prazo do pagamento voluntário e é dirigido ao Ministro ou órgão executivo de que dependa a administração tributária, que decidirá, ouvidos os serviços competentes, designadamente sobre o montante da dívida e acrescido e os encargos que incidam sobre os bens.

3 – A aceitação da dação, em caso de dívidas a diferentes administrações tributárias, poderá ser efectuada por despacho conjunto dos Ministros competentes e órgãos executivos, que deverá discriminar o montante aplicado no pagamento das dívidas existentes, sem prejuízo do direito do contribuinte solicitar a revisão dos critérios utilizados.

4 – À dação em pagamento efectuada nos termos do presente artigo aplicam-se os requisitos materiais ou processuais da dação em pagamento na execução fiscal, com as necessárias adaptações.

5 – Salvo se já tiver sido instaurado processo de execução fiscal em que se efectua por auto no processo, a dação em pagamento efectua-se por auto no procedimento previsto no presente artigo.

6 – O pedido de dação em pagamento não suspende a cobrança da obrigação tributária.

7 – As despesas de avaliação entram em regra de custas do procedimento de dação em pagamento, salvo se já tiver sido instaurado processo de execução fiscal, caso em que serão consideradas custas deste processo.

ARTIGO 88º
Extracção das certidões de dívida

1 – Findo o prazo de pagamento voluntário estabelecido nas leis tributárias, será extraída pelos serviços competentes certidão de dívida com base nos elementos que tiverem ao seu dispor.

2 – As certidões de dívida serão assinadas e autenticadas e conterão, sempre que possível e sem prejuízo do disposto no presente Código, os seguintes elementos:

a) Identificação do devedor, incluindo o número fiscal de contribuinte;

b) Descrição sucinta, situações e artigos matriciais dos prédios que originaram as colectas;

c) Estabelecimento, local e objecto da actividade tributada;

d) Número dos processos;

e) Proveniência da dívida e seu montante;

f) Número do processo de liquidação do tributo sobre a transmissão, identificação do transmitente, número e data do termo da declaração prestada para a liquidação;

g) Rendimentos que serviram de base à liquidação, com indicação das fontes, nos termos das alíneas *b)* e *c)*;

h) Nomes e moradas dos administradores ou gerentes da empresa ou sociedade executada;

i) Nomes e moradas das entidades garantes da dívida e tipo e montante da garantia prestada;

j) Nomes e moradas de outras pessoas solidária ou subsidiariamente responsáveis;

k) Quaisquer outras indicações úteis para o eficaz seguimento da execução.

3 – A assinatura das certidões de dívida poderá ser efectuada por chancela ou outro meio de reprodução devidamente autorizado por quem as emitir, podendo a autenticação ser efectuada por aposição do selo branco ou, mediante prévia autorização do membro do Governo competente, por qualquer outra forma idónea de identificação da assinatura e do serviço emitente.

4 – As certidões de dívida servirão de base à instauração do processo de execução fiscal a promover pelos órgãos periféricos locais, nos termos do título IV.

5 – A extracção das certidões de dívidas poderá ser cometida, pelo órgão dirigente da administração tributária, aos serviços que disponham dos elementos necessários para essa actividade.

ARTIGO 89º
Compensação de dívidas de tributos por iniciativa da administração tributária

1 – Os créditos do executado resultantes de reembolso, revisão oficiosa, reclamação ou impugnação judicial de qualquer acto tributário são obrigatoriamente aplicados na compensação das suas dívidas à mesma administração tributária, excepto nos casos seguintes:([1])

a) Estar a correr prazo para interposição de reclamação graciosa, recurso hierárquico, impugnação judicial, recurso judicial ou oposição à execução;

b) Estar pendente qualquer dos meios graciosos ou judiciais referidos na alínea anterior ou estar a dívida a ser paga em prestações, desde que a dívida exequenda se mostre garantida nos termos do artigo 169º.

2 – Quando a importância do crédito for insuficiente para o pagamento da totalidade das dívidas e acrescido, o crédito é aplicado sucessivamente no pagamento dos juros de mora, de outros encargos legais e do capital da dívida, aplicando-se o disposto no nº 3 do artigo 262º.

3 – A compensação efectua-se entre tributos administrados pela mesma entidade pela seguinte ordem de preferência:

a) Com dívidas da mesma proveniência e, se respeitarem a impostos periódicos, relativas ao mesmo período de tributação;

b) Com dívidas da mesma proveniência e, se respeitarem a impostos periódicos, respeitantes a diferentes períodos de tributação;

c) Com dívidas provenientes de tributos retidos na fonte ou legalmente repercutidos a terceiros e não entregues;

d) Com dívidas provenientes de outros tributos, com excepção dos que constituam recursos próprios comunitários, que apenas serão compensados entre si.

([1]) Redacção dada pela Lei nº 3-B/2010, de 28 de Abril.

4 – Se o crédito for insuficiente para o pagamento da totalidade das dívidas, dentro da mesma hierarquia de preferência, esta efectua-se segundo a seguinte ordem:

a) Com as dívidas mais antigas;
b) Dentro das dívidas com igual antiguidade, com as de maior valor;
c) Em igualdade de circunstâncias, com qualquer das dívidas.

5 – A compensação é efectuada através da emissão de título de crédito destinado a ser aplicado no pagamento da dívida exequenda e acrescido.([1])

6 – Verificando-se a compensação referida nos números anteriores, os acréscimos legais serão devidos até à data da compensação ou, se anterior, até à data limite que seria de observar no reembolso do crédito se o atraso não for imputável ao contribuinte.

7 – O Ministro ou órgão executivo de que dependa a administração tributária pode proceder à regulamentação do disposto no presente artigo que se mostre necessária.

ARTIGO 90º
Compensação com créditos tributários por iniciativa do contribuinte

1 – A compensação com créditos tributários pode ser efectuada a pedido do contribuinte quando, nos termos e condições do artigo anterior, a administração tributária esteja impedida de a fazer.([1])

2 – A compensação com créditos tributários de que seja titular qualquer outra pessoa singular ou colectiva pode igualmente ser efectuada, nas mesmas condições do número anterior, desde que o devedor os ofereça e o credor expressamente aceite.([1])

3 – A compensação referida nos números anteriores é requerida ao dirigente máximo da administração tributária, devendo, no caso do número anterior, o devedor apresentar com o requerimento prova do consentimento do credor.([1])

4 – A compensação com créditos sobre o Estado de natureza não tributária de que o contribuinte seja titular pode igualmente ser efectuada em processo de execução fiscal se a dívida correspondente a esses créditos for certa, líquida e exigível e tiver cabimento orçamental.

5 – *(Revogado.)*([2])
6 – *(Revogado.)*([2])

ARTIGO 90º-A
Compensação com créditos não tributários por iniciativa do contribuinte([3])

1 – A compensação com créditos de qualquer natureza sobre a administração directa do Estado de que o contribuinte seja titular pode ser efectuada quando se verifiquem as seguintes condições cumulativas:

a) A dívida tributária esteja em fase de cobrança coerciva;

([1]) Redacção dada pela Lei nº 3-B/2010, de 28 de Abril.
([2]) Revogado pela Lei nº 3-B/2010, de 28 de Abril.
([3]) Aditado pela Lei nº 3-B/2010, de 28 de Abril.

b) As dívidas da administração directa do Estado que o contribuinte indique para compensação sejam certas, líquidas e exigíveis.

2 – A compensação a que se refere o número anterior é requerida pelo executado ao dirigente máximo da administração tributária, devendo ser feita prova da existência e da origem do crédito, do seu valor e do prazo de vencimento.

3 – A administração tributária, no prazo de 10 dias, solicita à entidade da administração directa do Estado devedora o reconhecimento e a validação do carácter certo, líquido e exigível do crédito indicado pelo executado para compensação.

4 – A entidade devedora, em prazo igual ao do número anterior, pronuncia-se sobre o carácter certo, líquido e exigível do crédito, indicando o seu valor e data de vencimento, de forma a permitir o processamento da compensação.

5 – O órgão da execução fiscal promove a aplicação do crédito referido no número anterior no processo de execução fiscal, nos termos dos artigos 261º e 262º, consoante o caso.

6 – Verificando-se a compensação referida no presente artigo, os acréscimos legais são devidos até ao mês seguinte ao da data da apresentação do requerimento a que se refere o nº 2.

7 – As condições e procedimentos de aplicação do disposto no presente artigo podem ser regulamentados por portaria do membro de Governo responsável pela área das finanças.

SECÇÃO IV
Das formas e meios de pagamento

ARTIGO 91º
Condições da sub-rogação

1 – Para beneficiar dos efeitos da sub-rogação, o terceiro que pretender pagar antes de instaurada a execução requerê-lo-á ao dirigente do serviço periférico local da administração tributária competente, que decidirá no próprio requerimento, caso se prove o interesse legítimo ou a autorização do devedor, indicando o montante da dívida a pagar e respectivos juros de mora.

2 – Se estiver pendente a execução, o pedido será feito ao órgão competente, e o pagamento, quando autorizado, compreenderá a quantia exequenda acrescida de juros de mora e custas.

3 – O pagamento, com sub-rogação, requerido depois da venda dos bens só poderá ser autorizado pela quantia que ficar em dívida.

4 – O despacho que autorizar a sub-rogação será notificado ao devedor e ao terceiro que a tiver requerido.

ARTIGO 92º
Sub-rogação. Garantias

1 – A dívida paga pelo sub-rogado conserva as garantias, privilégios e processo de cobrança e vencerá juros pela taxa fixada na lei civil, se o sub-rogado o requerer.

2 – O sub-rogado pode requerer a instauração ou o prosseguimento da execução fiscal para cobrar do executado o que por ele tiver pago, salvo tratando-se de segunda sub-rogação.

ARTIGO 93º
Documentos, conferência e validação dos pagamentos

1 – Os devedores de tributos de qualquer natureza apresentarão no acto de pagamento, relativamente às liquidações efectuadas pelos serviços da administração tributária, o respectivo documento de cobrança ou, nos restantes casos, a guia de pagamento oficial ou título equivalente.

2 – Os pagamentos de dívidas que se encontrem na fase da cobrança coerciva serão efectuados através de guia ou título de cobrança equivalente previamente solicitado ao órgão competente.

3 – As entidades intervenientes na cobrança deverão exigir sempre a inscrição do número fiscal do devedor nos documentos referidos no número anterior e comprovar a exactidão da inscrição por conferência com o respectivo cartão que, para o efeito, será exibido ou por conferência com o constante dos registos dos serviços para esse devedor cuja identidade será provada pelo documento legal adequado.

ARTIGO 94º
Prova de pagamento

1 – No acto do pagamento, a entidade interveniente na cobrança entregará ao interessado documento comprovativo.

2 – Constituirá prova bastante do pagamento do tributo nos termos do número anterior a declaração bancária confirmativa, quando o tributo tenha sido pago por cheque ou transferência de conta.

ARTIGO 95º
Cobrança de receitas não liquidadas
pela administração tributária

1 – As guias relativas a receitas cuja liquidação não seja da competência dos serviços da administração tributária e que estes devam nos termos da lei coercivamente cobrar serão remetidas ao órgão da execução fiscal do domicílio ou sede do devedor.

2 – O órgão referido no número anterior mandará notificar o devedor, por carta registada com aviso de recepção, para, no prazo de 30 dias a contar da notificação, efectuar o pagamento.

3 – Decorrido o prazo sem que o pagamento tenha sido efectuado, será extraída certidão de dívida para efeitos de cobrança coerciva.

CAPÍTULO VIII
Do procedimento de correcção de erros da administração tributária

ARTIGO 95º-A
Procedimento de correcção de erros da administração tributária ([1])

1 – O procedimento de correcção de erros regulado no presente capítulo visa a reparação por meios simplificados de erros materiais ou manifestos da administração tributária ocorridos na concretização do procedimento tributário ou na tramitação do processo de execução fiscal.

2 – Consideram-se erros materiais ou manifestos, designadamente os que resultarem do funcionamento anómalo dos sistemas informáticos da administração tributária, bem como as situações inequívocas de erro de cálculo, de escrita, de inexactidão ou lapso.

3 – O procedimento é caracterizado pela dispensa de formalidades essenciais e simplicidade de termos.

4 – A instauração do procedimento não prejudica a utilização no prazo legal de qualquer meio procedimental ou processual que tenha por objecto a ilegalidade da liquidação ou a exigibilidade da dívida.

ARTIGO 95º-B
Legitimidade, prazo e termos de apresentação do pedido ([1])

1 – Os sujeitos passivos de quaisquer relações tributárias ou os titulares de qualquer interesse legítimo podem, para efeitos de abertura do procedimento regulado no presente capítulo, solicitar junto do dirigente máximo da administração tributária a correcção de erros que os tiverem prejudicado.

2 – O pedido de correcção de erros é deduzido no prazo de 10 dias posteriores ao conhecimento efectivo pelo contribuinte do acto lesivo em causa.

3 – O pedido a que se referem os números anteriores pode ser apresentado verbalmente ou por escrito em qualquer serviço da administração tributária.

4 – No caso do pedido ser apresentado verbalmente, é reduzido a escrito pelo serviço da administração tributária que o tiver recebido.

ARTIGO 95º-C
Competência ([1])

1 – O pedido de correcção de erros é decidido pelo dirigente máximo do serviço ou por qualquer outro funcionário qualificado em quem seja delegada essa competência.

2 – A decisão do pedido é instruída pela unidade orgânica designada genericamente pelo dirigente máximo do serviço para o efeito.

3 – O prazo máximo de decisão do pedido é de 15 dias.

4 – A instrução do pedido é efectuada sumariamente, devendo os serviços chamados a colaborar dar prioridade à solicitação da unidade orgânica referida no nº 2.

([1]) Aditado pela Lei nº 64-A/2008, de 31 de Dezembro.

5 – Caso o fundamento do pedido seja a ilegalidade da liquidação, a inexigibilidade da dívida ou outro fundamento para o qual a lei preveja meio processual próprio, deve o contribuinte ser convidado a substituir o procedimento pelo meio adequado.

6 – A decisão do pedido é notificada ao contribuinte presencialmente ou por via postal simples.

7 – O indeferimento do pedido não está sujeito a audição prévia.

TÍTULO III
Do processo judicial tributário

CAPÍTULO I
Disposições gerais

SECÇÃO I
Da natureza e forma de processo judicial tributário

ARTIGO 96º
Objecto

1 – O processo judicial tributário tem por função a tutela plena, efectiva e em tempo útil dos direitos e interesses legalmente protegidos em matéria tributária.

2 – Para cumprir em tempo útil a função que lhe é cometida pelo número anterior, o processo judicial tributário não deve ter duração acumulada superior a dois anos contados entre a data da respectiva instauração e a da decisão proferida em 1ª instância que lhe ponha termo.

3 – O prazo referido no número anterior deverá ser de 90 dias relativamente aos processos a que se referem as alíneas g), i), j), l) e m) do artigo seguinte.

ARTIGO 97º
Processo judicial tributário

1 – O processo judicial tributário compreende:

a) A impugnação da liquidação dos tributos, incluindo os parafiscais e os actos de auto-liquidação, retenção na fonte e pagamento por conta;

b) A impugnação da fixação da matéria tributável, quando não dê origem à liquidação de qualquer tributo;

c) A impugnação do indeferimento total ou parcial das reclamações graciosas dos actos tributários;

d) A impugnação dos actos administrativos em matéria tributária que comportem a apreciação da legalidade do acto de liquidação;

e) A impugnação do agravamento à colecta aplicado, nos casos previstos na lei, em virtude da apresentação de reclamação ou recurso sem qualquer fundamento razoável;

f) A impugnação dos actos de fixação de valores patrimoniais;

g) A impugnação das providências cautelares adoptadas pela administração tributária;

h) As acções para o reconhecimento de um direito ou interesse em matéria tributária;

i) As providências cautelares de natureza judicial;

j) Os meios acessórios de intimação para consulta de processos ou documentos administrativos e passagem de certidões;

l) A produção antecipada de prova;

m) A intimação para um comportamento;

n) O recurso, no próprio processo, dos actos praticados na execução fiscal;

o) A oposição, os embargos de terceiros e outros incidentes, bem como a reclamação da decisão da verificação e graduação de créditos;([1])

p) O recurso contencioso do indeferimento total ou parcial ou da revogação de isenções ou outros benefícios fiscais, quando dependentes de reconhecimento da administração tributária, bem como de outros actos administrativos relativos a questões tributárias que não comportem apreciação da legalidade do acto de liquidação;

q) Outros meios processuais previstos na lei.

2 – O recurso contencioso dos actos administrativos em matéria tributária, que não comportem a apreciação da legalidade do acto de liquidação, da autoria da administração tributária, compreendendo o governo central, os governos regionais e os seus membros, mesmo quando praticados por delegação, é regulado pelas normas sobre processo nos tribunais administrativos.

3 – São também regulados pelas normas sobre processo nos tribunais administrativos os conflitos de competências entre tribunais tributários e tribunais administrativos e entre órgãos da administração tributária do governo central, dos governos regionais e das autarquias locais.

ARTIGO 97º-A
Valor da causa ([2])

1 – Os valores atendíveis, para efeitos de custas ou outros previstos na lei, para as acções que decorram nos tribunais tributários, são os seguintes:

a) Quando seja impugnada a liquidação, o da importância cuja anulação se pretende;

b) Quando se impugne o acto de fixação da matéria colectável, o valor contestado;

c) Quando se impugne o acto de fixação dos valores patrimoniais, o valor contestado;

d) No recurso contencioso do indeferimento total ou parcial ou da revogação de isenções ou outros benefícios fiscais, o do valor da isenção ou benefício.

2 – Nos casos não previstos nos números anteriores, o valor é fixado pelo juiz, tendo em conta a complexidade do processo e a condição económica do impug-

---

([1]) Redacção dada pela Lei nº 55-A/2010, de 31 de Dezembro.
([2]) Aditado pelo Decreto-Lei nº 34/2008, de 26 de Fevereiro.

nante, tendo como limite máximo o valor da alçada da 1ª instância dos tribunais judiciais.

3 – Quando haja apensação de impugnações ou execuções, o valor é o correspondente à soma dos pedidos.

SECÇÃO II
Das nulidades do processo judicial tributário

ARTIGO 98º
Nulidades insanáveis

1 – São nulidades insanáveis em processo judicial tributário:

a) A ineptidão da petição inicial;
b) A falta de informações oficiais referentes a questões de conhecimento oficioso no processo;
c) A falta de notificação do despacho que admitir o recurso aos interessados, se estes não alegarem;

2 – As nulidades referidas no número anterior podem ser oficiosamente conhecidas ou deduzidas a todo o tempo, até ao trânsito em julgado da decisão final.

3 – As nulidades dos actos têm por efeito a anulação dos termos subsequentes do processo que deles dependam absolutamente, devendo sempre aproveitar-se as peças úteis ao apuramento dos factos.

4 – Em caso de erro na forma do processo, este será convolado na forma do processo adequada, nos termos da lei.

5 – Sem prejuízo dos demais casos de regularização da petição, esta pode ser corrigida a convite do tribunal em caso de errada identificação do autor do acto impugnado, salvo se o erro for manifestamente indesculpável.

CAPÍTULO II
Do processo de impugnação

SECÇÃO I
Disposições gerais

ARTIGO 99º
Fundamentos da impugnação

Constitui fundamento de impugnação qualquer ilegalidade, designadamente:

a) Errónea qualificação e quantificação dos rendimentos, lucros, valores patrimoniais e outros factos tributários;
b) Incompetência;
c) Ausência ou vício da fundamentação legalmente exigida;
d) Preterição de outras formalidades legais.

ARTIGO 100º
Dúvida sobre o facto tributário. Utilização de métodos indirectos

1 – Sempre que da prova produzida resulte a fundada dúvida sobre a existência e quantificação do facto tributário, deverá o acto impugnado ser anulado.

2 – Em caso de quantificação da matéria tributável por métodos indirectos não se considera existir dúvida fundada, para efeitos do número anterior, se o fundamento da aplicação daqueles consistir na inexistência ou desconhecimento, por recusa de exibição, da contabilidade ou escrita e de mais documentos legalmente exigidos ou a sua falsificação, ocultação ou destruição, ainda que os contribuintes invoquem razões acidentais.

3 – O disposto no número anterior não prejudica a possibilidade de na impugnação judicial o impugnante demonstrar erro ou manifesto ex cesso na matéria tributável quantificada.

ARTIGO 101º
Arguição subsidiária de vícios

O impugnante pode arguir os vícios do acto impugnado segundo uma relação de subsidiariedade.

SECÇÃO II
Da petição

ARTIGO 102º
Impugnação judicial. Prazo de apresentação

1 – A impugnação será apresentada no prazo de 90 dias contados a partir dos factos seguintes:

a) Termo do prazo para pagamento voluntário das prestações tributárias legalmente notificadas ao contribuinte;

b) Notificação dos restantes actos tributários, mesmo quando não dêem origem a qualquer liquidação;

c) Citação dos responsáveis subsidiários em processo de execução fiscal;

d) Formação da presunção de indeferimento tácito;

e) Notificação dos restantes actos que possam ser objecto de impugnação autónoma nos termos deste Código;

f) Conhecimento dos actos lesivos dos interesses legalmente protegidos não abrangidos nas alíneas anteriores.

2 – Em caso de indeferimento de reclamação graciosa, o prazo de impugnação será de 15 dias após a notificação.

3 – Se o fundamento for a nulidade, a impugnação pode ser deduzida a todo o tempo.

4 – O disposto neste artigo não prejudica outros prazos especiais fixa dos neste Código ou noutras leis tributárias.

ARTIGO 103º
Apresentação. Local. Efeito suspensivo

1 – A petição é apresentada no tribunal tributário competente ou no serviço periférico local onde haja sido ou deva legalmente considerar-se praticado o acto.

2 – Para os efeitos do número anterior, os actos tributários consideram-se sempre praticados na área do domicílio ou sede do contribuinte, da situação dos bens ou da liquidação.

3 – No caso de a petição ser apresentada em serviço periférico local, este procederá ao seu envio ao tribunal tributário competente no prazo de cinco dias após o pagamento da taxa de justiça inicial.

4 – A impugnação tem efeito suspensivo quando, a requerimento do contribuinte, for prestada garantia adequada, no prazo de 10 dias após a notificação para o efeito pelo tribunal, com respeito pelos critérios e termos referidos nos nºs 1 a 5 e 9 do artigo 199º.

5 – Caso haja garantia prestada nos termos da alínea *f)* do artigo 69º, esta mantém-se, independentemente de requerimento ou despacho, sem prejuízo de poder haver lugar a notificação para o seu reforço.

6 – A petição inicial pode ser remetida a qualquer das entidades referidas no nº 1 pelo correio, sob registo, valendo, nesse caso, como data do acto processual a da efectivação do respectivo registo postal.

ARTIGO 104º
Cumulação de pedidos e coligação de autores

Na impugnação judicial podem, nos termos legais, cumular-se pedidos e coligar-se os autores em caso de identidade da natureza dos tributos, dos fundamentos de facto e de direito invocados e do tribunal competente para a decisão.

ARTIGO 105º
Apensação

Sem prejuízo dos restantes casos de apensação previstos na lei e desde que o juiz entenda não haver prejuízo para o andamento da causa, os processos de impugnação judicial podem ser apensados ao instaurado em primeiro lugar que estiver na mesma fase, em caso de verificação de qualquer das circunstâncias referidas no artigo anterior.

ARTIGO 106º
Indeferimento tácito

A reclamação graciosa presume-se indeferida para efeito de impugnação judicial após o termo do prazo legal de decisão pelo órgão competente.

ARTIGO 107º
Petição dirigida ao delegante ou subdelegante

O indeferimento tácito da petição ou requerimento dirigido ao delegante ou subdelegante é imputável, para efeitos de impugnação, ao delegado ou subdelegado, mesmo que a este não seja remetido o requerimento ou petição, atendendo-se à data da respectiva entrada para o efeito do artigo anterior.

ARTIGO 108º
Requisitos da petição inicial

1 – A impugnação será formulada em petição articulada, dirigida ao juiz do tribunal competente, em que se identifiquem o acto impugnado e a entidade que o praticou e se exponham os factos e as razões de direito que fundamentam o pedido.

2 – Na petição indicar-se-á o valor do processo ou a forma como se pretende a sua determinação a efectuar pelos serviços competentes da administração tributária.

3 – Com a petição, elaborada em triplicado, sendo uma cópia para arquivo e outra para o representante da Fazenda Pública, o impugnante oferecerá os documentos de que dispuser, arrolará testemunhas e requererá as demais provas que não dependam de ocorrências supervenientes.

ARTIGO 109º
Despesas com a produção de prova

1 – As despesas com a produção da prova são da responsabilidade de quem as oferecer e, se for o impugnante, garanti-las-á mediante prévio depósito.

2 – O não pagamento dos preparos para a realização das despesas implica a não realização da diligência requerida pelo impugnante, salvo quando o juiz fundamentadamente a entender necessária ao conhecimento do pedido.

SECÇÃO III
Da contestação

ARTIGO 110º
Contestação

1 – Recebida a petição, o juiz ordena a notificação do representante da Fazenda Pública para, no prazo de 90 dias, contestar e solicitar a produção de prova adicional, sem prejuízo do disposto na parte final do nº 5 do artigo 112º.

2 – O juiz pode convidar o impugnante a suprir, no prazo que designar, qualquer deficiência ou irregularidade.

3 – O representante da Fazenda Pública deve solicitar, no prazo de três dias, o processo administrativo ao órgão periférico local da situação dos bens ou da liquidação, mas esse expediente não interfere no prazo da contestação previsto no nº 1.

4 – Com a contestação, o representante da Fazenda Pública remete ao tribunal, para todos os efeitos legais, o processo administrativo que lhe tenha sido enviado pelos serviços.

5 – O juiz pode, a todo o tempo, ordenar ao serviço periférico local a remessa do processo administrativo, mesmo na falta de contestação do representante da Fazenda Pública.

6 – A falta de contestação não representa a confissão dos factos articulados pelo impugnante.

7 – O juiz aprecia livremente a falta de contestação especificada dos factos.

ARTIGO 111º
Organização do processo administrativo

1 – O órgão periférico local da situação dos bens ou da liquidação deve organizar o processo e remetê-lo ao representante da Fazenda Pública, no prazo de 30 dias a contar do pedido que lhe seja feito por aquele, sem prejuízo do disposto no artigo seguinte.

2 – Ao órgão referido no número anterior compete, designadamente, instruir o processo com os seguintes elementos:

a) A informação da inspecção tributária sobre a matéria de facto considerada pertinente;

b) A informação prestada pelos serviços da administração tributária sobre os elementos oficiais que digam respeito à colecta impugnada e sobre a restante matéria do pedido;

c) Outros documentos de que disponha e repute convenientes para o julgamento, incluindo, quando já tenha sido resolvido, procedimento de reclamação graciosa relativamente ao mesmo acto.

3 – Caso haja sido apresentada, anteriormente à recepção da petição de impugnação, reclamação graciosa relativamente ao mesmo acto, esta deve ser apensa à impugnação judicial, no estado em que se encontrar, sendo considerada, para todos os efeitos, no âmbito do processo de impugnação.

4 – Caso, posteriormente à recepção da petição de impugnação, seja apresentada reclamação graciosa relativamente ao mesmo acto e com diverso fundamento, deve esta ser apensa à impugnação judicial, sendo igualmente considerada, para todos os efeitos, no âmbito do processo de impugnação.

5 – O disposto nos n ºs 3 e 4 é igualmente aplicável, com as necessárias adaptações, no caso de recurso hierárquico interposto da decisão da reclamação graciosa ao abrigo do artigo 76º.

SECÇÃO IV
Do conhecimento inicial do pedido

ARTIGO 112º
Revogação do acto impugnado

1 – Caso o valor do processo não exceda o quíntuplo da alçada do tribunal tributário de 1ª instância, se a questão a resolver for de manifesta simplicidade e dispuser dos elementos para o efeito necessários, pode o dirigente do órgão periférico local da administração tributária revogar, total ou parcialmente, dentro do prazo referido no nº 1 do artigo anterior, o acto impugnado.

2 – Se o valor do processo exceder o quíntuplo da alçada do tribunal tributário de 1ª instância, o dirigente do órgão periférico local, uma vez completa a instrução, remete-o ao dirigente do órgão periférico regional, no prazo previsto no nº 1 do artigo anterior, podendo este, caso se verifiquem os demais pressupostos referidos no nº 1, revogar o acto impugnado, nos mesmos termos e prazo.

3 – No caso de o acto impugnado ser revogado parcialmente, o órgão que procede à revogação deve, nos 3 dias subsequentes, proceder à notificação do impugnante para, no prazo de 10 dias, se pronunciar, prosseguindo o processo se o impugnante nada disser ou declarar que mantém a impugnação.

4 – A revogação total do acto impugnado é notificada ao representante da Fazenda Pública nos 3 dias subsequentes, cabendo a este promover a extinção do processo.

5 – A revogação parcial do acto impugnado é notificada ao representante da Fazenda Pública, com simultânea remessa do processo administrativo, no prazo de três dias após a recepção da declaração do impugnante referida no nº 3 ou do termo do prazo aí previsto, sendo, nesse caso, o prazo para contestar de 30 dias a contar da notificação.

6 – A competência referida no presente artigo pode ser delegada pela entidade competente para a apreciação em funcionário qualificado.

ARTIGO 113º
Conhecimento imediato do pedido

1 – Junta a posição do representante da Fazenda Pública ou decorrido o respectivo prazo, o juiz, após vista ao Ministério Público, conhecerá logo o pedido se a questão for apenas de direito ou, sendo também de facto, o processo fornecer os elementos necessários.

2 – Sem prejuízo do disposto no número anterior, se o representante da Fazenda Pública suscitar questão que obste ao conhecimento do pedido, será ouvido o impugnante.

SECÇÃO V
Da instrução

ARTIGO 114º
Diligências de prova

Não conhecendo logo do pedido, o juiz ordena as diligências de produção de prova necessárias, as quais são produzidas no respectivo tribunal.

ARTIGO 115º
Meios de prova

1 – São admitidos os meios gerais de prova.

2 – As informações oficiais só têm força probatória quando devidamente fundamentadas, de acordo com critérios objectivos.

3 – O teor das informações oficiais será sempre notificado ao impugnante, logo que juntas.

4 – A genuinidade de qualquer documento deve ser impugnada no prazo de 10 dias após a sua apresentação ou junção ao processo, sendo no mesmo prazo feito o pedido de confronto com o original da certidão ou da cópia com a certidão de que foi extraída.

ARTIGO 116º
Pareceres técnicos. Prova pericial

1 – Poderá haver prova pericial no processo de impugnação judicial sempre que o juiz entenda necessário o parecer de técnicos especializados.

2 – A realização da perícia é ordenada pelo juiz, oficiosamente ou a pedido do impugnante ou do representante da Fazenda Pública, formulado, respectivamente, na petição inicial e na contestação.

3 – A perícia poderá também ser requerida no prazo de 20 dias após a notificação das informações oficiais, se a elas houver lugar.

4 – A prova pericial referida nos números anteriores será regulada nos termos do Código de Processo Civil.

5 – Cabe ao tribunal adiantar o encargo das diligências não requeridas pelo impugnante, o qual entrará no final em regra de custas.

6 – As despesas de diligências requeridas pelo impugnante são por este suportadas, mediante preparo a fixar pelo juiz, e entram no final em regra de custas.

ARTIGO 117º
Impugnação com base em mero erro na quantificação da matéria tributável ou nos pressupostos de aplicação de métodos indirectos

1 – Salvo em caso de regime simplificado de tributação ou quando da decisão seja interposto, nos termos da lei, recurso hierárquico com efeitos suspensivos da liquidação, a impugnação dos actos tributários com base em erro na quantificação da matéria tributável ou nos pressupostos de aplicação de métodos indirectos depende de prévia apresentação do pedido de revisão da matéria tributável.

2 – Na petição inicial identificará o impugnante o erro ou outra ilegalidade que serve de fundamento à impugnação, apresentará os pareceres periciais que entender necessários e solicitará diligências.

3 – Na introdução em juízo, o representante da Fazenda Pública oferecerá, por sua vez, os pareceres periciais que considerar indispensáveis à apreciação do acto impugnado e solicitará, se for caso disso, outras diligências.

4 – O juiz pode, se o entender, oficiosamente ou a requerimento dos interessados, ordenar a audição dos peritos que tenham subscrito os pareceres técnicos referidos nos números anteriores, determinar ao impugnante e ao representante da Fazenda Pública o esclarecimento das suas posições e ordenar novas diligências de prova.

ARTIGO 118º
Testemunhas

1 – O número de testemunhas a inquirir não poderá exceder 3 por cada facto, nem o total de 10, por cada acto tributário impugnado.

2 – Os depoimentos são prestados em audiência contraditória, devendo ser gravados, sempre que existam meios técnicos para o efeito, cabendo ao juiz a respectiva redução a escrito, que deve constar em acta, quando não seja possível proceder àquela gravação.

3 – Na marcação da diligência, o juiz deve observar o disposto no artigo 155º do Código de Processo Civil.

4 – A falta de testemunha, do representante da Fazenda Pública ou de advogado não é motivo de adiamento da diligência.

5 – O impugnante e o representante da Fazenda Pública podem interrogar directamente as testemunhas.

ARTIGO 119º
Depoimento das testemunhas

1 – As testemunhas residentes na área de jurisdição do tribunal tributário são notificadas por carta registada, sendo as restantes a apresentar pela parte que as ofereceu, salvo se fundadamente se requerer a sua notificação.

2 – A devolução de carta de notificação de testemunha é notificada à parte que a apresentou, mas não dá lugar a nova notificação, salvo nos casos de erro do tribunal, cabendo à parte a apresentação da testemunha.

3 – O impugnante e o representante da Fazenda Pública podem requerer que o depoimento das testemunhas residentes fora da área de jurisdição do tribunal tributário seja feito nos termos do número seguinte.

4 – As testemunhas a inquirir nos termos do número anterior são apresentadas pela parte que as ofereceu e são ouvidas por teleconferência gravada a partir do tribunal tributário da área da sua residência, devendo ser identificadas perante funcionário judicial do tribunal onde o depoimento é prestado.

5 – A inquirição das testemunhas prevista no nº 3 deve ser efectuada durante a mesma diligência em que são ouvidas as demais testemunhas, salvo quando exista motivo ponderoso que justifique que essa inquirição seja marcada para outra data.

ARTIGO 120º
Notificação para alegações

Finda a produção da prova, ordenar-se-á a notificação dos interessados para alegarem por escrito no prazo fixado pelo juiz, que não será superior a 30 dias.

ARTIGO 121º
Vista do Ministério Público

1 – Apresentadas as alegações ou findo o respectivo prazo e antes de proferida a sentença, o juiz dará vista ao Ministério Público para, se pretender, se pronunciar expressamente sobre as questões de legalidade que tenham sido suscitadas no processo ou suscitar outras nos termos das suas competências legais.

2 – Se o Ministério Público suscitar questão que obste ao conhecimento do pedido, serão ouvidos o impugnante e o representante da Fazenda Pública.

SECÇÃO VI
Da sentença

ARTIGO 122º
Conclusão dos autos. Sentença

1 – Em seguida serão os autos conclusos para decisão do juiz, que proferirá sentença.

2 – O impugnante, se decair no todo ou em parte e tiver dado origem à causa, será condenado em custas e poderá sê-lo, também, em sanção pecuniária, como litigante de má fé.

ARTIGO 123º
Sentença. Objecto

1 – A sentença identificará os interessados e os factos objecto de litígio, sintetizará a pretensão do impugnante e respectivos fundamentos, bem como a posição do representante da Fazenda Pública e do Ministério Público, e fixará as questões que ao tribunal cumpre solucionar.

2 – O juiz discriminará também a matéria provada da não provada, fundamentando as suas decisões.

ARTIGO 124º
Ordem de conhecimento dos vícios na sentença

1 – Na sentença, o tribunal apreciará prioritariamente os vícios que conduzam à declaração de inexistência ou nulidade do acto impugnado e, depois, os vícios arguidos que conduzam à sua anulação.

2 – Nos referidos grupos a apreciação dos vícios é feita pela ordem seguinte:

a) No primeiro grupo, o dos vícios cuja procedência determine, segundo o prudente critério do julgador, mais estável ou eficaz tutela dos interesses ofendidos;

b) No segundo grupo, a indicada pelo impugnante, sempre que este estabeleça entre eles uma relação de subsidiariedade e não sejam arguidos outros vícios pelo Ministério Público ou, nos demais casos, a fixada na alínea anterior.

ARTIGO 125º
Nulidades da sentença

1 – Constituem causas de nulidade da sentença a falta de assinatura do juiz, a não especificação dos fundamentos de facto e de direito da decisão, a oposição dos fundamentos com a decisão, a falta de pronúncia sobre questões que o juiz deva apreciar ou a pronúncia sobre questões que não deva conhecer.

2 – A falta da assinatura do juiz pode ser suprida oficiosamente ou a requerimento dos interessados, enquanto for possível obtê-la, devendo o juiz declarar a data em que assina.

ARTIGO 126º
Notificação da sentença

A sentença será notificada no prazo de 10 dias ao Ministério Público, ao impugnante e ao representante da Fazenda Pública.

SECÇÃO VII
Dos incidentes

ARTIGO 127º
Incidentes

1 – São admitidos em processo de impugnação os incidentes seguintes:

a) Assistência;
b) Habilitação;
c) Apoio judiciário.

2 – O prazo de resposta ao incidente é de 15 dias.

3 – O Ministério Público pronunciar-se-á obrigatoriamente antes da decisão do incidente sobre a matéria nele discutida.

ARTIGO 128º
Processamento e julgamento dos incidentes

Os incidentes serão processados e julgados nos termos do Código de Processo Civil, em tudo que não seja estabelecido no presente Código.

ARTIGO 129º
Incidente de assistência

1 – É admitido em processo de impugnação o incidente de assistência nos casos seguintes:

a) Intervenção do substituto nas impugnações deduzidas pelo substituído e vice-versa;
b) Intervenção do responsável subsidiário nas impugnações deduzidas pelo contribuinte.

2 – A sentença produzirá caso julgado face ao assistente relativamente ao objecto da impugnação.

ARTIGO 130º
Admissão do incidente de habilitação

É admitido o incidente de habilitação quando, no decurso do processo judicial, falecer o impugnante e o sucessor pretenda impor a sua posição processual.

SECÇÃO VIII
Da impugnação dos actos de auto-liquidação, substituição tributária e pagamentos por conta

ARTIGO 131º
Impugnação em caso de autoliquidação

1 – Em caso de erro na autoliquidação, a impugnação será obrigatoriamente precedida de reclamação graciosa dirigida ao dirigente do órgão periférico regional da administração tributária, no prazo de 2 anos após a apresentação da declaração.

2 – Em caso de indeferimento expresso ou tácito da reclamação, o contribuinte poderá impugnar, no prazo de 30 dias, a liquidação que efectuou, contados, respectivamente, a partir da notificação do indeferimento ou da formação da presunção do indeferimento tácito.

3 – Sem prejuízo do disposto nos números anteriores, quando o seu fundamento for exclusivamente matéria de direito e a autoliquidação tiver sido efectuada de acordo com orientações genéricas emitidas pela administração tributária, o prazo para a impugnação não depende de reclamação prévia, devendo a impugnação ser apresentada no prazo do nº 1 do artigo 102º.

ARTIGO 132º
Impugnação em caso de retenção na fonte

1 – A retenção na fonte é susceptível de impugnação por parte do substituto em caso de erro na entrega de imposto superior ao retido.

2 – O imposto entregue a mais será descontado nas entregas seguintes da mesma natureza a efectuar no ano do pagamento indevido.

3 – Caso não seja possível a correcção referida no número anterior, o substituto que quiser impugnar reclamará graciosamente para o órgão periférico regional da administração tributária competente no prazo de 2 anos a contar do termo do prazo nele referido.

4 – O disposto no número anterior aplica-se à impugnação pelo substituído da retenção que lhe tiver sido efectuada, salvo quando a retenção tiver a mera natureza de pagamento por conta do imposto de vido a final.

5 – Caso a reclamação graciosa seja expressa ou tacitamente indeferida, o contribuinte poderá impugnar, no prazo de 30 dias, a entrega indevida nos mesmos termos que do acto da liquidação.

6 – À impugnação em caso de retenção na fonte aplica-se o disposto no nº 3 do artigo anterior.

ARTIGO 133º
Impugnação em caso de pagamento por conta

1 – O pagamento por conta é susceptível de impugnação judicial com fundamento em erro sobre os pressupostos da sua existência ou do seu quantitativo quando determinado pela administração tributária.

2 – A impugnação do pagamento por conta depende de prévia reclamação graciosa para o órgão periférico local da administração tributária competente, no prazo de 30 dias após o pagamento indevido.

3 – Caso a reclamação seja expressamente indeferida, o contribuinte poderá impugnar, no prazo de 30 dias, o acto nos mesmos termos que do acto de liquidação.

4 – Decorridos 90 dias após a sua apresentação sem que tenha sido indeferida, considera-se a reclamação tacitamente deferida.

ARTIGO 134º
Objecto da impugnação

1 – Os actos de fixação dos valores patrimoniais podem ser impugnados, no prazo de 90 dias após a sua notificação ao contribuinte, com fundamento em qualquer ilegalidade.

2 – Constitui motivo de ilegalidade, além da preterição de formalidades legais, o erro de facto ou de direito na fixação.

3 – As incorrecções nas inscrições matriciais dos valores patrimoniais podem ser objecto de impugnação judicial, no prazo de 30 dias, desde que o contribuinte tenha solicitado previamente a correcção da inscrição junto da entidade competente e esta a recuse ou não se pronuncie no prazo de 90 dias a partir do pedido.

4 – À impugnação referida no número anterior aplicar-se-á o disposto no nº 3 do artigo 111º.

5 – O pedido de correcção da inscrição nos termos do número anterior pode ser apresentado a todo o tempo.

6 – O prazo da impugnação referida no nº 3 conta-se a partir da notificação da recusa ou do termo do prazo para apreciação do pedido.

7 – A impugnação referida neste artigo não tem efeito suspensivo e só poderá ter lugar depois de esgotados os meios graciosos previstos no procedimento de avaliação.

CAPÍTULO III
Dos processos de acção cautelar

SECÇÃO I
Disposições gerais

ARTIGO 135º
Providência cautelares

1 – São admitidas em processo judicial tributário as seguintes providências cautelares avulsas a favor da administração tributária:

a) O arresto;
b) O arrolamento.

2 – A impugnação dos actos de apreensão de bens, quando a eles houver lugar segundo as leis tributárias, e de outras providências cautelares adoptadas, nos termos da lei, pela administração tributária é regulada pelo disposto no presente capítulo.

SECÇÃO II
Do arresto

ARTIGO 136º
Requisitos do arresto

1 – O representante da Fazenda Pública pode requerer arresto de bens do devedor de tributos ou do responsável solidário ou subsidiário quando ocorram, simultaneamente, as circunstâncias seguintes:

a) Haver fundado receio da diminuição de garantia de cobrança de créditos tributáveis;
b) O tributo estar liquidado ou em fase de liquidação.

2 – Nos tributos periódicos considera-se que o tributo está em fase de liquidação a partir do final do ano civil ou de outro período de tributação a que os respectivos rendimentos se reportem.

3 – Nos impostos de obrigação única, o imposto considera-se em fase de liquidação a partir do momento da ocorrência do facto tributário.

4 – O representante da Fazenda Pública alegará os factos que demonstrem o tributo ou a sua provável existência e os fundamentos do receio de diminuição de garantias de cobrança de créditos tributários, relacionando, também, os bens que devem ser arrestados, com as menções necessárias ao arresto.

5 – As circunstâncias referidas na alínea *a*) do nº 1 presumem-se no caso de dívidas por impostos que o devedor ou responsável esteja obrigado a reter ou a repercutir a terceiros e não haja entregue nos prazos legais.

ARTIGO 137º
Caducidade

1 – O arresto fica sem efeito com o pagamento da dívida, ou quando, no processo de liquidação do ou dos tributos para cuja garantia é destinado, se apure até ao fim do ano posterior àquele em que se efectuou não haver lugar a qualquer acto tributário e, ainda, se, a todo o tempo, for prestada garantia nos termos previstos no presente Código.

2 – O arresto fica igualmente sem efeito quando, tendo sido decretado na pendência de procedimento de inspecção tributária, a entidade inspeccionada não for notificada do relatório de inspecção no prazo de 90 dias a contar da data do seu decretamento, a menos que, findo este período, ainda não tenha terminado o prazo legal para a conclusão daquele procedimento de inspecção, com as eventuais prorrogações legais, caso em que o arresto fica sem efeito no termo deste último prazo legal.([1])

3 – O arresto caducará ainda na medida do que exceder o montante suficiente para garantir o tributo, juros compensatórios liquidados e o acrescido relativo aos seis meses posteriores.

ARTIGO 138º
Competência para o arresto

Tem competência para o arresto o tribunal tributário de 1ª instância da área do órgão periférico local competente para a execução dos créditos que se pretendam garantir.

ARTIGO 139º
Regime do arresto

Ao regime do arresto aplica-se o disposto no Código de Processo Civil em tudo o que não for especialmente regulado nesta secção.

([1]) Redacção dada pela Lei nº 55-B/2004, de 30 de Dezembro.

SECÇÃO III
Do arrolamento

ARTIGO 140º
Requisitos do arrolamento

Havendo fundado receio de extravio ou de dissipação de bens ou de documentos conexos com obrigações tributárias, pode ser requerido pelo representante da Fazenda Pública o seu arrolamento.

ARTIGO 141º
Competência para o arrolamento

O processo de arrolamento é da competência do tribunal tributário de 1ª instância da área da residência, sede ou estabelecimento estável do contribuinte.

ARTIGO 142º
Regime do arrolamento

Ao regime do arrolamento aplica-se o disposto no Código de Processo Civil, em tudo o que não for especialmente regulado nesta secção.

SECÇÃO IV
Da apreensão

ARTIGO 143º
Impugnação da apreensão

1 – É admitida a impugnação judicial dos actos de apreensão de bens praticados pela administração tributária, no prazo de 15 dias a contar do levantamento do auto.

2 – A impugnação da apreensão de bens reveste-se sempre de carácter urgente, precedendo as diligências respectivas a quaisquer outros actos judiciais não urgentes.

3 – É competente para o conhecimento da impugnação o tribunal tributário de 1ª instância da área em que a apreensão tiver sido efectuada.

4 – Tem legitimidade para a impugnação prevista neste artigo o proprietário ou detentor dos bens apreendidos.

5 – Sempre que as leis tributárias exijam a notificação dos actos de apreensão às pessoas referidas no número anterior, o prazo da impugnação conta-se a partir dessa notificação.

6 – Estando pendente processo contra-ordenacional, a decisão judicial da impugnação do acto de apreensão faz caso julgado, considerando-se sempre definitiva a libertação dos bens e meios de transporte, independentemente da decisão quanto às coimas.

7 – A regularização da situação tributária do arguido na pendência do pro cesso de impugnação extingue este.

SECÇÃO V
Da impugnação das providências cautelares adoptadas pela administração tributária

ARTIGO 144º
Impugnação das providências cautelares adoptadas pela administração tributária

1 – Sem prejuízo do disposto no artigo anterior, as providências cautelares adoptadas pela administração tributária são impugnáveis no prazo de 15 dias após a sua realização ou o seu conhecimento efectivo pelo interessado, quando posterior, com fundamento em qualquer ilegalidade.

2 – A impugnação é apresentada no tribunal tributário de 1ª instância da área do serviço da administração tributária que tiver adoptado a providência cautelar.

3 – A impugnação das providências cautelares reveste-se sempre de carácter urgente, precedendo as diligências respectivas a quaisquer outros actos judiciais não urgentes.

4 – No requerimento, deve o contribuinte invocar as razões de facto e de direito que justificam a anulação total ou parcial da providência cautelar.

5 – Antes da decisão, é obrigatoriamente ouvida a administração tributária sobre a necessidade e legalidade da providência.

6 – A impugnação das providências cautelares adoptadas pela administração tributária não tem efeitos suspensivos, devendo, no entanto, até à decisão a administração tributária abster-se da prática de actos que possam comprometer os efeitos úteis do processo.

CAPÍTULO IV
Acção para o reconhecimento de um direito ou interesse legítimo em matéria tributária

ARTIGO 145º
Reconhecimento de um direito ou interesse legítimo em matéria tributária

1 – As acções para obter o reconhecimento de um direito ou interesse legalmente protegido em matéria tributária podem ser propostas por quem invoque a titularidade do direito ou interesse a reconhecer.

2 – O prazo da instauração da acção é de quatro anos após a constituição do direito ou o conhecimento da lesão do interessado.

3 – As acções apenas podem ser propostas sempre que esse meio processual for o mais adequado para assegurar uma tutela plena, eficaz e efectiva do direito ou interesse legalmente protegido.

4 – As acções seguem os termos do processo de impugnação, considerando-se na posição de entidade que praticou o acto a que tiver competência para decidir o pedido.

CAPÍTULO V
Dos meios processuais acessórios

ARTIGO 146º
Meios processuais acessórios

1 – Para além do meio previsto no artigo seguinte, são admitidos no processo judicial tributário os meios processuais acessórios de intimação para a consulta de documentos e passagem de certidões, de produção antecipada de prova e de execução dos julgados, os quais serão regulados pelo disposto nas normas sobre o processo nos tribunais administrativos.

2 – O prazo de execução espontânea das sentenças e acórdãos dos tribunais tributários conta-se a partir da data em que o processo tiver sido remetido ao órgão da administração tributária competente para a execução, podendo o interessado requerer a remessa no prazo de 8 dias após o trânsito em julgado da decisão.

3 – Cabe aos tribunais tributários de 1ª instância a apreciação das questões referidas no presente artigo.

ARTIGO 146º-A
Processo especial de derrogação do dever de sigilo bancário

1 – O processo especial de derrogação do dever de sigilo bancário aplica-se às situações legalmente previstas de acesso da administração tributária à informação bancária para fins fiscais.

2 – O processo especial previsto no número anterior reveste as seguintes formas:

a) Recurso interposto pelo contribuinte;
b) Pedido de autorização da administração tributária.

ARTIGO 146º-B
Tramitação do recurso interposto pelo contribuinte

1 – O contribuinte que pretenda recorrer da decisão da administração tributária que determina o acesso directo à informação bancária que lhe diga respeito deve justificar sumariamente as razões da sua discordância em requerimento apresentado no tribunal tributário de 1ª instância da área do seu domicílio fiscal.

2 – A petição referida no número anterior deve ser apresentada no prazo de 10 dias a contar da data em que foi notificado da decisão, independentemente da lei atribuir à mesma efeito suspensivo ou devolutivo.

3 – A petição referida no número anterior não obedece a formalidade esctivos elementos de prova, que devem revestir natureza exclusivamente documental.

4 – O director-geral dos Impostos ou o director-geral das Alfândegas e dos Impostos Especiais sobre o Consumo são notificados para, querendo, deduzirem oposição no prazo de 10 dias, a qual deve ser acompanhada dos respectivos elementos de prova.

5 – As regras dos números precedentes aplicam-se, com as necessárias adaptações, ao recurso previsto no artigo 89º-A da Lei Geral Tributária.

ARTIGO 146º-C
Tramitação do pedido de autorização da administração tributária

1 – Quando a administração tributária pretenda aceder à informação bancária referente a familiares do contribuinte ou de terceiros com ele relacionados, pode requerer ao tribunal tributário de 1ª instância da área do domicílio fiscal do visado a respectiva autorização.

2 – O pedido de autorização não obedece a formalidade especial e deve ser acompanhado pelos respectivos elementos de prova.

3 – O visado é notificado para, querendo, deduzir oposição no prazo de 10 dias, a qual deve ser acompanhada dos respectivos elementos de prova.

ARTIGO 146º-D
Processo urgente

1 – Os processos referidos nos artigos 146º-B e 146º-C são tramitados como processos urgentes.

2 – A decisão judicial deve ser proferida no prazo de 90 dias a contar da data de apresentação do requerimento inicial.

CAPÍTULO VI
Da intimação para um comportamento

ARTIGO 147º
Intimação para um comportamento

1 – Em caso de omissão, por parte da administração tributária, do dever de qualquer prestação jurídica susceptível de lesar direito ou interesse legítimo em matéria tributária, poderá o interessado requerer a sua intimação para o cumprimento desse dever junto do tribunal tributário competente.

2 – O presente meio só é aplicável quando, vistos os restantes meios contenciosos previstos no presente Código, ele for o meio mais adequado para assegurar a tutela plena, eficaz e efectiva dos direitos ou interesses em causa.

3 – No requerimento dirigido ao tribunal tributário de 1ª instância deve o requerente identificar a omissão, o direito ou interesse legítimo violado ou lesado ou susceptível de violação ou lesão e o procedimento ou procedimentos a praticar pela administração tributária para os efeitos previstos no nº 1.

4 – A administração tributária pronunciar-se-á sobre o requerimento do contribuinte no prazo de 15 dias, findos os quais o juiz resolverá, intimando, se for caso disso, a administração tributária a reintegrar o direito, reparar a lesão ou adoptar a conduta que se revelar necessária, que poderá incluir a prática de actos administrativos, no prazo que considerar razoável, que não poderá ser inferior a 30 nem superior a 120 dias.

5 – A decisão judicial especificará os actos a praticar para integral cumprimento do dever referido no nº 1.

6 – O disposto no presente artigo aplica-se, com as adaptações necessárias, às providências cautelares a favor do contribuinte ou demais obrigados tributários,

devendo o requerente invocar e provar o fundado receio de uma lesão irreparável do requerente a causar pela actuação da administração tributária e a providência requerida.

TÍTULO IV
Da execução fiscal

CAPÍTULO I
Disposições gerais

SECÇÃO I
Do âmbito

ARTIGO 148º
Âmbito da execução fiscal

1 – O processo de execução fiscal abrange a cobrança coerciva das seguintes dívidas:

a) Tributos, incluindo impostos aduaneiros, especiais e extra-fiscais, taxas, demais contribuições financeiras a favor do Estado, adicionais cumulativamente cobrados, juros e outros encargos legais;

b) Coimas e outras sanções pecuniárias fixadas em decisões, sentenças ou acórdãos relativos a contra-ordenações tributárias, salvo quando aplicadas pelos tribunais comuns;

c) Coimas e outras sanções pecuniárias decorrentes da responsabilidade civil determinada nos termos do Regime Geral das Infracções Tributárias.([1])

2 – Poderão ser igualmente cobradas mediante processo de execução fiscal, nos casos e termos expressamente previstos na lei:

a) Outras dívidas ao Estado e a outras pessoas colectivas de direito público que devam ser pagas por força de acto administrativo;

b) Reembolsos ou reposições.

SECÇÃO II
Da competência

ARTIGO 149º
Órgão da execução fiscal

Considera-se, para efeitos do presente Código, órgão da execução fiscal o serviço da administração tributária onde deva legalmente correr a execução ou, quando esta deva correr nos tribunais comuns, o tribunal competente.([1])

([1]) Redacção dada pela Lei nº 3-B/2010, de 28 de Abril.

ARTIGO 150º
Competência territorial

1 – É competente para a execução fiscal a administração tributária através do órgão periférico local.([1])

2 – A designação do órgão periférico local competente é efectuada mediante despacho do dirigente máximo do serviço.([2])

3 – Na falta da designação referida no número anterior, é competente o órgão periférico local do domicílio ou sede do devedor, da situação dos bens ou da liquidação, salvo tratando-se de coima fiscal e respectivas custas, caso em que é competente o órgão da execução fiscal da área onde tiver corrido o processo da sua aplicação.([2])

4 – Quando razões de racionalidade de meios e de eficácia da cobrança o justifiquem, o dirigente máximo do serviço, mediante despacho, pode atribuir a competência para a execução fiscal ao órgão periférico regional da área do domicílio ou sede do devedor.([3])

ARTIGO 151º
Competência dos tribunais tributários

1 – Compete ao tribunal tributário de 1ª instância da área onde correr a execução, depois de ouvido o Ministério Público nos termos do presente Código, decidir os incidentes, os embargos, a oposição, incluindo quando incida sobre os pressupostos da responsabilidade subsidiária e a reclamação dos actos praticados pelos órgãos da execução fiscal.([4])

2 – O disposto no presente artigo não se aplica quando a execução fiscal deva correr nos tribunais comuns, caso em que cabe a estes tribunais o integral conhecimento das questões referidas no número anterior.

SECÇÃO III
Da legitimidade

SUBSECÇÃO I
Da legitimidade dos exequentes

ARTIGO 152º
Legitimidade dos exequentes

1 – Tem legitimidade para promover a execução das dívidas referidas no artigo 148º o órgão da execução fiscal.

2 – Quando a execução fiscal correr nos tribunais comuns, a legitimidade para promoção da execução é, nos termos da lei, do Ministério Público.

([1]) Redacção dada pela Lei nº 3-B/2010, de 28 de Abril.
([2]) Aditado pela Lei nº 3-B/2010, de 28 de Abril.
([3]) Aditado pela Lei nº 55-A/2010, de 31 de Dezembro.
([4]) Redacção dada pela Lei nº 55-A/2010, de 31 de Dezembro.

SUBSECÇÃO II
Da legitimidade dos executados

ARTIGO 153º
Legitimidade dos executados

1 – Podem ser executados no processo de execução fiscal os devedores originários e seus sucessores dos tributos e demais dívidas referidas no artigo 148º, bem como os garantes que se tenham obrigado como principais pagadores, até ao limite da garantia prestada.

2 – O chamamento à execução dos responsáveis subsidiários de pende da verificação de qualquer das seguintes circunstâncias:

a) Inexistência de bens penhoráveis do devedor e seus sucessores;

b) Fundada insuficiência, de acordo com os elementos constantes do auto de penhora e outros de que o órgão da execução fiscal disponha, do património do devedor para a satisfação da dívida exequenda e acrescido.

ARTIGO 154º
Legitimidade do cabeça-de-casal

Se, no decurso do processo de execução, falecer o executado, são válidos todos os actos praticados pelo cabeça-de-casal independentemente da habilitação de herdeiros nos termos do presente Código.

ARTIGO 155º
Partilha entre sucessores

1 – Tendo-se verificado a partilha entre os sucessores da pessoa que no título figurar como devedor, o órgão da execução fiscal ordenará, para efeito de citação dos herdeiros, a destrinça da parte que cada um deles deva pagar.

2 – Em relação a cada devedor será processada guia ou documento equivalente em triplicado, com a indicação de que foi passada nos termos deste artigo, servindo um dos exemplares de recibo ao contribuinte.

3 – Para efeito dos números anteriores, quando quem realizar a citação verificar que o executado faleceu, prestará informação em que declare:

a) No caso de ter havido partilhas, os herdeiros e as suas quotas hereditárias;

b) Não tendo havido partilhas, os herdeiros, caso sejam conhecidos, e se está pendente inventário.

4 – No caso da alínea *a)* do número anterior será mandado citar cada um dos herdeiros para pagar o que proporcionalmente lhe competir na dívida exequenda e, no da alínea *b)*, citar-se-á, respectivamente, consoante esteja ou não a correr inventário, o cabeça-de-casal ou qualquer dos herdeiros para pagar toda a dívida sob cominação de penhora em quaisquer bens da herança, fazendo-se a citação dos herdeiros incertos por editais.

ARTIGO 156º
Falência do executado

Se o funcionário ou a pessoa que deva realizar o acto verificarem que o executado foi declarado em estado de falência, o órgão da execução fiscal ordenará que a citação se faça na pessoa do liquidatário judicial.

ARTIGO 157º
Reversão contra terceiros adquirentes de bens

1 – Na falta ou insuficiência de bens do originário devedor ou dos seus sucessores e se se tratar de dívida com direito de sequela sobre bens que se tenham transmitido a terceiros, contra estes reverterá a execução, salvo se a transmissão se tiver realizado por venda em processo a que a Fazenda Pública devesse ser chamada a deduzir os seus direitos.

2 – Os terceiros só respondem pelo imposto relativo aos bens transmitidos e apenas estes podem ser penhorados na execução, a não ser que aqueles nomeiem outros bens em sua substituição e o órgão da execução fiscal considere não haver prejuízo.

ARTIGO 158º
Reversão contra possuidores

1 – Se, nos impostos sobre a propriedade mobiliária ou imobiliária, se verificar que a dívida liquidada em nome do actual possuidor, fruidor ou proprietário dos bens respeita a um período anterior ao início dessa posse, fruição ou propriedade, a execução reverterá, nos termos da lei, contra o antigo possuidor, fruidor ou proprietário.

2 – Se, nas execuções referidas no número anterior, se verificar que os títulos de cobrança foram processados em nome do antigo possuidor, fruidor ou proprietário, o funcionário ou outra pessoa que deva realizar a citação informará quem foi o possuidor, fruidor ou proprietário dos bens durante o período a que respeita a dívida exequenda, para que o órgão da execução fiscal o mande citar, se for caso disso, segundo as leis tributárias.

ARTIGO 159º
Reversão no caso de substituição tributária

No caso de substituição tributária e na falta ou insuficiência de bens do devedor, a execução reverterá contra os responsáveis subsidiários.

ARTIGO 160º
Reversão no caso de pluralidade de responsáveis subsidiários

1 – Quando a execução reverta contra responsáveis subsidiários, o órgão da execução fiscal mandá-los-á citar todos, depois de obtida informação no processo sobre as quantias por que respondem.

2 – A falta de citação de qualquer dos responsáveis não prejudica o andamento da execução contra os restantes.

3 – Se o pagamento não for efectuado dentro do prazo ou decaírem na oposição deduzida, os responsáveis subsidiários suportarão, além das custas a que tenham dado causa, as que forem devidas pelos originários devedores.

ARTIGO 161º
Reversão da execução contra funcionários

1 – Os funcionários que intervierem no processo ficarão subsidiariamente responsáveis, pela importância das dívidas que não puderam ser cobra das, por qualquer dos seguintes actos, desde que dolosamente praticados:

a) Quando, por terem dado causa à instauração tardia da execução, por passarem mandado para penhora fora do prazo legal ou por não o terem cumprido atempadamente, não forem encontrados bens suficientes ao executado ou aos responsáveis;

b) Quando, sendo conhecidos bens penhoráveis, lavrarem auto de diligência a testar a sua inexistência;

c) Quando possibilitem um novo estado de insolvência por não informarem nas execuções declaradas em falhas que os devedores ou responsáveis adquiriram posteriormente bens penhoráveis.

2 – A responsabilidade subsidiária do funcionário só poderá ser exercida após condenação em processo disciplinar pelos factos referidos no número anterior.

SECÇÃO IV
Dos títulos executivos

ARTIGO 162º
Espécies de títulos executivos

Só podem servir de base à execução fiscal os seguintes títulos executivos:

a) Certidão extraída do título de cobrança relativa a tributos e outras receitas do Estado;

b) Certidão de decisão exequível proferida em processo de aplicação das coimas;

c) Certidão do acto administrativo que determina a dívida a ser paga;

d) Qualquer outro título a que, por lei especial, seja atribuída força executiva.

ARTIGO 163º
Requisitos dos títulos executivos

1 – São requisitos essenciais dos títulos executivos:[1]

a) Menção da entidade emissora ou promotora da execução;

b) Assinatura da entidade emissora ou promotora da execução, por chancela nos termos do presente Código ou, preferencialmente, através de aposição de assinatura electrónica qualificada;[1]

c) Data em que foi emitido;

d) Nome e domicílio do ou dos devedores;

e) Natureza e proveniência da dívida e indicação, por extenso, do seu montante.

---

[1] Redacção dada pela Lei nº 53-A/2006, de 29 de Dezembro.
[1] Redacção dada pela Lei nº 53-A/2006, de 29 de Dezembro.

2 – No título executivo deve ainda indicar-se a data a partir da qual são devidos juros de mora e a importância sobre que incidem, devendo, na sua falta, esta indicação ser solicitada à entidade competente.

3 – Os títulos executivos são emitidos por via electrónica e, quando provenientes de entidades externas, devem, preferencialmente, ser entregues à administração tributária por transmissão electrónica de dados, valendo nesse caso como assinatura a certificação de acesso.([1])

4 – A aposição da assinatura electrónica qualificada deve ser realizada de acordo com os requisitos legais e regulamentares exigíveis pelo Sistema de Certificação Electrónica do Estado – Infra-Estrutura de Chaves Públicas.([2])

ARTIGO 164º
Elementos que acompanham o título executivo

A entidade promotora da execução pode juntar ao título executivo, se o entender necessário, uma nota de que conste o resumo da situação que serviu de base à instauração do processo.

SECÇÃO V
Das nulidades processuais

ARTIGO 165º
Nulidades. Regime

1 – São nulidades insanáveis em processo de execução fiscal:

a) A falta de citação, quando possa prejudicar a defesa do interessado;

b) A falta de requisitos essenciais do título executivo, quando não puder ser suprida por prova documental.

2 – As nulidades dos actos têm por efeito a anulação dos termos subsequentes do processo que deles dependam absolutamente, aproveitando-se as peças úteis ao apuramento dos factos.

3 – Se o respectivo representante tiver sido citado, a nulidade por falta de citação do inabilitado por prodigalidade só invalidará os actos posteriores à penhora.

4 – As nulidades mencionadas são de conhecimento oficioso e podem ser arguidas até ao trânsito em julgado da decisão final.

SECÇÃO VI
Dos incidentes e impugnações

ARTIGO 166º
Incidentes da instância e impugnações

1 – São admitidos no processo de execução fiscal os seguintes incidentes:

([1]) Aditado pela Lei nº 53-A/2006, de 29 de Dezembro.
([2]) Redacção dada pela Lei nº 53-A/2006, de 29 de Dezembro.

a) Embargos de terceiros;
b) Habilitação de herdeiros;
c) Apoio judiciário.

2 – À impugnação da genuinidade de qualquer documento aplica-se o disposto no nº 4 do artigo 115º.

ARTIGO 167º
Incidente de embargos de terceiros

O incidente dos embargos de terceiros, quando não forem liminarmente indeferidos na parte que não estiver regulada no presente Código, rege-se pelas disposições aplicáveis à oposição à execução.

ARTIGO 168º
Incidente de habilitação de herdeiros

1 – No caso de falecimento do executado, será informado no processo quem são os herdeiros, nos termos do nº 3 do artigo 155º.

2 – O disposto no número anterior aplica-se à habilitação das su cessões do embargante e do credor reclamante de créditos.

SECÇÃO VII
Da suspensão, interrupção e extinção do processo

ARTIGO 169º
Suspensão da execução. Garantias

1 – A execução fica suspensa até à decisão do pleito em caso de reclamação graciosa, a impugnação judicial ou recurso judicial que tenham por objecto a legalidade da dívida exequenda, bem como durante os procedimentos de resolução de diferendos no quadro da Convenção de Arbitragem nº 90/436/CEE, de 23 de Julho, relativa à eliminação da dupla tributação em caso de correcção de lucros entre empresas associadas de diferentes Estados membros, desde que tenha sido constituída garantia nos termos do artigo 195º ou prestada nos termos do artigo 199º ou a penhora garanta a totalidade da quantia exequenda e do acrescido, o que será informado no processo pelo funcionário competente([1]).

2 – A execução fica igualmente suspensa, desde que, após o termo do prazo de pagamento voluntário, seja prestada garantia antes da apresentação do meio gracioso ou judicial correspondente, acompanhada de requerimento em que conste a natureza da dívida, o período a que respeita e a entidade que praticou o acto, bem como a indicação da intenção de apresentar meio gracioso ou judicial para discussão da legalidade ou da exigibilidade da dívida exequenda.([2])

3 – O requerimento a que se refere o número anterior dá início a um procedi-

---

([1]) Redacção dada pela Lei nº 67-A/2007, de 31 de Dezembro.
([2]) Redacção dada pela Lei nº 3-B/2010, de 28 de Abril.

mento, que é extinto se, no prazo legal, não for apresentado o correspondente meio processual e comunicado esse facto ao órgão competente para a execução.([1])

4 – Extinto o procedimento referido no número anterior, aplica-se o disposto no nº 2 do artigo 200º([1])

5 – A execução fica ainda suspensa até à decisão que venha a ser proferida no âmbito dos procedimentos a que se referem os artigos 90º e 90º-A.([1])

6 – Se não houver garantia constituída ou prestada, nem penhora, ou os bens penhorados não garantirem a dívida exequenda e acrescido, é ordenada a notificação do executado para prestar a garantia referida no nº 1 dentro do prazo de 15 dias.([1])

7 – Se a garantia não for prestada nos termos do número anterior procede-se de imediato à penhora.([1])

8 – O executado que não der conhecimento da existência de processo que justifique a suspensão da execução responderá pelas custas relativas ao processado posterior à penhora.

9 – Se for apresentada oposição à execução, aplica-se o disposto nos nºs 1 a 7.([2])

10 – O disposto no presente artigo não se aplica às dívidas de recursos próprios comunitários.

11 – Considera-se que têm a situação tributária regularizada os contribuintes que obtenham a suspensão do processo de execução fiscal nos termos do presente artigo, sem prejuízo do disposto quanto à dispensa de garantia.([1])

ARTIGO 170º
Dispensa da prestação de garantia

1 – Quando a garantia possa ser dispensada nos termos previstos na lei, deve o executado requerer a dispensa ao órgão da execução fiscal no prazo referido no nº 2 do artigo anterior.

2 – Caso o fundamento da dispensa da garantia seja superveniente ao termo daquele prazo, deve a dispensa ser requerida no prazo de 30 dias após a sua ocorrência.

3 – O pedido a dirigir ao órgão da execução fiscal deve ser fundamentado de facto e de direito e instruído com a prova documental necessária.

4 – O pedido de dispensa de garantia será resolvido no prazo de 10 dias após a sua apresentação.

ARTIGO 171º
Indemnização em caso de gara ntia indevida

1 – A indemnização em caso de garantia bancária ou equivalente indevidamente prestada será requerida no processo em que seja controvertida a legalidade da dívida exequenda.

2 – A indemnização deve ser solicitada na reclamação, impugnação ou recurso ou em caso de o seu fundamento ser superveniente no prazo de 30 dias após a sua ocorrência.

([1]) Aditado pela Lei nº 3-B/2010, de 28 de Abril.
([2]) Redacção dada pela Lei nº 3-B/2010, de 28 de Abril.

ARTIGO 172º
Suspensão da execução em virtude de acção judicial sobre os bens penhorados

A acção judicial que tenha por objecto a propriedade ou posse dos bens penhorados suspende a execução quanto a esses bens, sem prejuízo de continuar noutros bens.

ARTIGO 173º
Suspensão da execução nos órgãos da execução fiscal deprecado

A suspensão da execução poderá decretar-se no órgão da execução fiscal deprecado, se este dispuser dos elementos necessários e aí puder ser efectuada a penhora.

ARTIGO 174º
Impossibilidade da deserção

1 – A interrupção do processo de execução fiscal nunca dá causa à deserção.

2 – O executado será notificado quando a execução prossiga a requerimento do sub-rogado.

ARTIGO 175º
Prescrição ou duplicação de colecta

A prescrição ou duplicação da colecta serão conhecidas oficiosamente pelo juiz se o órgão da execução fiscal que anteriormente tenha intervindo o não tiver feito.

ARTIGO 176º
Extinção do processo

1 – O processo de execução fiscal extingue-se:

a) Por pagamento da quantia exequenda e do acrescido;
b) Por anulação da dívida ou do processo;
c) Por qualquer outra forma prevista na lei.

2 – Nas execuções por coimas ou outras sanções pecuniárias o processo executivo extingue-se também:

a) Por morte do infractor;
b) Por amnistia da contra-ordenação;
c) Pela prescrição das coimas e sanções acessórias;
d) Pela anulação da decisão condenatória em processo de revisão.

ARTIGO 177º
Prazo de extinção da execução

A extinção da execução verificar-se-á dentro de um ano contado da instauração, salvo causas insuperáveis, devidamente justificadas.

CAPÍTULO II
Do processo

SECÇÃO I
Disposições gerais

ARTIGO 178º
Coligação de exequentes

1 – A administração tributária pode coligar-se, em processo de execução, às instituições do sistema de solidariedade e segurança social.

2 – A coligação é decidida pelos membros do Governo competentes ou por aqueles em quem estes delegarem.

3 – O processo de execução é instaurado e instruído pelo maior credor.

ARTIGO 179º
Apensação de execuções

1 – Correndo contra o mesmo executado várias execuções, nos termos deste Código, serão apensadas, oficiosamente ou a requerimento dele, quando se encontrarem na mesma fase.

2 – A apensação será feita à mais adiantada dessas execuções.

3 – A apensação não se fará quando possa prejudicar o cumprimento de formalidades especiais ou, por qualquer outro motivo, possa comprometer a eficácia da execução.

4 – Proceder-se-á à desapensação sempre que, em relação a qualquer das execuções apensadas, se verifiquem circunstâncias de que possa resultar prejuízo para o andamento das restantes.

ARTIGO 180º
Efeito do processo de recuperação da empresa e de falência na execução fiscal

1 – Proferido o despacho judicial de prosseguimento da acção de recuperação da empresa ou declarada falência, serão sustados os processos de execução fiscal que se encontrem pendentes e todos os que de novo vierem a ser instaurados contra a mesma empresa, logo após a sua instauração.

2 – O tribunal judicial competente avocará os processos de execução fiscal pendentes, os quais serão apensados ao processo de recuperação ou ao processo de falência, onde o Ministério Público reclamará o pagamento dos respectivos créditos pelos meios aí previstos, se não estiver constituído mandatário especial.

3 – Os processos de execução fiscal, antes de remetidos ao tribunal judicial, serão contados, fazendo-se neles o cálculo dos juros de mora devidos.

4 – Os processos de execução fiscal avocados serão devolvidos no prazo de 8 dias, quando cesse o processo de recuperação ou logo que finde o de falência.

5 – Se a empresa, o falido ou os responsáveis subsidiários vierem a adquirir bens em qualquer altura, o processo de execução fiscal prossegue para cobrança do que

se mostre em dívida à Fazenda Pública, sem prejuízo das obrigações contraídas por esta no âmbito do processo de recuperação, bem como sem prejuízo da prescrição.

6 – O disposto neste artigo não se aplica aos créditos vencidos após a declaração de falência ou despacho de prosseguimento da acção de recuperação da empresa, que seguirão os termos normais até à extinção da execução.

ARTIGO 181º
Deveres tributários do liquidatário judicial da falência

1 – Declarada a falência, o liquidatário judicial requererá, no prazo de 10 dias a contar da notificação da sentença, a citação pessoal dos chefes dos serviços periféricos locais da área do domicílio fiscal do falido ou onde possua bens ou onde exista qualquer estabelecimento comercial ou industrial que lhe pertença, para, no prazo de 15 dias, remeterem certidão das dívidas do falido à Fazenda Pública, aplicando-se o disposto nos nºs 2, 3 e 4 do artigo 80º do presente Código.

2 – No prazo de 10 dias a contar da notificação da sentença que tiver declarado a falência ou da citação que lhe tenha sido feita em processo de execução fiscal, requererá o liquidatário judicial, sob pena de incorrer em responsabilidade subsidiária, a avocação dos processos em que o falido seja executado ou responsável e que se encontrem pendentes nos órgãos da execução fiscal do seu domicílio, e daqueles onde tenha bens ou exerça comércio ou indústria, a fim de serem apensados ao processo de falência.

ARTIGO 182º
Impossibilidade da declaração de falência

1 – Em processo de execução fiscal não pode ser declarada a falência ou insolvência do executado.

2 – Sem prejuízo do disposto no número anterior e da prossecução da execução fiscal contra os responsáveis solidários ou subsidiários, quando os houver, o órgão da execução fiscal, em caso de concluir pela inexistência ou fundada insuficiência dos bens penhoráveis do devedor para o pagamento da dívida exequenda e acrescido, comunicará o facto ao representante do Ministério Público competente para que apresente o pedido da declaração da falência no tribunal competente, sem prejuízo da possibilidade de apresentação do pedido por mandatário especial.

ARTIGO 183º
Garantia. Local da prestação. Levantamento

1 – Se houver lugar a qualquer forma de garantia, esta será prestada junto do tribunal tributário competente ou do órgão da execução fiscal onde pender o processo respectivo, nos termos estabelecidos no presente Código.

2 – A garantia poderá ser levantada oficiosamente ou a requerimento de quem a haja prestado, logo que no processo que a determinou tenha transitado em julgado decisão favorável ao garantido ou haja pagamento da dívida.

3 – O levantamento pode ser total ou parcial consoante o conteúdo da decisão ou o pagamento efectuado.

4 – Para o levantamento da garantia não é exigida prova de quitação com a Fazenda Pública.

5 – Se o levantamento for requerido pelos sucessores de quem tenha prestado a caução, deverão estes provar essa qualidade e que se encontra pago ou assegurado o imposto devido pela transmissão da quantia ou valores a levantar.

ARTIGO 183º-A
Caducidade da garantia em caso de reclamação graciosa[1]

1 – A garantia prestada para suspender o processo de execução fiscal caduca se a reclamação graciosa não estiver decidida no prazo de um ano a contar da data da sua interposição.

2 – O regime do número anterior não se aplica se o atraso na decisão resultar de motivo imputável ao reclamante.

3 – A verificação da caducidade cabe ao órgão com competência para decidir a reclamação, mediante requerimento do interessado, devendo a decisão ser proferida no prazo de 30 dias.

4 – Não sendo a decisão proferida no prazo previsto no nº 3, considera-se o requerimento tacitamente deferido.

5 – Em caso de deferimento expresso ou tácito, o órgão da execução fiscal deverá promover, no prazo de cinco dias, o cancelamento da garantia.

ARTIGO 184º
Registo das execuções fiscais

1 – O registo dos processos será efectuado:

a) Nas relações que acompanham as certidões de dívidas ao Estado ou em livro de modelo a aprovar;

b) No livro, de modelo a aprovar, de outras execuções ou então nas relações que acompanham as certidões;

c) No livro, de modelo a aprovar, das cartas precatórias recebidas.

2 – Os registos serão efectuados por ordem numérica e cronológica anual, podendo ser processados por meios informáticos.

3 – As relações a organizar pelas diversas entidades conterão colunas próprias para a inserção do número do processo e averbamento de arquivo, tal como consta dos livros de registo.

4 – Os livros terão termo de abertura e de encerramento assinados pelo órgão da execução fiscal, que também rubricará todas as folhas depois de numeradas, podendo fazê-lo por chancela.

ARTIGO 185º
Formalidades das diligências

1 – No processo de execução fiscal, as diligências a solicitar a outros tribunais ou autoridades sê-lo-ão por simples ofício ou por outros meios simplificados previstos na legislação processual civil, salvo nos seguintes casos, em que se empregará carta precatória:

---

[1] Aditado pela Lei nº 40/2008, de 11 de Agosto.

a) Para citação;
b) Para penhora, que não seja de dinheiro ou outros valores depositados à ordem de qualquer autoridade nas instituições de crédito;
c) Para cada um dos aludidos actos e termos subsequentes;
d) Para inquirição ou declarações.

2 – No procedimento de execução informatizado, todos os actos e diligências do procedimento são efectuados pelo titular do órgão competente para a execução fiscal, sem prejuízo da solicitação referida no número anterior, quando se revele mais eficaz para a cobrança da dívida.([1])

3 – Nos casos referidos no número anterior a administração tributária disponibiliza, por meios electrónicos, às entidades referidas no nº 1 e para a prática dos actos nele referidos, todos os elementos necessários à realização e à confirmação das respectivas diligências.([2])

ARTIGO 186º
Carta precatória extraída de execução

1 – Na carta precatória extraída de execução que possa ser paga no órgão da execução fiscal deprecado indicar-se-á a proveniência e montante da dívida a data em que começaram a vencer-se juros de mora e a im por tância das custas contadas no órgão da execução fiscal deprecante até à data da expedição, juntando-se, se for caso disso, cópia da nota referida no presente Código.

2 – A carta só será devolvida depois de contadas as custas.

3 – Poderá não ter lugar o envio de carta precatória se for mais vantajoso para a execução e o órgão da execução fiscal a ser deprecado fizer parte da área do órgão regional em que se integre o órgão da execução fiscal deprecante.

4 – Nos casos referidos no nº 3 as diligências serão efectuadas pelo próprio órgão da execução fiscal deprecante ou pelo funcionário em quem este, com autorização do órgão periférico regional da administração tributária, tenha delegado essa competência.

5 – Nos processos informatizados, a emissão da carta precatória, quando a ela haja lugar, resulta de procedimento electrónico onde fica registado o acto de emissão pelo órgão deprecante e todos os actos praticados no órgão deprecado, operando este directamente no processo.([1])

ARTIGO 187º
Carta rogatória

1 – A carta rogatória será acompanhada de uma nota em que se indique a natureza da dívida, o tempo a que respeita e o facto que a originou.

2 – Quando se levantem dúvidas sobre a expedição de carta rogatória, o órgão da execução fiscal consultará, nos termos da lei, os serviços competentes do Ministério dos Negócios Estrangeiros.

([1]) Aditado pelo Decreto-Lei nº 238/2006, de 20 de Dezembro.
([2]) Aditado pela Lei nº 55-A/2010, de 31 de Dezembro.

SECÇÃO II
Da instauração e citação

ARTIGO 188º
Instauração e autuação da execução

1 – Instaurada a execução, mediante despacho a lavrar no ou nos respectivos títulos executivos ou em relação destes, no prazo de 24 horas após o recebimento e efectuado o competente registo, o órgão da execução fiscal ordenará a citação do executado.

2 – Serão autuadas conjuntamente todas as certidões de dívidas que se encontrem no órgão da execução fiscal à data da instauração e que tenham sido extraídas contra o mesmo devedor.

3 – Nos processos informatizados, a instauração é efectuada electronicamente, com a emissão do título executivo, sendo de imediato efectuada a citação.([1])

ARTIGO 189º
Efeitos e função das citações

1 – A citação comunicará ao devedor os prazos para oposição à execução e para requerer o pagamento em prestações ou a dação em pagamento.

2 – Até ao termo do prazo de oposição à execução pode o executado, se ainda o não tiver feito anteriormente nos termos das leis tributárias, requerer o pagamento em prestações.

3 – O executado poderá ainda, dentro mesmo do prazo e em alternativa, requerer a dação em pagamento nos termos da secção V do presente capítulo.

4 – O pedido de dação em pagamento poderá, no entanto, ser cumulativo com o do pagamento em prestações, ficando este suspenso até aquele ser decidido pelo Ministro ou órgão executivo competente.

5 – Se os bens oferecidos em dação não forem suficientes para o pagamento da dívida exequenda, pode o excedente beneficiar do pagamento em prestações nos termos do presente título.

6 – Caso se vençam as prestações, nos termos previstos no nº 1 do artigo 200º, ou logo que notificado o indeferimento do pedido do pagamento em prestações ou da dação em pagamento, prossegue de imediato o processo de execução.([1])

7 – Se o executado só for citado posteriormente, o prazo referido no nº 2 conta-se a partir da citação.

8 – Nos casos de suspensão da instância, pela pendência de reclamação graciosa, impugnação, recurso judicial ou oposição sobre o objecto da dívida exequenda, pode o executado, no prazo de 15 dias após a notificação da decisão neles proferida, requerer o pagamento em prestações ou solicitar a dação em pagamento.

([1]) Aditado pelo Decreto-Lei nº 238/2006, de 20 de Dezembro.
([1]) Redacção dada pela Lei nº 3-B/2010, de 28 de Abril.

ARTIGO 190º
Formalidades das citações

1 – A citação deve conter os elementos previstos nas alíneas *a)*, *c)*, *d)* e *e)* do nº 1 do artigo 163º do presente Código ou, em alternativa, ser acompanhada de cópia do título executivo.([1])

2 – A citação é sempre acompanhada da nota indicativa do prazo para oposição, para pagamento em prestações ou dação em pagamento, nos termos do presente título.([1])

3 – Quando a citação for por mandado, entregar-se-á ao executado uma nota nos termos do número anterior, de tudo se lavrando certidão, que será assinada pelo citando e pelo funcionário encarregado da diligência.

4 – Quando, por qualquer motivo, a pessoa citada não assinar ou a citação não puder realizar-se, intervirão duas testemunhas, que assinarão se souberem e puderem fazê-lo.

5 – A citação poderá ser feita na pessoa do legal representante do executado, nos termos do Código de Processo Civil.

6 – Sem prejuízo do disposto nos números anteriores, só ocorre falta de citação quando o respectivo destinatário alegue e demonstre que não chegou a ter conhecimento do acto por motivo que lhe não foi imputável.

ARTIGO 191º
Citações por via postal

1 – Nos processos de execução fiscal cuja quantia exequenda não exceda 250 unidades de conta, a citação efectuar-se-á, mediante simples postal, aplicando-se-lhe as regras do artigo anterior, com as necessárias adaptações.

2 – O postal referido no número anterior será registado quando a dívida exequenda for superior a 10 vezes a unidade de conta.

3 – Nos casos não referidos nos números anteriores, bem como nos de efectivação de responsabilidade subsidiária, a citação será pessoal.

4 – As citações referidas no presente artigo podem ser efectuadas por transmissão electrónica de dados, que equivalem, consoante os casos, à remessa por via postal simples ou registada ou por via postal registada com aviso de recepção.([2])

5 – As citações efectuadas nos termos do número anterior consideram-se feitas no momento em que o destinatário aceda à caixa postal electrónica.([2])

6 – Se a citação for efectuada através de transmissão electrónica de dados e esta for equivalente à efectuada através de carta registada com aviso de recepção, o seu destinatário considera-se citado caso se confirme o acesso à caixa postal electrónica.([2])

ARTIGO 192º
Citações pessoal e edital

1 – As citações pessoais serão efectuadas nos termos do Código de Processo Civil.

([1]) Redacção dada pela Lei nº 55-B/2004, de 30 de Dezembro.
([2]) Aditado pela Lei nº 3-B/2010, de 28 de Abril.

2 – Sendo desconhecida a residência, prestada a informação de que o interessado reside em parte incerta ou devolvida a carta ou postal com a nota de não encontrado, será solicitada, caso o órgão da execução fiscal assim o entender, confirmação das autoridades policiais ou municipais e efectuada a citação ou notificação por meio de éditos, nos termos do disposto neste artigo.

3 – O funcionário que verificar os factos previstos no número anterior passará certidão, que fará assinar pela pessoa de quem tenha recebido a informação respectiva.

4 – Expedida carta precatória para citação e verificada a ausência em parte incerta, compete à entidade deprecante ordenar a citação edital, se for caso disso.

5 – As citações editais serão feitas por éditos afixados no órgão da execução fiscal da área da última residência do citando.

6 – Sendo as citações feitas nos termos e local do número anterior, constarão dos éditos, conforme o caso, a natureza dos bens penhorados, o prazo do pagamento e de oposição e a data e o local designados para a venda, sendo os mesmos afixados à porta da última residência ou sede do citando e publicados em dois números seguidos de um dos jornais mais lidos nesse local ou no da sede ou da localização dos bens.

7 – Só haverá lugar a citação edital quando for efectuada a penhora dos bens do executado e continuar a não ser conhecida a sua residência, nos termos dos artigos 193º e 194º.

ARTIGO 193º
Penhora e venda em caso de citação por via postal ou transmissão electrónica de dados

1 – Se a citação for efectuada por via postal ou por transmissão electrónica de dados, conforme previsto no artigo 191º, e o postal não vier devolvido ou, sendo devolvido, não indicar a nova morada do executado e ainda em caso de não acesso à caixa postal electrónica, procede-se à penhora.([1])

2 – Se, na diligência da penhora, houver possibilidade, citar-se-á o executado pessoalmente, com a informação de que, se não efectuar o pagamento ou não deduzir oposição no prazo de 30 dias, será designado dia para a venda.

3 – Se não for conhecida a morada do executado, proceder-se-á à citação edital, nos termos do artigo anterior.

4 – A venda não poderá ter lugar antes de decorridos 30 dias sobre o termo do prazo da oposição à execução e será comunicada nos termos dos números anteriores.

ARTIGO 194º
Citação no caso de o citando não ser encontrado

1 – Nas execuções de valor superior a 250 unidades de conta, quando o executado não for encontrado, o funcionário encarregado da citação começará por averiguar se é conhecida a actual morada do executado e se possui bens penhoráveis.

([1]) Redacção dada pela Lei nº 3-B/2010, de 28 de Abril.

2 – Se ao executado não forem conhecidos bens penhoráveis e não houver responsáveis solidários ou subsidiários, lavrar-se-á certidão da diligência, a fim de a dívida exequenda ser declarada em falhas, sem prejuízo de quaisquer averiguações ou diligências posteriores.

3 – Se forem encontrados bens penhoráveis, proceder-se-á logo à penhora, seguindo-se as diligências previstas nos nºs 2 e seguintes do artigo 193º.

SECÇÃO III
Garantias especiais

ARTIGO 195º
Constituição de hipoteca legal ou penhor

1 – Quando o interesse da eficácia da cobrança o torne recomendável, o órgão da execução fiscal pode constituir hipoteca legal ou penhor.([1])

2 – A hipoteca legal é constituída com o pedido de registo à conservatória competente, que é efectuado por via electrónica, sempre que possível.([1])

3 – *(Revogado.)*([2])

4 – Para efeitos do nº 2, os funcionários do órgão da execução fiscal gozam de prioridade de atendimento na conservatória em termos idênticos aos dos advogados ou solicitadores.([1])

5 – O penhor será constituído por auto lavrado pelo funcionário competente na presença do executado ou, na ausência deste, perante funcionário com poderes de autoridade pública, notificando-se, nesse caso, o devedor nos termos previstos para a citação.

SECÇÃO IV
Do pagamento em prestações

ARTIGO 196º
Pagamento em prestações e outras medidas

1 – As dívidas exigíveis em processo executivo poderão ser pagas em prestações mensais e iguais, mediante requerimento a dirigir, no prazo de oposição, ao órgão da execução fiscal.

2 – O disposto no número anterior não é aplicável às dívidas de recursos próprios comunitários e às dívidas resultantes da falta de entrega, dentro dos respectivos prazos legais, de imposto retido na fonte ou legalmente repercutido a terceiros, salvo em caso de falecimento do executado, contando-se nesse caso o prazo para o requerimento do pagamento a partir da citação nos termos do nº 4 do artigo 155º([1])

3 – É excepcionalmente admitida a possibilidade de pagamento em prestações das dívidas referidas no número anterior, requerido no prazo de oposição, sem pre-

---

([1]) Redacção dada pela Lei nº 53-A/2006, de 29 de Dezembro.
([2]) Revogado pela Lei nº 53-A/2006, de 29 de Dezembro.

juízo da responsabilidade contra-ordenacional ou criminal que ao caso couber, quando esteja em aplicação plano de recuperação económica de que decorra a imprescindibilidade da medida, desde que se preveja a substituição dos administradores e gerentes responsáveis pela não entrega das prestações tributárias em causa.

4 – Independentemente dos requisitos do número anterior, sem prejuízo da responsabilidade contra-ordenacional ou criminal que ao caso couber, é ainda admitida a possibilidade de pagamento em prestações, mediante requerimento a apresentar no prazo da oposição e desde que se demonstre a dificuldade financeira excepcional e previsíveis consequências económicas gravosas, não podendo o número das prestações mensais exceder 12 e o valor de qualquer delas ser inferior a 1 unidade de conta no momento da autorização.([1])

5 – O pagamento em prestações pode ser autorizado desde que se verifique que o executado, pela sua situação económica, não pode solver a dívida de uma só vez, não devendo o número das prestações em caso algum exceder 36 e o valor de qualquer delas ser inferior a 1 unidade de conta no momento da autorização.

6 – Nos casos em que se demonstre notória dificuldade financeira e previsíveis consequências económicas para os devedores, poderá ser alar gado o número de prestações mensais até 5 anos, se a dívida exequenda exceder 500 unidade de conta no momento da autorização, não podendo então nenhuma delas ser inferior a 10 unidades da conta.

7 – Quando, no âmbito de processo de recuperação económica se demonstre a indispensabilidade da medida e, ainda, quando os riscos inerentes à recuperação dos créditos o tornem recomendável, a administração tributária pode estabelecer que o regime prestacional seja alargado até ao dobro do limite máximo previsto no número anterior, com a observância das condições previstas nos n°s 3 e 6.([2])

8 – A importância a dividir em prestações não compreende os juros de mora, que continuam a vencer-se em relação à dívida exequenda incluída em cada prestação e até integral pagamento, os quais serão incluídos na guia passada pelo funcionário para pagamento conjuntamente com a prestação.

9 – Poderão beneficiar do regime previsto neste artigo os terceiros que assumam a dívida, ainda que o seu pagamento em prestações se encontre autorizado, desde que se verifiquem cumulativamente as seguintes condições:

a) Obtenham autorização do devedor ou provem interesse legítimo;

b) Prestem garantia através de um dos meios previstos no n° 1 do artigo 199°.

10 – A assunção da dívida nos termos do número anterior não exonera o antigo devedor, respondendo este solidariamente com o novo devedor, e, em caso de incumprimento, o processo de execução fiscal prosseguirá os seus termos contra o novo devedor.

11 – O despacho de aceitação de assunção de dívida e das garantias previstas na alínea b) do n° 8 pode determinar a extinção das garantias constituídas e ou apresentadas pelo antigo devedor

---

([1]) Aditado pela Lei n° 53-A/2006, de 29 de Dezembro.
([2]) Redacção dada pela Lei n° 3-B/2010, de 28 de Abril.

12 – O novo devedor ficará sub-rogado nos direitos referidos no nº 1 do artigo 92º após a regularização da dívida, nos termos e condições previstos no presente artigo.
13 – O disposto neste artigo não poderá aplicar-se a nenhum caso de pagamento por sub-rogação.

ARTIGO 197º
Entidade competente para autorizar as prestações

1 – A competência para autorização de pagamento em prestações é do órgão da execução fiscal.

2 – Quando o valor da dívida exequenda for superior a 500 unidades de conta, essa competência é do órgão periférico regional que poderá proceder à sua delegação em funcionário qualificado.

ARTIGO 198º
Requisitos do pedido

1 – No requerimento para pagamento em prestações o executado indicará a forma como se propõe efectuar o pagamento e os fundamentos da proposta.

2 – Os pedidos, devidamente instruídos com todas as informações de que se disponha, serão apreciados no prazo de 15 dias após a recepção ou, no mesmo prazo, remetidos para sancionamento superior, devendo o pagamento da primeira prestação ser efectuado no mês seguinte àquele em que for notificado o despacho.

ARTIGO 199º
Garantias

1 – Caso não se encontre já constituída garantia, com o pedido deverá o executado oferecer garantia idónea, a qual consistirá em garantia bancária, caução, seguro-caução ou qualquer meio susceptível de assegurar os créditos do exequente.

2 – A garantia idónea referida no número anterior poderá consistir, ainda, a requerimento do executado e mediante concordância da administração tributária, em penhor ou hipoteca voluntária, aplicando-se o disposto no artigo 195º, com as necessárias adaptações.

3 – Se o executado considerar existirem os pressupostos da isenção da prestação de garantia, deverá invocá-los e prová-los na petição.

4 – Vale como garantia para os efeitos do nº 1 a penhora já feita sobre os bens necessários para assegurar o pagamento da dívida exequenda e acrescido ou a efectuar em bens nomeados para o efeito pelo executado no prazo referido no nº 6.([1])

5 – A garantia é prestada pelo valor da dívida exequenda, juros de mora contados até à data do pedido, com o limite de cinco anos, e custas na totalidade, acrescida de 25% da soma daqueles valores.([2])

6 – As garantias referidas no nº 1 serão constituídas para cobrir todo o período de tempo que foi concedido para efectuar o pagamento, acrescido de três meses, e

---

([1]) Redacção dada pela Lei nº 67-A/2007, de 31 de Dezembro.
([2]) Redacção dada pela Lei nº 64-A/2008, de 31 de Dezembro.

serão apresentadas no prazo de 15 dias a contar da notificação que autorizar as prestações, salvo no caso de garantia que pela sua natureza justifique a ampliação do prazo até 30 dias, prorrogáveis por mais 30, em caso de circunstâncias excepcionais.

7 – Após o decurso dos prazos referidos no número anterior sem que tenha sido prestada a garantia nem declarada a sua isenção, fica sem efeito a autorização para pagar a dívida em prestações.

8 – É competente para apreciar as garantias a prestar nos termos do presente artigo a entidade competente para autorizar o pagamento em prestações.

9 – Em caso de diminuição significativa do valor dos bens que constituem a garantia, o órgão da execução fiscal ordenará ao executado que a reforce, em prazo a fixar entre 15 e 45 dias, com a cominação prevista no nº 7 deste artigo.

10 – A garantia poderá ser reduzida, oficiosamente ou a requerimento dos contribuintes, à medida que os pagamentos forem efectuados e se tornar manifesta a desproporção entre o montante daquela e a dívida restante.

ARTIGO 200º
Consequências da falta de pagamento

1 – A falta de pagamento sucessivo de três prestações, ou de seis interpoladas, importa o vencimento das seguintes se, no prazo de 30 dias a contar da notificação para o efeito, o executado não proceder ao pagamento das prestações incumpridas, prosseguindo o processo de execução fiscal os seus termos.([1])

2 – A entidade que tiver prestado a garantia será citada para, no prazo de 30 dias, efectuar o pagamento da dívida ainda existente e acrescido até ao montante da garantia prestada, sob pena de ser executada no processo.

3 – No processo far-se-ão constar os bens que foram dados em garantia.

SECÇÃO V
Da dação em pagamento

ARTIGO 201º
Dação em pagamento, requisitos

1 – Nos processos de execução fiscal o executado ou terceiro podem, no prazo de oposição, requerer ao Ministro ou órgão executivo de quem dependa a administração tributária legalmente competente para a liquidação e cobrança da dívida a extinção da dívida exequenda e acrescido, com a dação em pagamento de bens móveis ou imóveis, nas condições seguintes:

a) Descrição pormenorizada dos bens dados em pagamento;

b) Os bens dados em pagamento não terem valor superior à dívida exequenda e acrescido, salvo os casos de se demonstrar a possibilidade de imediata utilização dos referidos bens para fins de interesse público ou social, ou de a dação se efectuar no âmbito do processo conducente à celebração de acordo de recuperação de créditos do Estado.

([1]) Redacção dada pela Lei nº 3-B/2010, de 28 de Abril.

2 – Apresentado o requerimento, o órgão da execução fiscal enviará ao dirigente máximo do serviço, no prazo de 10 dias, cópia do requerimento, bem como o resumo do processo e dos encargos que incidam sobre os bens, com conhecimento, no mesmo prazo, ao imediato superior hierárquico, quando exista.

3 – Recebido o processo, o dirigente máximo do serviço poderá remetê-lo para despacho do Ministro competente, com fundamento no desinteresse da dação, ou solicitar a avaliação dos bens oferecidos em pagamento, através de uma comissão cuja constituição será promovida pelo órgão de execução fiscal, que presidirá, e dois louvados por ele designados que serão, no caso de bens imóveis, peritos avaliadores das listas regionais e, no caso de bens móveis, pessoas com especialização técnica adequada, devendo a comissão efectuar a avaliação no prazo máximo de 30 dias após ser determinada a sua realização.

4 – Em situações de especial complexidade técnica, o dirigente máximo do serviço solicitará a avaliação dos bens, conforme os casos, à Direcção-Geral do Património do Estado, à Direcção-Geral do Tesouro e ao Instituto de Gestão do Crédito Público ou a entidade especializada designada por despacho do Ministro das Finanças.

5 – A avaliação é efectuada pelo valor de mercado dos bens, tendo em conta a maior ou menor possibilidade da sua realização.

6 – As despesas efectuadas com as avaliações referidas nos nºs 3 e 4 entram em regra de custas do processo de execução fiscal, devendo o devedor efectuar o respectivo preparo no prazo de 5 dias a contar da data da notificação, sob pena de não prosseguimento do pedido.

7 – Reunidos os elementos referidos nos números anteriores, o processo será remetido para despacho ao Ministro ou ao órgão executivo competente, que poderá, antes de decidir, determinar a junção de outros elementos no prazo de 10 dias, sob pena de o pedido não ter seguimento, salvo se o atraso não for imputável ao contribuinte.

8 – O despacho que autorizar a dação em pagamento definirá os termos de entrega dos bens oferecidos, podendo seleccionar, entre os propostos, os bens a entregar em cumprimento da dívida exequenda e acrescido.

9 – Em caso de aceitação da dação em pagamento de bens de valor superior à dívida exequenda e acrescido, o despacho que a autoriza constitui, a favor do devedor, um crédito no montante desse excesso, a utilizar em futuros pagamentos de impostos ou outras prestações tributárias, na aquisição de bens ou de serviços no prazo de 5 anos ou no pagamento de rendas, desde que as receitas correspondentes estejam sob a administração do Ministério ou órgão executivo por onde corra o processo de dação.

10 – O crédito previsto no número anterior é intransmissível e impenhorável e a sua utilização depende da prévia comunicação, no prazo de 30 dias, à entidade a quem deva ser efectuado o pagamento.

11 – Em caso de cessação de actividade, o devedor pode requerer à administração tributária, nos 60 dias posteriores, o pagamento em numerário do montante referido no nº 9, que só lhe será concedido se fizer prova da inexistência de dívidas tributárias àquela entidade.

12 – A dação em pagamento operar-se-á através de auto lavrado no processo.

13 – Na dação em pagamento de bens imóveis lavrar-se-á um auto por cada prédio.

14 – O auto referido nos números anteriores valerá, para todos os efeitos, como título de transmissão.

15 – O executado poderá desistir da dação em pagamento até 5 dias após a notificação do despacho ministerial, mediante o integral pagamento da totalidade da dívida exequenda e acrescido, incluindo as custas das avaliações a que se referem os nºs 3 e 5 do presente artigo.

16 – Autorizada a dação em pagamento, seguir-se-ão, na parte aplicável, as regras previstas nas alíneas *c*) e *d*) do artigo 255º deste Código.

17 – O terceiro a que se refere o nº 1 só ficará sub-rogado nos direitos da Fazenda Púbica nos termos e condições definidos nos artigos 91º e 92º do presente Código.

18 – As despesas de avaliação, que compreendem os salários e abonos de transporte dos membros da comissão constituída por promoção do órgão de execução fiscal, serão fixadas por portaria do Ministro das Finanças.

ARTIGO 202º
Bens dados em pagamento

1 – No despacho que autorizar a dação, pode o Ministro ou o órgão executivo competente determinar a venda, por proposta em carta fechada, dos bens dados em pagamento, em prazo a fixar.

2 – Em caso de urgência na venda dos bens, designadamente pelo seu risco de desvalorização, ou de estes serem de valor reduzido, ou quando seja essa a solução mais adequada à continuidade da utilização produtiva dos bens, pode o Ministro ou órgão executivo competente determinar que a venda seja efectuada por negociação particular.

3 – Pode também o Ministro ou órgão executivo competente autorizar os serviços a sua dependência a locarem ou a onerarem, nos termos previstos na lei, os bens dados sob em pagamento ou a com eles realizarem capital ou outras prestações sociais.

4 – Os direitos emergentes da locação ou da oneração referidas no nº 3 só podem ser penhorados em processo de execução fiscal.

SECÇÃO VI
Da oposição

ARTIGO 203º
Prazo de oposição à execução

1 – A oposição deve ser deduzida no prazo de 30 dias a contar:

a) Da citação pessoal ou, não a tendo havido, da primeira penhora;
b) Da data em que tiver ocorrido o facto superveniente ou do seu conhecimento pelo executado.

2 – Havendo vários executados, os prazos correrão independentemente para cada um deles.

3 – Para efeitos do disposto na alínea *b*) do nº 1, considera-se superveniente não só o facto que tiver ocorrido posteriormente ao prazo da oposição, mas ainda aquele

que, embora ocorrido antes, só posteriormente venha ao conhecimento do executado, caso em que deverá ser este a provar a superveniência.

4 – A oposição deve ser deduzida até à venda dos bens, sem prejuízo do disposto no nº 3 do artigo 257º.

5 – O órgão da execução fiscal comunicará o pagamento da dívida exequenda ao tribunal tributário de 1ª instância onde pender a oposição, para efeitos da sua extinção.

ARTIGO 204º
Fundamentos da oposição à execução

1 – A oposição só poderá ter algum dos seguintes fundamentos:

a) Inexistência do imposto, taxa ou contribuição nas leis em vigor à data dos factos a que respeita a obrigação ou, se for o caso, não estar autorizada a sua cobrança à data em que tiver ocorrido a respectiva liquidação;

b) Ilegitimidade da pessoa citada por esta não ser o próprio devedor que figura no título ou seu sucessor ou, sendo o que nele figura, não ter sido, durante o período a que respeita a dívida exequenda, o possuidor dos bens que a originaram, ou por não figurar no título e não ser responsável pelo pagamento da dívida;

c) Falsidade do título executivo, quando possa influir nos termos da execução;

d) Prescrição da dívida exequenda;

e) Falta da notificação da liquidação do tributo no prazo de caducidade;

f) Pagamento ou anulação da dívida exequenda;

g) Duplicação de colecta;

h) Ilegalidade da liquidação da dívida exequenda, sempre que a lei não assegure meio judicial de impugnação ou recurso contra o acto de liquidação;

i) Quaisquer fundamentos não referidos nas alíneas anteriores, a provar apenas por documento, desde que não envolvam apreciação da legalidade da liquidação da dívida exequenda, nem representem interferência em matéria de exclusiva competência da entidade que houver extraído o título.

2 – A oposição nos termos da alínea *h)*, que não seja baseada em mera questão de direito, reger-se-á pelas disposições relativas ao processo de impugnação.

ARTIGO 205º
Duplicação de colecta

1 – Haverá duplicação de colecta para efeitos do artigo anterior quando, estando pago por inteiro um tributo, se exigir da mesma ou de diferente pessoa um outro de igual natureza, referente ao mesmo facto tributário e ao mesmo período de tempo.

2 – A duplicação de colecta só poderá ser alegada uma vez, salvo baseando-se em documento superveniente demonstrativo do pagamento ou de nova liquidação.

3 – Alegada a duplicação, obter-se-á informação sobre se este fundamento já foi apreciado noutro processo e sobre as razões que originaram a nova liquidação.

4 – Para efeitos dos números anteriores, a alegação da duplicação de colecta será de imediato anotada pelos serviços competentes da administração tributária nos respectivos elementos de liquidação.

ARTIGO 206º
Requisitos da petição

Com a petição em que deduza a oposição, que será elaborada em triplicado, oferecerá o executado todos os documentos, arrolará testemunhas e requererá as demais provas.

ARTIGO 207º
Local da apresentação da petição da oposição à execução

1 – A petição inicial será apresentada no órgão da execução fiscal onde pender a execução.

2 – Se tiver sido expedida carta precatória, a oposição poderá ser deduzida no órgão da execução fiscal deprecado, devolvendo-se a carta, depois de contada, para seguimento da oposição.

ARTIGO 208º
Autuação da petição e remessa ao tribunal

1 – Autuada a petição, o órgão da execução fiscal remeterá, no prazo de 20 dias, o processo ao tribunal de 1ª instância competente com as informações que reputar convenientes.

2 – No referido prazo, salvo quando a lei atribua expressamente essa competência a outra entidade, o órgão da execução fiscal poderá pronunciar-se sobre o mérito da oposição e revogar o acto que lhe tenha dado fundamento.

ARTIGO 209º
Rejeição liminar da oposição

1 – Recebido o processo, o juiz rejeitará logo a oposição por um dos seguin-tes fundamentos:

a) Ter sido deduzida fora do prazo;

b) Não ter sido alegado algum dos fundamentos admitidos no número 1 do artigo 204º;

c) Ser manifesta a improcedência.

2 – Se o fundamento alegado for o da alínea *i)* do nº 1 do artigo 204º, a oposição será também rejeitada quando à petição se não juntem o documento ou documentos necessários.

ARTIGO 210º
Notificação da oposição ao representante da Fazenda Pública

Recebida a oposição, será notificado o representante da Fazenda Pública para contestar no prazo de 10 dias, o qual poderá ser prorrogado por 30 dias quando haja necessidade de obter informações ou aguardar resposta a consulta feita a instância superior.

ARTIGO 211º
Processamento da oposição. Alegações. Sentença

1 – Cumprido o disposto no artigo anterior, seguir-se-á o que para o processo de impugnação se prescreve a seguir ao despacho liminar.

2 – São admitidos os meios gerais de prova, salvo as disposições especiais da lei tributária e sem prejuízo do disposto na alínea *i*) do nº 1 do artigo 204º.

ARTIGO 212º
Suspensão de execução

A oposição suspende a execução, nos termos do presente Código.

ARTIGO 213º
Devolução da oposição ao órgão da execução fiscal

Transitada em julgado a sentença que decidir a oposição e pagas as custas, se forem devidas, será o processo devolvido ao órgão da execução fiscal para ser apensado ao processo da execução.

SECÇÃO VII
Da apreensão de bens

SUBSECÇÃO I
Do arresto

ARTIGO 214º
Fundamentos do arresto. Conversão em penhora

1 – Havendo justo receio de insolvência ou de ocultação ou alienação de bens, pode o representante da Fazenda Pública junto do competente tribunal tributário requerer arresto em bens suficientes para garantir a dívida exequenda e o acrescido, com aplicação do disposto pelo presente Código para o arresto no processo judicial tributário.

2 – As circunstâncias referidas no número anterior presumem-se no caso de dívidas por impostos que o executado tenha retido ou repercutido a terceiros e não entregue nos prazos legais.

3 – O arresto efectuado nos termos do número anterior ou antes da instauração do processo de execução será convertido em penhora se o pagamento não tiver sido efectuado.

4 – Para efeitos de arresto ou penhora dos bens do contribuinte, pode ser requerida às instituições bancárias informação acerca do número das suas contas e respectivos saldos.

SUBSECÇÃO II
Da penhora

ARTIGO 215º
Penhora, ocorrências anómalas, nomeação de bens à penhora[1]

1 – Findo o prazo posterior à citação sem ter sido efectuado o pagamento, procede-se à penhora.

2 – A penhora pode ser efectuada por via electrónica.

---

[1] Redacção dada pela Lei nº 67-A/2007, de 31 de Dezembro.

3 – Se, no acto da penhora, o executado ou alguém em seu nome declarar que os bens a penhorar pertencem a terceiros, deve o funcionário exigir-lhes a declaração do título por que os bens se acham em poder do executado e a respectiva prova, efectuando-se a penhora em caso de dúvida.

4 – O direito de nomear bens à penhora considera-se sempre devolvido ao exequente, mas o órgão da execução fiscal poderá admiti-la, nos termos da lei, nos bens indicados pelo executado, desde que daí não resulte prejuízo.

ARTIGO 216º
Execução contra autarquia local ou outra pessoa de direito público

1 – Se o executado for alguma autarquia local ou outra entidade de direito público, empresa pública, associação pública, pessoa colectiva de utilidade pública administrativa ou instituição de solidariedade social, remeter-se-á aos respectivos órgãos de representação ou gestão certidão da importância em dívida e acrescido, a fim de promoverem o seu pagamento ou a inclusão da verba necessária no primeiro orçamento, desde que não tenha sido efectuado o pagamento nem deduzida oposição no prazo posterior à citação.

2 – A ineficácia das diligências referidas no número anterior não impede a penhora em bens dela susceptíveis.

ARTIGO 217º
Extensão da penhora

A penhora será feita somente nos bens suficientes para o pagamento da dívida exequenda e do acrescido, mas, quando o produto dos bens penhorados for insuficiente para o pagamento da execução, esta prosseguirá em outros bens.

ARTIGO 218º
Levantamento da penhora. Bens penhoráveis em execução fiscal

1 – No processo de recuperação da empresa e quando a medida for extensiva aos credores em idênticas circunstâncias da Fazenda Pública, o juiz poderá levantar a penhora, a requerimento do gestor judicial, fundamentado nos interesses da recuperação, com parecer favorável da comissão de credores, bem como no processo de falência.

2 – Sempre que possível, o levantamento da penhora depende da sua substituição por garantia idónea.

3 – Podem ser penhorados pelo órgão da execução fiscal os bens apreendidos por qualquer tribunal, não sendo a execução, por esse motivo, sustada nem apensada.

ARTIGO 219º
Bens prioritariamente a penhorar

1 – Sem prejuízo do disposto no nº 4 do presente artigo, a penhora começa pelos bens cujo valor pecuniário seja de mais fácil realização e se mostre adequado ao montante do crédito do exequente.([1])

([1]) Redacção dada pela Lei nº 53-A/2006, de 29 de Dezembro.

2 – Tratando-se de dívida com privilégio, e na falta de bens a que se refere o número anterior, a penhora começa pelos bens a que este respeitar, se ainda pertencerem ao executado e sem prejuízo do disposto no nº 2 do artigo 157º([1])

3 – *(Revogado.)*([2])

4 – Caso a dívida tenha garantia real onerando bens do devedor por estes começará a penhora que só prosseguirá noutros bens quando se reconheça a insuficiência dos primeiros para conseguir os fins da execução.

ARTIGO 220º
Coima fiscal e responsabilidade de um dos cônjuges.
Penhora de bens comuns do casal

Na execução para cobrança de coima fiscal ou com fundamento em responsabilidade tributária exclusiva de um dos cônjuges, podem ser imediatamente penhorados bens comuns, devendo, neste caso, citar-se o outro cônjuge para requerer a separação judicial de bens, prosseguindo a execução sobre os bens penhorados se a separação não for requerida no prazo de 30 dias ou se se suspender a instância por inércia ou negligência do requerente em promover os seus termos processuais.

ARTIGO 221º
Formalidade de penhora de móveis

Na penhora de móveis observar-se-á designadamente o seguinte:

a) Os bens serão efectivamente apreendidos e entregues a um depositário idóneo, salvo se puderem ser removidos, sem inconveniente, para os serviços ou para qualquer depósito público;

b) O depositário é escolhido pelo funcionário, podendo a escolha recair no executado;

c) Na penhora lavrar-se-á um auto que será lido em voz alta e assinado pelo depositário ou por duas testemunhas, onde se registe o dia, hora e local da diligência, se mencione o valor da execução, se relacionem os bens por verbas numeradas, se indique o seu estado de conservação e valor aproximado e se refiram as obrigações e responsabilidades a que fica sujeito o depositário a quem será entregue uma cópia;

d) Se o executado estiver presente e se recuse a assinar, mencionar-se-á o facto.

ARTIGO 222º
Formalidades da penhora de veículos automóveis de aluguer

1 – Quando a penhora recair sobre o veículo automóvel licenciado para o exercício da indústria de transporte de aluguer, será também apreendida a respectiva licença, desde que a sua transmissão seja permitida por lei especial, caducando aquela com a venda dos veículos.

2 – O órgão da execução fiscal comunicará a venda às autoridades competentes para efeito de eventual concessão de nova licença.

([1]) Redacção dada pela Lei nº 53-A/2006, de 29 de Dezembro.
([2]) Revogado pela Lei nº 53-A/2006, de 29 de Dezembro.

ARTIGO 223º
Formalidade da penhora de dinheiro ou de valores depositados

1 – A penhora de dinheiro ou de outros valores depositados será precedida de informação do funcionário competente sobre a identidade do depositário, a quantia ou os objectos depositados e o valor presumível destes.

2 – A instituição detentora do depósito penhorado deve comunicar ao órgão da execução fiscal o saldo da conta ou contas objecto de penhora na data em que esta se considere efectuada.

3 – Salvo nos casos de depósitos existentes em instituição de crédito competente, em que se aplica o disposto no Código de Processo Civil, a penhora efectua-se por meio de carta registada, com aviso de recepção, dirigida ao depositário, devendo a notificação conter ainda a indicação de que as quantias depositadas nas contas referidas nos números anteriores ficam indisponíveis desde a data da penhora, salvo nos casos previstos na lei.([1])

4 – Verificando-se novas entradas, o depositário comunicá-las-á ao órgão da execução fiscal, para que este, imediatamente, ordene a penhora ou o informe da sua desnecessidade.

5 – Quando, por culpa do depositário, não for possível cobrar a dívida exequenda e o acrescido, incorrerá ele em responsabilidade subsidiária.

6 – Além das coisas que obrigatoriamente são depositadas em instituição de crédito competente, poderão também ser ali guardadas outras, desde que isso se mostre conveniente.

ARTIGO 224º
Formalidades da penhora de créditos

1 – A penhora de créditos será feita por meio de auto, nomeando-se depositário o devedor ou o seu legítimo representante, e com observância das seguintes regras:

a) Do auto constará se o devedor reconhece a obrigação, a data em que se vence, as garantias que a acompanham e quaisquer outras circunstâncias que possam interessar à execução;

b) O devedor, se reconhecer a obrigação imediata de pagar ou não houver prazo para o pagamento, depositará o crédito em operações de tesouraria, à ordem do órgão da execução fiscal, no prazo de 30 dias a contar da penhora, e, se o não fizer, será executado pela importância respectiva, no próprio processo;

c) Se reconhecer a obrigação de pagar, mas tiver a seu favor prazo de pagamento, aguardar-se-á o seu termo, observando-se segui da mente o disposto na alínea anterior;

d) O devedor será advertido na notificação de que não se exonera pagando directamente ao credor;

e) Se negar a obrigação, no todo ou em parte, será o crédito considerado litigioso, na parte não reconhecida, e, como tal, será posto à venda por três quartas partes do seu valor.

([1]) Redacção dada pela Lei nº 55-B/2004, de 30 de Dezembro.

2 – No caso de litigiosidade do crédito penhorado, pode também a Fazenda Pública promover a acção declaratória, suspendendo-se entretanto a execução se o executado não possuir outros bens penhoráveis.

ARTIGO 225º
Formalidades da penhora de partes sociais ou de quotas em sociedade

1 – A penhora de parte social ou de quota em sociedade será feita mediante auto em que se especificará o objecto da penhora e o valor resultante do último balanço, nomeando-se depositário um dos administradores, directores ou gerentes.

2 – Se não for possível indicar no auto da penhora o valor do último balanço, será esse valor fixado pelo órgão da execução fiscal antes da venda.

ARTIGO 226º
Formalidades de penhora de títulos de crédito emitidas por entidades públicas

Quando haja de penhorar-se um título de crédito emitido por entidade pública, observar-se-á o seguinte:

a) Dar-se-á conhecimento aos serviços competentes de que não devem autorizar nem efectuar o pagamento;

b) No acto da penhora apreender-se-á o título;

c) Não sendo possível a apreensão, o órgão da execução fiscal providenciará no sentido de os serviços competentes lhe remeterem segunda via do título e considerar nulo o seu original;

d) Em seguida, o órgão da execução fiscal promoverá a cobrança do título, fazendo entrar o produto em conta da dívida exequenda e do acrescido, e, havendo sobras, depositar-se-ão em operações de tesouraria, para serem entregues ao executado.

ARTIGO 227º
Formalidades da penhora de quaisquer abonos ou vencimentos

Se a penhora tiver de recair em quaisquer abonos ou vencimentos de funcionários públicos ou empregados de pessoa colectiva de direito público ou em salário de empregados de empresas privadas ou de pessoas particulares, obedecerá às seguintes regras:

a) Liquidada a dívida exequenda e o acrescido, solicitar-se-ão os descontos à entidade encarregada de processar as folhas, por carta registada com aviso de recepção, ainda que aquela tenha a sede fora da área do órgão da execução fiscal, sendo os juros de mora contados até à data da liquidação;

b) Os descontos, à medida que forem feitos, serão depositados em operações de tesouraria, à ordem do órgão da execução fiscal;

c) A entidade que efectuar o depósito enviará um duplicado da res pectiva guia para ser junto ao processo.

ARTIGO 228º
Penhora de rendimentos periódicos

1 – A penhora em rendimentos, tais como rendas, juros ou outras prestações periódicas, terá trato sucessivo pelos períodos bastantes para o pagamento da dívida exequenda e do acrescido, nomeando-se depositário o respectivo devedor.

2 – As importâncias vencidas serão depositadas em operações de tesouraria, à ordem do órgão periférico local da área da residência do depositário mediante documento de cobrança passado pelo funcionário, devendo ser enviado duplicado da guia comprovativo do pagamento ao do órgão da execução fiscal.

3 – A penhora a que se refere este artigo caduca de direito logo que esteja extinta a execução, o que será comunicado ao depositário.

ARTIGO 229º
Formalidades da penhora de rendimentos

1 – Na penhora de rendimentos observar-se-á o seguinte:

a) No acto da penhora, notificar-se-á o devedor dos rendimentos de que não ficará desonerado da obrigação se pagar ao executado, o que se fará constar do auto;

b) Se o prédio não estiver arrendado à data da penhora ou se o arrendamento findar entretanto, será o mesmo prédio, ou a parte dele que ficar devoluta, arrendado no processo, pela melhor oferta e por prazo não excedente a um ano, renovável até ao pagamento da execução;

c) Se um imóvel impenhorável estiver ocupado gratuitamente, ser-lhe-á atribuído, para efeitos de penhora, uma renda mensal correspondente a 1/240 ou 1/180 do seu valor patrimonial, conforme se trate, respectivamente, de prédio rústico ou prédio urbano;

d) Se o estabelecimento comercial ou industrial, ou a concessão mineira, cujo direito à exploração haja sido penhorado, se encontrar paralisado, proceder-se-á à cedência pela melhor oferta e por prazo não excedente a um ano, renovável até ao pagamento da execução;

e) Se o estabelecimento for concessão mineira, a penhora do direito à exploração, referida na alínea anterior, depende de autorização do ministro competente, que a concederá no prazo de 30 dias;

f) Se os rendimentos penhorados não forem pagos no seu vencimento, será o respectivo devedor executado no processo pelas importâncias não depositadas.

2 – É aplicável à entrega dos rendimentos penhorados o disposto no nº 2 do artigo anterior.

ARTIGO 230º
Penhora de móveis sujeita a registo

1 – Quando a penhora de móveis estiver sujeita a registo, será este imediatamente requerido pelo órgão da execução fiscal, aplicando-se o número 4 do artigo 195º.

2 – O serviço competente efectuará o registo no prazo de 15 dias e, dentro deste prazo, remeterá o respectivo certificado e a certidão de ónus, a fim de serem juntos ao processo.

3 – A penhora prevista neste artigo também pode ser realizada por comunicação electrónica à conservatória competente, nos termos previstos no Código de Processo Civil.([1])

ARTIGO 231º
Formalidades de penhora de imóveis([2])

1 – A penhora de imóveis ou de figuras parcelares do respectivo direito de propriedade é efectuada por comunicação emitida pelo órgão da execução fiscal à conservatória do registo predial competente, emitindo-se uma comunicação por cada prédio, na qual se reproduzem todos os elementos da caderneta predial, bem como a identificação do devedor, o valor da dívida, o número do processo e o número da penhora, observando-se ainda o seguinte:

a) A penhora deve ser registada no prazo máximo de cinco dias;
b) Efectuado o registo, a conservatória comunica ao órgão da execução o número da apresentação, os elementos identificativos do registo e a identificação do ónus ou encargos que recaem sobre o bem penhorado, identificando os respectivos beneficiários, bem como o valor dos emolumentos e a conta;
c) Seguidamente, o órgão da execução fiscal nomeia depositário mediante notificação por carta registada com aviso de recepção, podendo ser escolhido um funcionário da administração tributária, o próprio executado, seja pessoa singular ou colectiva, ou outro, a quem os bens penhorados são entregues;
d) *(Revogada.)*
e) *(Revogada.)*

2 – Os actos e comunicações referidos no número anterior são efectuados, sempre que possível, por via electrónica, podendo os elementos da caderneta predial ser substituídos por consulta directa à matriz predial informatizada.

3 – A comunicação da penhora contém a assinatura electrónica qualificada do titular do órgão da execução, valendo como autenticação a certificação de acesso das conservatórias aos serviços electrónicos da administração tributária.

4 – A comunicação referida no nº 1 vale como apresentação para efeitos de inscrição no registo.

5 – A penhora de imóveis pode também ser efectuada nos termos do Código de Processo Civil.

ARTIGO 232º
Formalidades da penhora do direito a bens indivisos

Da penhora que tiver por objecto o direito a uma parte de bens, lavrar-se-á auto, no qual se indicará a quota do executado, se identificarão os bens, se forem determinados, e os condóminos, observando-se ainda as regras seguintes:

a) O depositário será escolhido pelo funcionário, que preferirá o administrador dos bens, se o houver, podendo, na falta deste, ser o próprio executado;

([1]) Aditado pela Lei nº 55-B/2004, de 30 de Dezembro.
([2]) Redacção dada pela Lei nº 67-A/2007, de 31 de Dezembro.

b) Obtidos os elementos indispensáveis junto do órgão de execução fiscal e da conservatória, será a penhora registada, se for caso disso, e, depois de passados o certificado de registo e a certidão de ónus, serão estes documentos juntos ao processo;

c) Efectuada a penhora no direito e acção a herança indivisa, e correndo inventário, o órgão da execução fiscal comunicará o facto ao respectivo tribunal e solicitar-lhe-á que oportunamente informe quais os bens adjudicados ao executado, podendo, neste caso, a execução ser suspensa por período não superior a 1 ano;

d) A penhora transfere-se, sem mais, para os bens que couberem ao executado na partilha.

ARTIGO 233º
Responsabilidade dos depositários

À responsabilidade dos depositários dos bens penhorados aplicar-se-ão as seguintes regras:

a) Para os efeitos da responsabilização do depositário pelo incumprimento do dever de apresentação de bens, aquele será executado pela importância respectiva, no próprio processo, sem prejuízo do procedimento criminal;

b) O depositário poderá ser oficiosamente removido pelo órgão da execução fiscal;

c) Na prestação de contas o órgão da execução fiscal nomeará um pe rito, se for necessário, e decidirá segundo o seu prudente arbítrio.

ARTIGO 234º
Penhora de direitos

É subsidiariamente aplicável à penhora de direitos o disposto na lei para a penhora das coisas móveis e das coisas imóveis.

ARTIGO 235º
Levantamento da penhora

1 – *(Revogado.)*[1]

2 – A penhora não será levantada qualquer que seja o tempo por que se mantiver parada a execução, ainda que o motivo não seja imputável ao executado.[2]

3 – Quando a execução tiver sido paga por terceiro sub-rogado e o processo, por motivo que lhe seja imputável, se encontre parado há mais de 6 meses, a penhora poderá ser levantada a requerimento do executado ou de qualquer credor.

ARTIGO 236º
Inexistência de bens penhoráveis

1 – Se ao executado não forem encontrados bens penhoráveis, o funcionário competente lavrará auto de diligência, perante duas testemunhas idóneas que rati-

---

[1] Revogado pela Lei nº 53-A/2006, de 29 de Dezembro.
[2] Redacção dada pela Lei nº 53-A/2006, de 29 de Dezembro.

fiquem o facto, devendo uma delas, sempre que possível, ser o presidente da junta de freguesia.
2 – O auto será assinado pelas testemunhas, se souberem e puderem fazê-lo e pelo funcionário competente.
3 – O órgão da execução fiscal assegurar-se-á, por todos os meios ao seu alcance, incluindo a consulta dos arquivos informáticos da administração tributária, de que o executado não possui bens penhoráveis.

SUBSECÇÃO III
Dos embargos de terceiro

ARTIGO 237º
Função do incidente dos embargos de terceiro.
Disposições aplicáveis

1 – Quando o arresto, a penhora ou qualquer outro acto judicialmente ordenado de apreensão ou entrega de bens ofender a posse ou qualquer outro direito incompatível com a realização ou o âmbito da diligência, de que seja titular um terceiro, pode este fazê-lo valer por meio de embargos de terceiro.
2 – Os embargos são deduzidos junto do órgão da execução fiscal.
3 – O prazo para dedução de embargos de terceiro é de 30 dias contados desde o dia em que foi praticado o acto ofensivo da posse ou direito ou daquele em que o embargante teve conhecimento da ofensa, mas nunca depois de os respectivos bens terem sido vendidos.

ARTIGO 238º
Eficácia de caso julgado

A decisão de mérito proferida nos embargos de terceiro constitui caso julgado no processo de execução fiscal quanto à existência e titularidade dos direitos invocados por embargante e embargado.

SECÇÃO VIII
Da convocação dos credores
e da verificação dos créditos

ARTIGO 239º
Citação dos credores preferentes e do cônjuge

1 – Feita a penhora e junta a certidão de ónus, serão citados os credores com garantia real, relativamente aos bens penhorados, e o cônjuge do executado no caso previsto no artigo 220º ou quando a penhora incida sobre bens imóveis ou bens móveis sujeitos a registo, sem o que a execução não prosseguirá.
2 – Os credores desconhecidos, bem como os sucessores dos credores preferentes, serão citados por anúncio e éditos de 20 dias.

ARTIGO 240º
Convocação de credores

1 – Podem reclamar os seus créditos no prazo de 15 dias após a citação nos termos do artigo anterior os credores que gozem de garantia real sobre os bens penhorados.

2 – O crédito exequendo não carece de ser reclamado.

3 – O órgão da execução fiscal só procede à convocação de credores quando dos autos conste a existência de qualquer direito real de garantia.([1])

4 – O disposto no número anterior não obsta a que o credor com garantia real reclame espontaneamente o seu crédito na execução, até à transmissão dos bens penhorados.

ARTIGO 241º
Citação do órgão da execução fiscal

1 – Se não se verificarem as circunstâncias do nº 3 do artigo anterior, serão citados os chefes dos serviços periféricos locais da área do domicílio fiscal da pessoa a quem foram penhorados os bens e da situação dos imóveis ou do estabelecimento comercial ou industrial onde não corra o processo para, no prazo de 15 dias, apresentarem certidão das dívidas que devam ser reclamadas.

2 – Se a certidão tiver de ser passada pelo serviço local ou periférico da administração tributária onde correr o processo, será junto a este, sem mais formalidades, no prazo de 10 dias a contar da penhora.

3 – Às certidões e à citação a que se refere este artigo é aplicável o disposto nos nºs 2, 3 e 4 do artigo 80º do presente Código.

ARTIGO 242º
Citação edital dos credores desconhecidos e sucessores não habilitados dos preferentes

1 – Para a citação dos credores desconhecidos e sucessores não habilitados dos preferentes afixar-se-á um só edital no órgão da execução fiscal onde correr a execução.

2 – Os anúncios serão publicados em dois números seguidos de um dos jornais mais lidos no local da execução ou no da sede ou da localização dos bens.

3 – Se a quantia penhorada for inferior a 100 unidades de conta publicar-se-á um único anúncio e se for inferior a 20 vezes esse valor não haverá anúncio algum.

ARTIGO 243º
Prazo de reclamação de créditos pelo representante da Fazenda Pública

(Revogado.)([2])

ARTIGO 244º
Realização da venda

1 – A venda realizar-se-á após o termo do prazo de reclamação de créditos.

([1]) Redacção dada pela Lei nº 53-A/2006, de 29 de Dezembro.
([2]) Revogado pela Lei nº 55-A/2010, de 31 de Dezembro.

2 – Pode ser suspensa mediante decisão fundamentada do órgão da execução fiscal a realização da venda caso o valor dos créditos reclamados pelos credores referidos nos artigos 240º e 242º for manifestamente superior ao da dívida exequenda e acrescido, podendo a execução prosseguir em outros bens.

3 – No caso previsto no número anterior, a venda só se realizará após o trânsito em julgado da decisão de verificação e graduação de créditos, caso desta resulte o valor dos créditos reclamados aí referidos ser inferior ao montante da dívida exequenda e acrescido.

ARTIGO 245º
Verificação e graduação de créditos

1 – A verificação e graduação dos créditos tem efeito suspensivo quanto ao seu objecto, sem prejuízo do andamento da execução fiscal até à venda dos bens.

2 – Havendo reclamações ou juntas as certidões referidas no artigo 241.º, o órgão de execução fiscal procede à verificação e graduação de créditos, notificando dela todos os credores que reclamaram créditos.([1])

3 – Os credores referidos no número anterior podem reclamar da verificação e graduação de créditos nos termos e prazos previstos nos artigos 276º e seguintes.([2])

4 – A reclamação referida no número anterior tem efeitos suspensivos, procedendo-se à sua remessa imediata ao tribunal tributário de 1ª instância acompanhado de cópia autenticada do processo principal.([2])

ARTIGO 246º
Disposições aplicáveis à reclamação de créditos

Na reclamação de créditos observar-se-ão as disposições do Código de Processo Civil, mas só é admissível prova documental.

ARTIGO 247º
Devolução do processo de reclamação de créditos ao órgão da execução fiscal

1 – Os processos que tiverem subido ao tribunal tributário de 1ª instância, em virtude de reclamação da decisão do órgão de execução fiscal, para decisão da verificação e graduação de créditos, são devolvidos ao órgão da execução fiscal após o trânsito em julgado da decisão.([1])

2 – No caso de o tribunal tributário de 1ª instância não poder efectuar a liquidação por não dispor dos elementos necessários, solicitá-los-á ao órgão da execução fiscal para que lhes forneça no prazo que fixar.

([1]) Redacção dada pela Lei nº 55-A/2010, de 31 de Dezembro.
([2]) Aditado pela Lei nº 55-A/2010, de 31 de Dezembro.

SECÇÃO IX
Da venda dos bens penhorados

ARTIGO 248º
Regra geral([1])

1 – A venda é feita preferencialmente por meio de leilão electrónico ou, na sua impossibilidade, de propostas em carta fechada, nos termos dos números seguintes, salvo quando o presente Código disponha de forma contrária.

2 – A venda é realizada por leilão electrónico, que decorre durante 15 dias, sendo o valor base o correspondente a 70% do determinado nos termos do artigo 250º

3 – Inexistindo propostas nos termos do número anterior, a venda passa imediatamente para a modalidade de proposta em carta fechada, que decorre durante 15 a 20 dias, baixando o valor base referido no número anterior para 50% do determinado nos termos do artigo 250º

4 – Não sendo apresentadas propostas nos termos fixados nos números anteriores, é aberto de novo leilão electrónico, que decorre durante 20 dias, adjudicando-se o bem à proposta de valor mais elevado.

5 – O dirigente máximo do serviço pode determinar a venda em outra modalidade prevista no Código de Processo Civil.

6 – Os procedimentos e especificações da realização da venda por leilão electrónico são definidos por portaria do Ministro das Finanças.

ARTIGO 249º
Publicidade da venda

1 – Determinada a venda, procede-se à respectiva publicitação, me diante editais, anúncios e divulgação através da Internet.

2 – Os editais são afixados, com a antecipação de 10 dias úteis, um na porta dos serviços do órgão da execução fiscal e outro na porta da sede da junta de freguesia em que os bens se encontrem.

3 – Tratando-se de prédios urbanos, afixa-se também um edital na porta de cada um deles, com a mesma antecipação.

4 – Os anúncios são publicados, com a antecipação referida no nº 2, num dos jornais mais lidos no lugar da execução ou no da localização dos bens.

5 – Em todos os meios de publicitação da venda incluem-se, por forma que permita a sua fácil compreensão, as seguintes indicações:

a) Designação do órgão por onde corre o processo;
b) Nome ou firma do executado;
c) Identificação sumária dos bens;
d) Local, prazo e horas em que os bens podem ser examinados;
e) Valor base da venda;
f) Designação e endereço do órgão a quem devem ser entregues ou enviadas as propostas;

([1]) Redacção dada pela Lei nº 55-A/2010, de 31 de Dezembro.

g) Data e hora limites para recepção das propostas;
h) Data, hora e local de abertura das propostas.

6 – Os bens devem estar patentes no local indicado, pelo menos até ao dia e hora limites para recepção das propostas, sendo o depositário obrigado a mostrá-los a quem pretenda examiná-los, durante as horas fixadas nos meios de publicitação da venda.

7 – Os titulares do direito de preferência na alienação dos bens são notificados do dia e hora da entrega dos bens ao proponente, para poderem exercer o seu direito no acto da adjudicação.

8 – A publicitação através da Internet faz-se nos termos definidos em portaria do Ministro das Finanças.

9 – Nas execuções por dívidas até 60 vezes a unidade de conta podem não se publicar anúncios para a venda, quando o órgão da execução fiscal o entender dispensável, atento o reduzido valor dos bens, procedendo-se, porém, sempre, à afixação de editais, à publicitação através da Internet e às notificações.

ARTIGO 250º
Valor base dos bens para a venda

1 – O valor base para venda é determinado da seguinte forma:

a) Os imóveis urbanos, inscritos ou omissos na matriz, pelo valor patrimonial tributário apurado nos termos do Código do Imposto Municipal sobre Imóveis (CIMI);([1])

b) Os imóveis rústicos inscritos ou omissos na matriz, pelo valor que seja fixado pelo órgão da execução fiscal, podendo a fixação ser precedida de parecer técnico do presidente da comissão de avaliação ou de um perito avaliador designado nos termos da lei, não podendo ser inferior ao valor patrimonial;([1])

c) Os móveis, pelo valor que lhes tenha sido atribuído no auto de penhora, salvo se outro for apurado pelo órgão da execução fiscal, podendo esse apuramento ser precedido de parecer técnico solicitado a perito com conhecimentos técnicos especializados.([1])

2 – O órgão da execução fiscal promove oficiosamente a avaliação dos prédios urbanos ainda não avaliados nos termos do CIMI, que estará concluída no prazo máximo de 20 dias e será efectuada por verificação directa, sem necessidade dos documentos previstos no artigo 37º do respectivo Código.([2])

3 – A avaliação efectuada nos termos do número anterior produz efeitos imediatos em sede do IMI.([2])

4 – O valor base a anunciar para venda é igual a 70% do determinado nos termos do nº 1.([3])

([1]) Redacção dada pela Lei nº 53-A/2006, de 29 de Dezembro.
([2]) Aditado pela Lei nº 53-A/2006, de 29 de Dezembro.
([3]) Redacção dada pela Lei nº 67-A/2007, de 31 de Dezembro.

ARTIGO 251º
Local de entrega das propostas e de realização da venda.
Equiparação da concessão mineira a imóvel

1 – A entrega de propostas far-se-á no local do órgão da execução fiscal onde vai ser efectuada a venda.

2 – A proposta pode ser igualmente enviada por transmissão electrónica de dados, nos termos definidos em portaria do Ministro das Finanças.([1])

3 – A concessão mineira é equiparada a imóvel, devendo, se abranger vários concelhos, a venda realizar-se no órgão da execução fiscal da área onde se processa a maior parte do processo de exploração.

4 – A validade da venda da concessão mineira depende de autorização expressa do ministro competente, a requerimento do adquirente, a apresentar no prazo de 60 dias após a sua realização.

ARTIGO 252º
Outras modalidades de venda

1 – A venda por outra das modalidades previstas no Código de Processo Civil só é efectuada nos seguintes casos:

a) Quando a modalidade de venda for a de propostas em carta fechada e no dia designado para a abertura de propostas se verificar a inexistência de proponentes ou a existência apenas de propostas de valor inferior ao valor base anunciado;

b) Quando os bens a vender forem valores mobiliários admitidos à cotação em bolsa;

c) Quando for determinado pelo dirigente máximo do serviço.([2])

2 – Quando haja fundada urgência na venda de bens, ou estes sejam de valor não superior a 40 unidades de conta, a venda é feita por negociação particular.

3 – Quando tenha lugar a venda por negociação particular, são publicitados na Internet, nos termos definidos em portaria do Ministro das Finanças, o nome ou firma do executado, o órgão por onde corre o processo, a identificação sumária dos bens, o local, o prazo e as horas em que estes podem ser examinados, o valor base da venda e o nome ou firma do negociador, bem como a residência ou sede deste.

ARTIGO 253º
Adjudicação dos bens na venda por proposta
em carta fechada

Na venda por meio de propostas em carta fechada observar-se-á o seguinte:

a) A abertura das propostas far-se-á no dia e hora designados, na presença do órgão da execução fiscal, podendo assistir à abertura os proponentes, os reclamantes

---

([1]) Redacção dada pela Lei nº 53-A/2006, de 29 de Dezembro.
([2]) Aditada pela Lei nº 55-A/2010, de 31 de Dezembro.

citados nos termos do artigo 239º e quem puder exercer o direito de preferência ou remissão;

b) Se o preço mais elevado, com o limite mínimo previsto no nº 2 do artigo 250º, for oferecido por mais de um proponente, abre-se logo licitação entre eles, salvo se declararem que pretendem adquirir os bens em compropriedade;

c) Estando presente só um dos proponentes do maior preço, pode esse cobrir a proposta dos outros e, se nenhum deles estiver presente ou nenhum quiser cobrir a proposta dos outros, procede-se a sorteio para determinar a proposta que deve prevalecer.

ARTIGO 254º
Arrematação

(Revogado pela Lei nº 15/2001, de 5 de Junho)

ARTIGO 255º
Inexistência de propostas

No caso da venda por proposta em carta fechada, quando não houver propostas que satisfaçam os requisitos do artigo 250º, o órgão da execução fiscal poderá adquirir os bens para a Fazenda Pública, com observância do seguinte:

a) Até ao valor da dívida exequenda e do acrescido, salvo se o valor real dos bens for inferior ao total da dívida, caso em que o preço não deverá exceder dois terços desse valor;

b) No caso de se tratar de prédio ou outro bem que esteja onerado com encargos mais privilegiados do que as dívidas ao Estado, o direito referido no presente artigo será exercido pelo dirigente máximo do serviço, quando o montante daqueles encargos for inferior a dois terços do valor real do prédio;

c) Efectuada a aquisição para a Fazenda Pública, o funcionário competente, quando for caso disso, promove o registo na conservatória, aplicando-se o disposto no nº 4 do artigo 195º, e envia todos os documentos ao imediato superior hierárquico;

d) O imediato superior hierárquico comunica a aquisição à Direcção-Geral do Património.

ARTIGO 256º
Formalidades da venda

1 – A venda obedece ainda aos seguintes requisitos:([1])

a) Não podem ser adquirentes, por si, por interposta pessoa ou por entidade jurídica em que participem, os magistrados e os funcionários da administração tributária;

b) Não podem ser adquirentes entidades não residentes submetidas a um regime fiscal claramente mais favorável ou aquelas cujos regimes jurídicos não permitam identificar os titulares efectivos do capital;

([1]) Redacção dada pela Lei nº 55-A/2010, de 31 de Dezembro.

c) Das vendas de bens móveis, efectuadas no mesmo dia e no mesmo processo, lavrar-se-á um único auto, mencionando-se o nome de cada adquirente, os objectos ou lotes vendidos e o preço;

d) Nas vendas de bens imóveis lavrar-se-á um auto por cada prédio;

e) O funcionário competente passa guia para o adquirente depositar a totalidade do preço à ordem do órgão da execução fiscal, no prazo de 15 dias a contar do fim do prazo para entrega de propostas, sob pena das sanções previstas na lei do processo civil;([1])

f) Nas aquisições de valor superior a 500 vezes a unidade de conta, mediante requerimento fundamentado do adquirente, entregue no prazo máximo de cinco dias a contar do fim do prazo para entrega de propostas, pode ser autorizado o depósito, no prazo referido na alínea anterior, de apenas parte do preço, não inferior a um terço, obrigando-se à entrega da parte restante no prazo máximo de oito meses;([1])

g) Efectuado o depósito, juntar-se-á ao processo um duplicado da guia;

h) O adquirente, ainda que demonstre a sua qualidade de credor, nunca será dispensado do depósito do preço;

i) O Estado, os institutos públicos as instituições de segurança social não estão sujeitos à obrigação do depósito do preço, enquanto tal não for necessário para pagamento de credores mais graduados no processo de reclamação de créditos.

2 – O adquirente pode, com base no título de transmissão, requerer ao órgão de execução fiscal, contra o detentor e no próprio processo, a entrega dos bens.([2])

3 – O órgão de execução fiscal pode solicitar o auxílio das autoridades policiais para a entrega do bem adjudicado ao adquirente.([2])

ARTIGO 257º
Prazos de anulação da venda

1 – A anulação da venda só poderá ser requerida dentro dos prazos seguintes:

a) De 90 dias, no caso de a anulação se fundar na existência de algum ónus real que não tenha sido tomado em consideração e não haja caducado ou em erro sobre o objecto transmitido ou sobre as qualidades por falta de conformidade com o que foi anunciado;

b) De 30 dias, quando for invocado fundamento de oposição à execução que o executado não tenha podido apresentar no prazo da alínea *a)* do nº 1 do artigo 203º;

c) De 15 dias, nos restantes casos previstos no Código de Processo Civil.

2 – O prazo contar-se-á da data da venda ou em que o requerente tome conhecimento do facto que servir de fundamento à anulação, competindo-lhe provar a data desse conhecimento, ou do trânsito em julgado da acção referida no nº 3.

3 – Se o motivo da anulação da venda couber nos fundamentos da oposição à execução, a anulação depende do reconhecimento do respectivo direito nos termos

---

([1]) Redacção dada pela Lei nº 55-A/2010, de 31 de Dezembro.
([2]) Aditado pela Lei nº 55-A/2010, de 31 de Dezembro.

do presente Código, suspendendo-se o prazo referido na alínea c) do nº 1 no período entre a acção e a decisão.

4 – A anulação da venda não prejudica os direitos que possam assistir ao adquirente em virtude da aplicação das normas sobre enriquecimento sem causa.

ARTIGO 258º
Remição

O direito de remição é reconhecido nos termos previstos no Código de Processo Civil.

SECÇÃO X
Da extinção da execução

SUBSECÇÃO I
Da extinção por pagamento coercivo

ARTIGO 259º
Levantamento da quantia necessária para o pagamento

1 – Se a penhora for de dinheiro, o levantamento da quantia necessária para o pagamento da dívida exequenda e do acrescido será feito por via de mandado passado a favor do órgão da execução fiscal.

2 – Tratando-se de depósito obrigatório na instituição de crédito competente, solicitar-se-á a esta a passagem de precatório-cheque a favor do órgão da execução fiscal onde correr o processo.

ARTIGO 260º
Cancelamento de registos

O levantamento da penhora e o cancelamento dos registos dos direitos reais que caducam, nos termos do número 2 do artigo 824º do Código Civil, serão ordenados pelo órgão da execução fiscal se anteriormente não tiverem sido requeridos pelo adquirente dos bens.

ARTIGO 261º
Extinção da execução pelo pagamento coercivo

1 – Se, em virtude da penhora ou da venda, forem arrecadadas importâncias suficientes para solver a execução, e não houver lugar a verificação e graduação de créditos, será aquela declarada extinta depois de feitos os pagamentos.

2 – No despacho, que não será notificado, o órgão da execução fiscal declarará se foram cumpridas as formalidades legais, designadamente as da conta e dos pagamentos.

ARTIGO 262º
Insuficiência da importância arrecadada. Pagamentos parciais

1 – Sempre que seja ou possa ser reclamado no processo de execução fiscal um crédito tributário existente e o produto da venda dos bens penhorados não seja sufi-

ciente para o seu pagamento, o processo continuará seus termos até integral execução dos bens do executado e responsáveis solidários ou subsidiários, sendo entretanto sustados os processos de execução fiscal pendentes com o mesmo objecto.

2 – Quando, em virtude de penhora ou de venda, forem arrecadadas importâncias insuficientes para solver a dívida exequenda e o acrescido, serão sucessivamente aplicadas, em primeiro lugar, na amortização dos juros de mora, de outros encargos legais e da dívida tributária mais antiga, incluindo juros compensatórios.

3 – O montante aplicado no pagamento dos juros de mora não pode em caso algum ser superior ao de metade do capital da dívida a amortizar.

4 – Se a execução não for por tributos ou outros rendimentos em dívida à Fazenda Pública, pagar-se-ão, sucessivamente, as custas, a dívida exequenda e os juros de mora.

5 – Se a dívida exequenda abranger vários títulos de cobrança e a quantia arrecadada perfizer a importância de um deles, será satisfeito esse documento, que se juntará ao processo.

6 – Se a quantia não chegar para pagar um título de cobrança ou se, pago um por inteiro, sobrar qualquer importância, dar-se-á pagamento por conta ao documento mais antigo; se forem da mesma data, imputar-se-á no documento de menor valor e, em igualdade de circunstâncias, em qualquer deles.

7 – No pagamento por conta de um documento de cobrança observar-se-á o seguinte:

a) No verso da certidão de dívida correspondente averbar-se-á a importância paga, sendo a verba datada e assinada pelo funcionário competente, que passará a respectiva guia, onde mencionará a identificação do documento de cobrança, sua proveniência e ano a que respeita;

b) O órgão da execução fiscal passará recibo.

8 – Os juros de mora são devidos relativamente à parte que for paga, até ao mês, inclusive, em que se tiver concluído a venda dos bens ou, se a penhora for de dinheiro, até ao mês em que esta se efectuou.

ARTIGO 263º
Guia para pagamento coercivo

O pagamento coercivo é sempre feito através do documento único de cobrança.([1])

SUBSECÇÃO II
Da extinção por pagamento voluntário

ARTIGO 264º
Pagamento voluntário. Pagamento por conta

1 – A execução extinguir-se-á no estado em que se encontrar se o executado, ou outra pessoa por ele, pagar a dívida exequenda e o acrescido, salvo o que, na parte aplicável, se dispõe neste Código sobre a sub-rogação.

([1]) Redacção dada pelo Decreto-Lei nº 238/2006, de 20 de Dezembro.

2 – Sem prejuízo do andamento do processo, pode efectuar-se qualquer pagamento por conta do débito, desde que a entrega não seja inferior a 3 unidades de conta, observando-se, neste caso, o disposto nos nºs 2 a 6 do artigo 262º.

3 – Na execução fiscal são admitidos sem excepção os meios de pagamento previstos na fase do pagamento voluntário das obrigações tributárias.

ARTIGO 265º
Formalidades do pagamento voluntário

1 – O pagamento pode ser efectuado a qualquer tempo, mediante a emissão do respectivo documento único de pagamento.([1])

2 – *(Revogado.)* ([2])

3 – O pagamento não sustará o concurso de credores se for requerido após a venda e só terá lugar, na parte da dívida exequenda não paga, depois de aplicado o produto da venda ou o dinheiro penhorado no pagamento dos créditos graduados.

ARTIGO 266º
Pagamento havendo carta precatória

Quando tiver sido expedida carta precatória, o pagamento poderá ser feito no órgão de execução fiscal deprecado ou no deprecante.

ARTIGO 267º
Pagamento no órgão da execução fiscal deprecante

1 – Se o pagamento for requerido perante o órgão da execução fiscal deprecante, este mandará depositar à sua ordem, em operações de tesouraria, a quantia que repute suficiente para o pagamento da dívida e do acrescido.

2 – Efectuado o depósito, solicitar-se-á de imediato a devolução da carta precatória no estado em que se encontrar e, recebida esta, o funcionário, dentro de 24 horas, contará o processo e processará uma guia de operações de tesouraria, que remeterá à Direcção-Geral do Tesouro, com cópia para o processo.

ARTIGO 268º
Pagamento no órgão da execução fiscal deprecada

Quando o pagamento tiver sido requerido no órgão da execução fiscal deprecado, após o pagamento integral do débito, este juntará à carta precatória o documento comprovativo do pagamento e devolvê-lo-á de imediato ao órgão da execução fiscal deprecante.

ARTIGO 269º
Extinção da execução pelo pagamento voluntário

Efectuado o pagamento voluntário, o órgão da execução fiscal onde correr o processo declara extinta a execução.

([1]) Redacção dada pelo Decreto-Lei nº 238/2006, de 20 de Dezembro.
([2]) Revogado pelo Decreto-Lei nº 238/2006, de 20 de Dezembro.

ARTIGO 270º
Extinção da execução por anulação da dívida

1 – O órgão da execução fiscal onde correr o processo deverá declarar extinta a execução, oficiosamente, quando se verifique a anulação da dívida exequenda.

2 – Quando a anulação tiver de efectivar-se por nota de crédito, a extinção só se fará após a sua emissão.

ARTIGO 271º
Levantamento da penhora e cancelamento do registo

Extinta a execução por anulação da dívida, ordenar-se-á o levantamento da penhora e o cancelamento do seu registo, quando houver lugar a ele.

SUBSECÇÃO III
Da declaração em falhas

ARTIGO 272º
Declaração de falhas

Será declarada em falhas pelo órgão da execução fiscal a dívida exequenda e acrescido quando, em face de auto de diligência, se verifique um dos seguintes casos:

a) Demonstrar a falta de bens penhoráveis do executado, seus sucessores e responsáveis solidários ou subsidiários;

b) Ser desconhecido o executado e não ser possível identificar o prédio, quando a dívida exequenda for de tributo sobre a propriedade imobiliária;

c) Encontrar-se ausente em parte incerta o devedor do crédito penhorado e não ter o executado outros bens penhoráveis.

ARTIGO 273º
Eliminação do prédio da matriz

Se o fundamento da declaração em falhas for o da alínea *b)*, do artigo anterior, o órgão competente eliminará na matriz o artigo referente ao prédio desconhecido.

ARTIGO 274º
Prosseguimento da execução da dívida declarada em falhas

A execução por dívida declarada em falhas prosseguirá, sem necessidade de nova citação e a todo o tempo, salvo prescrição, logo que haja conhecimento de que o executado, seus sucessores ou outros responsáveis possuem bens penhoráveis ou, no caso previsto na alínea *b)* do artigo 272º, logo que se identifique o executado ou o prédio.

ARTIGO 275º
Inscrição do prédio na matriz

Quando houver dívida declarada em falhas, inscrever-se-á na matriz o prédio cuja identificação se tornou possível.

SECÇÃO XI
Das reclamações e recursos das decisões do órgão da execução fiscal

ARTIGO 276º
Reclamações das decisões do órgão da execução fiscal

As decisões proferidas pelo órgão da execução fiscal e outras autoridades da administração tributária que no processo afectem os direitos e interesses legítimos do executado ou de terceiro são susceptíveis de reclamação para o tribunal tributário de 1ª instância.

ARTIGO 277º
Prazo e apresentação da reclamação

1 – A reclamação será apresentada no prazo de 10 dias após a notificação da decisão e indicará expressamente os fundamentos e conclusões.

2 – A reclamação é apresentada no órgão da execução fiscal que, no prazo de 10 dias, poderá ou não revogar o acto reclamado.

3 – Caso o acto reclamado tenha sido proferido por entidade diversa do órgão da execução fiscal, o prazo referido no número anterior é de 30 dias.

ARTIGO 278º
Subida da reclamação. Resposta da Fazenda Pública e efeito suspensivo

1 – O tribunal só conhecerá das reclamações quando, depois de realizadas a penhora e a venda, o processo lhe for remetido a final.

2 – Antes do conhecimento das reclamações, será notificado o representante da Fazenda Pública para responder, no prazo de 8 dias, ouvido o representante do Ministério Público, que se pronunciará no mesmo prazo.

3 – O disposto no nº 1 não se aplica quando a reclamação se fundamentar em prejuízo irreparável causado por qualquer das seguintes ilegalidades:

a) Inadmissibilidade da penhora dos bens concretamente apreendidos ou da extensão com que foi realizada;

b) Imediata penhora dos bens que só subsidiariamente respondam pela dívida exequenda;

c) Incidência sobre bens que, não respondendo, nos termos de direito substantivo, pela dívida exequenda, não deviam ter sido abrangidos pela diligência;

d) Determinação da prestação de garantia indevida ou superior à devida;

e) Erro na verificação ou graduação de créditos.([1])

4 – No caso previsto no número anterior, caso não se verificar a circunstância dos nºs 2 e 3 do artigo 277º, o órgão da execução fiscal fará subir a reclamação no prazo de oito dias.

5 – A reclamação referida no presente artigo segue as regras dos processos urgentes, tendo a sua apreciação prioridade sobre quaisquer processos que devam ser apreciados no tribunal que não tenham esse carácter.

([1]) Aditada pela Lei nº 55-A/2010, de 31 de Dezembro.

6 – Considera-se haver má fé, para efeitos de tributação em sanção pecuniária por esse motivo, a apresentação do pedido referido no nº 3 do presente artigo sem qualquer fundamento razoável.

TÍTULO V
Dos recursos dos actos jurisdicionais

ARTIGO 279º
Âmbito

1 – O presente título aplica-se:

a) Aos recursos dos actos jurisdicionais praticados no processo judicial tributário regulado pelo presente Código.

b) Aos recursos dos actos jurisdicionais no processo de execução fiscal, designadamente as decisões sobre incidentes, oposição, pressupostos da responsabilidade subsidiária, verificação e gra duação definitiva de créditos, anulação da venda e recursos dos demais actos praticados pelo órgão da execução fiscal.

2 – Os recursos dos actos jurisdicionais sobre meios processuais aces sórios comuns à jurisdição administrativa e tributária são regulados pelas normas sobre processo nos tribunais administrativos.

ARTIGO 280º
Recursos das decisões proferidas em processos judiciais

1 – Das decisões dos tribunais tributários de 1ª instância cabe recurso, no prazo de 10 dias, a interpor pelo impugnante, recorrente, executado, oponente ou embargante, pelo Ministério Público, pelo representante da Fazenda Pública e por qualquer outro interveniente que no processo fique vencido, para o Tribunal Central Administrativo, salvo quando a matéria for exclusivamente de direito, caso em que cabe recurso, dentro do mesmo prazo, para a Secção do Contencioso Tributário do Supremo Tribunal Administrativo.

2 – Das decisões do Tribunal Central Administrativo cabe recurso, com base em oposição de acórdãos, nos termos das normas sobre organização e funcionamento dos tribunais administrativos e tributários, para o Supremo Tribunal Administrativo.

3 – Considera-se vencida, para efeitos da interposição do recurso jurisdicional, a parte que não obteve plena satisfação dos seus interesses na causa.

4 – Não cabe recurso das decisões dos tribunais tributários de 1ª instância proferidas em processo de impugnação judicial ou de execução fiscal quando o valor da causa não ultrapassar um quarto das alçadas fixa das para os tribunais judiciais de 1ª instância.

5 – A existência de alçadas não prejudica o direito ao recurso para o Supremo Tribunal Administrativo de decisões que perfilhem solução oposta relativamente ao mesmo fundamento de direito e na ausência substancial de regulamentação jurídica, com mais de 3 sentenças do mesmo ou outro tribunal de igual grau ou com uma decisão de tribunal de hierarquia superior.

ARTIGO 281º
Interposição, processamento e julgamento dos recursos
Os recursos, serão interpostos, processados e julgados como os agra vos em processo civil.

ARTIGO 282º
Forma de interposição do recurso. Regras gerais. Deserção
1 – A interposição do recurso faz-se por meio de requerimento em que se declare a intenção de recorrer.

2 – O despacho que admitir o recurso será notificado ao recorrente, ao recorrido, não sendo revel, e ao Ministério Público.

3 – O prazo para alegações a efectuar no tribunal recorrido é de 15 dias contados, para o recorrente, a partir da notificação referida no número anterior e, para o recorrido, a partir do termo do prazo para as alegações do recorrente.

4 – Na falta de alegações, nos termos do nº 3, o recurso será julgado logo deserto no tribunal recorrido.

5 – Se as alegações não tiverem conclusões, convidar-se-á o recorrente a apresentá-las.

6 – Se as conclusões apresentadas pelo recorrente não reflectirem os fundamentos descritos nas alegações, deverá o recorrente ser convidado para apresentar novas conclusões.

7 – O disposto nos números anteriores aplica-se às conclusões deficientes, obscuras ou complexas ou que não obedeçam aos requisitos aplicáveis na legislação processual ou quando o recurso versar sobre matéria de direito.

ARTIGO 283º
Alegações apresentadas simultaneamente com a interposição do recurso
Os recursos jurisdicionais nos processos urgentes serão apresentados por meio de requerimento juntamente com as alegações no prazo de 10 dias.

ARTIGO 284º
Oposição de acórdãos
1 – Caso o fundamento for a oposição de acórdãos, o requerimento da interposição do recurso deve indicar com a necessária individualização os acórdãos anteriores que estejam em oposição com o acórdão recorrido, bem como o lugar em que tenham sido publicados ou estejam registados, sob pena de não ser admitido o recurso.

2 – O relator pode determinar que o recorrente seja notificado para apresentar certidão do ou dos acórdãos anteriores para efeitos de seguimento do recurso.

3 – Dentro dos 8 dias seguintes ao despacho de admissão do recurso o recorrente apresentará uma alegação tendente a demonstrar que entre os acórdãos existe a oposição exigida.

4 – Caso a alegação não seja feita, o recurso será julgado deserto, podendo, em caso contrário, o recorrido responder, contando-se o prazo de resposta do recorrido a partir do termo do prazo da alegação do recorrente.

5 – Caso o relator entenda não haver oposição, considera o recurso findo, devendo, em caso contrário, notificar o recorrente e recorrido para alegar nos termos e no prazo referido no nº 3 do artigo 282º.

ARTIGO 285º
Recursos dos despachos interlocutórios na impugnação

1 – Os despachos do juiz no processo judicial tributário e no processo de execução fiscal podem ser impugnados no prazo de 10 dias, mediante requerimento contendo as respectivas alegações e conclusões, o qual subirá nos autos com o recurso interposto da decisão final.

2 – O disposto no número anterior não se aplica se a não subida imediata do recurso comprometer o seu efeito útil e quando o recurso não respeitar ao objecto do processo, incluindo o indeferimento de impedimentos opostos pelas partes, caso em que deve ser igualmente apresentado no prazo de 10 dias, por meio de requerimento contendo as respectivas alegações e conclusões.

3 – Em caso de cumulação de impugnação do despacho interlocutório com fundamento em matéria de facto ou de facto e de direito e da impugnação judicial da decisão final com fundamento exclusivamente em matéria de direito, o recurso do despacho interlocutório é processado em separado.

ARTIGO 286º
Subida do recurso

1 – Seguidamente, o processo subirá ao tribunal superior, mediante simples despacho do juiz ou, em caso de o fundamento assentar em oposição de julgados, do relator.

2 – Os recursos têm efeito meramente devolutivo, salvo ser for prestada garantia nos termos do presente Código ou o efeito devolutivo afectar o efeito útil dos recursos.

ARTIGO 287º
Distribuição do recurso

1 – Recebido o processo no tribunal de recurso, proceder-se-á à sua distribuição, dentro de 8 dias, por todos os juízes, salvo o presidente.

2 – A distribuição será feita pelo presidente ou, na sua falta, pelo vice-presidente, o juiz mais antigo ou o juiz de turno designado para o efeito, podendo assistir os outros membros do tribunal.

ARTIGO 288º
Conclusão ao relator. Conhecimento de questões prévias

1 – Feita a distribuição, serão os autos conclusos ao relator que poderá ordenar se proceda a qualquer diligência ou se colha informação do tribunal recorrido ou de alguma autoridade.

2 – O relator não conhecerá do recurso se entender que lhe faltam manifestamente os respectivos pressupostos processuais.

3 – Do despacho do relator referido no número anterior é admitida reclamação para a conferência.

ARTIGO 289º
Vistos

1 – Satisfeito o disposto no artigo anterior, irá o processo com vista ao Ministério Público, por 15 dias, podendo antes o juiz relator mandar pronunciar-se o recorrente e o recorrido sobre a matéria dos autos no mesmo prazo, se o entender necessário à resolução da causa.

2 – Seguidamente, o processo irá sucessivamente a cada um dos adjuntos por 8 dias e ao relator por 15 dias.

ARTIGO 290º
Marcação do julgamento

Lançado o visto do relator, o presidente, no prazo de 10 dias, designará a sessão em que há-de ser julgado o processo, não podendo exceder a segunda sessão imediata.

ARTIGO 291º
Ordem dos julgamentos

O julgamento dos processos far-se-á pela ordem da respectiva entrada na secretaria, mas o presidente, oficiosamente ou a requerimento dos interessados, poderá dar prioridade a qualquer processo, havendo justo motivo.

ARTIGO 292º
Elaboração da conta

A conta será elaborada no final do processo pelo tribunal que tiver julgado em 1ª instância.

ARTIGO 293º
Revisão da sentença

1 – A decisão transitada em julgado pode ser objecto de revisão no prazo de quatro anos, correndo o respectivo processo por apenso ao processo em que a decisão foi proferida.

2 – Apenas é admitida a revisão em caso de decisão judicial transitada em julgado declarando a falsidade do documento, ou documento novo que o interessado não tenha podido nem devia apresentar no processo e que seja suficiente para a destruição da prova feita, ou de falta ou nulidade da notificação do requerente quando tenha dado causa a que o processo corresse à sua revelia.

3 – O requerimento da revisão é apresentado no tribunal que proferiu a decisão a rever, no prazo de 30 dias a contar dos factos referidos no número anterior, juntamente com a documentação necessária.

4 – Se a revisão for requerida pelo Ministério Público, o prazo de apresentação do requerimento referido no número anterior é de 90 dias.

5 – Salvo no que vem previsto no presente artigo, a revisão segue os termos do processo em que foi proferida a decisão revidenda.

Estatuto dos Benefícios Fiscais

Estatuto dos Benefícios Fiscais

Decreto-Lei nº 215/89, de 1 de Julho

A multiplicidade e dispersão dos benefícios fiscais, abolidos com a entrada em vigor dos novos impostos sobre o rendimento, constituía um dos aspectos mais criticáveis do sistema tributário português, dada a sua manifesta falta de coerência, as consequências negativas de que era causa no plano da equidade e a receita cessante que implicava.

Na revisão do regime que agora se concretiza com a aprovação do Estatuto dos Benefícios Fiscais, respeitante sobretudo aos impostos sobre o rendimento, entendeu o Governo acolher princípios que passam pela atribuição aos benefícios fiscais de um carácter obrigatoriamente excepcional, só devendo ser concedidos em casos de reconhecido interesse público; pela estabilidade, de modo a garantir aos contribuintes uma situação clara e segura; pela moderação, dado que as receitas são postas em causa com a concessão de benefícios, quando o País tem de reduzir o peso do défice público e, simultaneamente, realizar investimentos em infra-estruturas e serviços públicos.

Nessa linha, introduzidos que foram nos Códigos do IRS, do IRC e da CA os desagravamentos caracterizados por uma máxima permanência e estabilidade, são incluídos no Estatuto dos Benefícios Fiscais aqueles que se caracterizam por um carácter menos estrutural, mas que revestem, ainda assim, relativa estabilidade. Os benefícios com finalidades marcadamente conjunturais ou requerendo uma regulação relativamente frequente serão, por sua vez, incluídos nos futuros Orçamentos do Estado.

O Estatuto dos Benefícios Fiscais contém os princípios gerais a que deve obedecer a criação das situações de benefício, as regras da sua atribuição e reconhecimento administrativo e o elenco desses mesmos benefícios, com o duplo objectivo de, por um lado, garantir maior estabilidade aos diplomas reguladores das novas espécies tributárias e, por outro, conferir um carácter mais sistemático ao conjunto dos benefícios fiscais.

Quanto aos benefícios, em especial, importa salientar a preocupação havida com a garantia da continuação dos benefícios fiscais existentes à data de entrada em vigor dos novos impostos sobre o rendimento, prevendo-se para o efeito mecanismos adequados, cujo objectivo é o de fazer reflectir nos novos impostos os benefícios que se reportavam aos impostos extintos.

Os benefícios fiscais respeitantes a investimentos efectuados até 31 de Dezembro de 1988 e que, nos termos da legislação anterior, se iriam concretizar em deduções à matéria colectável ou à colecta nos anos seguintes são devidamente salvaguardados em sede de IRS e IRC.

Além disso, de modo a assegurar que projectos de investimento em curso na data de entrada em vigor nos novos impostos não vejam as suas expectativas diminuídas em termos de crédito fiscal por investimento, prevê-se que poderão ser deduzidos na colecta do IRS ou do IRC, relativa ao período em que os bens entrem em funcionamento, 4% do investimento concluído até 31 de Dezembro de 1989 ou iniciado até essa data e concluído em 1989, bem como 4% do valor das imobilizações em curso em 31 de Dezembro de 1989, relativamente a investimentos iniciados antes de 1 de Janeiro de 1989.

Quanto às obrigações em circulação em 31 de Dezembro de 1988 – com o objectivo de contemplar as expectativas dos obrigacionistas no que respeita à sua remuneração líquida, aplicar-se-á aos respectivos juros o regime de tributação em vigor à data da sua emissão. E isto será assim até ao fim da vida dessas obrigações.

Para efeitos de tributação em IRS e IRC, prevê-se que seja considerada só uma parte dos juros de obrigações emitidas por empresas em 1989. Essa redução é de 20% daqueles juros.

Trata-se de um benefício de carácter conjuntural que deverá ser ponderado, anualmente, no âmbito do Orçamento do Estado. No entanto, define-se desde já que as obrigações emitidas durante os anos de 1989 a 1992, inclusive, ficam isentas de imposto sobre as sucessões e doações.

A tributação dos dividendos de acções cotadas em bolsa é desagravada. Assim, o IRS e o IRC incidirão apenas sobre os 80% dos seus dividendos, ou seja, é-lhes concedido tratamento fiscal análogo ao dos juros da dívida pública a emitir após 1 de Maio de 1989.

De modo a privilegiar fiscalmente as acções adquiridas na sequência do processo de privatizações, prevê-se que, até ao limite de cinco anos, o IRS e o IRC incidam apenas sobre 60% dos seus dividendos.

O artigo 44º do Código do IRC prevê que as mais-valias obtidas através da transmissão onerosa de activo corpóreo possam ser excluídas da tributação desde que o respectivo valor de realização seja reinvestido, total ou parcialmente, até ao fim do 2º exercício posterior, na aquisição de outros bens do activo corpóreo.

O Estatuto permite o alargamento desse regime às mais-valias realizadas através da transmissão onerosa de imobilizações financeiras, desde que o correspondente valor de realização seja reinvestido em activo corpóreo ou em quotas, acções ou títulos do Estado Português.

Procurando evitar-se situações de dupla tributação para os participantes dos fundos de investimento mobiliário, imobiliário e de pensões, fica consagrada a isenção do IRS dos seus rendimentos por se reconhecer o importante papel regulador que os mesmos assumem no mercado de capitais e como fomentadores da poupança. Relativamente aos fundos de pensões, deve ainda sublinhar-se que:

a) No Código do IRC (artigo 38º) está prevista a consideração como custo, em geral até ao limite de 15% da respectiva massa salarial, das contribuições das empresas para fundos de pensões em benefício do seu pessoal;

b) No Código do IRS (artigo 55º) está prevista a possibilidade de abatimento ao rendimento líquido total, dentro dos limites aí mencionados, das contribuições para fundos de pensões relativas ao sujeito passivo ou aos seus dependentes.

Os fundos de investimento afectos a planos pessoais de reforma (PPR) ficam igualmente isentos de IRC.

Por sua vez, o valor investido, em cada ano, no PPR é dedutível para efeitos de IRS, com o limite máximo do menor dos seguintes valores: 20% do rendimento total bruto englobado e 500 contos.

Os benefícios da «reforma» serão, a seu tempo, tributados em IRS, mas em condições favoráveis.

O Estatuto prevê a isenção de IRC, no ano da sua constituição e nos quatro anos seguintes, relativamente às sociedades de capital de risco e de desenvolvimento regional, e no ano da constituição e nos sete anos seguintes, para as sociedades de fomento empresarial. Quanto às sociedades de gestão e investimento imobiliário, prevê-se, até um máximo de dez anos, a redução para 25% da taxa de IRC e o aumento para o dobro do crédito de imposto relativo à chamada «dupla tributação económica» de lucros distribuídos (que assim passa de 20% para 40%), com reflexo em IRS ou IRC, conforme os sócios sejam pessoas singulares ou colectivas.

Tendo em conta que relativamente aos rendimentos de actividades agrícolas, silvícolas ou pecuárias se prevê, no artigo 18º do Decreto-Lei nº 442-B/88, de 30 de Novembro, que aprovou o Código do IRC, um regime de aproximação gradual das suas taxas de tributação ao respectivo regime geral, o Estatuto estabelece que um regime semelhante se aplique aos rendimentos das caixas de crédito agrícola mútuo.

O Código do IRC prevê, no seu artigo 45º, que a chamada «dupla tributação económica» possa ser eliminada relativamente aos lucros atribuídos a participações quando estas ultrapassem certa percentagem (25%) e sejam detidas com características de estabilidade (isto é, por um prazo mínimo de dois anos consecutivos).

Dadas as particularidades das participações detidas por bancos de investimento, sociedades de investimento e sociedades financeiras de corretagem, estas quanto aos seus rendimentos decorrentes da actividade por conta própria, permite-se que aquele regime possa ser aplicado a essas participações independentemente da percentagem de participação e do prazo.

Nos termos do Código do IRC, os rendimentos dos clubes e associações desportivas directamente derivados do exercício de actividades desportivas, recreativas e culturais estão isentos. Os rendimentos que não se encontram nessas condições são tributados à taxa de 20%. Note-se que a taxa geral aplicável às entidades que exerçam a título principal uma actividade comercial, industrial ou agrícola é 36,5%.

Não obstante aquela taxa reduzida, prevê-se que os rendimentos dos pequenos clubes e associações que não sejam directamente derivados da actividade desportiva (até ao máximo de rendimento bruto total de 800 contos) fiquem também isentos de IRC. Além disso, estabelece-se, com carácter geral, que os clubes e associações desportivas fiquem isentos de contribuição autárquica relativamente aos prédios ou partes de prédios destinados directamente à realização dos seus fins.

No sentido de incentivar a criação artística ou literária, prevê-se que os rendimentos auferidos por pintores, escultores ou escritores, residentes em Portugal, relativos à sua produção artística ou literária, sejam apenas englobados por 50% para efeitos de IRS.

Os prédios destinados a habitação própria (a que, como é sabido, não é imputado qualquer rendimento para efeitos de IRS contrariamente ao que acontecia em contribuição predial e imposto complementar) poderão beneficiar de um regime de isenção em contribuição autárquica por um período de dez anos se o respectivo valor tributável for igual ou inferior a 10 000 contos, aplicando-se um período de isenção menor quanto aos prédios de valor superior, mas inferior a 15 000 contos.

Por outro lado, prevê-se a isenção total de juros das «contas poupança-habitação» que se destinem a financiar a compra, construção ou obras em habitação própria permanente.

Quanto às casas destinadas a arrendamento para habitação, as de renda condicionada ficam isentas de contribuição autárquica por um período até quinze anos, sendo aplicável às restantes, quanto a esta contribuição, um regime de isenção por um período até dez anos, tanto maior quanto menor for o respectivo valor tributável.

Ficam ainda isentos de contribuição autárquica os prédios pertencentes a famílias cujo rendimento bruto total para efeitos de IRS não seja superior ao dobro do salário mínimo nacional.

Os deficientes cujo grau de invalidez permanente seja igual ou superior a 60% terão um regime fiscal mais favorável, traduzido em:

a) Englobamento, para efeitos de tributação em IRS, de apenas 50% dos seus rendimentos de trabalho dependente e independente;

b) Abatimento na totalidade das despesas efectuadas com educação e reabilitação e, bem assim, dos prémios de seguros em que o deficiente figure como primeiro beneficiário;

c) Extensão aos deficientes do regime das «contas poupança-reformados».

Assim:

No uso da autorização legislativa concedida pela Lei nº 8/89, de 22 de Abril, e nos termos da alínea b) do nº 1 do artigo 201º da Constituição, o Governo decreta o seguinte:

ARTIGO 1º
Aprovação e entrada em vigor

1 – É aprovado o Estatuto dos Benefícios Fiscais, anexo ao presente diploma e que dele faz parte integrante.

2 – O Estatuto dos Benefícios Fiscais produz efeitos desde 1 de Janeiro de 1989.

ARTIGO 2º
Regime transitório geral

....

ARTIGO 3º
Procedimentos no regime transitório

....

ARTIGO 4º
Obrigações emitidas em 1989

....

ARTIGO 5º
Obrigações – imposto sobre as sucessões e doações por avença

(Revogado pelo Decreto-Lei nº 198/2001, de 3 de Julho)

ARTIGO 6º
Crédito fiscal por investimento nos casos de falta ou insuficiência de colecta

....

ARTIGO 7º
Crédito fiscal por investimento – investimento concluído em 1988 ou iniciado até 31 de Dezembro de 1988 e concluído em 1989

....

ARTIGO 8º
Crédito fiscal por investimento – investimento iniciado até 31 de Dezembro de 1988 e em curso em 31 de Dezembro de 1989

....

ARTIGO 9º
Retenção na fonte em casos de isenção total ou parcial
(Revogado pelo Decreto-Lei nº 198/2001, de 3 de Julho)

ARTIGO 10º
Dispensa de retenção na fonte e retenção a título definitivo
(Revogado pelo Decreto-Lei nº 198/2001, de 3 de Julho)

ARTIGO 11º
(Alterações ao Código do IRS)

ARTIGO 12º
(Alterações ao Código do IRC)

ARTIGO 13º
Regulamentação do Estatuto

O Governo aprovará as normas regulamentares necessárias à aplicação do Estatuto dos Benefícios Fiscais.

Estatuto dos Benefícios Fiscais

PARTE I
Princípios gerais

ARTIGO 1º
Âmbito de aplicação

As disposições da parte I do presente Estatuto aplicam-se aos benefícios fiscais nele previstos, sendo extensivas aos restantes benefícios fiscais, com as necessárias adaptações, sendo caso disso.

ARTIGO 2º
Conceito de benefício fiscal e de despesa fiscal e respectivo controlo

1 – Consideram-se benefícios fiscais as medidas de carácter excepcional instituídas para tutela de interesses públicos extrafiscais relevantes que sejam superiores aos da própria tributação que impedem.

2 – São benefícios fiscais as isenções, as reduções de taxas, as deduções à matéria colectável e à colecta, as amortizações e reintegrações aceleradas e outras medidas fiscais que obedeçam às características enunciadas no número anterior.

3 – Os benefícios fiscais são considerados despesas fiscais, as quais podem ser previstas no Orçamento do Estado ou em documento anexo e, sendo caso disso, nos orçamentos das Regiões Autónomas e das autarquias locais.

4 – Para efeitos de controlo da despesa fiscal inerente aos benefícios fiscais concedidos, pode ser exigida aos interessados a declaração dos rendimentos isentos auferidos, salvo tratando-se de benefícios fiscais genéricos e automáticos, casos em que podem os serviços fiscais obter os elementos necessários ao cálculo global do imposto que seria devido.

ARTIGO 3º
Caducidade dos benefícios fiscais ([1])

1 – As normas que consagram os benefícios fiscais constantes das partes II e III do presente Estatuto vigoram durante um período de cinco anos, salvo quando disponham em contrário.

(([1]) Aditado pela Lei nº 53-A/2006, de 29 de Dezembro.

2 – São mantidos os benefícios fiscais cujo direito tenha sido adquirido durante a vigência das normas que os consagram, sem prejuízo de disposição legal em contrário.

3 – O disposto no nº 1 não se aplica aos benefícios fiscais constantes dos artigos 14º, 14º-A, 15º, 21º, 22º, 22º-A, 22º-B e 40º, bem como ao capítulo V da parte II do presente Estatuto.([1])

ARTIGO 4º
Desagravamentos fiscais que não são benefícios fiscais

1 – Não são benefícios fiscais as situações de não sujeição tributária.

2 – Para efeitos do disposto no número anterior, consideram-se, genericamente, não sujeições tributárias as medidas fiscais estruturais de carácter normativo que estabeleçam delimitações negativas expressas da incidência.

3 – Sempre que o julgar necessário, pode a administração fiscal exigir dos interessados os elementos necessários para o cálculo da receita que deixa de cobrar-se por efeito das situações de não sujeição tributária.

ARTIGO 5º
Benefícios fiscais automáticos e dependentes de reconhecimento

1 – Os benefícios fiscais são automáticos ou dependentes de reconhecimento; os primeiros resultam directa e imediatamente da lei, os segundos pressupõem um ou mais actos posteriores de reconhecimento.

2 – O reconhecimento dos benefícios fiscais pode ter lugar por acto administrativo ou por acordo entre a Administração e os interessados, tendo, em ambos os casos, efeito meramente declarativo, salvo quando a lei dispuser em contrário.([1])

3 – O procedimento de reconhecimento dos benefícios fiscais regula-se pelo disposto na lei geral tributária e no Código de Procedimento e de Processo Tributário.([1])

ARTIGO 6º
Carácter genérico dos benefícios fiscais; respeito pela livre concorrência

1 – A definição dos pressupostos objectivos e subjectivos dos benefícios fiscais deve ser feita em termos genéricos e tendo em vista a tutela de interesses públicos relevantes, só se admitindo benefícios de natureza individual por razões excepcionais devidamente justificadas no diploma que os instituir.

2 – A formulação genérica dos benefícios fiscais deve obedecer ao princípio da igualdade, de modo a não falsear ou ameaçar falsear a concorrência.

ARTIGO 7º
Fiscalização

Todas as pessoas, singulares ou colectivas, de direito público ou de direito privado, a quem sejam concedidos benefícios fiscais, automáticos ou dependentes de reconhecimento, ficam sujeitas a fiscalização da Direcção-Geral dos Impostos e das

---

([1]) Redacção dada pelo Decreto-Lei nº 108/2008, de 26 de Junho.

demais entidades competentes, para controlo da verificação dos pressupostos dos benefícios fiscais respectivos e do cumprimento das obrigações impostas aos titulares do direito aos benefícios.

ARTIGO 8º
Medidas impeditivas, suspensivas ou extintivas de benefícios fiscais

As sanções impeditivas, suspensivas ou extintivas de benefícios fiscais poderão ser aplicadas sempre que seja cometida uma infracção fiscal relacionada com os impostos sobre o rendimento, a despesa ou o património, ou às normas do sistema de segurança social, independentemente da sua relação com o benefício concedido.

ARTIGO 9º
Declaração pelos interessados da cessação dos pressupostos dos benefícios fiscais

As pessoas titulares do direito aos benefícios fiscais são obrigadas a declarar, no prazo de 30 dias, que cessou a situação de facto ou de direito em que se baseava o benefício, salvo quando essa cessação for de conhecimento oficioso.

ARTIGO 10º
Interpretação e integração das lacunas da lei

As normas que estabeleçam benefícios fiscais não são susceptíveis de integração analógica, mas admitem interpretação extensiva.

ARTIGO 11º
Aplicação no tempo das normas sobre benefícios fiscais

1 – As normas que alterem benefícios fiscais convencionais, condicionados ou temporários, não são aplicáveis aos contribuintes que já aproveitem do direito ao benefício fiscal respectivo, em tudo que os prejudique, salvo quando a lei dispuser o contrário.

2 – É aplicável o disposto no número anterior quando o fundamento do benefício fiscal for um regime jurídico de direito comum que limite os direitos do contribuinte, especialmente quando restrinja os poderes de fruição ou de disposição dos seus bens, designadamente nos casos previstos no nº 2 do artigo 13º que revistam essa natureza.

3 – O disposto nos números anteriores não prejudica o estabelecido no artigo 2º do Decreto-Lei nº 215/89, de 1 de Julho.

ARTIGO 12º
Constituição do direito aos benefícios fiscais

O direito aos benefícios fiscais deve reportar-se à data da verificação dos respectivos pressupostos, ainda que esteja dependente de reconhecimento declarativo pela administração fiscal ou de acordo entre esta e a pessoa beneficiada, salvo quando a lei dispuser de outro modo.

ARTIGO 13º
Impedimento de reconhecimento do direito a benefícios fiscais([1])

1 – Os benefícios fiscais dependentes de reconhecimento não podem ser concedidos quando o sujeito passivo tenha deixado de efectuar o pagamento de qualquer imposto sobre o rendimento, a despesa ou o património e das contribuições relativas ao sistema da segurança social.

2 – Para efeitos do disposto no número anterior, tal situação só é impeditiva do reconhecimento dos benefícios fiscais enquanto o interessado se mantiver em incumprimento e se a dívida tributária em causa, sendo exigível, não tenha sido objecto de reclamação, impugnação ou oposição e prestada garantia idónea, quando devida.

ARTIGO 14º
Extinção dos benefícios fiscais

1 – A extinção dos benefícios fiscais tem por consequência a reposição automática da tributação-regra.

2 – Os benefícios fiscais, quando temporários, caducam pelo decurso do prazo por que foram concedidos e, quando condicionados, pela verificação dos pressupostos da respectiva condição resolutiva ou pela inobservância das obrigações impostas, imputável ao beneficiário.

3 – Quando o benefício fiscal respeite a aquisição de bens destinados à directa realização dos fins dos adquirentes, fica sem efeito se aqueles forem alienados ou lhes for dado outro destino sem autorização do Ministro das Finanças, sem prejuízo das restantes sanções ou de regimes diferentes estabelecidos por lei.

4 – O acto administrativo que conceda um benefício fiscal não é revogável nem pode rescindir-se o respectivo acordo de concessão, ou ainda diminuir-se, por acto unilateral da administração tributária, os direitos adquiridos, salvo se houver inobservância imputável ao beneficiário das obrigações impostas, ou se o benefício tiver sido indevidamente concedido, caso em que aquele acto pode ser revogado.([2])

5 – No caso de benefícios fiscais permanentes ou temporários dependentes de reconhecimento da administração tributária o acto administrativo que os concedeu cessa os seus efeitos nas seguintes situações:([2])

a) O sujeito passivo tenha deixado de efectuar o pagamento de qualquer imposto sobre o rendimento, a despesa ou o património, e das contribuições relativas ao sistema da segurança social e se mantiver a situação de incumprimento;

b) A dívida não tenha sido objecto de reclamação, impugnação ou oposição com a prestação de garantia idónea, quando exigível.([2])

6 – Verificando-se as situações previstas nas alíneas a) e b) do número anterior os benefícios automáticos não produzem os seus efeitos no ano ou período de tributação em que ocorram os seus pressupostos.([2])

7 – O disposto nos números anteriores aplica-se sempre que as situações previstas nas alíneas *a*) e *b*) do nº 5 ocorram, relativamente aos impostos periódicos, no

---

([1]) Redacção dada pelo Decreto-Lei nº 108/2008, de 26 de Junho.
([2]) Redacção dada pela Lei nº 55-B/2004, de 30 de Dezembro.

final do ano ou período de tributação em que se verificou o facto tributário e, nos impostos de obrigação única, na data em que o facto tributário ocorreu.([1])

8 – É proibida a renúncia aos benefícios fiscais automáticos e dependentes de reconhecimento oficioso, sendo, porém, permitida a renúncia definitiva aos benefícios fiscais dependentes de requerimento do interessado, bem como aos constantes de acordo, desde que aceite pela administração fiscal.

ARTIGO 15º
Transmissão dos benefícios fiscais

1 – O direito aos benefícios fiscais, sem prejuízo do disposto nos números seguintes, é intransmissível *inter vivos*, sendo, porém, transmissível *mortis causa* se se verificarem no transmissário os pressupostos do benefício, salvo se este for de natureza estritamente pessoal.

2 – É transmissível *inter vivos* o direito aos benefícios fiscais objectivos que sejam indissociáveis do regime jurídico aplicável a certos bens, designadamente os que beneficiem os rendimentos de obrigações, títulos de dívida pública e os prédios sujeitos ao regime de renda limitada.

3 – É igualmente transmissível *inter vivos*, mediante autorização do Ministro das Finanças, o direito aos benefícios fiscais concedidos, por acto ou contrato fiscal, a pessoas singulares ou colectivas, desde que no transmissário se verifiquem os pressupostos do benefício e fique assegurada a tutela dos interesses públicos com ele prosseguidos.

ARTIGO 15º-A
Divulgação da utilização de benefícios fiscais([2])

A DGCI deve, até ao fim do mês de Setembro de cada ano, divulgar os sujeitos passivos de IRC que utilizaram benefícios fiscais, individualizando o tipo e o montante do benefício utilizado.

PARTE II
Benefícios fiscais com carácter estrutural

CAPÍTULO I
Benefícios fiscais de natureza social

ARTIGO 16º
Fundos de pensões e equiparáveis

1 – São isentos de IRC os rendimentos dos fundos de pensões e equiparáveis que se constituam e operem de acordo com a legislação nacional.

([1]) Redacção dada pela Lei nº 55-B/2004, de 30 de Dezembro.
([2]) Aditado pela Lei nº 55-A/2010, de 31 de Dezembro.

2 – São isentos do imposto municipal sobre as transmissões onerosas de imóveis os fundos de pensões e equiparáveis constituídos de acordo com a legislação nacional.([1])

3 – Às contribuições individuais dos participantes e aos reembolsos pagos por fundos de pensões e outros regimes complementares de segurança social, incluindo os disponibilizados por associações mutualistas, que garantam exclusivamente o benefício de reforma, complemento de reforma, invalidez ou sobrevivência, incapacidade para o trabalho, desemprego e doença grave são aplicáveis as regras previstas no artigo 21º, com as necessárias adaptações.([2])

4 – Em caso de inobservância dos requisitos estabelecidos no nº 1, a fruição do benefício aí previsto fica, no respectivo exercício, sem efeito, sendo as sociedades gestoras dos fundos de pensões e equiparáveis, incluindo as associações mutualistas, responsáveis originariamente pelas dívidas de imposto dos fundos ou patrimónios cuja gestão lhes caiba, devendo efectuar o pagamento do imposto em dívida no prazo previsto no nº 1 do artigo 120º do Código do IRC.([2])

5 – Os benefícios fiscais previstos no nº 3 deste artigo e no nº 2 do artigo 21º são cumuláveis, não podendo, no seu conjunto, exceder os limites fixados no nº 2 do artigo 21º([3])

6 – As contribuições para fundos de pensões e outros regimes complementares de segurança social referidas no nº 3, incluindo os disponibilizados por associações mutualistas, são dedutíveis à colecta do IRS, nos termos aí estabelecidos, desde que:([2])

a) Quando pagas e suportadas por terceiros, tenham sido, comprovadamente, tributadas como rendimentos do sujeito passivo;

b) Quando pagas e suportadas pelo sujeito passivo, não constituam encargos inerentes à obtenção de rendimentos da categoria B.

7 – *(Revogado.)*([4])

ARTIGO 17º
Regime público de capitalização([5])

1 – São dedutíveis à colecta de IRS, nos termos e condições previstos no artigo 78º do respectivo Código, 20% dos valores aplicados, por sujeito passivo não casado, ou por cada um dos cônjuges não separados judicialmente de pessoas e bens, em contas individuais geridas em regime público de capitalização, tendo como limite máximo € 350 por sujeito passivo.

2 – Às importâncias pagas no âmbito do regime público de capitalização é aplicável o regime previsto no Código do IRS para as rendas vitalícias.

([1]) Redacção dada pela Lei nº 53-A/2006, de 29 de Dezembro.
([2]) Redacção dada pelo Decreto-Lei nº 292/2009, de 13 de Outubro.
([3]) Redacção dada pelo Decreto-Lei nº 108/2008, de 26 de Junho.
([4]) Revogado pelo Decreto-Lei nº 108/2008, de 26 de Junho.
([5]) Aditado pela Lei nº 67-A/2007, de 31 de Dezembro.

ARTIGO 18º
Contribuições das entidades patronais para regimes de segurança social

1 – São isentos de IRS, no ano em que as correspondentes importâncias foram despendidas, os rendimentos a que se refere a primeira parte do nº 3) da alínea b) do nº 3 do artigo 2º do Código do IRS, quando respeitem a contratos que garantam exclusivamente o benefício de reforma, complemento de reforma, invalidez ou sobrevivência, desde que sejam observadas cumulativamente as condições previstas nas alíneas a), b), d), e) e f) do nº 4 do artigo 40º do Código do IRC, na parte em que não excedam os limites previstos nos nºs 2 e 3 do mesmo artigo e sem prejuízo do disposto nos seus nºs 5 e 6.

2 – A inobservância de qualquer das condições previstas no número anterior determina:

a) Para o trabalhador ou trabalhadores beneficiados pelo incumprimento, a perda da isenção e o englobamento como rendimento da categoria A de IRS, no ano em que ocorrer o facto extintivo, da totalidade das importâncias que beneficiaram da isenção, acrescidas de 10% por cada ano, ou fracção, decorrido desde a data em que as respectivas contribuições tiverem sido efectuadas;

b) Para a empresa, a tributação autónoma, à taxa de 40%, no exercício do incumprimento das contribuições que nesse exercício, bem como nos dois exercícios anteriores, beneficiaram do regime de isenção previsto no nº 1.([1])

3 – Verificando-se o disposto na parte final do nº 3 da alínea b) do nº 3 do artigo 2º do Código do IRS, beneficia de isenção o montante correspondente a um terço das importâncias pagas ou colocadas à disposição, com o limite de € 11 704,70.

4 – A isenção a que se refere o número anterior não prejudica o englobamento dos rendimentos isentos para efeitos do disposto no nº 4 do artigo 22º do Código do IRS, bem como a determinação da taxa aplicável ao restante rendimento colectável.

ARTIGO 19º
Criação de emprego

1 – Para a determinação do lucro tributável dos sujeitos passivos de IRC e dos sujeitos passivos de IRS com contabilidade organizada, os encargos correspondentes à criação líquida de postos de trabalho para jovens e para desempregados de longa duração, admitidos por contrato de trabalho por tempo indeterminado, são considerados em 150% do respectivo montante, contabilizado como custo do exercício.([1])

2 – Para efeitos do disposto no número anterior, consideram-se:([1])

a) 'Jovens' os trabalhadores com idade superior a 16 e inferior a 35 anos, inclusive, aferida na data da celebração do contrato de trabalho, com excepção dos jovens com menos de 23 anos, que não tenham concluído o ensino secundário, e que não estejam a frequentar uma oferta de educação-formação que permita elevar o nível de escolaridade ou qualificação profissional para assegurar a conclusão desse nível de ensino;([2])

([1]) Redacção dada pelo Decreto-Lei nº 108/2008, de 26 de Junho.
([2]) Redacção dada pela Lei nº 10/2009, de 10 de Março.

b) 'Desempregados de longa duração' os trabalhadores disponíveis para o trabalho, nos termos do Decreto-Lei nº 220/2006, de 3 de Novembro, que se encontrem desempregados e inscritos nos centros de emprego há mais de 9 meses, sem prejuízo de terem sido celebrados, durante esse período, contratos a termo por período inferior a 6 meses, cuja duração conjunta não ultrapasse os 12 meses;([1])

c) 'Encargos' os montantes suportados pela entidade empregadora com o trabalhador a título da remuneração fixa e das contribuições para a segurança social a cargo da mesma entidade;

d) 'Criação líquida de postos de trabalho' a diferença positiva, num dado exercício económico, entre o número de contratações elegíveis nos termos do nº 1 e o número de saídas de trabalhadores que, à data da respectiva admissão, se encontravam nas mesmas condições.

3 – O montante máximo da majoração anual, por posto de trabalho, é o correspondente a 14 vezes a retribuição mínima mensal garantida.

4 – Para efeitos da determinação da criação líquida de postos de trabalho não são considerados os trabalhadores que integrem o agregado familiar da respectiva entidade patronal.

5 – A majoração referida no nº 1 aplica-se durante um período de cinco anos a contar do início da vigência do contrato de trabalho, não sendo cumulável, quer com outros benefícios fiscais da mesma natureza, quer com outros incentivos de apoio ao emprego previstos noutros diplomas, quando aplicáveis ao mesmo trabalhador ou posto de trabalho.

6 – O regime previsto no nº 1 só pode ser concedido uma única vez por trabalhador admitido nessa entidade ou noutra entidade com a qual existam relações especiais nos termos do artigo 63º do Código do IRC.([2])

CAPÍTULO II
Benefícios fiscais à poupança

ARTIGO 20º
Conta poupança-reformados

Beneficiam de isenção de IRS os juros das contas poupança-reformados constituídas nos termos legais, na parte cujo saldo não ultrapasse € 10 500.([3])

ARTIGO 21º
Fundos de poupança-reforma e planos poupança-reforma([4])

1 – Ficam isentos de IRC os rendimentos dos fundos de poupança-reforma (FPR), poupança-educação (FPE) e poupança-reforma/educação (FPR/E) que se constituam e operem nos termos da legislação nacional.

([1]) Redacção dada pela Lei nº 10/2009, de 10 de Março.
([2]) Redacção dada pela Lei nº 55-A/2010, de 31 de Dezembro.
([3]) Redacção dada pela Lei nº 55-B/2004, de 30 de Dezembro.
([4]) Redacção dada pela Lei nº 53-A/2006, de 29 de Dezembro.

2 – São dedutíveis à colecta do IRS, nos termos e condições previstos no artigo 78º do respectivo Código, 20% dos valores aplicados no respectivo ano por sujeito passivo não casado, ou por cada um dos cônjuges não separados judicialmente de pessoas e bens, em planos de poupança-reforma, tendo como limite máximo:([1])

    a) € 400 por sujeito passivo com idade inferior a 35 anos;
    b) € 350 por sujeito passivo com idade compreendida entre os 35 e os 50 anos;
    c) € 300 por sujeito passivo com idade superior a 50 anos.

3 – As importâncias pagas pelos fundos de poupança-reforma, mesmo nos casos de reembolso por morte do participante, ficam sujeitas a tributação nos seguintes termos:

    a) De acordo com as regras aplicáveis aos rendimentos da categoria H de IRS, incluindo as relativas a retenções na fonte, quando a sua percepção ocorra sob a forma de prestações regulares e periódicas;

    b) De acordo com as regras aplicáveis aos rendimentos da categoria E de IRS, incluindo as relativas a retenções na fonte, em caso de reembolso total ou parcial, devendo todavia observar-se o seguinte:

        1) A matéria colectável é constituída por dois quintos do rendimento;([2])
        2) A tributação é autónoma, sendo efectuada à taxa de 20%;

    c) De acordo com as regras estabelecidas nas alíneas anteriores, nos casos em que se verifiquem, simultaneamente, as modalidades nelas referidas.

4 – A fruição do benefício previsto no n.º 2 fica sem efeito, devendo ser acrescida à colecta do IRS do ano em que ocorrer o pagamento um montante correspondente a 1% das importâncias pagas a título de capital, se aos participantes for atribuído qualquer rendimento ou for concedido o reembolso dos certificados, salvo em caso de morte do subscritor ou quando tenham decorrido, pelo menos, cinco anos a contar da respectiva entrega e ocorra qualquer uma das situações previstas na lei.([3])

5 – A fruição do benefício previsto no nº 3 fica sem efeito quando o reembolso dos certificados ocorrer fora de qualquer uma das situações definidas na lei, devendo o rendimento ser tributado autonomamente, à taxa de 20%, de acordo com as regras aplicáveis aos rendimentos da categoria E de IRS, incluindo as relativas a retenções na fonte, sem prejuízo da eventual aplicação das alíneas *a)* e *b)* do nº 3 do artigo 5º do Código do IRS quando o montante das entregas pagas na primeira metade de vigência do plano representar pelo menos 35% da totalidade daquelas.

6 – Em caso de inobservância do estabelecido no nº 1, a fruição do benefício fica, no respectivo exercício, sem efeito, devendo a sociedade gestora pagar o imposto em dívida no prazo previsto no nº 1 do artigo 112º do Código do IRC.([1])

7 – As sociedades gestoras dos fundos de poupança-reforma são solidariamente responsáveis pelas dívidas de imposto dos fundos cuja gestão lhes caiba.([2])

8– Os benefícios previstos nos nºs 2 e 3 são aplicáveis às entregas efectuadas pelas entidades empregadoras em nome e em favor dos seus trabalhadores.([2])

([1]) Redacção dada pelo Decreto-Lei nº 108/2008, de 26 de Junho.
([2]) Redacção dada pela Lei nº 60-A/2005, de 30 de Dezembro.
([3]) Redacção dada pela Lei nº 55-A/2010, de 31 de Dezembro.

9 – Para efeitos do nº 2, considera-se a idade do sujeito passivo à data de 1 de Janeiro do ano em que efectue a aplicação.(¹)

10 – Não são dedutíveis à colecta de IRS, nos termos do nº 2, os valores aplicados pelos sujeitos passivos após a data da passagem à reforma.(²)

CAPÍTULO III
Benefícios fiscais ao sistema financeiro e mercado de capitais

ARTIGO 22º
Fundos de investimento

1 – Os rendimentos dos fundos de investimento mobiliário (FIM) que se constituam e operem de acordo com a legislação nacional têm o seguinte regime fiscal:

a) Tratando-se de rendimentos, que não sejam mais-valias, obtidos em território português, há lugar a tributação autonomamente:
  1) Por retenção na fonte como se de pessoas singulares residentes em território português se tratasse;
  2) Às taxas de retenção na fonte e sobre o montante a ela sujeito, como se de pessoas singulares residentes em território português se tratasse, quando tal retenção na fonte, sendo devida, não for efectuada pela entidade a quem compete;
  3) Ou à taxa de 25% sobre o respectivo valor líquido obtido em cada ano, no caso de rendimentos não sujeitos a retenção na fonte, sendo o imposto entregue pela respectiva entidade gestora até ao fim do mês de Abril do ano seguinte àquele a que respeitar;

b) Tratando-se de rendimentos que não sejam mais-valias, obtidos fora do território português, há lugar a tributação, autonomamente, à taxa de 20%, relativamente a rendimentos de títulos de dívida, a lucros distribuídos e a rendimentos de fundos de investimento, e à taxa de 25%, nos restantes casos, incidente sobre o respectivo valor líquido obtido em cada ano, sendo o imposto entregue ao Estado pela respectiva entidade gestora até ao fim do mês de Abril do ano seguinte àquele a que respeitar;(¹)

c) Tratando-se de mais-valias, obtidas em território português ou fora dele, há lugar a tributação, autonomamente, nas mesmas condições em que se verificaria se desses rendimentos fossem titulares pessoas singulares residentes em território português, fazendo-se a tributação à taxa de 10% sobre a diferença positiva entre as mais-valias e as menos-valias obtidas em cada ano, sendo o imposto entregue ao Estado pela respectiva entidade gestora até ao fim do mês de Abril do ano seguinte àquele a que respeitar.

2 – Os sujeitos passivos de IRS que sejam titulares de unidades de participação nos fundos referidos no nº 1, fora do âmbito de uma actividade comercial, industrial ou agrícola, são isentos de IRS relativamente aos rendimentos respeitantes a unida-

(¹) Redacção dada pelo Decreto-Lei nº 108/2008, de 26 de Junho.
(²) Aditado pela Lei nº 53-A/2006, de 29 de Dezembro.

des de participação nesses fundos, podendo, porém, os respectivos titulares, residentes em território português, englobá-los para efeitos deste imposto, caso em que o imposto retido ou devido, nos termos do nº 1, tem a natureza de imposto por conta, nos termos do artigo 78º do Código do IRS.([1])

3 – Relativamente a rendimentos respeitantes a unidades de participação nos fundos referidos no nº 1 de que sejam titulares sujeitos passivos de IRC ou sujeitos passivos de IRS que os obtenham no âmbito de uma actividade comercial, industrial ou agrícola, residentes em território português ou que sejam imputáveis a estabelecimento estável de entidade não residente situado nesse território, os mesmos não estão sujeitos a retenção na fonte e são pelos seus titulares considerados como proveitos ou ganhos, e o montante do imposto retido ou devido nos termos do nº 1 tem a natureza de imposto por conta, para efeitos do disposto no artigo 83º do Código do IRC e do artigo 78º do Código do IRS.

4 – Aos sujeitos passivos de IRC residentes em território português que, em consequência de isenção, não estejam obrigados à entrega da declaração de rendimentos, o imposto retido ou devido nos termos do nº 1, correspondente aos rendimentos das unidades de participação que tenham subscrito, deve ser restituído pela entidade gestora do fundo e pago conjuntamente com os rendimentos respeitantes a estas unidades.

5 – Relativamente a rendimentos respeitantes a unidades de participação nos fundos referidos nos nºs 1 e 13, de que sejam titulares entidades não residentes em território português e que não sejam imputáveis a estabelecimento estável situado neste território, os mesmos são isentos de IRS ou de IRC.

6 – Os rendimentos dos fundos de investimento imobiliário (FII) que se constituam e operem de acordo com a legislação nacional têm o seguinte regime fiscal:

a) Tratando-se de rendimentos prediais, que não sejam relativos à habitação social sujeita a regimes legais de custos controlados, há lugar a tributação, autonomamente, à taxa de 20%, que incide sobre os rendimentos líquidos dos encargos de conservação e manutenção efectivamente suportados, devidamente documentados, sendo a entrega do imposto efectuada pela respectiva entidade gestora até ao fim do mês de Abril do ano seguinte àquele a que respeitar e considerando-se o imposto eventualmente retido como pagamento por conta deste imposto;

b) Tratando-se de mais-valias prediais, que não sejam relativas à habitação social sujeita a regimes legais de custos controlados, há lugar a tributação, autonomamente, à taxa de 25%, que incide sobre 50% da diferença positiva entre as mais-valias e as menos-valias realizadas, apuradas de acordo com o Código do IRS, sendo a entrega do imposto efectuada pela respectiva entidade gestora até ao fim do mês de Abril do ano seguinte àquele a que respeitar;

c) Tratando-se de outros rendimentos, há lugar a tributação nos termos mencionados nas alíneas *a)*, *b)* e *c)* do nº 1.

7 – Aos rendimentos respeitantes a unidades de participação em FII aplica-se o regime fiscal idêntico ao estabelecido nos nºs 2, 3, 4 e 5 para os rendimentos respeitantes a unidades de participação em FIM.

([1]) Redacção dada pelo Decreto-Lei nº 108/2008, de 26 de Junho.

8 – O imposto restituído nos termos do nº 4 é deduzido ao montante global de qualquer das entregas posteriores a efectuar pela entidade gestora nos termos dos nºs 1 ou 6.

9 – Se, em consequência do disposto no nº 8 ou na parte final da alínea *a*) do nº 6, resultar imposto a recuperar, pode ser pedido o reembolso até ao fim do mês de Abril do ano seguinte, o qual é efectuado de acordo com o previsto nos nºs 3 e 6 do artigo 96º do Código do IRC, ou ser feita a dedução, nos termos referidos no número anterior, em entregas posteriores.

10 – Os titulares de rendimentos respeitantes a unidades de participação em fundos de investimento mobiliário e em fundos de investimento imobiliário, quando englobem esses rendimentos, têm direito a deduzir 50% dos rendimentos previstos no artigo 40º-A do Código do IRS e no nº 8 do artigo 46º do Código do IRC que lhes sejam distribuídos, nas condições aí descritas.([1])

11 – As sociedades gestoras dos fundos de investimento são obrigadas a publicar o valor do rendimento distribuído, o valor do imposto retido ou devido nos termos do nº 1 ou do nº 6 e o valor da dedução que lhes corresponder para efeitos do disposto do nº 10.

12 – As sociedades gestoras dos fundos de investimento são solidariamente responsáveis pelas dívidas de imposto dos fundos cuja gestão lhes caiba.

13 – Os rendimentos dos fundos de fundos, que se constituam e operem de acordo com a legislação nacional, têm o seguinte regime fiscal:

a) Os rendimentos respeitantes a unidades de participação em fundos constituídos de acordo com a legislação nacional estão isentos de IRC, não lhes sendo aplicável o disposto no nº 4;([1])

b) Tratando-se de rendimentos não compreendidos na alínea *a*), aplica-se um regime fiscal idêntico ao estabelecido para os rendimentos dos fundos de investimento.

14 – Aos rendimentos respeitantes a unidades de participação em fundos de fundos é aplicável o seguinte regime fiscal:

a) Os rendimentos obtidos por sujeitos passivos de IRS que detenham tais unidades de participação fora do âmbito de uma actividade comercial, industrial ou agrícola, bem como os obtidos por sujeitos passivos de IRC que não exerçam a título principal qualquer das referidas actividades, são isentos desses impostos;

b) Os rendimentos de que sejam titulares sujeitos passivos de IRS ou IRC não abrangidos pela alínea *a*), residentes em território português ou que sejam imputáveis a um estabelecimento estável de entidade não residente situado nesse território, não estão sujeitos a retenção na fonte, contando apenas por 40% do seu quantitativo para fins de IRS ou de IRC;

c) Aos rendimentos previstos nas alíneas *a*) e *b*) anteriores não é aplicável o disposto na última parte do nº 3 e no nº 4.

15 – Relativamente aos rendimentos obtidos fora do território português a aplicação de crédito de imposto por dupla tributação internacional fica sujeita às regras seguintes:

([1]) Redacção dada pelo Decreto-Lei nº 108/2008, de 26 de Junho.

a) O crédito de imposto consiste na dedução ao imposto devido sobre esses rendimentos, nos termos dos nºs 1 e 6, da menor das seguintes importâncias:
1) Imposto sobre o rendimento efectivamente pago no estrangeiro em relação aos rendimentos em causa;
2) Imposto, calculado nos termos deste artigo, sobre os rendimentos que no país em causa tenham sido tributados.

b) Quando existir convenção destinada a eliminar a dupla tributação internacional, celebrada entre Portugal e o país onde os rendimentos são obtidos, que não exclua do respectivo âmbito os fundos de investimento, a dedução a que se refere a alínea anterior não pode ultrapassar o imposto pago nesse país, nos termos previstos por essa convenção;([1])

c) Sempre que sejam obtidos, no mesmo ano, rendimentos provenientes de diferentes países, a dedução deve ser calculada separadamente para cada tipo de rendimentos procedentes do mesmo país;

d) Os rendimentos que dão direito ao crédito de imposto devem ser considerados, para efeitos de tributação, pelas respectivas importâncias ilíquidas dos impostos sobre o rendimento pagos no estrangeiro;

e) As sociedades gestoras dos fundos de investimento são obrigadas a manter um registo apropriado que evidencie os montantes dos rendimentos obtidos no estrangeiro, discriminados por país, e os montantes do imposto sobre o rendimento efectivamente pago.

16 – O saldo positivo entre as mais-valias e menos-valias resultante da alienação de acções detidas por fundos de investimento durante mais de 12 meses, obrigações e outros títulos de dívida, está excluído de tributação, excepto quando obtido por fundos de investimento mistos ou fechados de subscrição particular aos quais se aplicam as regras previstas no Código do IRS.([2])

ARTIGO 23º
Fundos de capital de risco

1 – Ficam isentos de IRC os rendimentos de qualquer natureza, obtidos pelos fundos de capital de risco (FCR), que se constituam e operem de acordo com a legislação nacional.

2 – Os rendimentos respeitantes a unidades de participação nos fundos de capital de risco, pagos ou colocados à disposição dos respectivos titulares, quer seja por distribuição ou mediante operação de resgate, são sujeitos a retenção na fonte de IRS ou de IRC, à taxa de 10%, excepto quando os titulares dos rendimentos sejam entidades isentas quanto aos rendimentos de capitais ou entidades não residentes sem estabelecimento estável em território português ao qual os rendimentos sejam imputáveis, excluindo:([3])

a) As entidades que sejam residentes em países, territórios ou regiões, sujeitos a

---
([1]) Redacção dada pelo Decreto-Lei nº 108/2008, de 26 de Junho.
([2]) Aditado pela Lei nº 15/2010, de 26 de Julho.
([3]) Redacção dada pela Lei nº 53-A/2006, de 29 de Dezembro.

um regime fiscal claramente mais favorável, constantes de lista aprovada por portaria do Ministro das Finanças;(¹)

b) As entidades não residentes detidas, directa ou indirectamente, em mais de 25% por entidades residentes.

3 – A retenção na fonte a que se refere o número anterior tem carácter definitivo sempre que os titulares sejam entidades não residentes sem estabelecimento estável em território português ou sujeitos passivos de IRS residentes que obtenham os rendimentos fora do âmbito de uma actividade comercial, industrial ou agrícola, podendo estes, porém, optar pelo englobamento para efeitos deste imposto, caso em que o imposto retido tem a natureza de imposto por conta, nos termos do artigo 78º do Código do IRS.(¹)

4 – A dispensa de retenção na fonte nos casos previstos no nº 2 só se veri-fica quando os beneficiários dos rendimentos fizerem prova, perante a entidade pagadora, da isenção de que aproveitam ou da qualidade de não residente em território português, até à data em que deve ser efectuada a retenção na fonte, ficando, em caso de omissão da prova, o substituto tributário obrigado a entregar a totalidade do imposto que deveria ter sido deduzido nos termos da lei, sendo aplicáveis as normas gerais previstas nos competentes códigos relativas à responsabilidade pelo eventual imposto em falta.(²)

5 – A prova da qualidade de não residente em território português é feita nos termos previstos nos artigos 15º, 16º e 18º do Decreto-Lei nº 193/2005, de 7 de Novembro.(²)

6 – Os titulares de rendimentos respeitantes a unidades de participação em fundos de capital de risco, quando englobem os rendimentos que lhes sejam distribuídos, têm direito a deduzir 50% dos rendimentos relativos a dividendos, nos termos e condições previstos no artigo 40º-A do Código do IRS e no nº 8 do artigo 46º do Código do IRC.(²)

7 – O saldo positivo entre as mais-valias e as menos-valias resultantes da alienação de unidades de participação em fundos de capital de risco é tributado à taxa de 10%, quando os titulares sejam entidades não residentes a que não seja aplicável a isenção prevista no artigo 26º deste Estatuto ou sujeitos passivos de IRS residentes em território português que obtenham os rendimentos fora do âmbito de uma actividade comercial, industrial ou agrícola e não optem pelo respectivo englobamento.(¹)

8 – As obrigações previstas no artigo 119º e no nº 1 do artigo 125º do Código do IRS devem ser cumpridas pelas entidades gestoras ou registadoras.(²)

9 – As sociedades gestoras dos fundos de capital de risco são solidariamente responsáveis pelas dívidas de imposto dos fundos cuja gestão lhes caiba.(²)

ARTIGO 24º
Fundos de investimento imobiliário em recursos florestais(²)

1 – Ficam isentos de IRC os rendimentos de qualquer natureza obtidos por fundos de investimento imobiliário que se constituam e operem de acordo com a

---

(¹) Redacção dada pelo Decreto-Lei nº 108/2008, de 26 de Junho.
(²) Aditado pela Lei nº 53-A/2006, de 29 de Dezembro.

legislação nacional, desde que pelo menos 75% dos seus activos estejam afectos à exploração de recursos florestais e desde que a mesma esteja submetida a planos de gestão florestal aprovados e executados de acordo com a regulamentação em vigor ou seja objecto de certificação florestal realizada por entidade legalmente acreditada.

2 – Os rendimentos respeitantes a unidades de participação nos fundos de investimento referidos no número anterior, pagos ou colocados à disposição dos respectivos titulares, quer seja por distribuição ou mediante operação de resgate, são sujeitos a retenção na fonte de IRS ou de IRC, à taxa de 10%, excepto quando os titulares dos rendimentos sejam entidades isentas quanto aos rendimentos de capitais ou entidades não residentes sem estabelecimento estável em território português ao qual os rendimentos sejam imputáveis, excluindo:

a) As entidades que sejam residentes em países, territórios ou regiões, sujeitos a um regime fiscal claramente mais favorável, constantes de lista aprovada por portaria do Ministro das Finanças;([1])

b) As entidades não residentes detidas, directa ou indirectamente, em mais de 25% por entidades residentes.

3 – A retenção na fonte a que se refere o nº 2 tem carácter definitivo sempre que os titulares sejam entidades não residentes sem estabelecimento estável em território português ou sujeitos passivos de IRS residentes que obtenham os rendimentos fora do âmbito de uma actividade comercial, industrial ou agrícola, podendo estes, porém, optar pelo englobamento para efeitos desse imposto, caso em que o imposto retido tem a natureza de imposto por conta, nos termos do artigo 78º do Código do IRS.

4 – A dispensa de retenção na fonte nos casos previstos no nº 2 só se verifica quando os beneficiários dos rendimentos fizerem prova, perante a entidade pagadora, da isenção de que aproveitam ou da qualidade de não residente em território português, até à data em que deve ser efectuada a retenção na fonte, ficando, em caso de omissão da prova, o substituto tributário obrigado a entregar a totalidade do imposto que deveria ter sido deduzido nos termos da lei, sendo aplicáveis as normas gerais previstas nos competentes códigos relativas à responsabilidade pelo eventual imposto em falta.

5 – A prova da qualidade de não residente em território português é feita nos termos previstos nos artigos 15º, 16º e 18º do Decreto-Lei nº 193/2005, de 7 de Novembro.

6 – Os titulares de rendimentos respeitantes a unidades de participação nos fundos de investimento referidos no nº 1, quando englobem os rendimentos que lhes sejam distribuídos, têm direito a deduzir 50% dos rendimentos relativos a dividendos, nos termos e condições previstos no artigo 40º-A do Código do IRS e no nº 8 do artigo 46º do Código do IRC.

7 – O saldo positivo entre as mais-valias e as menos-valias resultantes da alienação de unidades de participação em fundos de capital de risco é tributado à taxa de 10%, quando os titulares sejam entidades não residentes a que não seja aplicável

---

([1]) Redacção dada pelo Decreto-Lei nº 108/2008, de 26 de Junho.

a isenção prevista no artigo 26º deste Estatuto ou sujeitos passivos de IRS residentes em território português que obtenham os rendimentos fora do âmbito de uma actividade comercial, industrial ou agrícola e não optem pelo respectivo englobamento.(¹)

8 – As obrigações previstas no artigo 119º e no nº 1 do artigo 125º do Código do IRS devem ser cumpridas pelas entidades gestoras ou registadoras.

9 – As entidades gestoras dos fundos de investimento referidos no nº 1 são obrigadas a publicar o valor do rendimento distribuído, o valor do imposto retido aos titulares das unidades de participação, bem como a dedução que lhes corresponder para efeitos do disposto no nº 6.

10 – Caso os requisitos referidos no nº 1 deixem de verificar-se, cessa a aplicação do regime previsto no presente artigo, passando a aplicar-se o regime previsto no artigo 22º, devendo os rendimentos dos fundos de investimento referidos no nº 1 que, à data, não tenham ainda sido pagos ou colocados à disposição dos respectivos titulares ser tributados autonomamente, às taxas previstas no artigo 22º, acrescendo os juros compensatórios correspondentes.

11 – As entidades gestoras dos fundos de investimento referidos no nº 1 são solidariamente responsáveis pelas dívidas de imposto dos fundos cuja gestão lhe caiba.

ARTIGO 25º
Aplicações a prazo

Os rendimentos de certificados de depósito e de depósitos bancários a prazo, emitidos ou constituídos por prazos superiores a cinco anos, que não sejam negociáveis, contam para efeitos de IRS pelos seguintes valores:

a) 80% do seu valor se a data de vencimento dos rendimentos ocorrer após cinco anos e antes de oito anos a contar da data da emissão ou da constituição;

b) 40% do seu valor se a data de vencimento dos rendimentos ocorrer após oito anos a contar da emissão ou da constituição.

ARTIGO 26º
Planos de poupança em acções

1 – Ficam isentos de IRC os rendimentos de fundos de poupança em acções (FPA) que se constituam e operem de acordo com a legislação nacional.(²)

2 – A diferença, quando positiva, entre o valor devido aquando do encerramento dos PPA e as importâncias entregues pelo subscritor está sujeita a IRS de acordo com as regras aplicáveis aos rendimentos da categoria E deste imposto, mas com observância, com as necessárias adaptações, das regras previstas no nº 3 do artigo 5º do respectivo Código, designadamente quanto ao montante a tributar por retenção na fonte e à taxa de tributação.

(¹) Redacção dada pelo Decreto-Lei nº 108/2008, de 26 de Junho.
(²) Redacção dada pelo Decreto-Lei nº 192/2005, de 7 de Novembro.

ARTIGO 27º
Mais-valias realizadas por não residentes

1 – Ficam isentas de IRS e IRC as mais-valias realizadas com a transmissão onerosa de partes sociais, outros valores mobiliários, *warrants* autónomos emitidos por entidades residentes em território português e negociados em mercados regulamentados de bolsa, e instrumentos financeiros derivados celebrados em mercados regulamentados de bolsa, por entidades ou pessoas singulares que não tenham domicílio em território português e aí não possuam estabelecimento estável ao qual as mesmas sejam imputáveis.

2 – O disposto no número anterior não é aplicável:

a) A entidades não residentes e sem estabelecimento estável em território português que sejam detidas, directa ou indirectamente, em mais de 25%, por entidades residentes;

b) A entidades não residentes e sem estabelecimento estável em território português que sejam domiciliadas em país, território ou região sujeitas a um regime fiscal claramente mais favorável, constante de lista aprovada por portaria do Ministro das Finanças ou com o qual não esteja em vigor uma convenção destinada a evitar a dupla tributação internacional ou um acordo sobre troca de informações em matéria fiscal;([1])

c) Às mais-valias realizadas por entidades não residentes com a transmissão onerosa de partes sociais em sociedades residentes em território português cujo activo seja constituído, em mais de 50%, por bens imóveis aí situados ou que, sendo sociedades gestoras ou detentoras de participações sociais, se encontrem em relação de domínio, tal como esta é definida no artigo 13º do Regime Geral das Instituições de Crédito e Sociedades Financeiras, aprovado pelo Decreto-Lei nº 298/92, de 31 de Dezembro, a título de dominantes, com sociedades dominadas, igualmente residentes em território português, cujo activo seja constituído, em mais de 50%, por bens imóveis aí situados.([2])

3 – O disposto no nº 1 não é ainda aplicável:

a) A pessoas singulares não residentes e sem estabelecimento estável em território português que sejam domiciliadas em país, território ou região sujeitas a um regime fiscal claramente mais favorável, constante de lista aprovada por portaria do Ministro das Finanças ou com o qual não esteja em vigor uma convenção destinada a evitar a dupla tributação internacional ou um acordo sobre troca de informações em matéria fiscal;([1])

b) Às mais-valias realizadas por pessoas singulares com a transmissão onerosa de partes sociais em sociedades residentes em território português cujo activo seja constituído, em mais de 50%, por bens imóveis aí situados ou que, sendo sociedades gestoras ou detentoras de participações sociais, se encontrem em relação de domínio, tal como esta é definida no artigo 13º do Regime Geral das Instituições de Crédito e Sociedades Financeiras, aprovado pelo Decreto-Lei nº 298/92, de 31 de

---

([1]) Redacção dada pela Lei nº 55-A/2010, de 31 de Dezembro.
([2]) Redacção dada pelo Decreto-Lei nº 108/2008, de 26 de Junho.

Dezembro, a título de dominantes, com sociedades dominadas, igualmente residentes em território português, cujo activo seja constituído, em mais de 50%, por bens imóveis aí situados.([1])

ARTIGO 28º
Empréstimos externos e rendas de locação de equipamentos importados

O Ministro das Finanças pode, a requerimento e com base em parecer fundamentado da Direcção-Geral dos Impostos, conceder isenção total ou parcial de IRS ou de IRC relativamente a juros de capitais provenientes do estrangeiro, representativos de empréstimos e rendas de locação de equipamentos importados, de que sejam devedores o Estado, as regiões autónomas, as autarquias locais e as suas federações ou uniões, ou qualquer dos seus serviços, estabelecimentos e organismos, ainda que personalizados, compreendidos os institutos públicos, e as empresas que prestem serviços públicos, desde que os credores tenham o domicílio no estrangeiro, e não disponham em território português de estabelecimento estável ao qual o empréstimo seja imputado.

ARTIGO 29º
Serviços financeiros de entidades públicas

1 – As entidades referidas no artigo 9º do Código do IRC que realizem operações de financiamento a empresas com recurso a fundos obtidos de empréstimo, com essa finalidade específica, junto de instituições de crédito, são sujeitas a tributação relativamente a estes rendimentos, pela diferença, verificada em cada exercício, entre os juros e outros rendimentos de capitais de que sejam titulares relativamente a essas operações e os juros devidos a essas instituições, com dispensa de retenção na fonte de IRC, sendo o imposto liquidado na declaração periódica de rendimentos.

2 – O Estado, actuando através da Direcção-Geral do Tesouro e Finanças, é sujeito a tributação relativamente aos rendimentos de capitais provenientes das aplicações financeiras que realize, pela diferença, verificada em cada exercício, entre aqueles rendimentos de capitais e os juros devidos pela remuneração de contas, no âmbito da prestação de serviços equiparados aos da actividade bancária, ao abrigo do artigo 2º do Regime da Tesouraria do Estado, aprovado pelo Decreto-Lei nº 191//99, de 5 de Junho.([1])

3 – No caso do número anterior, a tributação faz-se autonomamente com dispensa de retenção na fonte de IRC, sendo o imposto entregue até 15 de Janeiro do ano seguinte, sem prejuízo da tributação dos juros devidos pela remuneração das contas referidas na parte final do número anterior, por retenção na fonte, nos termos gerais.

ARTIGO 30º
Swaps e empréstimos de instituições financeiras não residentes

1 – Ficam isentos de IRC os juros decorrentes de empréstimos concedidos por instituições financeiras não residentes a instituições de crédito residentes, bem

---

([1]) Redacção dada pelo Decreto-Lei nº 108/2008, de 26 de Junho.

como os ganhos obtidos por aquelas instituições decorrentes de operações de *swap* efectuadas com instituições de créditos residentes, desde que esses juros ou ganhos não sejam imputáveis a estabelecimento estável daquelas instituições situado no território português.

2 – Ficam igualmente isentos de IRC os ganhos obtidos por instituições financeiras não residentes decorrentes de operações de *swap* efectuadas com o Estado, actuando através do Instituto de Gestão do Crédito Público, desde que esses ganhos não sejam imputáveis a estabelecimento estável daquelas instituições situado no território português.

ARTIGO 31º
Depósitos de instituições de crédito não residentes

Ficam isentos de IRC os juros de depósitos a prazo efectuados em estabelecimentos legalmente autorizados a recebê-los por instituições de crédito não residentes.

ARTIGO 32º
Sociedades gestoras de participações sociais (SGPS), sociedades de capital de risco (SCR) e investidores de capital de risco (ICR)[1]

1 – *(Revogado.)*[2]

2 – As mais-valias e as menos-valias realizadas pelas SGPS, pelas SCR e pelos ICR de partes de capital de que sejam titulares, desde que detidas por período não inferior a um ano, e, bem assim, os encargos financeiros suportados com a sua aquisição, não concorrem para a formação do lucro tributável destas sociedades.[1]

3 – O disposto no número anterior não é aplicável relativamente às maisvalias realizadas e aos encargos financeiros suportados quando as partes de capital tenham sido adquiridas a entidades com as quais existam relações especiais, nos termos do nº 4 do artigo 58º do Código do IRC, ou a entidades com domicílio, sede ou direcção efectiva em território sujeito a um regime fiscal mais favorável, constante de lista aprovada por portaria do Ministro das Finanças, ou residentes em território português sujeitas a um regime especial de tributação, e desde que tenham sido detidas, pela alienante, por período inferior a três anos e, bem assim, quando a alienante tenha resultado de transformação de sociedade à qual não fosse aplicável o regime previsto naquele número, relativamente às maisvalias das partes de capital objecto de transmissão, desde que, neste último caso, tenham decorrido menos de três anos entre a data da transformação e a data da transmissão.[3]

4 – As SCR podem deduzir ao montante apurado nos termos da alínea *a)* do nº 1 do artigo 90º do Código do IRC, e até à sua concorrência, uma importância correspondente ao limite da soma das colectas de IRC dos cinco exercícios anteriores àquele a que respeita o benefício, desde que seja utilizada na realização de investimentos em sociedades com potencial de crescimento e valorização.[4]

---

[1] Redacção dada pela Lei nº 67-A/2007, de 31 de Dezembro.
[2] Revogado pela Lei nº 55-A/2010, de 31 de Dezembro.
[3] Redacção dada pelo Decreto-Lei nº 108/2008, de 26 de Junho.
[4] Redacção dada pela Lei nº 3-B/2010, de 28 de Abril.

5 – A dedução a que se refere o número anterior é feita nos termos da alínea *d*) do nº 2 do artigo 83º do Código do IRC, na liquidação de IRC respeitante ao exercício em que foram realizados os investimentos ou, quando o não possa ser integralmente, a importância ainda não deduzida poderá sê-lo, nas mesmas condições, na liquidação dos cinco exercícios seguintes.

6 – Os sócios das sociedades por quotas unipessoais ICR, os investidores informais das sociedades veículo de investimento em empresas com potencial de crescimento, certificadas no âmbito do Programa COMPETE, e os investidores informais em capital de risco a título individual certificados pelo IAPMEI, no âmbito do Programa FINICIA, podem deduzir à sua colecta em IRS do próprio ano, até ao limite de 15% desta, um montante correspondente a 20% do valor investido por si ou pela sociedade por quotas unipessoais ICR de que sejam sócios.([1])

7 – A dedução à colecta referida no número anterior não se aplica aos seguintes casos:

a) Investimentos em sociedades cotadas em bolsa de valores e em sociedades cujo capital seja controlado maioritariamente por outras sociedades, exceptuados os investimentos efectuados em SCR e em fundos de capital de risco;

b) Investimentos em sociedades sujeitas a regulação pelo Banco de Portugal ou pelo Instituto dos Seguros de Portugal.

8 – Por valor investido entende-se a entrada de capitais em dinheiro destinados à subscrição ou aquisição de quotas ou acções ou à realização de prestações acessórias ou suplementares de capital em sociedades que usem efectivamente essas entradas de capital na realização de investimentos com potencial de crescimento e valorização.([1])

9 – O disposto nos nºs 2 e 3 é igualmente aplicável a sociedades cuja sede ou direcção efectiva esteja situada em território português, constituídas segundo o direito de outro Estado membro da União Europeia, que tenham por único objecto contratual a gestão de participações sociais de outras sociedades, desde que preencham os demais requisitos a que se encontram sujeitas as sociedades regidas pelo Decreto-Lei nº 495/88, de 30 de Dezembro.([2])

CAPÍTULO IV
Benefícios fiscais às zonas francas

ARTIGO 33º
Zona Franca da Madeira e Zona Franca da ilha de Santa Maria

1 – As entidades instaladas nas Zonas Francas da Madeira e da ilha de Santa Maria beneficiam de isenção de IRS ou de IRC, até 31 de Dezembro de 2011, nos termos seguintes:

a) As entidades instaladas na zona demarcada industrial respectiva, relativamente aos rendimentos derivados do exercício das actividades de natureza indus-

---

([1]) Aditado pela Lei nº 3-B/2010, de 28 de Abril.
([2]) Redacção dada pela Lei nº 55-A/2010, de 31 de Dezembro.

trial, previstas no n.º 1 e qualificadas nos termos dos n.ºs 2 e 3 do artigo 4.º do Decreto Regulamentar n.º 53/82, de 23 de Agosto, e do Decreto Regulamentar n.º 54/82, da mesma data, e, bem assim, das actividades acessórias ou complementares daquela;

b) As entidades devidamente licenciadas que prossigam a actividade da indústria de transportes marítimos, relativamente aos rendimentos derivados do exercício da actividade licenciada, exceptuados os rendimentos derivados do transporte de passageiros ou de carga entre portos nacionais;

c) As instituições de crédito e as sociedades financeiras, relativamente aos rendimentos da respectiva actividade aí exercida, desde que neste âmbito:

1) Não realizem quaisquer operações com residentes em território português ou com estabelecimento estável de um não residente aí situado, exceptuadas as entidades instaladas nas zonas francas que não sejam instituições de crédito, sociedades financeiras ou sucursais financeiras que realizem operações próprias da sua actividade com residentes ou estabelecimentos estáveis de não residentes;

2) Não realizem quaisquer operações com não residentes relativas a instrumentos financeiros derivados, excepto quando essas operações tenham como objectivo a cobertura de operações activas e passivas afectas à estrutura instalada nas zonas francas;

3) Excluem-se da subalínea 1) as operações relativas a transferência de fundos para a sede das instituições de crédito, desde que sejam transferidos na mesma moeda em que foram tomados e remunerados ao preço médio verificado no mês anterior, na tomada de fundos da mesma natureza, e ainda na condição de, para as operações em que tenham sido tomados aqueles fundos, não terem sido realizadas quaisquer operações com instrumentos financeiros derivados, devendo as instituições de crédito identificar, para cada operação de transferência, as operações de tomada que lhe deram origem;([1])

d) As entidades que prossigam a actividade de gestão de fundos de investimento, relativamente aos rendimentos derivados da gestão de fundos, cujas unidades de participação sejam exclusivamente adquiridas, na emissão, por não residentes em território português, com excepção dos respectivos estabelecimentos estáveis aí situados, cujas aplicações sejam realizadas exclusivamente em activos financeiros emitidos por não residentes ou em outros activos situados fora do território português, sem prejuízo de o valor líquido global do fundo poder ser constituído, até um máximo de 10%, por numerário, depósitos bancários, certificados de depósito ou aplicações em mercados interbancários;

e) As entidades que prossigam a actividade de seguro ou de resseguro, nos ramos «Não vida», e que operem exclusivamente com riscos situados nas zonas francas ou fora do território português, relativamente aos rendimentos provenientes das respectivas actividades;

f) As sociedades gestoras de fundos de pensões e as de seguro ou resseguro, no ramo «Vida», e que assumam compromissos exclusivamente com não residentes no

---

([1]) Redacção dada pelo Decreto-Lei nº 108/2008, de 26 de Junho.

território português, exceptuados os respectivos estabelecimentos estáveis nele situados, relativamente aos rendimentos provenientes das respectivas actividades;

  g) As sociedades gestoras de participações sociais relativamente aos rendimentos, designadamente lucros e mais-valias, provenientes das participações sociais que detenham em sociedades não residentes no território português, exceptuadas as zonas francas, ou no de outros Estados membros da União Europeia;

  h) As entidades referidas na alínea a), relativamente aos rendimentos derivados das actividades exercidas na zona industrial não abrangidas por aquela alínea, e as restantes entidades não mencionadas nas alíneas anteriores, relativamente aos rendimentos derivados das suas actividades compreendidas no âmbito institucional da respectiva zona franca, desde que, em ambos os casos, respeitem a operações realizadas com entidades instaladas nas zonas francas ou com não residentes em território português, exceptuados os estabelecimentos estáveis aí situados e fora das zonas francas.([1])

2 – As entidades que participem no capital social de sociedades instaladas nas zonas francas e referidas nas alíneas a), b), g) e h) do número anterior gozam, com dispensa de qualquer formalidade, de isenção de IRS ou de IRC, até 31 de Dezembro de 2011, relativamente:

  a) Aos lucros colocados à sua disposição por essas sociedades na proporção da soma das partes isenta e não isenta mas derivada de rendimentos obtidos fora do território português, do resultado líquido do exercício correspondente, acrescido do valor líquido das variações patrimoniais não reflectidas nesse resultado, determinado para efeitos de IRC, neles se compreendendo, com as necessárias adaptações, o valor atribuído aos associados em resultado da partilha que, nos termos do artigo 75º do Código do IRC, seja considerado como rendimento de aplicação de capitais, bem como o valor atribuído aos associados na amortização de partes sociais sem redução de capital;

  b) Aos rendimentos provenientes de juros e outras formas de remuneração de suprimentos, abonos ou adiamentos de capital por si feitos à sociedade ou devidos pelo facto de não levantarem os lucros ou remunerações colocados à sua disposição.

3 – Para efeitos da aplicação do disposto no número anterior, observa-se o seguinte:

  a) Se o montante dos lucros colocados à disposição dos sócios incluir a distribuição de reservas, considera-se, para efeitos do cálculo da parte isenta a que se refere a alínea a) do número anterior, que as reservas mais antigas são as primeiramente distribuídas;

  b) Não gozam da isenção prevista no número anterior as entidades residentes em território português, exceptuadas as que sejam sócias das sociedades referidas nas alíneas a) e b) do nº 1.

4 – São isentos de IRC os juros de empréstimos contraídos por entidades instaladas nas zonas francas, desde que o produto desses empréstimos se destine à reali-

---

([1]) Redacção dada pelo Decreto-Lei nº 108/2008, de 26 de Junho.

zação de investimentos e ao normal funcionamento das mutuárias, no âmbito da zona franca, e desde que os mutuantes sejam não residentes no restante território português, exceptuados os respectivos estabelecimentos estáveis nele situados.

5 – São isentos de IRS ou de IRC:

a) Os rendimentos resultantes da concessão ou cedência temporária, por entidades não residentes em território português, exceptuados os estabelecimentos estáveis aí situados e fora das zonas francas, de patentes de invenção, licenças de exploração, modelos de utilidade, desenhos e modelos industriais, marcas, nomes e insígnias de estabelecimentos, processos de fabrico ou conservação de produtos e direitos análogos, bem como os derivados da assistência técnica e da prestação de informações relativas a uma dada experiência no sector industrial, comercial ou científico, desde que respeitantes a actividade desenvolvida pelas empresas no âmbito da zona franca;

b) Os rendimentos das prestações de serviços auferidos por entidades não residentes e não imputáveis a estabelecimento estável situado em território português fora das zonas francas, desde que devidos por entidades instaladas na mesma e respeitem à actividade aí desenvolvida.

6 – São isentos de IRS ou de IRC os rendimentos pagos pelas instituições de crédito instaladas nas zonas francas, quaisquer que sejam as actividades exercidas pelos seus estabelecimentos estáveis nelas situados, relativamente às operações de financiamento dos passivos de balanço desses estabelecimentos, desde que os beneficiários desses rendimentos sejam:

a) Entidades instaladas nas zonas francas que não sejam instituições de crédito, sociedades financeiras ou sucursais financeiras que realizem operações próprias da sua actividade com residentes ou estabelecimentos estáveis de não residentes;

b) Entidades não residentes em território português, exceptuados os estabelecimentos estáveis nele situados e fora das zonas francas. 7 – São isentos de IRS ou de IRC os rendimentos pagos pelas sociedades e sucursais de *trust off-shore* instaladas nas zonas francas a utentes dos seus serviços, desde que estes sejam entidades instaladas nas zonas francas ou não residentes no território português.

8 – São isentos de IRS os tripulantes dos navios registados no registo internacional de navios, criado e regulamentado no âmbito da zona franca da Madeira, ou no registo internacional de navios, a criar e regulamentar, nos mesmos termos, no âmbito da zona franca da ilha de Santa Maria, relativamente às remunerações auferidas nessa qualidade e enquanto tais registos se mantiverem válidos.

9 – O disposto no número anterior não prejudica o englobamento dos rendimentos isentos, para efeitos do disposto no n.º 4 do artigo 22º do Código do IRS.

10 – São excluídos das isenções de IRS e IRC estabelecidas nos números anteriores os rendimentos obtidos em território português, exceptuadas as zonas francas, considerando-se como tais:

a) Os rendimentos previstos, respectivamente, no artigo 18º do Código do IRS e nos n.ºs 3 e seguintes do artigo 4º do Código do IRC, os resultantes de valores mobiliários representativos da dívida pública nacional e de valores mobiliários emitidos pelas Regiões Autónomas, pelas autarquias locais, por institutos ou fundos públicos e, bem assim, os resultantes de quaisquer outros valores mobiliários que venham a ser classificados como fundos públicos;

b) Todos os rendimentos decorrentes da prestação de serviços a pessoas singulares ou colectivas residentes em território português, bem como a estabelecimentos estáveis de entidades não residentes, localizados nesse território, excepto tratando-se de entidades instaladas nas zonas francas.

11 – São isentos de imposto do selo os documentos, livros, papéis, contratos, operações, actos e produtos previstos na tabela geral do imposto do selo respeitantes a entidades licenciadas nas zonas francas da Madeira e da ilha de Santa Maria, bem como às empresas concessionárias de exploração das mesmas zonas francas, salvo quando tenham por intervenientes ou destinatários entidades residentes no território nacional, exceptuadas as zonas francas, ou estabelecimentos estáveis de entidades não residentes que naquele se situem.

12 – Às empresas concessionárias das zonas francas, aos respectivos sócios ou titulares e aos actos e operações por elas praticados conexos com o seu objecto, aplica-se o regime fiscal previsto nos nºs 2, 4, e 5, beneficiando ainda, as primeiras, de isenção de IRC até 31 de Dezembro de 2017.

13 – Para os efeitos do disposto nos números anteriores, consideram-se residentes em território português as entidades como tal qualificadas nos termos dos Códigos do IRS e do IRC, e que não sejam consideradas residentes noutro Estado, por força de convenção destinada a eliminar a dupla tributação de que o Estado Português seja parte.([1])

14 – Para efeitos do disposto nos números anteriores, sempre que a qualidade de não residente seja condição necessária à verificação dos pressupostos da isenção, deve aquela ser comprovada da seguinte forma:

a) Quando forem bancos centrais, instituições de direito público ou organismos internacionais, bem como quando forem instituições de crédito, sociedades financeiras, fundos de investimento mobiliário ou imobiliário, fundos de pensões ou empresas de seguros, domiciliados em qualquer país da OCDE ou em país com o qual Portugal tenha celebrado convenção para evitar a dupla tributação internacional, e estejam submetidos a um regime especial de supervisão ou de registo administrativo, de acordo com as seguintes regras:([1])

1) A respectiva identificação fiscal, sempre que o titular dela disponha; ou,
2) Certidão da entidade responsável pelo registo ou pela supervisão que ateste a existência jurídica do titular e o seu domicílio; ou,
3) Declaração do próprio titular, devidamente assinada e autenticada, se se tratar de bancos centrais, instituições de direito público que integrem a administração pública central, regional ou a demais administração periférica, estadual indirecta ou autónoma do Estado da residência fiscalmente relevante, ou organismos internacionais; ou
4) Comprovação da qualidade de não residente, nos termos da alínea *c)*, caso o titular opte pelos meios de prova aí previstos.

([1]) Redacção dada pelo Decreto-Lei nº 108/2008, de 26 de Junho.

b) Quando forem emigrantes no activo, através dos documentos previstos para a comprovação desta qualidade em portaria do Ministro das Finanças que regulamente o sistema poupança-emigrante;

c) Nos restantes casos, de acordo com as seguintes regras:

1) A comprovação deve ser realizada mediante a apresentação de certificado de residência ou documento equivalente emitido pelas autoridades fiscais, de documento emitido por consulado português, comprovativo da residência no estrangeiro, ou de documento especificamente emitido com o objectivo de certificar a residência por entidade oficial do respectivo Estado, que integre a sua administração pública central, regional ou a demais administração periférica, estadual indirecta ou autónoma do mesmo, não sendo designadamente admissível para o efeito documento de identificação como passaporte ou bilhete de identidade, ou documento de que apenas indirectamente se possa presumir uma eventual residência fiscalmente relevante, como uma autorização de trabalho ou permanência;

2) O documento referido na subalínea anterior é o original ou cópia devidamente autenticada e tem de possuir data de emissão não anterior a três anos nem posterior a três meses em relação à data de realização das operações, salvo o disposto nas subalíneas seguintes;

3) Se o prazo de validade do documento for inferior ou se este indicar um ano de referência, o mesmo é válido para o ano referido e para o ano subsequente, quando este último coincida com o da emissão do documento;

4) O documento que, à data da contratação de uma operação, comprove validamente a qualidade de não residente, nos termos das subalíneas anteriores, permanece eficaz até ao termo inicialmente previsto para aquela, desde que este não seja superior a um ano.

15 – As entidades referidas nas alíneas *g)* e *h)* do nº 1 estão dispensadas da comprovação, pelos meios e nos termos previstos no nº 14, da qualidade de não residente das entidades com quem se relacionem, quer nas operações de pagamento que lhes sejam dirigidas, quer nos pagamentos por si efectuados relativos a aquisições de bens e serviços, sendo admissível, para estes casos, qualquer meio que constitua prova bastante, salvo quanto aos pagamentos a qualquer entidade dos tipos de rendimentos referidos na alínea *d)* do nº 2 e nos nºs 3 e 4 do artigo 71º do Código do IRS, aos quais se continua a aplicar o disposto no nº 14.([1])

16 – Compete às entidades a que se refere o nº 1 a prova, nos termos dos nºs 14 e 15, da qualidade de não residente das entidades com as quais estabeleçam relações, a qual é extensível, nas situações de contitularidade, nomeadamente aquando da constituição de contas de depósito de numerário ou de valores mobiliários com mais de um titular, a todos os titulares, devendo os meios de prova ser conservados durante um período não inferior a cinco anos e exibidos ou facultados à administração tributária sempre que solicitados.

17 – As entidades responsáveis pela administração e exploração das Zonas Francas da Madeira e da ilha de Santa Maria devem comunicar, anualmente, até ao último

---

([1]) Redacção dada pelo Decreto-Lei nº 108/2008, de 26 de Junho.

dia do mês de Fevereiro, com referência ao exercício anterior, a identificação das entidades que, naquele exercício ou em parte dele, estiveram autorizadas a exercer actividades no âmbito institucional da respectiva zona franca.([1])

18 – A falta de apresentação das provas de não residente pelas entidades instaladas nas zonas francas que a tal estejam respectivamente obrigadas, nos termos dos nºs 14 e 15, tem, no período de tributação a que respeita, as consequências seguintes:

a) Ficam sem efeito os benefícios concedidos às entidades beneficiárias que pressuponham a referida qualidade ou a ausência daquelas condições;

b) São aplicáveis as normas gerais previstas nos competentes códigos relativas à responsabilidade pelo pagamento do imposto em falta;

c) Presume-se que as operações foram realizadas com entidades residentes em território português para efeitos do disposto neste preceito, sem prejuízo de se poder ilidir a presunção, de acordo com o artigo 73º da Lei Geral Tributária, e nos termos do artigo 64º do Código do Procedimento e de Processo Tributário.

19 – As entidades a que se refere a alínea *c*) do nº 1, que não exerçam em exclusivo a sua actividade nas zonas francas, devem organizar a contabilidade, de modo a permitir o apuramento dos resultados das operações realizadas no âmbito das zonas francas, para o que podem ser definidos procedimentos por portaria do Ministro das Finanças.

20 – Para efeitos do disposto no nº 1, não se consideram compreendidas no âmbito institucional da zona franca as actividades de intermediação na celebração de quaisquer contratos em que o alienante dos bens ou prestador dos serviços ou, bem assim, o adquirente ou utilizador dos mesmos, seja entidade residente no restante território português, fora das zonas francas, ou estabelecimento estável de não residente aqui situado, mesmo que os rendimentos auferidos pela entidade instalada na zona franca sejam pagos por não residentes em território português.

21 – *(Revogado.)*([2])

ARTIGO 34º
Lucro tributável das operações realizadas no âmbito das Zonas Francas da Madeira e da Ilha de Santa Maria([3])

1 – Para efeitos do disposto no nº 19 do artigo anterior, considera-se que, pelo menos, 85% do lucro tributável resultante da actividade global das entidades a que se refere a alínea *c*) do nº 1 daquele preceito corresponde a actividades exercidas fora do âmbito institucional das Zonas Francas da Madeira e da ilha de Santa Maria.([4])

2 – O disposto no número anterior é aplicável às entidades que no âmbito do território português não exerçam a sua actividade em exclusivo nas Zonas Francas da Madeira e da Ilha de Santa Maria.

([1]) Redacção dada pela Lei nº 60-A/2005, de 30 de Dezembro.
([2]) Revogado pelo Decreto-Lei nº 108/2008, de 26 de Junho.
([3]) Aditado pela Lei nº 55-B/2005, de 30 de Dezembro.
([4]) Redacção dada pelo Decreto-Lei nº 108/2008, de 26 de Junho.

3 – As entidades mencionadas no n.º 1 apuram o lucro tributável global da sua actividade, o lucro tributável da sucursal instalada na zona franca e o lucro tributável da instituição de crédito ou sociedade financeira, excluindo o da sucursal na zona franca.

4 – Para as entidades a que se refere a alínea c) do n.º 1 do artigo 33.º, que exercem predominantemente a sua actividade nas Zonas Francas da Madeira e da ilha de Santa Maria, considera-se que 40% do lucro tributável resultante da sua actividade global corresponde às actividades exercidas fora do âmbito institucional daquelas Zonas Francas.([1])

5 – A actividade exercida no âmbito institucional daquelas Zonas Francas é considerada predominante quando a proporção entre o valor dos activos líquidos afectos à sucursal financeira exterior e o valor total dos activos líquidos da instituição seja superior a 50%.([2])

6 – Não obstante o disposto no n.º 4, caso a proporção a que se refere o número anterior seja superior a 80%, pode o Ministro das Finanças, após requerimento dos interessados devidamente fundamentado, fixar por despacho a percentagem do lucro tributável da actividade global que resulte de actividades exercidas fora do âmbito institucional das referidas Zonas Francas.([3])

ARTIGO 35º
Regime especial aplicável às entidades licenciadas na zona franca da Madeira a partir de 1 de Janeiro de 2003

1 – Os rendimentos das entidades licenciadas a partir de 1 de Janeiro de 2003 e até 31 de Dezembro de 2006 para o exercício de actividades industriais, comerciais, de transportes marítimos e de outros serviços não excluídos do presente regime que observem os respectivos condicionalismos previstos no n.º 1 do artigo 33.º são tributados em IRC, até 31 de Dezembro de 2011, nos seguintes termos:

a) Nos anos de 2003 e 2004, à taxa de 1%;
b) Nos anos de 2005 e 2006, à taxa de 2%;
c) Nos anos de 2007 a 2011, à taxa de 3%.

2 – As entidades referidas no número anterior que pretendam beneficiar do presente regime devem observar um dos seguintes tipos de requisitos:([3])

a) Criação de um até cinco postos de trabalho nos seis primeiros meses de actividade e realização de um investimento mínimo de € 75 000 na aquisição de activos fixos, corpóreos ou incorpóreos, nos dois primeiros anos de actividade;

b) Criação de seis ou mais postos de trabalho nos primeiros seis meses de actividade.

3 – As entidades referidas nos números anteriores ficam sujeitas à limitação do benefício a conceder através da aplicação de plafonds máximos à matéria colectável objecto do benefício fiscal em sede de IRC, nos termos seguintes:([3])

([1]) Redacção dada pela Lei n.º 60-A/2005, de 30 de Dezembro.
([2]) Aditado pela Lei n.º 60-A/2005, de 30 de Dezembro.
([3]) Redacção dada pelo Decreto-Lei n.º 108/2008, de 26 de Junho.

a) Criação de 1 até 2 postos de trabalho – € 1 500 000;
b) Criação de 3 até 5 postos de trabalho – € 2 000 000;
c) Criação de 6 até 30 postos de trabalho – € 12 000 000;
d) Criação de 31 até 50 postos de trabalho – € 20 000 000;
e) Criação de 51 até 100 postos de trabalho – € 30 000 000;
f) Criação de mais de 100 postos de trabalho – € 125 000 000.

4 – A inserção das entidades licenciadas nos escalões de *plafonds* constantes do nº 3 deverá efectuar-se em função do número de postos de trabalho nelas existentes em cada exercício.

5 – Os rendimentos das sociedades gestoras de participações sociais, licenciadas a partir de 1 de Janeiro de 2003 e até 31 de Dezembro de 2006, são tributados em IRC nos termos referidos no nº 1, salvo os obtidos no território português, exceptuadas as zonas francas, ou em outros Estados membros da União Europeia, que são tributados nos termos gerais.([1])

6 – As entidades referidas no nº 1 que prossigam actividades industriais beneficiam ainda de uma dedução de 50% à colecta do IRC desde que preencham, pelo menos, duas das seguintes condições:

a) Contribuam para a modernização da economia regional, nomeadamente através da inovação tecnológica de produtos e de processos de fabrico ou de modelos de negócio;

b) Contribuam para a diversificação da economia regional, nomeadamente através do exercício de novas actividades de elevado valor acrescentado;

c) Contribuam para a fixação na Região Autónoma de recursos humanos de elevado mérito e competência nos domínios técnico-científicos;([1])

d) Contribuam para a melhoria das condições ambientais;

e) Criem, pelo menos, 15 postos de trabalho, que deverão ser mantidos durante um período mínimo de cinco anos.

7 – As entidades licenciadas na zona franca da Madeira a partir de 1 de Janeiro de 2003 e até 31 de Dezembro de 2006 poderão, designadamente, exercer as seguintes actividades económicas:

a) Actividades dos serviços relacionados com a agricultura e com a produção animal, excepto serviços de veterinária e serviços relacionados com a silvicultura e a exploração florestal (NACE A, 01.4 e 02.02);

b) Pesca, aquicultura e serviços relacionados (NACE B, 05);

c) Indústrias transformadoras (NACE D);

d) Produção e distribuição de electricidade, gás e água (NACE E, 40);

e) Comércio por grosso (NACE G, 50 e 51);

f) Transportes, armazenagem e comunicações (NACE I, 60, 61, 62, 63 e 64);

g) Actividades imobiliárias, alugueres e serviços prestados às empresas (NACE K, 70, 71, 72, 73 e 74);

([1]) Redacção dada pelo Decreto-Lei nº 108/2008, de 26 de Junho.

h) Ensino superior, ensino para adultos e outras actividades educativas (NACE M, 80.3 e 80.4);
i) Outras actividades de serviços colectivos (NACE O, 90, 92 e 93.01).

8 – Da lista de actividades prevista no número anterior encontram-se excluídas as actividades de intermediação financeira e de seguros, as actividades das instituições auxiliares de intermediação financeira e de seguros, bem como as actividades do tipo «serviços intragrupo», designadamente centros de coordenação, de tesouraria e de distribuição.([1])

9 – Às restantes situações não referidas nos números anteriores são aplicáveis, nos termos da legislação respectiva e relativamente às actividades industriais, comerciais, de transporte marítimo e de outros serviços não excluídos do presente regime, os demais benefícios fiscais e condicionalismos actualmente vigentes na zona franca da Madeira.

ARTIGO 36º
Regime especial aplicável às entidades licenciadas na Zona Franca da Madeira a partir de 1 de Janeiro de 2007([2])

1 – Os rendimentos das entidades licenciadas, a partir de 1 de Janeiro de 2007 e até 31 de Dezembro de 2013, para o exercício de actividades industriais, comerciais, de transportes marítimos e de outros serviços não excluídos do presente regime, que observem os respectivos condicionalismos previstos no nº 1 do artigo 33º do presente Estatuto, são tributados em IRC, até 31 de Dezembro de 2020, nos seguintes termos:

a) Nos anos de 2007 a 2009, à taxa de 3%;
b) Nos anos de 2010 a 2012, à taxa de 4%;
c) Nos anos de 2013 a 2020, à taxa de 5%.

2 – As entidades referidas no número anterior que pretendam beneficiar do presente regime devem iniciar as suas actividades no prazo de seis meses, no caso de serviços internacionais, e de um ano, no caso de actividades industriais ou de registo marítimo, contado da data de licenciamento e devem ainda observar um dos seguintes requisitos de elegibilidade:

a) Criação de um a cinco postos de trabalho, nos primeiros seis meses de actividade, e realização de um investimento mínimo de € 75 000 na aquisição de activos fixos corpóreos ou incorpóreos, nos primeiros dois anos de actividade;
b) Criação de seis ou mais postos de trabalho, nos primeiros seis meses de actividade.

3 – As entidades referidas nos números anteriores ficam sujeitas à limitação do benefício a conceder, através da aplicação de plafonds máximos à matéria colectável a que é aplicável a taxa reduzida prevista, nos termos seguintes:

a) 2 milhões de euros pela criação de 1 até 2 postos de trabalho;

([1]) Redacção dada pelo Decreto-Lei nº 108/2008, de 26 de Junho.
([2]) Aditado pelo Decreto-Lei nº 13/2008, de 18 de Janeiro.

b) 2,6 milhões de euros pela criação de 3 até 5 postos de trabalho;
c) 16 milhões de euros pela criação de 6 até 30 postos de trabalho;
d) 26 milhões de euros pela criação de 31 até 50 postos de trabalho;
e) 40 milhões de euros, pela criação de 51 até 100 postos de trabalho;
f) 150 milhões de euros pela criação de mais de 100 postos de trabalho.

4 – Os limites máximos da matéria colectável previstos no número anterior são determinados em função do número de postos de trabalho que as entidades beneficiárias mantêm em cada exercício.

5 – As entidades referidas no n.º 1 que prossigam actividades industriais beneficiam ainda de uma dedução de 50% à colecta do IRC desde que preencham, pelo menos, duas das seguintes condições:

a) Contribuam para a modernização da economia regional, nomeadamente através da inovação tecnológica de produtos e de processos de fabrico ou de modelos de negócio;
b) Contribuam para a diversificação da economia regional, nomeadamente através do exercício de novas actividades de elevado valor acrescentado;
c) Promovam a contratação de recursos humanos altamente qualificados;
d) Contribuam para a melhoria das condições ambientais;
e) Criem, pelo menos, 15 postos de trabalho, que devem ser mantidos durante um período mínimo de cinco anos.

6 – As entidades licenciadas na Zona Franca da Madeira, a partir de 1 de Janeiro de 2007 e até 31 de Dezembro de 2013, podem, designadamente, exercer as seguintes actividades económicas relacionadas com:

a) Agricultura e com a produção animal (NACE Rev.1.1, secção A, códigos 01.4 e 02.02); *b)* Pesca, aquicultura e serviços relacionados (NACE Rev.1.1, secção B, código 05);
c) Indústrias transformadoras (NACE Rev.1.1, secção D);
d) Produção e distribuição de electricidade, gás e água (NACE Rev.1.1, secção E, código 40);
e) Comércio por grosso (NACE Rev.1.1, secção G, códigos 50 e 51);
f) Transportes e comunicações (NACE Rev.1.1, secção I, códigos 60, 61, 62, 63 e 64);
g) Actividades imobiliárias, alugueres e serviços prestados às empresas (NACE Rev.1.1, secção K, códigos 70, 71, 72, 73 e 74);
h) Ensino superior, ensino para adultos e outras actividades educativas (NACE Rev.1.1, secção M, códigos 80.3 e 80.4);
i) Outras actividades de serviços colectivos (NACE Rev..1.1, secção O, códigos 90, 92 e 93.01).

7 – Da lista de actividades prevista no número anterior encontram-se excluídas as actividades de intermediação financeira, de seguros e das instituições auxiliares de intermediação financeira e de seguros (NACE Rev.1.1, secção J, 65, 66 e 67) bem como as actividades do tipo «serviços intragrupo», designadamente centros de coordenação, de tesouraria e de distribuição (NACE Rev.1.1, secção K, código 74).

8 – Os rendimentos das sociedades gestoras de participações sociais, licenciadas a partir de 1 de Janeiro de 2007 e até 31 de Dezembro de 2013, são tributados em IRC nos termos referidos no nº 1, salvo os obtidos no território português, exceptuadas as zonas francas, ou em outros Estados membros da União Europeia, que são tributados nos termos gerais.

9 – Às restantes situações não referidas nos números anteriores são aplicáveis, nos termos da legislação respectiva e relativamente às actividades industriais, comerciais, de transportes marítimos e de outros serviços não excluídos do presente regime, os demais benefícios fiscais e condicionalismos actualmente vigentes na Zona Franca da Madeira.

10 – As entidades que estejam licenciadas ao abrigo dos regimes previstos nos artigos 33º e 34º do presente Estatuto podem beneficiar do novo regime, a partir de 1 de Janeiro de 2012.

CAPÍTULO V
Benefícios fiscais relativos a relações internacionais

ARTIGO 37º
Isenção do pessoal das missões diplomáticas e consulares e das organizações estrangeiras ou internacionais

1 – Fica isento de IRS, nos termos do direito internacional aplicável ou desde que haja reciprocidade:

a) O pessoal das missões diplomáticas e consulares, quanto às remunerações auferidas nessa qualidade;

b) O pessoal ao serviço de organizações estrangeiras ou internacionais, quanto às remunerações auferidas nessa qualidade.

2 – As isenções previstas no número anterior não abrangem, designadamente, os membros do pessoal administrativo, técnico, de serviço e equiparados, das missões diplomáticas e consulares, quando sejam residentes em território português e não se verifique a existência de reciprocidade.

3 – Os rendimentos isentos nos termos do nº 1 são obrigatoriamente englobados para efeito de determinação da taxa a aplicar aos restantes rendimentos.

4 – O reconhecimento relativo ao preenchimento dos requisitos de isenção, quando necessário, é da competência do Ministro das Finanças.

ARTIGO 38º
Isenção do pessoal em missões de salvaguarda de paz

1 – Ficam isentos de IRS os militares e elementos das forças de segurança quanto às remunerações auferidas no desempenho de funções integradas em missões de carácter militar, efectuadas no estrangeiro, com objectivos humanitários ou destinadas ao estabelecimento, consolidação ou manutenção da paz, ao serviço das Nações Unidas ou de outras organizações internacionais, independentemente da entidade que suporta as respectivas importâncias.

2 – O disposto no número anterior não prejudica o englobamento dos rendimentos isentos, para efeitos do disposto no nº 4 do artigo 22º do Código do IRS e determinação da taxa aplicável ao restante rendimento colectável.

3 – O reconhecimento relativo ao preenchimento dos requisitos de isenção, quando necessário, é da competência do Ministro das Finanças.

ARTIGO 39º
Acordos e relações de cooperação

1 – Ficam isentas de IRS as pessoas deslocadas no estrangeiro ao abrigo de acordos de cooperação, relativamente aos rendimentos auferidos no âmbito do respectivo acordo.

2 – Ficam igualmente isentos de IRS os militares e elementos das forças de segurança deslocados no estrangeiro ao abrigo de acordos de cooperação técnico-militar celebrados pelo Estado Português e ao serviço deste, relativamente aos rendimentos auferidos no âmbito do respectivo acordo.

3 – O Ministro das Finanças pode, a requerimento das entidades interessadas, conceder isenção de IRS relativamente aos rendimentos auferidos por pessoas deslocadas no estrangeiro ao serviço daquelas, ao abrigo de contratos celebrados com entidades estrangeiras, desde que sejam demonstradas as vantagens desses contratos para o interesse nacional.

4 – O disposto nos números anteriores não prejudica o englobamento dos rendimentos isentos, para efeitos do disposto no nº 4 do artigo 22º do Código do IRS e determinação da taxa aplicável ao restante rendimento colectável.

5 – A isenção a que se refere o nº 3 é extensível, nas mesmas condições, a rendimentos auferidos por pessoas deslocadas no estrangeiro, desde que exerçam a sua actividade no âmbito das profissões constantes da lista referida no artigo 151º do Código do IRS, líquidos dos encargos dedutíveis nos termos do mesmo Código.

ARTIGO 40º
Empreiteiros e arrematantes de obras e trabalhos das infra-estruturas comuns NATO

1 – Ficam isentos de IRS os empreiteiros ou arrematantes, nacionais ou estrangeiros, relativamente aos lucros derivados de obras ou trabalhos das infra-estruturas comuns NATO, a realizar em território português, nos termos do Decreto-Lei nº 41 561, de 17 de Março de 1958.

2 – O disposto no número anterior não prejudica o englobamento dos rendimentos isentos, para efeitos do disposto no nº 4 do artigo 22º do Código do IRS e determinação da taxa aplicável ao restante rendimento colectável.

CAPÍTULO VI
Benefícios fiscais ao investimento produtivo

ARTIGO 41º
Benefícios fiscais ao investimento de natureza contratual

1 – Os projectos de investimento em unidades produtivas realizados até 31 de Dezembro de 2020, de montante igual ou superior a € 5 000 000, que sejam rele-

DECRETO-LEI Nº 215/89, DE 1 DE JULHO

vantes para o desenvolvimento dos sectores considerados de interesse estratégico para a economia nacional e para a redução das assimetrias regionais, que induzam a criação de postos de trabalho e que contribuam para impulsionar a inovação tecnológica e a investigação científica nacional, podem beneficiar de incentivos fiscais, em regime contratual, com período de vigência até 10 anos, a conceder nos termos, condições e procedimentos definidos no Código Fiscal do Investimento, de acordo com os princípios estabelecidos nos nºs 2 e 3.(¹)

2 – Aos projectos de investimento previstos no nº 1 podem ser concedidos, cumulativamente, os incentivos fiscais seguintes:

a) Crédito de imposto, determinado com base na aplicação de uma percentagem, compreendida entre 10% e 20% das aplicações relevantes do projecto efectivamente realizadas, a deduzir ao montante apurado, nos termos da alínea *a)* do nº 1 do artigo 83º do Código do IRC;(¹)

b) Isenção ou redução de imposto municipal sobre imóveis, relativamente aos prédios utilizados pela entidade na actividade desenvolvida no quadro do projecto de investimento;(²)

c) Isenção ou redução de imposto municipal sobre as transmissões onerosas de imóveis, relativamente aos imóveis adquiridos pela entidade, destinados ao exercício da sua actividade desenvolvida no âmbito do projecto de investimento;(²)

d) Isenção ou redução de imposto do selo que for devido em todos os actos ou contratos necessários à realização do projecto de investimento.

3 – Os incentivos fiscais a conceder não são cumuláveis com outros benefícios da mesma natureza susceptíveis de serem atribuídos ao mesmo projecto de investimento.

4 – Os projectos de investimento directo efectuados por empresas portuguesas no estrangeiro, de montante igual ou superior a € 250 000, de aplicações relevantes, que demonstrem interesse estratégico para a internacionalização da economia portuguesa, podem beneficiar de incentivos fiscais, em regime contratual, com período de vigência até cinco anos, a conceder nos termos, condições e procedimentos definidos em regulamentação própria, de acordo com os princípios estabelecidos nos nºs 5 a 7.(¹)

5 – Aos promotores dos projectos de investimento referidos no número anterior podem ser concedidos os seguintes benefícios fiscais:

a) Crédito fiscal utilizável em IRC compreendido entre 10% e 20% das aplicações relevantes a deduzir ao montante apurado na alínea *a)* do nº 1 do artigo 83º do Código do IRC, não podendo ultrapassar em cada exercício 25% daquele montante com o limite de 200 000 000$00 (€ 997 595,79) em cada exercício;

b) Eliminação da dupla tributação económica nos termos e condições estabelecidos no artigo 46º do Código do IRC, durante o período contratual, quando o investimento seja efectuado sob a forma de constituição ou de aquisição de sociedades estrangeiras.

(¹) Redacção dada pelo Decreto-Lei nº 249/2009, de 23 de Setembro.
(²) Redacção dada pelo Decreto-Lei nº 108/2008, de 26 de Junho.

6 – Excluem-se da aplicação do disposto nos números anteriores os investimentos efectuados em zonas francas ou nos países, territórios e regiões, sujeitos a um regime fiscal claramente mais favorável, constante de lista aprovada por portaria do Ministro das Finanças.

7 – No caso de os projectos de investimento se realizarem noutro Estado membro da União Europeia, o disposto no presente artigo aplica-se exclusivamente a pequenas e médias empresas, definidas nos termos comunitários.([1])

8 – Os contratos relativos a projectos de investimento realizados em território português devem prever normas que salvaguardem as contrapartidas dos incentivos fiscais em caso de cessação de actividade da entidade beneficiária, designadamente por transferência da sede e direcção efectiva para fora do território português.([2])

ARTIGO 42º
Eliminação da dupla tributação económica dos lucros distribuídos por sociedades residentes nos países africanos de língua oficial portuguesa e na República Democrática de Timor-Leste([3-4])

1 – A dedução prevista no nº 1 do artigo 46º do Código do IRC é aplicável aos lucros distribuídos a entidades residentes por sociedades afiliadas residentes em países africanos de língua oficial portuguesa e em Timor-Leste, desde que verificadas as seguintes condições:([4])

a) A entidade beneficiária dos lucros esteja sujeita e não isenta de IRC e a sociedade afiliada esteja sujeita e não isenta de um imposto sobre o rendimento análogo ao IRC;([1])

b) A entidade beneficiária detenha, de forma directa, uma participação que represente, pelo menos, 25% do capital da sociedade afiliada durante um período não inferior a dois anos;

c) Os lucros distribuídos provenham de lucros da sociedade afiliada que tenham sido tributados a uma taxa não inferior a 10% e não resultem de actividades geradoras de rendimentos passivos, designadamente royalties, mais-valias e outros rendimentos relativos a valores mobiliários, rendimentos de imóveis situados fora do país de residência da sociedade, rendimentos da actividade seguradora oriundos predominantemente de seguros relativos a bens situados fora do território de residência da sociedade ou de seguros respeitantes a pessoas que não residam nesse território e rendimentos de operações próprias da actividade bancária não dirigidas principalmente ao mercado desse território.

2 – Para efeitos do disposto no número anterior, o sujeito passivo de IRC titular da participação deve dispor de prova da verificação das condições de que depende a dedução.

([1]) Redacção dada pelo Decreto-Lei nº 108/2008, de 26 de Junho.
([2]) Aditado pela Lei nº 60-A/2005, de 30 de Dezembro.
([3]) Aditado pela Lei nº 53-A/2006, de 29 de Dezembro.
([4]) Redacção dada pela Lei nº 67-A/2007, de 31 de Dezembro.

ARTIGO 43º
Benefícios fiscais relativos à interioridade([1])

1 – Às empresas que exerçam, directamente e a título principal, uma actividade económica de natureza agrícola, comercial, industrial ou de prestação de serviços nas áreas do interior, adiante designadas «áreas beneficiárias», são concedidos os benefícios fiscais seguintes:

a) É reduzida a 20% a taxa do imposto sobre o rendimento das pessoas colectivas (IRC), prevista no nº 1 do artigo 80º do respectivo Código, para as entidades cuja actividade principal se situe nas áreas beneficiárias;

b) No caso de instalação de novas entidades, cuja actividade principal se situe nas áreas beneficiárias, a taxa referida no número anterior é reduzida a 15% durante os primeiros cinco exercícios de actividade;

c) As reintegrações e amortizações relativas a despesas de investimentos até € 500000, com exclusão das respeitantes à aquisição de terrenos e de veículos ligeiros de passageiros, dos sujeitos passivos de IRC que exerçam a sua actividade principal nas áreas beneficiárias podem ser deduzidas, para efeitos da determinação do lucro tributável, com a majoração de 30%;

d) Os encargos sociais obrigatórios suportados pela entidade empregadora relativos à criação líquida de postos de trabalho, por tempo indeterminado, nas áreas beneficiárias são deduzidos, para efeitos da determinação do lucro tributável, com uma majoração de 50%, uma única vez por trabalhador admitido nessa entidade ou noutra entidade com a qual existam relações especiais, nos termos do artigo 58º do Código do IRC.([2])

2 – São condições para usufruir dos benefícios previstos no número anterior:

a) A determinação do lucro tributável ser efectuada com recurso a métodos directos de avaliação;

b) Terem situação tributária regularizada;

c) Não terem salários em atraso;

d) Não resultarem de cisão efectuada nos últimos dois anos anteriores à usufruição dos benefícios.

3 – Ficam isentas do pagamento de imposto municipal sobre as transmissões onerosas de imóveis as aquisições seguintes:([2])

a) Por jovens com idade compreendida entre os 18 e os 35 anos de idade, de prédio ou fracção autónoma de prédio urbano situado nas áreas beneficiárias, destinado exclusivamente a primeira habitação própria permanente, desde que o valor sobre o qual incidiria o imposto não ultrapasse os valores máximos de habitação a custos controlados acrescidos de 50%;

b) De prédios ou fracções autónomas de prédios urbanos, desde que situados nas áreas beneficiárias e afectos duradouramente à actividade das empresas.

([1]) Aditado pela Lei nº 53-A/2006, de 29 de Dezembro.
([2]) Redacção dada pelo Decreto-Lei nº 108/2008, de 26 de Junho.

4 – As isenções previstas no número anterior só se verificam se as aquisições forem devidamente participadas ao serviço de finanças da área onde estiverem situados os imóveis a adquirir, mediante declaração de que conste não ter o declarante aproveitado anteriormente de idêntico benefício.

5 – As isenções previstas no n.º 3 ficam dependentes de autorização do órgão deliberativo do respectivo município.

6 – Para efeitos do presente artigo, as áreas beneficiárias são delimitadas de acordo com critérios que atendam, especialmente, à baixa densidade populacional, ao índice de compensação ou carência fiscal e à desigualdade de oportunidades sociais, económicas e culturais.

7 – A definição dos critérios e a delimitação das áreas territoriais beneficiárias, nos termos do número anterior, bem como todas as normas regulamentares necessárias à boa execução do presente artigo, são estabelecidas por portaria do Ministro das Finanças.

8 – Os benefícios fiscais previstos no presente artigo não são cumuláveis com outros benefícios de idêntica natureza, não prejudicando a opção por outro mais favorável.

CAPÍTULO VII
Benefícios fiscais relativos a imóveis

ARTIGO 44º
Isenções

1 – Estão isentos de imposto municipal sobre imóveis:

a) Os Estados estrangeiros, quanto aos prédios destinados às respectivas representações diplomáticas ou consulares, quando haja reciprocidade;

b) As instituições de segurança social e de previdência, a que se referem os artigos 115º e 126º da Lei nº 32/2002, de 20 de Dezembro, quanto aos prédios ou partes de prédios destinados directamente à realização dos seus fins;([1])

c) As associações ou organizações de qualquer religião ou culto às quais seja reconhecida personalidade jurídica, quanto aos templos ou edifícios exclusivamente destinados ao culto ou à realização de fins não económicos com este directamente relacionados;

d) As associações sindicais e as associações de agricultores, de comerciantes, de industriais e de profissionais independentes, quanto aos prédios ou parte de prédios destinados directamente à realização dos seus fins;

e) As pessoas colectivas de utilidade pública administrativa e as de mera utilidade pública, quanto aos prédios ou parte de prédios destinados directamente à realização dos seus fins;([1])

f) As instituições particulares de solidariedade social e as pessoas colectivas a elas legalmente equiparadas, quanto aos prédios ou parte de prédios destinados

([1]) Redacção dada pelo Decreto-Lei nº 108/2008, de 26 de Junho.

directamente à realização dos seus fins, salvo no que respeita às misericórdias, caso em que o benefício abrange quaisquer imóveis de que sejam proprietárias;([1])

g) As entidades licenciadas ou que venham a ser licenciadas para operar no âmbito institucional da Zona Franca da Madeira e da Zona Franca da ilha de Santa Maria, quanto aos prédios ou parte de prédios destinados directamente à realização dos seus fins;([1])

h) Os estabelecimentos de ensino particular integrados no sistema educativo, quanto aos prédios ou parte de prédios destinados directamente à realização dos seus fins;

i) As associações desportivas e as associações juvenis legalmente constituídas, quanto aos prédios ou parte de prédios destinados directamente à realização dos seus fins;([1])

j) Os prédios ou parte de prédios cedidos gratuitamente pelos respectivos proprietários, usufrutuários ou superficiários a entidades públicas isentas de imposto municipal sobre imóveis enumeradas no artigo 11º do respectivo Código, ou a entidades referidas nas alíneas anteriores, para o prosseguimento directo dos respectivos fins;([2])

l) As sociedades de capitais exclusivamente públicos, quanto aos prédios cedidos a qualquer título ao Estado ou a outras entidades públicas, no exercício de uma actividade de interesse público;([1])

m) As colectividades de cultura e recreio, as organizações não governamentais e outro tipo de associações não lucrativas, a quem tenha sido reconhecida utilidade pública, relativamente aos prédios utilizados como sedes destas entidades, e mediante deliberação da assembleia municipal da autarquia onde os mesmos se situem, nos termos previstos pelo nº 2 do artigo 12º da Lei nº 2/2007, de 15 de Janeiro;([1])

n) Os prédios classificados como monumentos nacionais e os prédios individualmente classificados como de interesse público ou de interesse municipal, nos termos de legislação aplicável;([1])

o) As entidades públicas empresariais responsáveis pela rede pública de escolas, quanto aos prédios ou parte de prédios destinados directamente ou indirectamente à realização dos seus fins.([3])

2 – As isenções a que se refere o número anterior iniciam-se:([2])

a) Relativamente às situações previstas nas alíneas *a)* a *d)*, *g)* a *i)* e *m)*, no ano, inclusive, em que o prédio ou parte de prédio for destinado aos fins nelas referidos;([2])

b) Relativamente às situações previstas nas alíneas *e)* e *f)*, a partir do ano, inclusive, em que se constitua o direito de propriedade;

c) Nos casos previstos nas alíneas *j)* e *l)* do número anterior, no ano, inclusive, em que se verifique a cedência;([1])

d) Relativamente às situações previstas na alínea *n)*, no ano, inclusive, em que ocorra a classificação.

([1]) Redacção dada pelo Decreto-Lei nº 108/2008, de 26 de Junho.
([2]) Redacção dada pela Lei nº 60-A/2005, de 30 de Dezembro.
([3]) Redacção dada pela Lei nº 55-A/2010, de 31 de Dezembro.

3 – A isenção a que se refere a alínea *a*) do nº 1 é reconhecida por despacho do Ministro das Finanças, a requerimento das entidades interessadas.

4 – As isenções a que se refere a alínea *b*) do nº 2 são reconhecidas oficiosamente, desde que se verifique a inscrição na matriz em nome das entidades beneficiárias, que os prédios se destinem directamente à realização dos seus fins e que seja feita prova da respectiva natureza jurídica.

5 – A isenção a que se refere a alínea *n*) do nº 1 é de carácter automático, operando mediante comunicação da classificação como monumentos nacionais ou da classificação individualizada como imóveis de interesse público ou de interesse municipal, a efectuar pelo Instituto de Gestão do Património Arquitectónico e Arqueológico, I. P., ou pelas câmaras municipais, vigorando enquanto os prédios estiverem classificados, mesmo que estes venham a ser transmitidos.([1])

6 – Para os efeitos previstos no número anterior, os serviços do Instituto de Gestão do Património Arquitectónico e Arqueológico, I. P., e as câmaras municipais procedem à referida comunicação, relativamente aos imóveis já classificados à data da entrada em vigor da presente lei:([1])

a) Oficiosamente, no prazo de 60 dias; ou

b) A requerimento dos proprietários dos imóveis, no prazo de 30 dias a contar da data de entrada do requerimento nos respectivos serviços.

7 – A isenção a que se refere a alínea *g*) do nº 1 é reconhecida pelo director-geral dos Impostos, em requerimento devidamente documentado, que deve ser apresentado pelos sujeitos passivos no serviço de finanças da área da situação do prédio, no prazo de 60 dias contados da verificação do facto determinante da isenção.([1])

8 – Nos restantes casos previstos neste artigo, a isenção é reconhecida pelo chefe do serviço de finanças da área da situação do prédio, em requerimento devidamente documentado, que deve ser apresentado pelos sujeitos passivos no serviço de finanças da área da situação do prédio, no prazo de 60 dias contados da verificação do facto determinante da isenção.([2])

9 – Nas situações abrangidas nos nºs 7 e 8, se o pedido for apresentado para além do prazo aí referido, a isenção inicia-se a partir do ano imediato, inclusive, ao da sua apresentação.([2])

10 – Os benefícios constantes das alíneas *b*) a *m*) do nº 1 cessam logo que deixem de verificar-se os pressupostos que os determinaram, devendo os proprietários, usufrutuários ou superficiários dar cumprimento ao disposto na alínea *g*) do nº 1 do artigo 13º do Código do Imposto Municipal sobre Imóveis, e os da alínea *n*) cessam no ano, inclusive, em que os prédios venham a ser desclassificados.

11 – As isenções resultantes de acordo entre o Estado e quaisquer pessoas, de direito público ou privado, são mantidas na forma da respectiva lei.

([1]) Redacção dada pela Lei nº 3-B/2010, de 28 de Abril.
([2]) Aditado pela Lei nº 3-B/2010, de 28 de Abril.

ARTIGO 45º
Prédios urbanos objecto de reabilitação

1 – Ficam isentos de imposto municipal sobre imóveis os prédios urbanos objecto de reabilitação urbanística pelo período de dois anos a contar do ano, inclusive, da emissão da respectiva licença camarária.

2 – Ficam isentas de imposto municipal sobre as transmissões onerosas de imóveis as aquisições de prédios urbanos destinados a reabilitação urbanística desde que, no prazo de dois anos a contar da data da aquisição, o adquirente inicie as respectivas obras.

3 – Para efeitos dos números anteriores, entende-se por reabilitação urbana o processo de transformação do solo urbanizado, compreendendo a execução de obras de construção, reconstrução, alteração, ampliação, demolição e conservação de edifícios, tal como definidas no Regime Jurídico da Urbanização e da Edificação, com o objectivo de melhorar as condições de uso, conservando o seu carácter fundamental, bem como o conjunto de operações urbanísticas e de loteamento e de obras de urbanização, que visem a recuperação de zonas históricas e de áreas críticas de recuperação e reconversão urbanística, sendo tal reabilitação certificada pelo Instituto da Habitação e da Reabilitação Urbana ou pela câmara municipal, consoante o caso.([1])

4 – Os benefícios referidos nos nºs 1 e 2 não prejudicam a liquidação e cobrança dos respectivos impostos, nos termos gerais.

5 – As isenções previstas nos nºs 1 e 2 ficam dependentes de reconhecimento pela câmara municipal da área da situação dos prédios, após a conclusão das obras e emissão da certificação referida na parte final do nº 3.

6 – A câmara municipal deve comunicar, no prazo de 30 dias, ao serviço de finanças da área da situação dos prédios o reconhecimento referido no número anterior, competindo àquele serviço de finanças promover, no prazo de 15 dias, a anulação das liquidações do imposto municipal sobre imóveis e do imposto municipal sobre as transmissões onerosas de imóveis e subsequentes restituições.

7 – O regime previsto no presente artigo não é cumulativo com outros benefícios fiscais de idêntica natureza, não prejudicando, porém, a opção por outro mais favorável.

ARTIGO 46º
Prédios urbanos construídos, ampliados, melhorados ou adquiridos a título oneroso destinados a habitação

1 – Ficam isentos de imposto municipal sobre imóveis, nos termos da tabela a que se refere o nº 5, os prédios ou parte de prédios urbanos habitacionais construídos, ampliados, melhorados ou adquiridos a título oneroso, destinados à habitação própria e permanente do sujeito passivo ou do seu agregado familiar, e que sejam efectivamente afectos a tal fim, no prazo de seis meses após a aquisição ou a conclusão da construção, da ampliação ou dos melhoramentos, salvo por motivo

---

([1]) Redacção dada pelo Decreto-Lei nº 108/2008, de 26 de Junho.

não imputável ao beneficiário, devendo o pedido de isenção ser apresentado pelos sujeitos passivos até ao termo dos 60 dias subsequentes àquele prazo.([1])

2 – A isenção a que se refere o número anterior abrange os arrumos, despensas e garagens, ainda que fisicamente separados, mas integrando o mesmo edifício ou conjunto habitacional, desde que utilizados exclusivamente pelo proprietário, inquilino ou seu agregado familiar como complemento da habitação isenta.([2])

3 – Ficam igualmente isentos, nos termos da tabela a que se refere o nº 5, os prédios ou parte de prédios construídos de novo, ampliados, melhorados ou adquiridos a título oneroso, quando se trate da primeira transmissão, na parte destinada a arrendamento para habitação, desde que reunidas as condições referidas na parte final do nº 1, iniciando-se o período de isenção a partir da data da celebração do primeiro contrato de arrendamento.

4 – Tratando-se de prédios ampliados ou melhorados nos casos previstos nos ᵒˢ 1 e 3, a isenção aproveita apenas ao valor patrimonial tributário correspondente ao acréscimo resultante das ampliações ou melhoramentos efectuados, tendo em conta, para a determinação dos respectivos limite e período de isenção, a totalidade do valor patrimonial tributário do prédio após o aumento derivado de tais ampliações ou melhoramentos.

5 – Para efeitos do disposto nos nºs 1 e 3, o período de isenção a conceder é determinado em conformidade com a seguinte tabela:([2])

Valor tributável (em euros)	Período de isenção (anos) — Habitação própria e permanente e arrendamento para habitação
Até 157 500	8
Mais de 157 500 e até 236 250	4

6 – Nos casos previstos no presente artigo, a isenção é reconhecida pelo chefe de finanças da área da situação do prédio, em requerimento devidamente documentado.([1])

7 – Se o pedido for apresentado para além do prazo, ou se a afectação a residência própria e permanente do sujeito passivo ou do seu agregado familiar ocorrer após o decurso do prazo, a isenção inicia-se a partir do ano imediato, inclusive, ao da verificação de tais pressupostos, cessando, todavia, no ano em que findaria se a afectação se tivesse verificado nos seis meses imediatos ao da conclusão da construção, ampliação, melhoramentos ou aquisição a título oneroso.([3])

8 – Os benefícios fiscais a que se refere este artigo cessam logo que deixem de verificar-se os pressupostos que os determinaram, devendo os proprietários, usu-

---

([1]) Redacção dada pelo Decreto-Lei nº 108/2008, de 26 de Junho.
([2]) Redacção dada pela Lei nº 64/2008, de 5 de Dezembro.
([3]) Aditado pelo Decreto-Lei nº 108/2008, de 26 de Junho.

frutuários ou superficiários dar cumprimento ao disposto no nº 1 do artigo 13º do Código do Imposto Municipal sobre Imóveis.(¹)

9 – Para efeitos do disposto no presente artigo, considera-se ter havido afectação dos prédios ou partes de prédios à habitação própria e permanente do sujeito passivo ou do seu agregado familiar, se aí se fixar o respectivo domicílio fiscal.

10 – O disposto nos nºs 1 e 3 não é aplicável quando os prédios ou parte de prédios tiverem sido construídos de novo, ampliados, melhorados ou adquiridos a título oneroso por entidades que tenham o domicílio em países, territórios ou regiões sujeitos a um regime fiscal claramente mais favorável, constantes de lista aprovada por portaria do Ministro das Finanças, excepto se o valor anual da renda contratada for igual ou superior ao montante correspondente a um 1/15 do valor patrimonial tributário do prédio arrendado.(²)

11 – A isenção prevista nos nºs 1 e 2 só pode ser reconhecida duas vezes ao mesmo sujeito passivo ou agregado familiar.(¹)

12 – A isenção prevista no nº 3 pode ser reconhecida ao mesmo sujeito passivo por cada prédio ou fracção autónoma destinada ao fim nele prevista.(²)

13 – Podem beneficiar da isenção prevista neste artigo os emigrantes, na definição que lhes é dada pelo artigo 3º do Decreto-Lei nº 323/95, de 29 de Novembro, desde que verificados os condicionalismos previstos, salvo quanto ao prazo para a respectiva afectação do imóvel a sua habitação própria e permanente ou do respectivo agregado familiar.(³)

ARTIGO 47º
Prédios integrados em empreendimentos a que tenha sido atribuída a utilidade turística

1 – Ficam isentos de contribuição autárquica por um período de sete anos os prédios integrados em empreendimentos a que tenha sido atribuída a utilidade turística.

2 – Os prédios integrados em empreendimentos a que tenha sido atribuída a utilidade turística a título prévio beneficiam da isenção prevista no número anterior a partir da data da atribuição da utilidade turística, desde que tenha sido observado o prazo fixado para a abertura ou reabertura ao público do empreendimento ou para o termo das obras.

3 – Os prédios urbanos afectos ao turismo de habitação beneficiam de isenção de contribuição autárquica por um período de sete anos contado a partir do termo das respectivas obras.

4 – Nos casos previstos neste artigo, a isenção é reconhecida pelo chefe de finanças da área da situação do prédio, em requerimento devidamente documentado, que deve ser apresentado pelos sujeitos passivos no prazo de 60 dias contados da data da publicação do despacho de atribuição da utilidade turística.(⁴)

5 – Se o pedido for apresentado para além do prazo referido no número anterior, a isenção inicia-se a partir do ano imediato, inclusive, ao da sua apresentação,

---

(¹) Redacção dada pela Lei nº 53-A/2006, de 29 de Dezembro.
(²) Redacção dada pelo Decreto-Lei nº 108/2008, de 26 de Junho.
(³) Aditado pela Lei nº 53-A/2006, de 29 de Dezembro.
(⁴) Redacção dada pela Lei nº 3-B/2010, de 28 de Abril.

cessando, porém, no ano em que findaria, caso o pedido tivesse sido apresentado em tempo.

6 – Em todos os aspectos que não estejam regulados no presente artigo ou no Código do Imposto Municipal sobre Imóveis aplica-se, com as necessárias adaptações, o disposto no Decreto-Lei nº 423/83, de 5 de Dezembro.([1])

ARTIGO 48º
Prédios de reduzido valor patrimonial de sujeitos passivos de baixos rendimentos

1 – Ficam isentos de imposto municipal sobre imóveis os prédios rústicos e urbanos pertencentes a sujeitos passivos cujo rendimento bruto total do agregado familiar, englobado para efeitos de IRS, não seja superior ao dobro do valor do IAS, e cujo valor patrimonial tributário global não exceda 10 vezes o valor anual do IAS.([2])

2 – As isenções a que se refere o número anterior são reconhecidas pelo chefe de finanças da área da situação dos prédios, mediante requerimento devidamente fundamentado, que deve ser apresentado pelos sujeitos passivos até 30 de Junho do ano em que tenha início a isenção solicitada.

ARTIGO 49º
Fundos de investimento imobiliário, fundos de pensões e fundos de poupança-reforma([1])

1 – Ficam isentos de imposto municipal sobre imóveis e de imposto municipal sobre as transmissões onerosas de imóveis os prédios integrados em fundos de investimento imobiliário abertos ou fechados de subscrição pública, em fundos de pensões e em fundos de poupança-reforma, que se constituam e operem de acordo com a legislação nacional.([2])

2 – *(Revogado.)*([3])

ARTIGO 50º
Parques de estacionamento subterrâneos

1 – Ficam isentos de imposto municipal sobre imóveis, por um período de 25 anos, os prédios urbanos afectos exclusivamente a parques de estacionamento subterrâneos públicos, declarados de utilidade municipal por deliberação da respectiva assembleia municipal, nos termos previstos pelo nº 2 do artigo 12º da Lei nº 2/2007, de 15 de Janeiro.([1])

2 – A isenção prevista no número anterior é reconhecida pelo chefe de finanças da área da situação dos prédios, mediante requerimento devidamente fundamentado e documentado com a declaração de utilidade municipal, que deve ser apresentado pelos sujeitos passivos no prazo de 90 dias contados da data da conclusão das obras.

3 – Se o pedido de isenção for apresentado para além do prazo referido, a isenção inicia-se a partir do ano imediato, inclusive, ao da sua apresentação, cessando no ano em que findaria caso o pedido tivesse sido apresentado em tempo.

([1]) Redacção dada pelo Decreto-Lei nº 108/2008, de 26 de Junho.
([2]) Redacção dada Lei nº 55-A/2010, de 31 de Dezembro.
([3]) Revogado pela Lei nº 3-B/2010, de 28 de Abril.

CAPÍTULO VIII
Outros benefícios fiscais

ARTIGO 51º
Empresas armadoras da marinha mercante nacional

Às empresas armadoras da marinha mercante nacional são concedidos os seguintes benefícios fiscais:([1])

a) Tributação dos lucros, resultantes exclusivamente da actividade de transporte marítimo, incidindo apenas sobre 30% dos mesmos;([1])

b) Isenção de imposto do selo nas operações de financiamento externo para aquisição de navios, contentores e outro equipamento para navios, contratados por empresas armadoras da marinha mercante, ainda que essa contratação seja feita através de instituições financeiras nacionais.

ARTIGO 52º
Comissões vitivinícolas regionais([1])

São isentos de IRC os rendimentos das comissões vitivinícolas regionais, reguladas nos termos do Decreto-Lei nº 212/2004, de 23 de Agosto, e legislação complementar, com excepção dos juros de depósitos e outros rendimentos de capitais, que são tributados à taxa de 20%.

ARTIGO 53º
Entidades gestoras de sistemas integrados de gestão de fluxos específicos de resíduos([2])

Ficam isentas de IRC, excepto quanto aos rendimentos de capitais, tal como são definidos para efeitos de IRS, as entidades gestoras de sistemas integrados de gestão de fluxos específicos de resíduos, devidamente licenciadas nos termos legais, durante todo o período correspondente ao licenciamento, relativamente aos resultados que, durante esse período, sejam reinvestidos ou utilizados para a realização dos fins que lhes sejam legalmente atribuídos.

ARTIGO 54º
Colectividades desportivas, de cultura e recreio

1 – Ficam isentos de IRC os rendimentos das colectividades desportivas, de cultura e recreio, abrangidas pelo artigo 11º do Código do IRC, desde que a totalidade dos seus rendimentos brutos sujeitos a tributação e não isentos nos termos do Código não exceda o montante de € 7 481,97.

2 – As importâncias investidas pelos clubes desportivos em novas infra-estruturas ou por eles despendidas em actividades desportivas de recreação e no desporto de rendimento, não provenientes de subsídios, podem ser deduzidas ao rendimento global até ao limite de 90% da soma algébrica dos rendimentos líquidos previstos

---

([1]) Redacção dada pelo Decreto-Lei nº 108/2008, de 26 de Junho.
([2]) De acordo com o art. 6º do Decreto-Lei nº 108/2008, de 26 de Junho, a "alteração ao disposto no artigo 50º do Estatuto dos Benefícios Fiscais, aprovado pelo Decreto-Lei nº 215/89, de 1 de Julho, prevista no presente decreto-lei, produz efeitos a partir de 1 de Janeiro de 2009".

no nº 3 do artigo 11º do Código do IRC, sendo o eventual excesso deduzido até ao final do segundo exercício seguinte ao do investimento.

ARTIGO 55º
Associações e confederações

1 – Ficam isentos de IRC, excepto no que respeita a rendimentos de capitais e a rendimentos comerciais, industriais ou agrícolas, tal como são definidos para efeitos de IRS, e sem prejuízo do disposto no número seguinte:

a) As pessoas colectivas públicas, de tipo associativo, criadas por lei para assegurar a disciplina e representação do exercício de profissões liberais;

b) As confederações e associações patronais e sindicais.

2 – Ficam isentos de IRC os rendimentos das associações sindicais e das pessoas colectivas públicas, de tipo associativo, criadas por lei para assegurar a disciplina e representação do exercício de profissões liberais, derivados de acções de formação prestadas aos respectivos associados no âmbito dos seus fins estatutários.

3 – Ficam isentos de IRC os rendimentos obtidos por associações de pais derivados da exploração de cantinas escolares.

ARTIGO 56º
Estabelecimentos de ensino particular

Os rendimentos dos estabelecimentos de ensino particular integrados no sistema educativo ficam sujeitos a tributação em IRC à taxa de 20%, salvo se beneficiarem de taxa inferior.

ARTIGO 57º
Sociedades ou associações científicas internacionais

1 – O Ministro das Finanças pode, a requerimento das interessadas e com base em informação fundamentada da Direcção-Geral dos Impostos, conceder isenção total ou parcial de IRC às sociedades ou associações científicas internacionais sem fim lucrativo que estabeleçam as suas sedes permanentes em Portugal.

2 – A Direcção-Geral dos Impostos pode solicitar parecer aos serviços competentes do ministério da tutela com vista à elaboração da informação mencionada no número anterior.

ARTIGO 58º
Propriedade intelectual

1 – Os rendimentos provenientes da propriedade literária, artística e científica, considerando-se também como tal os rendimentos provenientes da alienação de obras de arte de exemplar único e os rendimentos provenientes das obras de divulgação pedagógica e científica, quando auferidos por autores residentes em território português, desde que sejam os titulares originários, são considerados no englobamento, para efeitos de IRS, apenas por 50% do seu valor, líquido de outros benefícios.([1])

([1]) Redacção dada pelo Decreto-Lei nº 108/2008, de 26 de Junho.

2 – Excluem-se do disposto no número anterior os rendimentos provenientes de obras escritas sem carácter literário, artístico ou científico, obras de arquitectura e obras publicitárias.

3 – A importância a excluir do englobamento nos termos do nº 1 não pode exceder € 30000.([1])

4 – Quando os rendimentos a que se refere o nº 1 excedam € 60000, a diferença entre os rendimentos líquidos do benefício e aquele montante é dividida por três, aplicando-se à totalidade dos rendimentos englobáveis a taxa correspondente à soma deste quociente, adicionado da importância referida no número anterior, com os restantes rendimentos produzidos no ano.([1])

ARTIGO 59º
Baldios e comunidades locais

1 – Estão isentas de IRC as comunidades locais, enquadráveis nos termos da alínea b) do nº 1 do artigo 2º do Código do IRC, quanto aos rendimentos derivados dos baldios, incluindo os resultantes da cessão de exploração, bem como os da transmissão de bens ou da prestação de serviços comuns aos compartes, quando, em qualquer caso, aqueles rendimentos sejam afectos, de acordo com o plano de utilização aprovado, com os usos ou costumes locais, ou com as deliberações dos órgãos competentes dos compartes, em investimento florestal ou outras benfeitorias no próprio baldio ou, bem assim, em melhoramentos junto da comunidade que os possui e gere, até ao fim do quarto exercício posterior ao da sua obtenção, salvo em caso de justo impedimento no cumprimento do prazo de afectação, notificado à Direcção-Geral dos Impostos, acompanhado da respectiva fundamentação escrita, até ao último dia útil do 1º mês subsequente ao termo do referido prazo.([2])

2 – Não são abrangidos pelas isenções previstas no número anterior os rendimentos de capitais, tal como são definidos para efeitos de IRS, e as mais-valias resultantes da alienação a título oneroso de áreas do baldio.

3 – Aos rendimentos dos baldios, administrados em regime de delegação pelas juntas de freguesia em cuja área o baldio se localize, ou pelo serviço da Administração Pública que superintenda na modalidade ou modalidades de aproveitamento a que a delegação se reporte, que revertam a favor da autarquia ou serviço em causa, aplica-se o disposto no artigo 9º do Código do IRC.

CAPÍTULO IX
Benefícios fiscais à reestruturação empresarial([3])

ARTIGO 60º
Reorganização de empresas em resultado de actos de concentração ou de acordos de cooperação([1])

1 – Às empresas que exerçam, directamente e a título principal, uma actividade económica de natureza agrícola, comercial, industrial ou de prestação de serviços e

---

([1]) Redacção dada pela Lei nº 53-A/2006, de 29 de Dezembro.
([2]) Redacção dada pelo Decreto-Lei nº 108/2008, de 26 de Junho.
([3]) Aditado pela Lei nº 53-A/2006, de 29 de Dezembro.

que se reorganizarem, em resultado de actos de concentração ou de acordos de cooperação, podem ser concedidos os seguintes benefícios:

a) Isenção de imposto municipal sobre as transmissões onerosas de imóveis relativamente aos imóveis, não destinados a habitação, necessários à concentração ou à cooperação;

b) Isenção de imposto do selo relativamente à transmissão dos imóveis referidos na alínea *a)* ou à constituição, aumento de capital ou do activo de uma sociedade de capitais necessários à concentração ou à cooperação;

c) Isenção dos emolumentos e de outros encargos legais que se mostrem devidos pela prática dos actos inseridos nos processos de concentração ou de cooperação.

2 – O regime previsto no presente artigo é aplicável aos actos de concentração ou aos acordos de cooperação que envolvam empresas com sede, direcção efectiva ou domicílio em território português, noutro Estado membro da União Europeia ou, ainda, no Estado em relação ao qual vigore uma convenção para evitar a dupla tributação sobre o rendimento e o capital celebrada com Portugal, com excepção das entidades domiciliadas em países, territórios ou regiões com regimes de tributação privilegiada, claramente mais favoráveis, constantes de lista aprovada por portaria do Ministro das Finanças.[2]

3 – Para efeitos do presente artigo, consideram-se actos de concentração apenas os seguintes:

a) A fusão de sociedades, empresas públicas ou cooperativas;

b) A incorporação por uma sociedade do conjunto ou de um ou mais ramos de actividade de outra sociedade, tendo como contrapartida partes do capital social da primeira, desde que ambas as sociedades exerçam a mesma ou idêntica actividade antes da operação e a transmitente cesse esse exercício após a operação;

c) A cisão de sociedade em que uma sociedade destaque partes do seu património ou se dissolva, dividindo o seu património em duas ou mais partes que constituam, cada uma delas, do ponto de vista técnico, uma exploração autónoma, desde que tal operação dê lugar a uma concentração na modalidade prevista na alínea *a)*.

4 – Para efeitos do presente artigo, entende-se por actos de cooperação:

a) A constituição de agrupamentos complementares de empresas ou de agrupamentos europeus de interesse económico, nos termos da legislação em vigor, que se proponham a prestação de serviços comuns, a compra ou venda em comum ou em colaboração, a especialização ou racionalização produtivas, o estudo de mercados, a promoção de vendas, a aquisição e transmissão de conhecimentos técnicos ou de organização aplicada, o desenvolvimento de novas técnicas e produtos, a formação e aperfeiçoamento do pessoal, a execução de obras ou serviços específicos e quaisquer outros objectivos comuns, de natureza relevante;

b) A constituição de pessoas colectivas de direito privado sem fim lucrativo, mediante a associação de empresas públicas, sociedades de capitais públicos ou de maioria de capitais públicos, de sociedades e de outras pessoas de direito privado,

---

[2] Redacção dada pelo Decreto-Lei nº 108/2008, de 26 de Junho.

com a finalidade de, relativamente ao sector a que respeitam, manter um serviço de assistência técnica, organizar um sistema de informação, promover a normalização e a qualidade dos produtos e a conveniente tecnologia dos processos de fabrico, bem como, de um modo geral, estudar as perspectivas de evolução do sector;

c) A celebração de contratos de consórcio e de associação em participação, nos termos da legislação em vigor, sempre que as contribuições realizadas no âmbito dos mesmos visem o desenvolvimento directo de actividades produtivas, com excepção de actividades de natureza imobiliária.

5 – Os benefícios previstos no n.º 1 só podem ser concedidos quando se verifique, cumulativamente, que:

a) A operação de concentração ou cooperação empresarial não prejudica, de forma significativa, a existência de um grau desejável de concorrência no mercado e tem efeitos positivos em termos do reforço da competitividade das empresas ou da respectiva estrutura produtiva, designadamente através de um melhor aproveitamento da capacidade de produção ou comercialização ou do aperfeiçoamento da qualidade dos bens ou serviços das empresas;

b) As sociedades envolvidas na operação exerçam, efectiva e directamente, a mesma actividade económica ou actividades económicas integradas na mesma cadeia de produção e distribuição do produto, compartilhem canais de comercialização ou processos produtivos ou, ainda, quando exista uma manifesta similitude ou complementaridade entre os processos produtivos ou os canais de distribuição utilizados; e

c) Relativamente às operações a que se referem as alíneas *b)* e *c)* do n.º 3, o ramo de actividade transmitido seja constituído por um conjunto de elementos que constituam, do ponto de vista organizacional e técnico, uma exploração autónoma, não sendo considerados como tal uma carteira de participações ou um activo isolado.

6 – Os benefícios previstos no presente artigo são concedidos por despacho do ministro responsável pela área das finanças, precedido de informação da Direcção-Geral dos Impostos a requerimento das empresas interessadas, o qual deve ser enviado, preferencialmente através da Internet, à referida Direcção-Geral, acompanhado de estudo demonstrativo das vantagens e dos elementos comprovativos das condições a que se refere o número anterior.[1]

7 – Do requerimento devem constar expressamente os actos realizados, previstos no n.º 3, e este deve ser entregue até à data de apresentação a registo dos actos de concentração ou cooperação ou, não havendo lugar a registo, até à data da produção dos respectivos efeitos jurídicos.[2]

8 – Os requerimentos apresentados pelos interessados devem, ainda, ser acompanhados de parecer sobre a substância da operação de reorganização empresarial emitido pelo ministério da tutela da actividade da empresa, no prazo máximo de 10 dias, a contar da entrega dos elementos e documentos referidos no n.º 6.[3]

---

[1] Redacção dada pelo Decreto-Lei n.º 185/2009, de 12 de Agosto.
[2] Redacção dada pelo Decreto-Lei n.º 108/2008, de 26 de Junho.
[3] Aditado pelo Decreto-Lei n.º 185/2009, de 12 de Agosto.

ESTATUTO DOS BENEFÍCIOS FISCAIS

9 – Sempre que os pareceres não sejam emitidos no prazo referido no número anterior, considera-se que o ministério da tutela da actividade da empresa aprova a operação de reorganização empresarial nos termos apresentados pela empresa interessada, não produzindo efeitos jurídicos qualquer parecer emitido fora desse prazo.([1])

10 – O pedido do parecer referido no nº 8 do artigo anterior e a respectiva emissão são efectuados preferencialmente por via electrónica, nos termos a definir por portaria conjunta dos membros do Governo responsáveis pelas áreas das finanças, da economia e da justiça.([1])

11 – Quando estiverem reunidas as condições técnicas para esse efeito, os requerimentos referidos no nº 6 podem ser enviados por via electrónica no momento do pedido do registo comercial do projecto de fusão ou cisão, quando promovido através da internet, nos termos a definir por portaria conjunta dos membros do Governo responsáveis pela área das finanças e da justiça.([1])

12 – Nos casos em que os actos de concentração ou cooperação precedam o despacho do Ministro das Finanças, as empresas interessadas podem solicitar o reembolso dos impostos, emolumentos e outros encargos legais que comprovadamente tenham suportado, no prazo de um ano, a contar da data de apresentação a registo dos actos de concentração ou cooperação ou, não havendo lugar a registo, da data da produção dos respectivos efeitos jurídicos.

13 – O pedido de reembolso deve ser dirigido às entidades competentes para a liquidação dos impostos, emolumentos ou encargos legais suportados.

CAPÍTULO X
Benefícios fiscais relativos ao mecenato([2])

ARTIGO 61º
Noção de donativo([2])

Para efeitos fiscais, os donativos constituem entregas em dinheiro ou em espécie concedidos sem contrapartidas que configurem obrigações de carácter pecuniário ou comercial às entidades públicas ou privadas previstas nos artigos seguintes, cuja actividade consiste predominantemente na realização de iniciativas nas áreas social, cultural, ambiental, desportiva ou educacional.

ARTIGO 62º
Dedução para efeitos da determinação do lucro tributável das empresas([2])

1 – São considerados custos ou perdas do exercício, na sua totalidade, os donativos concedidos às seguintes entidades:

a) Estado, Regiões Autónomas e autarquias locais e qualquer dos seus serviços, estabelecimentos e organismos, ainda que personalizados;

([1]) Aditado pelo Decreto-Lei nº 185/2009, de 12 de Agosto.
([2]) Aditado pela Lei nº 53-A/2006, de 29 de Dezembro.

b) Associações de municípios e de freguesias;
c) Fundações em que o Estado, as Regiões Autónomas ou as autarquias locais participem no património inicial;
d) Fundações de iniciativa exclusivamente privada que prossigam fins de natureza predominantemente social ou cultural, relativamente à sua dotação inicial, nas condições previstas no nº 9.

2 – Os donativos referidos no número anterior são considerados custos em valor correspondente a 140% do respectivo total, quando se destinarem exclusivamente à prossecução de fins de carácter social, a 120%, se destinados exclusivamente a fins de carácter cultural, ambiental, desportivo e educacional, ou a 130% do respectivo total, quando forem atribuídos ao abrigo de contratos plurianuais celebrados para fins específicos, que fixem os objectivos a prosseguir pelas entidades beneficiárias, e os montantes a atribuir pelos sujeitos passivos.([1])

3 – São considerados custos ou perdas do exercício, até ao limite de $^8/_{1000}$ do volume de vendas ou dos serviços prestados, os donativos atribuídos às seguin-tes entidades:

a) Instituições particulares de solidariedade social, bem como pessoas colectivas legalmente equiparadas;
b) Pessoas colectivas de utilidade pública administrativa e de mera utilidade pública que prossigam fins de caridade, assistência, beneficência e solidariedade social e cooperativas de solidariedade social;
c) Centros de cultura e desporto organizados nos termos dos Estatutos do Instituto Nacional de Aproveitamento dos Tempos Livres dos Trabalhadores (INATEL), desde que destinados ao desenvolvimento de actividades de natureza social do âmbito daquelas entidades;
d) Organizações não governamentais cujo objecto estatutário se destine essencialmente à promoção dos valores da cidadania, da defesa dos direitos humanos, dos direitos das mulheres e da igualdade de género, nos termos legais aplicáveis;
e) Organizações não governamentais para o desenvolvimento;
f) Outras entidades promotoras de iniciativas de auxílio a populações carecidas de ajuda humanitária, em consequência de catástrofes naturais ou de outras situações de calamidade internacional, reconhecidas pelo Estado Português, mediante despacho conjunto do Ministro das Finanças e do Ministro dos Negócios Estrangeiros.([1])

4 – Os donativos referidos no número anterior são levados a custos em valor correspondente a 130% do respectivo total ou a 140% no caso de se destinarem a custear as seguintes medidas:

a) Apoio à infância ou à terceira idade;
b) Apoio e tratamento de toxicodependentes ou de doentes com sida, com cancro ou diabéticos;
c) Promoção de iniciativas dirigidas à criação de oportunidades de trabalho e de reinserção social de pessoas, famílias ou grupos em situações de exclusão ou risco

---

([1]) Redacção dada pelo Decreto-Lei nº 108/2008, de 26 de Junho.

de exclusão social, designadamente no âmbito do rendimento social de inserção, de programas de luta contra a pobreza ou de programas e medidas adoptadas no contexto do mercado social de emprego.

5 – São considerados custos ou perdas do exercício, até ao limite de $^8/_{1000}$ do volume de vendas ou de serviços prestados, em valor correspondente a 150% do respectivo total, os donativos concedidos às entidades referidas nos números anteriores, que se destinem a custear as seguintes medidas:([1])

a) Apoio pré-natal a adolescentes e a mulheres em situação de risco e à promoção de iniciativas com esse fim;

b) Apoio a meios de informação, de aconselhamento, de encaminhamento e de ajuda a mulheres grávidas em situação social, psicológica ou economicamente difícil;

c) Apoio, acolhimento e ajuda humana e social a mães solteiras;

d) Apoio, acolhimento, ajuda social e encaminhamento de crianças nascidas em situações de risco ou vítimas de abandono;

e) Ajuda à instalação de centros de apoio à vida para adolescentes e mulheres grávidas cuja situação sócio-económica ou familiar as impeça de assegurar as condições de nascimento e educação da criança;

f) Apoio à criação de infra-estruturas e serviços destinados a facilitar a conciliação da maternidade com a actividade profissional dos pais.

6 – São considerados custos ou perdas do exercício, até ao limite de $^6/_{1000}$ do volume de vendas ou dos serviços prestados, os donativos atribuídos às seguintes entidades:

a) Cooperativas culturais, institutos, fundações e associações que prossigam actividades de investigação, excepto as de natureza científica, de cultura e de defesa do património histórico-cultural e do ambiente, e bem assim outras entidades sem fins lucrativos que desenvolvam acções no âmbito do teatro, do bailado, da música, da organização de festivais e outras manifestações artísticas e da produção cinematográfica, áudio-visual e literária;

b) Museus, bibliotecas e arquivos históricos e documentais;

c) Organizações não governamentais de ambiente (ONGA);

d) Comité Olímpico de Portugal, Confederação do Desporto de Portugal, pessoas colectivas titulares do estatuto de utilidade pública desportiva;

e) Associações promotoras do desporto e associações dotadas do estatuto de utilidade pública que tenham como objecto o fomento e a prática de actividades desportivas, com excepção das secções participantes em competições desportivas de natureza profissional;

f) Centros de cultura e desporto organizados nos termos dos Estatutos do Instituto Nacional de Aproveitamento dos Tempos Livres dos Trabalhadores (INATEL), com excepção dos donativos abrangidos pela alínea *c)* do nº 3;([1])

g) Estabelecimentos de ensino, escolas profissionais, escolas artísticas, creches, lactários e jardins-de-infância legalmente reconhecidos pelo ministério competente;([2])

([1]) Redacção dada pelo Decreto-Lei nº 108/2008, de 26 de Junho.
([2]) Redacção dada pela Lei nº 67-A/2007, de 31 de Dezembro.

h) Instituições responsáveis pela organização de feiras universais ou mundiais, nos termos a definir por resolução do Conselho de Ministros.

i) Organismos públicos de produção artística responsáveis pela promoção de projectos relevantes de serviço público nas áreas do teatro, música, ópera e bailado.

7 – Os donativos previstos no número anterior são levados a custos, em valor correspondente a:(^{1})

a) 120% do respectivo total;

b) 130%, quando atribuídos ao abrigo de contratos plurianuais celebrados para fins específicos que fixem os objectivos a prosseguir pelas entidades beneficiárias e os montantes a atribuir pelos sujeitos passivos;

c) 140%, quando atribuídos às creches, lactários e jardins-de-infância previstos na alínea *g)* e para as entidades referidas na alínea *i)* do número anterior.

8 – São considerados custos ou perdas do exercício, até ao limite de $^1/_{1000}$ do volume de vendas ou dos serviços prestados no exercício da actividade comercial, industrial ou agrícola, as importâncias atribuídas pelos associados aos respectivos organismos associativos a que pertençam, com vista à satisfação dos seus fins estatutários.

9 – Estão sujeitos a reconhecimento, a efectuar por despacho conjunto dos Ministros das Finanças e da tutela, os donativos concedidos para a dotação inicial de fundações de iniciativa exclusivamente privada desde que prossigam fins de natureza predominantemente social ou cultural e os respectivos estatutos prevejam que, no caso de extinção, os bens revertam para o Estado ou, em alternativa, sejam cedidos às entidades abrangidas pelo artigo 10º do Código do IRC.

10 – As entidades a que se referem as alíneas *a)*, *e)* e *g)* do nº 6 devem obter junto do ministro da respectiva tutela, previamente à obtenção dos donativos, a declaração do seu enquadramento no presente capítulo e do respectivo interesse cultural, ambiental, desportivo ou educacional das actividades prosseguidas ou das acções a desenvolver.

11 – No caso de donativos em espécie, o valor a considerar para efeitos do cálculo da dedução ao lucro tributável é o valor fiscal que os bens tiverem no exercício em que forem doados, deduzido, quando for caso disso, das reintegrações ou provisões efectivamente praticadas e aceites como custo fiscal ao abrigo da legislação aplicável.

12 – A dedução a efectuar nos termos dos nºs 3 a 8, bem como do artigo 56º-G, não pode ultrapassar na sua globalidade $^8/_{1000}$ do volume de vendas ou dos serviços prestados realizados pela empresa no exercício.

ARTIGO 63º
Deduções à colecta do IRS (^{2})

1 – Os donativos em dinheiro atribuídos pelas pessoas singulares residentes em território nacional, nos termos e condições previstos nos artigos anteriores, são

(^{1}) Redacção dada pela Lei nº 67-A/2007, de 31 de Dezembro.
(^{2}) Aditado pela Lei nº 53-A/2006, de 29 de Dezembro.

dedutíveis à colecta do IRS do ano a que digam respeito, com as seguin-tes especificidades:([1])

a) Em valor correspondente a 25% das importâncias atribuídas, nos casos em que não estejam sujeitos a qualquer limitação;

b) Em valor correspondente a 25% das importâncias atribuídas, até ao limite de 15% da colecta, nos restantes casos;

c) As deduções só são efectuadas no caso de não terem sido contabilizadas como custos.

2 – São ainda dedutíveis à colecta, nos termos e limites fixados nas alíneas *b)* e *c)* do número anterior, os donativos concedidos a igrejas, instituições religiosas, pessoas colectivas de fins não lucrativos pertencentes a confissões religiosas ou por elas instituídas, sendo a sua importância considerada em 130% do seu quantitativo.([1])

ARTIGO 64º
IVA – Transmissões de bens e prestações de serviços a título gratuito([2])

Não estão sujeitas a IVA as transmissões de bens e as prestações de serviços efectuadas a título gratuito pelas entidades a quem sejam concedidos donativos abrangidos pelo presente diploma, em benefício directo das pessoas singulares ou colectivas que os atribuam quando o correspondente valor não ultrapassar, no seu conjunto, 5% do montante do donativo recebido.

ARTIGO 65º
Mecenato para a sociedade de informação([1])

1 – São considerados custos ou perdas do exercício, até ao limite de $^8/_{1000}$ do volume de vendas ou de serviços prestados, em valor correspondente a 130% do respectivo total, para efeitos de IRC, os donativos de equipamento informático, programas de computadores, formação e consultadoria na área da informática, concedidos às entidades referidas nos nºs 1 e 3 e nas alíneas *b)*, *d)*, *e)*, *f)* e *g)* do nº 6 do artigo 56º-D.([1])

2 – Os donativos previstos no número anterior são levados a custos em valor correspondente a 140% do respectivo quantitativo, quando atribuídos ao abrigo de contratos plurianuais, que fixem objectivos a atingir pelas entidades beneficiárias e os bens e serviços a atribuir pelos sujeitos passivos.([1])

3 – O período de amortização de equipamento informático pelos sujeitos passivos referidos no nº 1 é de dois anos, ou pelo valor residual se ocorrer após dois anos, no caso de doação do mesmo às entidades referidas naquele número.

4 – Não relevam para os efeitos do número anterior as doações feitas a entidades em que os doadores sejam associados ou em que participem nos respectivos órgãos sociais.

5 – Os sujeitos passivos que utilizem o regime de amortização previsto no nº 3 comunicam ao Ministério da Ciência, Tecnologia e Ensino Superior as doações que o justificaram.

([1]) Redacção dada pelo Decreto-Lei nº 108/2008, de 26 de Junho.
([2]) Aditado pela Lei nº 53-A/2006, de 29 de Dezembro.

6 – Para os efeitos do disposto no presente artigo consideram-se equipamentos informáticos os computadores, modems, placas RDIS e aparelhos de terminal, incluindo impressoras, digitalizadores e set-top-boxes.

ARTIGO 66º
Obrigações acessórias das entidades beneficiárias[1]

1 – As entidades beneficiárias dos donativos são obrigadas a:

a) Emitir documento comprovativo dos montantes dos donativos recebidos dos seus mecenas, com a indicação do seu enquadramento no âmbito do presente capítulo, e bem assim com a menção de que o donativo é concedido sem contrapartidas, de acordo com o previsto no artigo 56º-C;

b) Possuir registo actualizado das entidades mecenas, do qual constem, nomeadamente, o nome, o número de identificação fiscal, bem como a data e o valor de cada donativo que lhes tenha sido atribuído nos termos do presente capítulo;

c) Entregar à Direcção-Geral dos Impostos, até ao final do mês de Fevereiro de cada ano, uma declaração de modelo oficial, referente aos donativos recebidos no ano anterior.

2 – Para efeitos da alínea *a)* do número anterior, o documento comprovativo deve conter:

a) A qualidade jurídica da entidade beneficiária;
b) O normativo legal onde se enquadra, bem como, se for caso disso, a identificação do despacho necessário ao reconhecimento;
c) O montante do donativo em dinheiro, quando este seja de natureza monetária;
d) A identificação dos bens, no caso de donativos em espécie.

3 – Os donativos em dinheiro de valor superior a € 200 devem ser efectuados através de meio de pagamento que permita a identificação do mecenas, designadamente transferência bancária, cheque nominativo ou débito directo.

PARTE III
Benefícios fiscais com carácter temporário

ARTIGO 67º
Acções adquiridas no âmbito das privatizações[2]

(Revogado.)[3]

---

[1] Aditado pela Lei nº 53-A/2006, de 29 de Dezembro.
[2] Redacção dada pela Lei nº 55-B/2004, de 30 de Dezembro.
[3] Revogado pela Lei nº 55-A/2010, de 31 de Dezembro.

ARTIGO 68º
Aquisição de computadores ([1])

(Revogado.) ([2])

ARTIGO 69º
Prédios situados nas áreas de localização empresarial (ALE)

1 – São dedutíveis à colecta do IRS, até à sua concorrência, após as deduções referidas no nº 1 do artigo 78º e no artigo 88º do respectivo Código, 50% dos montantes despendidos com a aquisição de computadores de uso pessoal, incluindo *software*, aparelhos de terminal, bem como com equipamento relacionado com redes da banda larga de nova geração, até ao limite de € 250. ([3])

2 – São isentos de imposto municipal sobre imóveis, pelo período de 10 anos, os prédios situados nas áreas de localização empresarial, adquiridos ou construídos pelas respectivas sociedades gestoras e pelas empresas que neles se instalarem. ([3])

3 – As isenções previstas nos nºs 1 e 2 ficam dependentes de reconhecimento prévio do interesse municipal pelo órgão competente do município.

4 – A isenção referida no nº 2 é reconhecida pelo chefe do serviço de finanças da área da situação dos prédios, mediante requerimento devidamente fundamentado e instruído com o documento comprovativo do interesse municipal, a apresentar pelo sujeito passivo no prazo de 90 dias contados da data da aquisição ou conclusão das obras.

5 – Se o pedido de isenção for apresentado para além do prazo referido, a isenção inicia-se a partir do ano imediato, inclusive, ao da sua apresentação, cessando no ano em que findaria caso o pedido tivesse sido apresentado em tempo.

6 – O regime referido nos nºs 1 e 2 vigora para os imóveis adquiridos ou construídos até 31 de Dezembro de 2007.

ARTIGO 70º
Medidas de apoio ao transporte rodoviário de passageiros e de mercadorias ([4])

1 – Fica isenta de imposto a diferença positiva entre as mais-valias e as menos-valias resultantes da transmissão onerosa de:

a) Veículos afectos ao transporte público de passageiros com lotação igual ou superior a 22 lugares, por sujeitos passivos de IRC licenciados pelo Instituto da Mobilidade e dos Transportes Terrestres, I. P. (IMTT, I. P.), sempre que no próprio exercício ou até ao fim do segundo exercício seguinte seja efectuado o reinvestimento da totalidade do valor de realização na aquisição de veículos novos, com lotação igual ou superior a 22 lugares, com data de fabrico não anterior a 2010 e afectos a idêntica finalidade; ([5])

([1]) Redacção dada pela Lei nº 60-A/2005, de 30 de Dezembro.
([2]) Revogado pela Lei nº 3-B/2010, de 28 de Abril.
([3]) Redacção dada pela Lei nº 10/2009, de 10 de Março.
([4]) Aditado pela Lei nº 64-A/2008, de 31 de Dezembro.
([5]) Redacção dada pela Lei nº 55-A/2010, de 31 de Dezembro.

b) Veículos afectos ao transporte em táxi, pertencentes a empresas devidamente licenciadas para esse fim, sempre que, no próprio exercício ou até ao fim do segundo exercício seguinte, seja efectuado o reinvestimento da totalidade do valor de realização na aquisição de veículos com data de fabrico não anterior a 2010 e afectos a idêntica finalidade;([1])

c) Veículos de mercadorias com peso bruto igual ou superior a 12 t, adquiridos antes de 1 de Julho de 2009 e com a primeira matrícula anterior a esta data, afectos ao transporte rodoviário de mercadorias público ou por conta de outrem, sempre que, no próprio exercício ou até ao fim do segundo exercício seguinte, a totalidade do valor da realização seja reinvestido em veículos de mercadorias com peso bruto igual ou superior a 12 t e primeira matrícula posterior a 1 de Janeiro de 2010, que sejam afectos ao transporte rodoviário de mercadorias público ou por conta de outrem.([1])

2 – Os veículos objecto do benefício referido no número anterior devem permanecer registados como elementos do activo imobilizado dos sujeitos passivos beneficiários pelo período de cinco anos.

3 – O benefício previsto no nº 1 não prejudica a aplicação dos nºs 5 e 6 do artigo 48º do Código do IRC.([1])

4 – Os custos suportados com a aquisição, em território português, de combustíveis para abastecimento de veículos são dedutíveis, em valor correspondente a 120% do respectivo montante, para efeitos da determinação do lucro tributável, quando se trate de:

a) Veículos afectos ao transporte público de passageiros, com lotação igual ou superior a 22 lugares, e estejam registados como elementos do activo imobilizado de sujeitos passivos de IRC que estejam licenciados pelo IMTT, I. P.;

b) Veículos afectos ao transporte rodoviário de mercadorias público ou por conta de outrem, com peso bruto igual ou superior a 3,5 t, registados como elementos do activo imobilizado de sujeitos passivos IRC e que estejam licenciados pelo IMTT, I. P.;

c) Veículos afectos ao transporte em táxi, registados como elementos do activo imobilizado dos sujeitos passivos de IRS ou de IRC, com contabilidade organizada e que estejam devidamente licenciados.

5 – Os benefícios fiscais previstos no presente artigo são aplicáveis durante o período de tributação de 2011.([1])

ARTIGO 71º
Incentivos à reabilitação urbana([2])

1 – Ficam isentos de IRC os rendimentos de qualquer natureza obtidos por fundos de investimento imobiliário que operem de acordo com a legislação nacional, desde que se constituam entre 1 de Janeiro de 2008 e 31 de Dezembro de 2012 e pelo menos 75% dos seus activos sejam bens imóveis sujeitos a acções de reabilitação realizadas nas áreas de reabilitação urbana.

([1]) Redacção dada pela Lei nº 55-A/2010, de 31 de Dezembro.
([2]) Aditado pela Lei nº 64-A/2008, de 31 de Dezembro.

2 – Os rendimentos respeitantes a unidades de participação nos fundos de investimento referidos no número anterior, pagos ou colocados à disposição dos respectivos titulares, quer seja por distribuição ou mediante operação de resgate, são sujeitos a retenção na fonte de IRS ou de IRC, à taxa de 10%, excepto quando os titulares dos rendimentos sejam entidades isentas quanto aos rendimentos de capitais ou entidades não residentes sem estabelecimento estável em território português ao qual os rendimentos sejam imputáveis, excluindo:

a) As entidades que sejam residentes em país, território ou região sujeito a um regime fiscal claramente mais favorável, constante de lista aprovada por portaria do Ministro das Finanças;

b) As entidades não residentes detidas, directa ou indirectamente, em mais de 25% por entidades residentes.

3 – O saldo positivo entre as mais-valias e as menos-valias resultantes da alienação de unidades de participação nos fundos de investimento referidos no nº 1 é tributado à taxa de 10% quando os titulares sejam entidades não residentes a que não seja aplicável a isenção prevista no artigo 27º do Estatuto dos Benefícios Fiscais ou sujeitos passivos de IRS residentes em território português que obtenham os rendimentos fora do âmbito de uma actividade comercial, industrial ou agrícola e não optem pelo respectivo englobamento.

4 – São dedutíveis à colecta, em sede de IRS, até ao limite de € 500, 30% dos encargos suportados pelo proprietário relacionados com a reabilitação de:

a) Imóveis, localizados em 'áreas de reabilitação urbana' e recuperados nos termos das respectivas estratégias de reabilitação; ou

b) Imóveis arrendados passíveis de actualização faseada das rendas nos termos dos artigos 27º e seguintes do Novo Regime de Arrendamento Urbano (NRAU), aprovado pela Lei nº 6/2006, de 27 de Fevereiro, que sejam objecto de acções de reabilitação.

5 – As mais-valias auferidas por sujeitos passivos de IRS residentes em território português são tributadas à taxa autónoma de 5%, sem prejuízo da opção pelo englobamento, quando sejam inteiramente decorrentes da alienação de imóveis situados em 'área de reabilitação urbana', recuperados nos termos das respectivas estratégias de reabilitação.

6 – Os rendimentos prediais auferidos por sujeitos passivos de IRS residentes em território português são tributadas à taxa de 5%, sem prejuízo da opção pelo englobamento, quando sejam inteiramente decorrentes do arrendamento de:

a) Imóveis situados em 'área de reabilitação urbana', recuperados nos termos das respectivas estratégias de reabilitação;

b) Imóveis arrendados passíveis de actualização faseada das rendas nos termos dos artigos 27º e seguintes do NRAU, que sejam objecto de acções de reabilitação.

7 – Os prédios urbanos objecto de acções de reabilitação são passíveis de isenção de imposto municipal sobre imóveis por um período de cinco anos, a contar do ano, inclusive, da conclusão da mesma reabilitação, podendo ser renovada por um período adicional de cinco anos.

8 – São isentas do IMT as aquisições de prédio urbano ou de fracção autónoma de prédio urbano destinado exclusivamente a habitação própria e permanente, na primeira transmissão onerosa do prédio reabilitado, quando localizado na 'área de reabilitação urbana'.

9 – A retenção na fonte a que se refere o n.º 2 tem carácter definitivo sempre que os titulares sejam entidades não residentes sem estabelecimento estável em território português ou sujeitos passivos de IRS residentes que obtenham os rendimentos fora do âmbito de uma actividade comercial, industrial ou agrícola, podendo estes, porém, optar pelo englobamento para efeitos desse imposto, caso em que o imposto retido tem a natureza de imposto por conta, nos termos do artigo 78.º do Código do IRS.

10 – A dispensa de retenção na fonte nos casos previstos no n.º 2 só se verifica quando os beneficiários dos rendimentos fizerem prova, perante a entidade pagadora, da isenção de que aproveitam ou da qualidade de não residente em território português, até à data em que deve ser efectuada a retenção na fonte, ficando, em caso de omissão da prova, o substituto tributário obrigado a entregar a totalidade do imposto que deveria ter sido deduzido nos termos da lei, sendo aplicáveis as normas gerais previstas nos competentes códigos relativas à responsabilidade pelo eventual imposto em falta.

11 – A prova da qualidade de não residente em território português é feita nos termos previstos nos artigos 15.º, 16.º e 18.º do Decreto-Lei n.º 193/2005, de 7 de Novembro.

12 – Os titulares de rendimentos respeitantes a unidades de participação nos fundos de investimento referidos no n.º 1, quando englobem os rendimentos que lhes sejam distribuídos, têm direito a deduzir 50% dos rendimentos relativos a dividendos, nos termos e condições previstos no artigo 40.º-A do Código do IRS e no n.º 8 do artigo 46.º do Código do IRC.

13 – As obrigações previstas no artigo 119.º e no n.º 1 do artigo 125.º do Código do IRS devem ser cumpridas pelas entidades gestoras ou registadoras.

14 – As entidades gestoras dos fundos de investimento referidos no n.º 1 são obrigadas a publicar o valor do rendimento distribuído, o valor do imposto retido aos titulares das unidades de participação, bem como a dedução que lhes corresponder para efeitos do disposto no n.º 6.

15 – Caso os requisitos referidos no n.º 1 deixem de verificar-se, cessa a aplicação do regime previsto no presente artigo, passando a aplicar-se o regime previsto no artigo 22.º do Estatuto dos Benefícios Fiscais, devendo os rendimentos dos fundos de investimento referidos no n.º 1 que, à data, não tenham ainda sido pagos ou colocados à disposição dos respectivos titulares ser tributados autonomamente, às taxas previstas no artigo 22.º, acrescendo os juros compensatórios correspondentes.

16 – As entidades gestoras dos fundos de investimento referidos no n.º 1 são solidariamente responsáveis pelas dívidas de imposto dos fundos cuja gestão lhes caiba.

17 – Os encargos a que se refere o n.º 4 devem ser devidamente comprovados e dependem de certificação prévia por parte do órgão de gestão da área de reabilitação ou da comissão arbitral municipal, consoante os casos.

18 – As entidades mencionadas no número anterior devem remeter à administração tributária as certificações referidas no número anterior.

19 – As isenções previstas nos nºs 7 e 8 estão dependentes de deliberação da assembleia municipal, que define o seu âmbito e alcance, nos termos do nº 2 do artigo 12º da Lei das Finanças Locais.

20 – Os incentivos fiscais consagrados no presente artigo são aplicáveis aos imóveis objecto de acções de reabilitação iniciadas após 1 de Janeiro de 2008 e que se encontrem concluídas até 31 de Dezembro de 2020.

21 – São abrangidas pelo presente regime as acções de reabilitação que tenham por objecto imóveis que preencham, pelo menos, uma das seguintes condições:

a) Sejam prédios urbanos arrendados passíveis de actualização faseada das rendas nos termos dos artigos 27º e seguintes do NRAU;

b) Sejam prédios urbanos localizados em 'áreas de reabilitação urbana'.

22 – Para efeitos do presente artigo, considera-se:

a) 'Acções de reabilitação' as intervenções destinadas a conferir adequadas características de desempenho e de segurança funcional, estrutural e construtiva a um ou vários edifícios, ou às construções funcionalmente adjacentes incorporadas no seu logradouro, bem como às suas fracções, ou a conceder-lhe novas aptidões funcionais, com vista a permitir novos usos ou o mesmo uso com padrões de desempenho mais elevados, das quais resulte um estado de conservação do imóvel, pelo menos, dois níveis acima do atribuído antes da intervenção;

b) 'Área de reabilitação urbana' a área territorialmente delimitada, compreendendo espaços urbanos caracterizados pela insuficiência, degradação ou obsolescência dos edifícios, das infra-estruturas urbanísticas, dos equipamentos sociais, das áreas livres e espaços verdes, podendo abranger designadamente áreas e centros históricos, zonas de protecção de imóveis classificados ou em vias de classificação, nos termos da Lei de Bases do Património Cultural, áreas urbanas degradadas ou zonas urbanas consolidadas;

c) 'Estado de conservação' o estado do edifício ou da habitação determinado nos termos do disposto no NRAU e no Decreto-Lei nº 156/2006, de 8 de Agosto, para efeito de actualização faseada das rendas ou, quando não seja o caso, classificado pelos competentes serviços municipais, em vistoria realizada para o efeito, com referência aos níveis de conservação constantes do quadro do artigo 33º do NRAU.

23 – A comprovação do início e da conclusão das acções de reabilitação é da competência da câmara municipal ou de outra entidade legalmente habilitada para gerir um programa de reabilitação urbana para a área da localização do imóvel, incumbindo-lhes certificar o estado dos imóveis, antes e após as obras compreendidas na acção de reabilitação.

24 – A delimitação das áreas de reabilitação urbana para efeitos do presente artigo é da competência da assembleia municipal, sob proposta da câmara municipal, obtido parecer do IHRU, I. P., no prazo de 30 dias, improrrogáveis.

25 – Caso a delimitação opere sobre uma área classificada como área crítica de recuperação ou reconversão urbanística (ACRRU), não há lugar à emissão do parecer referido no número anterior.

ARTIGO 72º
Pequenos investidores([1])

Fica isento de IRS, até ao valor anual de € 500, o saldo positivo entre as mais-valias e menos-valias resultante da alienação de acções, de obrigações e de outros títulos de dívida, obtido por residentes em território português.

ARTIGO 73º
Equipamentos de energias renováveis([2])

1 – São dedutíveis à colecta do IRS, desde que não susceptíveis de serem considerados custos para efeitos da categoria B, 30% das importâncias despendidas com a aquisição dos seguintes bens, desde que afectos à utilização pessoal, com o limite de € 803:

a) Equipamentos novos para utilização de energias renováveis e de equipamentos para a produção de energia eléctrica ou térmica (co-geração) por microturbinas, com potência até 100 kW, que consumam gás natural, incluindo equipamentos complementares indispensáveis ao seu funcionamento;

b) Equipamentos e obras de melhoria das condições de comportamento térmico de edifícios, dos quais resulte directamente o seu maior isolamento;

c) Veículos sujeitos a matrícula exclusivamente eléctricos ou movidos a energias renováveis não combustíveis.

2 – Os benefícios referidos em cada uma das alíneas do número anterior apenas podem ser utilizados uma vez em cada período de quatro anos.

ARTIGO 74º
Seguros de saúde([2])

1 – São dedutíveis à colecta do IRS 30% dos prémios de seguros ou contribuições pagas a associações mutualistas ou a instituições sem fins lucrativos que tenham por objecto a prestação de cuidados de saúde que, em qualquer dos casos, cubram exclusivamente os riscos de saúde relativamente ao sujeito passivo ou aos seus dependentes, pagos por aquele ou por terceiros, desde que, neste caso, tenham sido comprovadamente tributados como rendimento do sujeito passivo, com os seguintes limites:

a) Tratando-se de sujeitos passivos não casados ou separados judicialmente de pessoas e bens, até ao limite de € 85;

b) Tratando-se de sujeitos passivos casados e não separados judicialmente de pessoas e bens, até ao limite de € 170.

2 – Por cada dependente a cargo do sujeito passivo, os limites das alíneas *a)* e *b)* do número anterior são elevados em € 43.

---

[1] Aditado pela Lei nº 15/2010, de 16 de Julho.
[2] Aditado pela Lei nº 55-A/2010, de 31 de Dezembro.

Código do Imposto Sobre o Rendimento das Pessoas Singulares

Decreto-Lei nº 442-A/88, de 30 de Novembro

No uso da autorização legislativa concedida pela Lei nº 106/88, de 17 de Setembro, e nos termos das alíneas a) e b) do nº 1 do artigo 201º da Constituição, o Governo decreta o seguinte:

ARTIGO 1º
Aprovação do Código

É aprovado o Código do Imposto sobre o Rendimento das Pessoas Singulares (IRS), que faz parte integrante deste decreto-lei.

ARTIGO 2º
Entrada em vigor

O Código do IRS entra em vigor em 1 de Janeiro de 1989.

ARTIGO 3º
Impostos abolidos

1 – Na data da entrada em vigor do Código são abolidos, relativamente aos sujeitos passivos deste imposto, o imposto profissional, o imposto de capitais, a contribuição industrial, a contribuição predial, o imposto sobre a indústria agrícola, o imposto complementar, o imposto de mais-valias e o imposto do selo constante da verba 134 da Tabela Geral do Imposto do Selo, sem prejuízo de continuar a aplicar-se o correspondente regime aos rendimentos auferidos até àquela data e às respectivas infracções.

2 – Mantêm-se em vigor as disposições que actualmente regulam o registo e o depósito de títulos ao portador.

ARTIGO 3º-A
Regime transitório de enquadramento dos agentes desportivos

1 – Os agentes desportivos que aufiram rendimentos provenientes da sua actividade desportiva, em virtude de contratos que tenham por objecto a sua prática, poderão optar, relativamente aos rendimentos auferidos em 2003, por um dos seguintes regimes:

a) Englobamento dos rendimentos auferidos exclusivamente na sua actividade desportiva, profissional ou amadora;

b) Tributação autónoma dos rendimentos ilíquidos auferidos exclusivamente na sua actividade desportiva mediante aplicação da taxa e parcela a abater correspondentes a 60% das taxas aplicáveis nos termos do artigo 68º do Código do IRS.

2 – Não beneficiam do disposto no número anterior, nomeadamente, os rendimentos provenientes de publicidade nem os auferidos pelo cônjuge que não seja agente desportivo.

3 – Somente é permitida a aplicação do regime instituído no Código do IRS para a dedução dos prémios de seguro no caso de ser feita a opção prevista na alínea a) do nº 1.

4 – A retenção sobre rendimentos da Categoria A será efectuada:

a) Mediante a aplicação das tabelas de retenção previstas no Decreto-Lei nº 42/91, de 22 de Janeiro, se for feita a opção prevista na alínea a) do nº 1;

b) Mediante a aplicação de uma taxa de 22%, se for feita a opção prevista na alínea b) do nº 1.

5 – Quando seja feita a opção prevista na alínea b) do nº 1, observar-se-á o seguinte:

a) Ao imposto devido, calculado nos termos gerais, quando exista, adicionar-se-á o imposto calculado nos termos nela previstos;

b) Ao imposto determinado nos termos da parte final da alínea anterior apenas serão deduzidos os pagamentos por conta e as importâncias retidas na fonte que tenham aquela natureza, respeitantes ao mesmo período de tributação.

6 – Para os efeitos do disposto neste artigo, consideram-se agentes desportivos os praticantes e os árbitros que aufiram rendimentos directamente derivados de uma actividade desportiva, por força de contrato de trabalho, ou em regime de trabalho independente.

7 – A percentagem a que se refere a alínea b) do nº 1 será incrementada anualmente em 10 pontos percentuais até se atingir o regime de tributação normal.

ARTIGO 4º
Regime transitório da categoria B

1 – É aplicável ao IRS, com as necessárias adaptações, o disposto nos artigos 9º a 15º do Decreto-Lei nº 442-B/88, desta data (decreto-lei que aprovou o Código do IRC).

2 – Os rendimentos da categoria C dos sujeitos passivos que exerçam predominantemente actividade pecuária intensiva serão considerados em 1989 apenas por 40%, em 1990 por 60% e em 1991 por 80% do seu valor.

3 – Os rendimentos da categoria B, decorrentes de actividades agrícolas, silvícolas ou pecuárias, não excluídos de tributação, serão considerados, para efeitos de IRS, apenas por 60%, 70%, 80% e 90% do seu valor, respectivamente nos períodos de tributação que se iniciem em 2001, 2002, 2003 e 2004.

4 – Não são considerados para efeitos de tributação os ganhos ou as perdas derivados da alienação onerosa de prédios rústicos afectos a uma actividade agrícola, silvícola ou pecuária, ou da sua transferência para o património particular do empresário, desde que os mesmos tenham sido adquiridos antes da entrada em vigor deste Código e aquela afectação tenha ocorrido antes de 1 de Janeiro de 2001.

ARTIGO 5º
Regime transitório da categoria G

ARTIGO 6º
Reporte de rendimentos

ARTIGO 7º
Obrigação de contabilidade organizada

ARTIGO 8º
Modelos de impressos

Os modelos de impressos exigidos para dar cumprimento às obrigações impostas pelo Código serão aprovados por portaria do Ministro das Finanças.

ARTIGO 9º
Recibos e livros

ARTIGO 10º
Regime transitório aplicável a Macau

ARTIGO 11º
Sociedades de simples administração de bens e de profissionais

ARTIGO 12º
Pagamento de impostos

ARTIGO 13º
Pagamentos por conta

ARTIGO 14º
Declaração de inscrição no registo

ARTIGO 15º
Regulamentação da cobrança e reembolsos

O Governo aprovará a legislação complementar necessária à regulamentação da cobrança e dos reembolsos do IRS.

ARTIGO 16º
As modificações do Código

As modificações que de futuro se fizerem sobre matéria contida no Código serão consideradas como fazendo parte dele e inseridas no lugar próprio, devendo essas modificações ser sempre efectuadas por meio de substituição dos artigos alterados, supressão dos artigos inúteis ou aditamento dos que forem necessários.

Código do Imposto Sobre o Rendimento das Pessoas Singulares

PREÂMBULO

1 – Objecto da última reestruturação global no início dos anos 60 – já lá vai o espaço de uma geração –, o nosso sistema de tributação do rendimento mostra-se manifestamente desajustado da realidade económico-social do País, tendo, desde, aquela época, evoluído por forma desordenada, com a acentuação de características como a complexidade excessiva, a desigualdade de tratamento entre contribuintes com níveis comparáveis de rendimento, o estreitamento das bases de tributação, o agravamento crescente – só contrariado nos últimos anos – das taxas nominais, com efeitos de desencorajamento do esforço de poupança e da aplicação ao trabalho e de incentivo à evasão, a instabilidade e a falta de coerência interna do regime das diferentes categorias fiscais e a deficiente articulação entre umas e outras.

É a reforma da tributação do rendimento, que há muito se sabe constituir uma das traves mestras da indispensável modernização do país, que agora se empreende, pondo-se termo a uma série de iniciativas sem continuidade que, em certos períodos, chegaram a suscitar descrença quanto à capacidade de reestruturar esta matéria fundamental da organização económica do País, reforma que visa objectivos de eficiência económica e de realização da justiça social e que foi elaborada na perspectiva da simplificação no cumprimento dos deveres tributários.

2 – Em Portugal, a tributação do rendimento, com carácter de generalidade, teve o seu início com a décima militar, criada em 1641 para fazer face às despesas da guerra da Restauração, cujo regime básico foi consolidado no Regimento de 1654.

Abrangendo, à taxa uniforme de 10%, os rendimentos de prédios, capitais, ofícios e rendas, a décima era dividida em categorias, nas quais se encontram as raízes de quase todos os impostos directos periódicos portugueses. Sem embargo das suas óbvias limitações, vistas à luz das exigências de uma fiscalidade moderna, a décima constituiu, pela sua globalidade, um antecedente histórico do imposto único que agora se institui.

Na evolução do sistema fiscal ao longo do século XIX assistiu-se à decomposição do regime da décima e ao aparecimento dos principais impostos cedulares e reais que sobreviveram até aos nossos dias: as contribuições predial e industrial e a décima de juros, que, depois de reestruturada e ampliada na base da sua incidência, veio a dar o imposto de capitais.

Soçobraram, entretanto, as tentativas de criação de impostos visando realizar a tributação global do rendimento, designadamente as empreendidas em 1845 e 1880.

Foi a reforma fiscal de 1922 que, assente na preocupação de atingir rendimentos reais, criou o nosso primeiro imposto global verdadeiramente pessoal. Mas a categoria fiscal então instituída deparou com dificuldades intransponíveis de aplicação, suscitando-se uma situação geral de incumprimento que apressou a sua substituição pelo imposto complementar – substituição concretizada antes mesmo de introduzida a reforma tributária de 1929, orientada para a tributação de rendimentos normais. O imposto complementar, articulado com o novo quadro de impostos parcelares – incluindo o então criado imposto profissional –, passou a funcionar em relação a estes como tributo de sobreposição.

A reforma da tributação do rendimento realizada entre 1962 e 1965, cujas linhas gerais, ainda que muito adulteradas, foram mantidas até ao presente, não alterou a estrutura dualista do sistema: impostos cedulares ou de produto incidentes sobre as diferentes fontes de rendimento e prescindindo das circunstâncias pessoais dos contribuintes; imposto complementar sobrepondo-se ao conjunto global dos rendimentos já submetidos aos impostos reais e tendo em conta a situação pessoal dos contribuintes. Os esforços do reformador fiscal concentraram-se na tributação dos rendimentos reais e efectivos, especialmente na contribuição industrial e na predial urbana, autonomizando-se da contribuição predial rústica os lucros das explorações agrícolas, objecto do novo imposto sobre a indústria agrícola, o qual veio, no entanto, a manter-se quase sempre suspenso.

3 – A presente remodelação do regime da tributação do rendimento, que se segue à já concretizada substituição do imposto de transacções pelo imposto sobre o valor acrescentado no plano da fiscalidade indirecta, decorre, em primeira linha, da necessidade de ajustar tal regime ao preceituado nesta matéria na lei fundamental, a qual refere o carácter único e progressivo do imposto sobre o rendimento pessoal e impõe a consideração das necessidades e rendimentos do agregado familiar, além de determinar que a tributação das empresas se deve basear no seu rendimento real.

Dentro do quadro assim definido, são agora criados, em substituição do imposto profissional, da contribuição predial, da contribuição industrial, do imposto sobre a indústria agrícola, do imposto de capitais, do imposto complementar e do imposto de mais-valias, o imposto sobre o rendimento das pessoas singulares (IRS) e o imposto sobre o rendimento das pessoas colectivas (IRC).

A inovação básica reside na substituição do actual sistema misto, com preponderância dos elementos cedulares, pela fórmula da tributação unitária, atingindo globalmente os rendimentos individuais, enformadora do modelo ora adoptado para a tributação das pessoas singulares.

À luz das modernas exigências de equidade, a solução unitária é inequivocamente superior quer ao puro sistema cedular, consistindo este em impostos separados e entre si não articulados, incidentes sobre as diferentes fontes de rendimento, quer ao próprio sistema compósito, resultante, em regra, de evolução operada a partir de uma estrutura originariamente cedular, em que a um esquema de impostos parcelares se sobrepõe uma tributação de segundo grau com carácter global.

Na verdade, só a perspectiva unitária permite a distribuição da carga fiscal segundo um esquema racional de progressividade, em consonância com a capacidade contributiva.

Tal esquema de progressividade tem sido justificado em nome da necessidade de, por via do sistema fiscal, se corrigir a distribuição primária do rendimento que decorre do processo produtivo, de modo a operar uma redistribuição secundária que concorra para definir um padrão de distribuição tido como social e politicamente mais aceitável. Serve, ao mesmo tempo, de factor compensador de aspectos de regressividade contidos em outras áreas do sistema fiscal.

Se é certo que a tomada de consciência dos efeitos de desincentivo das elevadas cargas fiscais associadas aos esquemas de tributação progressiva tem suscitado em numerosos países um movimento no sentido das inflexão da curva ascensional das taxas e da redução do nível da taxa marginal mais alta, não é menos certo que o princípio da tributação com intensidade crescente à medida que o rendimento se eleva continua a constituir o critério geralmente aceite de ajustamento da carga fiscal à capacidade contributiva.

A introdução da progressividade em estruturas cedulares representa uma tentativa de pessoalização que acarreta inevitáveis e sérias distorções.

Materializada apenas em uma das cédulas, suscita cargas fiscais diferentes para contribuintes com rendimento idêntico, consoante a respectiva fonte se concentre nessa cédula ou se localize em qualquer das demais; operada uma correcção por via da generalização de tabelas de taxas progressivas às diferentes cédulas (a admitir que tal fosse tecnicamente possível), ainda assim subsistiria uma injustificável diferença de tratamento entre os contribuintes cujo rendimento provém de uma só fonte e os titulares de rendimentos de origem múltipla.

Assim, a introdução de uma escala progressiva no imposto profissional, modificando a sua estrutura originária, pode ser apresentada como exemplo do efeito distorcivo referido em primeiro lugar. A verdade é que aos impostos cedulares, por sua natureza, devem corresponder taxas proporcionais, sem embargo de permitirem, pela adopção de taxas diferentes consoante as fontes de rendimento atingidas, uma clara discriminação qualitativa dos rendimentos.

As deduções personalizantes, que os modernos sistemas fiscais consagram em medida mais ou menos ampla, desde a dedução pessoal correspondente à porção do rendimento que se presume destinar-se a satisfazer as necessidades básicas da vida à dedução dos dependentes e às deduções por despesas pessoais especificadas, também não podem ser inseridas em impostos cedulares sem suscitarem graves distorções. Na verdade, só fazem sentido quando referidas ao rendimento total do contribuinte, porque constituem elemento inseparável da caracterização da sua situação global.

Mesmo nos sistemas de tributação global do rendimento persiste o tratamento diferenciado dos diferentes tipos de rendimento pessoal. Não pode, na verdade, dispensar-se, como operação prévia, a análise ou identificação dos rendimentos segundo as suas diferentes origens; só depois se procede à síntese dos rendimentos das várias categorias, sujeitando o seu valor agregado a uma única tabela de taxas.

O imposto global «único» comporta, assim, em maior ou menor medida, elementos analíticos que, na perspectiva da passagem dos sistemas cedulares para o do imposto «único», constituem reminiscência do tratamento separado, que no anterior sistema se fazia em cédulas diferenciadas até final.

Torna-se, assim, possível, sem prejuízo do carácter globalizante da tributação, manter acentuadas características analíticas, que vão desde a discriminação qualitativa dos rendimentos por intermédio de deduções específicas em determinada categoria até à consagração da retenção na fonte apenas nas categorias em que este método se mostra tecnicamente possível.

4 – Na realização de reformas fiscais em geral, e de reformas de tributação do rendimento em particular, é usual recomendar-se uma orientação gradualista, invocando-se para tal factores como a grande complexidade dos sistemas, os constrangimentos orçamentais e o peso da possível reacção de grupos de contribuintes mais directamente afectados com as modificações previstas.

A presente reforma não deixa de atender, em numerosos pontos, àquela preocupação de gradualismo, mas rejeita-se sem hesitação que a mesma deva estender-se à implantação da própria morfologia básica do sistema.

Teria talvez sido lógico que à reforma do início dos anos 60, a qual manteve o sistema cedular misto e inovou sobretudo nos métodos de apuramento do rendimento colectável, se houvesse seguido, o mais tardar na década imediata, a passagem a um estádio intermédio, em que o imposto *complementar assumisse já a posição de «imposto principal», gravitando, no entanto, ainda à sua volta os impostos parcelares, como formas de tributação «por conta» e operando por dedução colecta a colecta – porventura comportando-se inicialmente como tributações definitivas, mais adiante tornadas passíveis de restituição caso ultrapassassem a quota resultante da incidência global. O sistema cedular misto passaria, nesta perspectiva, de uma fase com nítido ascendente do elemento cedular para uma outra em que o predomínio da tributação pessoalizante estaria consagrado, faltando, então, dar o último passo pelo apagamento, como categorias fiscais autónomas, dos tributos parcelares.*

Não foi esta, porém, a linha de desenvolvimento da nossa estrutura fiscal. Observou-se, ao invés, um retrocesso no sentido da preponderância dos elementos cedulares, marcada pela introdução da progressividade no âmago das próprias cédulas, num arremedo de pessoalização que, pela forma descoordenada como foi executado, levou inclusivamente à anomalia de inverter a discriminação qualitativa dos rendimentos, visando na origem a protecção da fonte trabalho. E, enquanto os impostos cedulares eram desgarradamente promovidos a factores centrais de tributação, o imposto complementar afundava-se na zona das categorias mais débeis da tabela das receitas fiscais.

A involução para o protótipo cedular, a circunstância de Portugal, em plena fase de integração nas Comunidades Europeias, ser o único país da OCDE a manter a «compartimentação» como característica dominante do seu esquema de tributação do rendimento e as possibilidades que a difusão das modernas tecnologias vieram proporcionar quanto ao tratamento informático das operações e de administração de um sistema mais exigente aconselham a que se proceda, sem mais delongas, à instituição do sistema de tributação global, o qual é, aliás, o consagrado na Constituição de 1976.

Salta-se assim sobre o estádio intermédio do sistema misto com simples reforço da tributação pessoalizante e manutenção dos impostos parcelares «por conta» do principal, assumindo-se frontalmente a tributação unitária do rendimento.

O sistema unificado permite obviar a uma das injustiças mais gritantes a que conduz a fórmula dualista até aqui vigente em Portugal: a concentração nas camadas superiores de estrutura dos rendimentos (as atingidas pelo imposto complementar) de deduções pessoais que só fazem verdadeiramente sentido quando referidas ao rendimento global e da própria dedução especificamente destinada a assegurar o tratamento diferencial dos rendimentos do trabalho.

5 – Na construção do conceito de rendimento tributável, contrapõe-se a concepção da fonte, que leva a tributar o fluxo regular de rendimentos ligados às categorias tradicionais da distribuição funcional (rendimento-produto) à concepção do acréscimo patrimonial, que alarga a base da incidência a todo o aumento do poder aquisitivo, incluindo nela as mais-valias e, de um modo geral, as receitas irregulares e ganhos fortuitos (rendimento-acréscimo).

Em termos práticos, a principal diferença entre as duas concepções reside precisamente no tratamento fiscal das mais-valias, que, não sendo ganhos decorrentes da participação na actividade produtiva, são pela primeira excluídas da incidência do imposto. Ora, razões de justiça recomendam a tributação das mais-valias, que constituem acréscimos de poderes aquisitivos obtidos sem esforço ou pelo acaso da sorte e que, aliás, tendem a concentrar-se nos escalões elevados de rendimento.

À luz dos modernos princípios fiscais, e em particular do princípio da capacidade contributiva, a concepção do acréscimo patrimonial, que conduz a uma definição compreensiva do rendimento tributável, mostra-se superior à visão mais restritiva baseada na fonte do rendimento. E, embora o conceito extensivo de rendimento não seja uma componente essencial do modelo unitário, o certo é que este apela para uma concepção de rendimento tão ampla quanto possível.

Acolheu-se, assim, com maior nitidez do que na anterior reforma (na qual as mais-valias, objecto de uma categoria fiscal autónoma, eram excluídas do âmbito da incidência do imposto complementar) uma concepção tendencialmente ampla de rendimento, incluindo, à semelhança do que sucede na maioria dos países da CEE, os aumentos inesperados no valor dos bens no quadro das categorias de rendimentos abrangidas pelo imposto único – sem embargo de se lhes conferir um tratamento específico e particularmente benévolo, em atenção à sua não recorrência e à circunstância de constituir novidade a sua inclusão na globalização.

Ainda que tenham sido atentamente examinadas propostas teóricas no sentido de substituir os impostos sobre o rendimento por um imposto sobre a despesa pessoal, cuja base seria o rendimento diminuído da poupança total (base mais restrita do que a admitida da perspectiva do rendimento-acréscimo), julgou-se de excluir tal posição, que não teve até hoje praticamente acolhimento nas legislações fiscais, suscitando, aliás, consideráveis dificuldades no quadro da administração e da coordenação internacional das fiscalidades, para além da sua discutível compatibilidade com o princípio constitucional português da tributação do rendimento e dos problemas de transição a partir de um sistema baseado na concepção tradicional de rendimento.

6 – O imposto sobre o rendimento das pessoas singulares (IRS) comporta nove categorias de rendimentos: as seis primeiras correspondem a diferentes fontes ou origens do rendimento-produto, a sétima enquadra as mais-valias e as duas últimas são de natureza residual.

Esta divisão em categorias, aconselhada pela diversidade dos regimes de tributação, especialmente no campo da determinação do rendimento e dos métodos de percepção do imposto, não prejudica o tratamento unitário da matéria colectável, reflectido basicamente na aplicação de uma única tabela de taxas progressivas.

Assim se procura harmonizar a concepção da tributação pessoal, própria do sistema unitário, com a atenção que não pode deixar de prestar-se às particularidades relevantes das diferentes categorias de rendimentos. Por exemplo, nem os rendimentos do trabalho deverão ser tratados como os rendimentos de capitais nem os rendimentos da actividade comercial e industrial obedecem a regras idênticas às aplicáveis aos rendimentos prediais. Daí que seja inevitável, independentemente da unicidade tributária que ora se visa, a persistência de várias categorias de rendimentos.

7 – As categorias A e B respeitam aos rendimentos do trabalho. Optou-se pela criação de duas categorias distintas para o trabalho dependente e independente, respectivamente, com regras próprias em matéria de incidência, determinação da matéria colectável e liquidação, prevendo-se uma dedução especial para os rendimentos da primeira destas categorias.

No que respeita à incidência, manteve-se a amplitude do conceito de rendimento do trabalho dependente, tal como resulta da legislação agora substituída.

Procedeu-se a uma formulação conceptual mais rigorosa do trabalho independente, em face da dificuldade da delimitação de fronteira dessa categoria de rendimentos, tendo-se elaborado uma lista de actividades susceptíveis de serem exercidas por conta própria, embora diferente da tabela anexa ao Código do Imposto Profissional.

Tributam-se como rendimentos imputáveis ao trabalho independente os direitos de autor sobre obras intelectuais e os rendimentos resultantes da concessão ou cedência temporária de patentes de invenção, licenças de exploração, modelos, marcas, etc., bem como os percebidos pela transferência de Know-how, uns e outros quando auferidos pelos titulares originários.

Inevitavelmente ficará sempre uma margem de indefinição no que concerne à delimitação dos rendimentos do trabalho com os auferidos pelos empresários, e daí que se incluam em sede de rendimentos comerciais e industriais (categoria C) os obtidos em certas actividades situadas em zonas de confluência.

8 – *A ideia de que os rendimentos do trabalho deverão ser tributados menos pesadamente do que os provenientes do capital está na base da hierarquização das taxas aplicáveis aos diferentes impostos em sistemas cedulares.*

O tradicional argumento em favor da discriminação qualitativa é o da necessidade de o trabalhador constituir um fundo de reserva a partir do seu rendimento corrente, por forma a prolongar, para além da sua vida activa, a duração do rendimento do trabalho.

O argumento perde força à medida que se instituem esquemas compreensivos de segurança social, já que os rendimentos do trabalho se tornam assim, até certo ponto, fundados; por outro lado, o avolumar da instabilidade e da incerteza das aplicações financeiras instila um factor de precariedade nos correspondentes rendimentos. Esbatem-se, pois, as diferenças entre rendimentos fundados e não fundados.

E não se julgam geralmente atendíveis, no plano analítico, para fundamentar a discriminação qualitativa, outras considerações, como sejam o contraste entre o esforço de ganhar a vida inerente ao trabalho e a «passividade» na obtenção dos rendimentos de capital, a perduração das reservas de valor que estão na base dos rendimentos fundados e a própria circunstância de os rendimentos do capital tenderem a concentrar-se nas camadas superiores da pirâmide dos rendimentos.

Apesar de todas estas dúvidas, crê-se, todavia, que não deve renunciar-se ao propósito, que, tudo indica, a Constituição consagra, de introduzir uma discriminação em proveito dos rendimentos do trabalho. Para isso, porém, não se torna necessário adoptar escalas específicas de taxas, em perspectiva cedular. A discriminação qualitativa é praticável no quadro de um sistema global por via da outorga de uma dedução especial, constituindo, aliás, uma forma sucedânea de um imposto sobre a riqueza (o qual visaria directamente a capacidade contributiva incorporada na riqueza), que, em muitos casos, não é politicamente realizável nem susceptível de ser aplicado com um mínimo de eficácia.

À semelhança do que sucede em numerosos sistemas fiscais estrangeiros, e na esteira da solução consagrada no actual imposto complementar, criou-se uma específica dedução no plano da categoria de rendimentos do trabalho dependente, fixada em termos percentuais, havendo uma limitação para o seu montante máximo – limitação que não atinge, porém, as contribuições obrigatórias para a Segurança Social, cuja dedução integral é permitida.

Análogas razões militam a favor da consagração de um tratamento mais favorável para as pensões, que no sistema fiscal ora substituído se encontravam isentas de impostos parcelares, sofrendo unicamente a tributação global por via do imposto complementar – secção A.

9 – *A categoria C engloba os rendimentos das actividades de natureza comercial e industrial – naturalmente quando auferidos por pessoas singulares.*

As regras de determinação da matéria colectável nesta categoria seguirão, no essencial, a regulamentação estabelecida no Código do Imposto sobre o Rendimento das Pessoas Colectivas para o apuramento do lucro tributável.

Os rendimentos agrícolas integram a categoria D, considerando-se como tais os respeitantes ao exercício de actividades agrícolas, silvícolas ou pecuárias.

A autonomia dessa categoria de rendimento deve-se à necessidade de regras próprias para a determinação da matéria colectável.

Assim, o cálculo dos resultados das explorações silvícolas, embora também feito, em princípio, de acordo com as regras que são aplicáveis à determinação dos resultados das empresas comerciais ou industriais, deverá, em alguns aspectos, obedecer a regras específicas, como é o caso dos rendimentos de carácter plurianual, que se revelam muitas vezes de forma irregular.

Deve referir-se ainda que, com vista a permitir uma aplicação gradual do novo sistema fiscal aos rendimentos das actividades agrícolas, se excluíram da tributação tais rendimentos quando auferidos por pequenos agricultores nos cinco primeiros anos de vigência do Código e se previu, quanto aos restantes, que sejam englobados, durante o mesmo período, apenas em 40% do seu valor.

10 – Na tributação dos rendimentos de capitais (categoria E) têm particular relevância os juros e os lucros derivados de participações de capital. Mas a par desses rendimentos são incluídas nessa categoria as royalties derivadas da propriedade intelectual ou industrial e do Know-how, desde que não sejam auferidas pelo titular originário, bem como os rendimentos da prestação de assistência técnica e da cedência do uso do equipamento agrícola, comercial, industrial e científico.

Tal consideração resultou não apenas da natureza dos rendimentos, mas também de exigências de ordem pragmática, associadas ao sentido predominante dos respectivos fluxos no domínio internacional.

Nesta categoria deixa de relevar a distinção baseada na aplicação ou não do regime de retenção na fonte, da qual decorria a existência de duas secções do imposto de capitais.

Ainda uma referência à orientação adoptada no que respeita aos rendimentos de títulos ao portador e aos juros de depósitos bancários, em face do regime de anonimato existente. Considerou-se conveniente prever, nestes casos, a aplicação de taxas liberatórias, com a possibilidade de opção pela globalização, caso o contribuinte se disponha a revelar os rendimentos auferidos.

A tributação processa-se por retenção na fonte, liberando da obrigação de imposto, à taxa de 20% para os juros de depósitos e à taxa de 25% para os rendimentos de títulos – solução que se uniformizou para os títulos ao portador e títulos nominativos.

11 – No domínio dos rendimentos prediais (categoria F), incluem-se na base de incidência apenas os rendimentos efectivamente percebidos dos prédios arrendados, tanto urbanos como rústicos, e não já, como acontecia no sistema da contribuição predial, o valor locativo ou a renda fundiária dos prédios não arrendados, pois se visa tributar apenas os rendimentos realmente auferidos.

Tributam-se ainda os rendimentos decorrentes da cessão de exploração de estabelecimentos comerciais ou industriais.

Concomitantemente, é criada uma contribuição autárquica sobre o valor patrimonial dos prédios rústicos e urbanos, devida pelos seus proprietários, sendo a colecta desta deduzida à colecta do IRS, na parte proporcional aos rendimentos englobados dos prédios e até ao montante desta.

Para além desta dedução, também se prevê nesta categoria de rendimentos a dedução de todas as despesas referentes aos prédios e não apenas os encargos presumidos previstos no actual regime da contribuição predial.

12 – Outra categoria – a categoria G – é constituída pelas mais-valias.

Houve que optar entre um enunciado taxativo das mais-valias tributáveis e uma definição genérica de ganhos de capital. A primeira solução, permitindo evitar dificuldades de aplicação e rupturas com o sistema actual, em que o imposto de mais-valias incide em situações tipificadas, foi considerada preferível, sem embargo de se inovar quanto ao âmbito de incidência.

Tratando-se de rendimentos excepcionais, foi ponderado o regime tributário adequado em face da excessiva gravosidade que a tributação englobada poderia gerar, prevendo-se para esta categoria, um específico regime de tributação, envolvendo uma substancial dedução à matéria colectável.

Alarga-se a tributação a ganhos não sujeitos ao actual imposto de mais-valias, tais como os gerados pela transmissão onerosa de qualquer forma de propriedade imóvel.

Também se consagra a tributação dos ganhos pela transmissão onerosa de partes sociais e outros valores mobiliários – solução que foi, no entanto, ajustada em função do objectivo da política de desenvolvimento do mercado financeiro, fixando-se, para este caso, uma taxa liberatória de 10%, mas com a possibilidade de o sujeito passivo optar pelo englobamento.

Mantém-se a tributação da cessão do arrendamento de locais afectos ao exercício de actividades profissionais independentes, mas alarga-se o seu âmbito tributando as mais-valias resultantes da cessão de bens afectos de forma duradoura àquele exercício.

Contrariamente, deixam de se enquadrar nesta categoria as mais-valias resultantes da alienação de bens do activo imobilizado das empresas, por se afigurar tecnicamente mais correcto tratá-las, para efeitos tributários, como rendimentos comerciais, industriais ou agrícolas.

***13** – A categoria H diz respeito às pensões e a categoria I a «outros rendimentos», integrando-se nesta os ganhos de jogo, lotarias e apostas mútuas, com a correspondente abolição da tributação em imposto do selo. Em ambas as categorias, embora por razões e em termos distintos, é consagrado um regime de tributação especial.*

***14** – Foi ponderado o regime da comunicabilidade entre as categorias, no tocante às perdas eventualmente suportadas em cada uma delas.*

A lógica pura do imposto único implicaria o apuramento da situação global do contribuinte, por soma algébrica dos rendimentos líquidos obtidos nas diferentes categorias, influindo neste apuramento as perdas eventualmente verificadas numa ou em várias.

Todavia, a comunicabilidade sem restrições entre as várias categorias poderia acarretar significativa baixa de receita.

Entendeu-se, por isso, prudente excluir a comunicabilidade das perdas suportadas nas categorias dos rendimentos do trabalho independente, dos comerciais, industriais e agrícolas e das mais-valias.

Tal incomunicabilidade não obsta, todavia, a que se haja previsto, naquelas categorias, o reporte das perdas a anos futuros.

***15** – Não deixou de ser considerado, em articulação com o regime do imposto sobre o rendimento das pessoas colectivas, o problema da «dupla tributação económica» dos lucros colocados à disposição dos sócios, adoptando-se uma orientação de atenuação daquela dupla tributação, em atenção à necessidade de desenvolvimento do mercado financeiro e de tornar mais eficiente a afectação dos recursos. Consagrou-se, assim, um sistema de integração parcial, sob a forma de um «crédito de imposto» atribuído aos titulares dos lucros distribuídos por pessoas colectivas, de valor igual a 20% do IRC correspondente.*

***16** – Sem embargo de se reconhecer a necessidade de se atenuarem as distorções do sistema fiscal decorrentes da inflação, não se consagra o recurso, em geral, a esquemas de indexação automática, porquanto poderia suscitar acrescidas expectativas inflacionistas, particularmente indesejáveis no actual contexto de moderação do ritmo ascensional dos preços.*

Não estando, naturalmente, excluída a prática de ajustamentos ocasionais, cabe ao legislador julgar em cada momento da oportunidade da introdução de tais ajustamentos. No respeitante às mais e menos-valias, porém, observados certos requisitos relativos ao período de detenção dos bens, a correcção monetária foi assegurada, aliás na linha de orientação que já vinha sendo seguida.

***17** – Sem embargo da observância dos preceitos constitucionais relativos ao sistema fiscal, e em particular do imperativo de equidade deles decorrente, a reestruturação da tributação do rendimento tem de nortear-se por preocupações de eficiência, de simplicidade e de estabilidade das categorias fiscais a instituir, preocupações que constituem, aliás, uma nota convergente dos esforços* *reformistas nesta matéria, a que tão grande importância se vem dando nas democracias industriais do nosso tempo.*

A moderação das taxas conjugada com o alargamento das bases de tributação – já concretizado em parte através da generalização aos servidores do Estado da situação de contribuintes comuns e da reposição em vigor da tributação dos lucros da exploração agrícola – constituem elementos centrais da reforma da tributação do rendimento.

Anote-se que a tendência para o abrandamento da progressividade das escalas de taxas nominais do imposto sobre o rendimento é hoje mundial.

Dos meados dos anos 70 para cá a taxa marginal mais elevada desta categoria fiscal foi reduzida em grande número de países, num movimento que, nos últimos anos, tem vindo a generalizar-se e a sofrer visível aceleração.

A adopção de uma escala de taxas do imposto sobre o rendimento das pessoas singulares caracterizada por uma progressividade branda – a taxa marginal mais elevada é de 40%, precisamente metade da marca atingida há alguns anos atrás no plano do imposto complementar – vai ao encontro da preocupação de contrariar, quanto possível, o efeito negativo do imposto sobre o esforço de trabalho e a formação de capital e a incitação ao desenvolvimento da economia subterrânea.

A solução adoptada não é alheia, porém, à finalidade redistributiva do sistema de tributação do rendimento: o quadro de taxas assegura com nitidez o critério da tributação progressiva, tornado ainda mais saliente mercê da consagração de abatimentos e deduções à colecta, que claramente beneficiam os titulares de baixos níveis de rendimentos.

A exigência de maior equidade inerente à natureza da própria tributação global, em um só grau, do rendimento individual implica que deixem de ser tributados alguns dos estratos de rendimentos mais baixos, até aqui isoladamente apurados nos impostos parcelares.

Por outro lado, o objectivo de simplificação tornou recomendável a adopção de um número reduzido de escalões no sistema do IRS: aos onze escalões do imposto complementar, secção A, desdobrados por duas tabelas distintas e já de si sobrepostos a um número variável de escalões dos impostos parcelares – por coincidência também onze, no caso do imposto profissional – sucede, assim, um sistema unitário comportando apenas cinco escalões.

18 – A presente reforma é também inovadora no que respeita à tributação do agregado familiar.

A conjugação da progressividade das taxas com o apuramento do imposto em função do somatório dos rendimentos dos cônjuges origina uma situação discriminatória em relação à dos rendimentos separadamente imputados a cada contribuinte individual, suscitando a necessidade de introdução de dispositivos neutralizadores desse efeito, desde o estabelecimento de tabelas distintas de taxas para os contribuintes casados e para os contribuintes não casados, até aos métodos de fraccionamento ou divisão dos rendimentos («quociente conjugal» ou splitting e «quociente familiar») ou ao recurso a deduções ampliadas com vista a compensar o excesso de tributação.

No regime do imposto complementar, a penalização do agregado familiar assente no casamento, resultante do englobamento dos rendimentos auferidos pelos respectivos membros, foi atenuada (mas não eliminada), mercê da aplicação de uma tabela de taxas com progressividade menos acentuada do que a estabelecida para os contribuintes não casados.

Não se afigurou de admitir, em face do imperativo de simplificação já mencionado, a introdução no imposto único sobre o rendimento da dupla escala de taxas (para contribuintes casados e não separados e para contribuintes solteiros ou separados), sistema que, aliás, na prática, não proporciona solução adequada ao problema da discriminação contra a família e complicaria o funcionamento do regime de retenção na fonte, aplicado a amplas categorias de rendimentos.

Também o método de compensação por via da ampliação das deduções consentidas, pelas desigualdades que em certos casos pode produzir, não se apresenta como a melhor solução.

Há, assim, que pôr termo, de outro modo, à sobretributação do agregado familiar, que em tempos se aceitava com base em invocadas mas não quantificadas economias de escala, alinhando o sistema português pela tendência observada mundialmente, que aponta para regimes de tributação separada dos membros do agregado familiar ou para o englobamento com divisão.

A tributação conjunta foi posta de lado pela Dinamarca em 1970, pela Suécia em 1971, pela Áustria e pela Holanda em 1973, pela Itália e pela Finlândia em 1976. Em certos países proporcionaram-se regimes de opção pela tributação separada (casos do Reino Unido em 1972, da Bélgica em 1975 e da Irlanda em 1980), ou adoptou-se como sistema comum o da divisão do rendimento (tradicionalmente praticado na República Federal da Alemanha e nos Estados Unidos e, sob forma do «quociente familiar», em França e no Luxemburgo).

Embora possa admitir-se que a referência constitucional à consideração dos rendimentos do agregado familiar não é impeditiva da consagração da fórmula da tributação separada, reconhece-se existirem algumas dúvidas quanto à bondade da solução, a qual representaria, nas presentes circunstâncias, uma mudança demasiado radical, e suscitaria dificuldades em face de regimes matrimoniais resultantes de situações de comunhão de bens.

Sem se ignorar a importância da corrente, que se observa no plano mundial, no sentido da tributação separada, e a força do argumento da intimidade de cada um dos cônjuges nos seus assuntos fiscais, considerou-se conveniente manter a orientação, que mais de perto se afigura corresponder à caracterização do imposto único na lei fundamental, de tomar como critério de base a tributação do agregado familiar. Mas o reconhecimento de que, aplicado sem ajustamentos, este sistema conduziria à penalização da família – estrutura social que se pretende, ao invés, acalentar, como decorre do próprio imperativo constitucional – levou à consagração de um dos métodos de correcção atrás considerados: o sistema de englobamento com divisão, não segundo a técnica do quociente familiar (que beneficia as famílias mais numerosas, em aplicação de critérios discutíveis sob o ponto de vista da justiça fiscal), mas segundo a técnica do quociente conjugal ou splitting (que restringe a divisão do total dos rendimentos familiares aos dois membros a quem incumbe a direcção do agregado).

Embora se reconheça que nenhuma das soluções possíveis é isenta de aspectos negativos, optou-se pelo sistema de splitting, por considerações de justiça fiscal (atenuação da progressividade resultante do englobamento dos rendimentos), de respeito por uma posição de igualdade dos cônjuges (que contribuem, qualquer que seja o regime matrimonial de bens, para a conservação e valorização do património familiar) e de aproximação no tratamento dos agregados familiares assentes no casamento e de uniões de facto, em que a tributação será naturalmente separada.

No caso especial de a totalidade ou quase totalidade do rendimento englobado ser auferido por um dos cônjuges, em lugar da divisão por 2, inerente à forma pura de splitting, foi fixado um factor ligeiramente inferior.

Atende-se ao número de componentes da família através do regime, já consagrado entre nós, das deduções correspondentes a cada membro do agregado familiar.

19 - *Como já foi referido, o aspecto central da reforma é a simplificação da tributação do rendimento, avultando aqui a preocupação de assegurar maior comodidade dos contribuintes no cumprimento das suas obrigações.*

Só por si, a unicidade do imposto torna possível a cada contribuinte englobar numa única declaração anual os rendimentos de todas as categorias.

E, para além dos pontos ligados à vertente administrativa da reforma, como é o caso da utilização dos meios informáticos destinados a facilitar a liquidação e pagamento, prevê o Código dispositivos que vêm ao encontro da necessidade de reduzir ao mínimo os contactos pessoais, não raro desgastantes, entre
o contribuinte e a Administração, designadamente pela colaboração dos correios e do sistema bancário, quer na fase da entrega das declarações, quer na do pagamento do imposto.

Também é consagrada a ampliação do sistema de retenção na fonte, correntemente praticado entre nós para rendimentos do trabalho dependente e da aplicação de capitais.

Previu-se ainda a adopção de um esquema de pagamentos por conta com base em liquidações provisórias, permitindo uma maior aproximação com o momento da percepção dos rendimentos e consequente obtenção regular das receitas fiscais, e facilitando o desdobramento do pagamento em parcelas escalonadas no tempo.

Ainda no sentido de tornar mais fácil e cómodo o cumprimento das obrigações fiscais dos contribuintes, instituiu-se a autoliquidação do imposto.

20 – Tendo sido legalmente definido o princípio de que os benefícios fiscais, por representarem excepções às regras de equidade e suscitarem a erosão das bases de incidência, deverão ser outorgados apenas em casos excepcionais e rigorosamente justificados, afigurou-se conveniente consagrar a esta matéria um diploma independente, em que se contenham os princípios gerais a que deve obedecer a criação de benefícios e se definam as regras da sua atribuição e reconhecimento administrativo. O sistema do Código não comporta, assim, o capítulo tradicionalmente epigrafado «Isenções», compreendendo um capítulo inicial em que se contém a matéria de incidência, sete capítulos consagrados respectivamente à determinação do rendimento colectável, taxas, liquidação, pagamento, obrigações acessórias, fiscalização, garantias e um último contendo disposições diversas.

Também não se integrou no Código a matéria habitualmente tratada em capítulo próprio epigrafado «Penalidades», já que se afigurou conveniente consagrar um diploma autónomo à tipificação e sancionamento das infracções às normas reguladoras dos novos impostos sobre o rendimento, com extensão às outras categorias fiscais já existentes, feitas as necessárias adaptações.

21 – No que respeita às garantias dos contribuintes, o Código representa um considerável alargamento das até agora existentes, pois, para além de, na decorrência do princípio expresso no n.º 2 do artigo 268.º da Constituição, assegurar que, sempre que a administração fiscal altere os rendimentos declarados ou, na falta de declaração, proceda à respectiva fixação, serão os interessados notificados dessa decisão, com indicação dos seus fundamentos, a fim de poderem requerer a revisão administrativa ou a impugnação judicial dessa mesma decisão, nos termos do Código de Processo das Contribuições e Impostos, que estabelece diversas outras regras fundamentais.

Assim, não só se limitou significativamente o recurso a presunções e se eliminou a possibilidade de a administração fiscal se servir de critérios de razoabilidade para definir o limite de deduções ou encargos, como se estabeleceu que a base da determinação do rendimento colectável é a declaração do contribuinte, só podendo proceder-se à fixação administrativa desse rendimento na falta de tal declaração, quando os rendimentos declarados não correspondam aos reais ou se afastem dos presumidos na lei ou haja necessidade de utilizar métodos indiciários.

Garantia de especial relevância é ainda a que decorre do alargamento de âmbito do recurso contencioso que agora se consagra, ao admitir-se expressamente que nele passe a poder ser invocada qualquer ilegalidade praticada na determinação do rendimento colectável, bem como a errónea quantificação deste.

22 – Espera-se que o alargamento das bases de incidência, designadamente pela redução do campo dos incentivos fiscais, o melhor cumprimento dos deveres fiscais e sobretudo a aceleração da expansão económica, para que contribuirá a existência de um sistema fiscal dotado de coerência e credibilidade, proporcionem uma perspectiva de estabilidade do nível de receitas.

Não constitui, na verdade, específico objectivo da reforma da tributação do rendimento o aumento do nível da fiscalidade, medido em termos de relação entre as receitas dos impostos e o produto interno – nível que já atinge expressão apreciável em atenção ao grau de desenvolvimento económico do País.

Mas, se outras razões não existissem, designadamente a necessidade de salvaguardar a posição do erário, a própria desproporção existente entre o peso dos impostos indirectos e o dos impostos directos, com a imagem de regressividade do sistema que dela se extrai, desaconselharia a que, no âmbito da reforma, se visasse o decrescimento do nível da fiscalidade directa.

23 – A publicação dos diplomas reguladores das novas categorias no domínio da tributação do rendimento e legislação complementar, incluindo a relativa à revisão do quadro das finanças locais, fica, sem dúvida, a marcar o ponto central da profunda remodelação da fiscalidade portuguesa empreendida na segunda metade da década de 80, num período em que, a par da abertura de novas perspectivas de desenvolvimento e de acesso da população a melhores condições de vida, se enfrenta o desafio da internacionalização da economia e, em particular, da participação no mercado interno para que aceleradamente, caminha a Europa comunitária.

Está, assim, dado um passo importantíssimo na linha da modernização das nossas estruturas fiscais. Mas para além da fase da concepção dos novos modelos e da elaboração normativa, a prosseguir muito em breve com o ajustamento do regime dos impostos sobre transmissões patrimoniais, torna-se indispensável corresponder aos imperativos de aperfeiçoamento da administração e da justiça fiscais, de renovação das mentalidades quanto ao cumprimento dos deveres tributários e de melhoria do relacionamento entre o Estado e os contribuintes; e é da conjugação de todos estes factores que dependerá, em última análise, o êxito da reforma agora finalmente lançada.

CAPÍTULO I
Incidência

SECÇÃO I
Incidência real

ARTIGO 1º
Base do imposto

1 – O imposto sobre o rendimento das pessoas singulares (IRS) incide sobre o valor anual dos rendimentos das categorias seguintes, mesmo quando provenientes de actos ilícitos, depois de efectuadas as correspondentes deduções e abatimentos:

Categoria A – Rendimentos do trabalho dependente;
Categoria B – Rendimentos empresariais e profissionais;
Categoria E – Rendimentos de capitais;
Categoria F – Rendimentos prediais;
Categoria G – Incrementos patrimoniais;
Categoria H – Pensões.

2 – Os rendimentos, quer em dinheiro quer em espécie, ficam sujeitos a tributação, seja qual for o local onde se obtenham, a moeda e a forma por que sejam auferidos.

ARTIGO 2º
Rendimentos da categoria A

1 – Consideram-se rendimentos do trabalho dependente todas as remunerações pagas ou postas à disposição do seu titular provenientes de:

a) Trabalho por conta de outrem prestado ao abrigo de contrato individual de trabalho ou de outro a ele legalmente equiparado;

b) Trabalho prestado ao abrigo de contrato de aquisição de serviços ou outro de idêntica natureza, sob a autoridade e a direcção da pessoa ou entidade que ocupa a posição de sujeito activo na relação jurídica dele resultante;

c) Exercício de função, serviço ou cargo públicos;

d) Situações de pré-reforma, pré-aposentação ou reserva, com ou sem prestação de trabalho, bem como de prestações atribuídas, não importa a que título, antes de verificados os requisitos exigidos nos regimes obrigatórios de segurança social aplicáveis para a passagem à situação de reforma, ou, mesmo que não subsista o contrato de trabalho, se mostrem subordinadas à condição de serem devi-das até que tais requisitos se verifiquem, ainda que, em qualquer dos casos anteriormente previstos, sejam devidas por fundos de pensões ou outras entidades, que se substituam à entidade originariamente devedora.

2 – As remunerações referidas no número anterior compreendem, designadamente, ordenados, salários, vencimentos, gratificações, percentagens, comissões, participações, subsídios ou prémios, senhas de presença, emolumentos, participações em coimas ou multas e outras remunerações acessórias, ainda que periódicas, fixas ou variáveis, de natureza contratual ou não.

3 – Consideram-se ainda rendimentos do trabalho dependente:

a) As remunerações dos membros dos órgãos estatutários das pessoas colectivas e entidades equiparadas, com excepção dos que neles participem como revisores oficiais de contas;

b) As remunerações acessórias, nelas se compreendendo todos os direitos, benefícios ou regalias não incluídos na remuneração principal que sejam auferidos devido à prestação de trabalho ou em conexão com esta e constituam para o respectivo beneficiário uma vantagem económica, designadamente:

  1) Os abonos de família e respectivas prestações complementares, excepto na parte em que não excedam os limites legais estabelecidos;
  2) O subsídio de refeição na parte em que exceder em 50% o limite legal estabelecido, ou em 70% sempre que o respectivo subsídio seja atribuído através de vales de refeição;
  3) As importâncias despendidas, obrigatória ou facultativamente, pela entidade patronal com seguros e operações do ramo «Vida», contribuições para fundos de pensões, fundos de poupança-reforma ou quaisquer regimes complementares de segurança social, desde que constituam direitos adquiridos e indivi-

dualizados dos respectivos beneficiários, bem como as que, não constituindo direitos adquiridos e individualizados dos respectivos beneficiários, sejam por estes objecto de resgate, adiantamento, remição ou qualquer outra forma de antecipação da correspondente disponibilidade, ou, em qualquer caso, de recebimento em capital, mesmo que estejam reunidos os requisitos exigidos pelos sistemas de segurança social obrigatórios aplicáveis para a passagem à situação de reforma ou esta se tiver verificado;

4) Os subsídios de residência ou equivalentes ou a utilização de casa de habitação fornecida pela entidade patronal;

5) Os resultantes de empréstimos sem juros ou a taxa de juro inferior à de referência para o tipo de operação em causa, concedidos ou suportados pela entidade patronal, com excepção dos que se destinem à aquisição de habitação própria permanente, de valor não superior a € 134 675,43 e cuja taxa não seja inferior a 65% da prevista no nº 2 do artigo 10º do Decreto-Lei nº 138/98, de 16 de Maio;

6) As importâncias despendidas pela entidade patronal com viagens e estadas, de turismo e similares, não conexas com as funções exercidas pelo trabalhador ao serviço da mesma entidade;

7) Os ganhos derivados de planos de opções, de subscrição, de atribuição ou outros de efeito equivalente, sobre valores mobiliários ou direitos equiparados, ainda que de natureza ideal, criados em benefício de trabalhadores ou membros de órgãos sociais, incluindo os resultantes da alienação ou liquidação financeira das opções ou direitos ou de renúncia onerosa ao seu exercício, a favor da entidade patronal ou de terceiros, e, bem assim, os resultantes da recompra por essa entidade, mas, em qualquer caso, apenas na parte em que a mesma se revista de carácter remuneratório, dos valores mobiliários ou direitos equiparados, mesmo que os ganhos apenas se materializem após a cessação da relação de trabalho ou de mandato social;

8) Os rendimentos, em dinheiro ou em espécie, pagos ou colocados à disposição a título de direito a rendimento inerente a valores mobiliários ou direitos equiparados, ainda que estes se revistam de natureza ideal, e, bem assim, a título de valorização patrimonial daqueles valores ou direitos, independentemente do índice utilizado para a respectiva determinação, derivados de planos de subscrição, de atribuição ou outros de efeito equivalente, criados em benefício de trabalhadores ou membros de órgãos sociais, mesmo que o pagamento ou colocação à disposição ocorra apenas após a cessação da relação de trabalho ou de mandato social;

9) Os resultantes da utilização pessoal pelo trabalhador ou membro de órgão social de viatura automóvel que gere encargos para a entidade patronal, quando exista acordo escrito entre o trabalhador ou membro do órgão social e a entidade patronal sobre a imputação àquele da referida viatura automóvel;

10) A aquisição pelo trabalhador ou membro de órgão social, por preço inferior ao valor de mercado, de qualquer viatura que tenha originado encargos para a entidade patronal;

c) Os abonos para falhas devidos a quem, no seu trabalho, tenha de movimentar numerário, na parte em que excedam 5% da remuneração mensal fixa;

d) As ajudas de custo e as importâncias auferidas pela utilização de automóvel próprio em serviço da entidade patronal, na parte em que ambas excedam os limites legais ou quando não sejam observados os pressupostos da sua atribuição aos servidores do Estado e as verbas para despesas de deslocação, viagens ou representação de que não tenham sido prestadas contas até ao termo do exercício;

e) Quaisquer indemnizações resultantes da constituição, extinção ou modificação de relação jurídica que origine rendimentos do trabalho dependente, incluindo as que respeitem ao incumprimento das condições contratuais ou sejam devidas pela mudança de local de trabalho, sem prejuízo do disposto no n.º 4;

f) A quota-parte, acrescida dos descontos para a segurança social que constituam encargos do beneficiário, devida a título de participação nas companhas de pesca aos pescadores que limitem a sua actuação à prestação de trabalho;

g) As gratificações auferidas pela prestação ou em razão da prestação do trabalho, quando não atribuídas pela respectiva entidade patronal.

4 – Quando, por qualquer forma, cessem os contratos subjacentes às situações referidas nas alíneas *a)*, *b)* e *c)* do n.º 1, mas sem prejuízo do disposto na alínea *d)* do mesmo número, quanto às prestações que continuem a ser devidas mesmo que o contrato de trabalho não subsista, ou se verifique a cessação das funções de gestor, administrador ou gerente de pessoa colectiva, as importâncias auferidas, a qualquer título, ficam sempre sujeitas a tributação:([1])

a) Pela sua totalidade, tratando-se de gestor, administrador ou gerente de pessoa colectiva;

b) Na parte que exceda o valor correspondente a uma vez e meia o valor médio das remunerações regulares com carácter de retribuição sujeitas a imposto, auferidas nos últimos 12 meses, multiplicado pelo número de anos ou fracção de antiguidade ou de exercício de funções na entidade devedora, nos demais casos, salvo quando nos 24 meses seguintes seja criado novo vínculo profissional ou empresarial, independentemente da sua natureza, com a mesma entidade, caso em que as importâncias serão tributadas pela totalidade.

5 – Para efeitos do referido no número anterior, considera-se também criado um novo vínculo empresarial quando sejam estabelecidas com a entidade com a qual cessaram as relações laborais, comerciais ou de prestação de serviços, por sociedade ou outra entidade em que, pelo menos, 50% do seu capital seja detido, isoladamente ou em conjunto com algum dos elementos do respectivo agregado familiar, pelo beneficiário ou por uma pluralidade de beneficiários das importâncias recebidas, excepto se as referidas relações laborais, comerciais ou de prestação de serviços representarem menos de 50% das vendas ou prestações de serviços efectuadas no exercício.([1])

6 – O regime previsto no n.º 4 não é aplicável às importâncias relativas aos direitos vencidos durante os referidos contratos ou situações, designadamente remunerações por trabalho prestado, férias, subsídios de férias e de Natal.

([1]) Redacção dada pela Lei nº 100/2009, de 7 de Setembro.

7 – As importâncias referidas no nº 4 serão também tributadas pela totalidade quando o sujeito passivo tenha beneficiado, nos últimos cinco anos, da não tributação total ou parcial nele prevista.

8 – Não constituem rendimento tributável:

a) As prestações efectuadas pelas entidades patronais para regimes obrigatórios de segurança social, ainda que de natureza privada, que visem assegurar exclusivamente benefícios em caso de reforma, invalidez ou sobrevivência;

b) Os benefícios imputáveis à utilização e fruição de realizações de utilidade social e de lazer mantidas pela entidade patronal ou previstos no Decreto-Lei nº 26//99, de 28 de Janeiro, desde que observados os critérios estabelecidos no artigo 40º do Código do IRC;

c) As prestações relacionadas exclusivamente com acções de formação profissional dos trabalhadores, quer estas sejam ministradas pela entidade patronal quer por organismo de direito público ou entidade reconhecida como tendo competência nos domínios da formação e reabilitação profissionais pelos ministérios competentes;

d) As importâncias suportadas pelas entidades patronais com a aquisição de passes sociais a favor dos seus trabalhadores desde que a atribuição dos mesmos tenha carácter geral.([1])

9 – Para efeitos do disposto no nº 3) da alínea *b)* do nº 3, consideram-se direitos adquiridos aqueles cujo exercício não depende da manutenção do vínculo laboral, ou como tal considerado para efeitos fiscais, do beneficiário com a respectiva entidade patronal.

10 – Para efeitos deste imposto, considera-se entidade patronal toda aquela que pague ou coloque à disposição remunerações que, nos termos deste artigo, constituam rendimentos de trabalho dependente, sendo a ela equiparada qualquer outra entidade que com ela esteja em relação de domínio ou de grupo, independentemente da respectiva localização geográfica.

11 – Para efeitos da alínea *b)* do nº 3, consideram-se rendimentos do trabalhador os benefícios ou regalias atribuídos pela entidade patronal a qualquer pessoa do seu agregado familiar ou que a ele esteja ligada por vínculo de parentesco ou afinidade.

12 – Não constituem rendimentos do trabalho dependente os auferidos após a extinção do contrato individual de trabalho, sempre que o titular seja colocado numa situação equivalente à de reforma, segundo o regime de segurança social que lhe seja aplicável.

13 – Para efeitos do nº 10 da alínea *b)* do nº 3, presume-se que a viatura foi adquirida pelo trabalhador ou membro do órgão social, quando seja registada no seu nome, no de qualquer pessoa que integre o seu agregado familiar ou no de outrem por si indicada, no prazo de dois anos a contar do exercício em que a viatura deixou de originar encargos para a entidade patronal.

14 – Os limites legais previstos neste artigo serão os anualmente fixados para os servidores do Estado.

([1]) Aditada pela Lei nº 64-A/2008, de 31 de Dezembro.

ARTIGO 3º
Rendimentos da categoria B

1 – Consideram-se rendimentos empresariais e profissionais:

a) Os decorrentes do exercício de qualquer actividade comercial, industrial, agrícola, silvícola ou pecuária;

b) Os auferidos no exercício, por conta própria, de qualquer actividade de prestação de serviços, incluindo as de carácter científico, artístico ou técnico, qualquer que seja a sua natureza, ainda que conexa com actividades mencionadas na alínea anterior;

c) Os provenientes da propriedade intelectual ou industrial ou da prestação de informações respeitantes a uma experiência adquirida no sector industrial, comercial ou científico, quando auferidos pelo seu titular originário.

2 – Consideram-se ainda rendimentos desta categoria:

a) Os rendimentos prediais imputáveis a actividades geradoras de rendimentos empresariais e profissionais;

b) Os rendimentos de capitais imputáveis a actividades geradoras de rendimentos empresariais e profissionais;

c) As mais-valias apuradas no âmbito das actividades geradoras de rendimentos empresariais e profissionais, definidas nos termos do artigo 43º do Código do IRC, designadamente as resultantes da transferência para o património particular dos empresários de quaisquer bens afectos ao activo da empresa e, bem assim, os outros ganhos ou perdas que, não se encontrando nessas condições, decorram das operações referidas no nº 1 do artigo 10º, quando imputáveis a actividades geradoras de rendimentos empresariais e profissionais;

d) As importâncias auferidas, a título de indemnização, conexas com a actividade exercida, nomeadamente a sua redução, suspensão e cessação, assim como pela mudança do local do respectivo exercício;

e) As importâncias relativas à cessão temporária de exploração de estabelecimento;

f) Os subsídios ou subvenções no âmbito do exercício de actividade abrangida na alínea a) do nº 1;

g) Os subsídios ou subvenções no âmbito do exercício de actividade abrangida na alínea b) do nº 1;

h) Os provenientes da prática de actos isolados referentes a actividade abrangida na alínea a) do nº 1;

i) Os provenientes da prática de actos isolados referentes a actividade abrangida na alínea b) do nº 1.

3 – Para efeitos do disposto nas alíneas h) e i) do número anterior, consideram-se rendimentos provenientes de actos isolados os que não resultem de uma prática previsível ou reiterada.([1])

([1]) Redacção dada pela Lei nº 3-B/2010, de 28 de Abril.

4 – São excluídos de tributação os rendimentos resultantes de actividades agrícolas, silvícolas e pecuárias, quando o valor dos proveitos ou das receitas, isoladamente, ou em cumulação com o valor dos rendimentos ilíquidos sujeitos, ainda que isentos, desta ou doutras categorias que devam ser ou tenham sido englobados, não exceda por agregado familiar cinco vezes o valor anual do salário mínimo nacional mais elevado.

5 – Para efeitos deste imposto, consideram-se como provenientes da propriedade intelectual os direitos de autor e direitos conexos.

6 – Os rendimentos referidos neste artigo ficam sujeitos a tributação desde o momento em que para efeitos de IVA seja obrigatória a emissão de factura ou documento equivalente ou, não sendo obrigatória a sua emissão, desde o momento do pagamento ou colocação à disposição dos respectivos titulares, sem prejuízo da aplicação do disposto no artigo 18º do Código do IRC, sempre que o rendimento seja determinado com base na contabilidade.

ARTIGO 4º
Actividades comerciais e industriais, agrícolas, silvícolas e pecuárias

1 – Consideram-se actividades comerciais e industriais, designadamente, as seguintes:

a) Compra e venda;
b) Fabricação;
c) Pesca;
d) Explorações mineiras e outras indústrias extractivas;
e) Transportes;
f) Construção civil;
g) Urbanísticas e exploração de loteamentos;
h) Actividades hoteleiras e similares, restauração e bebidas, bem como a venda ou exploração do direito real de habitação periódica;
i) Agências de viagens e de turismo;
j) Artesanato;
l) Actividades agrícolas e pecuárias não conexas com a exploração da terra ou em que esta tenha carácter manifestamente acessório;
m) Actividades agrícolas, silvícolas e pecuárias integradas noutras de natureza comercial ou industrial.

2 – Considera-se que a exploração da terra tem carácter manifestamente acessório quando os respectivos custos directos sejam inferiores a 25% dos custos directos totais do conjunto da actividade exercida.

3 – Para efeitos do disposto na alínea *m)* do nº 1, consideram-se integradas em actividades de natureza comercial ou industrial as agrícolas, silvícolas e pecuárias cujos produtos se destinem a ser utilizados ou consumidos em mais de 60% do seu valor naquelas actividades.

4 – Consideram-se actividades agrícolas, silvícolas ou pecuárias, designadamente, as seguintes:

a) As comerciais ou industriais, meramente acessórias ou complementares daquelas, que utilizem, de forma exclusiva, os produtos das próprias explorações agrícolas, silvícolas ou pecuárias;

b) Caça e a exploração de pastos naturais, água e outros produtos espontâneos, explorados directamente ou por terceiros;

c) Explorações de marinhas de sal;

d) Explorações apícolas;

e) Investigação e obtenção de novas variedades animais e vegetais, dependentes daquelas actividades.

ARTIGO 5º
Rendimentos da categoria E

1 – Consideram-se rendimentos de capitais os frutos e demais vantagens económicas, qualquer que seja a sua natureza ou denominação, sejam pecuniários ou em espécie, procedentes, directa ou indirectamente, de elementos patrimoniais, bens, direitos ou situações jurídicas, de natureza mobiliária, bem como da respectiva modificação, transmissão ou cessação, com excepção dos ganhos e outros rendimentos tributados noutras categorias.

2 – Os frutos e vantagens económicas referidas no número anterior compreendem, designadamente:([1])

a) Os juros e outras formas de remuneração decorrentes de contratos de mútuo, abertura de crédito, reporte e outros que proporcionem, a título oneroso, a disponibilidade temporária de dinheiro ou outras coisas fungíveis;

b) Os juros e outras formas de remuneração derivadas de depósitos à ordem ou a prazo em instituições financeiras, bem como de certificados de depósitos;

c) Os juros, os prémios de amortização ou de reembolso e as outras formas de remuneração de títulos da dívida pública, obrigações, títulos de participação, certificados de consignação, obrigações de caixa ou outros títulos análogos, emitidos por entidades públicas ou privadas, e demais instrumentos de aplicação financeira, designadamente letras, livranças e outros títulos de crédito negociáveis, enquanto utilizados como tais;

d) Os juros e outras formas de remuneração de suprimentos, abonos ou adiantamentos de capital feitos pelos sócios à sociedade;

e) Os juros e outras formas de remuneração devidos pelo facto de os sócios não levantarem os lucros ou remunerações colocados à sua disposição;

f) O saldo dos juros apurado em contrato de conta corrente;

g) Os juros ou quaisquer acréscimos de crédito pecuniário resultantes da dilação do respectivo vencimento ou de mora no seu pagamento, sejam legais sejam contratuais, com excepção dos juros de vidos ao Estado ou a outros entes públicos por atraso na liquidação ou mora no pagamento de quaisquer contribuições, impostos ou taxas e dos juros atribuídos no âmbito de uma indemnização não sujeita a tributação nos termos do nº 1 do artigo 12º;([1])

([1]) Redacção dada pela Lei nº 67-A/2007, de 31 de Dezembro.

h) Os lucros das entidades sujeitas a IRC colocados à disposição dos respectivos associados ou titulares, incluindo adiantamentos por conta de lucros, com exclusão daqueles a que se refere o artigo 20º;

i) O valor atribuído aos associados em resultado da partilha que, nos termos do artigo 75º do Código do IRC, seja considerado rendimento de aplicação de capitais, bem como o valor atribuído aos associados na amortização de partes sociais sem redução de capital;

j) Os rendimentos das unidades de participação em fundos de investimento;

l) Os rendimentos auferidos pelo associado na associação em participação e na associação à quota, bem como, nesta última, os rendimentos referidos nas alíneas *h)* e *i)* auferidos pelo associante depois de descontada a prestação por si devida ao associado;

m) Os rendimentos provenientes de contratos que tenham por objecto a cessão ou utilização temporária de direitos da propriedade intelectual ou industrial ou a prestação de informações respeitantes a uma experiência adquirida no sector industrial, comercial ou científico, quando não auferidos pelo respectivo autor ou titular originário, bem como os derivados de assistência técnica;

n) Os rendimentos decorrentes do uso ou da concessão do uso de equipamento agrícola e industrial, comercial ou científico, quando não constituam rendimentos prediais, bem como os provenientes da cedência, esporádica ou continuada, de equipamentos e redes informáticas, incluindo transmissão de dados ou disponibilização de capacidade informática instalada em qualquer das suas formas possíveis;

o) Os juros que não se incluam em outras alíneas deste artigo lançados em quaisquer contas correntes;

p) Quaisquer outros rendimentos derivados da simples aplicação de capitais;

q) O ganho decorrente de operações de *swaps* cambiais, *swaps* de taxa de juro, *swaps* de taxa de juro e divisas e de operações cambiais a prazo.

r) A remuneração decorrente de certificados que garantam ao titular o direito a receber um valor mínimo superior ao valor de subscrição.

3 – Consideram-se ainda rendimentos de capitais a diferença positiva entre os montantes pagos a título de resgate, adiantamento ou vencimento de seguros e operações do ramo 'Vida' e os respectivos prémios pagos ou importâncias investidas, bem como a diferença positiva entre os montantes pagos a título de resgate, remição ou outra forma de antecipação de disponibilidade por fundos de pensões ou no âmbito de outros regimes complementares de segurança social, incluindo os disponibilizados por associações mutualistas, e as respectivas contribuições pagas, sem prejuízo do disposto nas alíneas seguintes, quando o montante dos prémios, importâncias ou contribuições pagos na primeira metade da vigência dos contratos representar pelo menos 35% da totalidade daqueles:([1])

a) São excluídos da tributação um quinto do rendimento, se o resgate, adiantamento, remição ou outra forma de antecipação de disponibilidade, bem como o vencimento, ocorrerem após cinco e antes de oito anos de vigência do contrato;

([1]) Redacção dada pelo Decreto-Lei nº 292/2009, de 13 de Outubro.

b) São excluídos da tributação três quintos do rendimento, se o resgate, adiantamento, remição ou outra forma de antecipação de disponibilidade, bem como o vencimento, ocorrerem depois dos primeiros oito anos de vigência do contrato.

4 – Para efeitos da alínea *b)* do n.º 2, consideram-se remunerações derivadas de depósitos à ordem ou a prazo os ganhos, seja qual for a designação que as partes lhe atribuam, resultantes de contratos celebrados por instituições de crédito que titulam um depósito em numerário, a sua absoluta ou relativa indisponibilidade durante o prazo contratual e a garantia de rentabilidade assegurada, independentemente de esta se reportar ao câmbio da moeda.

5 – Para efeitos da alínea *c)* do n.º 2, compreendem-se nos rendimentos de capitais o quantitativo dos juros contáveis desde a data do último vencimento ou da emissão, primeira colocação ou endosso, se ainda não houver ocorrido qualquer vencimento, até à data em que ocorra alguma transmissão dos respectivos títulos, bem como a diferença, pela parte correspondente àqueles períodos, entre o valor de reembolso e o preço de emissão, no caso de títulos cuja remuneração seja constituída, total ou parcialmente, por essa diferença. 6 – Sem prejuízo do disposto no número seguinte, nos casos previstos na alínea *q)* do n.º 2, o ganho sujeito a imposto é constituído:

a) Tratando-se de *swaps* cambiais ou de operações cambiais a prazo, pela diferença positiva entre a taxa de câmbio acordada para a venda ou compra na data futura e a taxa de câmbio à vista verificada no dia da celebração do contrato para o mesmo par de moedas;

b) Tratando-se de *swaps* de taxa de juro ou de taxa de juro e divisas, pela diferença positiva entre os juros e, bem assim, no segundo caso, pelos ganhos cambiais respeitantes aos capitais trocados.

7 – Havendo lugar à cessão ou anulação de um *swap* ou de uma operação cambial a prazo, com pagamento e recebimento de valores de regularização, os ganhos respectivos constituem rendimento para efeitos da alínea *q)* do n.º 2, aplicando-se, com as necessárias adaptações, o disposto no artigo 79.º do Código do IRC.

8 – Estando em causa instrumentos financeiros derivados, o disposto no n.º 11 do artigo 78.º do Código do IRC é aplicável, com as necessárias adaptações, para efeitos de IRS.

9 – No caso de cessões de crédito previstas na alínea *a)* do n.º 2, o rendimento sujeito a imposto é constituído pela diferença positiva entre o valor da cessão e o valor nominal do crédito.

10 – *Revogado*([1]).

ARTIGO 6º
Presunções relativas a rendimentos da categoria E

1 – Presume-se que as letras e livranças resultam de contratos de mútuo quando não provenham de transacções comerciais, entendendo-se que assim sucede quando o credor originário não for comerciante.

([1]) Revogado pela Lei n.º 64-A/2008, de 31 de Dezembro.

2 – Presume-se que os mútuos e as aberturas de crédito referidos na alínea *a*) do n.º 2 do artigo anterior são remunerados, entendendo-se que o juro começa a vencer-se nos mútuos a partir da data do contrato e nas aberturas de crédito desde a data da sua utilização.

3 – Até prova em contrário, presumem-se mutuados os capitais entregues em depósito não incluídos na alínea *b*) do n.º 2 do artigo anterior e cuja restituição seja garantida por qualquer forma.

4 – Os lançamentos em quaisquer contas correntes dos sócios, escrituradas nas sociedades comerciais ou civis sob forma comercial, quando não resultem de mútuos, da prestação de trabalho ou do exercício de cargos sociais, presumem-se feitos a título de lucros ou adiantamento dos lucros.

5 – As presunções estabelecidas no presente artigo podem ser ilididas com base em decisão judicial, acto administrativo, declaração do Banco de Portugal ou reconhecimento pela Direcção-Geral dos Impostos.

ARTIGO 7º
Momento a partir do qual ficam sujeitos a tributação os rendimentos da categoria E

1 – Os rendimentos referidos no artigo 5º ficam sujeitos a tributação desde o momento em que se vencem, se presume o vencimento, são colocados à disposição do seu titular, são liquidados ou desde a data do apuramento do respectivo quantitativo, conforme os casos.

2 – Tratando-se de mútuos, de depósitos e de aberturas de crédito, considera-se que os juros, incluindo os parcialmente presumidos, se vencem na data estipulada, ou, na sua ausência, na data do reembolso do capital, salvo quanto aos juros totalmente presumidos, cujo vencimento se considera ter lugar em 31 de Dezembro de cada ano ou na data do reembolso, se anterior.

3 – Para efeitos do disposto no nº 1, atende-se:

a) Quanto ao nº 2 do artigo 5º:

1) Ao vencimento, para os rendimentos referidos na alínea *a*), com excepção do reporte, na alínea *b*), com excepção dos reembolsos antecipados dos depósitos ou de certificados de depósitos, na alínea *c*), com excepção dos certificados de consignação, e nas alíneas *d*), *e*), *g*) e *q*), neste último caso relativamente a juros vencidos durante o decurso da operação;

2) A colocação à disposição, para os rendimentos referidos nas alíneas *h*), *i*), *j*), *l*) e *r*), assim como dos certificados de consignação;

3) Ao apuramento do respectivo quantitativo, para os rendimentos do contrato de reporte, dos juros, no caso de reembolso antecipado dos depósitos ou de certificados de depósitos, e dos referidos nas alíneas *f*), *m*), *n*), *o*) e *p*);

4) Sem prejuízo do disposto no nº 1) da presente alínea, ao momento da liquidação da operação para os rendimentos previstos na alínea *q*);

b) Quanto ao nº 3 do artigo 5º, à colocação dos rendimentos à disposição dos seus titulares ou ao apuramento do respectivo quantitativo quando o titular do direito aos rendimentos opte por recebê-los sob a forma de renda;

c) Quanto ao n.º 5 do artigo 5.º, à data da transmissão, excepto quando esta se realizar entre sujeitos passivos de IRS e não seja imputável ao exercício de uma actividade empresarial e profissional;

d) Quanto ao n.º 7 do artigo 5.º, ao apuramento do respectivo quantitativo.

4 – As aberturas de crédito consideram-se utilizadas na totalidade sempre que, segundo as cláusulas do contrato, os levantamentos possam fazer-se independentemente de escritura ou instrumento notarial.

5 – Os juros são contados dia a dia.

ARTIGO 8º
Rendimentos da categoria F

1 – Consideram-se rendimentos prediais as rendas dos prédios rústicos, urbanos e mistos pagas ou colocadas à disposição dos respectivos titulares.

2 – São havidas como rendas:

a) As importâncias relativas à cedência do uso do prédio ou de parte dele e aos serviços relacionados com aquela cedência;

b) As importâncias relativas ao aluguer de maquinismos e mobiliários instalados no imóvel locado;

c) A diferença, auferida pelo sublocador, entre a renda recebida do subarrendatário e a paga ao senhorio;

d) As importâncias relativas à cedência do uso, total ou parcial, de bens imóveis, para quaisquer fins especiais, designadamente publicidade;

e) As importâncias relativas à cedência do uso de partes comuns de prédios em regime de propriedade horizontal;

f) As importâncias relativas à constituição, a título oneroso, de direitos reais de gozo temporários, ainda que vitalícios, sobre prédios rústicos, urbanos ou mistos.

3 – Para efeitos de IRS, considera-se prédio rústico uma parte delimitada do solo e as construções nele existentes que não tenham autonomia económica, prédio urbano qualquer edifício incorporado no solo e os terrenos que lhe sirvam de logradouro e prédio misto o que comporte parte rústica e parte urbana.

4 – Para efeitos do número anterior, considera-se ainda construção todo o bem móvel assente no mesmo local por um período superior a 12 meses.

ARTIGO 9º
Rendimentos da categoria G

1 – Constituem incrementos patrimoniais, desde que não considerados rendimentos de outras categorias:

a) As mais-valias, tal como definidas no artigo seguinte;

b) As indemnizações que visem a reparação de danos não patrimoniais, exceptuadas as fixadas por decisão judicial ou arbitral ou resultantes de acordo homologado judicialmente, de danos emergentes não comprovados e de lucros cessantes, considerando-se neste último caso como tais apenas as que se destinem a ressarcir os benefícios líquidos deixados de obter em consequência da lesão;[1]

---

[1] Redacção dada pela Lei n.º 67-A/2007, de 31 de Dezembro.

c) Importâncias auferidas em virtude da assunção de obrigações de não concorrência, independentemente da respectiva fonte ou título;

d) Acréscimos patrimoniais não justificados, determinados nos termos dos artigos 87º, 88º ou 89º-A da lei geral tributária.

2 – (Revogado.)([1])

3 – São igualmente considerados incrementos patrimoniais aqueles a que se refere o nº 5 do artigo 89º-A da lei geral tributária.([2])

4 – Os incrementos patrimoniais referidos nas alíneas b) e c) do nº 1 do presente artigo constituem rendimento do ano em que são pagos ou colocados à disposição.([3])

ARTIGO 10º
Mais-valias

1 – Constituem mais-valias os ganhos obtidos que, não sendo considerados rendimentos empresariais e profissionais, de capitais ou prediais, resultem de:

a) Alienação onerosa de direitos reais sobre bens imóveis e afectação de quaisquer bens do património particular a actividade empresarial e profissional exercida em nome individual pelo seu proprietário;

b) Alienação onerosa de partes sociais, incluindo a sua remição e amortização com redução de capital, e de outros valores mobiliários e, bem assim, o valor atribuído aos associados em resultado da partilha que, nos termos do artigo 75º do Código do IRC, seja considerado como mais-valia;

c) Alienação onerosa da propriedade intelectual ou industrial ou de experiência adquirida no sector comercial, industrial ou científico, quando o transmitente não seja o seu titular originário;

d) Cessão onerosa de posições contratuais ou outros direitos inerentes a contratos relativos a bens imóveis;

e) Operações relativas a instrumentos financeiros derivados, com excepção dos ganhos previstos na alínea q) do nº 2 do artigo 5º;

f) Operações relativas a *warrants* autónomos, quer o *warrant* seja objecto de negócio de disposição anteriormente ao exercício ou quer seja exercido, neste último caso independentemente da forma de liquidação.

g) Operações relativas a certificados que atribuam ao titular o direito a receber um valor de determinado activo subjacente, com excepção das remunerações previstas na alínea r) do nº 2 do artigo 5º

2 – (Revogado.)([4])

3 – Os ganhos consideram-se obtidos no momento da prática dos actos previstos no nº 1, sem prejuízo do disposto nas alíneas seguintes:

a) Nos casos de promessa de compra e venda ou de troca, presume-se que o

---

([1]) Revogado pela Lei nº 3-B/2010, de 28 de Abril.
([2]) Aditado pela Lei nº 55-B/2004, de 30 de Dezembro.
([3]) Aditado pela Lei nº 60-A/2005, de 30 de Dezembro.
([4]) Revogado pela Lei nº 15/2010, de 26 de Julho.

ganho é obtido logo que verificada a tradição ou posse dos bens ou direitos objecto do contrato;

b) Nos casos de afectação de quaisquer bens do património particular a actividade empresarial e profissional exercida pelo seu proprietário, o ganho só se considera obtido no momento da ulterior alienação onerosa dos bens em causa ou da ocorrência de outro facto que determine o apuramento de resultados em condições análogas.

4 – O ganho sujeito a IRS é constituído:

a) Pela diferença entre o valor de realização e o valor de aquisição, líquidos da parte qualificada como rendimento de capitais, sendo caso disso, nos casos previstos nas alíneas *a)*, *b)* e *c)* do nº 1;

b) Pela importância recebida pelo cedente, deduzida do preço por que eventualmente tenha obtido os direitos e bens objecto de cessão, no caso previsto na alínea *d)* do nº 1;

c) Pelos rendimentos líquidos, apurados em cada ano, provenientes das operações referidas nas alíneas e) e g) do nº 1;

d) Pelos rendimentos líquidos, apurados em cada ano, provenientes das operações referidas na alínea *f)* do nº 1, os quais correspondem, no momento do exercício, à diferença positiva entre o preço de mercado do activo subjacente e o preço de exercício acrescido do prémio do *warrant* autónomo ou à diferença positiva entre o preço de exercício deduzido do prémio do *warrant* autónomo e o preço de mercado do activo subjacente, consoante se trate de *warrant* de compra ou *warrant* de venda.

5 – São excluídos da tributação os ganhos provenientes da transmissão onerosa de imóveis destinados a habitação própria e permanente do sujeito passivo ou do seu agregado familiar, nas seguintes condições:

a) Se, no prazo de 36 meses contados da data de realização, o valor da realização, deduzido da amortização de eventual empréstimo contraído para a aquisição do imóvel, for reinvestido na aquisição da propriedade de outro imóvel, de terreno para a construção de imóvel, ou na construção, ampliação ou melhoramento de outro imóvel exclusivamente com o mesmo destino situado em território português ou no território de outro Estado membro da União Europeia ou do espaço económico europeu, desde que, neste último caso, exista intercâmbio de informações em matéria fiscal;[1]

b) Se o valor da realização, deduzido da amortização de eventual empréstimo contraído para a aquisição do imóvel, for utilizado no pagamento da aquisição a que se refere a alínea anterior desde que efectuada nos 24 meses anteriores;[1]

c) Para os efeitos do disposto na alínea *a)*, o sujeito passivo deverá manifestar a intenção de proceder ao reinvestimento, ainda que parcial, mencionando, na declaração de rendimentos respeitante ao ano da alienação, o valor que tenciona reinvestir;

---

[1] Redacção dada pela Lei nº 64-A/2008, de 31 de Dezembro.

6 – Não haverá lugar ao benefício referido no número anterior quando:

a) Tratando-se de reinvestimento na aquisição de outro imóvel, o adquirente o não afecte à sua habitação ou do seu agregado familiar até decorridos seis meses após o termo do prazo em que o reinvestimento deva ser efectuado;

b) Tratando-se de reinvestimento na aquisição de terreno para construção, o adquirente não inicie, excepto por motivo imputável a entidades públicas, a construção até decorridos seis meses após o termo do prazo em que o reinvestimento deva ser efectuado ou não requeira a inscrição do imóvel na matriz até decorridos 24 meses sobre a data de início das obras, devendo, em qualquer caso, afectar o imóvel à sua habitação ou do seu agregado familiar até ao fim do quinto ano seguinte ao da realização;

c) Tratando-se de reinvestimento na construção, ampliação ou melhoramento de imóvel, não sejam iniciadas as obras até decorridos seis meses após o termo do prazo em que o reinvestimento deva ser efectuado ou não seja requerida a inscrição do imóvel ou das alterações na matriz até decorridos 24 meses sobre a data do início das obras, devendo, em qualquer caso, afectar o imóvel à sua habitação ou do seu agregado familiar até ao fim do quinto ano seguinte ao da realização.

7 – No caso de reinvestimento parcial do valor de realização e verificadas as condições estabelecidas no número anterior, o benefício a que se refere o nº 5 respeitará apenas à parte proporcional dos ganhos correspondente ao valor reinvestido.

8 – No caso de se verificar uma permuta de partes sociais nas condições mencionadas no nº 5 do artigo 67º e nº 2 do artigo 71º do Código do IRC, a atribuição, em resultado dessa permuta, dos títulos representativos do capital social da sociedade adquirente aos sócios da sociedade adquirida não dá lugar a qualquer tributação destes últimos se os mesmos continuarem a valorizar, para efeitos fiscais, as novas partes sociais pelo valor das antigas, determinado de acordo com o estabelecido neste Código, sem prejuízo da tributação relativa às importâncias em dinheiro que lhes sejam eventualmente atribuídas.

9 – No caso referido no número anterior, observa-se o seguinte:

a) Perdendo o sócio a qualidade de residente em território português, há lugar à consideração na categoria de mais-valias, para efeitos da tributação respeitante ao ano em que se verificar aquela perda da qualidade de residente, do valor que, por virtude do disposto no nº 8, não foi tributado aquando da permuta de acções, o qual corresponde à diferença entre o valor real das acções recebidas e o valor de aquisição das antigas, determinado de acordo com o estabelecido neste Código;

b) É aplicável, com as necessárias adaptações, o disposto no nº 10 do artigo 67º do Código do IRC.

10 – O estabelecido nos nºs 8 e 9 é também aplicável, com as necessárias adaptações, relativamente à atribuição de partes, quotas ou acções, nos casos de fusão ou cisão a que seja aplicável o artigo 68º do Código do IRC.

11 – Os sujeitos passivos devem declarar a alienação onerosa das acções, bem como a data das respectivas aquisições.([1])
12 – *(Revogado.)*([2])

ARTIGO 11º
Rendimentos da Categoria H

1 – Consideram-se pensões:

a) As prestações devidas a título de pensões de aposentação ou de reforma, velhice, invalidez ou sobrevivência, bem como outras de idêntica natureza, incluindo os rendimentos referidos no nº 12 do artigo 2º, e ainda as pensões de alimentos;

b) As prestações a cargo de companhias de seguros, fundos de pensões, ou quaisquer outras entidades, devidas no âmbito de regimes complementares de segurança social em razão de contribuições da entidade patronal, e que não sejam consideradas rendimentos do trabalho dependente;

c) As pensões e subvenções não compreendidas nas alíneas anteriores;

d) As rendas temporárias ou vitalícias.

2 – A remição ou qualquer outra forma de antecipação de disponibilidade dos rendimentos previstos no número anterior não lhes modifica a natureza de pensões.

3 – Os rendimentos referidos neste artigo ficam sujeitos a tributação desde que pagos ou colocados à disposição dos respectivos titulares.

ARTIGO 12º
Delimitação negativa de incidência

1 – O IRS não incide, salvo quanto às prestações previstas no regime jurídico dos acidentes em serviço e das doenças profissionais estabelecido pelo Decreto-Lei nº 503/99, de 20 de Novembro, na sua redacção actual, sobre as indemnizações devidas em consequência de lesão corporal, doença ou morte, pagas ou atribuídas, nelas se incluindo as pensões e indemnizações auferidas em resultado do cumprimento do serviço militar:([3])

a) Pelo Estado, Regiões Autónomas ou Autarquias Locais, bem como qualquer dos seus serviços, estabelecimentos ou organismos, ainda que personalizados, incluindo os institutos públicos e os fundos públicos; ou([4])

b) Ao abrigo de contrato de seguro, decisão judicial ou acordo homologado judicialmente;([4])

c) *(Revogada)*([4]);

d) *(Revogada)*([4]);

e) Pelas associações mutualistas.([5])

([1]) Redacção dada pela Lei nº 15/2010, de 26 de Julho.
([2]) Revogado pela Lei nº 15/2010, de 26 de Julho.
([3]) Redacção dada pela Lei nº 64-A/2008, de 31 de Dezembro.
([4]) Redacção dada pela Lei nº 67-A/2007, de 31 de Dezembro.
([5]) Aditada pelo Decreto-Lei nº 292/2009, de 13 de Outubro.

2 – Excluem-se deste imposto os prémios literários, artísticos ou científicos, quando não envolvam a cedência, temporária ou definitiva, dos respectivos direitos de autor, desde que atribuídos em concurso, mediante anúncio público em que se definam as respectivas condições de atribuição, não podendo a participação no mesmo sofrer restrições que não se conexionem com a natureza do prémio.

3 – O IRS não incide sobre os rendimentos provenientes do exercício da actividade de profissionais de espectáculos ou desportistas quando esses rendimentos sejam tributados em IRC nos termos da alínea *d*) do n.º 3 do artigo 4º do Código do IRC.

4 – O IRS não incide sobre os montantes respeitantes a subsídios para manutenção, nem sobre os montantes necessários à cobertura de despesas extraordinárias relativas à saúde e educação, pagos ou atribuídos pelos centros regionais de segurança social e pela Santa Casa da Misericórdia de Lisboa ou pelas instituições particulares de solidariedade social em articulação com aqueles, no âmbito da prestação de acção social de acolhimento familiar e de apoio a idosos, pessoas com deficiências, crianças e jovens, não sendo os correspondentes encargos considerados como custos para efeitos da categoria B.

5 – O IRS não incide sobre:([1])

a) As bolsas atribuídas aos praticantes de alto rendimento desportivo pelo Comité Olímpico de Portugal ou pelo Comité Paralímpico de Portugal, no âmbito do contrato-programa de preparação para os Jogos Olímpicos ou Paralímpicos e pela respectiva federação titular do estatuto de utilidade pública desportiva, nos termos do artigo 30º do Decreto-Lei nº 125/95, de 31 de Maio, na redacção que lhe foi dada pelo Decreto-Lei nº 123/96, de 10 de Agosto;

b) As bolsas de formação desportiva, como tal reconhecidas por despacho do Ministro das Finanças e do membro do Governo que tutela o desporto, atribuídas pela respectiva federação titular do estatuto de utilidade pública desportiva aos agentes desportivos não profissionais, nomeadamente praticantes, juízes e árbitros, até ao montante máximo anual correspondente a cinco vezes o valor do IAS;([2])

c) Os prémios atribuídos aos praticantes de alto rendimento des portivo, bem como aos respectivos treinadores, por classificações relevantes obtidas em provas desportivas de elevado prestígio e nível competitivo, como tal reconhecidas por despacho do Minis tro das Finanças e do membro do Governo que tutela o desporto, nomeadamente Jogos Olímpicos e Paralímpicos, campeonatos do mundo ou cam peo natos da Europa, nos termos do Decreto-Lei nº 125/95, de 31 de Maio, da Portaria nº 393/97, de 17 de Junho, e da Portaria nº 211/98, de 3 de Abril.

6 – O IRS não incide sobre os incrementos patrimoniais provenientes de transmissões gratuitas sujeitas ao imposto do selo, nem sobre os que se encontrem expressamente previstos em norma de delimitação negativa de incidência deste imposto.([1])

([1]) Redacção dada pela Lei nº 67-A/2007, de 31 de Dezembro.
([2]) Redacção dada pela Lei nº 55-A/2010, de 31 de Dezembro.

SECÇÃO II
Incidência pessoal

ARTIGO 13º
Sujeito passivo

1 – Ficam sujeitas a IRS as pessoas singulares que residam em território português e as que, nele não residindo, aqui obtenham rendimentos.

2 – Existindo agregado familiar, o imposto é devido pelo conjunto dos rendimentos das pessoas que o constituem, considerando-se como sujeitos passivos aquelas a quem incumbe a sua direcção.

3 – O agregado familiar é constituído por:

a) Os cônjuges não separados judicialmente de pessoas e bens e os seus dependentes;

b) Cada um dos cônjuges ou ex-cônjuges, respectivamente, nos casos de separação judicial de pessoas e bens ou de declaração de nulidade, anulação ou dissolução do casamento, e os dependentes a seu cargo;

c) O pai ou a mãe solteiros e os dependentes a seu cargo;

d) O adoptante solteiro e os dependentes a seu cargo.

4 – Para efeitos do disposto no número anterior, e desde que devidamente identificados pelo número fiscal de contribuinte na declaração de rendimentos, consideram-se dependentes:[1]

a) Os filhos, adoptados e enteados, menores não emancipados, bem como os menores sob tutela;

b) Os filhos, adoptados e enteados, maiores, bem como aqueles que até à maioridade estiveram sujeitos à tutela de qualquer dos sujeitos a quem incumbe a direcção do agregado familiar, que, não tendo mais de 25 anos nem auferindo anualmente rendimentos superiores ao valor da retribuição mínima mensal garantida, tenham frequentado no ano a que o imposto respeita o 11º ou 12º anos de escolaridade, estabelecimento de ensino médio ou superior;[1]

c) Os filhos, adoptados, enteados e os sujeitos a tutela, maiores, inaptos para o trabalho e para angariar meios de subsistência, quando não aufiram rendimentos superiores ao salário mínimo nacional mais elevado;

5 – O disposto no número anterior não prejudica a tributação autónoma das pessoas nele referidas, excepto se, tratando-se de filhos, adoptados e enteados, menores não emancipados, bem como de menores sob tutela, a administração dos rendimentos por eles auferidos não lhes pertencer na totalidade.

6 – As pessoas referidas nos números anteriores não podem, simultaneamente, fazer parte de mais de um agregado familiar nem, integrando um agregado familiar, ser consideradas sujeitos passivos autónomos.

7 – A situação pessoal e familiar dos sujeitos passivos relevante para efeitos de tributação é aquela que se verificar no último dia do ano a que o imposto respeite.

---

[1] Redacção dada pela Lei nº 55-A/2010, de 31 de Dezembro.

ARTIGO 14º
Uniões de facto

1 – As pessoas que vivendo em união de facto preencham os pressupostos constantes da lei respectiva, podem optar pelo regime de tributação dos sujeitos passivos casados e não separados judicialmente de pessoas e bens.

2 – A aplicação do regime a que se refere o número anterior depende da identidade de domicílio fiscal dos sujeitos passivos durante o período exigido pela lei para verificação dos pressupostos da união de facto e durante o período de tributação, bem como da assinatura, por ambos, da respectiva declaração de rendimentos.

3 – No caso de exercício da opção prevista no nº 1, é aplicável o disposto no nº 2 do artigo 13º, sendo ambos os unidos de facto responsáveis pelo cumprimento das obrigações tributárias.

ARTIGO 15º
Âmbito da sujeição

1 – Sendo as pessoas residentes em território português, o IRS incide sobre a totalidade dos seus rendimentos, incluindo os obtidos fora desse território.

2 – Tratando-se de não residentes, o IRS incide unicamente sobre os rendimentos obtidos em território português.

ARTIGO 16º
Residência

1 – São residentes em território português as pessoas que, no ano a que respeitam os rendimentos:

a) Hajam nele permanecido mais de 183 dias, seguidos ou interpolados;

b) Tendo permanecido por menos tempo, aí disponham, em 31 de Dezembro desse ano, de habitação em condições que façam supor a intenção de a manter e ocupar como residência habitual;

c) Em 31 de Dezembro, sejam tripulantes de navios ou aeronaves, desde que aqueles estejam ao serviço de entidades com residência, sede ou direcção efectiva nesse território;

d) Desempenhem no estrangeiro funções ou comissões de carácter público, ao serviço do Estado Português.

2 – São sempre havidas como residentes em território português as pessoas que constituem o agregado familiar, desde que naquele resida qualquer das pessoas a quem incumbe a direcção do mesmo.

3 – A condição de residente resultante da aplicação do disposto no número anterior pode ser afastada pelo cônjuge que não preencha o critério previsto na alínea *a)* do nº 1, desde que efectue prova da inexistência de uma ligação entre a maior parte das suas actividades económicas e o território português, caso em que é sujeito a tributação como não residente relativamente aos rendimentos de que seja titular e que se considerem obtidos em território português nos termos do artigo 18º[1]

---

[1] Aditado pela Lei nº 60-A/2005, de 30 de Dezembro.

4 – Sendo feita a prova referida no número anterior, o cônjuge residente em território português apresenta uma única declaração dos seus próprios rendimentos, da sua parte nos rendimentos comuns e dos rendimentos dos dependentes a seu cargo segundo o regime aplicável às pessoas na situação de separados de facto nos termos do disposto no n.º 2 do artigo 59º([1])

5 – São ainda havidas como residentes em território português as pessoas de nacionalidade portuguesa que deslocalizem a sua residência fiscal para país, território ou região, sujeito a um regime fiscal claramente mais favorável constante de lista aprovada por portaria do Ministro das Finanças, no ano em que se verifique aquela mudança e nos quatro anos subsequentes, salvo se o interessado provar que a mudança se deve a razões atendíveis, designadamente exercício naquele território de actividade temporária por conta de entidade patronal domiciliada em território português.

6 – Considera-se que não têm residência habitual em território português os sujeitos passivos que, tornando-se fiscalmente residentes, nomeadamente ao abrigo do disposto na alínea b) do n.º 1, não tenham em qualquer dos cinco anos anteriores sido tributados como tal em sede de IRS.([2])

7 – O sujeito passivo que seja considerado residente não habitual adquire o direito a ser tributado como tal pelo período de 10 anos consecutivos, renováveis, com a inscrição dessa qualidade no registo de contribuintes da Direcção-Geral dos Impostos.([2])

8 – O gozo do direito a ser tributado como residente não habitual em cada ano do período referido no número anterior requer que o sujeito passivo nele seja considerado residente para efeitos de IRS.([2])

9 – O sujeito passivo que não tenha gozado do direito referido no número anterior num ou mais anos do período referido no n.º 7 pode retomar o gozo do mesmo em qualquer dos anos remanescentes daquele período, contando que nele volte a ser considerado residente para efeitos de IRS.([2])

ARTIGO 17º
Residência em Região Autónoma

1 – Para efeitos deste Código, considera-se que no ano a que respeitam os rendimentos as pessoas residentes no território português são residentes numa Região Autónoma quando permaneçam no respectivo território por mais de 183 dias.

2 – Para que se considere que um residente em território português permanece numa Região Autónoma, para efeitos do número anterior, é necessário que nesta se situe a sua residência habitual e aí esteja registado para efeitos fiscais.

3 – Quando não for possível determinar a permanência a que se referem os números anteriores, são considerados residentes no território de uma Região Autónoma os residentes no território português que ali tenham o seu principal centro de interesses, considerando-se como tal o local onde se obtenha a maior parte da base tributável, determinada nos seguintes termos:

([1]) Aditado pela Lei nº 60-A/2005, de 30 de Dezembro.
([2]) Aditado pelo Decreto-Lei nº 249/2009, de 23 de Setembro.

a) Os rendimentos do trabalho consideram-se obtidos no local onde é prestada a actividade;

b) Os rendimentos empresariais e profissionais consideram-se obtidos no local do estabelecimento ou do exercício habitual da profissão;

c) Os rendimentos de capitais consideram-se obtidos no local do estabelecimento a que deva imputar-se o pagamento;

d) Os rendimentos prediais e incrementos patrimoniais provenientes de imóveis consideram-se obtidos no local onde estes se situam;

e) Os rendimentos de pensões consideram-se obtidos no local onde são pagas ou colocadas à disposição.

4 – São havidas como residentes no território de uma Região Autónoma as pessoas que constituem o agregado familiar, desde que aí se situe o principal centro de interesses, nos termos definidos no número anterior.

ARTIGO 17º-A
Regime opcional para os residentes noutro Estado membro da União Europeia ou do espaço económico europeu [1]

1 – Os sujeitos passivos residentes noutro Estado membro da União Europeia ou do espaço económico europeu com o qual exista intercâmbio de informações em matéria fiscal quando sejam titulares de rendimentos das categorias A, B e H, obtidos em território português, que representem, pelo menos, 90% da totalidade dos seus rendimentos totais relativos ao ano em causa, incluindo os obtidos fora deste território, podem optar pela respectiva tributação de acordo com as regras aplicáveis aos sujeitos passivos não casados residentes em território português com as adaptações previstas nos números seguintes.

2 – Os sujeitos passivos referidos no número anterior, na situação de casados e não separados de pessoas e bens ou que se encontrem em situação idêntica à prevista no artigo 14º, podem optar pelo regime da tributação conjunta dos rendimentos auferidos pelos membros do agregado familiar, aplicável aos sujeitos passivos residentes em território português casados e não separados judicialmente de pessoas e bens, desde que:

a) Ambos os sujeitos passivos sejam residentes noutro Estado membro da União Europeia ou do espaço económico europeu;

b) Os rendimentos das categorias A, B e H obtidos em território português pelos membros do agregado familiar correspondam a, pelo menos, 90% da totalidade dos rendimentos do agregado familiar;

c) A opção seja formulada por ambos os sujeitos passivos ou pelos respectivos representantes legais.

3 – Exercida a opção prevista nos números anteriores, a taxa do imposto aplicável à totalidade dos rendimentos obtidos em território português que seriam sujeitos a englobamento caso fossem obtidos por sujeitos passivos residentes é:

---

[1] Aditado pela Lei nº 64-A/2008, de 31 de Dezembro.

a) No caso da opção prevista no n.º 1, a taxa média que, de acordo com a tabela prevista no n.º 1 do artigo 68.º, corresponder à totalidade do rendimento colectável determinado de acordo com as regras previstas no capítulo II deste Código, sendo tomados em consideração todos os rendimentos do sujeito passivo, incluindo os obtidos fora do território português;

b) No caso da opção prevista no n.º 2, a taxa média que, de acordo com a tabela prevista no n.º 1 do artigo 68.º e o disposto no artigo 69.º, corresponder à totalidade do rendimento colectável determinado de acordo com as regras previstas no capítulo II deste Código, sendo tomados em consideração todos os rendimentos dos membros do agregado familiar, incluindo os obtidos fora do território português.

4 – À colecta apurada e até ao seu montante são deduzidos os montantes previstos no artigo 79.º, bem como os previstos nos artigos 82.º a 88.º relativamente a despesas ou encargos que respeitem aos sujeitos passivos, a pessoas que estejam nas condições previstas no n.º 4 do artigo 13.º ou ainda, para efeitos da dedução prevista no artigo 84.º, aos ascendentes e colaterais até ao 3.º grau que não possuam rendimentos superiores ao valor do IAS desde que essas despesas ou encargos não possam ser tidos em consideração no Estado da residência.([1])

5 – Independentemente do exercício da opção prevista nos números anteriores, os rendimentos obtidos em território português estão sujeitos a retenção na fonte às taxas aplicáveis aos rendimentos auferidos por não residentes, sem prejuízo do disposto em convenção destinada a eliminar a dupla tributação ou de um outro acordo de direito internacional que vincule o Estado Português, com a natureza de pagamento por conta quando respeitem aos rendimentos englobados.

6 – A opção referida nos números anteriores deve ser efectuada na declaração a que se refere o n.º 1 do artigo 57.º, a entregar nos prazos previstos na alínea *a)* do n.º 1 do artigo 60.º, acompanhada dos documentos que comprovem as condições de que depende a aplicação deste regime.

7 – A Direcção-Geral dos Impostos pode solicitar aos sujeitos passivos ou aos seus representantes que apresentem, no prazo de 30 dias, os documentos que julgue necessários para assegurar a correcta aplicação deste regime.

ARTIGO 18º
Rendimentos obtidos em Portugal

1 – Consideram-se obtidos em território português:

a) Os rendimentos do trabalho dependente decorrentes de actividades nele exercidas, ou quando tais rendimentos sejam devidos por entidades que nele tenham residência, sede, direcção efectiva ou estabelecimento estável a que deva imputar-se o pagamento;

b) As remunerações dos membros dos órgãos estatutários das pessoas colectivas e outras entidades, devidas por entidades que nele tenham residência, sede, direcção efectiva ou estabelecimento estável a que deva imputar-se o pagamento;

([1]) Redacção dada pela Lei nº 55-A/2010, de 31 de Dezembro.

c) Os rendimentos de trabalho prestado a bordo de navios e aeronaves, desde que os seus beneficiários estejam ao serviço de entidade com residência, sede ou direcção efectiva nesse território;

d) Os rendimentos provenientes da propriedade intelectual ou industrial, da prestação de informações respeitantes a uma experiência adquirida no sector comercial, industrial ou científico, ou do uso ou concessão do uso de equipamento agrícola, comercial ou científico, quando não constituam rendimentos prediais, bem como os derivados de assistência técnica, devidos por entidades que nele tenham residência, sede, direcção efectiva ou estabelecimento estável a que deva imputar-se o pagamento;

e) Os rendimentos de actividades empresariais e profissionais imputáveis a estabelecimento estável nele situado;

f) Os rendimentos que não se encontrem previstos na alínea anterior decorrentes de actividades profissionais e de outras prestações de serviços, incluindo as de carácter científico, artístico, técnico e de intermediação na celebração de quaisquer contratos, realizadas ou utilizadas em território português, com excepção das relativas a transportes, telecomunicações e actividades financeiras, desde que devidos por entidades que nele tenham residência, sede, direcção efectiva ou estabelecimento estável a que deva imputar-se o pagamento;

g) Outros rendimentos de aplicação de capitais devidos por entidades que nele tenham residência, sede, direcção efectiva ou estabelecimento estável a que deva imputar-se o pagamento;

h) Os rendimentos respeitantes a imóveis nele situados, incluindo as mais-valias resultantes da sua transmissão;

i) As mais-valias resultantes da transmissão onerosa de partes representativas do capital de entidades com sede ou direcção efectiva em território português, incluindo a sua remição e amortização com redução de capital e, bem assim, o valor atribuído aos associados em resultado da partilha que, nos termos do artigo 75º do Código do IRC, seja considerado como mais-valia, ou de outros valores mobiliários emitidos por entidades que aí tenham sede ou direcção efectiva, ou ainda de partes de capital ou outros valores mobiliários quando, não se verificando essas condições, o pagamento dos respectivos rendimentos seja imputável a estabelecimento estável situado no mesmo território;

j) As mais-valias resultantes da alienação dos bens referidos na alínea *c)* do nº 1 do artigo 10º, quando nele tenha sido feito o registo ou praticada formalidade equivalente;

l) As pensões e os prémios de jogo, lotarias, rifas, totoloto e apostas mútuas, bem como importâncias ou prémios atribuídos em quaisquer sorteios ou concursos, devidos por entidade que nele tenha residência, sede, direcção efectiva ou estabelecimento estável a que deva imputar-se o pagamento;

m) Os rendimentos de actos isolados nele praticados;

n) Os incrementos patrimoniais não compreendidos nas alíneas anteriores, quando nele se situem os bens, direitos ou situações jurídicas a que respeitam, incluindo, designadamente, os rendimentos provenientes de operações relativas a instrumentos financeiros derivados, devidos ou pagos por entidades que nele tenham residência, sede, direcção efectiva ou estabelecimento estável a que deva imputar-se o pagamento;

o) Os rendimentos derivados do exercício, em território português, da actividade de profissionais de espectáculos ou desportistas, ainda que atribuídos a pessoa diferente.

2 – Entende-se por estabelecimento estável qualquer instalação fixa ou representação permanente através das quais seja exercida uma das actividades previstas no artigo 3º.

3 – É aplicável ao IRS o disposto nos nºs 4 e 5 do artigo 4º e nos nºs 2 a 9 do artigo 5º, ambos do Código do IRC, com as necessárias adaptações.

ARTIGO 19º
Contitularidade de rendimentos

Os rendimentos que pertençam em comum a várias pessoas são imputados a estas na proporção das respectivas quotas, que se presumem iguais quando indeterminadas.

ARTIGO 20º
Imputação especial

1 – Constitui rendimento dos sócios ou membros das entidades referidas no artigo 6º do Código do IRC, que sejam pessoas singulares, o resultante da imputação efectuada nos termos e condições dele constante ou, quando superior, as importâncias que, a título de adiantamento por conta de lucros, tenham sido pagas ou colocadas à disposição durante o ano em causa.([1])

2 – Para efeitos do disposto no número anterior, as respectivas importâncias integram-se como rendimento líquido na categoria B.

3 – Constitui rendimento dos sócios que sejam pessoas singulares o resultante da imputação efectivada nos termos e condições do artigo 60º do Código do IRC, aplicando-se para o efeito, com as necessárias adaptações, o regime aí estabelecido.

4 – Para efeitos do disposto no número anterior, as respectivas importâncias integram-se como rendimento líquido na categoria B, nos casos em que a participação social esteja afecta a uma actividade empresarial e profissional, ou na categoria E, nos demais casos.

5 – No caso de ser aplicável a parte final do nº 1, o resultado da imputação efectuada nos anos subsequentes deve ser objecto dos necessários ajustamentos destinados a eliminar qualquer duplicação de tributação dos rendimentos que possa vir a ocorrer.([2])

ARTIGO 21º
Substituição tributária

Quando, através de substituição tributária, este Código exigir o pagamento total ou parcial do IRS a pessoa diversa daquela em relação à qual se verificam os respec-

---

([1]) Redacção dada pela Lei nº 64-A/2008, de 31 de Dezembro.
([2]) Aditado pela Lei nº 64-A/2008, de 31 de Dezembro.

tivos pressupostos, considera-se a substituta, para todos os efeitos legais, como devedor principal do imposto, ressalvado o disposto no artigo 103º.

CAPÍTULO II
Determinação do rendimento colectável

SECÇÃO I
Regras gerais

ARTIGO 22º
Englobamento

1 – O rendimento colectável em IRS é o que resulta do englobamento dos rendimentos das várias categorias auferidos em cada ano, depois de feitas as deduções e os abatimentos previstos nas secções seguintes.

2 – Nas situações de contitularidade, o englobamento faz-se nos seguintes termos:

a) Tratando-se de rendimentos da categoria B, cada contitular engloba a parte do rendimento que lhe couber, na proporção das respectivas quotas;

b) Tratando-se de rendimentos das restantes categorias, cada contitular engloba os rendimentos ilíquidos e as deduções legalmente admitidas, na proporção das respectivas quotas.

3 – Não são englobados para efeitos da sua tributação:[1]

a) Os rendimentos auferidos por sujeitos passivos não residentes em território português, sem prejuízo do disposto nos nºs 7 e 8 do artigo 72º;

b) Os rendimentos referidos nos artigos 71º e 72º auferidos por residentes em território português, sem prejuízo da opção pelo englobamento neles previsto.

4 – Ainda que não englobados para efeito da sua tributação, são sempre incluídos para efeito de determinação da taxa a aplicar aos restantes rendimentos, os rendimentos isentos, quando a lei imponha o respectivo englobamento.

5 – Quando o sujeito passivo exerça a opção referida no nº 3, fica, por esse facto, obrigado a englobar a totalidade dos rendimentos compreendidos no nº 6 do artigo 71º, no nº 7 do artigo 72º e no nº 7 do artigo 81º[2]

6 – Quando o sujeito passivo aufira rendimentos que dêem direito a crédito de imposto por dupla tributação internacional previsto no artigo 81º, os correspondentes rendimentos devem ser considerados pelas respectivas importâncias ilíquidas dos impostos sobre o rendimento pagos no estrangeiro.

7 – Sempre que a lei imponha o englobamento de rendimentos isentos, observa--se o seguinte:

---

[1] Redacção dada pela Lei nº 67-A/2007, de 31 de Dezembro.
[2] Redacção dada pelo Decreto-Lei nº 249/2009, de 23 de Setembro.

a) Os rendimentos isentos são considerados, sem deduções, para efeitos do disposto no artigo 69º, sendo caso disso, e para determinação das taxas a aplicar ao restante rendimento colectável;

b) Para efeitos da alínea anterior, quando seja de aplicar o disposto no artigo 69º, o quociente da divisão por 2 dos rendimentos isentos é imputado proporcionalmente à fracção de rendimento a que corresponde a taxa média e a taxa normal.

ARTIGO 23º
Valores fixados em moeda sem curso legal em Portugal

1 – A equivalência de rendimentos ou encargos expressos em moeda sem curso legal em Portugal é determinada pela cotação oficial da respectiva divisa, de acordo com as seguintes regras:

a) Tratando-se de rendimentos transferidos para o exterior, aplica-se o câmbio de venda da data da efectiva transferência ou da retenção na fonte, se a ela houver lugar;

b) Tratando-se de rendimentos provenientes do exterior, aplica-se o câmbio de compra da data em que aqueles foram pagos ou postos à disposição do sujeito passivo em Portugal;

c) Tratando-se de rendimentos obtidos e pagos no estrangeiro que não sejam transferidos para Portugal até ao fim do ano, aplica-se o câmbio de compra da data em que aqueles forem pagos ou postos à disposição do sujeito passivo;

d) Tratando-se de encargos, aplica-se a regra da alínea *a)*.

2 – Não sendo possível comprovar qualquer das datas referidas no número anterior, aplica-se o câmbio de 31 de Dezembro do ano a que os rendimentos ou encargos respeitem.

3 – Não existindo câmbio nas datas referidas no nº 1, aplica-se o da última cotação anterior a essas datas.

4 – Quando a determinação do rendimento colectável se faça com base na contabilidade, seguem-se as regras legais a esta aplicáveis.

ARTIGO 24º
Rendimentos em espécie

1 – A equivalência pecuniária dos rendimentos em espécie faz-se de acordo com as seguintes regras, de aplicação sucessiva:

a) Pelo preço tabelado oficialmente;

b) Pela cotação oficial de compra;

c) Tratando-se de géneros, pela cotação de compra na bolsa de mercadorias de Lisboa ou, não existindo essa cotação, pelo preço médio do respectivo ano ou do último determinado e que constem da estiva camarária;

d) Pelos preços de bens ou serviços homólogos publicados pelo Instituto Nacional de Estatística;

e) Pelo valor de mercado, em condições de concorrência.

2 – Quando se tratar da utilização de habitação, o rendimento em espécie corresponde à diferença entre o valor do respectivo uso e a importância paga

a esse título pelo beneficiário, observando-se na determinação daquele as regras seguintes:

a) O valor do uso é igual à renda suportada em substituição do beneficiário;

b) Não havendo renda, o valor do uso é igual ao valor da renda condicionada, determinada segundo os critérios legais, não devendo, porém, exceder um sexto do total das remunerações auferidas pelo beneficiário;

c) Quando para a situação em causa estiver fixado por lei subsídio de residência ou equivalente quando não é fornecida casa de habitação, o valor de uso não pode exceder, em qualquer caso, esse montante.

3 – No caso de empréstimos sem juros ou a taxa de juro reduzida, o rendimento em espécie corresponde ao valor obtido por aplicação ao respectivo capital da diferença entre a taxa de juro de referência para o tipo de operação em causa, publicada anualmente por portaria do Ministro das Finanças, e a taxa de juro que eventualmente seja suportada pelo beneficiário.

4 – Os ganhos referidos no nº 7) da alínea *b)* do nº 3 do artigo 2º consideram-se obtidos, respectivamente:

a) No momento do exercício da opção ou de direito de efeito equivalente, correspondendo à diferença positiva entre o valor do bem ou direito nessa data e o preço de exercício da opção, ou do direito, acrescido este do que eventualmente haja sido pago pelo trabalhador ou membro de órgão social para aquisição da opção ou direito;

b) No momento da subscrição ou do exercício de direito de efeito equivalente, correspondendo à diferença positiva entre o preço de subscrição ou de exercício do direito de efeito equivalente para a generalidade dos subscritores ou dos titulares de tal direito, ou, na ausência de outros subscritores ou titulares, o valor de mercado, e aquele pelo qual o trabalhador ou membro de órgão social o exerce, acrescido do preço que eventualmente haja pago para aquisição do direito;

c) No momento da alienação, da liquidação financeira ou da renúncia ao exercício, a favor da entidade patronal ou de terceiros, de opções, direitos de subscrição ou outros de efeito equivalente, correspondendo à diferença positiva entre o preço ou o valor da vantagem económica recebidos e o que eventualmente haja sido pago pelo trabalhador ou membro de órgão social para aquisição das opções ou direitos;

d) No momento da recompra dos valores mobiliários ou direitos equiparados, pela entidade patronal, correspondendo à diferença positiva entre o preço ou o valor da vantagem económica recebidos e o respectivo valor de mercado, ou, caso aquele preço ou valor tenha sido previamente fixado, o quantitativo que tiver sido considerado como valor daqueles bens ou direitos, nos termos da alínea *a)*, ou como preço de subscrição ou de exercício do direito para a generalidade dos subscritores ou dos titulares do direito, nos termos da alínea *b)*, ou o valor de mercado, nos termos da alínea *e)*;

e) Nos planos de atribuição de valores mobiliários ou direitos equiparados em que se verifiquem pela entidade patronal, como condições cumulativas, a não aquisição ou registo dos mesmos a favor dos trabalhadores ou membros de órgãos sociais, a impossibilidade de estes celebrarem negócios de disposição ou oneração sobre aqueles, a sujeição a um período de restrição que os exclua do plano em casos de cessação do vínculo ou mandato social, pelo menos nos casos de iniciativa com justa causa da entidade patronal, e ainda que se adquiram outros direitos inerentes à titularidade destes, como sejam o direito a rendimento ou de participação social, no momento em que os trabalhadores ou membros de órgãos sociais são plenamente investidos dos direitos inerentes àqueles valores ou direitos, em particular os de disposição ou oneração, sendo o ganho apurado pela diferença positiva entre o valor de mercado à data do final do período de restrição e o que eventualmente haja sido pago pelo trabalhador ou membro de órgão social para aquisição daqueles valores ou direitos.

5 – Quando se tratar da atribuição do uso de viatura automóvel pela entidade patronal, o rendimento anual corresponde ao produto de 0,75% do seu custo de aquisição ou produção pelo número de meses de utilização da mesma.

6 – No caso de aquisição de viatura pelo trabalhador ou membro de órgão social, o rendimento corresponde à diferença positiva entre o respectivo valor de mercado e o somatório dos rendimentos anuais tributados como rendimentos decorrentes da atribuição do uso com a importância paga a título de preço de aquisição.

7 – Para efeito do disposto no número anterior, considera-se valor de mercado o que corresponder à diferença entre o valor de aquisição e o produto desse valor pelo coeficiente de desvalorização constante de tabela a aprovar por portaria do Ministro das Finanças.

SECÇÃO II
Rendimentos do trabalho

ARTIGO 25º
Rendimentos do trabalho dependente: deduções

1 – Aos rendimentos brutos da categoria A deduzem-se, até à sua concorrência, e por cada titular que os tenha auferido, os seguintes montantes:

a) 72% de doze vezes o valor do IAS;([1])

b) As indemnizações pagas pelo trabalhador à sua entidade patronal por rescisão unilateral do contrato individual de trabalho sem aviso prévio em resultado de sentença judicial ou de acordo judicialmente homologado ou, nos restantes casos, a indemnização de valor não superior à remuneração de base correspondente ao aviso prévio;

c) As quotizações sindicais, na parte em que não constituam contrapartida de benefícios de saúde, educação, apoio à terceira idade, habitação, seguros ou segurança social e desde que não excedam, em relação a cada sujeito passivo, 1% do rendimento bruto desta categoria, sendo acrescidas de 50%.

2 – Se, porém, as contribuições obrigatórias para regimes de protecção social e para subsistemas legais de saúde excederem o limite fixado na alínea a) do número anterior, aquela dedução é pelo montante total dessas contribuições.

([1]) Redacção dada pela Lei nº 55-A/2010, de 31 de Dezembro.

3 – *(Revogado)*
4 – A dedução prevista na alínea *a)* do nº 1 pode ser elevada até 75% de doze vezes o valor do IAS, desde que a diferença resulte de:(¹)

a) Quotizações para ordens profissionais suportadas pelo próprio sujeito passivo e indispensáveis ao exercício da respectiva actividade desenvolvida exclusivamente por conta de outrem;

b) Importâncias comprovadamente pagas e não reembolsadas referentes a despesas de formação profissional, desde que a entidade formadora seja organismo de direito público ou entidade reconhecida como tendo competência nos domínios da formação e reabilitação profissionais pelos ministérios competentes.

5 – *(Revogado)*
6 – *(Revogado)*(²)

ARTIGO 26º
Contribuições para regimes complementares de segurança social

Quando nos rendimentos previstos no nº 3) da alínea *b)* do nº 3 do artigo 2º não puder ser discriminada a parte correspondente às contribuições efectuadas pela entidade patronal, considera-se rendimento do trabalho dependente a importância determinada com base em tabela aprovada por portaria do Ministro das Finanças.

ARTIGO 27º
Profissões de desgaste rápido: deduções

1 – As importâncias despendidas pelos sujeitos passivos que desenvolvam profissões de desgaste rápido, na constituição de seguros de doença, de acidentes pessoais e de seguros de vida que garantam exclusivamente os riscos de morte, invalidez ou reforma por velhice, neste último caso desde que o benefício seja garantido após os 55 anos de idade, são integralmente dedutíveis ao respectivo rendimento, desde que não garantam o pagamento e este se não verifique, nomeadamente, por resgate ou adiantamento, de qualquer capital em vida durante os primeiros cinco anos.

2 – Para efeitos do disposto no número anterior, consideram-se como profissões de desgaste rápido as de praticantes desportivos, definidos como tal no competente diploma regulamentar, as de mineiros e as de pescadores.

3 – No caso previsto no nº 1, sempre que se verifique o pagamento de qualquer capital em vida durante os primeiros cinco anos, observa-se o disposto no nº 2 do artigo 60º.

4 – O disposto no nº 1 aplica-se, com as devidas adaptações, às contribuições pagas a associações mutualistas.(³)

(¹) Redacção dada pela Lei nº 55-A/2010, de 31 de Dezembro.
(²) Revogado pela Lei nº 53-A/2006, de 29 de Dezembro.
(³) Aditado pelo Decreto-Lei nº 292/2009, de 13 de Outubro.

SECÇÃO III
Rendimentos empresariais e profissionais

ARTIGO 28º
Formas de determinação dos rendimentos empresariais e profissionais

1 – A determinação dos rendimentos empresariais e profissionais, salvo no caso da imputação prevista no artigo 20º, faz-se:

a) Com base na aplicação das regras decorrentes do regime simplificado;
b) Com base na contabilidade.

2 – Ficam abrangidos pelo regime simplificado os sujeitos passivos que, no exercício da sua actividade, não tenham ultrapassado no período de tributação imediatamente anterior um montante anual ilíquido de rendimentos desta categoria de € 150 000.([1])

a) Volume de vendas: 30 000 000$00 (€ 149 739,37);
b) Valor ilíquido dos restantes rendimentos desta categoria: 20 000 000$00 (€ 99 759,58).

3 – Os sujeitos passivos abrangidos pelo regime simplificado podem optar pela determinação dos rendimentos com base na contabilidade.([2])

4 – A opção a que se refere o número anterior deve ser formulada pelos sujeitos passivos:([3])

a) Na declaração de início de actividade;
b) Até ao fim do mês de Março do ano em que pretendem alterar a forma de determinação do rendimento, mediante a apresentação de declaração de alterações.([3])

5 – O período mínimo de permanência em qualquer dos regimes a que se refere o nº 1 é de três anos, prorrogável por iguais períodos, excepto se o sujeito passivo comunicar, nos termos da alínea b) do número anterior, a alteração do regime pelo qual se encontra abrangido.([3])

6 – A aplicação do regime simplificado cessa apenas quando o montante a que se refere o nº 2 seja ultrapassado em dois períodos de tributação consecutivos ou, quando o seja num único exercício, em montante superior a 25%, caso em que a tributação pelo regime de contabilidade organizada se faz a partir do período de tributação seguinte ao da verificação de qualquer desses factos.([1])

7 – Os valores de base necessários para o apuramento do rendimento tributável são passíveis de correcção pela Direcção-Geral dos Impostos nos termos do artigo 39º, aplicando-se o disposto no número anterior quando se verifiquem os pressupostos ali referidos.

8 – Se os rendimentos auferidos resultarem de serviços prestados a uma única entidade, excepto tratando-se de prestações de serviços efectuadas por um sócio a

---

([1]) Redacção dada pela Lei nº 3-B/2010, de 28 de Abril.
([2]) Redacção dada pelo Decreto-Lei nº 211/2005, de 7 de Dezembro.
([3]) Redacção dada pela Lei nº 53-A/2006, de 29 de Dezembro.

uma sociedade abrangida pelo regime de transparência fiscal, nos termos da alínea *b*) do nº 1 do artigo 6º do Código do IRC, o sujeito passivo pode optar pela tributação de acordo com as regras estabelecidas para a categoria A, mantendo-se essa opção por um período de três anos.([1])

9 – Sempre que da aplicação dos indicadores de base técnico-científica a que se refere o nº 1 do artigo 31º se determine um rendimento tributável superior ao que resulta dos coeficientes estabelecidos no nº 2 do mesmo artigo, pode o sujeito passivo, no exercício da entrada em vigor daqueles indicadores, optar, no prazo e nos termos previstos na alínea *b*) do nº 4, pelo regime de contabilidade organizada, ainda que não tenha decorrido o período mínimo de permanência no regime simplificado.([2])

10 – No exercício de início de actividade, o enquadramento no regime simplificado faz-se, verificados os demais pressupostos, em conformidade com o valor anual de rendimentos estimado, constante da declaração de início de actividade, caso não seja exercida a opção a que se refere o nº 3.([2])

11 – Se, tendo havido cessação de actividade, esta for reiniciada antes de 1 de Janeiro do ano seguinte àquele em que se tiverem completado 12 meses, contados da data da cessação, o regime de determinação dos rendimentos empresariais e profissionais a aplicar é o que vigorava à data da cessação.

12 – O referido no número anterior não prejudica a possibilidade de a DGCI autorizar a alteração de regime, a requerimento dos sujeitos passivos, quando se verifique ter havido modificação substancial das condições do exercício da actividade.

13 – Exceptuam-se do disposto no nº 11 as situações em que o reinício de actividade venha a ocorrer depois de terminado o período mínimo de permanência.([3])

ARTIGO 29º
Imputação

1 – Na determinação do rendimento só são considerados proveitos e custos os relativos a bens ou valores que façam parte do activo da empresa individual do sujeito passivo ou que estejam afectos às actividades empresariais e profissionais por ele desenvolvidas.

2 – No caso de afectação de quaisquer bens do património particular do sujeito passivo à sua actividade empresarial e profissional, o valor de aquisição pelo qual esses bens são considerados corresponde ao valor de mercado à data da afectação.

3 – No caso de transferência para o património particular do sujeito passivo de bens afectos à sua actividade empresarial e profissional, o valor dos bens corresponde ao valor de mercado dos mesmos à data da transferência.

4 – O valor de mercado a que se referem os números anteriores, atribuído pelo sujeito passivo no momento da afectação ou da transferência dos bens, pode ser objecto de correcção sempre que a Direcção-Geral dos Impostos considere, funda-

---

([1]) Redacção dada pela Lei nº 64-A/2008, de 31 de Dezembro.
([2]) Redacção dada pela Lei nº 3-B/2010, de 28 de Abril.
([3]) Redacção dada pela Lei nº 53-A/2006, de 29 de Dezembro.

mentadamente, que o mesmo não corresponde ao que seria praticado entre pessoas independentes.

ARTIGO 30º
Actos isolados

A determinação do rendimento tributável dos actos isolados está sujeita ao regime simplificado ou de contabilidade organizada, conforme resulta do disposto no artigo 28º(¹)

ARTIGO 31º
Regime simplificado

1 – A determinação do rendimento tributável resulta da aplicação de indicadores objectivos de base técnico-científica para os diferentes sectores da actividade económica.

2 – Até à aprovação dos indicadores mencionados no número anterior, ou na sua ausência, o rendimento tributável é obtido adicionando aos rendimentos decorrentes de prestações de serviços efectuadas pelo sócio a uma sociedade abrangida pelo regime de transparência fiscal, nos termos da alínea b) do nº 1 do artigo 6º do Código do IRC, o montante resultante da aplicação do coeficiente de 0,20 ao valor das vendas de mercadorias e de produtos e do coeficiente de 0,70 aos restantes rendimentos provenientes desta categoria, excluindo a variação de produção.(¹)

3 – O rendimento colectável é objecto de englobamento e tributado nos termos gerais.

4 – Em lista aprovada por portaria do Ministro das Finanças são determinados os indicadores a que se refere o nº 1 e, na ausência daqueles indicadores, são estabelecidos, pela mesma forma, critérios técnicos que, ponderando a importância relativa de concretas componentes dos custos das várias actividades empresariais e profissionais, permitam proceder à correcta subsunção dos proveitos de tais actividades às qualificações contabilísticas relevantes para a fixação do coeficiente aplicável nos termos do nº 2.

5 – Para os efeitos do disposto no nº 2, aplica-se aos serviços prestados no âmbito de actividades hoteleiras e similares, restauração e bebidas, bem como ao montante dos subsídios destinados à exploração, o coeficiente de 0,20 aí indicado.(²)

6 – *(Revogado.)*:(³)

7 – Os subsídios ou subvenções não destinados à exploração serão considerados, para efeitos do disposto nos nºs 1 e 2, em fracções iguais, durante cinco exercícios, sendo o primeiro o do recebimento do subsídio.

8 – Cessando a aplicação do regime simplificado no decurso do período referido no número anterior, as fracções dos subsídios ainda não tributadas, serão imputadas, para efeitos de tributação, ao último exercício de aplicação daquele regime.

(¹) Redacção dada pela Lei nº 3-B/2010, de 28 de Abril.
(²) Redacção dada pela Lei nº 67-A/2007, de 31 de Dezembro.
(³) Revogado pela Lei nº 3-B/2010, de 28 de Abril.

9 – Para efeitos do cálculo das mais-valias referidas na alínea c) do n.º 2 do artigo 3.º, são utilizadas as quotas mínimas de amortização, calculadas sobre o valor definitivo, se superior, considerado para efeitos de liquidação de imposto municipal sobre as transmissões onerosas de imóveis.

ARTIGO 31.º-A
Valor definitivo considerado para efeitos de liquidação de imposto municipal sobre as transmissões onerosas de imóveis

1 – Em caso de transmissão onerosa de direitos reais sobre bens imóveis, sempre que o valor constante do contrato seja inferior ao valor definitivo que servir de base à liquidação do imposto municipal sobre as transmissões onerosas de imóveis, ou que serviria no caso de não haver lugar a essa liquidação, é este o valor a considerar para efeitos da determinação do rendimento tributável.

2 – Para execução do disposto no número anterior, se à data em que for conhecido o valor definitivo tiver decorrido o prazo para a entrega da declaração de rendimentos a que se refere o artigo 57.º, deve o sujeito passivo proceder à entrega da declaração de substituição durante o mês de Janeiro do ano seguinte.([1])

3 – O disposto no n.º 1 não prejudica a consideração de valor superior ao aí referido quando a Direcção-Geral dos Impostos demonstre que esse é o valor efectivo da transacção.

4 – Para efeitos do disposto no n.º 3 do artigo 3.º, nos n.ºs 2 e 6 do artigo 28.º e nos n.ºs 2 e 6 do artigo 31.º, deve considerar-se o valor referido no n.º 1, sem prejuízo do disposto nos números seguintes.([2])

5 – O disposto nos n.ºs 1 e 4 não é aplicável se for feita prova de que o valor de realização foi inferior ao ali previsto.([2])

6 – A prova referida no número anterior deve ser efectuada de acordo com o procedimento previsto no artigo 129.º do Código do IRC, com as necessárias adaptações.([3])

ARTIGO 32.º
Remissão

Na determinação dos rendimentos empresariais e profissionais não abrangidos pelo regime simplificado, seguir-se-ão as regras estabelecidas no Código do IRC, com as adaptações resultantes do presente Código.

ARTIGO 33.º
Encargos não dedutíveis para efeitos fiscais

1 – Para além das limitações previstas no Código do IRC, não são dedutíveis para efeitos de determinação do rendimento da categoria B, mesmo quando contabilizadas como custos ou perdas do exercício, as despesas de deslocações, viagens e estadas do sujeito passivo ou de membros do seu agregado familiar que com ele traba-

---

([1]) Redacção dada pelo Decreto-Lei n.º 238/2006, de 20 de Dezembro.
([2]) Redacção dada pela Lei n.º 53-A/2006, de 29 de Dezembro.
([3]) Aditado pela Lei n.º 53-A/2006, de 29 de Dezembro.

lham, na parte que exceder, no seu conjunto, 10% do total dos proveitos contabilizados, sujeitos e não isentos deste imposto.

2 – Por portaria do Ministro das Finanças podem ser fixados para efeitos do disposto neste artigo o número máximo de veículos e respectivo valor por sujeito passivo.

3 – *(Revogado)*

4 – *(Revogado)*

5 – Quando o sujeito passivo afecte à sua actividade empresarial e profissional parte do imóvel destinado à sua habitação, os encargos dedutíveis com ela conexos referentes a amortizações ou rendas, energia, água e telefone fixo não podem ultrapassar 25% das respectivas despesas devidamente comprovadas.

6 – Se o sujeito passivo exercer a sua actividade em conjunto com outros profissionais, os encargos dedutíveis são rateados em função da respectiva utilização ou, na falta de elementos que permitam o rateio, proporcionalmente aos rendimentos brutos auferidos.

7 – Não são dedutíveis as despesas ilícitas, designadamente as que de corram de comportamentos que fundadamente indiciem a violação da legislação penal portuguesa, mesmo que ocorridos fora do âmbito territorial da sua aplicação.

8 – As remunerações dos titulares de rendimentos desta categoria, bem como as atribuídas a membros do seu agregado familiar que lhes prestem serviço, assim como outras prestações a título de ajudas de custo, utilização de viatura própria ao serviço da actividade, subsídios de refeição e outras prestações de natureza remuneratória, não são dedutíveis para efeitos de determinação do rendimento da categoria B.

ARTIGO 34º
Custos das explorações plurianuais

A parte dos encargos das explorações silvícolas plurianuais suportados durante o ciclo de produção, equivalente à percentagem que a extracção efectuada no exercício represente na produção total do mesmo produto e ainda não considerada em exercício anterior, é actualizada pela aplicação dos coeficientes constantes da portaria a que se refere o artigo 50º.

ARTIGO 35º
Critérios valorimétricos

Na determinação do lucro das actividades agrícolas pode ser sempre utilizado o critério referido no nº 4 do artigo 26º do Código do IRC.

ARTIGO 36º
Subsídios à agricultura e pesca

Os subsídios de exploração atribuídos a sujeitos passivos no âmbito das actividades agrícolas, silvícolas, pecuárias ou de pesca exercidas, pagos numa só prestação sob a forma de prémios pelo abandono de actividade, arranque de plantações ou abate de efectivos, e na parte em que excedam custos ou perdas, podem ser incluídos no lucro tributável, em fracções iguais, durante cinco exercícios, sendo o primeiro o do recebimento do subsídio.

ARTIGO 36º-A
Subsídios não destinados à exploração

Cessando a determinação do rendimento tributável com base na contabilidade no decurso do período estabelecido no artigo 22º do Código do IRC, a parte dos subsídios ainda não tributada será imputada, para efeitos de tributação, ao último exercício de aplicação daquele regime.

ARTIGO 36º-B
Mudança de regime de determinação do rendimento

Em caso de mudança de regime de determinação do rendimento tributável durante o período em que o bem seja amortizável, devem considerar-se no cálculo das mais-valias as quotas praticadas, tendo em conta as correcções previstas no nº 2 do artigo 58º-A do Código do IRC, relativamente ao período em que o rendimento tributável seja determinado com base na contabilidade, e as quotas mínimas calculadas de acordo com o previsto no nº 9 do artigo 31º, relativamente ao período em que seja aplicado o regime simplificado.

ARTIGO 37º
Dedução de prejuízos fiscais

A dedução de prejuízos fiscais prevista no artigo 47º do Código do IRC só nos casos de sucessão por morte aproveita ao sujeito passivo que suceder àquele que suportou o prejuízo.

ARTIGO 38º
Entrada de património para realização do capital de sociedade

1 – Não há lugar ao apuramento de qualquer resultado tributável por virtude da realização de capital social resultante da transmissão da totalidade do património afecto ao exercício de uma actividade empresarial e profissional por uma pessoa singular, desde que, cumulativamente, sejam observadas as seguintes condições:

a) A entidade para a qual é transmitido o património seja uma sociedade e tenha a sua sede e direcção efectivas em território português;

b) A pessoa singular transmitente fique a deter pelo menos 50% do capital da sociedade e a actividade exercida por esta seja substancialmente idêntica à que era exercida a título individual;

c) Os elementos activos e passivos objecto da transmissão sejam tidos em conta para efeitos desta com os mesmos valores por que estavam registados na contabilidade ou nos livros de escrita da pessoa singular, ou seja, os que resultam da aplicação das disposições do presente Código ou de reavaliações feitas ao abrigo de legislação de carácter fiscal;

d) As partes de capital recebidas em contrapartida da transmissão sejam valorizadas, para efeito de tributação dos ganhos ou perdas relativos à sua ulterior transmissão, pelo valor líquido correspondente aos elementos do activo e do passivo transferidos, valorizados nos termos da alínea anterior;

e) A sociedade referida na alínea *a)* se comprometa, através de declaração, a respeitar o disposto no artigo 77º do Código do IRC, a qual deve ser junta à declaração periódica de rendimentos da pessoa singular relativa ao exercício da transmissão.

2 - O disposto no número anterior não é aplicável aos casos em que façam parte do património transmitido bens em relação aos quais tenha havido diferimento de tributação dos respectivos ganhos, nos termos da alínea b) do nº 3 do artigo 10º.

3 - Os ganhos resultantes da transmissão onerosa, qualquer que seja o seu título, das partes de capital recebidas em contrapartida da transmissão referida no nº 1 são qualificados, antes de decorridos cinco anos a contar da data desta, como rendimentos empresariais e profissionais, e considerados como rendimentos líquidos da categoria B, não podendo durante aquele período efectuar-se operações sobre as partes sociais que beneficiem de regimes de neutralidade, sob pena de, no momento da concretização destas, se considerarem realizados os ganhos, devendo estes ser majorados em 15% por cada ano, ou fracção, decorrido desde aquele em que se verificou a entrada de património para realização do capital da sociedade, e acrescidos ao rendimento do ano da verificação daquelas operações.

ARTIGO 39º
Aplicação de métodos indirectos

1 - A determinação do rendimento por métodos indirectos verifica-se nos casos e condições previstos nos artigos 87º a 89º da lei geral tributária e segue os termos do artigo 90º da referida lei e do artigo 54º do Código do IRC, com as adaptações necessárias.

2 - O atraso na execução da contabilidade ou na escrituração dos livros de registo, bem como a não exibição imediata daquela ou destes, só determinam a aplicação dos métodos indirectos após o decurso do prazo fixado para regularização ou apresentação, sem que se mostre cumprida a obrigação.

3 - O prazo a que se refere o número anterior não deve ser inferior a 5 nem superior a 30 dias e não prejudica a sanção a aplicar pela eventual infracção praticada.

SECÇÃO IV
Rendimentos de capitais

ARTIGO 40º
Presunções e juros contáveis

1 - Presume-se que os mútuos e aberturas de crédito referidos no nº 2 do artigo 6º são remunerados à taxa de juro legal, se outra mais elevada não constar do título constitutivo ou não houver sido declarada.

2 - À presunção estabelecida no número anterior é aplicável o disposto no nº 5 do artigo 6º.

3 - Tratando-se das situações tributáveis nos termos do nº 5 do artigo 5º, o rendimento sujeito a imposto é o quantitativo que corresponder, em função da respectiva remuneração, ao período decorrido desde a data do último vencimento ou da emissão, primeira colocação ou endosso, se ainda não tiver ocorrido qualquer vencimento, até à data da transmissão dos correspondentes títulos.

ARTIGO 40º-A
Dupla tributação económica

1 – Os lucros devidos por pessoas colectivas sujeitas e não isentas de IRC bem como os rendimentos resultantes da partilha em consequência da liquidação dessas entidades que sejam qualificados como rendimentos de capitais são, no caso de opção pelo englobamento, apenas considerados em 50% do seu valor.([1])

2 – O disposto no número anterior é aplicável se a entidade devedora dos lucros ou que é liquidada tiver a sua sede ou direcção efectiva em território português e os respectivos beneficiários residirem neste território.([2])

3 – Aplica-se o disposto no nº 1, nas condições do número anterior e com as necessárias adaptações, relativamente aos rendimentos que o associado aufira da associação à quota e da associação em participação, tendo os rendimentos distribuídos sido efectivamente tributados, bem como o valor atribuído aos associados na amortização de partes sociais sem redução de capital.

4 – O disposto no nº 1 é igualmente aplicável aos lucros distribuídos por entidade residente noutro Estado membro da União Europeia que preencha os requisitos e condições estabelecidos no artigo 2º da Directiva nº 90/435/CEE, de 23 de Julho.([3])

5 – Para efeitos do disposto no número anterior, o sujeito passivo deve dispor de prova de que a entidade cumpre os requisitos e condições estabelecidos no artigo 2º da Directiva nº 90/435/CEE, de 23 de Julho, efectuada através de declaração confirmada e autenticada pelas autoridades fiscais competentes do Estado membro da União Europeia de que é residente.([3])

SECÇÃO V
Rendimentos prediais

ARTIGO 41º
Deduções

1 – Aos rendimentos brutos referidos no artigo 8º deduzem-se as despesas de manutenção e de conservação que incumbam ao sujeito passivo, por ele sejam suportadas e se encontrem documentalmente provadas, bem como a contribuição autárquica que incide sobre o valor dos prédios ou parte de prédios cujo rendimento tenha sido englobado.

2 – No caso de fracção autónoma de prédio em regime de propriedade horizontal, deduzem-se também os encargos de conservação, fruição e outros que, nos termos da lei civil, o condómino deva obrigatoriamente suportar, por ele sejam suportados, e se encontrem documentalmente provados.

3 – Na sublocação, a diferença entre a renda recebida pelo sublocador e a renda paga por este não beneficia de qualquer dedução.

([1]) Redacção dada pelo Decreto-Lei nº 192/2005, de 7 de Novembro.
([2]) Redacção dada pela Lei nº 55-B/2004, de 30 de Dezembro.
([3]) Aditado pela Lei nº 55-B/2004, de 30 de Dezembro.

SECÇÃO VI
Incrementos patrimoniais

ARTIGO 42º
Deduções

Sem prejuízo do disposto relativamente às mais-valias, não são feitas quaisquer deduções aos restantes rendimentos qualificados como incrementos patrimoniais.

ARTIGO 43º
Mais-valias

1 – O valor dos rendimentos qualificados como mais-valias é o correspondente ao saldo apurado entre as mais-valias e as menos-valias realizadas no mesmo ano, determinadas nos termos dos artigos seguintes.

2 – O saldo referido no número anterior, respeitante às transmissões efectuadas por residentes previstas nas alíneas *a*), *c*) e *d*) do nº 1 do artigo 10º, positivo ou negativo, é apenas considerado em 50% do seu valor.

3 – O saldo referido no nº 1, respeitante às transmissões previstas na alínea *b*) do nº 1 do artigo 10º, relativo a micro e pequenas empresas não cotadas nos mercados regulamentado ou não regulamentado da bolsa de valores, quando positivo, é igualmente considerado em 50% do seu valor.([1])

4 – Para efeitos do número anterior entende-se por micro e pequenas empresas as entidades definidas, nos termos do anexo ao Decreto-Lei nº 372/2007, de 6 de Novembro.([1])

5 – Para apuramento do saldo positivo ou negativo referido no nº 1, respeitante às operações efectuadas por residentes previstas nas alíneas *b*), *e*), *f*) e *g*) do nº 1 do artigo 10º, não relevam as perdas apuradas quando a contraparte da operação estiver sujeita no país, território ou região de domicílio a um regime fiscal claramente mais favorável, constante da lista aprovada por portaria do Ministro das Finanças.

6 – Para efeitos do número anterior, considera-se que:

a) A data de aquisição dos valores mobiliários cuja propriedade tenha sido adquirida pelo sujeito passivo por incorporação de reservas ou por substituição daqueles, designadamente por alteração do valor nominal ou modificação do objecto social da sociedade emitente, é a data de aquisição dos valores mobiliários que lhes deram origem;

b) A data de aquisição de acções resultantes da transformação de sociedade por quotas em sociedade anónima é a data de aquisição das quotas que lhes deram origem;

c) A data de aquisição das acções da sociedade oferente em oferta pública de aquisição lançada nos termos do Código dos Valores Mobiliários cuja contrapartida consista naquelas acções, dadas à troca, é a data da aquisição das acções das sociedades visadas na referida oferta pública de aquisição;

([1]) Aditado pela Lei nº 15/2010, de 26 de Julho.

d) Tratando-se de valores mobiliários da mesma natureza e que confiram idênticos direitos, os alienados são os adquiridos há mais tempo;

e) Nas permutas de partes de capital nas condições mencionadas no nº 5 do artigo 67º e do nº 2 do artigo 71º do Código do IRC, o período de detenção corresponde ao somatório dos períodos em que foram detidas as partes de capital entregues e as recebidas em troca;

f) O regime da alínea anterior é aplicável, com as necessárias adaptações, à aquisição de partes sociais nos casos de fusão ou cisão a que seja aplicável o artigo 68º do Código do IRC.

ARTIGO 44º
Valor de realização

1 – Para a determinação dos ganhos sujeitos a IRS, considera-se valor de realização:

a) No caso de troca, o valor atribuído no contrato aos bens ou direitos recebidos, ou o valor de mercado, quando aquele não exista ou este for superior, acrescidos ou diminuídos, um ou outro, da importância em dinheiro a receber ou a pagar;

b) No caso de expropriação, o valor da indemnização;

c) No caso de afectação de quaisquer bens do património particular do titular de rendimentos da categoria B a actividade empresarial e profissional, o valor de mercado à data da afectação;

d) No caso de valores mobiliários alienados pelo titular do direito de exercício de *warrants* autónomos de venda, e para efeitos da alínea *b)* do nº 1 do artigo 10º, o preço de mercado no momento do exercio;

e) Tratando-se de bens ou direitos referidos na alínea *d)* do nº 4 do artigo 24º, quando não exista um preço ou valor previamente fixado, o valor de mercado na data referida;

f) Nos demais casos, o valor da respectiva contraprestação.

2 – Nos casos das alíneas *a)*, *b)* e *f)* do número anterior, tratando-se de direitos reais sobre bens imóveis, prevalecerão, quando superiores, os valores por que os bens houverem sido considerados para efeitos de liquidação de sisa ou, não havendo lugar a esta liquidação, os que devessem ser, caso fosse devida.

3 – No caso de troca por bens futuros, os valores referidos na alínea *a)* do nº 1 reportam-se à data da celebração do contrato.

4 – No caso previsto na alínea *c)* prevalecerá, se o houver, o valor resultante da correcção a que se refere o nº 4 do artigo 29º.

ARTIGO 45º
Valor de aquisição a título gratuito

1 – Para a determinação dos ganhos sujeitos a IRS considera-se o valor de aquisição, no caso de bens ou direitos adquiridos a título gratuito:([1])

a) O valor que tenha sido considerado para efeitos de liquidação de imposto do selo;

([1]) Redacção dada pela Lei nº 3-B/2010, de 28 de Abril.

b) O valor que serviria de base à liquidação de imposto do selo, caso este fosse devido.

2 – *(Revogado.)*([1])

3 – No caso de direitos reais sobre bens imóveis adquiridos por doação isenta, nos termos da alínea *e)* do artigo 6º do Código do Imposto do Selo, considera-se valor de aquisição o valor patrimonial tributário constante da matriz até aos dois anos anteriores à doação.([2])

ARTIGO 46º
Valor de aquisição a título oneroso de bens imóveis

1 – No caso da alínea *a)* do nº 1 do artigo 10º, se o bem imóvel houver sido adquirido a título oneroso, considera-se valor de aquisição o que tiver servido para efeitos de liquidação do imposto municipal sobre as transacções onerosas de imóveis (IMT).([3])

2 – Não havendo lugar à liquidação de IMT, considera-se o valor que lhe serviria de base, caso fosse devida, determinado de harmonia com as regras próprias daquele imposto.([3])

3 – O valor de aquisição de imóveis construídos pelos próprios sujeitos passivos corresponde ao valor patrimonial inscrito na matriz ou ao valor do terreno, acrescido dos custos de construção devidamente comprovados, se superior àquele.

4 – Para efeitos do número anterior, o valor do terreno será determinado pelas regras constantes dos nºs 1 e 2 deste artigo.

5 – Nos casos de bens imóveis adquiridos através do exercício do direito de opção de compra no termo da vigência do contrato de locação financeira, considera-se valor de aquisição o somatório do capital incluído nas rendas pagas durante a vigência do contrato e o valor pago para efeitos de exercício do direito de opção, com exclusão de quaisquer encargos.([4])

ARTIGO 47º
Equiparação ao valor da aquisição

No caso de transferência para o património particular do titular de rendimentos da categoria B de quaisquer bens afectos à actividade empresarial e profissional, considera-se valor de aquisição o valor de mercado à data da transferência.

ARTIGO 48º
Valor de aquisição a título oneroso de partes sociais e de outros valores mobiliários

No caso da alínea *b)* do nº 1 do artigo 10º, o valor de aquisição, quando esta haja sido efectuada a título oneroso, é o seguinte:

a) Tratando-se de valores mobiliários cotados em bolsa de valores, o custo documentalmente provado ou, na sua falta, o da menor cotação verificada nos dois anos anteriores à data da alienação, se outro menos elevado não for declarado;

([1]) Revogado pela Lei nº 3-B/2010, de 28 de Abril.
([2]) Redacção dada pela Lei nº 3-B/2010, de 28 de Abril.
([3]) Redacção dada pela Lei nº 55-A/2010, de 31 de Dezembro.
([4]) Aditado pela Lei nº 55-A/2010, de 31 de Dezembro.

b) Tratando-se de quotas ou de outros valores mobiliários não cotados em bolsa de valores, o custo documentalmente provado ou, na sua falta, o respectivo valor nominal;

c) Tratando-se de bens ou direitos referidos na alínea *a)* do nº 4 do artigo 24º, o quantitativo que tiver sido considerado como valor do bem ou direito na data aí referida;

d) Tratando-se de bens ou direitos referidos na alínea *b)* do nº 4 do artigo 24º, o preço de subscrição ou de exercício do direito para a generalidade dos subscritores ou dos titulares do direito ou o valor de mercado.

e) Tratando-se de bens ou direitos referidos na alínea *e)* do nº 4 do artigo 24º, o valor de mercado na data referida;

f) Tratando-se de valores mobiliários adquiridos pelo titular do direito de exercício de *warrants* autónomos de compra, o preço de mercado no momento do exercício.

ARTIGO 49º
Valor de aquisição a título oneroso de outros bens e direitos

Nos casos das alíneas *c)* e *e)* do nº 1 do artigo 10º, o valor de aquisição, quando efectuada a título oneroso, é constituído pelo preço pago pelo alienante, documentalmente provado.

ARTIGO 50º
Correcção monetária

1 – O valor de aquisição ou equiparado de direitos reais sobre os bens referidos na alínea *a)* do nº 1 do artigo 10º é corrigido pela aplicação de coeficientes para o efeito aprovados mediante portaria do Ministro das Finanças, sempre que tenham decorrido mais de 24 meses entre a data da aquisição e a data da alienação ou afectação.([1])

2 – A data de aquisição é a que constar do título aquisitivo, sem prejuízo do disposto nas alíneas seguintes:

a) Nos casos previstos no nº 3 do artigo 46º, é a data relevante para efeitos de inscrição na matriz;

b) No caso previsto no artigo 47º, é a data da transferência.

ARTIGO 51º
Despesas e encargos

Para a determinação das mais-valias sujeitas a imposto, ao valor de aquisição acrescem:

a) Os encargos com a valorização dos bens, comprovadamente realizados nos últimos cinco anos, e as despesas necessárias e efectivamente praticadas, inerentes à aquisição e alienação, nas situações previstas na alínea *a)* do nº 1 do artigo 10º;

b) As despesas necessárias e efectivamente praticadas, inerentes à alienação, nas situações previstas nas alíneas *b)* e *c)* do nº 1 do artigo 10º.

([1]) Redacção dada pelo Decreto-Lei nº 211/2005, de 7 de Dezembro.

ARTIGO 52º
Divergência de valores

1 – Quando a Direcção-Geral dos Impostos considere fundadamente que possa existir divergência entre o valor declarado e o valor real da transmissão, tem a faculdade de proceder à respectiva determinação.

2 – Se a divergência referida no número anterior recair sobre o valor de alienação de acções ou outros valores mobiliários, atende-se às seguintes regras:

a) Estando cotados em bolsa de valores, o valor de alienação é o da respectiva cotação à data da transmissão ou, em caso de desconhecimento desta, o da maior cotação no ano a que a mesma se reporta;

b) Não estando cotados em bolsa de valores, o valor de alienação é o que lhe corresponder, apurado com base no último balanço.

3 – Na mesma situação referida nos números anteriores, e quando se trate de quotas sociais, considera-se como valor de alienação o que àqueles corresponda, apurado com base no último balanço.

SECÇÃO VII
Pensões

ARTIGO 53º
Pensões

1 – Aos rendimentos brutos da categoria H de valor anual igual ou inferior a € 6 000 deduz-se, até à sua concorrência, a totalidade do seu quantitativo por cada titular que os tenha auferido.([1])

2 – Se o rendimento anual, por titular, for superior ao valor referido no número anterior, a dedução é igual ao montante nele fixado.

3 – *(Revogado.)*([2])

4 – Aos rendimentos brutos da categoria H são ainda deduzidas:([1])

a) As quotizações sindicais, na parte em que não constituam contrapartida de benefícios relativos à saúde, educação, apoio à terceira idade, habitação, seguros ou segurança social e desde que não excedam, em relação a cada sujeito passivo, 1% do rendimento bruto desta categoria, sendo acrescidas de 50%;

b) As contribuições obrigatórias para regimes de protecção social e para subsistemas legais de saúde, na parte que exceda o montante da dedução prevista nos nºs 1 ou 5.([3])

5 – Os rendimentos brutos da categoria H de valor anual superior a € 22 500, por titular, têm uma dedução igual ao montante referido nos nºs 1 ou 4, consoante os casos, abatido, até à sua concorrência, de 20% da parte que excede aquele valor anual.([3])

([1]) Redacção dada pela Lei nº 67-A/2007, de 31 de Dezembro.
([2]) Revogado pela Lei nº 53-A/2006, de 29 de Dezembro.
([3]) Redacção dada pela Lei nº 55-A/2010, de 31 de Dezembro.

6 – (*Revogado.*)(¹)
7 – Excluem-se do disposto no nº 1 as rendas temporárias e vitalícias que não se destinem ao pagamento de pensões enquadráveis nas alíneas *a*), *b*) ou *c*) do nº 1 do artigo 11º.

ARTIGO 54º
Distinção entre capital e renda

1 – Quando as rendas temporárias e vitalícias, bem como as prestações pagas no âmbito de regimes complementares de segurança social qualificadas como pensões, compreendam importâncias pagas a título de reembolso de capital, deduz-se, na determinação do valor tributável, a parte correspondente ao capital.

2 – Quando a parte correspondente ao capital não puder ser discriminada, à totalidade da renda abate-se, para efeitos de determinação do valor tributável, uma importância igual a 85%.(²)

3 – Não é aplicável o disposto nos números anteriores relativamente às prestações devidas no âmbito de regimes complementares de segurança social, seja qual for a entidade devedora ou a sua designação, se as contribuições constitutivas do direito de que derivam tiverem sido suportadas por pessoa ou entidade diferente do respectivo beneficiário e neste não tiverem sido, comprovadamente, objecto de tributação.

4 – Considera-se não terem sido objecto de tributação no respectivo beneficiário, designadamente, os prémios e as contribuições constitutivos de direitos adquiridos referidos no nº 3) da alínea *b*) do nº 3 do artigo 2º que beneficiarem de isenção.

SECÇÃO VIII
Dedução de perdas

ARTIGO 55º
Dedução de perdas

1 – Sem prejuízo do disposto nos números seguintes, é dedutível ao conjunto dos rendimentos líquidos sujeitos a tributação o resultado líquido negativo apurado em qualquer categoria de rendimentos.

2 – O resultado líquido negativo apurado na categoria F só pode ser reportado aos quatro anos seguintes àquele a que respeita, deduzindo-se aos resultados líquidos positivos da mesma categoria.(³)

3 – O resultado líquido negativo apurado na categoria B é tratado de acordo com as seguintes regras:

a) O resultado só pode ser reportado, de harmonia com a parte aplicável do artigo 52º do Código do IRC, aos quatro anos seguintes àquele a que respeita, deduzindo-

---

(¹) Revogado pela Lei nº 60-A/2005, de 30 de Dezembro.
(²) Redacção dada pela Lei nº 67-A/2007, de 31 de Dezembro.
(³) Redacção dada pela Lei nº 55-A/2010, de 31 de Dezembro.

-se aos resultados líquidos positivos da mesma categoria, sem prejuízo do disposto nas alíneas seguintes;(¹)

b) As perdas resultantes do exercício de actividades agrícolas, silvícolas e pecuárias não são todavia comunicáveis, mas apenas reportáveis, de harmonia com a parte aplicável do artigo 47º do Código do IRC, a rendimentos líquidos positivos da mesma natureza;

c) O resultado liquido negativo apurado nas restantes actividades da categoria B não é igualmente comunicável aos rendimentos líquidos positivos resultantes do exercício de actividades agrícolas, silvícolas e pecuárias, mas apenas reportável, de harmonia com a parte aplicável do artigo 47º do Código do IRC, a rendimentos líquidos positivos das restantes actividades daquela categoria;

d) Os respectivos titulares deverão, salvo se estiverem sujeitos ao regime simplificado, assegurar os procedimentos contabilísticos que permitam distinguir claramente os resultados das actividades agrícolas, silvícolas e pecuárias dos das restantes actividades da categoria B.

4 – Ao rendimento tributável, determinado no âmbito do regime simplificado, podem ser deduzidos os prejuízos fiscais apurados em períodos anteriores àquele em que se iniciar a aplicação do regime, nos termos do nº 3.(²)

5 – A percentagem do saldo negativo a que se refere o nº 2 do artigo 43º só pode ser reportada aos quatro anos seguintes àquele a que respeita, deduzindo-se aos resultados líquidos da mesma categoria.(¹)

6 – O saldo negativo apurado num determinado ano, relativo às operações previstas nas alíneas *b)*, *e)*, *f)* e *g)* do nº 1 do artigo 10º, pode ser reportado para os dois anos seguintes, aos rendimentos com a mesma natureza, quando o sujeito passivo opte pelo englobamento.

7 – Quando a determinação do rendimento for efectuada nos termos dos artigos 87º, 88º ou 89º-A da lei geral tributária, não há lugar à dedução do resultado negativo apurado em qualquer categoria de rendimentos, sem prejuízo da sua dedução nos anos seguintes, dentro do período legalmente previsto.(³)

SECÇÃO IX
Abatimentos

ARTIGO 56º
Abatimentos ao rendimento líquido total(⁴)

Para apuramento do rendimento colectável dos sujeitos passivos residentes em território português, à totalidade dos rendimentos líquidos determinados nos termos das secções anteriores abatem-se as importâncias comprovadamente suportadas e não reembolsadas respeitantes aos encargos com pensões de alimentos a que o sujeito passivo esteja obrigado por sentença judicial ou por

---

(¹) Redacção dada pela Lei nº 55-A/2010, de 31 de Dezembro.
(²) Redacção dada pela Lei nº 3-B/2010, de 28 de Abril.
(³) Aditado pela Lei nº 64-A/2008, de 31 de Dezembro.
(⁴) Revogado pela Lei nº 64-A/2008, de 31 de Dezembro

acordo homologado nos termos da lei civil, salvo nos casos em que o seu beneficiário faça parte do mesmo agregado familiar ou relativamente ao qual estejam previstas deduções no artigo 78º.

SECÇÃO X
Processo de determinação do rendimento colectável

ARTIGO 57º
Declaração de rendimentos

1 – Os sujeitos passivos devem apresentar, anualmente, uma declaração de modelo oficial, relativa aos rendimentos do ano anterior e a outros elementos informativos relevantes para a sua concreta situação tributária, nomeadamente para os efeitos do artigo 89º-A da lei geral tributária, devendo ser-lhe juntos, fazendo dela parte integrante:

a) Os anexos e outros documentos que para o efeito sejam mencionados no referido modelo;

b) Os elementos mencionados no nº 3 do artigo 72º do Código do IRC, quando se aplicar o disposto no nº 8 do artigo 10º, entendendo-se que os valores a mencionar relativamente às acções entregues são o valor nominal e o valor de aquisição das mesmas, nos termos do artigo 48º([1]).

2 – Nas situações de contitularidade, tratando-se de rendimentos da categoria B, incumbe ao contitular a quem pertença a respectiva administração apresentar na sua declaração de rendimentos a totalidade dos elementos contabilísticos exigidos nos termos das secções precedentes para o apuramento do rendimento tributável, nela identificando os restantes contitulares e a parte que lhes couber.

3 – Para efeitos do disposto nos nºs 5 a 7 do artigo 10º, devem os sujeitos passivos:([2])

a) Mencionar a intenção de efectuar o reinvestimento na declaração do ano de realização, indicando na mesma e nas declarações dos dois anos seguintes, os investimentos efectuados;

b) Comprovar, quando solicitado, a afectação do imóvel à sua habitação permanente ou do seu agregado familiar, quando o reinvestimento seja efectuado em imóvel situado no território de outro Estado membro da União Europeia ou do espaço económico europeu, através de declaração emitida por entidade oficial do outro Estado.

4 – Sempre que as declarações não forem consideradas claras ou nelas se verifiquem faltas ou omissões, a Direcção-Geral dos Impostos notifica os sujeitos passivos ou os seus representantes para, por escrito, e no prazo que lhes for fixado, não inferior a 5 nem a superior a 15 dias, prestarem os esclarecimentos indispensáveis.

([1]) Redacção dada pelo Decreto-Lei nº 238/2006, de 20 de Dezembro.
([2]) Redacção dada pelo Decreto-Lei nº 361/2007, de 2 de Novembro.

ARTIGO 58º
Dispensa de apresentação de declaração

Ficam dispensados de apresentar a declaração a que se refere o artigo anterior os sujeitos passivos que, no ano a que o imposto respeita, apenas tenham auferido, isolada ou cumulativamente:

a) Rendimentos tributados pelas taxas previstas no artigo 71º e não optem, quando legalmente permitido, pelo seu englobamento;([1])

b) Rendimentos de pensões pagas por regimes obrigatórios de protecção social, de montante inferior ao da dedução específica estabelecida no nº 1 do artigo 53º;([1])

c) Rendimentos do trabalho dependente de montante inferior ao da dedução específica estabelecida na alínea a) do n.º 1 do artigo 25.º([2])

ARTIGO 59º
Contribuintes casados

1 – No caso do nº 2 do artigo 13º deve ser apresentada uma única declaração pelos dois cônjuges ou por um deles, se o outro for incapaz ou ausente.

2 – Havendo separação de facto, cada um dos cônjuges pode apresentar uma única declaração dos seus próprios rendimentos e dos rendimentos dos dependentes a seu cargo, mas, neste caso, observa-se o seguinte:

a) Sem prejuízo do disposto na alínea *c)*, as deduções à colecta previstas neste Código não podem exceder o menor dos limites fixados em função da situação pessoal dos sujeitos passivos ou 50% dos restantes limites quantitativos, sendo esta regra aplicável, com as devidas adaptações, aos abatimentos e às deduções por benefícios fiscais;

b) Não é aplicável o disposto no artigo 69º;

c) Cada um dos cônjuges terá direito à dedução a que se refere a alínea *a)* do nº 1 do artigo 79º([3])

ARTIGO 60º
Prazo de entrega da declaração

1 – A declaração a que se refere o nº 1 do artigo 57º é entregue:

a) Em suporte papel:([1])
   i) Durante o mês de Março, quando os sujeitos passivos apenas hajam recebido ou tenham sido colocados à sua disposição rendimentos das categorias A e H;([4])
   ii) Durante o mês de Abril, nos restantes casos;([4])

b) Por transmissão electrónica de dados:([1])
   i) Durante o mês de Abril, quando os sujeitos passivos apenas hajam recebido ou tenham sido colocados à sua disposição rendimentos das categorias A e H;([4])
   ii) Durante o mês de Maio, nos restantes casos.([4])

([1]) Redacção dada pelo Decreto-Lei nº 238/2006, de 20 de Dezembro.
([2]) Aditada pela Lei nº 3-B/2010, de 28 de Abril.
([3]) Redacção dada pela Lei nº 67-A/2007, de 31 de Dezembro.
([4]) Redacção dada pela Lei nº 3-B/2010, de 28 de Abril.

2 – A declaração a que se refere o número anterior é ainda apresentada nos 30 dias imediatos à ocorrência de qualquer facto que determine alteração dos rendimentos já declarados ou implique, relativamente a anos anteriores obrigação de os declarar, salvo se outro prazo estiver previsto neste Código.([1])

ARTIGO 61º
Local de entrega das declarações

1 – As declarações e demais documentos podem ser entregues em qualquer serviço de finanças ou nos locais que vierem a ser fixados ou, ainda, ser remetidos pelo correio para o serviço de finanças ou direcção de finanças da área do domicílio fiscal do sujeito passivo.

2 – O cumprimento das obrigações declarativas estabelecidas neste Código pode ainda ser efectuado através dos meios disponibilizados no sistema de transmissão electrónica de dados, para o efeito autorizado.

ARTIGO 62º
Rendimentos litigiosos

Se a determinação do titular ou do valor de quaisquer rendimentos depender de decisão judicial, o englobamento só se faz depois de transitada em julgado a decisão, e opera-se na declaração de rendimentos do ano em que transite.

ARTIGO 63º
Sociedade conjugal

1 – Se, durante o ano a que o imposto respeite, tiver falecido um dos cônjuges, o cônjuge sobrevivo apresentará uma única declaração do total dos rendimentos auferidos nesse ano por cada um deles e pelos dependentes, se os houver, aplicando-se, para efeitos de apuramento do imposto, o regime de sujeitos passivos casados e não separados judicialmente de pessoas e bens.

2 – Se durante o ano a que o imposto respeite se constituir a sociedade conjugal ou se dissolver por declaração de nulidade ou anulação do casamento, por divórcio ou por separação judicial de pessoas e bens, a tributação dos sujeitos passivos é feita de harmonia com o seu estado civil em 31 de Dezembro, nos termos seguintes:

a) Se forem divorciados ou separados judicialmente de pessoas e bens, devem englobar os rendimentos próprios e a sua parte nos rendimentos comuns, se os houver, bem como os rendimentos dos dependentes a seu cargo;

b) Se forem casados e não separados judicialmente de pessoas e bens, devem ser englobados todos os rendimentos próprios de cada um dos cônjuges e os rendimentos comuns, havendo-os, bem como os rendimentos dos dependentes a seu cargo.

3 – Se em 31 de Dezembro se encontrar interrompida a sociedade conjugal por separação de facto, cada um dos cônjuges engloba os seus rendimentos próprios, a sua parte nos rendimentos comuns e os rendimentos dos dependentes a seu cargo.

([1]) Redacção dada pelo Decreto-Lei nº 238/2006, de 20 de Dezembro.

ARTIGO 64º
Falecimento de titular de rendimentos

Ocorrendo o falecimento de qualquer pessoa, os rendimentos relativos aos bens transmitidos e correspondentes ao período posterior à data do óbito são considerados, a partir de então, nos englobamentos a efectuar em nome das pessoas que os passaram a auferir, procedendo-se, na falta de partilha até ao fim do ano a que os rendimentos respeitam, à sua imputação aos sucessores e ao cônjuge sobrevivo, segundo a sua quota ideal nos referidos bens.

ARTIGO 65º
Bases para o apuramento, fixação ou alteração dos rendimentos

1 – O rendimento colectável de IRS apura-se de harmonia com as regras estabelecidas nas secções precedentes e com as regras relativas a benefícios fiscais a que os sujeitos passivos tenham direito, com base na declaração anual de rendimentos apresentada em prazo legal e noutros elementos de que a Direcção-Geral dos Impostos disponha.

2 – A Direcção-Geral dos Impostos procede à fixação do conjunto dos rendimentos líquidos sujeitos a tributação quando ocorra alguma das situações ou factos previstos no nº 4 do artigo 29º, no artigo 39º ou no artigo 52º([1])

3 – *(Revogado.)*([2])

4 – A Direcção-Geral dos Impostos procede à alteração dos elementos declarados sempre que, não havendo lugar à fixação a que se refere o nº 2, devam ser efectuadas correcções decorrentes de erros evidenciados nas próprias declarações, de omissões nelas praticadas ou correcções decorrentes de divergência na qualificação dos actos, factos ou documentos com relevância para a liquidação do imposto.

5 – A competência para a prática dos actos de apuramento, fixação ou alteração referidos no presente artigo é exercida pelo director de finanças em cuja área se situe o domicílio fiscal dos sujeitos passivos, podendo ser delegada noutros funcionários sempre que o elevado número daqueles o justifique.

ARTIGO 66º
Notificação e fundamentação dos actos

1 – Os actos de fixação ou alteração previstos no artigo 65º são sempre notificados aos sujeitos passivos, com a respectiva fundamentação.

2 – A fundamentação deve ser expressa através de exposição, ainda que sucinta, das razões de facto e de direito da decisão, equivalendo à falta de fundamentação a adopção de fundamentos que, por obscuridade, contradição ou insuficiência, não esclareçam concretamente a sua motivação.

([1]) Redacção dada pela Lei nº 53-A/2006, de 29 de Dezembro.
([2]) Revogado pela Lei nº 53-A/2006, de 29 de Dezembro.

ARTIGO 67º
Revisão dos actos de fixação

O sujeito passivo pode, salvo em caso de aplicação de regime simplificado de tributação em que não sejam efectuadas correcções com base noutro método indirecto, solicitar a revisão da matéria tributável fixada por métodos indirectos, nos termos dos artigos 91º e seguintes da lei geral tributária.

CAPÍTULO III
Taxas

ARTIGO 68º
Taxas gerais

1 – As taxas do imposto são as constantes da tabela seguinte:(¹)

Rendimento colectável (em euros)	Taxas (em percentagem) Normal (A)	Taxas (em percentagem) Média (B)
Até 4 898	11,50	11,500
De mais de 4 898 até 7 410	14,00	12,3480
De mais de 7 410 até 18 375	24,50	19,5990
De mais de 18 375 até 42 259	35,50	28,5860
De mais de 42 259 até 61 244	38,00	31,5040
De mais de 61 244 até 66 045	41,50	32,2310
De mais de 66 045 até 153 300	43,50	38,6450
Superior a 153 300	46,50	–

2 – O quantitativo do rendimento colectável, quando superior a € 4898, é dividido em duas partes: uma, igual ao limite do maior dos escalões que nele couber, à qual se aplica a taxa da coluna (B) correspondente a esse escalão; outra, igual ao excedente, a que se aplica a taxa da coluna (A) respeitante ao escalão imediatamente superior.(¹)

ARTIGO 69º
Quociente conjugal

1 – Tratando-se de sujeitos passivos casados e não separados judicialmente de pessoas e bens, as taxas aplicáveis são as correspondentes ao rendimento colectável dividido por 2.

2 – As taxas fixadas no artigo anterior aplicam-se ao quociente do rendimento colectável, multiplicando-se por dois o resultado obtido para se apurar a colecta do IRS.

(¹) Redacção dada pela Lei nº 55-A/2010, de 31 de Dezembro.

ARTIGO 70º
Mínimo de existência

1 – Da aplicação das taxas estabelecidas no artigo 68º não pode resultar, para os titulares de rendimentos predominantemente originados em trabalho dependente, a disponibilidade de um rendimento líquido de imposto inferior ao valor anual da retribuição mínima mensal acrescida de 20% nem resultar qualquer imposto para os mesmos rendimentos, cuja matéria colectável, após a aplicação do quociente conjugal, seja igual ou inferior a € 1911.([1])

2 – Ao rendimento colectável dos agregados familiares com três ou quatro dependentes ou com cinco ou mais dependentes, cujo montante seja, respectivamente, igual ou inferior ao valor anual do salário mínimo nacional mais elevado acrescido de 60% ou igual ou inferior ao valor anual do salário mínimo nacional mais elevado acrescido de 120%, não são aplicadas as taxas estabelecidas no artigo 68º.

ARTIGO 71º
Taxas liberatórias

1 – Estão sujeitos a retenção na fonte a título definitivo, à taxa liberatória de 20%, os seguintes rendimentos obtidos em território português:([1])

a) Os juros de depósitos à ordem ou a prazo, incluindo os dos certificados de depósito;

b) Os rendimentos de títulos de dívida, nominativos ou ao portador, bem como os rendimentos de operações de reporte, cessões de crédito, contas de títulos com garantia de preço ou de outras operações similares ou afins;

c) Os rendimentos a que se referem as alíneas *d)*, *e)*, *h)*, *i)*, *l)* e *q)* do nº 2 e o nº 3 do artigo 5º([2])

2 – Estão sujeitos a retenção na fonte a título definitivo, à taxa liberatória de 20%, os rendimentos de valores mobiliários pagos ou colocados à disposição dos respectivos titulares, residentes em território português, devidos por entidades que não tenham aqui domicílio a que possa imputar-se o pagamento, por intermédio de entidades que estejam mandatadas por devedores ou titulares ou ajam por conta de uns ou outros.([1])

3 – Exceptuam-se do disposto no número anterior os rendimentos pagos ou colocados à disposição de fundos de investimento constituídos de acordo com a legislação nacional, caso em que não há lugar a retenção na fonte.([1])

4 – Estão sujeitos a retenção na fonte a título definitivo, à taxa liberatória de 20%, os seguintes rendimentos obtidos em território português por não residentes:([1])

a) Os rendimentos do trabalho dependente e todos os rendimentos empresariais e profissionais, ainda que decorrentes de actos isolados;

b) Quaisquer rendimentos de capitais não referidos no nº 1;

([1]) Redacção dada pela Lei nº 3-B/2010, de 28 de Abril.
([2]) Redacção dada pela Lei nº 55-A/2010, de 31 de Dezembro.

c) As pensões;

d) Os incrementos patrimoniais previstos nas alíneas b) e c) do nº 1 do artigo 9º

5 – As taxas previstas nos números anteriores incidem sobre os rendimentos ilíquidos, excepto no que se refere às pensões, as quais beneficiam da dedução prevista no artigo 53º, sem prejuízo do que se disponha na lei, designadamente no Estatuto dos Benefícios Fiscais.

6 – Os rendimentos a que se referem os nºs 1 e 2 podem ser englobados para efeitos da sua tributação, por opção dos respectivos titulares, residentes em território nacional, desde que obtidos fora do âmbito do exercício de actividades empresariais e profissionais.([1])

7 – Feita a opção a que se refere o número anterior, a retenção que tiver sido efectuada tem a natureza de pagamento por conta do imposto devido a final.

8 – Os titulares de rendimentos referidos nas alíneas a) a d), f), m) e o) do nº 1 do artigo 18º sujeitos a retenção na fonte nos termos do presente artigo que sejam residentes noutro Estado membro da União Europeia ou do espaço económico europeu, neste último caso desde que exista obrigação de cooperação administrativa em matéria fiscal equivalente à estabelecida na União Europeia, podem solicitar a devolução, total ou parcial, do imposto retido e pago na parte em que seja superior ao que resultaria da aplicação da tabela de taxas prevista no nº 1 do artigo 68º, tendo em consideração todos os rendimentos, incluindo os obtidos fora deste território, nas mesmas condições que são aplicáveis aos residentes.([2])

9 – Para os efeitos do disposto no número anterior, são dedutíveis até à concorrência dos rendimentos, os encargos devidamente comprovados necessários para a sua obtenção que estejam directa e exclusivamente relacionados com os rendimentos obtidos em território português ou, no caso dos rendimentos do trabalho dependente, as importâncias previstas no artigo 25º([2])

10 – A devolução do imposto retido e pago deve ser requerida aos serviços competentes da Direcção-Geral dos Impostos, no prazo de dois anos contados do final do ano civil seguinte em que se verificou o facto tributário, devendo a restituição ser efectuada até ao fim do 3º mês seguinte ao da apresentação dos elementos e informações indispensáveis à comprovação das condições e requisitos legalmente exigidos, acrescendo, em caso de incumprimento deste prazo, juros indemnizatórios a taxa idêntica à aplicável aos juros compensatórios a favor do Estado.([3])

11 – A apresentação do requerimento referido no número anterior implica a comunicação espontânea ao Estado de residência do contribuinte do teor do pedido de devolução formulado e do respectivo montante.([3])

12 – Estão sujeitos a retenção na fonte a título definitivo à taxa liberatória de 30% todos os rendimentos referidos nos números anteriores sempre que sejam pagos ou colocados à disposição em contas abertas em nome de um ou mais titulares mas por conta de terceiros não identificados, excepto quando seja identificado o beneficiário efectivo, termos em que se aplicam as regras gerais.([4])

([1]) Redacção dada pela Lei nº 3-B/2010, de 28 de Abril.
([2]) Redacção dada pela Lei nº 55-A/2010, de 31 de Dezembro.
([3]) Redacção dada pela Lei nº 64-A/2008, de 31 de Dezembro.
([4]) Aditado pela Lei nº 55-A/2010, de 31 de Dezembro.

ARTIGO 72º
Taxas especiais

1 – As mais-valias e outros rendimentos auferidos por não residentes em território português que não sejam imputáveis a estabelecimento estável nele situado e que não sejam sujeitos a retenção na fonte às taxas liberatórias são tributados à taxa autónoma de 25%, ou de 15% quando se trate de rendimentos prediais, salvo o disposto no nº 4.([1])

2 – Os rendimentos auferidos por não residentes em território português que sejam imputáveis a estabelecimento estável aí situado são tributados à taxa de 25%.([1])

3 – As gratificações auferidas pela prestação ou em razão da prestação de trabalho, quando não atribuídas pela entidade patronal nem por entidade que com esta mantenha relações de grupo, domínio ou simples participação, são tributadas autonomamente à taxa de 10%.

4 – O saldo positivo entre as mais-valias e menos-valias, resultante das operações previstas nas alíneas b), e), f) e g) do nº 1 do artigo 10º, é tributado à taxa de 20%.([2])

5 – Os rendimentos de capitais, tal como são definidos no artigo 5º e mencionados no nº 1 do artigo 71º, devidos por entidades não residentes, quando não sujeitos a retenção na fonte, nos termos do n.º 2 do mesmo artigo, são tributados autonomamente à taxa de 21,5%.([3])

6 – Os rendimentos líquidos das categorias A e B auferidos em actividades de elevado valor acrescentado, com carácter científico, artístico ou técnico, a definir em portaria do membro do Governo responsável pela área das finanças, por residentes não habituais em território português, são tributados à taxa de 20%.([4])

7 – Os rendimentos previstos nos nºs 4, 5 e 6 podem ser englobados por opção dos respectivos titulares residentes em território português.([5])

8 – Os residentes noutro Estado membro da União Europeia ou do Espaço Económico Europeu, desde que, neste último caso, exista intercâmbio de informações em matéria fiscal, podem optar, relativamente aos rendimentos referidos nos nºs 1 e 2, pela tributação desses rendimentos à taxa que, de acordo com a tabela prevista no nº 1 do artigo 68º, seria aplicável no caso de serem auferidos por residentes em território português.([5])

9 – Para efeitos de determinação da taxa referida no número anterior são tidos em consideração todos os rendimentos, incluindo os obtidos fora deste território, nas mesmas condições que são aplicáveis aos residentes.([5])

10 – Os acréscimos patrimoniais não justificados a que se refere a alínea d) do nº 1 do artigo 9º, de valor superior a € 100 000, são tributados à taxa especial de 60%.([5])

([1]) Redacção dada pela Lei nº 55-B/2004, de 30 de Dezembro.
([2]) Redacção dada pela Lei nº 15/2010, de 26 de Julho.
([3]) Redacção dada pela Lei nº 55-A/2010, de 31 de Dezembro.
([4]) Aditado pelo Decreto-Lei nº 249/2009, de 23 de Setembro.
([5]) Alterado pelo Decreto-Lei nº 249/2009, de 23 de Setembro.

ARTIGO 73º
Taxas de tributação autónoma

1 – As despesas não documentadas, efectuadas por sujeitos passivos que possuam ou devam possuir contabilidade organizada, no âmbito do exercício de actividades empresariais e profissionais, são tributadas autonomamente, à taxa de 50%.([1])

2 – São tributados autonomamente os seguintes encargos, suportados por sujeitos passivos que possuam ou devam possuir contabilidade organizada no âmbito do exercício de actividades empresariais ou profissionais, excluindo os veículos movidos exclusivamente a energia eléctrica:([2])

a) Os encargos dedutíveis relativos a despesas de representação e a viaturas ligeiras de passageiros ou mistas, motos e motociclos, à taxa de 10%;([2])

b) Os encargos dedutíveis relativos a automóveis ligeiros de passageiros ou mistos cujos níveis homologados de emissão de CO^2 sejam inferiores a 120 g/km, no caso de serem movidos a gasolina, e inferiores a 90 g/km, no caso de serem movidos a gasóleo, desde que, em ambos os casos, tenha sido emitido certificado de conformidade, à taxa de 5%.([2])

3 – Excluem-se do disposto no número anterior os encargos relacionados com viaturas ligeiras de passageiros ou mistas, motos e motociclos, afectos à exploração do serviço público de transportes, destinados a serem alugados no exercício da actividade normal do sujeito passivo, bem como as reintegrações relacionadas com as viaturas relativamente às quais tenha sido celebrado o acordo previsto no nº 9) da alínea *b)* do nº 3 do artigo 2º

4 – Consideram-se despesas de representação, nomeadamente, os encargos suportados com recepções, refeições, viagens, passeios e espectáculos oferecidos no país ou no estrangeiro a clientes ou a fornecedores ou ainda a quaisquer outras pessoas ou entidades.

5 – Consideram-se encargos relacionados com viaturas ligeiras de passageiros, motos e motociclos, nomeadamente, as reintegrações, rendas ou alugueres, seguros, despesas com manutenção e conservação, combustíveis e impostos incidentes sobre a sua posse ou utilização.

6 – São sujeitas ao regime do nº 1, sendo a taxa aplicável 35%, as despesas correspondentes a importâncias pagas ou devidas, a qualquer título, a pessoas singulares ou colectivas residentes fora do território português e aí submetidas a um regime fiscal claramente mais favorável, tal como definido para efeitos de IRC, salvo se o sujeito passivo puder provar que tais encargos correspondem a operações efectivamente realizadas e não têm um carácter anormal ou um montante exagerado.

7 – São ainda tributados autonomamente, à taxa de 5%, os encargos dedutíveis relativos a despesas com ajudas de custo e com compensação pela deslocação em viatura própria do trabalhador, ao serviço da entidade patronal, não facturadas a clientes, escrituradas a qualquer título, excepto na parte em que haja lugar a tributação em sede de IRS na esfera do respectivo beneficiário, bem como os encargos

---

([1]) Redacção dada pela Lei nº 67-A/2007, de 31 de Dezembro.
([2]) Redacção dada pela Lei nº 64/2008, de 5 de Dezembro.

da mesma natureza, que não sejam dedutíveis nos termos da alínea *f)* do nº 1 do artigo 42º do CIRC, suportados por sujeitos passivos que apresentem prejuízo fiscal no exercício a que os mesmos respeitam.([1])

8 – Excluem-se do disposto nos nºs 2 e 7 os sujeitos passivos a quem seja aplicado o regime simplificado de determinação do lucro tributável previsto nos artigos 28º e 31º.([1])

9 – Nas situações de contitularidade de rendimentos abrangidas pelo artigo 19º o imposto apurado relativamente às despesas que, nos termos dos números anteriores, estão sujeitas a tributação autónoma é imputado a cada um dos contitulares na proporção das respectivas quotas.([1])

ARTIGO 74º
Rendimentos produzidos em anos anteriores

1 – Se forem englobados rendimentos das categorias A, F ou H que comprovadamente tenham sido produzidos em anos anteriores àquele em que foram pagos ou colocados à disposição do sujeito passivo e este fizer a correspondente imputação na declaração de rendimentos, o respectivo valor é dividido pela soma do número de anos ou fracção a que respeitem, no máximo de seis, incluindo o ano do recebimento, aplicando-se à globalidade dos rendimentos a taxa correspondente à soma daquele quociente com os rendimentos produzidos no próprio ano.([2])

2 – A faculdade prevista no número anterior não pode ser exercida relativamente aos rendimentos previstos no nº 3) da alínea *b)* do nº 3 do artigo 2º.

CAPÍTULO IV
Liquidação

ARTIGO 75º
Competência para a liquidação

A liquidação do IRS compete à Direcção-Geral dos Impostos.

ARTIGO 76º
Procedimentos e formas de liquidação

1 – A liquidação do IRS processa-se nos termos seguintes:

a) Tendo sido apresentada a declaração até 30 dias após o termo do prazo legal, a liquidação tem por objecto o rendimento colectável determinado com base nos elementos declarados, sem prejuízo do disposto no nº 4 do artigo 65º;

b) Não tendo sido apresentada declaração, a liquidação tem por base os elementos de que a Direcção-Geral dos Impostos disponha;([3])

c) Sendo superior ao que resulta dos elementos a que se refere a alínea anterior, considera-se a totalidade do rendimento líquido da categoria B obtido pelo titular

---

([1]) Redacção dada pela Lei nº 55-B/2004, de 30 de Dezembro.
([2]) Redacção dada pela Lei nº 3-B/2010, de 28 de Abril.
([3]) Redacção dada pela Lei nº 53-A/2006, de 29 de Dezembro.

do rendimento no ano mais próximo que se encontre determinado, quando não tenha sido declarada a respectiva cessação de actividade.(¹)

2 – Na situação referida na alínea b) do número anterior, o rendimento líquido da categoria B determina-se em conformidade com as regras do regime simplificado de tributação, com aplicação do coeficiente mais elevado previsto no nº 2 do artigo 31º(¹)

3 – Quando não seja apresentada declaração, o titular dos rendimentos é notificado por carta registada para cumprir a obrigação em falta no prazo de 30 dias, findo o qual a liquidação é efectuada, não se atendendo ao disposto no artigo 70º e sendo apenas efectuadas as deduções previstas na alínea a) do nº 1 do artigo 79º e no nº 3 do artigo 97º(²)

4 – Em todos os casos previstos no nº 1, a liquidação pode ser corrigida, se for caso disso, dentro dos prazos e nos termos previstos nos artigos 45º e 46º da lei geral tributária.(²)

ARTIGO 77º
Prazo para liquidação

A liquidação do IRS deve ser efectuada no ano imediato àquele a que os rendimentos respeitam, nos seguintes prazos:(³)

a) Até 30 de Junho, com base na declaração apresentada nos prazos referidos na subalínea i) das alíneas a) e b) do nº 1 do artigo 60º;

b) Até 31 de Julho, com base na declaração apresentada nos prazos referidos na subalínea ii) das alíneas a) e b) do nº 1 do artigo 60º;

c) Até 30 de Novembro, no caso previsto na alínea b) do nº 1 do artigo 76º(²)

ARTIGO 78º
Deduções à colecta

1 – À colecta são efectuadas, nos termos dos artigos subsequentes, as seguintes deduções relativas:(⁴)

a) Aos sujeitos passivos, seus dependentes e ascendentes;
b) Às despesas de saúde;
c) Às despesas de educação e formação;
d) Às importâncias respeitantes a pensões de alimentos;(⁵)
e) Aos encargos com lares;
f) Aos encargos com imóveis;(⁶)
g) Aos encargos com prémios de seguros de vida previstos no artigo 87º;(⁶)
h) Às pessoas com deficiência;(²)
i) À dupla tributação internacional;
j) Aos benefícios fiscais.

(¹) Redacção dada pela Lei nº 53-A/2006, de 29 de Dezembro.
(²) Aditado pela Lei nº 53-A/2006, de 29 de Dezembro.
(³) Redacção dada pela Lei nº 3-B/2010, de 28 de Abril.
(⁴) Redacção dada pela Lei nº 55-B/2004, de 30 de Dezembro.
(⁵) Redacção dada pela Lei nº 64-A/2008, de 31 de Dezembro.
(⁶) Redacção dada pela Lei nº 55-A/2010, de 31 de Dezembro.

2 – São ainda deduzidos à colecta os pagamentos por conta do imposto e as importâncias retidas na fonte que tenham aquela natureza, respeitantes ao mesmo período de tributação, bem como as retenções efectuadas ao abrigo do artigo 11º da Directiva nº 2003/48/CE, de 3 de Junho.([1])

3 – As deduções referidas neste artigo são efectuadas pela ordem nele indicada e apenas as previstas no número anterior, quando superiores ao imposto devido, conferem direito ao reembolso da diferença.

4 – Em caso algum, as deduções previstas no nº 1 podem deixar aos sujeitos passivos rendimento líquido de imposto menor do que aquele que lhe ficaria se o seu rendimento colectável correspondesse ao limite superior do escalão imediatamente inferior.([2])

5 – As deduções previstas no nº 1 aplicam-se apenas aos sujeitos passivos residentes em território português.

6 – As deduções referidas nas alíneas a) a h) bem como na alínea j) do nº 1 só podem ser realizadas:([3])

a) Mediante a identificação fiscal dos dependentes, ascendentes, colaterais ou beneficiários a que se reportem, feita na declaração a que se refere o nº 1 do artigo 57º;

b) Mediante a identificação, em factura emitida nos termos legais, do sujeito passivo ou do membro do agregado a que se reportem, nos casos em que envolvam despesa.

7 – A soma das deduções à colecta previstas nos artigos 82º, 83º, 84º e 85º não pode exceder os limites constantes da seguinte tabela:([3])

Escalão de rendimento colectável (euros)	Limite
Até 4 898	Sem limite
De mais de 4 898 até 7 410	Sem limite
De mais de 7 410 até 18 375	Sem limite
De mais de 18 375 até 42 259	Sem limite
De mais de 42 259 até 61 244	Sem limite
De mais de 61 244 até 66 045	Sem limite
De mais de 66 045 até 153 300	1,666% do rendimento colectável com o limite de € 1 100
Superior a 153 300	€ 1 100

([1]) Redacção dada pelo Decreto-Lei nº 62/2005, de 11 de Março, que procedeu à transposição da Directiva 2003/48/CE, de 3 de Junho, relativa à tributação dos rendimentos da poupança sob forma de juros. Ver no entanto o art. 17º do Decreto-Lei nº 62/2005.
([2]) Redacção dada pela Lei nº 64/2008, de 5 de Dezembro.
([3]) Aditado pela Lei nº 55-A/2010, de 31 de Dezembro.

ARTIGO 79º
Deduções dos sujeitos passivos, descendentes e ascendentes

1 – À colecta devida por sujeitos passivos residentes em território português e até ao seu montante são deduzidos:

a) 55% do valor do IAS, por cada sujeito passivo;([1])
b) *(Revogada.)*([2])
c) 80% do valor do IAS, por sujeito passivo, nas famílias monoparentais;([1])
d) 40% do valor do IAS, por cada dependente ou afilhado civil que não seja sujeito passivo deste imposto;([1])
e) 55% do valor do IAS, por ascendente que viva efectivamente em comunhão de habitação com o sujeito passivo e não aufira rendimento superior à pensão mínima do regime geral.([1])

2 – *(Revogado.)*([2])

3 – A dedução da alínea d) do nº 1 é elevada para o dobro, no caso de de pendentes que não ultrapassem três anos de idade até 31 de Dezembro do ano a que respeita o imposto.([3])

4 – A dedução da alínea e) do nº 1 é de 85% do valor do IAS no caso de existir apenas um ascendente, nas condições nela previstas.([1])

ARTIGO 80º
Crédito de imposto por dupla tributação económica
(Revogado pela Lei nº 109-B/2001, de 27 de Dezembro)

ARTIGO 81º
Eliminação da dupla tributação internacional([4])

1 – Os titulares de rendimentos das diferentes categorias obtidos no estrangeiro têm direito a um crédito de imposto por dupla tributação internacional, dedutível até à concorrência da parte da colecta proporcional a esses rendimentos líquidos, considerados nos termos da alínea b) do nº 6 do artigo 22º, que corresponderá à menor das seguintes importâncias:

a) Imposto sobre o rendimento pago no estrangeiro;
b) Fracção da colecta do IRS, calculada antes da dedução, correspondente aos rendimentos que no país em causa possam ser tributados, líquidos das deduções específicas previstas neste Código.([5])

2 – Quando existir convenção para eliminar a dupla tributação celebrada por Portugal, a dedução a efectuar nos termos do número anterior não pode ultrapassar o imposto pago no estrangeiro nos termos previstos pela convenção.

([1]) Redacção dada pela Lei nº 55-A/2010, de 31 de Dezembro.
([2]) Revogado pela Lei nº 53-A/2006, de 29 de Dezembro.
([3]) Redacção dada pela Lei nº 67-A/2007, de 31 de Dezembro.
([4]) Epígrafe alterada pelo Decreto-Lei nº 249/2009, de 23 de Setembro.
([5]) Redacção dada pela Lei nº 39-A/2005, de 29 de Julho.

3 – Aos residentes não habituais em território português que obtenham, no estrangeiro, rendimentos da categoria A, aplica-se o método da isenção, desde que, alternativamente:([1])

a) Sejam tributados no outro Estado contratante, em conformidade com convenção para eliminar a dupla tributação celebrada por Portugal com esse Estado;

b) Sejam tributados no outro país, território ou região, nos casos em que não exista convenção para eliminar a dupla tributação celebrada por Portugal, desde que os rendimentos, pelos critérios previstos no n.º 1 do artigo 18º, não sejam de considerar obtidos em território português.

4 – Aos residentes não habituais em território português que obtenham, no estrangeiro, rendimentos da categoria B, auferidos em actividades de prestação de serviços de elevado valor acrescentado, com carácter científico, artístico ou técnico, a definir em portaria do membro do Governo responsável pela área das finanças, ou provenientes da propriedade intelectual ou industrial, ou ainda da prestação de informações respeitantes a uma experiência adquirida no sector industrial, comercial ou científico, bem como das categorias E, F e G, aplica-se o método da isenção desde que, alternativamente:([1])

a) Possam ser tributados no outro Estado contratante, em conformidade com convenção para eliminar a dupla tributação celebrada por Portugal com esse Estado;

b) Possam ser tributados no outro país, território ou região, em conformidade com o modelo de convenção fiscal sobre o rendimento e o património da OCDE, interpretado de acordo com as observações e reservas formuladas por Portugal, nos casos em que não exista convenção para eliminar a dupla tributação celebrada por Portugal, desde que aqueles não constem de lista aprovada por portaria do membro do Governo responsável pela área das finanças, relativa a regimes de tributação privilegiada, claramente mais favoráveis e, bem assim, desde que os rendimentos, pelos critérios previstos no artigo 18º, não sejam de considerar obtidos em território português.

5 – Aos residentes não habituais em território português que obtenham, no estrangeiro, rendimentos da categoria H, na parte em que os mesmos, quando tenham origem em contribuições, não tenham gerado uma dedução para efeitos do n.º 2 do artigo 25º, aplica-se o método da isenção, desde que, alternativamente:([1])

a) Sejam tributados no outro Estado contratante, em conformidade com convenção para eliminar a dupla tributação celebrada por Portugal com esse Estado;

b) Pelos critérios previstos no n.º 1 do artigo 18º, não sejam de considerar obtidos em território português.

6 – Os rendimentos isentos nos termos dos n.ºs 3, 4 e 5 são obrigatoriamente englobados para efeitos de determinação da taxa a aplicar aos restantes rendimentos, com excepção dos previstos nos n.ºs 4, 5 e 6 do artigo 72.º([1])

7 – Os titulares dos rendimentos isentos nos termos dos n.ºs 3, 4 e 5 podem optar pela aplicação do método do crédito de imposto referido no n.º 1, sendo neste caso

([1]) Aditado pelo Decreto-Lei nº 249/2009, de 23 de Setembro.

os rendimentos obrigatoriamente englobados para efeitos da sua tributação, com excepção dos previstos nos nºs 3, 4, 5 e 6 do artigo 72º(¹)

ARTIGO 82º
Despesas de saúde

1 – São dedutíveis à colecta 30% das seguintes importâncias:

a) Aquisição de bens e serviços directamente relacionados com despesas de saúde do sujeito passivo e do seu agregado familiar, que sejam isentas de IVA, ainda que haja renúncia à isenção, ou sujeitas à taxa reduzida de 6%;(²)

b) Aquisição de bens e serviços directamente relacionados com despesas de saúde dos afilhados civis, ascendentes e colaterais até ao 3º grau do sujeito passivo, que sejam isentas de IVA, ainda que haja renúncia à isenção, ou sujeitas à taxa reduzida de 6%, desde que não possuam rendimentos superiores à retribuição mínima mensal e com aquele vivam em economia comum;(²)

c) Os juros de dívidas contraídas para o pagamento das despesas mencionadas nas alíneas anteriores;

d) Aquisição de outros bens e serviços directamente relacionados com despesas de saúde do sujeito passivo, do seu agregado familiar, dos seus ascendentes e colaterais até ao 3º grau, desde que devidamente justificados através de receita médica, com o limite de € 65 ou de 2,5% das importâncias referidas nas alíneas *a)*, *b)* e *c)* se superior.(³)

2 – As despesas de saúde parcialmente comparticipadas por qualquer entidade pública ou privada são dedutíveis, na parte efectivamente suportada pelo beneficiário, no ano em que for efectuado o reembolso da parte comparticipada.

ARTIGO 83º
Despesas de educação e formação

1 – São dedutíveis à colecta 30% das despesas de educação e de formação profissional do sujeito passivo, dos seus dependentes e dos afilhados civis, com o limite de 160% do valor do IAS, independentemente do estado civil do sujeito passivo.(²)

2 – Nos agregados com três ou mais dependentes a seu cargo o limite referido no nº 1 é elevado em montante correspondente a 30% do valor do IAS, por cada dependente, caso existam, relativamente a todos eles, despesas de educação ou formação.(²)

3 – Para os efeitos previstos neste artigo, consideram-se despesas de educação, designadamente, os encargos com creches, lactários, jardins-de-infância, formação artística, educação física, educação informática e explicações respeitantes a qualquer grau de ensino, desde que devidamente comprovados.(⁴)

4 – Para os efeitos previstos nos números anteriores, as despesas de educação e formação suportadas só são dedutíveis desde que prestadas, respectivamente, por

---

(¹) Aditado pelo Decreto-Lei nº 249/2009, de 23 de Setembro.
(²) Redacção dada pela Lei nº 55-A/2010, de 31 de Dezembro.
(³) Redacção dada pela Lei nº 3-B/2010, de 28 de Abril.
(⁴) Redacção dada pela Lei nº 39-A/2005, de 29 de Julho.

estabelecimentos de ensino integrados no sistema nacional de educação ou reconhecidos como tendo fins análogos pelos ministérios competentes, ou por entidades reconhecidas pelos ministérios que tutelam a área da formação profissional e, relativamente às últimas, apenas na parte em que não tenham sido consideradas como dedução específica da categoria A ou encargo da categoria B.

5 – Não são dedutíveis as despesas de educação até ao montante do reembolso efectuado no ano em causa no âmbito de um Plano Poupança-Educação, nos termos previstos na legislação aplicável.

ARTIGO 83º-A
Importâncias respeitantes a pensões de alimentos[1]

1 – À colecta devida pelos sujeitos passivos são deduzidas 20% das importâncias comprovadamente suportadas e não reembolsadas respeitantes a encargos com pensões de alimentos a que o sujeito esteja obrigado por sentença judicial ou por acordo homologado nos termos da lei civil, salvo nos casos em que o seu beneficiário faça parte do mesmo agregado familiar para efeitos fiscais ou relativamente ao qual estejam previstas outras deduções à colecta ao abrigo do artigo 78º, com o limite mensal de 2,5 vezes o valor do IAS por beneficiário.[2]

2 – A dedução de encargos com pensões de alimentos atribuídas a favor de filhos, adoptados e enteados, maiores, bem como àqueles que até à maioridade estiveram sujeitos à tutela, depende da verificação dos requisitos estabelecidos na alínea b) do nº 4 do artigo 13º[2]

ARTIGO 84º
Encargos com lares

São dedutíveis à colecta 25% dos encargos com apoio domiciliário, lares e instituições de apoio à terceira idade relativos aos sujeitos passivos, bem como dos encargos com lares e residências autónomas para pessoas com deficiência, seus dependentes, ascendentes e colaterais até ao 3º grau que não possuam rendimentos superiores à retribuição mínima mensal, com o limite de 85% do valor do IAS.[2]

ARTIGO 85º
Encargos com imóveis[3]

1 – São dedutíveis à colecta 30% dos encargos a seguir mencionados relacionados com imóveis situados em território português ou no território de outro Estado membro da União Europeia ou no espaço económico europeu desde que, neste último caso, exista intercâmbio de informações:[4]

a) Juros e amortizações de dívidas contraídas com a aquisição, construção ou beneficiação de imóveis para habitação própria e permanente ou arrendamento devidamente comprovado para habitação permanente do arrendatário, com excep-

---

[1] Aditado pela Lei nº 64-A/2008, de 31 de Dezembro.
[2] Redacção dada pela Lei nº 55-A/2010, de 31 de Dezembro.
[3] Epígrafe alterada pela Lei nº 3-B/2010, de 28 de Abril.
[4] Redacção dada pela Lei nº 64-A/2008, de 31 de Dezembro.

ção das amortizações efectuadas por mobilização dos saldos das contas poupança-habitação, até ao limite de € 591;([1])

b) Prestações devidas em resultado de contratos celebrados com cooperativas de habitação ou no âmbito do regime de compras em grupo, para a aquisição de imóveis destinados a habitação própria e permanente ou arrendamento para habitação permanente do arrendatário, devidamente comprovadas, na parte que respeitem a juros e amortizações das correspondentes dívidas, até ao limite de € 591;([1])

c) Importâncias, líquidas de subsídios ou comparticipações oficiais, suportadas a título de renda pelo arrendatário de prédio urbano ou da sua fracção autónoma para fins de habitação permanente, quando referentes a contratos de arrendamento celebrados a coberto do Regime do Arrendamento Urbano, aprovado pelo Decreto-Lei nº 321-B/90, de 15 de Outubro, ou do Novo Regime de Arrendamento Urbano, aprovado pela Lei nº 6/2006, de 27 de Fevereiro, ou pagas a título de rendas por contrato de locação financeira relativo a imóveis para habitação própria e permanente efectuadas ao abrigo deste regime, na parte que não constituem amortização de capital, até ao limite de € 591.([1])

2 – *(Revogado.)*([2])

3 – As deduções referidas no nº 1 não são cumulativas.([3])

4 – O disposto na alínea *a)* do nº 1 não é aplicável quando os encargos aí referidos sejam devidos a favor de entidade residente em país, território ou região, sujeito a um regime fiscal claramente mais favorável, constante de lista aprovada por portaria do Ministro das Finanças, e que não disponha em território português de estabelecimento estável ao qual os rendimentos sejam imputáveis.

5 – O disposto na alínea *c)* do nº 1 não é aplicável quando os encargos aí referidos sejam devidos a favor de entidade residente em país, território ou região, sujeito a um regime fiscal claramente mais favorável, constante de lista aprovada por portaria do Ministro das Finanças, e que não disponha em território português de estabelecimento estável ao qual os rendimentos sejam imputáveis, excepto se o valor anual das rendas for igual ou superior ao montante correspondente a 1/15 do valor patrimonial do prédio arrendado.

6 – Os limites estabelecidos no nº 1 acrescem 10% no caso de imóveis classificados na categoria A ou A+, de acordo com o certificado energético atribuído nos termos do Decreto-Lei nº 78/2006, de 4 de Abril.([3])

7 – Os limites estabelecidos nas alíneas *a)* e *b)* do nº 1 são elevados, tendo em conta os escalões previstos no nº 1 do artigo 68º, nos seguintes termos:([4])

a) Em 50% para os sujeitos passivos com rendimento colectável até ao limite do 2º escalão;([4])

b) Em 20% para os sujeitos passivos com rendimento colectável até ao limite do 3º escalão;([4])

([1]) Redacção dada pela Lei nº 3-B/2010, de 28 de Abril.
([2]) Revogado pela Lei nº 3-B/2010, de 28 de Abril.
([3]) Redacção dada pela Lei nº 67-A/2007, de 21 de Dezembro.
([4]) Aditado pela Lei nº 64/2008, de 5 de Dezembro.

c) Em 10% para os sujeitos passivos com rendimento colectável até ao limite do 4º escalão.(¹)

ARTIGO 85.º-A
Deduções ambientais
Revogado pela Lei nº 55-A/2010, de 31 de Dezembro.

ARTIGO 86º
Prémios de seguros
Revogado pela Lei nº 55-A/2010, de 31 de Dezembro. (²)

ARTIGO 87º
Dedução relativa às pessoas com deficiência (³)

1 – São dedutíveis à colecta por cada sujeito passivo com deficiência uma importância correspondente a quatro vezes o valor do IAS e por cada dependente com deficiência, bem como, por cada ascendente com deficiência que esteja nas condições da alínea e) do n.º 1 do artigo 79.º, uma importância igual a 1,5 vezes o valor do IAS.(⁴)

2 – São ainda dedutíveis à colecta 30 % da totalidade das despesas efectuadas com a educação e a reabilitação do sujeito passivo ou dependentes com deficiência, bem como 25 % da totalidade dos prémios de seguros de vida ou contribuições pagas a associações mutualistas que garantam exclusivamente os riscos de morte, invalidez ou reforma por velhice.(⁴)

3 – No caso de contribuições pagas para reforma por velhice a dedução depende de o benefício ser garantido, após os 55 anos de idade e cinco anos de duração do contrato, ser pago por aquele ou por terceiros, e desde que, neste caso, tenham sido comprovadamente tributados como rendimento do sujeito passivo, com o limite de (euro) 65, tratando-se de sujeitos passivos não casados ou separados judicialmente de pessoas e bens, ou de (euro) 130, tratando-se de sujeitos passivos casados e não separados judicialmente de pessoas e bens.(⁴)

4 – A dedução dos prémios de seguros a que se refere o número anterior não pode exceder 15% da colecta de IRS.

5 – Considera-se pessoa com deficiência aquela que apresente um grau de incapacidade permanente, devidamente comprovado mediante atestado médico de incapacidade multiuso emitido nos termos da legislação aplicável, igual ou superior a 60%.

(¹) Aditado pela Lei nº 64/2008, de 5 de Dezembro.
(²) Revogado pela Lei nº 55-A/2010, de 31 de Dezembro.
O disposto no artigo 86º do Código do IRS mantém-se em vigor no que respeita às condições de resgate e adiantamento de seguros de acidentes pessoais e seguros de vida em relação aos quais tenha sido exercido o direito à dedução em anos anteriores, bem como ao agravamento em caso de pagamento fora dessas condições.
Para efeitos do disposto no número anterior, as entidades a que se refere o artigo 127º do Código do IRS devem cumprir a obrigação de comunicação prevista na alínea d) do nº 1 do mesmo artigo na redacção anterior à conferida pela presente lei.
(³) Aditado pela Lei nº 53-A/2006, de 29 de Dezembro.
(⁴) Redacção dada pela Lei nº 55-A/2010, de 31 de Dezembro.

6 – É dedutível à colecta, a título de despesa de acompanhamento, uma importância igual a quatro vezes o valor do IAS por cada sujeito passivo ou dependente, cujo grau de invalidez permanente, devidamente comprovado pela entidade competente, seja igual ou superior a 90%.([1])

7 – Por cada sujeito passivo com deficiência das Forças Armadas abrangido pelo Decreto-Lei nº 43/76, de 20 de Janeiro, e pelo Decreto-Lei nº 314/90, de 13 de Outubro, que beneficie da dedução prevista no nº 1 é, ainda, dedutível à colecta uma importância igual ao valor do IAS.([1])

8 – As deduções previstas nos nºs 1, 5 e 6 são cumulativas.

ARTIGO 88º
Benefícios fiscais

1 – São dedutíveis à colecta os benefícios fiscais previstos no Estatuto dos Benefícios Fiscais e demais legislação complementar.([1])

2 – A soma dos benefícios fiscais dedutíveis à colecta nos termos do número anterior não pode exceder os limites constantes da seguinte tabela:([1])

Escalão de rendimento colectável (euros)	Limite (euros)
Até 4 898	Sem limite
De mais de 4 898 até 7 410	Sem limite
De mais de 7 410 até 18 375	100
De mais de 18 375 até 42 259	80
De mais de 42 259 até 61 244	60
De mais de 61 244 até 66 045	50
De mais de 66 045 até 153 300	50
Superior a 153 300	0

ARTIGO 89º
Liquidação adicional

1 – Procede-se a liquidação adicional sempre que, depois de liquidado o imposto, se verifique ser de exigir em virtude de correcções efectuadas nos termos do disposto no nº 2 do artigo 76º ou de fixação do rendimento tributável, nos casos previstos neste Código, imposto superior ao liquidado.

2 – Procede-se ainda a liquidação adicional, sendo caso disso, em consequência de:

a) Exame à contabilidade do sujeito passivo;

b) Erros de facto ou de direito ou omissões verificadas em qualquer liquidação, de que haja resultado prejuízo para o Estado.

ARTIGO 90º
Reforma de liquidação

Sempre que, relativamente às entidades a que se aplique o regime definido no artigo 20º, haja lugar a correcções que determinem alteração dos montantes impu-

([1]) Redacção dada pela Lei nº 55-A/2010, de 31 de Dezembro.

tados aos respectivos sócios ou membros, a Direcção-Geral dos Impostos procede à reforma da liquidação efectuada àqueles, cobrando-se ou anulando-se em consequência as diferenças apuradas.

ARTIGO 91º
Juros compensatórios

1 – Sempre que, por facto imputável ao sujeito passivo, for retardada a liquidação de parte ou da totalidade do imposto devido ou a entrega de imposto a pagar antecipadamente, ou retido ou a reter no âmbito da substituição tributária, acrescem ao montante do imposto juros compensatórios nos termos do artigo 35º da lei geral tributária.

2 – São igualmente devidos juros compensatórios nos termos referidos no nº 1 quando o sujeito passivo, por facto a si imputável, tenha recebido reembolso superior ao devido.

ARTIGO 92º
Prazo de caducidade

1 – A liquidação do IRS, ainda que adicional, bem como a reforma da liquidação efectua-se no prazo e nos termos previstos nos artigos 45º e 46º da lei geral tributária.

2 – Em caso de ter sido efectuado reporte de resultado líquido negativo, o prazo de caducidade é o do exercício desse direito.

3 – Determina o início da contagem do prazo de caducidade, nos casos em que haja lugar a liquidação de imposto, a ocorrência de qualquer dos seguintes factos:([1])

a) A não afectação do imóvel à habitação do sujeito passivo ou do seu agregado familiar no prazo referido nas alíneas *a)*, *b)* e *c)* do nº 6 do artigo 10º;

b) O decurso do prazo de reinvestimento do valor de realização de imóvel destinado a habitação própria e permanente do sujeito passivo ou do seu agregado familiar sem que o mesmo tenha sido concretizado, total ou parcialmente, nos termos da alínea *a)* do nº 5 do artigo 10º;

c) O pagamento de qualquer capital em vida nos termos dos nºs 3 do artigo 27º e 5 do artigo 86º

ARTIGO 93º
Revisão oficiosa

1 – Quando, por motivos imputáveis aos serviços, tenha sido liquidado imposto superior ao devido, procede-se a revisão oficiosa da liquidação nos termos do artigo 78º da lei geral tributária.

2 – Revisto o acto de liquidação, é emitida a consequente nota de crédito.

3 – O crédito ao reembolso de importâncias indevidamente cobradas pode ser satisfeito por ordem de pagamento ou por compensação nos termos previstos na lei.

([1]) Redacção dada pela Lei nº 3-B/2010, de 28 de Abril.

ARTIGO 94º
Juros indemnizatórios

São devidos juros indemnizatórios nos termos do artigo 43º da lei geral tributária, a serem liquidados e pagos nos termos do artigo 61º do Código de Procedimento e de Processo Tributário.

ARTIGO 95º
Limites mínimos

Não há lugar a cobrança ou reembolso quando, em virtude de liquidação, ainda que adicional, reforma ou revogação de liquidação, a importância a cobrar seja inferior a € 24,94 ou a importância a restituir seja inferior a € 9,98.

ARTIGO 96º
Restituição oficiosa do imposto

1 – A diferença entre o imposto devido a final e o que tiver sido entregue nos cofres do Estado em resultado de retenção na fonte ou de pagamentos por conta, favorável ao sujeito passivo, deve ser restituída até ao termo dos prazos previstos no nº 1 do artigo 97º([1])

2 – Sobre a diferença favorável ao sujeito passivo entre o imposto devido a final liquidado com base em declaração apresentada dentro do prazo legal e o que tiver sido retido ou pago por conta é devida uma remuneração compensatória.

3 – A remuneração referida no número anterior é líquida e não tem a natureza de rendimento de capitais.

CAPÍTULO V
Pagamento

ARTIGO 97º
Pagamento do imposto

1 – O IRS deve ser pago no ano seguinte àquele a que respeitam os rendimentos nos seguintes prazos:([1])

a) Até 31 de Agosto, quando a liquidação seja efectuada no prazo previsto na alínea *a)* do artigo 77º;

b) Até 30 de Setembro, quando a liquidação seja efectuada no prazo previsto na alínea *b)* do artigo 77º;

c) Até 31 de Dezembro, quando a liquidação seja efectuada no prazo previsto na alínea *c)* do artigo 77º

2 – Nos casos previstos na alínea *b)* do nº 1 do artigo 76º, ao imposto são acrescidos os juros compensatórios que se mostrarem devidos.

3 – As importâncias efectivamente retidas ou pagas nos termos dos artigos 98º a 102º são deduzidas ao valor do imposto respeitante ao ano em que ocorreu a retenção ou pagamento.

([1]) Redacção dada pela Lei nº 53-A/2006, de 29 de Dezembro.

ARTIGO 98º
Retenção na fonte – regras gerais

1 – Nos casos previstos nos artigos 99º a 101º e noutros estabelecidos na lei, a entidade devedora dos rendimentos sujeitos a retenção na fonte, as entidades registadoras ou depositárias, consoante o caso, são obrigadas, no acto do pagamento, do vencimento, ainda que presumido, da sua colocação à disposição, da sua liquidação ou do apuramento do respectivo quantitativo, consoante os casos, a deduzir-lhes as importâncias correspondentes à aplicação das taxas neles previstas por conta do imposto respeitante ao ano em que esses actos ocorrem.

2 – As quantias retidas devem ser entregues em qualquer dos locais a que se refere o artigo 105º, nos prazos indicados nos números seguintes.

3 – As quantias retidas nos termos dos artigos 99º a 101º devem ser entregues até ao dia 20 do mês seguinte àquele em que foram deduzidas.([1])

4 – Sempre que se verifiquem incorrecções nos montantes retidos, devidas a erros imputáveis à entidade devedora dos rendimentos, deve a sua rectificação ser feita na primeira retenção a que deva proceder-se após a detecção do erro, sem, porém, ultrapassar o último período de retenção anual.

5 – As sociedades gestoras de património residentes em território português com conta aberta nos termos do nº 1 do artigo 5º do Decreto-Lei nº 163/94, de 4 de Junho, junto de entidades registadoras ou depositárias, estão obrigadas ao cumprimento das obrigações previstas no presente Código para as entidades registadoras ou depositárias, designadamente as de retenção na fonte, pagamento e declarativas.([2])

ARTIGO 99º
Retenção sobre rendimentos das categorias A e H

1 – As entidades devedoras de rendimentos de trabalho dependente, com excepção dos previstos nos nºs 4), 5), 7), 9) e 10) da alínea b) e na alínea g) do nº 3 do artigo 2º, e de pensões, com excepção das de alimentos, são obrigadas a reter o imposto no momento do seu pagamento ou colocação à disposição dos respectivos titulares.

2 – As entidades devedoras e os titulares de rendimentos do trabalho dependente e de pensões são obrigados, respectivamente:

a) A solicitar ao sujeito passivo, no início do exercício de funções ou antes de ser efectuado o primeiro pagamento ou colocação à disposição, os dados indispensáveis relativos à sua situação pessoal e familiar;([1])

b) A apresentar declaração à entidade devedora dos rendimentos contendo a informação a que se refere a alínea anterior, bem como qualquer outra informação fiscalmente relevante ocorrida posteriormente.([1])

3 – Nos casos previstos na alínea *d)* do nº 1 e na segunda parte do nº 3) da alínea *b)* do nº 3 do artigo 2º, bem como nas alíneas *a)* e *b)* do nº 1 do artigo 11º, considera-se, para todos os efeitos legais, como entidade devedora dos rendimentos aquela que os pagar ou colocar à disposição do respectivo beneficiário.

([1]) Redacção dada pelo Decreto-Lei nº 238/2006, de 20 de Dezembro.
([2]) Aditado pela Lei nº 55-A/2010, de 31 de Dezembro.

4 – Para efeitos do disposto no artigo 54º, compete ao titular do direito aos rendimentos comprovar junto da entidade devedora que a prestação que lhe é devida comporta reembolso de capital por si pago ou que, tendo sido pago por terceiro, todavia foi total ou parcialmente tributado como rendimento seu.

5 – Ficam dispensados da retenção na fonte a que se refere o nº 1, os rendimentos do trabalho obtidos por actividades exercidas no estrangeiro por pessoas singulares residentes em território português, semipro que tais rendimentos sejam sujeitos a tributação efective no país da fonte em imposto similar ou idêntico ao IRS.([1])

ARTIGO 100º
Retenção na fonte – remunerações não fixas

1 – As entidades que paguem ou coloquem à disposição remunerações do trabalho dependente que compreendam, exclusivamente, montantes variáveis devem, no momento do seu pagamento ou colocação à disposição, reter o imposto de harmonia com a seguinte tabela de taxas:([2])

Escalões de remunerações anuais (em euros)	Taxas (percentagens)
Até 5 269	0
De 5 269 até 6 222	2
De 6 222 até 7 381	4
De 7 381 até 9 168	6
De 9 168 até 11 098	8
De 11 098 até 12 826	10
De 12 826 até 14 692	12
De 14 692 até 18 416	15
De 18 416 até 23 935	18
De 23 935 até 30 302	21
De 30 302 até 41 415	24
De 41 415 até 54 705	27
De 54 705 até 91 176	30
De 91 176 até 136 792	33
De 136 792 até 228 034	36
De 228 034 até 506 343	38
Superior a 506 343	40

2 – A taxa a aplicar nos termos do nº 1 é a correspondente à remuneração anual estimada no início de cada ano ou no início da actividade profissional do sujeito passivo, ou a correspondente ao somatório das remunerações já recebidas ou colocadas à disposição, acrescido das resultantes de eventuais aumentos verificados no ano a que respeite o imposto.

3 – Quando, não havendo possibilidade de determinar a remuneração anual estimada, sejam pagos ou colocados à disposição rendimentos que excedam o limite de € 5269, aplica-se o disposto no nº 1.([2])

4 – Sempre que o somatório das remunerações já recebidas e a receber implique mudança de escalão, deve efectuar-se a respectiva compensação no mês em que ocorra tal facto.

([1]) Aditado pela Lei nº 100/2009, de 7 de Setembro.
([2]) Redacção dada pela Lei nº 55-A/2010, de 31 de Dezembro.

ARTIGO 101º
Retenção sobre rendimentos de outras categorias

1 – As entidades que disponham ou devam dispor de contabilidade organizada são obrigadas a reter o imposto, mediante a aplicação, aos rendimentos ilíquidos de que sejam devedoras, e sem prejuízo do disposto nos números seguintes, das seguintes taxas:

a) 16,5%, tratando-se de rendimentos da categoria B referidos na alínea *c)* do nº 1 do artigo 3º, de rendimentos das categorias E e F ou de incrementos patrimoniais previstos nas alíneas *b)* e *c)* do nº 1 do artigo 9º;([1])

b) 21,5%, tratando-se de rendimentos decorrentes das actividades profissionais especificamente previstas na tabela a que se refere o artigo 151º;([1])

c) 11,5%, tratando-se de rendimentos da categoria B referidos na alínea *b)* do nº 1 e nas alíneas *g)* e *i)* do nº 2 do artigo 3º, não compreendidos na alínea anterior.([1])

2 – Tratando-se de rendimentos referidos no artigo 71º, a retenção na fonte nele prevista cabe:([2])

a) Às entidades devedoras dos rendimentos referidos nos nºs 1 e 4 do artigo 71º;

b) Às entidades que paguem ou coloquem à disposição os rendimentos referidos no nº 2 do artigo 71º

3 – Tratando-se de rendimentos de valores mobiliários sujeitos a registo ou depósito, emitidos por entidades residentes em território português, o disposto na alínea *a)* do nº 1 e na alínea *a)* do nº 2 é da responsabilidade das entidades registadoras ou depositárias.

4 – Não existe obrigação de efectuar a retenção na fonte relativamente a rendimentos referidos nas alíneas *c)*, *d)*, *e)*, *f)* e *h)* do nº 2 do artigo 3º.

ARTIGO 102º
Pagamentos por conta

1 – A titularidade de rendimentos da categoria B determina, para os respectivos sujeitos passivos, a obrigatoriedade de efectuarem três pagamentos por conta do imposto devido a final, até ao dia 20 de cada um dos meses de Julho, Setembro e Dezembro.

2 – A totalidade dos pagamentos por conta é igual a 76,5% do montante calculado com base na seguinte fórmula:([1])

$$C \times \frac{RLB}{RLT} - R$$

em que as siglas utilizadas têm o seguinte significado:

C = colecta do penúltimo ano, líquida das deduções a que se refere o nº 1 do artigo 78º, com excepção da dedução constante da alínea *h)*;

([1]) Redacção dada pela Lei nº 12-A/2010, de 30 de Junho.
([2]) Redacção dada pela Lei nº 3-B/2010, de 28 de Abril.

R = total das retenções efectuadas no penúltimo ano sobre os rendimentos da categoria B;
RLB = rendimento líquido positivo do penúltimo ano da categoria B;
RLT = rendimento líquido total do penúltimo ano.

3 – O valor de cada pagamento por conta, resultante da aplicação do disposto no número anterior, arredondado por excesso para euros, é comunicado aos sujeitos passivos através de nota demonstrativa da liquidação do imposto respeitante ao penúltimo ano, sem prejuízo do envio do documento de pagamento, no mês anterior ao do termo do respectivo prazo, não sendo exigível se for inferior a € 50.

4 – Cessa a obrigatoriedade de serem efectuados os pagamentos por conta quando:

a) Os sujeitos passivos verifiquem, pelos elementos de que disponham, que os montantes das retenções que lhes tenham sido efectuadas sobre os rendimentos da categoria B, acrescidos dos pagamentos por conta eventualmente já efectuados e relativos ao próprio ano, sejam iguais ou superiores ao imposto total que será devido;

b) Deixem de ser auferidos rendimentos da categoria B.

5 – Os pagamentos por conta podem ser reduzidos pelos sujeitos passivos quando o pagamento por conta for superior à diferença entre o imposto total que os sujeitos passivos julgarem devido e os pagamentos já efectuados.

6 – Verificando-se, pela declaração de rendimentos do ano a que respeita o imposto, que, em consequência da cessação ou redução dos pagamentos por conta, deixou de pagar-se uma importância superior a 20% da que, em condições normais, teria sido entregue, há lugar a juros compensatórios se a liquidação do imposto do penúltimo ano tiver sido efectuada até 31 de Maio do ano em que os pagamentos por conta devam ser efectuados e os sujeitos passivos se mantiverem integrados no mesmo agregado, sendo para o efeito a importância considerada em falta imputada em partes iguais ao valor de cada um dos pagamentos devidos.

7 – Os juros compensatórios referidos no número anterior são calculados nos termos e à taxa previstos no artigo 35º da lei geral tributária, contando-se dia a dia desde o termo do prazo fixado para cada pagamento até à data em que, por lei, a liquidação deva ser feita.

ARTIGO 103º
Responsabilidade em caso de substituição

1 – Em caso de substituição tributária, a entidade obrigada à retenção é responsável pelas importâncias retidas e não entregues nos cofres do Estado, ficando o substituto desobrigado de qualquer responsabilidade no seu pagamento, sem prejuízo do disposto nos números seguintes.

2 – Quando a retenção for efectuada meramente a título de pagamento por conta de imposto devido a final, cabe ao substituído a responsabilidade originária pelo imposto não retido e ao substituto a responsabilidade subsidiária, ficando este ainda sujeito aos juros compensatórios devidos desde o termo do prazo de entrega até ao termo do prazo da apresentação da declaração pelo responsável originário ou até à data da entrega do imposto retido, se anterior.

3 – Nos restantes casos, o substituído é apenas subsidiariamente responsável pelo pagamento da diferença entre as importâncias que deveriam ter sido deduzidas e as que efectivamente o foram.

4 – Tratando-se de rendimentos sujeitos a retenção que não tenham sido contabilizados nem comunicados como tal aos respectivos beneficiários, o substituto assume responsabilidade solidária pelo imposto não retido.([1])

5 – Em caso de não cumprimento do disposto no nº 3 do artigo 101º e no artigo 120º, as entidades emitentes de valores mobiliários são solidariamente responsáveis pelo pagamento do imposto em falta.([1])

ARTIGO 104º
Pagamento fora do prazo normal

Quando, por qualquer razão, não se proceda à liquidação no prazo previsto no artigo 77º, o sujeito passivo é notificado para satisfazer o imposto devido no prazo de 30 dias a contar da notificação.

ARTIGO 105º
Local de pagamento

O IRS pode ser pago em qualquer tesouraria de finanças, nas instituições bancárias autorizadas, nos correios ou em qualquer outro local determinado por lei.

ARTIGO 106º
Como deve ser feito o pagamento

O pagamento do IRS deve ser integral e efectuado em moeda corrente, por cheque ou vale do correio, transferência conta a conta ou qualquer outro meio, nos termos autorizados por lei.

ARTIGO 107º
Impressos de pagamento

Os pagamentos previstos neste Código são efectuados mediante a apresentação dos impressos de modelo aprovado.

ARTIGO 108º
Cobrança coerciva

1 – Findos os prazos de pagamento previstos neste Código sem que o mesmo se mostre efectuado, é extraída pela Direcção-Geral dos Impostos certidão de dívida com base nos elementos de que disponha para efeitos de cobrança coerciva.

2 – Nos casos de substituição tributária, bem como nos casos em que o imposto deva ser autonomamente liquidado e entregue nos cofres do Estado, a Direcção-Geral dos Impostos, independentemente do procedimento contra-ordenacional ou criminal que no caso couber, notifica as entidades devedoras para efectuarem o pagamento do imposto e juros compensatórios devidos, no prazo de 30 dias a contar da notificação, com as consequências previstas no número anterior para a falta de pagamento.

([1]) Aditado pela Lei nº 53-A/2006, de 29 de Dezembro.

ARTIGO 109º
Compensação
(Revogada pela Lei nº 60-A/2005, de 30 de Dezembro.)

ARTIGO 110º
Juros de mora

Quando o imposto liquidado ou apurado pela Direcção-Geral dos Impostos, acrescido dos juros compensatórios eventualmente devidos, não for pago no prazo em que o deva ser, começam a contar-se juros de mora nos termos previstos no artigo 44º da lei geral tributária.

ARTIGO 111º
Privilégios creditórios

Para pagamento do IRS relativo aos três últimos anos, a Fazenda Pública goza de privilégio mobiliário geral e privilégio imobiliário sobre os bens existentes no património do sujeito passivo à data da penhora ou outro acto equivalente.([1])

CAPÍTULO VI
Obrigações acessórias

ARTIGO 112º
Declaração de início de actividade, de alterações e de cessação

1 – Antes de iniciar alguma actividade susceptível de produzir rendimentos da categoria B, deve o sujeito passivo apresentar a respectiva declaração de início num serviço de finanças, em impresso de modelo oficial.

2 – Sempre que se verifiquem alterações de qualquer dos elementos constantes da declaração de início de actividade, deve o sujeito passivo entregar em qualquer serviço de finanças, no prazo de 15 dias a contar da alteração, se outro prazo não for previsto neste Código, a respectiva declaração de alterações, em impresso de modelo oficial.([2])

3 – No caso de cessação de actividade, deve o sujeito passivo, no prazo de 30 dias a contar da data da cessação, entregar a respectiva declaração num serviço de finanças, em impresso de modelo oficial.

4 – Quando o serviço de finanças receptor disponha dos meios informáticos adequados, as declarações referidas nos números anteriores podem ser substituídas pela declaração verbal, efectuada pelo sujeito passivo, de todos os elementos necessários ao registo e início de actividade, à alteração de dados constantes daquele registo e à cessação de actividade, sendo estes imediatamente introduzidos no sistema informático e confirmados pelo declarante, após a sua impressão em documento tipificado.

([1]) Norma declarada inconstitucional pelo Acórdão do Tribunal Constitucional nº 362/02, por violação do art. 2º da CRP, na interpretação segundo a qual o privilégio imobiliário geral nela conferido à Fazenda Pública prefere à hipoteca, nos termos do artigo 751º do Código Civil.
([2]) Redacção dada pelo Decreto-Lei nº 238/2006, de 20 de Dezembro.

5 – O documento tipificado nas condições referidas no número anterior substitui, para todos os efeitos legais, as declarações referidas nos n⁰s 1 a 3.

6 – O documento comprovativo do início de actividade, das alterações ou da cessação é o documento tipificado, consoante os casos, processado após a confirmação dos dados do declarante, autenticado com a assinatura do funcionário receptor e com aposição de vinheta do técnico oficial de contas que assume a responsabilidade fiscal do sujeito passivo a que respeitam as declarações, quando seja adoptada contabilidade organizada.

7 – As declarações referidas nos n⁰s 1 a 3 podem ser enviadas por transmissão electrónica de dados.([1])

ARTIGO 113º
Declaração anual de informação contabilística e fiscal

1 – Os sujeitos passivos de IRS devem entregar anualmente uma declaração de informação contabilística e fiscal, de modelo oficial, relativa ao ano anterior, quando possuam ou sejam obrigados a possuir contabilidade organizada ou quando estejam obrigados à apresentação de qualquer dos anexos que dela fazem parte integrante.

2 – A declaração referida no número anterior deve ser enviada, por transmissão electrónica de dados, até 15 de Julho, independentemente de esse dia ser útil ou não.([2])

ARTIGO 114º
Cessação de actividade

1 – A cessação considera-se verificada quando:

a) Deixem de praticar-se habitualmente actos relacionados com a actividade empresarial e profissional, se não houver imóveis afectos ao exercício da actividade;

b) Termine a liquidação das existências e a venda dos equipamentos, se os imóveis afectos ao exercício da actividade pertencerem ao dono do estabelecimento;

c) Se extinga o direito ao uso e fruição dos imóveis afectos ao exercício da actividade ou lhe seja dado outro destino, quando tais imóveis não pertençam ao sujeito passivo;

d) Seja partilhada a herança indivisa de que o estabelecimento faça parte, mas sem prejuízo do disposto nas alíneas anteriores;

e) Se dê a transferência, a qualquer título, da propriedade do estabelecimento.

2 – Quando, no âmbito da categoria B, existirem rendimentos de actividades agrícolas, silvícolas ou pecuárias e de pesca a cessação só se considera verificada quando deixe de ser exercida esta actividade e tenha terminado a liquidação das existências e a transmissão dos equipamentos ou a afectação destes a outras actividades, excepto quando for feita a opção prevista na última parte do artigo 36º, caso em que a cessação ocorre no final do período de diferimento de imputação do subsídio.

3 – Independentemente dos factos previstos no nº 1, pode ainda a administração fiscal declarar oficiosamente a cessação da actividade quando for manifesto que esta

---

([1]) Aditado pelo Decreto-Lei nº 238/2006, de 20 de Dezembro.
([2]) Redacção dada pelo Decreto-Lei nº 292/2009, de 13 de Outubro.

não está a ser exercida nem há intenção de a exercer, ou sempre que o sujeito passivo tenha declarado o exercício de uma actividade sem que possua uma adequada estrutura empresarial em condições de a exercer.([1])

4 – A cessação oficiosa a que se refere o número anterior não desobriga o sujeito passivo do cumprimento das obrigações tributárias.([1])

ARTIGO 115º
Emissão de recibos e facturas

1 – Os titulares dos rendimentos da categoria B são obrigados:

a) A passar recibo, em modelo oficial, de todas as importâncias recebidas dos seus clientes, pelas prestações de serviços referidas na alínea *b)* do nº 1 do artigo 3º, ainda que a título de provisão, adiantamento ou reembolso de despesas, bem como dos rendimentos indicados na alínea *c)* do nº 1 do mesmo artigo; ou([2])

b) A emitir factura ou documento equivalente por cada transmissão de bens, prestação de serviços ou outras operações efectuadas, e a emitir documento de quitação de todas as importâncias recebidas.

2 – No caso de lhes aproveitar a dispensa de obrigação de facturação, nos termos do nº 1 do artigo 39º do Código do IVA, são os mesmos titulares obrigados à observância do disposto nos demais números do referido preceito, com as necessárias adaptações.

3 – Os titulares dos rendimentos referidos nas alíneas *h)* e *i)* do nº 2 do artigo 3º ficam dispensados do cumprimento das obrigações previstas nas alíneas *a)* e *b)* do nº 1, sem prejuízo de deverem emitir recibo de quitação das importâncias recebidas.

4 – As pessoas que paguem rendimentos previstos no artigo 3º são obrigadas a exigir os respectivos recibos, facturas ou documentos equivalentes e a conservá-los durante os cinco anos civis subsequentes, salvo se tiverem de dar-lhes outro destino devidamente justificado.

ARTIGO 116º
Livros de registo

1 – Os titulares dos rendimentos da categoria B são obrigados:

a) A escriturar os livros a que se referem as alíneas *a)*, *b)* e *c)* do nº 1 do artigo 50º do Código do IVA, no caso de não possuírem contabilidade organizada; e

b) A evidenciar em separado no respectivo livro de registo as importâncias respeitantes a reembolsos de despesas efectuadas em nome e por conta do cliente, as quais, quando devidamente documentadas, não influenciam a determinação do rendimento, quando não possuam contabilidade organizada.

2 – Sem prejuízo do disposto no número anterior, os sujeitos passivos que exerçam actividades agrícolas, silvícolas ou pecuárias devem possuir ainda os seguintes elementos de escrita:

([1]) Aditado pela Lei nº 55-B/2004, de 30 de Dezembro.
([2]) Redacção dada pela Lei nº 3-B/2010, de 28 de Abril.

a) Livro de registo do movimento de produtos, gado e materiais;
b) Livro de registo de imobilizações.

3 – Os livros referidos no número anterior podem ser substituídos pelos livros e demais elementos de escrita exigidos pelo sistema adoptado na Rede de Informação de Contabilidades Agrícolas (RICA) ou pelas listagens do Sistema Gestagro, independentemente de os sujeitos passivos estarem integrados na referida rede.

4 – A escrituração dos livros referidos na alínea *a)* do nº 1 obedece às seguintes regras:

a) Os lançamentos deverão ser efectuados no prazo máximo de 60 dias;

b) As importâncias recebidas a título de provisão, adiantamento ou a qualquer outro destinadas a custear despesas da responsabilidade dos clientes devem ser registadas em conta corrente e escrituradas no respectivo livro, sendo consideradas como receita no ano posterior ao da sua recepção, sem contudo exceder a apresentação da conta final relativa ao trabalho prestado;

c) Os lançamentos devem ser sempre suportados por documentos comprovativos.

5 – Os titulares dos rendimentos referidos nas alíneas *h)* e *i)* do nº 2 do artigo 3º ficam dispensados do cumprimento das obrigações previstas no nº 1.

6 – Os titulares de rendimentos da categoria B que, não sendo obrigados a dispor de contabilidade organizada, possuam, no entanto, um sistema de contabilidade que satisfaça os requisitos adequados ao correcto apuramento e fiscalização do imposto podem não utilizar os livros referidos no presente artigo.([1])

ARTIGO 117º
Obrigações contabilísticas

1 – Os titulares de rendimentos da categoria B que não estejam abrangidos pelo regime simplificado de tributação são obrigados a dispor de contabilidade organizada, nos termos da lei comercial e fiscal, que permita o controlo do rendimento apurado.

2 – Aos sujeitos passivos referidos no número anterior é aplicável o disposto no artigo 115º do Código do IRC.

ARTIGO 118º
Centralização, arquivo e escrituração de livros

1 – Os sujeitos passivos são obrigados a centralizar a contabilidade ou a escrituração dos livros referidos nos artigos anteriores no seu domicílio fiscal ou em estabelecimento estável ou instalação situados em território português, devendo neste último caso indicar, na declaração de início ou na declaração de alterações, a sua localização.

2 – Os sujeitos passivos são obrigados a arquivar os livros da sua escrituração e os documentos com ela relacionados, devendo conservá-los em boa ordem durante os 10 anos civis subsequentes.

([1]) Redacção dada pelo Decreto-Lei nº 238/2006, de 20 de Dezembro.

ARTIGO 119º
Comunicação de rendimentos e retenções

1 – As entidades devedoras de rendimentos que estejam obrigadas a efectuar a retenção, total ou parcial, do imposto, bem como as entidades devedoras dos rendimentos previstos nos nºs 4), 5), 7), 9) e 10) da alínea b) do nº 3 do artigo 2º e as entidades através das quais sejam processados os rendimentos sujeitos ao regime especial de tributação previsto no nº 3 do artigo 72º, bem como as entidades que paguem ou coloquem à disposição dos respectivos titulares, os rendimentos previstos na alínea b) do nº 2 do artigo 101º, são obrigadas a:

  a) Possuir registo actualizado das pessoas credoras desses rendimentos, ainda que não tenha havido lugar a retenção do imposto, do qual constem, nomeadamente, o nome, o número fiscal e respectivo código, bem como a data e valor de cada pagamento ou dos rendimentos em espécie que lhes tenham sido atribuídos;

  b) Entregar ao sujeito passivo, até 20 de Janeiro de cada ano, documento comprovativo das importâncias devidas no ano anterior, incluindo, quando for caso disso, as correspondentes aos rendimentos em espécie que lhes hajam sido atribuídos, do imposto retido na fonte e das deduções a que eventualmente haja lugar ou ainda, nos 15 dias imediatos à respectiva ocorrência, de qualquer facto que determine a alteração dos rendimentos ou a obrigação de os declarar;([1])

  c) Entregar à Direcção-Geral dos Impostos, até ao final do mês de Fevereiro de cada ano, uma declaração, de modelo oficial, referente àqueles rendimentos e respectivas retenções de imposto, de contribuições obrigatórias para regimes de protecção social e subsistemas legais de saúde, bem como de quotizações sindicais, relativas ao ano anterior;([2])

  d) Apresentar a declaração a que se refere a alínea anterior nos 30 dias imediatos à ocorrência de qualquer facto que determine a alteração dos rendimentos já declarados ou que implique a obrigação de os declarar.([3])

2 – As entidades devedoras dos rendimentos a que se refere o artigo 71º, cujos titulares beneficiem de isenção, dispensa de retenção ou redução de taxa, são obrigadas a:

  a) Entregar à Direcção-Geral dos Impostos, até ao fim do mês de Julho de cada ano, uma declaração relativa àqueles rendimentos, de modelo oficial;

  b) Possuir um registo actualizado dos titulares desses rendimentos com indicação do respectivo regime fiscal, bem como os documentos que justificam a isenção, a redução de taxa ou a dispensa de retenção na fonte.

3 – Tratando-se de rendimentos de quaisquer títulos nominativos ou ao portador, com excepção dos sujeitos a englobamento obrigatório, e de juros de depósitos à ordem ou a prazo, cujos titulares sejam residentes em território português, o documento referido na alínea b) do nº 1 apenas é emitido a solicitação expressa dos

---

([1]) Redacção dada pelo Decreto-Lei nº 238/2006, de 20 de Dezembro.
([2]) Redacção dada pelo Decreto-Lei nº 361/2007, de 2 de Novembro.
([3]) Aditada pelo Decreto-Lei nº 238/2006, de 20 de Dezembro.

sujeitos passivos que pretendam optar pelo englobamento, a qual deve ser efectuada até 31 de Janeiro do ano seguinte àquele a que os rendimentos respeitam.([1])

4 – O documento referido no número anterior deve ser junto à declaração de rendimentos do ano a que respeita ou, se esta for enviada por transmissão electrónica de dados, deve ser remetido ao serviço de finanças da área do domicílio fiscal até ao final do prazo referido na subalínea ii) da alínea b) do artigo 60º([2])

5 – Não é considerada a opção pelo englobamento se não for cumprido o disposto no número anterior ou se a solicitação referida na parte final do nº 3 for efectuada para além do prazo aí previsto.([1])

6 – O registo, documento e declaração a que se referem as alíneas a) a d) do nº 1 devem individualizar os rendimentos devidos que, nos termos da lei, não foram objecto de retenção na fonte.([3])

7 – Tratando-se de rendimentos pagos ou colocados à disposição de sujeitos passivos não residentes em território português, as entidades devedoras são obrigadas a:

a) Entregar à Direcção-Geral dos Impostos, até ao fim do mês de Julho de cada ano, uma declaração relativa àqueles rendimentos, de modelo oficial;

b) Cumprir as obrigações previstas nas alíneas a) e b) do nº 1 e b) do nº 2, consoante o caso.

8 – Quando haja criação ou aplicação, em benefício de trabalhadores ou membros de órgãos sociais, de planos de opções, de subscrição, de atribuição ou outros de efeito equivalente, ainda que por entidade compreendida no âmbito de aplicação do nº 10 do artigo 2º, a entidade patronal é obrigada a declarar a existência dessa situação, cujo conhecimento se presume em todos os casos, através de modelo oficial, até 30 de Junho do ano seguinte.

9 – As entidades que suportem os encargos, preços ou vantagens económicas referidos no nº 4 do artigo 24º, ainda que em relação a planos de opções, de subscrição, de atribuição ou outros de efeito equivalente criados ou atribuídos por entidade compreendida no âmbito de aplicação do nº 10 do artigo 2º, são obrigadas a:

a) Possuir registo actualizado das pessoas que auferem os correspondentes rendimentos, do qual constem o número fiscal e respectivo código, bem como as datas de exercício das opções, direitos de subscrição ou direitos de efeito equivalente, da alienação ou renúncia ao exercício ou da recompra, os valores, preços ou vantagens económicas referidos no nº 4 do artigo 24º;

b) Entregar aos sujeitos passivos, até 20 de Janeiro de cada ano, cópia do registo referido na alínea anterior, na parte que lhes respeita;

c) Incluir na declaração a que se referem as alíneas c) e d) do nº 1 informação relativa aos valores mencionados na alínea a).([3])

10 – *(Revogado.)*([4])

([1]) Redacção dada pelo Decreto-Lei nº 361/2007, de 2 de Novembro.
([2]) Redacção dada pelo Decreto-Lei nº 72-A/2010, de 18 de Junho.
([3]) Redacção dada pelo Decreto-Lei nº 238/2006, de 20 de Dezembro.
([4]) Revogado pelo Decreto-Lei nº 238/2006, de 20 de Dezembro.

11 – Tratando-se de rendimentos de quaisquer valores mobiliários, o cumprimento das obrigações referidas no presente artigo é da responsabilidade das entidades registadoras ou depositárias previstas no artigo 125º([1])

12 – Sem prejuízo do disposto nos nºs 1 e 2, as entidades devedoras ou as entidades que paguem ou coloquem à disposição dos respectivos titulares os rendimentos a que se refere o artigo 71º ou quaisquer rendimentos sujeitos a retenção na fonte a título definitivo são obrigadas a:([2])

a) Cumprir a obrigação prevista na alínea *a)* do nº 1;

b) Entregar à Direcção-Geral dos Impostos, até ao final do mês de Janeiro de cada ano, uma declaração, de modelo oficial, referente àqueles rendimentos e respectivas retenções de imposto, relativas ao ano anterior.

ARTIGO 120º
Entidades emitentes de valores mobiliários

As entidades emitentes de valores mobiliários são obrigadas a comunicar à Direcção-Geral dos Impostos, até ao fim do mês de Julho de cada ano, através de modelo oficial, os seguintes elementos:

a) Identificação das entidades registadoras ou depositárias previstas no artigo 125º;

b) Quantidade de valores mobiliários que integram a emissão, e tratando-se de emissão contínua, a quantidade actualizada dos valores mobiliários emitidos;

c) Quantidade de valores mobiliários registados ou depositados em cada uma das entidades referidas na alínea *a)*.

ARTIGO 121º
Empresas de seguros([3])

(Revogado)

ARTIGO 122º
Empresas gestoras de fundos de poupança-reforma, poupança-educação e poupança-reforma/educação([3])

(Revogado)

ARTIGO 123º
Notários, conservadores, oficiais de justiça e entidades e profissionais com competência para autenticar documentos particulares([4])

Os notários, conservadores, secretários judiciais, secretários técnicos de justiça e entidades e profissionais com competência para autenticar documentos particulares que titulem actos ou contratos sujeitos a registo predial são obrigados

---

([1]) Redacção dada pelo Decreto-Lei nº 72-A/2010, de 18 de Junho.
([2]) Aditado pelo Decreto-Lei nº 72-A/2010, de 18 de Junho.
([3]) Revogado pelo art. 44º, nº 2, da Lei nº 67-A/2007, de 31 de Dezembro, sem prejuízo do cumprimento das obrigações pele previstas durante o ano de 2008.
([4]) Redacção dada pela Lei nº 64-A/2008, de 31 de Dezembro.

a enviar à Direcção-Geral dos Impostos, preferencialmente por via electrónica, até ao dia 10 de cada mês, relação dos actos por si praticados e das decisões transitadas em julgado no mês anterior dos processos a seu cargo, que sejam susceptíveis de produzir rendimentos sujeitos a IRS, através de modelo oficial.

ARTIGO 124º
Operações com instrumentos financeiros

As instituições de crédito e sociedades financeiras devem comunicar à Direcção-Geral dos Impostos, até 30 de Junho de cada ano, relativamente a cada sujeito passivo, através de modelo oficial:

a) As operações efectuadas com a sua intervenção, relativamente a valores mobiliários e *warrants* autónomos;

b) Os resultados apurados nas operações efectuadas com a sua intervenção relativamente a instrumentos financeiros derivados.

ARTIGO 125º
Registo ou depósito de valores mobiliários

1 – As entidades registadoras ou depositárias a que se referem os artigos 61º e 99º do Código dos Valores Mobiliários, para além do cumprimento das obrigações constantes do artigo 119º, são, ainda, obrigadas a:

a) Comunicar à Direcção-Geral dos Impostos, até ao fim do mês de Julho de cada ano, através de modelo oficial, os registos efectuados relativamente a valores mobiliários;

b) Entregar aos investidores, até 20 de Janeiro de cada ano, uma declaração onde constem os movimentos de registo efectuados no ano anterior.

2 – As entidades registadoras ou depositárias de quaisquer valores mobiliários que não sejam consideradas residentes em território português nem possuam estabelecimento estável aí situado devem designar um representante com residência, sede ou direcção efectiva nesse território para efeitos de cumprimento das obrigações legalmente previstas.

ARTIGO 126º
Entidades emitentes e utilizadoras dos vales de refeição

1 – As entidades emitentes de vales de refeição devem possuir registo actualizado do qual conste, pelo menos, a identificação das entidades adquirentes bem como dos respectivos documentos de alienação e do correspondente valor facial.

2 – As entidades emitentes de vales de refeição são obrigadas a enviar à Direcção-Geral dos Impostos, até ao final do mês de Maio de cada ano, a identificação fiscal das entidades adquirentes de vales de refeições, bem como o respectivo montante, em declaração de modelo oficial.

3 – O disposto no número anterior não dispensa as entidades utilizadoras dos vales de refeição de cumprir o disposto no artigo 119º, relativamente às importâncias que excedam o valor excluído da tributação nos termos do nº 2) da alínea *b)* do nº 3 do artigo 2º.

4 – As entidades utilizadoras de vales de refeição devem possuir registo actualizado, do qual conste, pelo menos, a identificação das entidades emitentes, bem como dos respectivos documentos de aquisição, e ainda registo individualizado dos beneficiários e dos respectivos montantes atribuídos.

5 – A diferença entre os montantes dos vales de refeição adquiridos e dos atribuídos, registados nos termos dos números anteriores, deduzida do valor correspondente aos vales que se mantenham na posse da entidade adquirente, fica sujeita ao regime das despesas confidenciais ou não documentadas.

ARTIGO 127º
Comunicação de encargos[1]

1 – As instituições de crédito, as cooperativas de habitação, as empresas de seguros e as empresas gestoras dos fundos e de outros regimes complementares referidos nos artigos 16º, 17º e 21º do Estatuto dos Benefícios Fiscais, incluindo as associações mutualistas e as instituições sem fins lucrativos que tenham por objecto a prestação de cuidados de saúde, e as demais entidades que possam comparticipar em despesas de saúde, comunicam à Direcção-Geral dos Impostos, até ao final do mês de Fevereiro de cada ano, em declaração de modelo oficial, relativamente ao ano anterior e a cada sujeito passivo:[2]

a) Os juros e amortizações suportados respeitantes a dívidas contraídas com a aquisição, construção ou beneficiação de imóveis para habitação própria e permanente ou arrendamento, com excepção das amortizações efectuadas por mobilização dos saldos das contas poupança-habitação, que possam ser deduzidos à colecta;

b) Os prémios pagos respeitantes a contratos de seguro de vida que garantam exclusivamente os riscos de morte, invalidez ou reforma por velhice, de acidentes pessoais e ainda os que cubram exclusivamente riscos de saúde que possam ser deduzidos à colecta nos termos deste Código ou do Estatuto dos Benefícios Fiscais e, bem assim, as contribuições efectuadas às associações mutualistas, às instituições sem fins lucrativos que tenham por objecto a prestação de cuidados de saúde e às demais entidades que possam comparticipar em despesas de saúde;[2]

c) O montante das despesas de saúde dedutíveis à colecta nos termos do artigo 82º na parte da despesa não comparticipada;[3]

d) As importâncias aplicadas em fundos de pensões e outros regimes complementares de segurança social previstos nos artigos 16º, 17º e 21º do Estatuto dos Benefícios Fiscais;

e) As importâncias pagas aos beneficiários com inobservância das condições previstas no nº 1 do artigo 86º, bem como a título de resgate, adiantamentos ou reembolso dos certificados nas condições previstas no artigo 14º e no artigo 21º do Estatuto dos Benefícios Fiscais.

---

[1] Redacção dada pela Lei nº 67-A/2007, de 31 de Dezembro.
[2] Redacção dada pela Lei nº 55-A/2010, de 31 de Dezembro.
[3] Aditada pela Lei nº 55-A/2010, de 31 de Dezembro.

2 – As entidades referidas no número anterior devem ainda entregar aos sujeitos passivos, até 20 de Janeiro de cada ano, documento comprovativo de juros, prémios de seguros de vida ou prémios de seguro ou contribuições que cubram exclusivamente riscos de saúde, despesas comparticipadas por aqueles no ano anterior e que possam ser deduzidas à colecta e, bem assim, o montante das despesas de saúde dedutíveis à colecta na parte não comparticipada.([1])

3 – Dentro do prazo referido no número anterior, as entidades que recebam ou paguem quaisquer outras importâncias susceptíveis de abatimento aos rendimentos ou dedução à colecta, devem entregar aos sujeitos passivos o respectivo documento comprovativo.

ARTIGO 128º
Obrigação de comprovar os elementos das declarações

1 – As pessoas sujeitas a IRS devem apresentar, no prazo que lhes for fixado, os documentos comprovativos dos rendimentos auferidos, das deduções e abatimentos e de outros factos ou situações mencionadas na respectiva declaração, quando a Direcção-Geral dos Impostos os exija.

2 – A obrigação estabelecida no número anterior mantém-se durante os quatro anos seguintes àquele a que respeitem os documentos.

3 – O extravio dos documentos referidos no nº 1 por motivo não imputável ao sujeito passivo não o impede de utilizar outros elementos de prova daqueles factos.

ARTIGO 129º
Processo de documentação fiscal

1 – Os sujeitos passivos de IRS que, nos termos deste Código, possuam ou sejam obrigados a possuir contabilidade organizada devem constituir, até ao termo do prazo para entrega da declaração a que se refere o artigo 113º, um processo de documento fiscal relativo a cada exercício, que deve conter os elementos a definir por portaria do Ministro das Finanças.

2 – O referido processo deve ser centralizado e conservado de acordo com o disposto no artigo 118º.

ARTIGO 130º
Representantes

1 – Os não residentes que obtenham rendimentos sujeitos a IRS, bem como os que, embora residentes em território nacional, se ausentem deste por um período superior a seis meses devem, para efeitos tributários, designar uma pessoa singular ou colectiva com residência ou sede em Portugal para os representar perante a Direcção-Geral dos Impostos e garantir o cumprimento dos seus deveres fiscais.

2 – A designação a que se refere o nº 1 será feita na declaração de início de actividade, de alterações ou de registo de número de contribuinte, devendo nela constar expressamente a sua aceitação pelo representante.

([1]) Redacção dada pela Lei nº 55-A/2010, de 31 de Dezembro.

3 – Na falta de cumprimento do disposto no nº 1, e independentemente da sanção que ao caso couber, não há lugar às notificações previstas neste Código, sem prejuízo de os sujeitos passivos poderem tomar conhecimento das matérias a que as mesmas respeitariam junto do serviço que, para o efeito, seja competente.

ARTIGO 131º
Pluralidade de obrigados

Se a obrigação acessória impender sobre várias pessoas, o cumprimento por uma delas exonera as restantes.

CAPÍTULO VII
Fiscalização

ARTIGO 132º
Entidades fiscalizadoras

O cumprimento das obrigações impostas por este diploma é fiscalizado, em geral, e dentro dos limites da respectiva competência, por todas as autoridades, corpos administrativos, repartições públicas e pessoas colectivas de utilidade pública e, em especial, pela Direcção-Geral dos Impostos.

ARTIGO 133º
Dever de colaboração

Todos devem, dentro dos limites da razoabilidade, prestar a colaboração que lhes for solicitada pelos serviços competentes, tendo em vista o exercício, por estes, dos respectivos poderes.

ARTIGO 134º
Poderes de fiscalização

1 – A fiscalização das normas do presente Código rege-se pelo disposto no artigo 63º da lei geral tributária, no regime complementar do procedimento de inspecção tributária, aprovado pelo artigo 1º do Decreto-Lei nº 413/98, de 31 de Dezembro, e, ainda, no presente artigo e no artigo 135º.

2 – Para a execução das tarefas de fiscalização, os serviços competentes podem, designadamente:

a) Proceder a visitas de fiscalização nas instalações dos sujeitos passivos, nos termos do artigo seguinte;

b) Enviar aos sujeitos passivos questionários quanto a dados e factos de carácter específico, relevantes para o apuramento e controlo do imposto, que devem ser devolvidos, preenchidos e assinados;

c) Exigir dos sujeitos passivos a exibição ou remessa, inclusive por cópia, dos documentos e facturas relativos a bens ou serviços adquiridos ou fornecidos, bem como a prestação de quaisquer informações relevantes para o apuramento da sua situação tributária;

d) Testar os programas informáticos utilizados na elaboração da contabilidade;

e) Solicitar a colaboração de quaisquer serviços e organismos públicos, com vista a uma correcta fiscalização do imposto;

f) Requisitar cópias ou extractos de actos e documentos de notários, conservatórias e outros serviços oficiais.

3 – Os pedidos e as requisições referidas no número anterior deverão ser feitos por carta registada com aviso de recepção, fixando para o seu cumprimento um prazo não inferior a oito dias.

ARTIGO 135º
Dever de fiscalização em especial
(Revogado pela Lei nº 50/2005, de 30 de Agosto)

ARTIGO 136º
Inventariação de existências
(Revogado pela Lei nº 50/2005, de 30 de Agosto)

ARTIGO 137º
Garantia de observância de obrigações fiscais

1 – Sem prejuízo das regras especiais previstas no Código de Processo Civil, as petições relativas a actos susceptíveis de produzirem rendimentos sujeitos a este imposto não podem ter seguimento ou ser atendidas perante qualquer autoridade, repartição pública ou pessoa colectiva de utilidade pública sem que o respectivo sujeito passivo faça prova da apresentação da última declaração de rendimentos a que estiver obrigado ou de que não está sujeito ao cumprimento dessa obrigação.

2 – A prova referida na parte final do número anterior é feita através de certidão, passada pelo serviço fiscal competente.

3 – A apresentação dos documentos de prova referidos nos números anteriores é averbada no requerimento, processo ou registo da petição, devendo o averbamento ser datado e rubricado pelo funcionário competente, que restituirá os documentos ao apresentante.

ARTIGO 138º
Aquisição e alienação de acções e outros valores mobiliários

1 – Os alienantes e adquirentes de acções e outros valores mobiliários são obrigados a entregar declaração de modelo oficial à Direcção-Geral dos Impostos, quando a respectiva alienação ou a aquisição tenha sido realizada sem a intervenção das entidades referidas nos artigos 123º e 124º, nos 30 dias subsequentes à realização das operações.

2 – As entidades que intervenham no pagamento ou colocação à disposição de rendimentos ou ganhos a que os valores confiram direito ou que a eles estejam associados não podem realizar o respectivo pagamento ou colocação à disposição sem que lhes seja feita prova da apresentação da declaração a que se refere o número anterior, quando esta se mostre devida, sendo solidariamente responsáveis pelo imposto não liquidado na esfera do respectivo titular do rendimento em virtude da

inobservância da referida obrigação, sem prejuízo do disposto no Regime Geral das Infracções Tributárias, aprovado pela Lei nº 15//2001, de 5 de Junho.

3 – Os adquirentes de acções e outros valores mobiliários, para exercerem quaisquer direitos, diferentes dos referidos no número anterior, conferidos pela respectiva titularidade, directamente ou por intermédio da instituição financeira, devem fazer prova, perante a entidade respectiva, que foi apresentada a declaração a que se refere o nº 1 ou que a aquisição foi realizada com a intervenção das entidades referidas nos artigos 123º e 124º deste Código, sendo o titular e aquela entidade ambos responsáveis quanto ao dever de comprovação, sem prejuízo de o Ministério Público poder promover a inibição do exercício daqueles direitos, e do disposto no Regime Geral das Infracções Tributárias, aprovado pela Lei nº 15/2001, de 5 de Junho.

ARTIGO 139º
Pagamento de rendimentos a sujeitos passivos não residentes

Não se podem realizar transferências para o estrangeiro de rendimentos sujeitos a IRS obtidos em território português por sujeitos passivos não residentes sem que se mostre pago ou assegurado o imposto que for devido.

CAPÍTULO VIII
Garantias

ARTIGO 140º
Reclamações e impugnações

1 – Os sujeitos passivos do IRS, os seus representantes e as pessoas solidária ou subsidiariamente responsáveis pelo pagamento do imposto podem reclamar contra a respectiva liquidação ou impugná-la nos termos e com os fundamentos estabelecidos no Código de Procedimento e de Processo Tributário.

2 – Pode igualmente ser objecto de reclamação ou de impugnação, por parte do titular dos rendimentos ou do seu representante, a retenção de importâncias total ou parcialmente indevidas, sempre que se verifique a impossibilidade de ser efectuada a correcção a que se refere o nº 4 do artigo 98º ou de o respectivo montante ser levado em conta na liquidação final do imposto.

3 – Podem ainda exercer a faculdade prevista no nº 1 as entidades que, no âmbito da substituição tributária, tenham entregue por erro importância superior ao imposto retido, ou as que, em cumprimento da obrigação de liquidação autónoma, tenham praticado algum erro na liquidação.

4 – Os prazos de reclamação e de impugnação contam-se nos termos seguintes:([1])

 a) A partir dos 30 dias seguintes ao da notificação da liquidação;([1])
 b) (Revogada.)([2])

([1]) Redacção dada pela Lei nº 60-A/2005, de 30 de Dezembro.
([2]) Revogada pela Lei nº 60-A/2005, de 30 de Dezembro.

c) A partir do dia 20 de Janeiro do ano seguinte àquele a que a retenção disser respeito, nos casos previstos no nº 2;

d) A partir do dia 20 de Janeiro do ano seguinte àquele a que a retenção disser respeito ou a partir da data de pagamento do imposto que autonomamente deva ser liquidado e entregue nos cofres do Estado, nos casos previstos no nº 3.

5 – A reclamação ou impugnação do acto de fixação dos rendimentos que não dê origem a liquidação de IRS será efectuada nos termos e prazo previstos no Código de Procedimento e de Processo Tributário.

ARTIGO 141º
(Recurso hierárquico)
(Revogado pela Lei nº 32-B/2002, de 30 de Dezembro)

ARTIGO 142º
Competência territorial

1 – Para efeitos deste imposto, os actos tributários, qualquer que seja a sua natureza, consideram-se praticados no serviço de finanças da área do domicílio fiscal do sujeito passivo ou do seu representante.

2 – Tratando-se de não residentes que não tenham nomeado representante, os actos tributários a que se refere o número anterior consideram-se praticados no Serviço de Finanças de Lisboa 3.

CAPÍTULO IX
Disposições diversas

ARTIGO 143º
Ano fiscal

Para efeitos do IRS, o ano fiscal coincide com o ano civil.

ARTIGO 144º
Modelos oficiais

1 – O âmbito de obrigatoriedade, os suportes e os procedimentos relativos à utilização de modelos oficiais para cumprimento de obrigações acessórias, bem como o respectivo início de vigência, são definidos por portaria do Ministro das Finanças.

2 – As especificações dos modelos oficiais são aprovadas por despacho do Ministro das Finanças, sob proposta da Direcção-Geral dos Impostos.

ARTIGO 145º
Declarações e outros documentos

Sempre que, neste Código, não se exija a utilização de impressos de modelo oficial, podem as declarações, relações, requerimentos ou outros documentos ser apresentados em papel comum de formato A4, ou em suporte que, com os requisitos estabelecidos pela Direcção-Geral dos Impostos, permita tratamento informático.

ARTIGO 146º
Assinatura das declarações

1 – As declarações devem ser assinadas pelos sujeitos passivos ou pelos seus representantes, legais ou voluntários, ou por gestor de negócios, devidamente identificados.

2 – São recusadas as declarações que não estiverem devidamente assinadas, sem prejuízo das sanções estabelecidas para a falta da sua apresentação.

3 – Sempre que o cumprimento das obrigações declarativas se faça por meio de transmissão electrónica de dados, a certificação da respectiva autenticidade é feita por aposição de assinatura electrónica ou por procedimentos alternativos, consoante o que seja definido em portaria do Ministro das Finanças.

ARTIGO 147º
Recibo de documento

1 – Quando, neste Código, se mande efectuar a entrega de declarações ou outros documentos em mais de um exemplar, um deles deve ser devolvido ao apresentante, com menção de recibo.

2 – Nos casos em que a lei determine a apresentação de declaração ou outros documentos num único exemplar, pode o obrigado entregar cópia do mesmo para efeitos do disposto no número anterior.

3 – Sempre que os deveres de comunicação sejam cumpridos através de transmissão electrónica de dados, o documento comprovativo da recepção é enviado por via postal.

ARTIGO 148º
Prazo para envio pelo correio

1 – Quando, nos termos do artigo 61º, o sujeito passivo opte pelo envio, pelo correio, das declarações e demais documentos, a sua remessa deve fazer-se até ao último dia do prazo fixado na lei.

2 – Para efeitos do disposto no número anterior, considera-se que a remessa foi efectuada na data constante do carimbo dos CTT ou na data do registo.

3 – Ocorrendo extravio, a Direcção-Geral dos Impostos pode exigir segunda via, que, para todos os efeitos, tem a data em que, comprovadamente, haja sido entregue ou expedida a declaração.

ARTIGO 149º
Notificações

1 – As notificações por via postal devem ser feitas no domicílio fiscal do notificando ou do seu representante.

2 – As notificações a que se refere o artigo 66º, quando por via postal, devem ser efectuadas por meio de carta registada com aviso de recepção.

3 – As restantes notificações devem ser feitas por carta registada, considerando-se a notificação efectuada no 3º dia posterior ao do registo ou no 1º dia útil seguinte a esse, caso esse dia não seja dia útil.

4 – Não sendo conhecido o domicílio fiscal do notificando, as notificações podem ser feitas por edital afixado no serviço de finanças da área da sua última residência.

5 – Em tudo o mais, aplicam-se as regras estabelecidas no Código de Procedimento e de Processo Tributário.

ARTIGO 150º
Registo dos sujeitos passivos

1 – Com base nas declarações de início de actividade, de alterações ou de outros elementos de que disponha, a Direcção-Geral dos Impostos organiza e mantém actualizado um registo de sujeitos passivos de IRS.

2 – O cancelamento do registo respeitante a não residentes é feito em face da declaração da cessação de actividade em território português ou de declaração de alienação das suas fontes de rendimento tributável nesse território, as quais devem ser apresentadas até final do mês seguinte ao da verificação desses factos.

ARTIGO 151º
Classificação das actividades

As actividades exercidas pelos sujeitos passivos do IRS são classificadas, para efeitos deste imposto, de acordo com a Classificação das Actividades Económicas Portuguesas por Ramos de Actividade (CAE), do Instituto Nacional de Estatística, ou de acordo com os códigos mencionados em tabela de actividades aprovada por portaria do Ministro das Finanças.

ANEXO I
Tabela de actividades do artigo 151º do CIRS

1 – Arquitectos, engenheiros e técnicos similares:
   1000 Agentes técnicos de engenharia e arquitectura:
   1001 Arquitectos;
   1002 Desenhadores;
   1003 Engenheiros;
   1004 Engenheiros técnicos;
   1005 Geólogos;
   1006 Topógrafos

2 – Artistas plásticos e assimilados, actores, músicos:
   2010 Artistas de teatro, bailado, cinema, rádio e televisão;
   2011 Artistas de circo;
   2019 Cantores;
   2012 Escultores;
   2013 Músicos;
   2014 Pintores;
   2015 Outros artistas.

3 – Artistas tauromáquicos:
   3010 Toureiros;
   3019 Outros artistas tauromáquicos.

4 – Economistas, contabilistas, actuários e técnicos similares:
   4010 Actuários;
   4011 Auditores;
   4012 Consultores fiscais;
   4013 Contabilistas;
   4014 Economistas;
   4015 Técnicos oficiais de contas;
   4016 Técnicos similares.

5 – Enfermeiros, parteiras e outros técnicos paramédicos:
   5010 Enfermeiros;
   5011 Farmacêuticos;
   5012 Fisioterapeutas;
   5013 Nutricionistas;
   5014 Parteiras;
   5015 Terapeutas da fala;
   5019 Outros técnicos paramédicos.

6 – Juristas e solicitadores:
   6010 Advogados;
   6011 Jurisconsultos;
   6012 Solicitadores.

7 – Médicos e dentistas:
   7010 Dentistas;
   7011 Médicos analistas;
   7012 Médicos cirurgiões;
   7013 Médicos de bordo em navios;
   7014 Médicos de clínica geral;
   7015 Médicos dentistas;
   7016 Médicos estomatologistas;
   7017 Médicos fisiatras;
   7018 Médicos gastroenterologistas;
   7019 Médicos oftalmologistas;
   7020 Médicos ortopedistas;
   7021 Médicos otorrinolaringologistas;
   7022 Médicos pediatras;
   7023 Médicos radiologistas;
   7024 Médicos de outras especialidades.

8 – Professores e técnicos similares:
   8010 Explicadores;
   8011 Formadores;
   8012 Professores.

9 – Profissionais dependentes de nomeação oficial:
   9010 Revisores oficiais de contas.

10 – Psicólogos e sociólogos:
   1010 Psicólogos;
   1011 Sociólogos.

11 – Químicos:
   1110 Analistas.

12 – Sacerdotes:
   1210 Sacerdotes de qualquer religião.

13 – Outras pessoas exercendo profissões liberais, técnicos e assimilados:
   1310 Administradores de bens;
   1311 Ajudantes familiares;
   1312 Amas;
   1313 Analistas de sistemas;
   1314 Arqueólogos;
   1315 Assistentes Sociais;
   1316 Astrólogos;
   1317 Parapsicólogos;
   1318 Biólogos;
   1319 Comissionistas;
   1320 Consultores;
   1321 Dactilógrafos;
   1322 Decoradores;
   1323 Desportistas;
   1324 Engomadores;
   1325 Esteticistas, manicuras e pedicuras;
   1326 Guias-intérpretes;
   1327 Jornalistas e repórteres;
   1328 Louvados;
   1329 Massagistas;
   1330 Mediadores imobiliários;
   1331 Peritos-avaliadores;
   1332 Programadores informáticos;
   1333 Publicitários;
   1334 Tradutores.
   1335 Farmacêuticos;
   1336 Designers([1])

14 – Veterinários:
   1410 Veterinários.

15 – Outras actividades exclusivamente de prestação de serviços:
   1519 Outros prestadores de serviços.

([1]) Aditamento à tabela de actividades dada pela Lei nº 53-A/2006, de 29 de Dezembro.

Retenção na Fonte

Decreto-Lei nº 42/91, de 22 de Janeiro

Dois anos após a vigência do Código do Imposto sobre o Rendimento das Pessoas Singulares e do sistema de retenção na fonte regulamentado em primeiro lugar pelo Decreto Regulamentar nº 43-A/88, de 9 de Dezembro, e, depois, pelo Decreto Regulamentar nº 5/90, de 22 de Fevereiro, a que veio juntar-se o Decreto Regulamentar nº 18/90, de 13 de Julho, sobre a denominada «retenção-poupança», estão criadas as condições que permitem estabelecer de modo notável o quadro global disciplinador da retenção na fonte.

Com efeito, ao nível das entidades sobre as quais a lei fez impender a obrigação de retenção, mostram-se ultrapassadas as naturais dificuldades que uma alteração tão radical como aquela que resultou da reforma fiscal da tributação do rendimento introduziu neste particular domínio, quer nos procedimentos, quer na sua abrangência. Ao nível da administração fiscal, consolidaram-se não apenas as posições interpretativas sobre a matéria, como também os procedimentos de execução assentes num sistema informático adequado e eficiente. Finalmente, ao nível dos próprios princípios subjacentes à retenção na fonte, foi demonstrada a sua eficácia e, em geral, a sua adequação ao objectivo último de evitar, na maior parte dos casos, a acumulação da dívida de imposto no momento da sua liquidação final anual, propiciando aos sujeitos passivos de IRS o seu pagamento escalonado no tempo.

Numa outra perspectiva, importa salientar que o sistema de retenção vigente apresenta alguns inconvenientes que é necessário remover, tendo em vista, por um lado, a facilidade na sua aplicação e, por outro, a criação de um mecanismo simples e eficiente através do qual seja possível aprovar e publicar, em tempo oportuno, as respectivas tabelas.

É por estas razões que o sistema de retenção na fonte agora regulado define, de forma imperativa, os elementos relevantes que devem ser considerados na construção das tabelas de retenção em termos que permitam ao Governo aprová-las, por despacho do Ministro das Finanças, uma vez aprovado o Orçamento do Estado. Ficam, deste modo, integralmente salvaguardadas as garantias dos sujeitos passivos e possibilita-se que as entidades obrigadas a efectuar a retenção tenham conhecimento, logo no início de cada ano, das tabelas que devem aplicar, assim se evitando para aqueles e para estas os inconvenientes emergentes de correcções posteriores determinadas pelo não conhecimento atempado das tabelas de retenção.

Não pode, por fim, deixar de assinalar-se o grande salto qualitativo que o presente diploma representa em sede de remuneração do excesso de imposto retido favorável aos sujeitos passivos.

Ao generalizar-se a remuneração a todas as situações em que se verifique o pagamento antecipado de imposto em montante superior ao resultante da liquidação final anual, aperfeiçoa-se o princípio subjacente à retenção-poupança, que só era aplicável em certas categorias de rendimentos, criando--se condições de igualdade para todos os sujeitos passivos de IRS.

Assim:

Nos termos da alínea a) do nº 1 do artigo 201º da Constituição, o Governo decreta o seguinte:

CAPÍTULO I
Retenção de IRS sobre rendimentos do trabalho dependente e pensões

ARTIGO 1º
Princípios gerais

1 – No apuramento do IRS a reter sobre remunerações fixas ou fixas e variáveis do trabalho dependente, pagas ou colocadas à disposição dos respectivos titulares, ter-se-á em conta:

   a) A situação pessoal e familiar dos sujeitos passivos;

   b) A dedução específica aos rendimentos da categoria A, prevista no artigo 25º do Código do IRS;

   c) As deduções à colecta previstas no artigo 79º do Código do IRS;

   d) Uma dedução por conta das deduções à colecta previstas nos artigos 82º a 87º do Código do IRS, variável em função, designadamente, dos valores do rendimento bruto e da taxa de inflação prevista.

2 – No apuramento do IRS a reter sobre pensões ter-se-á em conta:

   a) A situação pessoal e familiar dos sujeitos passivos;

   b) A dedução específica aos rendimentos da categoria H, prevista no artigo 53º do Código do IRS;

   c) As deduções à colecta previstas no artigo 79º do Código do IRS;

   d) Uma dedução por conta das deduções à colecta previstas nos artigos 82º a 87º do Código do IRS, variável em função, designadamente, dos valores do rendimento bruto e da taxa de inflação prevista.

ARTIGO 2º
Situação pessoal e familiar

1 – Para efeitos da consideração da situação pessoal e familiar do titular dos rendimentos, as tabelas de retenção são individualizadas nos termos dos números seguintes.

2 – As tabelas respeitantes a «não casado» aplicam-se aos rendimentos auferidos por titulares solteiros, viúvos, divorciados ou separados judicialmente de pessoas e bens.

3 – As tabelas respeitantes a «casado, único titular» aplicam-se aos rendimentos auferidos por titulares casados e não separados judicialmente de pessoas e bens, quando apenas um dos cônjuges aufira rendimentos englobáveis, ou, auferindo-os ambos, o rendimento de um deles seja igual ou superior a 95% do rendimento englobado.

4 – As tabelas respeitantes a «casado, dois titulares» aplicam-se aos rendimentos auferidos por sujeitos passivos casados e não separados judicialmente de pessoas e bens, quando não se verifique qualquer das situações previstas no número anterior.

5 – As tabelas de retenção na fonte referidas nos números anteriores serão anualmente aprovadas por despacho do Ministro das Finanças, devendo na sua construção ser integralmente respeitados os princípios consagrados neste diploma.

ARTIGO 2º-A
Retenção sobre rendimentos das categorias A e H

Sem prejuízo do disposto no artigo 71º do Código do IRS, as entidades devedoras de rendimentos de trabalho dependente, com excepção dos previstos nos nºs 4), 5), 7), 9) e 10) da alínea b) e na alínea g) do nº 3 do artigo 2º do Código do IRS, e de pensões, com excepção das de alimentos, são obrigadas a reter o imposto no momento do seu pagamento ou colocação à disposição dos respectivos titulares.

ARTIGO 3º
Âmbito de aplicação das tabelas referentes à categoria A

1 – A retenção de IRS é efectuada sobre as remunerações mensalmente pagas ou postas à disposição dos seus titulares, mediante a aplicação das taxas que lhes correspondam, constantes da respectiva tabela.

2 – Considera-se remuneração mensal o montante pago a título de remuneração fixa, acrescido de quaisquer outras importâncias que tenham a natureza de rendimentos do trabalho dependente, tal como são definidos no artigo 2º do Código do IRS, e, a pedido do titular, as gratificações auferidas pela prestação ou em razão da prestação do trabalho quando não atribuídas pela respectiva entidade patronal, pago ou colocado à disposição do seu titular no mesmo período, ainda que respeitante a períodos anteriores.

3 – No caso de remunerações fixas relativas a períodos inferiores ao mês, considera-se como remuneração mensal a soma das importâncias atribuídas, pagas ou colocadas à disposição em cada mês.

4 – Os subsídios de férias e de Natal são sempre objecto de retenção autónoma, não podendo, para o cálculo do imposto a reter, ser adicionados às remunerações dos meses em que são pagos ou postos à disposição.

5 – Quando os subsídios de férias e de Natal forem pagos fraccionadamente, reter-se-á, em cada pagamento, a parte proporcional do imposto calculado nos termos do número anterior.

ARTIGO 4º
Sujeitos passivos deficientes

1 – No cumprimento do IRS a reter sobre rendimentos do trabalho dependente e sobre pensões, auferidos por titulares deficientes com um grau de invalidez permanente igual ou superior a 60%, observar-se-á o disposto no artigo 1º e ter-se-á também em conta o disposto no nº 1 do artigo 16º do Estatuto dos Benefícios Fiscais.

2 – As taxas constantes das tabelas respeitantes a titulares deficientes aplicar-se-ão à remunerações totais do trabalho dependente ou à totalidade das pensões

que mensalmente lhes forem pagas ou colocadas à disposição pela mesma entidade devedora.

ARTIGO 5º
Âmbito de aplicação das tabelas referentes à categoria H

1 – A retenção de IRS é efectuada sobre o valor das pensões mensalmente pagas ou postas à disposição dos seus titulares, mediante a aplicação das taxas que lhes correspondam, constantes da respectiva tabela.

2 – Para efeitos do número anterior, consideram-se pensões os rendimentos previstos no artigo 11º do Código do IRS.

3 – Na retenção sobre complementos de pensões, pagos por entidade diferente da que está obrigada ao pagamento da respectiva pensão, poderá ser tido em conta o montante desta, por solicitação expressa do respectivo titular.

4 – As prestações adicionais correspondentes ao 13º e 14º meses serão objecto de retenção autónoma, não podendo, para o cálculo do imposto a reter, ser adicionadas às pensões dos meses em que são pagas ou postas à disposição.

5 – Quando as prestações correspondentes ao 13º e ao 14º meses forem pagas fraccionadamente, reter-se-á, em cada pagamento, a parte proporcional ao imposto calculado nos termos do número anterior.

ARTIGO 6º
Mecanismo de retenção

1 – Se o titular dos rendimentos não fornecer à entidade devedora os elementos respeitantes à sua situação pessoal e familiar, deve aquela proceder à retenção do imposto por aplicação da tabela correspondente a «não casado, sem dependentes», tratando-se de rendimentos da categoria A, ou por aplicação da tabela correspondente a «não casado», tratando-se de rendimentos da categoria H.

2 – A importância apurada mediante aplicação das taxas de retenção é arredondada para a unidade de euros inferior.

3 – Verificando-se incorrecções nos montantes retidos, devidas a erros imputáveis à entidade devedora dos rendimentos, a sua rectificação deve ser feita na primeira retenção a que deva proceder-se após a detecção do erro, sem, porém, ultrapassar o último período de retenção anual.

4 – A retenção mensal não pode exceder 40% do rendimento de cada uma das categorias A e H, pago ou colocado à disposição de cada titular no mesmo período.

ARTIGO 7º
Procedimentos especiais

1 – Quando forem pagos ou colocados à disposição do respectivo titular rendimentos das categorias A ou H em mês, do mesmo ano, diferente daquele a que respeitem, recalcula-se o imposto e retém-se apenas a diferença entre a importância assim determinada e aquela que, com referência ao mesmo período, tenha eventualmente sido retida.

2 – Os titulares de rendimentos das categorias A e H podem optar pela retenção de IRS mediante taxa inteira superior à que lhes é aplicável segundo as tabelas de

retenção, com o limite de 40%, em declaração para o efeito a apresentar à entidade pagadora dos rendimentos.

CAPÍTULO II
Retenção de IRS sobre rendimentos de outras categorias

ARTIGO 8º
Retenção sobre rendimentos das categorias B, E e F

1 – Sem prejuízo do disposto no artigo 71º do Código do IRS, as entidades que disponham ou devam dispor de contabilidade organizada são obrigadas a reter o imposto, mediante aplicação, aos rendimentos ilíquidos de que sejam devedoras, das seguintes taxas:

a) 15%, tratando-se de rendimentos da categoria B referidos na alínea *c)* do nº 1 do artigo 3º ou de rendimentos das categorias E e F;

b) 20%, tratando-se de rendimentos decorrentes das actividades profissionais especificamente previstas na tabela de actividades a que se refere o artigo 151º do Código do IRS;

c) 10%, tratando-se de rendimentos da categoria B referidos nas alíneas *b)* do nº 1 e *g)* e *i)* do nº 2 do artigo 3º, não compreendidos na alínea anterior.

2 – A taxa é aplicada ao rendimento ilíquido sujeito a retenção, antes da liquidação do IVA a que, sendo caso disso, deva proceder-se.

3 – A retenção que incide sobre os rendimentos das categorias B e F referidos no nº 1 é efectuada no momento do respectivo pagamento ou colocação à disposição e a que incide sobre os rendimentos da categoria E em conformidade com o disposto no artigo 7º do Código do IRS.

ARTIGO 9º
Dispensa de retenção

1 – Estão dispensados de retenção na fonte, excepto quando esta deva ser efectuada mediante taxas liberatórias:

a) Os rendimentos das categorias B, com excepção das comissões por intermediação na celebração de quaisquer contratos, e F, quando o respectivo titular preveja auferir, em cada uma das categorias, um montante anual inferior ao fixado no nº 1 do artigo 53º do Código do Imposto sobre o Valor Acrescentado.

b) Os rendimentos da categoria B que respeitem a reembolso de despesas efectuadas em nome e por conta do cliente ou a reembolso de despesas de deslocação e estada, devidamente documentadas, correspondentes a serviços prestados por terceiros e que sejam, de forma inequívoca, directa e totalmente imputáveis a um cliente determinado;

c) Os rendimentos da categoria E, sempre que o montante de cada retenção seja inferior a € 4,99;

d) Os rendimentos da categoria A, que respeitem a actividades exercidas no estrangeiro por pessoas singulares residentes em território português, sempre que tais rendimentos sejam sujeitos a tributação efectiva no país da fonte em imposto similar ou idêntico ao IRS.(¹)

2 – A dispensa de retenção nos termos das alíneas *a*) e *b*) do número anterior é facultativa, devendo os titulares que dela queiram aproveitar exercer o direito mediante aposição, nos recibos de quitação das importâncias recebidas, da seguinte menção:

"Sem retenção, nos termos do nº 1 do artigo 9º do Decreto-Lei nº 42/91, de 22 de Janeiro".

3 – A faculdade de dispensa de retenção relativa aos rendimentos previstos na alínea *a*) do nº 1:

a) Não pode ser exercida por titulares que, no ano anterior, tenham auferido rendimentos de montante igual ou superior ao limite ali estabelecido;

b) Cessa no mês seguinte àquele em que tiver sido atingido o limite nela fixado.

ARTIGO 10º
Sujeição parcial de rendimentos da categoria B a retenção

1 – A retenção que deva ser efectuada sobre rendimentos da categoria B apenas incidirá sobre 50% dos mesmos, nos seguintes casos:

a) Quando auferidos por médicos de patologia clínica, médicos radiologistas e farmacêuticos analistas clínicos, como tal reconhecidos pelas entidades competentes e inscritos nas respectivas associações de classe, quando a inscrição seja requisito para o exercício oficial da actividade profissional;

b) Quando beneficiem do regime previsto no artigo 56º do Estatuto dos Benefícios Fiscais;

c) Quando auferidos por titulares deficientes com um grau de invalidez permanente igual ou superior a 60%.

2 – A sujeição parcial de rendimentos a retenção prevista no número anterior é facultativa, devendo os titulares que dela queiram aproveitar exercer o direito mediante aposição, no recibo de modelo oficial de quitação das importâncias recebidas, da seguinte menção:

"Retenção sobre 50%, nos termos do nº 1 do artigo 10º do Decreto-Lei nº 42/91, de 22 de Janeiro".

3 – Sendo os rendimentos previstos na alínea *b*) do nº 1 auferidos por sujeitos passivos deficientes com um grau de invalidez permanente igual ou superior a 60%, a retenção pode incidir apenas sobre 25% dos referidos rendimentos, devendo, no recibo de modelo oficial de quitação das importâncias recebidas, ser aposta a seguinte menção:

"Retenção sobre 25%, nos termos do nº 3 do artigo 10º do Decreto-Lei nº 42/91, de 22 de Janeiro".

(¹) Aditado pela Lei nº 3-B/2010, de 28 de Abril.

ARTIGO 11º
Rendimentos imputáveis a categorias diferentes

1 – Estão sujeitos a retenção, nos termos do nº 1 do artigo 8º, os rendimentos de capitais e prediais auferidos no âmbito do exercício de actividades empresariais e profissionais, sem prejuízo do disposto no número seguinte.

2 – Quando os rendimentos referidos no número anterior se encontrem sujeitos a retenção nos termos do disposto no artigo 71º do Código do IRS, o seu englobamento é sempre obrigatório, o imposto retido tem a natureza de pagamento por conta e as entidades devedoras estão obrigadas, quanto aos mesmos, a dar cumprimento ao disposto nos artigos 119º e 120º do mesmo Código.

ARTIGO 12º
Sujeição parcial a retenção sobre outros rendimentos

Quando os rendimentos sujeitos a retenção, não expressamente previstos no artigo anterior, beneficiem de isenção total ou parcial nos termos do Estatuto dos Benefícios Fiscais, a retenção incidirá apenas sobre a parte do rendimento sujeita a tributação, devendo ser sempre aposta no recibo de quitação das importâncias recebidas a menção da norma que concede o benefício.

ARTIGO 12º-A
Retenção sobre juros contábeis e diferenças entre valor de reembolso e preço de emissão

1 – Os sujeitos passivos de IRC, ainda que isentos ou dispensados de retenção, residentes em território nacional ou com estabelecimento estável aqui situado, bem como os sujeitos passivos de IRS, excepto se se tratar de pessoas singulares agindo fora do âmbito do exercício de uma actividade empresarial ou profissional, obrigados a efectuar a retenção sobre os rendimentos sujeitos a imposto nos termos da alínea c) do nº 3 do artigo 7º do Código do IRS, devem proceder ao registo individual, operação a operação, das transacções efectuadas que tenham por objecto títulos de dívida emitidos por entidades com residência, domicílio, sede ou direcção efectiva em território nacional ou que aqui possuam estabelecimento estável a que seja imputável o pagamento da respectiva remuneração, numa conta-corrente com o Estado, em que releve:

a) A débito, o imposto considerado no apuramento do valor líquido dos juros respeitantes a títulos alienados, contáveis desde a data do último vencimento ou da emissão, primeira colocação ou endosso, se ainda não houver ocorrido qualquer vencimento, até à data da alienação, bem como das diferenças, pela parte correspondente àqueles períodos, entre o valor de reembolso e o preço de emissão, no caso de títulos cuja remuneração seja constituída, total ou parcialmente, por aquela diferença;

b) A crédito, o imposto considerado no apuramento do valor líquido dos juros respeitantes a títulos adquiridos, contáveis desde a data do último vencimento ou da emissão, primeira colocação ou endosso, se ainda não houver ocorrido qualquer vencimento, até à data da alienação, bem como das diferenças, pela parte correspondente àqueles períodos, entre o valor de reembolso e o preço de emissão, no caso de títulos cuja remuneração seja constituída, total ou parcialmente, por aquela diferença.

2 – O disposto no número anterior é igualmente aplicável às transmissões de títulos de crédito sujeitos ao regime de capitalização automática, efectuadas antes do prazo da sua amortização.

3 – O saldo da conta corrente a que se refere o nº 1 é regularizado trimestralmente, nos termos seguintes:

a) Sendo credor, a respectiva importância será entregue nos cofres do Estado até ao dia 20 do mês seguinte ao do trimestre em que foi apurado;

b) Sendo devedor, a respectiva importância pode ser compensada nas entregas de imposto retido pelas entidades credoras sobre rendimentos de capitais, a efectuar após o seu apuramento.

4 – Se, apesar do disposto na alínea *b)* do número anterior, a compensação não tiver sido possível até ao fim do trimestre seguinte ao do apuramento do saldo devedor e este for igual ou superior a € 24 939,90, ou, qualquer que seja o seu montante, até à entrega do imposto respeitante ao último período de retenção anual, é concedida às entidades credoras a faculdade de pedirem o seu reembolso, observando-se o seguinte:

a) O pedido de reembolso do saldo devedor determina a impossibilidade de ser efectuada a respectiva compensação por alguma das formas previstas para o efeito;

b) Em caso algum o saldo devedor da conta corrente pode ser invocado como retenção com a natureza de pagamento por conta na declaração anual de rendimentos da entidade credora;

c) A restituição indevida de imposto mediante reembolso e ou compensação das mesmas importâncias, por facto imputável à entidade credora, é equiparada, para todos os efeitos legais, à falta de entrega de imposto cobrado por retenção na fonte.

5 – Não pode ser relevada na conta corrente a que se refere o nº 1 a retenção efectuada pelas entidades devedoras dos rendimentos no momento do seu vencimento ou na data da amortização ou reembolso dos correspondentes títulos, a qual terá, sendo caso disso, natureza de pagamento por conta do imposto devido a final pelas entidades que os auferirem.

6 – Os montantes compensados nos termos da alínea *b)* do nº 3 serão evidenciados na declaração a que se refere a alínea *c)* do nº 1 do artigo 119º do Código do IRS, em conformidade com o que as respectivas instruções de preenchimento determinarem.

ARTIGO 13º
Entrega do imposto retido

As quantias retidas nos termos dos artigos anteriores, são entregues nos cofres do Estado pela entidade retentora, até ao dia 20 do mês seguinte àquele em forem deduzidas.

CAPÍTULO III
Da remuneração por excesso de imposto antecipadamente pago

ARTIGO 14º
Direito à remuneração

Verificando-se, na liquidação anual de IRS, que foi retido ou pago por conta imposto superior ao devido, determinado em função do rendimento líquido total e das deduções à colecta previstas no artigo 79º do Código do IRS, os sujeitos passivos têm direito a uma remuneração sobre a diferença, a fixar anualmente por despacho do Ministro das Finanças.

ARTIGO 15º
Cálculo e pagamento da remuneração

1 – Para apuramento da diferença susceptível de beneficiar da remuneração a que se refere o artigo 14º calcular-se-á o pagamento médio mensal efectivo e o imposto médio mensal apurado, por forma a determinar o mês em que o sujeito passivo passa a ficar numa situação de crédito, assumindo-se a distribuição regular do rendimento e dos pagamentos ao longo do ano.

2 – A remuneração será devida desde o mês em que, nos termos do número anterior, se verifique a situação de crédito até ao mês anterior àquele em que a liquidação foi efectuada.

ARTIGO 16º
Restituição oficiosa do imposto

1 – A diferença entre o imposto devido a final e o que tiver sido entregue nos cofres do Estado em resultado de retenção na fonte ou de pagamentos por conta, favorável ao sujeito passivo, deve ser restituída até ao termo dos prazos previstos no nº 1 do artigo 97º do Código do IRS.[1]

2 – Se, por motivos imputáveis aos serviços, não for cumprido o prazo previsto no número anterior, são devidos juros indemnizatórios, contados dia a dia desde o termo do prazo previsto para o reembolso até à data em que for emitida a correspondente nota de Crédito.

3 – Se a diferença a que se refere o nº 1 for apurada em liquidação que deva ser efectuada em virtude do direito ao reporte legalmente permitido exercido em declaração anual de rendimentos apresentada nos prazos legais, são devidos juros nos termos do nº 2.

4 – Se a diferença a que se refere o nº 1 for apurada em liquidação que deva ser efectuada com base em declaração de rendimentos apresentada dentro do prazo legal diferente dos previstos para a apresentação anual, os juros a que se refere o nº 2 são devidos a partir do fim do terceiro mês seguinte àquele em que a declaração tiver sido apresentada.

5 – Se a diferença a que se refere o nº 1 for apurada em liquidação efectuada com base em declaração de rendimentos em que tenha sido verificado erro, inexactidão

---

[1] Redacção dada pela Lei nº 53-A/2006, de 29 de Dezembro.

ou omissão dos elementos declarados, os juros a que se refere o nº 2 são devidos a partir do fim do segundo mês seguinte àquele em que tiver ocorrido a regularização dos elementos declarados por iniciativa do contribuinte ou, não tendo havido essa regularização, a partir do terceiro mês seguinte àquele em que os serviços tenham apurado os factos e levantado o correspondente auto de notícia.

6 – A remuneração prevista no artigo 14º não é cumulável com aquela a que se refere o nº 2 do presente artigo.

7– A taxa dos juros indemnizatórios é equivalente à taxa dos juros legais fixados nos termos do nº 1 do artigo 559º do Código Civil.

ARTIGO 17º
Modificação e extinção do direito à remuneração

1 – Quando a liquidação de que resulte o direito à remuneração a que se refere o artigo 14º tenha sido feita com base em declaração anual de rendimentos apresentada fora do prazo legal, a remuneração só é devida desde 1 de Janeiro do ano seguinte àquele a que o imposto respeite até ao fim do mês anterior àquele em que a liquidação vier a ser efectuada, sem prejuízo do disposto no artigo 16º.

2 – Extingue-se o direito à remuneração a que se refere o artigo 14º sempre que:

a) A liquidação seja feita pela administração fiscal e os sujeitos passivos, não estando dispensados, não tenham apresentado a declaração anual de rendimentos;

b) A liquidação tenha por base declarações de rendimentos apresentadas em prazos diferentes, embora legais, dos previstos para a sua apresentação anual.

CAPÍTULO IV
Retenções de IRS sobre rendimentos abrangidos por convenções internacionais

ARTIGO 18º
Dispensa de retenção na fonte e reembolso de imposto relativo a rendimentos auferidos por não residentes

1 – Não existe obrigação de efectuar a retenção na fonte de IRS, no todo ou em parte, consoante os casos, relativamente aos rendimentos referidos no artigo 71º do Código do IRS quando, por força de uma convenção destinada a evitar a dupla tributação celebrada por Portugal, a competência para tributação dos rendimentos auferidos por um residente do outro Estado contratante não seja atribuída ao Estado da fonte ou o seja apenas de forma limitada.

2 – Nas situações referidas no número anterior, os beneficiários dos rendimentos devem fazer prova, perante a entidade que se encontra obrigada a efectuar a retenção na fonte, da verificação dos pressupostos legais que resultem de convenção destinada a evitar a dupla tributação, consistindo na apresentação de um formulário de modelo aprovado por despacho do Ministro das Finanças, certificado pelas autoridades competentes do respectivo Estado de residência.

3 – A prova referida no número anterior deve ser efectuada até ao termo do prazo estabelecido para a entrega do imposto que deveria ter sido deduzido nos termos das normas legais aplicáveis.([1])

4 – O formulário a que se refere o nº 2, devidamente certificado, tem a validade de um ano, contado a partir da data de certificação por parte da autoridade competente do Estado de residência da entidade beneficiária dos rendimentos, devendo esta informar imediatamente a entidade que se encontra obrigada a proceder à retenção na fonte das alterações verificadas nos pressupostos de que depende a dispensa total ou parcial de retenção na fonte.([1])

5 – Sem prejuízo do disposto no número seguinte, quando não seja efectuada a prova até ao termo do prazo estabelecido para a entrega do imposto, fica o substituto tributário obrigado a entregar a totalidade do imposto que deveria ter sido deduzido nos termos da lei.([1])

6 – Sem prejuízo da responsabilidade contra-ordenacional, a responsabilidade estabelecida no número anterior pode ser afastada sempre que o substituto tributário comprove com o documento a que se refere o nº 2 do presente artigo a verificação dos pressupostos para a dispensa total ou parcial de retenção.([1])

7 – Os beneficiários dos rendimentos, que verificam as condições referidas no nº 1, podem solicitar o reembolso total ou parcial do imposto que tenha sido retido na fonte, no prazo de dois anos contados a partir do termo do ano em que se verificou o facto gerador do imposto, mediante a apresentação de um formulário de modelo aprovado pelo Ministro das Finanças e, quando necessário, de outros elementos que permitam aferir a legitimidade do reembolso.([1])

CAPÍTULO V
Disposições diversas

ARTIGO 19º
Disposições finais

1 – O direito à remuneração previsto nos artigos 14º e seguintes constitui-se relativamente à liquidação do IRS que deva efectuar-se em resultado dos factos tributários que ocorram após a entrada em vigor deste diploma.

2 – O pagamento da remuneração é feito juntamente com o excesso do imposto sobre que é calculada, aplicando-se-lhe o disposto no Decreto-Lei nº 492//88, de 30 de Dezembro.

3 – São revogados os Decretos Regulamentares nºs 5/90, de 22 de Fevereiro e 18/90, de 13 de Julho, sem prejuízo da sua aplicação aos rendimentos pagos ou colocados à disposição dos respectivos titulares até 31 de Dezembro de 1990.

4 – O presente diploma entra em vigor no dia 1 de Janeiro de 1991 e aplica-se aos rendimentos pagos ou colocados à disposição dos seus titulares a partir dessa data.

([1]) Redacção dada pela Lei nº 64-A/2008, de 31 de Dezembro.

Código do Imposto Sobre o Rendimento das Pessoas Colectivas

Decreto-Lei nº 442-B/88, de 30 de Novembro

No uso da autorização legislativa concedida pela Lei nº 106/88, de 17 de Setembro, e nos termos das alíneas a) e b) do nº 1 do artigo 201º da Constituição, o Governo decreta o seguinte:

ARTIGO 1º
Aprovação do Código do IRC

É aprovado o Código do Imposto sobre o Rendimento das Pessoas Colectivas (IRC), que faz parte integrante do presente decreto-lei.

ARTIGO 2º
Entrada em vigor

O Código do IRC entra em vigor em 1 de Janeiro de 1989.

ARTIGO 3º
Impostos abolidos

1 – Ficam abolidos, a partir da data da entrada em vigor do Código do IRC, relativamente aos sujeitos passivos deste imposto, a contribuição industrial, o imposto sobre a indústria agrícola, o imposto de mais-valias, a contribuição predial, o imposto de capitais, o imposto complementar e o imposto do selo constante da verba 134 da Tabela Geral do Imposto do Selo.

2 – O disposto no número anterior não obsta a que a legislação respeitante aos impostos abolidos possa ser aplicada relativamente aos impostos respeitantes a rendimentos obtidos anteriormente à data aí indicada ou à punição das respectivas infracções, nos termos previstos nessa legislação.

3 – Os impostos referidos na alínea c) do artigo 37º do Código da Contribuição Industrial que, nos termos do número anterior, sejam liquidados após a entrada em vigor do Código do IRC não serão dedutíveis para efeitos de determinação do lucro tributável neste imposto.

ARTIGO 4º
Imposto sobre o rendimento do petróleo

1 – *A partir da data da entrada em vigor do Código do IRC, o imposto sobre o rendimento do petróleo, nos termos em que é regulado pelo Decreto-Lei nº 625/71, de 31 de Dezembro, com as redacções que lhe foram dadas pelos Decretos-Leis nºs 256/81, de 1 de Setembro, e 440/83, de 24 de Dezembro, a que estivessem sujeitas pessoas colectivas ou outras entidades que sejam sujeitos passivos de IRC, fica substituído por este imposto.*

2 – *Não obstante o disposto no número anterior, considera-se aplicável a legislação aí referida quanto ao imposto sobre o rendimento do petróleo relativo a rendimentos obtidos anteriormente à data no mesmo mencionada, bem como à punição das respectivas infracções, nos termos previstos nessa legislação.*

3 – *Serão introduzidas no regime fiscal da indústria extractiva do petróleo, com as alterações decorrentes da entrada em vigor do Código do IRC, as adaptações consideradas necessárias.*

ARTIGO 5º
Regime transitório aplicável a Macau

....

ARTIGO 6º
Sociedades de simples administração de bens

....

ARTIGO 7º
Agrupamentos complementares de empresas

1 – *Ficam revogados os nºs 1, 2 e 3 da Base VI da Lei nº 4/73, de 4 de Junho, na redacção que lhe foi dada pelo Decreto-Lei nº 157/81, de 11 de Junho, e o artigo 18º do Decreto-Lei nº 430/73, de 25 de Agosto.*

2 – *Mantém-se em vigor o disposto no nº 1 do artigo 15º do Decreto-Lei nº 430/73, de 25 de Agosto.*

ARTIGO 8º
Período de tributação

....

ARTIGO 9º
Obras de carácter plurianual

....

ARTIGO 10º
Mudança de critério valorimétrico

....

ARTIGO 11º
Reintegrações resultantes de reavaliações

O regime de aceitação como custos, para efeitos de determinação da matéria colectável de IRC, das reintegrações resultantes das reavaliações efectuadas ao abrigo de legislação de carácter fiscal é, com as necessárias adaptações, o disposto nessa legislação, continuando a não ser considerado como custo, para aqueles efeitos, sempre que for caso disso, o produto de 0,4 pela importância do aumento das reintegrações anuais resultantes da reavaliação.

ARTIGO 12º
Encargos com férias

ARTIGO 13º
Provisões

ARTIGO 14º
Reporte de prejuízos

ARTIGO 15º
Deduções por reinvestimento ou investimento

ARTIGO 16º
Tributação pelo lucro consolidado

ARTIGO 17º
Liquidação de sociedades e outras entidades

ARTIGO 18º
Tributação de rendimentos agrícolas

ARTIGO 18º-A
Regime transitório das mais-valias e das menos-valias

ARTIGO 19º
Crédito fiscal por investimento

ARTIGO 20º
Pagamento de impostos

ARTIGO 21º
Pagamentos por conta

...

ARTIGO 22º
Declaração de inscrição no registo

...

ARTIGO 23º
Regulamentação da cobrança e dos reembolsos do imposto

O *Governo publicará, mediante decreto-lei, a regulamentação da cobrança e dos reembolsos de IRC.*

...

ARTIGO 24º
Modificações do Código do IRC

As modificações que de futuro se fizerem sobre matéria contida no Código do IRC serão consideradas como fazendo parte dele e inseridas no lugar próprio, devendo essas modificações ser sempre efectuadas por meio de substituição dos artigos alterados, supressão dos artigos inúteis ou pelo aditamento dos que forem necessários.

Código do Imposto Sobre o Rendimento das Pessoas Colectivas[*]

PREÂMBULO

1 – Na reforma dos anos 60 a tributação do rendimento das pessoas colectivas foi estabelecida em termos substancialmente análogos à das pessoas singulares, com diferenças significativas apenas no domínio da contribuição industrial e do imposto complementar.

Com efeito, apesar de a contribuição industrial ter sido concebida nos moldes tradicionais de imposto parcelar para a generalidade dos contribuintes, no domínio das sociedades e, especialmente, com a inclusão, em 1986, de todas elas no grupo A, pode dizer-se que esse imposto, pelo facto de incidir sobre o lucro global determinado com base na contabilidade, constituía já um embrião de um verdadeiro imposto de sociedades.

Por sua vez, ao contrário do que sucedia com o imposto complementar das demais pessoas colectivas, onde se processava a globalização dos rendimentos sujeitos a impostos parcelares, o imposto complementar sobre as sociedades, na última fase da sua vigência, apenas retoma o lucro que já tinha servido de base à contribuição industrial, pelo que só encontrava verdadeira justificação nos objectivos que desde o início o determinaram, ou seja, o preenchimento de lacunas de tributação ao nível dos sócios quanto aos lucros não distribuídos.

Com a recente reformulação do imposto sobre a indústria agrícola e sua efectiva aplicação, após o largo período de tempo em que se encontrou suspenso, ficaram criadas as condições para a introdução de um imposto sobre o rendimento das pessoas colectivas (IRC), ao lado de um imposto sobre o rendimento das pessoas singulares (IRS).

2 – O IRC não representa, no entanto, apenas o culminar de uma tendência de evolução que se foi desenhando no domínio do sistema fiscal anterior. Com efeito, ao proceder-se a uma reformulação geral da tributação do rendimento, verteram-se para o IRC as suas linhas norteadoras, designadamente as referentes ao alargamento da base tributável, à moderação dos níveis de tributação e à necessária articulação entre IRS e IRC.

De resto, são esses os princípios que têm igualmente moldado as mais recentes reformas ao nível internacional, tendo-se acolhido no IRC, com as adaptações impostas pelos condicionalismos

---

[*] O Código do IRC foi republicado pelo Decreto-Lei nº 159/2009, de 13 de Julho.

económico-financeiros do nosso país, algumas das soluções legislativas que vêm sendo consagradas em consequência dessas reformas.

Mereceu também especial atenção a necessidade de pela via de tributação não se criarem dificuldades à inserção de uma pequena economia aberta, como a portuguesa, no quadro de um mercado caracterizado por elevados níveis de concorrência, o que levou à consideração, em especial, dos sistemas de tributação vigentes nos países da CEE. Aliás, embora a harmonização fiscal comunitária no domínio dos impostos sobre o rendimento se encontre ainda em fase relativamente atrasada, não deixaram de se ter em conta os elementos que a esse propósito foram já objecto de algum consenso.

3 – A designação o conferida a este imposto – imposto sobre o rendimento das pessoas colectivas – dá, desde logo, uma ideia sobre o respectivo âmbito de aplicação pessoal. O IRC incide sobre todas as pessoas colectivas de direito público ou privado com sede ou direcção efectiva em território português. O ponto de partida para a definição da incidência subjectiva foi, assim, o atributo da personalidade jurídica.

No entanto, sujeitaram-se igualmente a IRC entidades com sede ou direcção efectiva em território português que, embora desprovidas de personalidade jurídica, obtêm rendimentos que não se encontram sujeitos a pessoas singulares ou colectivas que as integram. Deste modo, consideram-se passíveis de imposto determinados entes de facto, quando razões de ordem técnica ou outras tornem particularmente difícil uma tributação individualizada, evitando-se que a existência de tributação ou o imposto aplicável fiquem dependentes da regularidade do processo de formação dos entes colectivos.

Aplica-se ainda o IRC às entidades, com ou sem personalidade jurídica, que não tenham sede ou direcção efectiva em território português mas nele obtenham rendimentos, desde que não se encontrem sujeitas a IRS – o que igualmente impede a existência de soluções de vazio legal relativamente a entidades não residentes que obtenham rendimentos em Portugal.

Importa ainda sublinhar que, com objectivos de neutralidade, combate à evasão fiscal e eliminação da denominada dupla tributação económica dos lucros distribuídos aos sócios, se adoptam em relação a certas sociedades um regime de transparência fiscal. O mesmo caracteriza-se pela imputação aos sócios da parte do lucro que lhes corresponder, independentemente da sua distribuição.

Este regime é igualmente aplicável aos agrupamentos complementares de empresas e aos agrupamentos europeus de interesse económico.

4 – Para efeitos da definição do rendimento que se encontra sujeito a IRC, houve, naturalmente, que tomar como ponto de partida o facto de ter de ser feita uma distinção fundamental, conforme se trate de entidades residentes e de entidades não residentes. É que, enquanto as primeiras estão sujeitas a imposto por obrigação pessoal – o que implica a inclusão na base tributável da totalidade dos seus rendimentos, independentemente do local onde foram obtidos –, já as segundas se encontram sujeitas por obrigação real – o que limita a inclusão na base tributável aos rendimentos obtidos em território português.

Num caso e noutro não era, porém, possível deixar de fazer outras distinções, sempre visando encontrar um recorte da incidência real e, consequentemente, da matéria colectável que melhor atendesse à especificidade de grandes grupos do vasto e multiforme universo de sujeitos passivos. Essa segmentação deveria, por outro lado, ajustar-se, na medida do possível, às diferenciações quanto ao nível de tributação que se desejasse concretizar através das taxas do IRC.

Assim, as entidades residentes são divididas em duas categorias, conforme exerçam ou não a título principal uma actividade de natureza comercial, industrial ou agrícola. Quanto às que exerçam, a título principal, essas actividades (e considera-se que é sempre esse o caso das sociedades *comerciais ou civis sob a forma comercial, das cooperativas e das empresas públicas), o IRC incide sobre o respectivo lucro. No que toca às restantes, o IRC incide sobre o rendimento global, correspondente à soma dos rendimentos das diversas categorias consideradas para efeitos de IRS.*

Relativamente às entidades não residentes, distingue-se consoante as mesmas disponham ou não de estabelecimento estável em Portugal. No primeiro caso, o IRC incide sobre o lucro imputável ao estabelecimento estável. No segundo, o IRC incide sobre os rendimentos das diversas categorias consideradas para efeitos de IRS, o mesmo acontecendo quanto aos rendimentos de contribuintes que, embora possuindo estabelecimento estável em Portugal, não sejam imputáveis a esse estabelecimento.

5 – O conceito de lucro tributável que se acolhe em IRC tem em conta a evolução que se tem registado em grande parte das legislações de outros países no sentido da adopção, para efeitos fiscais, de uma noção extensiva de rendimento, de acordo com a chamada teoria do incremento patrimonial.

Esse conceito – que está também em sintonia com os objectivos de alargamento da base tributável visados pela presente reforma – é explicitamente acolhido no Código, ao reportar-se o lucro à diferença entre o património líquido no fim e no início do período de tributação.

Deste modo, relativamente ao sistema anteriormente em vigor, o IRC funde, através da noção de lucro, a base de incidência da contribuição industrial, do imposto de mais-valias relativo à transmissão a título oneroso de elementos do activo imobilizado, incluindo os terrenos para construção e as partes sociais que o integram. E vai mais longe na preocupação de dar um tratamento equitativo às diferentes situações, quer por automaticamente incluir na sua base tributável certos ganhos – como os subsídios não destinados à exploração ou as indemnizações – que, pelo menos em parte, não eram tributados, quer por alargá-las aos lucros imputáveis ao exercício da indústria extractiva do petróleo, até agora não abrangidos no regime geral de tributação.

Entre as consequências que este conceito alargado de lucro implica está a inclusão no mesmo das mais-valias e menos-valias, ainda que, por motivos de índole económica, limitada, às que tiverem sido realizadas. A realização é, porém, entendida em sentido lato, de modo a abranger quer os chamados ganhos de capital voluntários (v.g. derivados da venda ou troca), quer os denominados ganhos de capital involuntários (v.g. resultantes de expropriações ou indemnização por destruição ou roubo). No entanto, para assegurar a continuidade de exploração das empresas, prevê-se a exclusão da tributação de mais-valias relativas a activo imobilizado corpóreo, sempre que o respectivo valor de realização seja investido, dentro de determinado prazo, na aquisição, fabrico ou construção de elementos do activo imobilizado. Este esquema é, aliás similar ao usado em muitos países europeus.

6 – Referiu-se já que a extensão da obrigação de imposto depende da localização da sede ou direcção efectiva do sujeito passivo, o que obrigou a precisar, no caso destas se situarem no estrangeiro, quando é que os rendimentos se consideram obtidos em território português. Na escolha dos elementos de conexão relevantes para o efeito tiveram-se em conta não só a natureza dos rendimentos, como também a situação e interesses do País, enquanto território predominantemente fonte de rendimentos.

Por isso se adoptou um conceito amplo de estabelecimento estável e ainda, embora de forma limitada, o denominado princípio da atracção do estabelecimento estável.

7 – Embora o rendimento das unidades económicas flua em continuidade e, por isso, exista sempre algo de convencional na sua segmentação temporal, há, geralmente, necessidade de proceder à divisão da vida das empresas em períodos e determinar em cada um deles um resultado que se toma para efeitos de tributação.

Considera-se que esses períodos devem ter, em princípio, a duração de um ano. Apenas em casos expressamente enumerados se admite, por força das circunstâncias, uma duração inferior, e somente num uma duração superior.

Este refere-se às sociedades e outras entidades em liquidação, em que não se encontram razões, desde que a liquidação se verifique em prazo conveniente, para não tomar em termos unitários para efeitos fiscais todo o período de liquidação.

Adoptada a anualidade como regra para os períodos de imposto, a outra questão a resolver tem que ver com as datas de início e de termo de cada período. Também aqui se mantém a prática já há muito seguida entre nós de fazer corresponder cada período ao ano civil. Poderá justificar-se, porém, em alguns casos, a adopção de um período anual diferente, pelo que essa possibilidade é explicitamente admitida e regulada.

A periodização do lucro é origem de outros complexos problemas, estando o principal relacionado com o facto de cada exercício ser independente dos restantes para efeitos de tributação. Essa independência é, no entanto, atenuada mediante certas regras de determinação da matéria colectável, especialmente através do reporte de prejuízos. Consagra-se, assim, a solidariedade dos exercícios, o que se faz em moldes idênticos aos que vigoravam no sistema anterior, ou seja, na modalidade de reporte para diante até um máximo de cinco anos.

8 – Tendo-se optado por excluir da sujeição a IRC o Estado, as regiões autónomas e as autarquias locais, consagram-se no Código as isenções subjectivas que, pela sua natureza e estabilidade, se entendeu que nele deviam figurar.

Na delimitação das entidades abrangidas houve a preocupação de reduzir as isenções estabelecidas apenas aos casos de reconhecido interesse público, tendo-se condicionado algumas delas à verificação de determinados pressupostos objectivos, o que acentua o seu carácter excepcional e permite a respectiva adequação aos objectivos de política económica e social prosseguidos.

O critério adoptado não impede que outros desagravamentos fiscais de natureza conjuntural venham a ser estabelecidos em legislação especial sobre benefícios fiscais.

9 – Na determinação da matéria colectável concretiza-se operacionalmente o conceito de rendimento adoptado, indicando a metodologia a seguir para o respectivo cálculo. Daí que, tal como para a definição de rendimento, também a este propósito se tenha de fazer uma diferenciação, conforme os contribuintes de que se trate. São, no entanto, as regras relativas à determinação do lucro tributável das entidades residentes que exercem, a título principal, actividades de natureza comercial, industrial ou agrícola que constituem naturalmente o núcleo central do capítulo, cuja influência se projecta não só em outros contribuintes do IRC, mas também nas correspondentes categorias de rendimento do IRS.

Em qualquer caso, procura-se sempre tributar o rendimento real efectivo, que, para o caso das empresas, é mesmo um imperativo constitucional. Com corolário desse princípio, é a declaração do contribuinte, controlada pela administração fiscal, que constitui a base da determinação da matéria colectável.

A determinação do lucro tributável por métodos indiciários é consequentemente, circunscrita aos casos expressamente enumerados na lei, que são reduzidos ao mínimo possível, apenas se verificando quando tenha lugar em resultado de anomalias e incorrecções da contabilidade, se não for de todo possível efectuar esse cálculo com base nesta. Por outro lado, enunciam-se os critérios técnicos que a administração fiscal deve, em princípio, seguir para efectuar a determinação do lucro tributável por métodos indiciários, garantindo-se ao contribuinte os adequados meios de defesa, que incluem – o que é um reconhecimento da maior importância – a própria impugnabilidade do quantitativo fixado.

10 – Dado que a tributação incide sobre a realidade económica constituída pelo lucro, é natural que a contabilidade, como instrumento de medida e informação dessa realidade, desempenhe um papel essencial como suporte da determinação do lucro tributável.

As relações entre contabilidade e fiscalidade são, no entanto, um domínio que tem sido marcado por uma certa controvérsia e onde, por isso, são possíveis diferentes modos de conceber essas relações. Afastadas uma separação absoluta ou uma identificação total, continua a privilegiar-se uma solução marcada pelo realismo e que, no essencial, consiste em fazer reportar, na origem, o lucro tributável ao resultado contabilístico ao qual se introduzem, extracontabilisticamente, as correcções – positivas ou negativas – enunciadas na lei para tomar em consideração os objectivos e condicionalismos próprios da fiscalidade.

Embora para concretizar a noção ampla de lucro tributável acolhida fosse possível adoptar como ponto de referência o resultado apurado através da diferença entre os capitais próprios no fim e no início do exercício, mantém-se a metodologia tradicional de reportar o lucro tributável ao resultado líquido do exercício constante da demonstração de resultados líquidos, a que acrescem as variações patrimoniais positivas e negativas verificadas no mesmo e não reflectidas naquele resultado.

Nas demais regras enunciadas a propósito dos aspectos que se entendeu dever regular reflectiu-se, sempre que possível, a preocupação de aproximar a fiscalidade da contabilidade.

É assim que, quanto a reintegrações e amortizações, se dá uma maior flexibilidade ao respectivo regime, podendo o contribuinte, relativamente à maior parte do activo imobilizado corpóreo, optar pelo método das quotas constantes ou pelo método das quotas degressivas, o que constituirá, por certo, um factor positivo para o crescimento do investimento.

No domínio particularmente sensível das provisões para créditos de cobrança duvidosa e para depreciação das existências acolhem-se as regras contabilísticas geralmente adoptadas, o que permite um alinhamento da legislação fiscal portuguesa com as soluções dominantes ao nível internacional.

11 – Uma reforma da tributação dos lucros não pode ignorar a evolução das estruturas empresariais, antes há-de encontrar o quadro normativo que, obedecendo a princípios de eficiência e equidade, melhor se ajuste a essas mutações.

A existência de grupos de sociedades que constituem uma unidade económica é uma das realidades actuais que deve merecer um adequado tratamento fiscal, na esteira, aliás, do que vem acontecendo noutras legislações. Os estudos preparatórios desenvolvidos a propósito do IRC permitiram já a publicação do Decreto-Lei nº 414/87, de 31 de Dezembro, cuja disciplina geral, possibilitando a tributação do lucro consolidado, se reproduz neste Código e contém as virtualidades suficientes para poder ser desenvolvida à luz da experiência que for sendo retirada da sua aplicação.

Outra área onde se faz sentir a necessidade de a fiscalidade adoptar uma postura de neutralidade é a que se relaciona com as fusões e cisões de empresas. É que a reorganização e o fortalecimento do tecido empresarial não devem ser dificultados, mas antes incentivados, pelo que, reflectindo, em termos gerais, o consenso que, ao nível dos países da CEE, tem vindo a ganhar corpo neste domínio, criam-se condições para que aquelas operações não encontrem qualquer obstáculo fiscal à sua efectivação, desde que, pela forma como se processam, esteja garantido que apenas visam um adequado redimensionamento das unidades económicas.

12 – Na fixação da taxa geral do IRC prevaleceu um critério de moderação, em que se teve particularmente em conta o elevado grau de abertura da economia portuguesa ao exterior e, por isso, a necessidade de a situar a um nível que se enquadrasse nos vigentes em países com grau de desenvolvimento semelhante ao nosso ou com os quais mantemos estreitas relações económicas.

Não podendo o Estado, nas circunstâncias actuais, prescindir de receitas fiscais, não se pôde levar o desagravamento da tributação dos lucros das empresas tão longe quanto seria desejável, mas isso não impediu que, mesmo tendo em conta a possibilidade de serem lançadas derramas sobre a colecta do IRC, se tenha atingido uma uniformização dessa tributação a um nível próximo do mais baixo que, no sistema anterior, incidia, em geral, sobre os lucros imputáveis a actividades de natureza comercial e industrial.

Relativamente às pessoas colectivas e outras entidades residentes que não exerçam, a título principal, uma actividade de natureza comercial, industrial ou agrícola, estabelece-se uma taxa de tributação substancialmente inferior, no que se tem em consideração a natureza das finalidades que as mesmas prosseguem.

Quanto às entidades não residentes, a tributação dos seus rendimentos não imputáveis a estabelecimento estável, que se fará quase sempre por retenção na fonte a título definitivo, situa-se em valores que têm em conta a natureza dos rendimentos e o facto de, em regra, as respectivas taxas incidirem sobre montantes brutos.

13 – Na estrutura do IRC, uma das questões nucleares é a da dupla tributação económica dos lucros colocados à disposição dos sócios, que se relaciona com o problema, desde há muito discutido, de saber se entre o imposto de sociedades e o imposto pessoal de rendimento deve existir separação ou integração e, neste último caso, em que termos. A escolha do sistema a adoptar depende de vários factores e entronca na perspectiva que se tenha sobre a incidência económica do imposto que recai sobre as sociedades.

A solução geral acolhida consiste numa atenuação da referida dupla tributação, tendo-se principalmente em consideração a necessidade de desenvolvimento do mercado financeiro e a melhoria na afectação dos recursos.

Sendo várias as técnicas adoptadas pelas legislações estrangeiras para concretizar essa solução, salienta-se, porém, a do "crédito de imposto", que é, aliás, a preconizada numa proposta de directiva apresentada pela Comissão ao Conselho das Comunidades Europeias quanto à harmonização dos sistemas de imposto das sociedades e dos regimes de retenção na fonte sobre os dividendos. Foi nessa linha que se adoptou um sistema de integração parcial.

Este sistema é também extensivo aos lucros distribuídos por sociedades a sujeitos passivos do IRC. No entanto, quanto aos lucros distribuídos por sociedades em que outra detenha uma participação importante, mas que ainda não permita a tributação pelo lucro consolidado, considerou-se insuficiente uma mera atenuação, adoptando-se, na linha de orientação preconizada em algumas legislações e nos estudos em curso no âmbito comunitário, uma solução que elimina, nesses casos, a dupla tributação económica.

14 – A liquidação do IRC é feita, em princípio, pelo próprio contribuinte, em sintonia com a importância que é conferida à sua declaração no processo de determinação da matéria colectável.

Trata-se, aliás, de sistema já aplicado no regime anteriormente em vigor.

Por outro lado, estabelecem-se em relação a certas categorias de rendimentos retenções na fonte, com todas as vantagens bem conhecidas, as quais, relativamente a residentes, têm sempre a natureza de imposto por conta.

A preocupação de aproximar as datas de pagamento e de obtenção dos rendimentos está também presente na adopção de um sistema de pagamentos por conta no próprio ano a que o lucro tributável respeita.

De realçar igualmente, pela sua importância para a simplificação do sistema e comodidade dos contribuintes, a possibilidade de o pagamento ser efectuado através do sistema bancário e dos correios.

15 – Qualquer reforma fiscal comporta desafios de vária natureza.

Procurou-se, no delineamento do quadro normativo do IRC, ir tão longe quanto se julgou possível, atenta a situação do País e as grandes tarefas de modernização das suas estruturas económicas que o horizonte do mercado único europeu implica.

Tem-se, porém, consciência que será no teste diário da aplicação daquele quadro normativo às situações concretas que se julgará o êxito da reforma. Esse dependerá, sobretudo, do modo como a administração fiscal e contribuintes se enquadrarem no espírito que lhe está subjacente e que, se exige um funcionamento cada vez mais eficaz da primeira, importa igualmente uma franca e leal colaboração dos segundos.

Espera-se que esse novo relacionamento, a par de um sistema de tributação inspirado por princípios de equidade, eficiência e simplicidade, contribua para que a evasão e a fraude fiscais deixem de constituir preocupação relevante. Desejável será, assim, que diminuam consideravelmente os casos em que há necessidade de recorrer à aplicação das penalidades que irão constar de diploma específico.

Definidas as linhas essenciais do IRC, será a referida aplicação às situações concretas que evidenciará os desenvolvimentos ou ajustamentos eventualmente necessários. Deste modo se tornará a presente reforma uma realidade dinâmica.

CAPÍTULO I
Incidência

ARTIGO 1º
Pressuposto do imposto

O imposto sobre o rendimento das pessoas colectivas (IRC) incide sobre os rendimentos obtidos, mesmo quando provenientes de actos ilícitos, no período de tributação, pelos respectivos sujeitos passivos, nos termos deste Código.

ARTIGO 2º
Sujeitos passivos

1 – São sujeitos passivos do IRC:

a) As sociedades comerciais ou civis sob forma comercial, as cooperativas, as empresas públicas e as demais pessoas colectivas de direito público ou privado, com sede ou direcção efectiva em território português;

b) As entidades desprovidas de personalidade jurídica, com sede ou direcção efectiva em território português, cujos rendimentos não sejam tributáveis em imposto sobre o rendimento das pessoas singulares (IRS) ou em IRC directamente na titularidade de pessoas singulares ou colectivas;

c) As entidades, com ou sem personalidade jurídica, que não tenham sede nem direcção efectiva em território português e cujos rendimentos nele obtidos não estejam sujeitos a IRS.

2 – Consideram-se incluídas na alínea *b)* do nº 1, designadamente, as heranças jacentes, as pessoas colectivas em relação às quais seja declarada a invalidade, as associações e sociedades civis sem personalidade jurídica e as sociedades comerciais ou civis sob forma comercial, anteriormente ao registo definitivo.

3 – Para efeitos deste Código, consideram-se residentes as pessoas colectivas e outras entidades que tenham sede ou direcção efectiva em território português.

ARTIGO 3º
Base do imposto

1 – O IRC incide sobre:

a) O lucro das sociedades comerciais ou civis sob forma comercial, das cooperativas e das empresas públicas e o das demais pessoas colectivas ou entidades referidas nas alíneas *a)* e *b)* do nº 1 do artigo anterior que exerçam, a título principal, uma actividade de natureza comercial, industrial ou agrícola;

b) O rendimento global, correspondente à soma algébrica dos rendimentos das diversas categorias consideradas para efeitos de IRS e, bem assim, dos incrementos patrimoniais obtidos a título gratuito, das pessoas colectivas ou entidades referidas nas alíneas *a)* e *b)* do nº 1 do artigo anterior que não exerçam, a título principal, uma actividade de natureza comercial, industrial ou agrícola;

c) O lucro imputável a estabelecimento estável situado em território português de entidades referidas na alínea *c)* do nº 1 do artigo anterior;

d) Os rendimentos das diversas categorias, consideradas para efeitos de IRS e, bem assim, os incrementos patrimoniais obtidos a título gratuito por entidades mencionadas na alínea *c)* do nº 1 do artigo anterior que não possuam estabelecimento estável ou que, possuindo-o, não lhe sejam imputáveis.

2 – Para efeitos do disposto no número anterior, o lucro consiste na diferença entre os valores do património líquido no fim e no início do período de tributação, com as correcções estabelecidas neste Código.

3 – São componentes do lucro imputável ao estabelecimento estável, para efeitos da alínea *c)* do nº 1, os rendimentos de qualquer natureza obtidos por seu intermédio, assim como os demais rendimentos obtidos em território português, provenientes de actividades idênticas ou similares às realizadas através desse estabelecimento estável, de que sejam titulares as entidades aí referidas.

4 – Para efeitos do disposto neste Código, são consideradas de natureza comercial, industrial ou agrícola todas as actividades que consistam na realização de operações económicas de carácter empresarial, incluindo as prestações de serviços.

ARTIGO 4º
Extensão da obrigação de imposto

1 – Relativamente às pessoas colectivas e outras entidades com sede ou direcção efectiva em território português, o IRC incide sobre a totalidade dos seus rendimentos, incluindo os obtidos fora desse território.

2 – As pessoas colectivas e outras entidades que não tenham sede nem direcção efectiva em território português ficam sujeitas a IRC apenas quanto aos rendimentos nele obtidos.

3 – Para efeitos do disposto no número anterior, consideram-se obtidos em território português os rendimentos imputáveis a estabelecimento estável aí situado e, bem assim, os que, não se encontrando nessas condições, a seguir se indicam:

DECRETO-LEI Nº 442-B/88, DE 30 DE NOVEMBRO

a) Rendimentos relativos a imóveis situados no território português, incluindo os ganhos resultantes da sua transmissão onerosa;

b) Ganhos resultantes da transmissão onerosa de partes representativas do capital de entidades com sede ou direcção efectiva em território português, incluindo a sua remição e amortização com redução de capital e, bem assim, o valor atribuído aos associados em resultado da partilha que, nos termos do artigo 81º do Código do IRC, seja considerado como mais-valia, ou de outros valores mobiliários emitidos por entidades que aí tenham sede ou direcção efectiva, ou ainda de partes de capital ou outros valores mobiliários quando, não se verificando essas condições, o pagamento dos respectivos rendimentos seja imputável a estabelecimento estável situado no mesmo território;

c) Rendimentos a seguir mencionados cujo devedor tenha residência, sede ou direcção efectiva em território português ou cujo pagamento seja imputável a um estabelecimento estável nele situado:
1) Os provenientes da propriedade intelectual ou industrial e bem assim da prestação de informações respeitantes a uma experiência adquirida no sector industrial, comercial ou científico;
2) Os derivados do uso ou da concessão do uso de equipamento agrícola, industrial, comercial ou científico;
3) Outros rendimentos de aplicação de capitais;
4) Remunerações auferidas na qualidade de membros de órgãos estatutários de pessoas colectivas e outras entidades;
5) Prémios de jogo, lotarias, rifas, totoloto e apostas mútuas, bem como importâncias ou prémios atribuídos em quaisquer sorteios ou concursos;
6) Os provenientes da intermediação na celebração de quaisquer contratos;
7) Os derivados de outras prestações de serviços realizados ou utilizados em território português, com excepção dos relativos a transportes, comunicações e actividades financeiras;
8) Os provenientes de operações relativas a instrumentos financeiros derivados;

d) Rendimentos derivados do exercício em território português da actividade de profissionais de espectáculos ou desportistas.

e) Incrementos patrimoniais derivados de aquisições a título gratuito respeitantes a:
1) Direitos reais sobre bens imóveis situados em território português;
2) Bens móveis registados ou sujeitos a registo em Portugal;
3) Partes representativas do capital e outros valores mobiliários cuja entidade emitente tenha sede ou direcção efectiva em território português;
4) Direitos de propriedade industrial, direitos de autor e direitos conexos registados ou sujeitos a registo em Portugal;
5) Direitos de crédito sobre entidades com residência, sede ou direcção efectiva em território português;
6) Partes representativas do capital de sociedades que não tenham sede ou direcção efectiva em território português e cujo activo seja predominantemente constituído por direitos reais sobre imóveis situados no referido território.

4 – Não se consideram obtidos em território português os rendimentos enumerados na alínea c) do número anterior quando os mesmos constituam encargo de estabelecimento estável situado fora desse território relativo à actividade exercida por seu intermédio e, bem assim, quando não se verificarem essas condições, os rendimentos referidos no nº 7 da mesma alínea, quando os serviços de que derivam, sendo realizados integralmente fora do território português, não respeitem a bens situados nesse território nem estejam relacionados com estudos, projectos, apoio técnico ou à gestão, serviços de contabilidade ou auditoria e serviços de consultoria, organização, investigação e desenvolvimento em qualquer domínio.

5 – Para efeitos do disposto neste Código, o território português compreende também as zonas onde, em conformidade com a legislação portuguesa e o direito internacional, a República Portuguesa tem direitos soberanos relativamente à prospecção, pesquisa e exploração dos recursos naturais do leito do mar, do seu subsolo e das águas sobrejacentes.

ARTIGO 5º
Estabelecimento estável

1 – Considera-se estabelecimento estável qualquer instalação fixa através da qual seja exercida uma actividade de natureza comercial, industrial ou agrícola.

2 – Incluem-se na noção de estabelecimento estável, desde que satisfeitas as condições estipuladas no número anterior:

a) Um local de direcção;
b) Uma sucursal;
c) Um escritório;
d) Uma fábrica;
e) Uma oficina;
f) Uma mina, um poço de petróleo ou de gás, uma pedreira ou qualquer outro local de extracção de recursos naturais situado em território português.

3 – Um local ou um estaleiro de construção, de instalação ou de montagem, as actividades de coordenação, fiscalização e supervisão em conexão com os mesmos ou as instalações, plataformas ou barcos de perfuração utilizados para a prospecção ou exploração de recursos naturais só constituem um estabelecimento estável se a sua duração e a duração da obra ou da actividade exceder seis meses.

4 – Para efeitos de contagem do prazo referido no número anterior, no caso dos estaleiros de construção, de instalação ou de montagem, o prazo aplica-se a cada estaleiro, individualmente, a partir da data de início de actividade, incluindo os trabalhos preparatórios, não sendo relevantes as interrupções temporárias, o facto de a empreitada ter sido encomendada por diversas pessoas ou as subempreitadas.

5 – Em caso de subempreitada, considera-se que o subempreiteiro possui um estabelecimento estável no estaleiro se aí exercer a sua actividade por um período superior a seis meses.

6 – Considera-se que também existe estabelecimento estável quando uma pessoa, que não seja um agente independente nos termos do nº 7, actue em território português por conta de uma empresa e tenha, e habitualmente exerça, poderes de

intermediação e de conclusão de contratos que vinculem a empresa, no âmbito das actividades desta.

7 – Não se considera que uma empresa tem um estabelecimento estável em território português pelo simples facto de aí exercer a sua actividade por intermédio de um comissionista ou de qualquer outro agente independente, desde que essas pessoas actuem no âmbito normal da sua actividade, suportando o risco empresarial da mesma.

8 – Com a ressalva do disposto no nº 3, a expressão «estabelecimento estável» não compreende as actividades de carácter preparatório ou auxiliar a seguir exemplificadas:

a) As instalações utilizadas unicamente para armazenar, expor ou entregar mercadorias pertencentes à empresa;

b) Um depósito de mercadorias pertencentes à empresa mantido unicamente para as armazenar, expor ou entregar;

c) Um depósito de mercadorias pertencentes à empresa mantido unicamente para serem transformadas por outra empresa;

d) Uma instalação fixa mantida unicamente para comprar mercadorias ou reunir informações para a empresa;

e) Uma instalação fixa mantida unicamente para exercer, para a empresa, qualquer outra actividade de carácter preparatório ou auxiliar;

f) Uma instalação fixa mantida unicamente para o exercício de qualquer combinação das actividades referidas nas alíneas *a)* a *e)*, desde que a actividade de conjunto da instalação fixa resultante desta combinação seja de carácter preparatório ou auxiliar.

9 – Para efeitos da imputação prevista no artigo seguinte, considera-se que os sócios ou membros das entidades nele referidas que não tenham sede nem direcção efectiva em território português obtêm esses rendimentos através de estabelecimento estável nele situado.

ARTIGO 6º
Transparência fiscal

1 – É imputada aos sócios, integrando-se, nos termos da legislação que for aplicável, no seu rendimento tributável para efeitos de IRS ou IRC, consoante o caso, a matéria colectável, determinada nos termos deste Código, das sociedades a seguir indicadas, com sede ou direcção efectiva em território português, ainda que não tenha havido distribuição de lucros:

a) Sociedades civis não constituídas sob forma comercial;

b) Sociedades de profissionais;

c) Sociedades de simples administração de bens, cuja maioria do capital social pertença, directa ou indirectamente, durante mais de 183 dias do exercício social, a um grupo familiar, ou cujo capital social pertença, em qualquer dia do exercício social, a um número de sócios não superior a cinco e nenhum deles seja pessoa colectiva de direito público.

2 – Os lucros ou prejuízos do exercício, apurados nos termos deste Código, dos agrupamentos complementares de empresas e dos agrupamentos europeus de inte-

resse económico, com sede ou direcção efectiva em território português, que se constituam e funcionem nos termos legais, são também imputáveis directamente aos respectivos membros, integrando-se no seu rendimento tributável.

3 – A imputação a que se referem os números anteriores é feita aos sócios ou membros nos termos que resultarem do acto constitutivo das entidades aí mencionadas ou, na falta de elementos, em partes iguais.

4 – Para efeitos do disposto no nº 1, considera-se:

a) Sociedade de profissionais – a sociedade constituída para o exercício de uma actividade profissional especificamente prevista na lista de actividades a que alude o artigo 151º do Código do IRS, na qual todos os sócios pessoas singulares sejam profissionais dessa actividade;

b) Sociedade de simples administração de bens – a sociedade que limita a sua actividade à administração de bens ou valores mantidos como reserva ou para fruição ou à compra de prédios para a habitação dos seus sócios, bem como aquela que conjuntamente exerça outras actividades e cujos rendimentos relativos a esses bens, valores ou prédios atinjam, na média dos últimos três anos, mais de 50% da média, durante o mesmo período, da totalidade dos seus rendimentos;

c) Grupo familiar – o grupo constituído por pessoas unidas por vínculo conjugal ou de adopção e bem assim de parentesco ou afinidade na linha recta ou colateral até ao 4º grau, inclusive.

ARTIGO 7º
Rendimentos não sujeitos

Não estão sujeitos a IRC os rendimentos directamente resultantes do exercício de actividade sujeita ao imposto especial de jogo.

ARTIGO 8º
Período de tributação

1 – O IRC, salvo o disposto no nº 10, é devido por cada período de tributação, que coincide com o ano civil, sem prejuízo das excepções previstas neste artigo.

2 – As pessoas colectivas com sede ou direcção efectiva em território português que, nos termos da legislação aplicável, estejam obrigadas à consolidação de contas, bem como as pessoas colectivas ou outras entidades sujeitas a IRC que não tenham sede nem direcção efectiva neste território e nele disponham de estabelecimento estável, podem adoptar um período anual de imposto diferente do estabelecido no número anterior, o qual deve ser mantido durante, pelo menos, os cinco períodos de tributação imediatos.

3 – O Ministro das Finanças pode, a requerimento dos interessados, a apresentar com a antecedência mínima de 60 dias contados da data do início do período anual de imposto pretendido, tornar extensiva a outras entidades a faculdade prevista no número anterior, e nas condições dele constantes, quando razões de interesse económico o justifiquem.

4 – O período de tributação pode, no entanto, ser inferior a um ano:

a) No ano do início de tributação, em que é constituído pelo período decorrido entre a data em que se iniciam actividades ou se começam a obter rendimentos que dão origem a sujeição a imposto e o fim do período de tributação;

b) No ano da cessação da actividade, em que é constituído pelo período decorrido entre o início do período de tributação e a data da cessação da actividade;

c) Quando as condições de sujeição a imposto ocorram e deixem de verificar-se no mesmo período de tributação, em que é constituído pelo período efectivamente decorrido;

d) No ano em que, de acordo com o nº 3, seja adoptado um período de tributação diferente do que vinha sendo seguido nos termos gerais, em que é constituído pelo período decorrido entre o início do ano civil e o dia imediatamente anterior ao do início do novo período.

5 – Para efeitos deste Código, a cessação da actividade ocorre:

a) Relativamente às entidades com sede ou direcção efectiva em território português, na data do encerramento da liquidação, ou na data da fusão ou cisão, quanto às sociedades extintas em consequência destas, ou na data em que a sede e a direcção efectiva deixem de se situar em território português, ou na data em que se verificar a aceitação da herança jacente ou em que tiver lugar a declaração de que esta se encontra vaga a favor do Estado, ou ainda na data em que deixarem de verificar-se as condições de sujeição a imposto;

b) Relativamente às entidades que não tenham sede nem direcção efectiva em território português, na data em que cessarem totalmente o exercício da sua actividade através de estabelecimento estável ou deixarem de obter rendimentos em território português.

6 – Independentemente dos factos previstos no número anterior, pode ainda a administração fiscal declarar oficiosamente a cessação de actividade quando for manifesto que esta não está a ser exercida nem há intenção de a continuar a exercer, ou sempre que o sujeito passivo tenha declarado o exercício de uma actividade sem que possua uma adequada estrutura empresarial em condições de a exercer.

7 – A cessação oficiosa a que se refere o nº 6 não desobriga o sujeito passivo do cumprimento das obrigações tributárias.

8 – O período de tributação pode ser superior a um ano relativamente a sociedades e outras entidades em liquidação, em que tem a duração correspondente à desta, nos termos estabelecidos neste Código.

9 – O facto gerador do imposto considera-se verificado no último dia do período de tributação.

10 – Exceptuam-se do disposto no número anterior os seguintes rendimentos, obtidos por entidades não residentes, que não sejam imputáveis a estabelecimento estável situado em território português:

a) Ganhos resultantes da transmissão onerosa de imóveis, em que o facto gerador se considera verificado na data da transmissão;

b) Rendimentos objecto de retenção na fonte a título definitivo, em que o facto gerador se considera verificado na data em que ocorra a obrigação de efectuar aquela.

c) Incrementos patrimoniais referidos na alínea *e)* do nº 3 do artigo 4º, em que o facto gerador se considera verificado na data da aquisição.

CAPÍTULO II
Isenções

ARTIGO 9º
Estado, Regiões Autónomas, autarquias locais, suas associações de direito público e federações e instituições de segurança social

1 – Estão isentos de IRC:

a) O Estado, as Regiões Autónomas e as autarquias locais, bem como qualquer dos seus serviços, estabelecimentos e organismos, ainda que personalizados, compreendidos os institutos públicos, com excepção das entidades públicas com natureza empresarial;

b) As associações e federações de municípios e as associações de freguesia que não exerçam actividades comerciais, industriais ou agrícolas;

c) As instituições de segurança social e previdência a que se referem os artigos 115º e 126º da Lei nº 32/2002, de 20 de Dezembro;

d) Os fundos de capitalização e os rendimentos de capitais administrados pelas instituições de segurança social.

2 – Sem prejuízo do disposto no nº 4 do presente artigo, a isenção prevista nas alíneas *a)* a *c)* do número anterior não compreende os rendimentos de capitais tal como são definidos para efeitos de IRS.

3 – Não são abrangidos pela isenção prevista no nº 1 os rendimentos dos estabelecimentos fabris das Forças Armadas provenientes de actividades não relacionadas com a defesa e segurança nacionais.

4 – O Estado, actuando através do Instituto de Gestão da Tesouraria e do Crédito Público, está isento de IRC no que respeita a rendimentos de capitais decorrentes de operações de *swap* e de operações cambiais a prazo, tal como são definidos para efeitos de IRS.

ARTIGO 10º
Pessoas colectivas de utilidade pública e de solidariedade social

1 – Estão isentas de IRC:

a) As pessoas colectivas de utilidade pública administrativa;

b) As instituições particulares de solidariedade social e entidades anexas, bem como as pessoas colectivas àquelas legalmente equiparadas;

c) As pessoas colectivas de mera utilidade pública que prossigam, exclusiva ou predominantemente, fins científicos ou culturais, de caridade, assistência, beneficência, solidariedade social ou defesa do meio ambiente.

2 – A isenção prevista na alínea *c)* do número anterior carece de reconhecimento pelo Ministro das Finanças, a requerimento dos interessados, mediante despacho publicado no *Diário da República,* que define a respectiva amplitude, de harmonia com os fins prosseguidos e as actividades desenvolvidas para a sua realização, pelas entidades em causa e as informações dos serviços competentes da Direcção-Geral dos Impostos e outras julgadas necessárias.

3 – A isenção prevista no nº 1 não abrange os rendimentos empresariais derivados do exercício das actividades comerciais ou industriais desenvolvidas fora do âmbito dos fins estatutários, bem como os rendimentos de títulos ao portador, não registados nem depositados, nos termos da legislação em vigor, e é condicionada à observância continuada dos seguintes requisitos:

a) Exercício efectivo, a título exclusivo ou predominante, de actividades dirigidas à prossecução dos fins que justificaram o respectivo reconhecimento da qualidade de utilidade pública ou dos fins que justificaram a isenção consoante se trate, respectivamente, de entidades previstas nas alíneas *a)* e *b)* ou na alínea *c)* do nº 1;

b) Afectação aos fins referidos na alínea anterior de, pelo menos, 50% do rendimento global líquido que seria sujeito a tributação nos termos gerais, até ao fim do 4º período de tributação posterior àquele em que tenha sido obtido, salvo em caso de justo impedimento no cumprimento do prazo de afectação, notificado ao director-geral dos impostos, acompanhado da respectiva fundamentação escrita, até ao último dia útil do 1º mês subsequente ao termo do referido prazo;

c) Inexistência de qualquer interesse directo ou indirecto dos membros dos órgãos estatutários, por si mesmos ou por interposta pessoa, nos resultados da exploração das actividades económicas por elas prosseguidas.

4 – O não cumprimento dos requisitos referidos nas alíneas *a)* e *c)* do número anterior determina a perda da isenção, a partir do correspondente período de tributação, inclusive.

5 – Em caso de incumprimento do requisito referido na alínea *b)* do nº 3, fica sujeita a tributação, no 4º período de tributação posterior ao da obtenção do rendimento global líquido, a parte desse rendimento que deveria ter sido afecta aos respectivos fins.

ARTIGO 11º
Actividades culturais, recreativas e desportivas

1 – Estão isentos de IRC os rendimentos directamente derivados do exercício de actividades culturais, recreativas e desportivas.

2 – A isenção prevista no número anterior só pode beneficiar associações legalmente constituídas para o exercício dessas actividades e desde que se verifiquem cumulativamente as seguintes condições:

a) Em caso algum distribuam resultados e os membros dos seus órgãos sociais não tenham, por si ou interposta pessoa, algum interesse directo ou indirecto nos resultados de exploração das actividades prosseguidas;

b) Disponham de contabilidade ou escrituração que abranja todas as suas actividades e a ponham à disposição dos serviços fiscais, designadamente para comprovação do referido na alínea anterior.

3 – Não se consideram rendimentos directamente derivados do exercício das actividades indicadas no nº 1, para efeitos da isenção aí prevista, os provenientes de qualquer actividade comercial, industrial ou agrícola exercida, ainda que a título acessório, em ligação com essas actividades e, nomeadamente, os provenientes de

publicidade, direitos respeitantes a qualquer forma de transmissão, bens imóveis, aplicações financeiras e jogo do bingo.

ARTIGO 12º
Sociedades e outras entidades abrangidas pelo regime de transparência fiscal

As sociedades e outras entidades a que, nos termos do artigo 6º, seja aplicável o regime de transparência fiscal não são tributadas em IRC, salvo quanto às tributações autónomas.

ARTIGO 13º
Isenção de pessoas colectivas e outras entidades de navegação marítima ou aérea

São isentos de IRC os lucros realizados pelas pessoas colectivas e outras entidades de navegação marítima e aérea não residentes provenientes da exploração de navios ou aeronaves, desde que isenção recíproca e equivalente seja concedida às empresas residentes da mesma natureza e essa reciprocidade seja reconhecida pelo Ministro das Finanças, em despacho publicado no *Diário da República*.

ARTIGO 14º
Outras isenções

1 – As isenções resultantes de acordo celebrado pelo Estado mantêm-se no IRC, nos termos da legislação ao abrigo da qual foram concedidas, com as necessárias adaptações.

2 – Estão ainda isentos de IRC os empreiteiros ou arrematantes, nacionais ou estrangeiros, relativamente aos lucros derivados de obras e trabalhos das infra-estruturas comuns NATO a realizar em território português, de harmonia com o Decreto-Lei nº 41 561, de 17 de Março de 1958.

3 – Estão isentos os lucros que uma entidade residente em território português, nas condições estabelecidas no artigo 2º da Directiva nº 90/435/CEE, do Conselho, de 23 de Julho de 1990, coloque à disposição de entidade residente noutro Estado membro da União Europeia que esteja nas mesmas condições e que detenha directamente uma participação no capital da primeira não inferior a 10% e desde que esta tenha permanecido na sua titularidade, de modo ininterrupto, durante um ano.([1])

4 – Para que seja imediatamente aplicável o disposto no número anterior, deve ser feita prova perante a entidade que se encontra obrigada a efectuar a retenção na fonte, anteriormente à data da colocação à disposição dos rendimentos ao respectivo titular, de que este se encontra nas condições de que depende a isenção aí prevista, sendo a relativa às condições estabelecidas no artigo 2º da Directiva nº 90/435/CEE, de 23 de Julho, efectuada através de declaração confirmada e autenticada pelas autoridades fiscais competentes do Estado membro da União Europeia de que é residente a entidade beneficiária dos rendimentos, sendo ainda de observar as exigências previstas no artigo 119º do Código do IRS.

([1]) Redacção dada pela Lei nº 55-A/2010, de 31 de Dezembro.

5 – Para efeitos do disposto no nº 3, a definição de entidade residente é a que resulta da legislação fiscal do Estado membro em causa, sem prejuízo do que se achar estabelecido nas convenções destinadas a evitar a dupla tributação.

6 – A isenção referida no nº 3 e o disposto nº 4 são igualmente aplicáveis relativamente aos lucros que uma entidade residente em território português, nas condições estabelecidas no artigo 2º da Directiva nº 90/435/CEE, do Conselho, de 23 de Julho de 1990, coloque à disposição de um estabelecimento estável, situado noutro Estado membro da União Europeia ou do espaço económico europeu, de uma entidade residente num Estado membro da União Europeia que esteja nas mesmas condições e que detenha, total ou parcialmente, por intermédio do estabelecimento estável uma participação directa não inferior a 10% e desde que esta tenha permanecido na sua titularidade, de modo ininterrupto, durante um ano.([1])

7 – Para efeitos do disposto no número anterior, entende-se por 'estabelecimento estável situado noutro Estado membro' qualquer instalação fixa situada nesse Estado membro através da qual uma sociedade de outro Estado membro exerce, no todo ou em parte, a sua actividade e cujos lucros sejam sujeitos a imposto no Estado membro em que estiver situado, ao abrigo da convenção destinada a evitar a dupla tributação ou, na ausência da mesma, ao abrigo do direito nacional.

8 – Estão ainda isentos de IRC os lucros que uma entidade residente em território português coloque à disposição de uma sociedade residente na Confederação Suíça, nos termos e condições referidos no artigo 15º do Acordo entre a Comunidade Europeia e a Confederação Suíça, que prevê medidas equivalentes às previstas na Directiva nº 2003/48/CE, do Conselho, de 3 de Junho, relativa à tributação dos rendimentos da poupança sob a forma de juros, sempre que:

a) A sociedade beneficiária dos lucros tenha uma participação mínima directa de 25% no capital da sociedade que distribui os lucros desde há pelo menos dois anos; e

b) Nos termos das convenções destinadas a evitar a dupla tributação celebradas por Portugal e pela Suíça com quaisquer Estados terceiros, nenhuma das entidades tenha residência fiscal nesse Estado terceiro; e

c) Ambas as entidades estejam sujeitas a imposto sobre o rendimento das sociedades sem beneficiarem de uma qualquer isenção e ambas revistam a forma de sociedade limitada.

9 – A prova da verificação das condições e requisitos de que depende a aplicação do disposto no número anterior é efectuada nos termos previstos na parte final do nº 4, com as necessárias adaptações.

10 – O disposto nos nºs 3 a 5 é igualmente aplicável aos lucros que uma entidade residente em território português, nos termos e condições aí referidos, coloque à disposição de uma entidade residente num Estado membro do espaço económico europeu que esteja vinculada a cooperação administrativa no domínio da fiscalidade, equivalente à estabelecida no âmbito da União Europeia, desde que ambas as entidades preencham condições equiparáveis, com as necessárias adaptações, às estabelecidas no artigo 2º da Directiva nº 90/435/CEE, do Conselho, de 23 de Julho, e

---

([1]) Redacção dada pela Lei nº 55-A/2010, de 31 de Dezembro.

façam a prova da verificação das condições e requisitos de que depende aquela aplicação nos termos previstos na parte final do nº 4, com as necessárias adaptações.([1])

11 – O disposto nos nºs 6 e 7, nos termos e condições aí referidos, é igualmente aplicável em relação a estabelecimento estável, situado noutro Estado membro da União Europeia ou do espaço económico europeu, de uma entidade residente noutro Estado membro do espaço económico europeu que esteja vinculado a cooperação administrativa no domínio da fiscalidade equivalente à estabelecida no âmbito da União Europeia.([1])

CAPÍTULO III
Determinação da matéria colectável

SECÇÃO I
Disposições gerais

ARTIGO 15º
Definição da matéria colectável

1 – Para efeitos deste Código:

a) Relativamente às pessoas colectivas e entidades referidas na alínea a) do nº 1 do artigo 3º, a matéria colectável obtém-se pela dedução ao lucro tributável, determinado nos termos dos artigos 17º e seguintes, dos montantes correspondentes a:
  1) Prejuízos fiscais, nos termos do artigo 52º;
  2) Benefícios fiscais eventualmente existentes que consistam em deduções naquele lucro;

b) Relativamente às pessoas colectivas e entidades referidas na alínea b) do nº 1 do artigo 3º, a matéria colectável obtém-se pela dedução ao rendimento global, incluindo os incrementos patrimoniais obtidos a título gratuito, determinados nos termos do artigo 53º, dos seguintes montantes:
  1) Gastos comuns e outros imputáveis aos rendimentos sujeitos a imposto e não isentos, nos termos do artigo 54º;
  2) Benefícios fiscais eventualmente existentes que consistam em deduções naquele rendimento;

c) Relativamente às entidades não residentes com estabelecimento estável em território português, a matéria colectável obtém-se pela dedução ao lucro tributável imputável a esse estabelecimento, determinado nos termos do artigo 55º, dos montantes correspondentes a:
  1) Prejuízos fiscais imputáveis a esse estabelecimento estável, nos termos do artigo 52º, com as necessárias adaptações, bem como os anteriores à cessação de actividade por virtude de deixarem de situar-se em território português a sede e a direcção efectiva, na medida em que correspondam aos elementos patrimoniais afectos e desde que seja obtida a autorização do director-geral

---

([1]) Aditado pela Lei nº 3-B/2010, de 28 de Abril.

dos impostos mediante requerimento dos interessados entregue até ao fim do mês seguinte ao da data da cessação de actividade, em que se demonstre aquela correspondência;
2) Benefícios fiscais eventualmente existentes que consistam em deduções naquele lucro;

d) Relativamente às entidades não residentes que obtenham em território português rendimentos não imputáveis a estabelecimento estável aí situado, a matéria colectável é constituída pelos rendimentos das várias categorias e, bem assim, pelos incrementos patrimoniais obtidos a título gratuito, determinados nos termos do artigo 56º

2 – Quando haja lugar à determinação do lucro tributável por métodos indirectos, nos termos dos artigos 57º e seguintes, o disposto nas alíneas *a*), *b*) e *c*) do número anterior é aplicável, com as necessárias adaptações.

3 – O disposto nos artigos 63º e seguintes é aplicável, quando for caso disso, na determinação da matéria colectável das pessoas colectivas e outras entidades referidas nas alíneas *a*), *b*) e *c*) do nº 1.

ARTIGO 16º
Métodos e competência para a determinação da matéria colectável

1 – A matéria colectável é, em regra, determinada com base em declaração do sujeito passivo, sem prejuízo do seu controlo pela administração fiscal.

2 – Na falta de declaração, compete à Direcção-Geral dos Impostos, quando for caso disso, a determinação da matéria colectável.

3 – A determinação da matéria colectável no âmbito da avaliação directa, quando seja efectuada ou objecto de correcção pelos serviços da Direcção-Geral dos Impostos, é da competência do director de finanças da área da sede, direcção efectiva ou estabelecimento estável do sujeito passivo, ou do director dos Serviços de Inspecção Tributária nos casos que sejam objecto de correcções efectuadas por esta no exercício das suas atribuições, ou por funcionário em que por qualquer deles seja delegada competência.

4 – A determinação do lucro tributável por métodos indirectos só pode efectuar-se nos termos e condições referidos na secção V.

SECÇÃO II
Pessoas colectivas e outras entidades residentes que exerçam, a título principal, actividade comercial, industrial ou agrícola

SUBSECÇÃO I
Regras gerais

ARTIGO 17º
Determinação do lucro tributável

1 – O lucro tributável das pessoas colectivas e outras entidades mencionadas na alínea *a*) do nº 1 do artigo 3º é constituído pela soma algébrica do resultado líquido

do período e das variações patrimoniais positivas e negativas verificadas no mesmo período e não reflectidas naquele resultado, determinados com base na contabilidade e eventualmente corrigidos nos termos deste Código.

2 – Para efeitos do disposto no número anterior, os excedentes líquidos das cooperativas consideram-se como resultado líquido do período.

3 – De modo a permitir o apuramento referido no nº 1, a contabilidade deve:

a) Estar organizada de acordo com a normalização contabilística e outras disposições legais em vigor para o respectivo sector de actividade, sem prejuízo da observância das disposições previstas neste Código;

b) Reflectir todas as operações realizadas pelo sujeito passivo e ser organizada de modo que os resultados das operações e variações patrimoniais sujeitas ao regime geral do IRC possam claramente distinguir-se dos das restantes.

ARTIGO 18º
Periodização do lucro tributável

1 – Os rendimentos e os gastos, assim como as outras componentes positivas ou negativas do lucro tributável, são imputáveis ao período de tributação em que sejam obtidos ou suportados, independentemente do seu recebimento ou pagamento, de acordo com o regime de periodização económica.([1])

2 – As componentes positivas ou negativas consideradas como respeitando a períodos anteriores só são imputáveis ao período de tributação quando na data de encerramento das contas daquele a que deviam ser imputadas eram imprevisíveis ou manifestamente desconhecidas.

3 – Para efeitos de aplicação do disposto no nº 1:([1])

a) Os réditos relativos a vendas consideram-se em geral realizados, e os correspondentes gastos suportados, na data da entrega ou expedição dos bens correspondentes ou, se anterior, na data em que se opera a transferência de propriedade;

b) Os réditos relativos a prestações de serviços consideram-se em geral realizados, e os correspondentes gastos suportados, na data em que o serviço é concluído, excepto tratando-se de serviços que consistam na prestação de mais de um acto ou numa prestação continuada ou sucessiva, que são imputáveis proporcionalmente à sua execução;

c) Os réditos e os gastos de contratos de construção devem ser periodizados tendo em consideração o disposto no artigo 19.º([2])

4 – Para efeitos do disposto na alínea *a)* do número anterior, não se tomam em consideração eventuais cláusulas de reserva de propriedade, sendo assimilada a venda com reserva de propriedade a locação em que exista uma cláusula de transferência de propriedade vinculativa para ambas as partes.

5 – Os réditos relativos a vendas e a prestações de serviços são imputáveis ao período de tributação a que respeitam pela quantia nominal da contraprestação.([1])

([1]) Redacção dada pelo Decreto-Lei nº 159/2009, de 13 de Julho.
([2]) Aditada pelo Decreto-Lei nº 159/2009, de 13 de Julho.

6 – A determinação de resultados nas obras efectuadas por conta própria vendidas fraccionadamente é efectuada à medida que forem sendo concluídas e entregues aos adquirentes, ainda que não sejam conhecidos exactamente os custos totais das mesmas.(¹)

7 – Os gastos das explorações silvícolas plurianuais podem ser imputados ao lucro tributável tendo em consideração o ciclo de produção, caso em que a quota parte desses gastos, equivalente à percentagem que a extracção efectuada no período de tributação represente na produção total do mesmo produto, e ainda não considerada em período de tributação anterior, é actualizada pela aplicação dos coeficientes constantes da portaria a que se refere o artigo 47º

8 – Os rendimentos e gastos, assim como quaisquer outras variações patrimoniais, relevados na contabilidade em consequência da utilização do método da equivalência patrimonial não concorrem para a determinação do lucro tributável, devendo os rendimentos provenientes dos lucros distribuídos ser imputados ao período de tributação em que se adquire o direito aos mesmos.

9 – Os ajustamentos decorrentes da aplicação do justo valor não concorrem para a formação do lucro tributável, sendo imputados como rendimentos ou gastos no período de tributação em que os elementos ou direitos que lhes deram origem sejam alienados, exercidos, extintos ou liquidados, excepto quando:(¹)

a) Respeitem a instrumentos financeiros reconhecidos pelo justo valor através de resultados, desde que, tratando-se de instrumentos do capital próprio, tenham um preço formado num mercado regulamentado e o sujeito passivo não detenha, directa ou indirectamente, uma participação no capital superior a 5% do respectivo capital social; ou

b) Tal se encontre expressamente previsto neste Código.

10 – Para efeitos do cálculo do nível percentual de participação indirecta no capital a que se refere o número anterior são aplicáveis os critérios previstos no nº 2 do artigo 483º do Código das Sociedades Comerciais.(¹)

11 – Os pagamentos com base em acções, efectuados aos trabalhadores e membros dos órgãos estatutários, em razão da prestação de trabalho ou de exercício de cargo ou função, concorrem para a formação do lucro tributável do período de tributação em que os respectivos direitos ou opções sejam exercidos, pelas quantias liquidadas ou, se aplicável, pela diferença entre o valor dos instrumentos de capital próprio atribuídos e o respectivo preço de exercício pago.(¹)

12 – Excepto quando estejam abrangidos pelo disposto no artigo 40º, os gastos relativos a benefícios de cessação de emprego, benefícios de reforma e outros benefícios pós emprego ou a longo prazo dos empregados que não sejam considerados rendimentos de trabalho dependente, nos termos da primeira parte do nº 3) da alínea *b)* do nº 3 do artigo 2º do Código do IRS, são imputáveis ao período de tributação em que as importâncias sejam pagas ou colocadas à disposição dos respectivos beneficiários.(²)

(¹) Aditada pelo Decreto-Lei nº 159/2009, de 13 de Julho.
(²) Aditado pelo Decreto-Lei nº 159/2009, de 13 de Julho. Rectificado pela Declaração de Rectificação nº 67-A/2009 de 10 de Setembro.

ARTIGO 19º
Contratos de construção(¹)

1 – A determinação dos resultados de contratos de construção cujo ciclo de produção ou tempo de execução seja superior a um ano é efectuada segundo o critério da percentagem de acabamento.(¹)

2 – Para efeitos do disposto no número anterior, a percentagem de acabamento no final de cada período de tributação corresponde à proporção entre os gastos suportados até essa data e a soma desses gastos com os estimados para a conclusão do contrato.(¹)

3 – Não são dedutíveis as perdas esperadas relativas a contratos de construção correspondentes a gastos ainda não suportados.(¹)

4 – *(Revogado.)*(²)
5 – *(Revogado.)*(²)
6 – *(Revogado.)*(²)

ARTIGO 20º
Rendimentos(¹)

1 – Consideram-se rendimentos os resultantes de operações de qualquer natureza, em consequência de uma acção normal ou ocasional, básica ou meramente acessória, nomeadamente:(¹)

a) Os relativos a vendas ou prestações de serviços, descontos, bónus e abatimentos, comissões e corretagens;

b) Rendimentos de imóveis;

c) De natureza financeira, tais como juros, dividendos, descontos, ágios, transferências, diferenças de câmbio, prémios de emissão de obrigações e os resultantes da aplicação do método do juro efectivo aos instrumentos financeiros valorizados pelo custo amortizado;(¹)

d) Rendimentos da propriedade industrial ou outros análogos;

e) Prestações de serviços de carácter científico ou técnico;

f) Rendimentos resultantes da aplicação do justo valor em instrumentos financeiros;(³)

g) Rendimentos resultantes da aplicação do justo valor em activos biológicos consumíveis que não sejam explorações silvícolas plurianuais;(³)

h) Mais-valias realizadas;

i) Indemnizações auferidas, seja a que título for;

j) Subsídios à exploração.

2 – É ainda considerado como rendimento o valor correspondente aos produtos entregues a título de pagamento do imposto sobre a produção do petróleo que for devido nos termos da legislação aplicável.

3 – Não concorre para a formação do lucro tributável do associante, na associação à quota, o rendimento auferido da sua participação social correspondente ao valor da prestação por si devida ao associado.

(¹) Redacção dada pelo Decreto-Lei nº 159/2009, de 13 de Julho.
(²) Revogado pelo Decreto-Lei nº 159/2009, de 13 de Julho.
(³) Aditada pelo Decreto-Lei nº 159/2009, de 13 de Julho.

ARTIGO 21º
Variações patrimoniais positivas

1 – Concorrem ainda para a formação do lucro tributável as variações patrimoniais positivas não reflectidas no resultado líquido do período de tributação, excepto:([1])

a) As entradas de capital, incluindo os prémios de emissão de acções, as coberturas de prejuízos, a qualquer título, feitas pelos titulares do capital, bem como outras variações patrimoniais positivas que decorram de operações sobre instrumentos de capital próprio da entidade emitente, incluindo as que resultem da atribuição de instrumentos financeiros derivados que devam ser reconhecidos como instrumentos de capital próprio;([1])

b) As mais-valias potenciais ou latentes, ainda que expressas na contabilidade, incluindo as reservas de reavaliação ao abrigo de legislação de carácter fiscal;

c) As contribuições, incluindo a participação nas perdas do associado ao associante, no âmbito da associação em participação e da associação à quota;

d) As relativas a impostos sobre o rendimento.([2])

2 – Para efeitos da determinação do lucro tributável, considera-se como valor de aquisição dos incrementos patrimoniais obtidos a título gratuito o seu valor de mercado, não podendo ser inferior ao que resultar da aplicação das regras de determinação do valor tributável previstas no Código do Imposto do Selo.

ARTIGO 22º
Subsídios relacionados com activos não correntes([1])

1 – A inclusão no lucro tributável dos subsídios relacionados com activos não correntes obedece às seguintes regras:([1])

a) Quando os subsídios respeitem a activos depreciáveis ou amortizáveis, deve ser incluída no lucro tributável uma parte do subsídio atribuído, independentemente do recebimento, na mesma proporção da depreciação ou amortização calculada sobre o custo de aquisição ou de produção, sem prejuízo do disposto no nº 2;([1])

b) Quando os subsídios não respeitem a activos referidos na alínea anterior, devem ser incluídos no lucro tributável, em fracções iguais, durante os períodos de tributação em que os elementos a que respeitam sejam inalienáveis, nos termos da lei ou do contrato ao abrigo dos quais os mesmos foram concedidos, ou, nos restantes casos, durante 10 anos, sendo o primeiro o do recebimento do subsídio.([1])

2 – Nos casos em que a inclusão no lucro tributável dos subsídios se efectue, nos termos da alínea *a)* do número anterior, na proporção da depreciação ou amortização calculada sobre o custo de aquisição, tem como limite mínimo a que proporcionalmente corresponder à quota mínima de depreciação ou amortização nos termos do nº 6 do artigo 30º

([1]) Redacção dada pelo Decreto-Lei nº 159/2009, de 13 de Julho.
([2]) Aditada pelo Decreto-Lei nº 159/2009, de 13 de Julho.

ARTIGO 23º
Gastos([1])

1 – Consideram-se gastos os que comprovadamente sejam indispensáveis para a realização dos rendimentos sujeitos a imposto ou para a manutenção da fonte produtora, nomeadamente:([1])

a) Os relativos à produção ou aquisição de quaisquer bens ou serviços, tais como matérias utilizadas, mão-de-obra, energia e outros gastos gerais de produção, conservação e reparação;

b) Os relativos à distribuição e venda, abrangendo os de transportes, publicidade e colocação de mercadorias e produtos;

c) De natureza financeira, tais como juros de capitais alheios aplicados na exploração, descontos, ágios, transferências, diferenças de câmbio, gastos com operações de crédito, cobrança de dívidas e emissão de obrigações e outros títulos, prémios de reembolso e os resultantes da aplicação do método do juro efectivo aos instrumentos financeiros valorizados pelo custo amortizado;([1])

d) De natureza administrativa, tais como remunerações, incluindo as atribuídas a título de participação nos lucros, ajudas de custo, material de consumo corrente, transportes e comunicações, rendas, contencioso, seguros, incluindo os de vida e operações do ramo 'Vida', contribuições para fundos de poupança-reforma, contribuições para fundos de pensões e para quaisquer regimes complementares da segurança social, bem como gastos com benefícios de cessação de emprego e outros benefícios pós-emprego ou a longo prazo dos empregados;([1])

e) Os relativos a análises, racionalização, investigação e consulta;

f) De natureza fiscal e parafiscal;

g) Depreciações e amortizações;

h) Ajustamentos em inventários, perdas por imparidade e provisões;([1])

i) Gastos resultantes da aplicação do justo valor em instrumentos financeiros;([2])

j) Gastos resultantes da aplicação do justo valor em activos biológicos consumíveis que não sejam explorações silvícolas plurianuais;([2])

l) Menos-valias realizadas;

m) Indemnizações resultantes de eventos cujo risco não seja segurável.

2 – Não são aceites como gastos as despesas ilícitas, designadamente as que decorram de comportamentos que fundamentadamente indiciem a violação da legislação penal portuguesa, mesmo que ocorridos fora do alcance territorial da sua aplicação.

3 – Não são aceites como gastos do período de tributação os suportados com a transmissão onerosa de partes de capital, qualquer que seja o título por que se opere, quando detidas pelo alienante por período inferior a três anos e desde que:([1])

a) As partes de capital tenham sido adquiridas a entidades com as quais existam relações especiais, nos termos do nº 4 do artigo 63º;

b) As partes de capital tenham sido adquiridas a entidades residentes em território português sujeitas a um regime especial de tributação.

([1]) Redacção dada pelo Decreto-Lei nº 159/2009, de 13 de Julho.
([2]) Aditada pelo Decreto-Lei nº 159/2009, de 13 de Julho.

4 – Não são também aceites como gastos do período de tributação os suportados com a transmissão onerosa de partes de capital, qualquer que seja o título por que se opere, sempre que a entidade alienante tenha resultado de transformação, incluindo a modificação do objecto social, de sociedade à qual fosse aplicável regime fiscal diverso relativamente a estes gastos e tenham decorrido menos de três anos entre a data da verificação desse facto e a data da transmissão.

5 – Não são, igualmente, aceites como gastos do período de tributação os suportados com a transmissão onerosa de partes de capital, qualquer que seja o título por que se opere, a entidades com as quais existam relações especiais, nos termos do nº 4 do artigo 58º, ou a entidades residentes em território português sujeitas a um regime especial de tributação, bem como as menos-valias resultantes de mudanças no modelo de valorização relevantes para efeitos fiscais, nos termos do nº 9 do artigo 18º, que decorram, designadamente, de reclassificação contabilística ou de alterações nos pressupostos referidos na alínea a) do nº 9 deste artigo.([1])

ARTIGO 24º
Variações patrimoniais negativas

Nas mesmas condições referidas para os gastos, concorrem ainda para a formação do lucro tributável as variações patrimoniais negativas não reflectidas no resultado líquido do período de tributação, excepto:([2])

a) As que consistam em liberalidades ou não estejam relacionadas com a actividade do contribuinte sujeita a IRC;

b) As menos-valias potenciais ou latentes, ainda que expressas na contabilidade;

c) As saídas, em dinheiro ou em espécie, em favor dos titulares do capital, a título de remuneração ou de redução do mesmo, ou de partilha do património, bem como outras variações patrimoniais negativas que decorram de operações sobre instrumentos de capital próprio da entidade emitente ou da sua reclassificação;([2])

d) As prestações do associante ao associado, no âmbito da associação em participação;

e) As relativas a impostos sobre o rendimento.([3])

ARTIGO 25º
Relocação financeira e venda com locação de retoma

1 – No caso de entrega de um bem objecto de locação financeira ao locador seguida de relocação desse bem ao mesmo locatário, não há lugar ao apuramento de qualquer resultado para efeitos fiscais em consequência dessa entrega, continuando o bem a ser depreciado ou amortizado para efeitos fiscais pelo locatário, de acordo com o regime que vinha sendo seguido até então.

2 – No caso de venda de bens seguida de locação financeira, pelo vendedor, desses mesmos bens, observa-se o seguinte:([2])

([1]) Redacção dada pelo Decreto-Lei nº 159/2009, de 13 de Julho. Rectificado pela Declaração de Rectificação nº 67-A/2009, de 10 de Setembro.
([2]) Redacção dada pelo Decreto-Lei nº 159/2009, de 13 de Julho.
([3]) Aditada pelo Decreto-Lei nº 159/2009, de 13 de Julho.

a) Se os bens integravam os inventários do vendedor, não há lugar ao apuramento de qualquer resultado fiscal em consequência dessa venda e os mesmos são valorizados para efeitos fiscais ao custo inicial de aquisição ou de produção, sendo este o valor a considerar para efeitos da respectiva depreciação;([1])

b) Nos restantes casos, é aplicável o disposto no nº 1, com as necessárias adaptações.([1])

SUBSECÇÃO II
Inventários([1])

ARTIGO 26º
Inventários

1 – Para efeitos da determinação do lucro tributável, os rendimentos e gastos dos inventários são os que resultam da aplicação de métodos que utilizem:([1])

a) Custos de aquisição ou de produção;
b) Custos padrões apurados de acordo com técnicas contabilísticas adequadas;
c) Preços de venda deduzidos da margem normal de lucro;
d) Preços de venda dos produtos colhidos de activos biológicos no momento da colheita, deduzidos dos custos estimados no ponto de venda, excluindo os de transporte e outros necessários para colocar os produtos no mercado;([2])
e) Valorimetrias especiais para os inventários tidos por básicos ou normais.

2 – No caso de os inventários requererem um período superior a um ano para atingirem a sua condição de uso ou venda, incluem-se no custo de aquisição ou de produção os custos de empréstimos obtidos que lhes sejam directamente atribuíveis de acordo com a normalização contabilística especificamente aplicável.([2])

3 – Sempre que a utilização de custos padrões conduza a desvios significativos, pode a Direcção-Geral dos Impostos efectuar as correcções adequadas, tendo em conta o campo de aplicação dos mesmos, o montante das vendas e dos inventários finais e o grau de rotação dos inventários.

4 – Consideram-se preços de venda os constantes de elementos oficiais ou os últimos que em condições normais tenham sido praticados pelo sujeito passivo ou ainda os que, no termo do período de tributação, forem correntes no mercado, desde que sejam considerados idóneos ou de controlo inequívoco.

5 – O método referido na alínea *c)* do nº 1 só é aceite nos sectores de actividade em que o cálculo do custo de aquisição ou de produção se torne excessivamente oneroso ou não possa ser apurado com razoável rigor, podendo a margem normal de lucro, nos casos de não ser facilmente determinável, ser substituída por uma dedução não superior a 20% do preço de venda.

6 – A utilização de valorimetrias especiais previstas na alínea *e)* do nº 1 carece de autorização prévia da Direcção-Geral dos Impostos, solicitada em requerimento em que se indiquem os métodos a adoptar e as razões que os justificam.

([1]) Redacção dada pelo Decreto-Lei nº 159/2009, de 13 de Julho.
([2]) Aditada pelo Decreto-Lei nº 159/2009, de 13 de Julho.

ARTIGO 27º
Mudança de método de valorimetria

1 – Os métodos adoptados para a valorimetria dos inventários devem ser uniformemente seguidos nos sucessivos períodos de tributação.

2 – Podem, no entanto, verificar-se mudanças dos referidos métodos sempre que as mesmas se justifiquem por razões de natureza económica ou técnica e sejam aceites pela Direcção-Geral dos Impostos.

ARTIGO 28º
Ajustamentos em inventários[1]

1 – São dedutíveis no apuramento do lucro tributável os ajustamentos em inventários reconhecidos no período de tributação até ao limite da diferença entre o custo de aquisição ou de produção dos inventários e o respectivo valor realizável líquido referido à data do balanço, quando este for inferior àquele.

2 – Para efeitos do disposto no número anterior, entende-se por valor realizável líquido o preço de venda estimado no decurso normal da actividade do sujeito passivo nos termos do nº 4 do artigo 26º, deduzido dos custos necessários de acabamento e venda.

3 – A reversão, parcial ou total, dos ajustamentos previstos no nº 1, concorre para a formação do lucro tributável.

4 – Para os sujeitos passivos que exerçam a actividade editorial, o montante anual acumulado do ajustamento corresponde à perda de valor dos fundos editoriais constituídos por obras e elementos complementares, desde que tenham decorrido dois anos após a data da respectiva publicação, que para este efeito se considera coincidente com a data do depósito legal de cada edição.

5 – A desvalorização dos fundos editoriais deve ser avaliada com base nos elementos constantes dos registos que evidenciem o movimento das obras incluídas nos fundos.

SUBSECÇÃO III
Depreciações e amortizações

ARTIGO 29º
Elementos depreciáveis ou amortizáveis[1]

1 – São aceites como gastos as depreciações e amortizações de elementos do activo sujeitos a deperecimento, considerando-se como tais os activos fixos tangíveis, os activos intangíveis e as propriedades de investimento contabilizadas ao custo histórico que, com carácter sistemático, sofram perdas de valor resultantes da sua utilização ou do decurso do tempo.[1]

2 – As meras flutuações que afectem os valores patrimoniais não relevam para a qualificação dos respectivos elementos como sujeitos a deperecimento.

---

[1] Redacção dada pelo Decreto-Lei nº 159/2009, de 13 de Julho.

3 – Salvo razões devidamente justificadas e aceites pela Direcção-Geral dos Impostos, os elementos do activo só se consideram sujeitos a deperecimento depois de entrarem em funcionamento ou utilização.

ARTIGO 30º
Métodos de cálculo das depreciações e amortizações[1]

1 – O cálculo das depreciações e amortizações faz-se, em regra, pelo método das quotas constantes.

2 – Os sujeitos passivos podem, no entanto, optar pelo método das quotas decrescentes relativamente aos activos fixos tangíveis que:

a) Não tenham sido adquiridos em estado de uso;

b) Não sejam edifícios, viaturas ligeiras de passageiros ou mistas, excepto quando afectas à exploração de serviço público de transportes ou destinadas a ser alugadas no exercício da actividade normal do sujeito passivo, mobiliário e equipamentos sociais.

3 – Podem, ainda, ser aplicados métodos de depreciação e amortização diferentes dos indicados nos números anteriores, desde que, mediante requerimento, seja obtido o reconhecimento prévio da Direcção-Geral dos Impostos, salvo quando daí não resulte uma quota anual de depreciação ou amortização superior à prevista no artigo seguinte.[1]

4 – Salvo em caso situações devidamente justificadas e aceites pela Direcção--Geral dos Impostos, em relação a cada elemento do activo deve ser aplicado o mesmo método de depreciação ou amortização desde a sua entrada em funcionamento ou utilização até à sua depreciação ou amortização total, transmissão ou inutilização.[1]

5 – O disposto no número anterior não prejudica a variação das quotas de depreciação ou amortização de acordo com o regime mais ou menos intensivo ou com outras condições de utilização dos elementos a que respeitam, não podendo, no entanto, as quotas mínimas imputáveis ao período de tributação ser deduzidas para efeitos de determinação do lucro tributável de outros períodos de tributação.[1]

6 – Para efeitos do número anterior, as quotas mínimas de depreciação ou amortização são as calculadas com base em taxas iguais a metade das fixadas segundo o método das quotas constantes, salvo quando a Direcção-Geral dos Impostos conceda previamente autorização para a utilização de quotas inferiores a estas, na sequência da apresentação de requerimento em que se indiquem as razões que as justificam.[1]

7 – O disposto na parte final do nº 5 e no nº 6 não é aplicável aos elementos que sejam reclassificados como activos não correntes detidos para venda.[2]

ARTIGO 31º
Quotas de depreciação ou amortização[1]

1 – No método das quotas constantes, a quota anual de depreciação ou amortização que pode ser aceite como gasto do período de tributação determina-se apli-

---

[1] Redacção dada pelo Decreto-Lei nº 159/2009, de 13 de Julho.
[2] Aditado pelo Decreto-Lei nº 159/2009, de 13 de Julho.

cando as taxas de depreciação ou amortização definidas no decreto regulamentar que estabelece o respectivo regime aos seguintes valores:

a) Custo de aquisição ou de produção;
b) Valor resultante de reavaliação ao abrigo de legislação de carácter fiscal;
c) Valor de mercado, à data de abertura da escrita, para os bens objecto de avaliação para esse efeito, quando não seja conhecido o custo de aquisição ou de produção.

2 – Relativamente aos elementos para que não se encontrem fixadas taxas de depreciação ou amortização, são aceites as que pela Direcção-Geral dos Impostos sejam consideradas razoáveis, tendo em conta o período de utilidade esperada.

3 – Quando se aplique o método das quotas decrescentes, a quota anual de depreciação que pode ser aceite como gasto do período de tributação determina-se multiplicando os valores mencionados no n.º 1, que ainda não tenham sido depreciados, pelas taxas de depreciação referidas nos números 1 e 2, corrigidas pelos seguintes coeficientes máximos:

a) 1,5, se o período de vida útil do elemento é inferior a cinco anos;
b) 2, se o período de vida útil do elemento é de cinco ou seis anos;
c) 2,5, se o período de vida útil do elemento é superior a seis anos.

4 – O período de vida útil do elemento do activo é o que se deduz das taxas de depreciação ou amortização referidas nos n.ºs 1 e 2.

5 – Tratando-se de bens adquiridos em estado de uso ou de grandes reparações e beneficiações de elementos do activo sujeitos a deperecimento, as correspondentes taxas de depreciação são calculadas com base no período de utilidade esperada de uns e outros.

6 – Os sujeitos passivos podem optar no ano de início de funcionamento ou utilização dos elementos por uma taxa de depreciação ou amortização deduzida da taxa anual, em conformidade com os números anteriores, e correspondente ao número de meses contados desde o mês de entrada em funcionamento ou utilização dos elementos.

7 – No caso referido no número anterior, no ano em que se verificar a transmissão, a inutilização ou o termo de vida útil dos mesmos elementos só são aceites depreciações e amortizações correspondentes ao número de meses decorridos até ao mês anterior ao da verificação desses eventos.

ARTIGO 32º
Projectos de desenvolvimento[1]

1 – As despesas com projectos de desenvolvimento podem ser consideradas como gasto fiscal no período de tributação em que sejam suportadas.[1]

2 – Para efeitos do disposto no número anterior, consideram-se despesas com projectos de desenvolvimento as realizadas pelo sujeito passivo através da exploração de resultados de trabalhos da investigação ou de outros conhecimentos científicos ou técnicos com vista à descoberta ou à melhoria substancial de matérias-primas, produtos, serviços ou processos de produção.[1]

---

[1] Redacção dada pelo Decreto-Lei nº 159/2009, de 13 de Julho.

3 – O preceituado no nº 1 não é aplicável aos projectos de desenvolvimento efectuados para outrem mediante contrato.

ARTIGO 33º
Elementos de reduzido valor

Relativamente a elementos do activo sujeitos a deperecimento cujos custos unitários não ultrapassem € 1.000, é aceite a dedução, no período de tributação do respectivo custo de aquisição ou de produção, excepto quando façam parte integrante de um conjunto de elementos que deva ser depreciado ou amortizado como um todo.([1])

ARTIGO 34º
Gastos não dedutíveis para efeitos fiscais([1])

1 – Não são aceites como gastos:([1])

a) As depreciações e amortizações de elementos do activo não sujeitos a deperecimento;

b) As depreciações de imóveis na parte correspondente ao valor dos terrenos ou na não sujeita a deperecimento;

c) As depreciações e amortizações que excedam os limites estabelecidos nos artigos anteriores;

d) As depreciações e amortizações praticadas para além do período máximo de vida útil, ressalvando-se os casos especiais devidamente justificados e aceites pela Direcção-Geral dos Impostos;

e) As depreciações das viaturas ligeiras de passageiros ou mistas, na parte correspondente ao custo de aquisição ou ao valor de reavaliação excedente a € 40.000, bem como dos barcos de recreio e aviões de turismo e todos os gastos com estes relacionados, desde que tais bens não estejam afectos à exploração de serviço público de transportes ou não se destinem a ser alugados no exercício da actividade normal do sujeito passivo.([1])

2 – Para efeitos do disposto na alínea *d)* do número anterior, o período máximo de vida útil é o que se deduz das quotas mínimas de depreciação ou amortização, nos termos do nº 6 do artigo 30º, contado a partir do ano de entrada em funcionamento ou utilização dos elementos a que respeitem.

SUBSECÇÃO IV
Imparidades e provisões([1])

ARTIGO 35º
Perdas por imparidade fiscalmente dedutíveis([1])

1 – Podem ser deduzidas para efeitos fiscais as seguintes perdas por imparidade contabilizadas no mesmo período de tributação ou em períodos de tributação anteriores:([1])

([1]) Redacção dada pelo Decreto-Lei nº 159/2009, de 13 de Julho.

a) As relacionadas com créditos resultantes da actividade normal que, no fim do período de tributação, possam ser considerados de cobrança duvidosa e sejam evidenciados como tal na contabilidade;

b) As relativas a recibos por cobrar reconhecidas pelas empresas de seguros;([1])

c) As que consistam em desvalorizações excepcionais verificadas em activos fixos tangíveis, activos intangíveis, activos biológicos não consumíveis e propriedades de investimento.([1])

2 – Podem também ser deduzidas para efeitos fiscais as perdas por imparidade e outras correcções de valor contabilizadas no mesmo período de tributação ou em períodos de tributação anteriores, quando constituídas obrigatoriamente, por força de normas emanadas pelo Banco de Portugal, de carácter genérico e abstracto, pelas entidades sujeitas à sua supervisão e pelas sucursais em Portugal de instituições de crédito e outras instituições financeiras com sede em outro Estado membro da União Europeia, destinadas à cobertura de risco específico de crédito e de risco-país e para menos-valias de títulos e de outras aplicações.([2])

3 – As perdas por imparidade e outras correcções de valor referidas nos números anteriores que não devam subsistir, por deixarem de se verificar as condições objectivas que as determinaram, consideram-se componentes positivas do lucro tributável do respectivo período de tributação.([1])

4 – As perdas por imparidade de activos depreciáveis ou amortizáveis que não sejam aceites fiscalmente como desvalorizações excepcionais são consideradas como gastos, em partes iguais, durante o período de vida útil restante desse activo ou, sem prejuízo do disposto nos artigos 35º-B e 43º, até ao período de tributação anterior àquele em que se verificar o abate físico, o desmantelamento, o abandono, a inutilização ou a transmissão do mesmo.([3])

ARTIGO 36º
Perdas por imparidade em créditos

1 – Para efeitos da determinação das perdas por imparidade previstas na alínea *a)* do nº 1 do artigo anterior, consideram-se créditos de cobrança duvidosa aqueles em que o risco de incobrabilidade esteja devidamente justificado, o que se verifica nos seguintes casos:

a) O devedor tenha pendente processo de insolvência e de recuperação de empresas ou processo de execução;

b) Os créditos tenham sido reclamados judicialmente ou em tribunal arbitral;([4])

c) Os créditos estejam em mora há mais de seis meses desde a data do respectivo vencimento e existam provas objectivas de imparidade e de terem sido efectuadas diligências para o seu recebimento.

([1]) Redacção dada pelo Decreto-Lei nº 159/2009, de 13 de Julho.
([2]) Redacção dada pelo Decreto-Lei nº 159/2009, de 13 de Julho. Rectificado pela Declaração de Rectificação nº 67-A/2009, de 10 de Setembro.
([3]) Aditado pelo Decreto-Lei nº 159/2009, de 13 de Julho. Rectificado pela Declaração de Rectificação nº 67-A/2009, de 10 de Setembro.
([4]) Redacção dada pela Lei nº 55-A/2010, de 31 de Dezembro.

2 – O montante anual acumulado da perda por imparidade de créditos referidos na alínea c) do número anterior não pode ser superior às seguintes percentagens dos créditos em mora:

a) 25% para créditos em mora há mais de 6 meses e até 12 meses;
b) 50% para créditos em mora há mais de 12 meses e até 18 meses;
c) 75% para créditos em mora há mais de 18 meses e até 24 meses;
d) 100% para créditos em mora há mais de 24 meses.

3 – Não são considerados de cobrança duvidosa:

a) Os créditos sobre o Estado, Regiões Autónomas e autarquias locais ou aqueles em que estas entidades tenham prestado aval;
b) Os créditos cobertos por seguro, com excepção da importância correspondente à percentagem de descoberto obrigatório, ou por qualquer espécie de garantia real;
c) Os créditos sobre pessoas singulares ou colectivas que detenham mais de 10% do capital da empresa ou sobre membros dos seus órgãos sociais, salvo nos casos previstos nas alíneas a) e b) do nº 1;
d) Os créditos sobre empresas participadas em mais de 10% do capital, salvo nos casos previstos nas alíneas a) e b) do nº 1.

ARTIGO 37º
Empresas do sector bancário([1])

1 – O montante anual acumulado das perdas por imparidade e outras correcções de valor para risco específico de crédito e para risco-país a que se refere o nº 2 do artigo 35º não pode ultrapassar o que corresponder à aplicação dos limites mínimos obrigatórios por força dos avisos e instruções emanados da entidade de supervisão.([1])

2 – As perdas por imparidade e outras correcções de valor referidas no número anterior só são aceites quando relativas a créditos resultantes da actividade normal, não abrangendo os créditos excluídos pelas normas emanadas da entidade de supervisão e ainda os seguintes:([1])

a) Os créditos em que Estado, Regiões Autónomas, autarquias e outras entidades públicas tenham prestado aval;
b) Os créditos cobertos por direitos reais sobre bens imóveis;
c) Os créditos garantidos por contratos de seguro de crédito ou caução, com excepção da importância correspondente à percentagem do descoberto obrigatório;
d) Créditos nas condições previstas nas alíneas c) e d) do nº 3 do artigo 36º

3 – As menos-valias de aplicações referidas no nº 2 do artigo 35º devem corresponder ao total das diferenças entre o custo das aplicações decorrentes da recuperação de créditos resultantes da actividade normal e o respectivo valor de mercado, quando este for inferior àquele.([1])

([1]) Redacção dada pelo Decreto-Lei nº 159/2009, de 13 de Julho.

4 – Os montantes anuais acumulados das perdas por imparidade e outras correcções de valor, referidas no n.º 2 do artigo 35.º, não devem ultrapassar os valores mínimos que resultem da aplicação das normas emanadas da entidade de supervisão.([1])

5 – O regime constante do presente artigo, em tudo o que não estiver aqui especialmente previsto, obedece à regulamentação específica aplicável.([1])

6 – Quando se verifique a anulação de provisões para riscos gerais de crédito, bem como de perdas por imparidade e outras correcções de valor não previstas no n.º 2 do artigo 35.º, são consideradas rendimentos do período de tributação, em primeiro lugar, aquelas que tenham sido aceites como gasto fiscal no período de tributação da respectiva constituição.([1])

ARTIGO 38º
Desvalorizações excepcionais([2])

1 – Podem ser aceites como perdas por imparidade as desvalorizações excepcionais referidas na alínea c) do n.º 1 do artigo 35.º provenientes de causas anormais devidamente comprovadas, designadamente, desastres, fenómenos naturais, inovações técnicas excepcionalmente rápidas ou alterações significativas, com efeito adverso, no contexto legal.

2 – Para efeitos do disposto no número anterior, o sujeito passivo deve obter a aceitação da Direcção-Geral dos Impostos, mediante exposição devidamente fundamentada, a apresentar até ao fim do 1.º mês do período de tributação seguinte ao da ocorrência dos factos que determinaram as desvalorizações excepcionais, acompanhada de documentação comprovativa dos mesmos, designadamente da decisão do competente órgão de gestão que confirme aqueles factos, de justificação do respectivo montante, bem como da indicação do destino a dar aos activos, quando o abate físico, o desmantelamento, o abandono ou a inutilização destes não ocorram no mesmo período de tributação.([3])

3 – Quando os factos que determinaram as desvalorizações excepcionais dos activos e o abate físico, o desmantelamento, o abandono ou a inutilização ocorram no mesmo período de tributação, o valor líquido fiscal dos activos, corrigido de eventuais valores recuperáveis, pode ser aceite como gasto do período desde que:([3])

a) Seja comprovado o abate físico, desmantelamento, abandono ou inutilização dos bens, através do respectivo auto, assinado por duas testemunhas, e identificados e comprovados os factos que originaram as desvalorizações excepcionais;

b) O auto seja acompanhado de relação discriminativa dos elementos em causa, contendo, relativamente a cada activo, a descrição, o ano e o custo de aquisição, bem como o valor líquido contabilístico e o valor líquido fiscal;([3])

c) Seja comunicado ao serviço de finanças da área do local onde aqueles bens se encontrem, com a antecedência mínima de 15 dias, o local, a data e a hora do abate físico, o desmantelamento, o abandono ou a inutilização e o total do valor líquido fiscal dos mesmos.

([1]) Alterado pelo Decreto-Lei nº 159/2009, de 13 de Julho.
([2]) Aditado pelo Decreto-Lei nº 159/2009, de 13 de Julho.
([3]) Aditado pelo Decreto-Lei nº 159/2009, de 13 de Julho. Rectificado pela Declaração de Rectificação nº 67-A/2009, de 10 de Setembro.

4 – O disposto nas alíneas *a*) a *c*) do número anterior deve igualmente observar-se nas situações previstas no n.º 2, no período de tributação em que venha a efectuar-se o abate físico, o desmantelamento, o abandono ou a inutilização dos activos.([1])

5 – A aceitação referida no nº 2 é da competência do director de finanças da área da sede, direcção efectiva ou estabelecimento estável do sujeito passivo ou do director dos Serviços de Inspecção Tributária, tratando-se de empresas incluídas no âmbito das suas atribuições.([1])

6 – A documentação a que se refere o nº 3 deve integrar o processo de documentação fiscal, nos termos do artigo 130º([1])

ARTIGO 39º
Provisões fiscalmente dedutíveis([2])

1 – Podem ser deduzidas para efeitos fiscais as seguintes provisões:([2])

a) As que se destinem a ocorrer a obrigações e encargos derivados de processos judiciais em curso por factos que determinariam a inclusão daqueles entre os gastos do período de tributação;

b) As que se destinem a ocorrer a encargos com garantias a clientes previstas em contratos de venda e de prestação de serviços;

c) As provisões técnicas constituídas obrigatoriamente, por força de normas emanadas pelo Instituto de Seguros de Portugal, de carácter genérico e abstracto, pelas empresas de seguros sujeitas à sua supervisão e pelas sucursais em Portugal de empresas seguradoras com sede em outro Estado membro da União Europeia;

d) As que, constituídas pelas empresas pertencentes ao sector das indústrias extractivas ou de tratamento e eliminação de resíduos, se destinem a fazer face aos encargos com a reparação dos danos de carácter ambiental dos locais afectos à exploração, sempre que tal seja obrigatório e após a cessação desta, nos termos da legislação aplicável.

2 – A determinação das provisões referidas no número anterior deve ter por base as condições existentes no final do período de tributação.([2])

3 – Quando a provisão for reconhecida pelo valor presente, os gastos resultantes do respectivo desconto ficam igualmente sujeitos a este regime.([2])

4 – As provisões a que se referem as alíneas *a*) a *c*) do nº 1 que não devam subsistir por não se terem verificado os eventos a que se reportam e as que forem utilizadas para fins diversos dos expressamente previstos neste artigo consideram-se rendimentos do respectivo período de tributação.([2])

5 – O montante anual da provisão para garantias a clientes a que refere a alínea *b*) do nº 1 é determinado pela aplicação às vendas e prestações de serviços sujeitas a garantia efectuadas no período de tributação de uma percentagem que não pode ser superior à que resulta da proporção entre a soma dos encargos derivados de garantias a clientes efectivamente suportados nos últimos três períodos de tributa-

---

([1]) Aditado pelo Decreto-Lei nº 159/2009, de 13 de Julho. Rectificado pela Declaração de Rectificação nº 67-A/2009, de 10 de Setembro.
([2]) Redacção dada pelo Decreto-Lei nº 159/2009, de 13 de Julho.
([1]) Aditado pelo Decreto-Lei nº 159/2009, de 13 de Julho.

ção e a soma das vendas e prestações de serviços sujeitas a garantia efectuadas nos mesmos períodos.([1])

6 – O montante anual acumulado das provisões técnicas, referidas na alínea *c*) do nº 1, não devem ultrapassar os valores mínimos que resultem da aplicação das normas emanadas da entidade de supervisão.([2])

ARTIGO 40º
Provisão para a reparação de danos de carácter ambiental([1])

1 – A dotação anual da provisão a que se refere a alínea *d*) do nº 1 do artigo 39º corresponde ao valor que resulta da divisão dos encargos estimados com a reparação de danos de carácter ambiental dos locais afectos à exploração, nos termos da alínea *a*) do nº 3, pelo número de anos de exploração previsto em relação aos mesmos.

2 – Pode ser aceite um montante anual da provisão diferente do referido no número anterior quando o nível previsto da exploração for irregular ao longo do tempo, devendo, nesse caso, mediante requerimento do sujeito passivo interessado, a apresentar no primeiro período de tributação em que sejam aceites como gastos dotações para a mesma, ser obtida autorização prévia da Direcção-Geral dos Impostos para um plano de constituição da provisão que tenha em conta esse nível de actividade.

3 – A constituição da provisão fica subordinada à observância das seguintes condições:

a) Apresentação de um plano previsional de encerramento da exploração, com indicação detalhada dos trabalhos a realizar com a reparação dos danos de carácter ambiental e a estimativa dos encargos inerentes, e a referência ao número de anos de exploração previsto e eventual irregularidade ao longo do tempo do nível previsto de actividade, sujeito a aprovação pelos organismos competentes;

b) Constituição de um fundo, representado por investimentos financeiros, cuja gestão pode caber ao próprio sujeito passivo, de montante equivalente ao do saldo acumulado da provisão no final de cada período de tributação.

4 – Sempre que da revisão do plano previsional referido na alínea *a*) do número anterior resultar uma alteração da estimativa dos encargos inerentes à recuperação ambiental dos locais afectos à exploração, ou se verificar uma alteração no número de anos de exploração previsto, deve proceder-se do seguinte modo:

a) Tratando-se de acréscimo dos encargos estimados ou de redução do número de anos de exploração, passa a efectuar-se o cálculo da dotação anual considerando o total dos encargos ainda não provisionado e o número de anos de actividade que ainda restem à exploração, incluindo o do próprio período de tributação da revisão;

b) Tratando-se de diminuição dos encargos estimados ou de aumento do número de anos de exploração, a parte da provisão em excesso correspondente ao número de anos já decorridos deve ser objecto de reposição no período de tributação da revisão.

([1]) Redacção dada pelo Decreto-Lei nº 159/2009, de 13 de Julho.
([2]) Aditado pelo Decreto-Lei nº 159/2009, de 13 de Julho.

5 – A constituição do fundo a que se refere a alínea *b*) do n.º 3 é dispensada quando seja exigida a prestação de caução a favor da entidade que aprova o Plano Ambiental e de Recuperação Paisagística, de acordo com o regime jurídico de exploração da respectiva actividade.

6 – A provisão deve ser aplicada na cobertura dos encargos a que se destina até ao fim do terceiro período de tributação seguinte ao do encerramento da exploração.

7 – Decorrido o prazo previsto no número anterior sem que a provisão tenha sido utilizada, total ou parcialmente, nos fins para que foi criada, a parte não aplicada deve ser considerada como rendimento do terceiro período de tributação posterior ao do final da exploração.

SUBSECÇÃO V
Regime de outros encargos

ARTIGO 41º
Créditos incobráveis

1 – Os créditos incobráveis podem ser directamente considerados gastos ou perdas do período de tributação desde que:([1])

a) Tal resulte de processo de insolvência e de recuperação de empresas, de processo de execução, de procedimento extrajudicial de conciliação para viabilização de empresas em situação de insolvência ou em situação económica difícil mediado pelo IAPMEI – Instituto de Apoio às Pequenas e Médias Empresas e ao Investimento, de decisão de tribunal arbitral no âmbito de litígios emergentes da prestação de serviços públicos essenciais ou de créditos que se encontrem prescritos de acordo com o respectivo regime jurídico da prestação de serviços públicos essenciais e, neste caso, o seu valor não ultrapasse o montante de € 750; e

b) Não tenha sido admitida perda por imparidade ou, sendo-o, esta se mostre insuficiente.

2 – Sem prejuízo da manutenção da obrigação para efeitos civis, a dedutibilidade dos créditos considerados incobráveis nos termos do número anterior ou ao abrigo do disposto no artigo 36º fica ainda dependente da existência de prova da comunicação ao devedor do reconhecimento do gasto para efeitos fiscais, o qual deve reconhecer aquele montante como proveito para efeitos de apuramento do lucro tributável.([1])

ARTIGO 42º
Reconstituição de jazidas([2])

1 – Os sujeitos passivos que exerçam a indústria extractiva de petróleo podem deduzir, para efeitos da determinação do lucro tributável, o menor dos seguintes

---

([1]) Redacção dada pela Lei nº 55-A/2010, de 31 de Dezembro.
([2]) Aditado pelo Decreto-Lei nº 159/2009, de 13 de Julho.

valores, desde que seja investido em prospecção ou pesquisa de petróleo em território português dentro dos três períodos de tributação seguintes:

a) 30% do valor bruto das vendas do petróleo produzido nas áreas de concessão efectuadas no período de tributação a que respeita a dedução;

b) 45% da matéria colectável que se apuraria sem consideração desta dedução.

2 – No caso de não se terem verificado os requisitos enunciados no nº 1, deve efectuar-se a correcção fiscal ao resultado líquido do período de tributação em que se verificou o incumprimento.

3 – A dedução referida no nº 1 fica condicionada à não distribuição de lucros por um montante equivalente ao valor ainda não investido nos termos aí previstos.

ARTIGO 43º
Realizações de utilidade social

1 – São também dedutíveis os gastos do período de tributação, incluindo depreciações ou amortizações e rendas de imóveis, relativos à manutenção facultativa de creches, lactários, jardins-de-infância, cantinas, bibliotecas e escolas, bem como outras realizações de utilidade social como tal reconhecidas pela Direcção-Geral dos Impostos, feitas em benefício do pessoal ou dos reformados da empresa e respectivos familiares, desde que tenham carácter geral e não revistam a natureza de rendimentos do trabalho dependente ou, revestindo-o, sejam de difícil ou complexa individualização relativamente a cada um dos beneficiários.

2 – São igualmente considerados gastos do período de tributação, até ao limite de 15% das despesas com o pessoal escrituradas a título de remunerações, ordenados ou salários respeitantes ao período de tributação, os suportados com contratos de seguros de doença e de acidentes pessoais, bem como com contratos de seguros de vida, contribuições para fundos de pensões e equiparáveis ou para quaisquer regimes complementares de segurança social, que garantam, exclusivamente, o benefício de reforma, pré-reforma, complemento de reforma, benefícios de saúde pós-emprego, invalidez ou sobrevivência a favor dos trabalhadores da empresa.

3 – O limite estabelecido no número anterior é elevado para 25%, se os trabalhadores não tiverem direito a pensões da segurança social.

4 – Aplica-se o disposto nos nºs 2 e 3 desde que se verifiquem, cumulativamente, as seguintes condições, à excepção das alíneas *d)* e *e)*, quando se trate de seguros de doença, de acidentes pessoais ou de seguros de vida que garantam exclusivamente os riscos de morte ou invalidez:

a) Os benefícios devem ser estabelecidos para a generalidade dos trabalhadores permanentes da empresa ou no âmbito de instrumento de regulamentação colectiva de trabalho para as classes profissionais onde os trabalhadores se inserem;

b) Os benefícios devem ser estabelecidos segundo um critério objectivo e idêntico para todos os trabalhadores ainda que não pertencentes à mesma classe profissional, salvo em cumprimento de instrumentos de regulamentação colectiva de trabalho;

c) Sem prejuízo do disposto no nº 6, a totalidade dos prémios e contribuições previstos nos nºs 2 e 3 deste artigo em conjunto com os rendimentos da categoria A isentos nos termos do nº 1 do artigo 18º do Estatuto dos Benefícios Fiscais não devem exceder, anualmente, os limites naqueles estabelecidos ao caso aplicáveis, não sendo o excedente considerado gasto do período de tributação;

d) Sejam efectivamente pagos sob a forma de prestação pecuniária mensal vitalícia pelo menos dois terços dos benefícios em caso de reforma, invalidez ou sobrevivência, sem prejuízo da remição de rendas vitalícias em pagamento que não tenham sido fixadas judicialmente, nos termos e condições estabelecidos em norma regulamentar emitida pela respectiva entidade de supervisão, e desde que seja apresentada prova dos respectivos pressupostos pelo sujeito passivo;

e) As disposições de regime legal da pré-reforma e do regime geral de segurança social sejam acompanhadas, no que se refere à idade e aos titulares do direito às correspondentes prestações, sem prejuízo de regime especial de segurança social, de regime previsto em instrumento de regulamentação colectiva de trabalho ou de outro regime legal especial, ao caso aplicáveis;

f) A gestão e disposição das importâncias despendidas não pertençam à própria empresa, os contratos de seguros sejam celebrados com empresas de seguros que possuam sede, direcção efectiva ou estabelecimento estável em território português, ou com empresas de seguros que estejam autorizadas a operar neste território em livre prestação de serviços, e os fundos de pensões ou equiparáveis sejam constituídos de acordo com a legislação nacional ou geridos por instituições de realização de planos de pensões profissionais às quais seja aplicável a Directiva nº 2003/41/CE, do Parlamento Europeu e do Conselho, de 3 de Junho, que estejam autorizadas a aceitar contribuições para planos de pensões de empresas situadas em território português;

g) Não sejam considerados rendimentos do trabalho dependente, nos termos da primeira parte do nº 3) da alínea *b)* do nº 3 do artigo 2º do Código do IRS.

5 – Para os efeitos dos limites estabelecidos nos nºs 2 e 3, não são considerados os valores actuais dos encargos com pensionistas já existentes na empresa à data da celebração do contrato de seguro ou da integração em esquemas complementares de prestações de segurança social previstos na respectiva legislação, devendo esse valor, calculado actuarialmente, ser certificado pelas seguradoras ou outras entidades competentes.

6 – As contribuições destinadas à cobertura de responsabilidades com pensões previstas no nº 2 do pessoal no activo em 31 de Dezembro do ano anterior ao da celebração dos contratos de seguro ou da entrada para fundos de pensões, por tempo de serviço anterior a essa data, são igualmente aceites como gastos nos termos e condições estabelecidos nos nºs 2, 3 e 4, podendo, no caso de aquelas responsabilidades ultrapassarem os limites estabelecidos naqueles dois primeiros números, mas não o dobro dos mesmos, o montante do excesso ser também aceite como gasto, anualmente, por uma importância correspondente, no máximo, a um sétimo daquele excesso, sem prejuízo da consideração deste naqueles limites, devendo o valor actual daquelas responsabilidades ser certificado por seguradoras, sociedades gestoras de fundos de pensões ou outras entidades competentes.

7 – As contribuições suplementares destinadas à cobertura de responsabilidades por encargos com benefícios de reforma, quando efectuadas em consequência de alteração dos pressupostos actuariais em que se basearam os cálculos iniciais daque-

las responsabilidades e desde que devidamente certificadas pelas entidades competentes, podem também ser aceites como gastos nos seguintes termos:

a) No período de tributação em que sejam efectuadas, num prazo máximo de cinco, contado daquele em que se verificou a alteração dos pressupostos actuariais;

b) Na parte em que não excedam o montante acumulado das diferenças entre os valores dos limites previstos nos nºs 2 ou 3 relativos ao período constituído pelos 10 períodos de tributação imediatamente anteriores ou, se inferior, ao período contado desde o período de tributação da transferência das responsabilidades ou da última alteração dos pressupostos actuariais e os valores das contribuições efectuadas e aceites como gastos em cada um desses períodos de tributação.

8 – Para efeitos do disposto na alínea b) do número anterior, não são consideradas as contribuições suplementares destinadas à cobertura de responsabilidades com pensionistas, não devendo igualmente ser tidas em conta para o cálculo daquelas diferenças as eventuais contribuições efectuadas para a cobertura de responsabilidades passadas nos termos do nº 6.

9 – Os gastos referidos no nº 1, quando respeitem a creches, lactários e jardins-de-infância em benefício do pessoal da empresa, seus familiares ou outros, são considerados, para efeitos da determinação do lucro tributável, em valor correspondente a 140%.

10 – No caso de incumprimento das condições estabelecidas nos nºs 2, 3 e 4, à excepção das referidas nas alíneas c) e g) deste último número, ao valor do IRC liquidado relativamente a esse período de tributação deve ser adicionado o IRC correspondente aos prémios e contribuições considerados como gasto em cada um dos períodos de tributação anteriores, nos termos deste artigo, agravado de uma importância que resulta da aplicação ao IRC correspondente a cada um daqueles períodos de tributação do produto de 10% pelo número de anos decorridos desde a data em que cada um daqueles prémios e contribuições foram considerados como gastos, não sendo, em caso de resgate em benefício da entidade patronal, considerado como rendimento do período de tributação a parte do valor do resgate correspondente ao capital aplicado.

11 – No caso de resgate em benefício da entidade patronal, não se aplica o disposto no número anterior se, para a transferência de responsabilidades, forem celebrados contratos de seguro de vida com outros seguradores, que possuam sede, direcção efectiva ou estabelecimento estável em território português, ou com empresas de seguros que estejam autorizadas a operar neste território em livre prestação de serviços, ou se forem efectuadas contribuições para fundos de pensões constituídos de acordo com a legislação nacional, ou geridos por instituições de realização de planos de pensões profissionais às quais seja aplicável a Directiva nº 2003/41/CE, do Parlamento Europeu e do Conselho, de 3 de Junho, que estejam autorizadas a aceitar contribuições para planos de pensões de empresas situadas em território português, em que, simultaneamente, seja aplicada a totalidade do valor do resgate e se continuem a observar as condições estabelecidas neste artigo.

12 – No caso de resgate em benefício da entidade patronal, o disposto no nº 10 pode igualmente não se aplicar, se for demonstrada a existência de excesso de fundos

originada por cessação de contratos de trabalho, previamente aceite pela Direcção--Geral dos Impostos.

13 – Não concorrem para os limites estabelecidos nos nºs 2 e 3 as contribuições suplementares para fundos de pensões e equiparáveis destinadas à cobertura de responsabilidades com benefícios de reforma que resultem da aplicação:([1])

a) Das normas internacionais de contabilidade por determinação do Banco de Portugal às entidades sujeitas à sua supervisão, sendo consideradas como gastos durante o período transitório fixado por esta instituição;

b) Do Plano de Contas para as Empresas de Seguros em vigor, aprovado pelo Instituto de Seguros de Portugal, sendo consideradas como gastos, de acordo com um plano de amortização de prestações uniformes anuais, por um período transitório de cinco anos contado a partir do exercício de 2008;

c) Das normas internacionais de contabilidade adoptadas pela União Europeia ou do SNC, consoante os casos, sendo consideradas como gastos, em partes iguais, no período de tributação em que se aplique pela primeira vez um destes novos referenciais contabilísticos e nos quatro períodos de tributação subsequentes.([2])

14 – A Direcção-Geral dos Impostos pode autorizar que a condição a que se refere a alínea *b)* do nº 4 deixe de verificar-se, designadamente, em caso de entidades sujeitas a processos de reestruturação empresarial, mediante requerimento, a apresentar até ao final do período de tributação da ocorrência das alterações, em que seja demonstrado que a diferenciação introduzida tem por base critérios objectivos.

15 – Consideram-se incluídos no nº 1 os gastos suportados com a aquisição de passes sociais em benefício do pessoal do sujeito passivo, verificados os requisitos aí exigidos.

ARTIGO 44º
Quotizações a favor de associações empresariais

1 – É considerado gasto do período de tributação, para efeitos da determinação do lucro tributável, o valor correspondente a 150% do total das quotizações pagas pelos associados a favor das associações empresariais em conformidade com os estatutos.

2 – O montante referido no número anterior não pode, contudo, exceder o equivalente a 2‰ do volume de negócios respectivo.

ARTIGO 45º
Encargos não dedutíveis para efeitos fiscais

1 – Não são dedutíveis para efeitos da determinação do lucro tributável os seguintes encargos, mesmo quando contabilizados como gastos do período de tributação:([1])

a) O IRC e quaisquer outros impostos que directa ou indirectamente incidam sobre os lucros;

([1]) Redacção dada pelo Decreto-Lei nº 159/2009, de 13 de Julho.
([2]) Aditada pelo Decreto-Lei nº 159/2009, de 13 de Julho.

b) Os encargos evidenciados em documentos emitidos por sujeitos passivos com número de identificação fiscal inexistente ou inválido ou por sujeitos passivos cuja cessação de actividade tenha sido declarada oficiosamente nos termos do nº 6 do artigo 8º;

c) Os impostos e quaisquer outros encargos que incidam sobre terceiros que o sujeito passivo não esteja legalmente autorizado a suportar;

d) As multas, coimas e demais encargos pela prática de infracções, de qualquer natureza, que não tenham origem contratual, incluindo os juros compensatórios;

e) As indemnizações pela verificação de eventos cujo risco seja segurável;

f) As ajudas de custo e os encargos com compensação pela deslocação em viatura própria do trabalhador, ao serviço da entidade patronal, não facturados a clientes, escriturados a qualquer título, sempre que a entidade patronal não possua, por cada pagamento efectuado, um mapa através do qual seja possível efectuar o controlo das deslocações a que se referem aqueles encargos, designadamente os respectivos locais, tempo de permanência, objectivo e, no caso de deslocação em viatura própria do trabalhador, identificação da viatura e do respectivo proprietário, bem como o número de quilómetros percorridos, excepto na parte em que haja lugar a tributação em sede de IRS na esfera do respectivo beneficiário;

g) Os encargos não devidamente documentados;

h) Os encargos com o aluguer sem condutor de viaturas ligeiras de passageiros ou mistas, na parte correspondente ao valor das depreciações dessas viaturas que, nos termos das alíneas *c)* e *e)* do nº 1 do artigo 34º, não sejam aceites como gastos;

i) Os encargos com combustíveis na parte em que o sujeito passivo não faça prova de que os mesmos respeitam a bens pertencentes ao seu activo ou por ele utilizados em regime de locação e de que não são ultrapassados os consumos normais;

j) Os juros e outras formas de remuneração de suprimentos e empréstimos feitos pelos sócios à sociedade, na parte em que excedam o valor correspondente à taxa de referência Euribor a 12 meses do dia da constituição da dívida ou outra taxa definida por portaria do Ministro das Finanças que utilize aquela taxa como indexante;

l) As menos-valias realizadas relativas a barcos de recreio, aviões de turismo e viaturas ligeiras de passageiros ou mistas, que não estejam afectos à exploração de serviço público de transportes nem se destinem a ser alugados no exercício da actividade normal do sujeito passivo, excepto na parte em que correspondam ao valor fiscalmente depreciável nos termos da alínea *e)* do nº 1 do artigo 34º ainda não aceite como gasto;([1])

m) Os gastos relativos à participação nos lucros por membros de órgãos sociais e trabalhadores da empresa, quando as respectivas importâncias não sejam pagas ou colocadas à disposição dos beneficiários até ao fim do período de tributação seguinte;([1])

n) Sem prejuízo da alínea anterior, os gastos relativos à participação nos lucros por membros de órgãos sociais, quando os beneficiários sejam titulares, directa ou indirectamente, de partes representativas de, pelo menos, 1% do capital social, na

---

([1]) Aditado pelo Decreto-Lei nº 159/2009, de 13 de Julho.

parte em que exceda o dobro da remuneração mensal auferida no período de tributação a que respeita o resultado em que participam;(¹)

o) A contribuição sobre o sector bancário.(²)

2 – Tratando-se de sociedades de profissionais sujeitas ao regime de transparência fiscal, para efeitos de dedução dos correspondentes encargos, poderá ser fixado por portaria do Ministro das Finanças o número máximo de veículos e o respectivo valor.

3 – A diferença negativa entre as mais-valias e as menos-valias realizadas mediante a transmissão onerosa de partes de capital, incluindo a sua remição e amortização com redução de capital, bem como outras perdas ou variações patrimoniais negativas relativas a partes de capital ou outras componentes do capital próprio, designadamente prestações suplementares, concorrem para a formação do lucro tributável em apenas metade do seu valor.

4 – Sem prejuízo do disposto no número anterior, não concorrem para a formação do lucro tributável as menos-valias e outras perdas relativas a partes de capital, na parte do valor que corresponda aos lucros distribuídos que tenham beneficiado da dedução prevista no artigo 51º nos últimos quatro anos.(²)

5 – No caso de não se verificar o requisito enunciado na alínea *m*) do nº 1, ao valor do IRC liquidado relativamente ao período de tributação seguinte adiciona-se o IRC que deixou de ser liquidado em resultado da dedução das importâncias que não tenham sido pagas ou colocadas à disposição dos interessados no prazo indicado, acrescido dos juros compensatórios correspondentes.

6 – Para efeitos da verificação da percentagem fixada na alínea *n*) do nº 1, considera-se que o beneficiário detém indirectamente as partes do capital da sociedade quando as mesmas sejam da titularidade do cônjuge, respectivos ascendentes ou descendentes até ao 2º grau, sendo igualmente aplicáveis, com as necessárias adaptações, as regras sobre a equiparação da titularidade estabelecidas no Código das Sociedades Comerciais.

SUBSECÇÃO VI
Regime das mais-valias e menos-valias realizadas

ARTIGO 46º
Conceito de mais-valias e de menos-valias

1 – Consideram-se mais-valias ou menos-valias realizadas os ganhos obtidos ou as perdas sofridas mediante transmissão onerosa, qualquer que seja o título por que se opere e, bem assim, os decorrentes de sinistros ou os resultantes da afectação permanente a fins alheios à actividade exercida, respeitantes a:(¹)

a) Activos fixos tangíveis, activos intangíveis, activos biológicos que não sejam consumíveis e propriedades de investimento, ainda que qualquer destes activos tenha sido reclassificado como activo não corrente detido para venda;(³)

(¹) Aditado pelo Decreto-Lei nº 159/2009, de 13 de Julho.
(²) Aditado pela Lei nº 55-A/2010, de 31 de Dezembro.
(³) Aditada pelo Decreto-Lei nº 159/2009, de 13 de Julho.

b) Instrumentos financeiros, com excepção dos reconhecidos pelo justo valor nos termos das alíneas *a)* e *b)* do nº 9 do artigo 18º(¹)

2 – As mais-valias e as menos-valias são dadas pela diferença entre o valor de realização, líquido dos encargos que lhe sejam inerentes, e o valor de aquisição deduzido das perdas por imparidade e outras correcções de valor previstas no artigo 35º, bem como das depreciações ou amortizações aceites fiscalmente, sem prejuízo da parte final do nº 5 do artigo 30º(²)

3 – Considera-se valor de realização:

a) No caso de troca, o valor de mercado dos bens ou direitos recebidos, acrescido ou diminuído, consoante o caso, da importância em dinheiro conjuntamente recebida ou paga;

b) No caso de expropriações ou de bens sinistrados, o valor da correspondente indemnização;

c) No caso de bens afectos permanentemente a fins alheios à actividade exercida, o seu valor de mercado;

d) Nos casos de fusão ou cisão, o valor de mercado dos elementos transmitidos em consequência daqueles actos;

e) No caso de alienação de títulos de dívida, o valor da transacção, líquido dos juros contáveis desde a data do último vencimento ou da emissão, primeira colocação ou endosso, se ainda não houver ocorrido qualquer vencimento, até à data da transmissão, bem como da diferença pela parte correspondente àqueles períodos, entre o valor de reembolso e o preço da emissão, nos casos de títulos cuja remuneração seja constituída, total ou parcialmente, por aquela diferença;

f) Nos demais casos, o valor da respectiva contraprestação.

4 – No caso de troca por bens futuros, o valor de mercado destes é o que lhes corresponderia à data da troca.

5 – São assimiladas a transmissões onerosas:(¹)

a) A promessa de compra e venda ou de troca, logo que verificada a tradição dos bens;(¹)

b) As mudanças no modelo de valorização relevantes para efeitos fiscais, nos termos do nº 9 do artigo 18º, que decorrem, designadamente, de reclassificação contabilística ou de alterações nos pressupostos referidos na alínea *a)* do nº 9 deste mesmo artigo.(¹)

6 – Não se consideram mais-valias ou menos-valias:

a) Os resultados obtidos em consequência da entrega pelo locatário ao locador dos bens objecto de locação financeira;

b) Os resultados obtidos na transmissão onerosa, ou na afectação permanente nos termos referidos no nº 1, de títulos de dívida cuja remuneração seja constituída, total ou parcialmente, pela diferença entre o valor de reembolso ou de amortização e o preço de emissão, primeira colocação ou endosso.

(¹) Aditada pelo Decreto-Lei nº 159/2009, de 13 de Julho.
(²) Redacção dada pelo Decreto-Lei nº 159/2009, de 13 de Julho.

ARTIGO 47º
Correcção monetária das mais-valias e das menos-valias

1 – O valor de aquisição corrigido nos termos do nº 2 do artigo anterior é actualizado mediante aplicação dos coeficientes de desvalorização da moeda para o efeito publicados em portaria do Ministro das Finanças, sempre que, à data da realização, tenham decorrido pelo menos dois anos desde a data da aquisição, sendo o valor dessa actualização deduzido para efeitos da determinação do lucro tributável.

2 – A correcção monetária a que se refere o número anterior não é aplicável aos instrumentos financeiros, salvo quanto às partes de capital.([1])

3 – Quando, nos termos do regime especial previsto nos artigos 76º a 78º, haja lugar à valorização das participações sociais recebidas pelo mesmo valor pelo qual as antigas se encontravam registadas, considera-se, para efeitos do disposto no nº 1, data de aquisição das primeiras a que corresponder à das últimas.

ARTIGO 48º
Reinvestimento dos valores de realização

1 – Para efeitos da determinação do lucro tributável, a diferença positiva entre as mais-valias e as menos-valias, calculadas nos termos dos artigos anteriores, realizadas mediante a transmissão onerosa de activos fixos tangíveis, activos biológicos que não sejam consumíveis e propriedades de investimento, detidos por um período não inferior a um ano, ainda que qualquer destes activos tenha sido reclassificado como activo não corrente detido para venda, ou em consequência de indemnizações por sinistros ocorridos nestes elementos, é considerada em metade do seu valor, sempre que, no período de tributação anterior ao da realização, no próprio período de tributação ou até ao fim do segundo período de tributação seguinte, o valor de realização correspondente à totalidade dos referidos activos seja reinvestido na aquisição, produção ou construção de activos fixos tangíveis, de activos biológicos que não sejam consumíveis ou em propriedades de investimento, afectos à exploração, com excepção dos bens adquiridos em estado de uso a sujeito passivo de IRS ou IRC com o qual existam relações especiais nos termos definidos no nº 4 do artigo 63º([1])

2 – No caso de se verificar apenas o reinvestimento parcial do valor de realização, o disposto no número anterior é aplicado à parte proporcional da diferença entre as mais-valias e as menos-valias a que o mesmo se refere.

3 – Não é susceptível de beneficiar do regime previsto nos números anteriores o investimento em que tiverem sido deduzidos os valores referidos nos artigos 40º e 42º

4 – O disposto nos números anteriores é aplicável à diferença positiva entre as mais-valias e as menos-valias realizadas mediante a transmissão onerosa de partes de capital, incluindo a sua remição e amortização com redução de capital, com as seguintes especificidades:([1])

a) O valor de realização correspondente à totalidade das partes de capital deve ser reinvestido, total ou parcialmente, na aquisição de participações no capital de sociedades comerciais ou civis sob forma comercial ou na aquisição, produção ou

---

([1]) Redacção dada pelo Decreto-Lei nº 159/2009, de 13 de Julho.

construção de activos fixos tangíveis, de activos biológicos que não sejam consumíveis ou em propriedades de investimento, afectos à exploração, nas condições referidas na parte final do nº 1;([1])

b) As participações de capital alienadas devem ter sido detidas por período não inferior a um ano e corresponder a, pelo menos, 10% do capital social da sociedade participada, devendo as partes de capital adquiridas ser detidas por igual período;([2])

c) As transmissões onerosas e aquisições de partes de capital não podem ser efectuadas com entidades:
1) Residentes de país, território ou região cujo regime de tributação se mostre claramente mais favorável, constante de lista aprovada por portaria do Ministro das Finanças; ou
2) Com as quais existam relações especiais, excepto quando se destinem à realização de capital social, caso em que o reinvestimento se considera totalmente concretizado quando o valor das participações de capital assim realizadas não seja inferior ao valor de mercado daquelas transmissões.

5 – Para efeitos do disposto nos nºs 1, 2 e 4, os contribuintes devem mencionar a intenção de efectuar o reinvestimento na declaração a que se refere a alínea *c)* do nº 1 do artigo 117º do período de tributação em que a realização ocorre, comprovando na mesma e nas declarações dos dois períodos de tributação seguintes os reinvestimentos efectuados.

6 – Não sendo concretizado, total ou parcialmente, o reinvestimento até ao fim do segundo período de tributação seguinte ao da realização, considera-se como rendimento desse período de tributação, respectivamente, a diferença ou a parte proporcional da diferença prevista nos nºs 1 e 4 não incluída no lucro tributável majorada em 15%.

7 – Não sendo mantidas na titularidade do adquirente, durante o período previsto na alínea *b)* do nº 4, as partes de capital em que se concretizou o reinvestimento, excepto se a transmissão ocorrer no âmbito de uma operação de fusão, cisão, entrada de activos ou permuta de acções a que se aplique o regime previsto no artigo 74º, é aplicável, no período de tributação da alienação, o disposto na parte final do número anterior, com as necessárias adaptações.

SUBSECÇÃO VII
Instrumentos financeiros derivados([3])

ARTIGO 49º
Instrumentos financeiros derivados([4])

1 – Concorrem para a formação do lucro tributável, salvo os previstos no nº 3, os rendimentos ou gastos resultantes da aplicação do justo valor a instrumentos finan-

---

([1]) Redacção dada pela Lei nº 3-B/2010, de 28 de Abril.
([2]) Redacção dada pela Lei nº 55-A/2010, de 31 de Dezembro.
([3]) Redacção dada pelo Decreto-Lei nº 159/2009, de 13 de Julho.
([4]) Aditado pelo Decreto-Lei nº 159/2009, de 13 de Julho.

ceiros derivados, ou a qualquer outro activo ou passivo financeiro utilizado como instrumento de cobertura restrito à cobertura do risco cambial.

2 – Relativamente às operações cujo objectivo exclusivo seja o de cobertura de justo valor, quando o elemento coberto esteja subordinado a outros modelos de valorização, são aceites fiscalmente os rendimentos ou gastos do elemento coberto reconhecidos em resultados, ainda que não realizados, na exacta medida da quantia igualmente reflectida em resultados, de sinal contrário, gerada pelo instrumento de cobertura.

3 – Relativamente às operações cujo objectivo exclusivo seja o de cobertura de fluxos de caixa ou de cobertura do investimento líquido numa unidade operacional estrangeira, são diferidos os rendimentos ou gastos gerados pelo instrumento de cobertura, na parte considerada eficaz, até ao momento em que os gastos ou rendimentos do elemento coberto concorram para a formação do lucro tributável.

4 – Sem prejuízo do disposto no nº 6 e desde que se verifique uma relação económica incontestável entre o elemento coberto e o instrumento de cobertura, por forma a que da operação de cobertura se deva esperar, pela elevada eficácia da cobertura do risco em causa, a neutralização dos eventuais rendimentos ou gastos no elemento coberto com uma posição simétrica dos gastos ou rendimentos no instrumento de cobertura, são consideradas operações de cobertura as que justificadamente contribuam para a eliminação ou redução de um risco real de:([1])

a) Um activo, passivo, compromisso firme, transacção prevista com uma elevada probabilidade ou investimento líquido numa unidade operacional estrangeira; ou

b) Um grupo de activos, passivos, compromissos firmes, transacções previstas com uma elevada probabilidade ou investimentos líquidos numa unidade operacional estrangeira com características de risco semelhantes; ou

c) Taxa de juro da totalidade ou parte de uma carteira de activos ou passivos financeiros que partilhem o risco que esteja a ser coberto.

5 – Para efeitos do disposto no número anterior, só é considerada de cobertura a operação na qual o instrumento de cobertura utilizado seja um derivado ou, no caso de cobertura de risco cambial, um qualquer activo ou passivo financeiro.

6 – Não são consideradas como operações de cobertura:

a) As operações efectuadas com vista à cobertura de riscos a incorrer por outras entidades, ou por estabelecimentos da entidade que realiza as operações cujos rendimentos não sejam tributados pelo regime geral de tributação;

b) As operações que não sejam devidamente identificadas e documentalmente suportadas no processo de documentação fiscal previsto no artigo 130º, no que se refere ao relacionamento da cobertura, ao objectivo e à estratégia da gestão de risco da entidade para levar a efeito a referida cobertura.

7 – A não verificação dos requisitos referidos no nº 4 determina, a partir dessa data, a desqualificação da operação como operação de cobertura.

8 – Não sendo efectuada a operação coberta, ao valor do imposto relativo ao período de tributação em que a mesma se efectuaria deve adicionar-se o imposto

---

([1]) Rectificado pela Declaração de Rectificação nº 67-A/2009, de 10 de Setembro.

que deixou de ser liquidado por virtude do disposto nos nºs 2 e 3, ou, não havendo lugar à liquidação do imposto, deve corrigir-se em conformidade o prejuízo fiscal declarado.

9 – À correcção do imposto referida no número anterior são acrescidos juros compenstórios, excepto quando, tratando-se de uma cobertura prevista no nº 3, a operação coberta seja efectuada em, pelo menos, 80% do respectivo montante.

10 – Se a substância de uma operação ou conjunto de operações diferir da sua forma, o momento, a fonte e a natureza dos pagamentos e recebimentos, rendimentos e gastos, decorrentes dessa operação, podem ser requalificados pela administração tributária de modo a ter em conta essa substância.

SUBSECÇÃO VIII
Empresas de seguros

ARTIGO 50º
Empresas de seguros([1])

1 – Concorrem para a formação do lucro tributável os rendimentos ou gastos resultantes da aplicação do justo valor aos activos que estejam a representar provisões técnicas do seguro de vida com participação nos resultados ou afectos a contratos em que o risco de seguro é suportado pelo tomador de seguro.([2])

2 – As transferências dos activos referidos no número anterior de, ou para, outras carteiras de investimento, são assimiladas a transmissões onerosas efectuadas ao preço de mercado da data da operação.

SUBSECÇÃO IX
Dedução de lucros anteriormente tributados

ARTIGO 51º
Eliminação da dupla tributação económica de lucros distribuídos

1 – Na determinação do lucro tributável das sociedades comerciais ou civis sob forma comercial, cooperativas e empresas públicas, com sede ou direcção efectiva em território português, são deduzidos os rendimentos, incluídos na base tributável, correspondentes a lucros distribuídos, desde que sejam verificados os seguintes requisitos:

a) A sociedade que distribui os lucros tenha a sede ou direcção efectiva no mesmo território e esteja sujeita e não isenta de IRC ou esteja sujeita ao imposto referido no artigo 7º;

b) A entidade beneficiária não seja abrangida pelo regime da transparência fiscal previsto no artigo 6º;

([1]) Aditado pelo Decreto-Lei nº 159/2009, de 13 de Julho.
([2]) Rectificado pela Declaração de Rectificação nº 67-A/2009, de 10 de Setembro.

c) A entidade beneficiária detenha directamente uma participação no capital da sociedade que distribui os lucros não inferior a 10% e esta tenha permanecido na sua titularidade, de modo ininterrupto, durante o ano anterior à data da colocação à disposição dos lucros ou, se detida há menos tempo, desde que a participação seja mantida durante o tempo necessário para completar aquele período.([1])

2 – O disposto no número anterior é aplicável, independentemente da percentagem de participação e do prazo em que esta tenha permanecido na sua titularidade, aos rendimentos de participações sociais em que tenham sido aplicadas as reservas técnicas das sociedades de seguros e das mútuas de seguros e, bem assim, aos rendimentos das seguintes sociedades:

a) Sociedades de desenvolvimento regional;
b) Sociedades de investimento;
c) Sociedades financeiras de corretagem.

3 – Não obstante o disposto no nº 1, o regime aí consagrado é aplicável, nos termos prescritos no número anterior, às agências gerais de seguradoras estrangeiras, bem como aos estabelecimentos estáveis de sociedades residentes noutro Estado membro da União Europeia e do espaço económico europeu que sejam equiparáveis às referidas no número anterior.([2])

4 – O disposto no nº 1 é igualmente aplicável, verificando-se as condições nele referidas, ao valor atribuído na associação em participação, ao associado constituído como sociedade comercial ou civil sob forma comercial, cooperativa ou empresa pública, com sede ou direcção efectiva em território português, independentemente do valor da sua contribuição relativamente aos rendimentos que tenham sido efectivamente tributados, distribuídos por associantes residentes no mesmo território.

5 – O disposto nos nºs 1 e 2 é também aplicável quando uma entidade residente em território português detenha uma participação, nos termos e condições aí referidos, em entidade residente noutro Estado membro da União Europeia, desde que ambas as entidades preencham os requisitos estabelecidos no artigo 2º da Directiva nº 90/435/CEE, do Conselho, de 23 de Julho.([2])

6 – O disposto nos nºs 1 e 5 é igualmente aplicável aos rendimentos, incluídos na base tributável, correspondentes a lucros distribuídos que sejam imputáveis a um estabelecimento estável, situado em território português, de uma entidade residente noutro Estado membro da União Europeia ou do espaço económico europeu, neste caso desde que exista obrigação de cooperação administrativa no domínio da fiscalidade equivalente à estabelecida no âmbito da União Europeia, que detenha uma participação, nos termos e condições aí referidos, em entidade residente num Estado membro, desde que ambas essas entidades preencham os requisitos e condições estabelecidos no artigo 2º da Directiva nº 90/435/CEE, do Conselho, de 23 de Julho, ou, no caso de entidades do espaço económico europeu, requisitos e condições equiparáveis.([2])

([1]) Redacção dada pela Lei nº 55-A/2010, de 31 de Dezembro.
([2]) Redacção dada pela Lei nº 3-B/2010, de 28 de Abril.

7 – Para efeitos do disposto nos n°s 5 e 6:

a) A definição de entidade residente é a que resulta da legislação fiscal do Estado membro em causa, sem prejuízo do que se achar estabelecido nas convenções destinadas a evitar a dupla tributação;

b) O critério de participação no capital referido no nº 1 é substituído pelo da detenção de direitos de voto quando este estiver estabelecido em acordo bilateral.

8 – A dedução a que se refere o nº 1 é apenas de 50% dos rendimentos incluídos no lucro tributável correspondentes a:

a) Lucros distribuídos, quando não esteja preenchido qualquer dos requisitos previstos nas alíneas b) e c) do mesmo número e, bem assim, relativamente aos rendimentos que o associado aufira da associação à quota, desde que se verifique, em qualquer dos casos, a condição da alínea a) do nº 1;

b) Lucros distribuídos por entidade residente noutro Estado membro da União Europeia quando a entidade cumpre as condições estabelecidas no artigo 2º da Directiva nº 90/435/CEE, de 23 de Julho, e não esteja verificado qualquer dos requisitos previstos na alínea c) do nº 1.

9 – Se a detenção da participação mínima referida no nº 1 deixar de se verificar antes de completado o período de um ano, deve corrigir-se a dedução que tenha sido efectuada, sem prejuízo da consideração do crédito de imposto por dupla tributação internacional a que houver lugar, nos termos do disposto no artigo 91º.([1])

10 – A dedução a que se refere o nº 1 só é aplicável quando os rendimentos provenham de lucros que tenham sido sujeitos a tributação efectiva.([1])

11 – O disposto nos n°s 1 e 2 é igualmente aplicável quando uma entidade residente em território português detenha uma participação, nos mesmos termos e condições, em entidade residente noutro Estado membro do espaço económico europeu que esteja vinculado a cooperação administrativa no domínio da fiscalidade equivalente à estabelecida no âmbito da União Europeia, desde que ambas as entidades reúnam condições equiparáveis, com as necessárias adaptações, às estabelecidas no artigo 2º da Directiva nº 90/435/CEE, do Conselho, de 23 de Julho de 1990.([1])

12 – Para efeitos do disposto nos n°s 5 e 11, o sujeito passivo deve provar que a entidade participada e, no caso do nº 6, também a entidade beneficiária cumprem as condições estabelecidas no artigo 2º da Directiva nº 90/435/CEE, do Conselho, de 23 de Julho de 1990, ou, no caso de entidades do espaço económico europeu, condições equiparáveis, mediante declaração confirmada e autenticada pelas autoridades fiscais competentes do Estado membro da União Europeia ou do espaço económico europeu de que é residente.([1])

([1]) Redacção dada pela Lei nº 55-A/2010, de 31 de Dezembro.

SUBSECÇÃO X
Dedução de prejuízos

ARTIGO 52º
Dedução de prejuízos fiscais

1 – Os prejuízos fiscais apurados em determinado exercício, nos termos das disposições anteriores, são deduzidos aos lucros tributáveis, havendo-os, de um ou mais dos quatro exercícios posteriores.([1])

2 – Sem prejuízo do disposto no número seguinte, nos períodos de tributação em que tiver lugar o apuramento do lucro tributável com base em métodos indirectos, os prejuízos fiscais não são dedutíveis, ainda que se encontrem dentro do período referido no número anterior, não ficando, porém, prejudicada a dedução, dentro daquele período, dos prejuízos que não tenham sido anteriormente deduzidos.

3 – A determinação do lucro tributável segundo o regime simplificado não prejudica a dedução, nos termos do nº 1, dos prejuízos fiscais apurados em períodos anteriores àquele em que se iniciar a aplicação do regime, excepto se da aplicação dos coeficientes previstos no nº 4 do artigo 58º, isoladamente ou após a referida dedução de prejuízos, resultar lucro tributável inferior ao limite mínimo previsto na parte final do mesmo número, caso em que o lucro tributável a considerar é o correspondente a esse limite.

4 – Quando se efectuarem correcções aos prejuízos fiscais declarados pelo sujeito passivo, devem alterar-se, em conformidade, as deduções efectuadas, não se procedendo, porém, a qualquer anulação ou liquidação, ainda que adicional, do IRC, se forem decorridos mais de seis anos relativamente àquele a que o lucro tributável respeite.

5 – No caso de o contribuinte beneficiar de isenção parcial e ou de redução de IRC, os prejuízos fiscais sofridos nas respectivas explorações ou actividades não podem ser deduzidos, em cada período de tributação, dos lucros tributáveis das restantes.

6 – O período mencionado na alínea d) do nº 4 do artigo 8º, quando inferior a seis meses, não conta para efeitos da limitação temporal estabelecida no nº 1.

7 – Os prejuízos fiscais respeitantes às sociedades mencionadas no nº 1 do artigo 6º são deduzidos unicamente dos lucros tributáveis das mesmas sociedades.

8 – O previsto no nº 1 deixa de ser aplicável quando se verificar, à data do termo do período de tributação em que é efectuada a dedução, que, em relação àquele a que respeitam os prejuízos, foi modificado o objecto social da entidade a que respeita ou alterada, de forma substancial, a natureza da actividade anteriormente exercida ou que se verificou a alteração da titularidade de, pelo menos, 50% do capital social ou da maioria dos direitos de voto.

10 – Quando as alterações previstas no nº 8 sejam consequência da realização de uma operação de fusão, cisão ou entrada de activos à qual se aplique o regime previsto no artigo 74º, o requerimento referido no número anterior pode ser apresen-

([2]) Redacção dada pela Lei nº 3-B/2010, de 28 de Abril.

tado até ao fim do mês seguinte ao do pedido de registo da operação na conservatória do registo comercial.(¹)

11 – No caso de sociedades comerciais que deduzam prejuízos fiscais em dois períodos de tributação consecutivos, a dedução a que se refere o n.º 1 depende, no terceiro ano, da certificação legal das contas por revisor oficial de contas nos termos e condições a definir em portaria do Ministro das Finanças.(²)

12 – Sempre que estejam em causa prejuízos fiscais relativos ao período imediatamente anterior ao da ocorrência de alguma das alterações previstas no n.º 8 e esta ocorra antes do termo do prazo de entrega da respectiva declaração de rendimentos, o requerimento referido no n.º 9 pode ser apresentado no prazo de 15 dias contados do termo do prazo de entrega dessa declaração ou da data da respectiva entrega, se anterior.(²)

SECÇÃO III
Pessoas colectivas e outras entidades residentes que não exerçam, a título principal, actividade comercial, industrial ou agrícola

ARTIGO 53º
Determinação do rendimento global

1 – O rendimento global sujeito a imposto das pessoas colectivas e entidades mencionadas na alínea b) do n.º 1 do artigo 3º é formado pela soma algébrica dos rendimentos líquidos das várias categorias determinados nos termos do IRS, incluindo os incrementos patrimoniais obtidos a título gratuito, aplicando-se à determinação do lucro tributável as disposições deste Código.

2 – Os prejuízos fiscais apurados relativamente ao exercício de actividades comerciais, industriais ou agrícolas e as menos-valias só podem ser deduzidos, para efeitos de determinação do rendimento global, aos rendimentos das respectivas categorias num ou mais dos quatro períodos de tributação posteriores.(¹)

3 – É aplicável às pessoas colectivas e entidades mencionadas na alínea b) do n.º 1 do artigo 3º uma dedução correspondente a 50% dos rendimentos incluídos na base tributável correspondentes a lucros distribuídos por entidades residentes em território português, sujeitas e não isentas de IRC, bem como relativamente aos rendimentos que, na qualidade de associado, aufiram da associação em participação, tendo aqueles rendimentos sido efectivamente tributados.

4 – Para efeitos da determinação do valor dos incrementos patrimoniais a que se refere o n.º 1, é aplicável o disposto no n.º 2 do artigo 21º

5 – O disposto no n.º 3 é igualmente aplicável aos lucros distribuídos por entidade residente noutro Estado membro da União Europeia que preencha os requisitos e condições estabelecidos no artigo 2º da Directiva n.º 90/435/CEE, de 23 de Julho.

6 – Para efeitos do disposto no número anterior, o sujeito passivo deverá dispor de prova de que a entidade cumpre os requisitos e condições estabelecidos no artigo 2º da Directiva n.º 90/435/CEE, de 23 de Julho, efectuada através de declaração con-

(¹) Redacção dada pela Lei nº 55-A/2010, de 31 de Dezembro.
(²) Aditado pela Lei nº 55-A/2010, de 31 de Dezembro.

firmada e autenticada pelas autoridades fiscais competentes do Estado membro da União Europeia de que é residente.

ARTIGO 54º
Gastos comuns e outros

1 – Os gastos comprovadamente indispensáveis à obtenção dos rendimentos que não tenham sido considerados na determinação do rendimento global nos termos do artigo anterior e que não estejam especificamente ligados à obtenção dos rendimentos não sujeitos ou isentos de IRC são deduzidos, no todo ou em parte, a esse rendimento global, para efeitos de determinação da matéria colectável, de acordo com as seguintes regras:

a) Se estiverem apenas ligados à obtenção de rendimentos sujeitos e não isentos, são deduzidos na totalidade ao rendimento global;

b) Se estiverem ligados à obtenção de rendimentos sujeitos e não isentos, bem como à de rendimentos não sujeitos ou isentos, deduz-se ao rendimento global a parte dos gastos comuns que for imputável aos rendimentos sujeitos e não isentos.

2 – Para efeitos do disposto na alínea *b)* do número anterior, a parte dos gastos comuns a imputar é determinada através da repartição proporcional daqueles ao total dos rendimentos brutos sujeitos e não isentos e dos rendimentos não sujeitos ou isentos, ou de acordo com outro critério considerado mais adequado aceite pela Direcção-Geral dos Impostos, devendo evidenciar-se essa repartição na declaração de rendimentos.

3 – Consideram-se rendimentos não sujeitos a IRC as quotas pagas pelos associados em conformidade com os estatutos, bem como os subsídios destinados a financiar a realização dos fins estatutários.

4 – Consideram-se rendimentos isentos os incrementos patrimoniais obtidos a título gratuito destinados à directa e imediata realização dos fins estatutários.

SECÇÃO IV
Entidades não residentes

ARTIGO 55º
Lucro tributável de estabelecimento estável

1 – O lucro tributável imputável a estabelecimento estável de sociedades e outras entidades não residentes é determinado aplicando, com as necessárias adaptações, o disposto na secção II.

2 – Podem ser deduzidos como gastos para a determinação do lucro tributável os encargos gerais de administração que, de acordo com critérios de repartição aceites e dentro de limites tidos como razoáveis pela Direcção-Geral dos Impostos, sejam imputáveis ao estabelecimento estável, devendo esses critérios ser justificados na declaração de rendimentos e uniformemente seguidos nos vários períodos de tributação.

3 – Sem prejuízo do disposto no número anterior, nos casos em que não seja possível efectuar uma imputação com base na utilização pelo estabelecimento estável

dos bens e serviços a que respeitam os encargos gerais, são admissíveis como critérios de repartição nomeadamente os seguintes:

a) Volume de negócios;
b) Gastos directos;
c) Activo fixo tangível.

ARTIGO 56º
Rendimentos não imputáveis a estabelecimento estável

1 – Os rendimentos não imputáveis a estabelecimento estável situado em território português, obtidos por sociedades e outras entidades não residentes, são determinados de acordo com as regras estabelecidas para as categorias correspondentes para efeitos de IRS.

2 – No caso de prédios urbanos não arrendados ou não afectos a uma actividade económica que sejam detidos por entidades com domicílio em país, território ou região sujeito a um regime fiscal claramente mais favorável constante de lista aprovada por portaria do Ministro das Finanças, considera-se como rendimento predial bruto relativamente ao respectivo período de tributação, para efeitos do número anterior, o montante correspondente a 1/15 do respectivo valor patrimonial.

3 – O disposto no número anterior não é aplicável quando a entidade não residente detentora do prédio demonstre que este não é fruído por entidade com domicílio em território português e que o prédio se encontra devoluto.

4 – Para efeitos da determinação da matéria colectável, nos termos da alínea *d)* do nº 1 do artigo 15º, o valor dos incrementos patrimoniais obtidos a título gratuito é calculado de acordo com as regras constantes do nº 2 do artigo 21º

SECÇÃO V
Determinação do lucro tributável por métodos indirectos

ARTIGO 57º
Aplicação de métodos indirectos

1 – A aplicação de métodos indirectos efectua-se nos casos e condições previstos nos artigos 87º a 89º da Lei Geral Tributária.

2 – O atraso na execução dos livros e registos contabilísticos, bem como a sua não exibição imediata, a que se refere o artigo 88º da Lei Geral Tributária, só dá lugar à aplicação de métodos indirectos após o decurso do prazo fixado para a sua regularização ou apresentação sem que se mostre cumprida a obrigação.

3 – O prazo a que se refere o número anterior não deve ser inferior a 5 nem superior a 30 dias e não prejudica a aplicação da sanção que corresponder à infracção eventualmente praticada.

ARTIGO 58º
Regime simplificado de determinação do lucro tributável

1 – Ficam abrangidos pelo regime simplificado de determinação do lucro tributável os sujeitos passivos residentes que exerçam, a título principal, uma actividade

de natureza comercial, industrial ou agrícola, não isentos nem sujeitos a algum regime especial de tributação, com excepção dos que se encontrem sujeitos à revisão legal das contas, que apresentem, no exercício anterior ao da aplicação do regime, um valor total anual de rendimentos não superior a € 149.639,37 e que não optem pelo regime de determinação do lucro tributável previsto na secção II do presente capítulo.

2 – No exercício do início de actividade, o enquadramento no regime simplificado faz-se, verificados os demais pressupostos, em conformidade com o valor total anual de rendimentos estimado, constante da declaração de início de actividade, caso não seja exercida a opção a que se refere o número anterior.

3 – O apuramento do lucro tributável resulta da aplicação de indicadores de base técnico-científica definidos para os diferentes sectores da actividade económica, os quais devem ser utilizados à medida que venham a ser aprovados.

4 – Na ausência de indicadores de base técnico-científica ou até que estes sejam aprovados, o lucro tributável, sem prejuízo do disposto no nº 11, é o resultante da aplicação do coeficiente de 0,20 ao valor das vendas de mercadorias e de produtos e do coeficiente de 0,45 ao valor dos restantes rendimentos, com exclusão da variação de produção e dos trabalhos para a própria empresa, com o montante mínimo igual ao valor anual do salário mínimo nacional mais elevado.

5 – Em lista aprovada por portaria do Ministro das Finanças são determinados os indicadores a que se refere o nº 3 e, na ausência daqueles indicadores, são estabelecidos, pela mesma forma, critérios técnicos que, ponderando a importância relativa de concretas componentes dos gastos das várias actividades empresariais e profissionais, permitam proceder à correcta subsunção dos rendimentos de tais actividades às qualificações contabilísticas relevantes para a fixação do coeficiente aplicável nos termos do nº 4.

6 – Para os efeitos do disposto no nº 4, aplica-se aos serviços prestados no âmbito de actividades hoteleiras e similares, restauração e bebidas, bem como ao montante dos subsídios destinados à exploração, o coeficiente de 0,20 aí indicado.

7 – A opção pela aplicação do regime geral de determinação do lucro tributável deve ser formalizada pelos sujeitos passivos:

a) Na declaração de início de actividade;

b) Na declaração de alterações a que se referem os artigos 118º e 119º, até ao fim do 3º mês do período de tributação do início da aplicação do regime.

8 – A opção referida no número anterior é válida por três períodos de tributação, findo os quais caduca, excepto se o sujeito passivo manifestar a intenção de a renovar pela forma prevista na alínea *b)* do número anterior.

9 – O regime simplificado de determinação do lucro tributável mantém-se, verificados os respectivos pressupostos, durante, pelo menos, três períodos de tributação, prorrogável automaticamente por igual período, salvo se o sujeito passivo comunicar, pela forma prevista na alínea *b)* do nº 7, a opção pela aplicação do regime geral de determinação do lucro tributável.

10 – Cessa a aplicação do regime simplificado quando o limite do total anual de rendimentos a que se refere o nº 1 for ultrapassado em dois períodos de tributação consecutivos ou se o for num único período de tributação em montante superior a

25% desse limite, caso em que o regime geral de determinação do lucro tributável se aplica a partir do período de tributação seguinte ao da verificação de qualquer desses factos.

11 – Os valores de base contabilística necessários para o apuramento do lucro tributável são passíveis de correcção pela Direcção-Geral dos Impostos nos termos gerais sem prejuízo do disposto na parte final do número anterior.

12 – Em caso de correcção aos valores de base contabilística referidos no número anterior por recurso a métodos indirectos, de acordo com o artigo 90º da Lei Geral Tributária, é aplicável, com as necessárias adaptações, o disposto nos artigos 57º a 62º.

13 – As entidades referidas na alínea b) do nº 1 do artigo 6º são abrangidas pelo disposto no presente artigo aplicando-se, para efeitos do disposto no nº 4, os coeficientes previstos no nº 2 do artigo 31º do Código do IRS.

14 – Sempre que, da aplicação dos indicadores de base técnico-científica a que se refere o nº 3, se determine um lucro tributável superior ao que resulta dos coeficientes estabelecidos no nº 4, ou se verifique qualquer alteração ao montante mínimo de lucro tributável previsto na parte final do mesmo número, com excepção da que decorra da actualização do valor da retribuição mínima mensal, pode o sujeito passivo, no exercício da entrada em vigor daqueles indicadores ou da alteração do referido montante mínimo, optar, no prazo e nos termos previstos na alínea b) do nº 7, pela aplicação do regime geral de determinação do lucro tributável, ainda que não tenha decorrido o período mínimo de permanência no regime simplificado.

15 – Para efeitos do disposto nos nºs 1, 4 e 10, aos valores aí previstos deve adicionar-se o valor da diferença positiva prevista no nº 2 do artigo 64º

16 – O montante mínimo do lucro tributável previsto na parte final do nº 4 não se aplica:

  a) Nos períodos de tributação de início e de cessação de actividade;

  b) Aos sujeitos passivos que se encontrem com processos no âmbito do Código da Insolvência e da Recuperação de Empresas, a partir do exercício da instauração desse processo e até ao exercício da sua conclusão;

  c) Aos sujeitos passivos que não tenham auferido rendimentos durante o respectivo período de tributação e tenham entregue a declaração de cessação de actividade a que se refere o artigo 33º do Código do IVA.

ARTIGO 59º
Métodos indirectos

A determinação do lucro tributável por métodos indirectos é efectuada pelo director de finanças da área da sede, direcção efectiva ou estabelecimento estável do sujeito passivo ou por funcionário em que este delegue e baseia-se em todos os elementos de que a administração tributária disponha, de acordo com o artigo 90º da lei geral tributária e demais normas legais aplicáveis.([1])

([1]) Redacção dada pela Lei nº 3-B/2010, de 28 de Abril.

ARTIGO 60º
Notificação do sujeito passivo

1 – Os sujeitos passivos são notificados do lucro tributável fixado por métodos indirectos, com indicação dos factos que lhe estiveram na origem e, bem assim, dos critérios e cálculos que lhe estão subjacentes.

2 – A notificação a que se refere o número anterior deve ser efectuada por carta registada com aviso de recepção, nos termos previstos no Código de Procedimento e de Processo Tributário.

ARTIGO 61º
Pedido de revisão do lucro tributável

Os sujeitos passivos podem solicitar a revisão do lucro tributável fixado por métodos indirectos nos termos previstos nos artigos 91º e seguintes da Lei Geral Tributária.

ARTIGO 62º
Revisão excepcional do lucro tributável

1 – O lucro tributável determinado por métodos indirectos pode ser revisto nos três anos posteriores ao do correspondente acto tributário, quando, em face de elementos concretos conhecidos posteriormente, se verifique ter havido injustiça grave ou notória em prejuízo do Estado ou do sujeito passivo e a revisão seja autorizada pelo director-geral dos impostos.

2 – São aplicáveis no caso previsto no número anterior as disposições dos artigos 60º e 61º

SECÇÃO VI
Disposições comuns e diversas

SUBSECÇÃO I
Correcções para efeitos da determinação da matéria colectável

ARTIGO 63º
Preços de transferência

1 – Nas operações comerciais, incluindo, designadamente, operações ou séries de operações sobre bens, direitos ou serviços, bem como nas operações financeiras, efectuadas entre um sujeito passivo e qualquer outra entidade, sujeita ou não a IRC, com a qual esteja em situação de relações especiais, devem ser contratados, aceites e praticados termos ou condições substancialmente idênticos aos que normalmente seriam contratados, aceites e praticados entre entidades independentes em operações comparáveis.

2 – O sujeito passivo deve adoptar, para a determinação dos termos e condições que seriam normalmente acordados, aceites ou praticados entre entidades independentes, o método ou métodos susceptíveis de assegurar o mais elevado grau de comparabilidade entre as operações ou séries de operações que efectua e outras subs-

tancialmente idênticas, em situações normais de mercado ou de ausência de relações especiais, tendo em conta, designadamente, as características dos bens, direitos ou serviços, a posição de mercado, a situação económica e financeira, a estratégia de negócio, e demais características relevantes dos sujeitos passivos envolvidos, as funções por eles desempenhadas, os activos utilizados e a repartição do risco.

3 – Os métodos utilizados devem ser:

a) O método do preço comparável de mercado, o método do preço de revenda minorado ou o método do custo majorado;

b) O método do fraccionamento do lucro, o método da margem líquida da operação ou outro, quando os métodos referidos na alínea anterior não possam ser aplicados ou, podendo sê-lo, não permitam obter a medida mais fiável dos termos e condições que entidades independentes normalmente acordariam, aceitariam ou praticariam.

4 – Considera-se que existem relações especiais entre duas entidades nas situações em que uma tem o poder de exercer, directa ou indirectamente, uma influência significativa nas decisões de gestão da outra, o que se considera verificado, designadamente, entre:

a) Uma entidade e os titulares do respectivo capital, ou os cônjuges, ascendentes ou descendentes destes, que detenham, directa ou indirectamente, uma participação não inferior a 10% do capital ou dos direitos de voto;

b) Entidades em que os mesmos titulares do capital, respectivos cônjuges, ascendentes ou descendentes detenham, directa ou indirectamente, uma participação não inferior a 10% do capital ou dos direitos de voto;

c) Uma entidade e os membros dos seus órgãos sociais, ou de quaisquer órgãos de administração, direcção, gerência ou fiscalização, e respectivos cônjuges, ascendentes e descendentes;

d) Entidades em que a maioria dos membros dos órgãos sociais, ou dos membros de quaisquer órgãos de administração, direcção, gerência ou fiscalização, sejam as mesmas pessoas ou, sendo pessoas diferentes, estejam ligadas entre si por casamento, união de facto legalmente reconhecida ou parentesco em linha recta;

e) Entidades ligadas por contrato de subordinação, de grupo paritário ou outro de efeito equivalente;

f) Empresas que se encontrem em relação de domínio, nos temos em que esta é definida nos diplomas que estatuem a obrigação de elaborar demonstrações financeiras consolidadas;

g) Entidades entre as quais, por força das relações comerciais, financeiras, profissionais ou jurídicas entre elas, directa ou indirectamente estabelecidas ou praticadas, se verifica situação de dependência no exercício da respectiva actividade, nomeadamente quando ocorre entre si qualquer das seguintes situações:

1) O exercício da actividade de uma depende substancialmente da cedência de direitos de propriedade industrial ou intelectual ou de know-how detidos pela outra;
2) O aprovisionamento em matérias-primas ou o acesso a canais de venda dos produtos, mercadorias ou serviços por parte de uma dependem substancialmente da outra;

3) Uma parte substancial da actividade de uma só pode realizar-se com a outra ou depende de decisões desta;
4) O direito de fixação dos preços, ou condições de efeito económico equivalente, relativos a bens ou serviços transaccionados, prestados ou adquiridos por uma encontra-se, por imposição constante de acto jurídico, na titularidade da outra;
5) Pelos termos e condições do seu relacionamento comercial ou jurídico, uma pode condicionar as decisões de gestão da outra, em função de factos ou circunstâncias alheios à própria relação comercial ou profissional.

h) Uma entidade residente ou não residente com estabelecimento estável situado em território português e uma entidade sujeita a um regime fiscal claramente mais favorável residente em país, território ou região constante da lista aprovada por portaria do Ministro das Finanças.

5 – Para efeitos do cálculo do nível percentual de participação indirecta no capital ou nos direitos de voto a que se refere o número anterior, nas situações em que não haja regras especiais definidas, são aplicáveis os critérios previstos no n.º 2 do artigo 483º do Código das Sociedades Comerciais.

6 – O sujeito passivo deve manter organizada, nos termos estatuídos para o processo de documentação fiscal a que se refere o artigo 130º, a documentação respeitante à política adoptada em matéria de preços de transferência, incluindo as directrizes ou instruções relativas à sua aplicação, os contratos e outros actos jurídicos celebrados com entidades que com ele estão em situação de relações especiais, com as modificações que ocorram e com informação sobre o respectivo cumprimento, a documentação e informação relativa àquelas entidades e bem assim às empresas e aos bens ou serviços usados como termo de comparação, as análises funcionais e financeiras e os dados sectoriais, e demais informação e elementos que tomou em consideração para a determinação dos termos e condições normalmente acordados, aceites ou praticados entre entidades independentes e para a selecção do método ou métodos utilizados.

7 – O sujeito passivo deve indicar, na declaração anual de informação contabilística e fiscal a que se refere o artigo 121º, a existência ou inexistência, no período de tributação a que aquela respeita, de operações com entidades com as quais está em situação de relações especiais, devendo ainda, no caso de declarar a sua existência:

a) Identificar as entidades em causa;
b) Identificar e declarar o montante das operações realizadas com cada uma;
c) Declarar se organizou, ao tempo em que as operações tiveram lugar, e mantém, a documentação relativa aos preços de transferência praticados.

8 – Sempre que as regras enunciadas no nº 1 não sejam observadas, relativamente a operações com entidades não residentes, deve o sujeito passivo efectuar, na declaração a que se refere o artigo 120º, as necessárias correcções positivas na determinação do lucro tributável, pelo montante correspondente aos efeitos fiscais imputáveis a essa inobservância.

9 – Nas operações realizadas entre entidade não residente e um seu estabelecimento estável situado em território português, ou entre este e outros estabeleci-

mentos estáveis daquela situados fora deste território, aplicam-se as regras constantes dos números anteriores.

10 – O disposto nos números anteriores aplica-se igualmente às pessoas que exerçam simultaneamente actividades sujeitas e não sujeitas ao regime geral de IRC.

11 – Quando a Direcção-Geral dos Impostos proceda a correcções necessárias para a determinação do lucro tributável por virtude de relações especiais com outro sujeito passivo do IRC ou do IRS, na determinação do lucro tributável deste último devem ser efectuados os ajustamentos adequados que sejam reflexo das correcções feitas na determinação do lucro tributável do primeiro.

12 – Pode a Direcção-Geral dos Impostos proceder igualmente ao ajustamento correlativo referido no número anterior quando tal resulte de convenções internacionais celebradas por Portugal e nos termos e condições nas mesmas previstos.

13 – A aplicação dos métodos de determinação dos preços de transferência, quer a operações individualizadas, quer a séries de operações, o tipo, a natureza e o conteúdo da documentação referida no n.º 6 e os procedimentos aplicáveis aos ajustamentos correlativos são regulamentados por portaria do Ministro das Finanças.

ARTIGO 64º
Correcções ao valor de transmissão de direitos reais sobre bens imóveis

1 – Os alienantes e adquirentes de direitos reais sobre bens imóveis devem adoptar, para efeitos da determinação do lucro tributável nos termos do presente Código, valores normais de mercado que não podem ser inferiores aos valores patrimoniais tributários definitivos que serviram de base à liquidação do imposto municipal sobre as transmissões onerosas de imóveis (IMT) ou que serviriam no caso de não haver lugar à liquidação deste imposto.

2 – Sempre que, nas transmissões onerosas previstas no número anterior, o valor constante do contrato seja inferior ao valor patrimonial tributário definitivo do imóvel, é este o valor a considerar pelo alienante e adquirente, para determinação do lucro tributável.

3 – Para aplicação do disposto no número anterior:([1])

a) O sujeito passivo alienante deve efectuar uma correcção, na declaração de rendimentos do período de tributação a que é imputável o rendimento obtido com a operação de transmissão, correspondente à diferença positiva entre o valor patrimonial tributário definitivo do imóvel e o valor constante do contrato;

b) O sujeito passivo adquirente adopta o valor patrimonial tributário definitivo para a determinação de qualquer resultado tributável em IRC relativamente ao imóvel.([1])

4 – Se o valor patrimonial tributário definitivo do imóvel não estiver determinado até ao final do prazo estabelecido para a entrega da declaração do período de tributação a que respeita a transmissão, os sujeitos passivos devem entregar a declaração de substituição durante o mês de Janeiro do ano seguinte àquele em que os valores patrimoniais tributários se tornaram definitivos.

([1]) Redacção dada pelo Decreto-Lei nº 159/2009, de 13 de Julho.

5 – No caso de existir uma diferença positiva entre o valor patrimonial tributário definitivo e o custo de aquisição ou de construção, o sujeito passivo adquirente deve comprovar no processo de documentação fiscal previsto no artigo 121º, para efeitos do disposto na alínea *b*) do nº 3, o tratamento contabilístico e fiscal dado ao imóvel.([1])

6 – O disposto no presente artigo não afasta a possibilidade de a Direcção-Geral dos Impostos proceder, nos termos previstos na lei, a correcções ao lucro tributável sempre que disponha de elementos que comprovem que o preço efectivamente praticado na transmissão foi superior ao valor considerado.

ARTIGO 65º
Pagamentos a entidades não residentes sujeitas a um regime fiscal privilegiado

1 – Não são dedutíveis para efeitos de determinação do lucro tributável as importâncias pagas ou devidas, a qualquer título, a pessoas singulares ou colectivas residentes fora do território português e aí submetidas a um regime fiscal claramente mais favorável, salvo se o sujeito passivo puder provar que tais encargos correspondem a operações efectivamente realizadas e não têm um carácter anormal ou um montante exagerado.

2 – Considera-se que uma pessoa singular ou colectiva está submetida a um regime fiscal claramente mais favorável quando o território de residência da mesma constar da lista aprovada por portaria do Ministro das Finanças ou quando aquela aí não for tributada em imposto sobre o rendimento idêntico ou análogo ao IRS ou ao IRC, ou quando, relativamente às importâncias pagas ou devidas mencionadas no número anterior, o montante de imposto pago for igual ou inferior a 60% do imposto que seria devido se a referida entidade fosse considerada residente em território português.

3 – Para efeitos do disposto no número anterior, os sujeitos passivos devem possuir e, quando solicitado pela Direcção-Geral dos Impostos, fornecer os elementos comprovativos do imposto pago pela entidade não residente e dos cálculos efectuados para o apuramento do imposto que seria devido se a entidade fosse residente em território português, nos casos em que o território de residência da mesma não conste da lista aprovada por portaria do Ministro das Finanças.

4 – A prova a que se refere o nº 1 deve ter lugar após notificação do sujeito passivo, efectuada com a antecedência mínima de 30 dias.

ARTIGO 66º
Imputação de lucros de sociedades não residentes sujeitas a um regime fiscal privilegiado

1 – São imputados aos sócios residentes em território português, na proporção da sua participação social e independentemente de distribuição, os lucros obtidos por sociedades residentes fora desse território e aí submetidos a um regime fiscal claramente mais favorável, desde que o sócio detenha, directa ou indirectamente,

---

([1]) Redacção dada pelo Decreto-Lei nº 159/2009, de 13 de Julho.

uma participação social de, pelo menos, 25%, ou, no caso de a sociedade não residente ser detida, directa ou indirectamente, em mais de 50%, por sócios residentes, uma participação social de, pelo menos, 10%.

2 – A imputação a que se refere o número anterior é feita na base tributável relativa ao período de tributação do sujeito passivo que integrar o termo do período de tributação da sociedade não residente e corresponde ao lucro obtido por esta, depois de deduzido o imposto sobre o rendimento incidente sobre esses lucros, a que houver lugar de acordo com o regime fiscal aplicável no Estado de residência dessa sociedade.

3 – Para efeitos do disposto no nº 1, considera-se que uma sociedade está submetida a um regime fiscal claramente mais favorável quando o território de residência da mesma constar da lista aprovada por portaria do Ministro das Finanças ou quando aquela aí não for tributada em imposto sobre o rendimento idêntico ou análogo ao IRC ou ainda quando o imposto efectivamente pago seja igual ou inferior a 60% do IRC que seria devido se a sociedade fosse residente em território português.

4 – Excluem-se do disposto no nº 1 as sociedades residentes fora do território português quando se verifiquem cumulativamente as seguintes condições:

a) Os respectivos lucros provenham em, pelo menos, 75% do exercício de uma actividade agrícola ou industrial no território onde estão situadas ou do exercício de uma actividade comercial que não tenha como intervenientes residentes em território português ou, tendo-os, esteja dirigida predominantemente ao mercado do território em que se situa;

b) A actividade principal da sociedade não residente não consista na realização das seguintes operações:

1) Operações próprias da actividade bancária, mesmo que não exercida por instituições de crédito;
2) Operações relativas à actividade seguradora, quando os respectivos rendimentos resultem predominantemente de seguros relativos a bens situados fora do território de residência da sociedade ou de seguros respeitantes a pessoas que não residam nesse território;
3) Operações relativas a partes de capital ou outros valores mobiliários, a direitos da propriedade intelectual ou industrial, à prestação de informações respeitantes a uma experiência adquirida no sector industrial, comercial ou científico ou à prestação de assistência técnica;
4) Locação de bens, excepto de bens imóveis situados no território de residência.

5 – Quando ao sócio residente sejam distribuídos lucros relativos à sua participação em sociedade não residente a que tenha sido aplicável o disposto no nº 1, são deduzidos na base tributável relativa ao período de tributação em que esses rendimentos sejam obtidos, até à sua concorrência, os valores que o sujeito passivo prove que já foram imputados para efeitos de determinação do lucro tributável de períodos de tributação anteriores, sem prejuízo de aplicação nesse período de tributação do crédito de imposto por dupla tributação internacional a que houver lugar, nos termos da alínea *a)* do nº 2 do artigo 90º e do artigo 91º

6 – A dedução que se refere na parte final do número anterior é feita até à concorrência do montante de IRC apurado no período de tributação de imputação dos lucros, após as deduções mencionadas nas alíneas *a*) e *b*) do nº 2 do artigo 90º, podendo, quando não seja possível efectuar essa dedução por insuficiência de colecta no período de tributação em que os lucros foram obtidos, o remanescente ser deduzido até ao fim dos cinco períodos de tributação seguintes.

7 – Para efeitos do disposto no nº 1, o sócio residente deve integrar no processo de documentação fiscal a que se refere o artigo 130º os seguintes elementos:

a) As contas devidamente aprovadas pelos órgãos sociais competentes das sociedades não residentes a que respeita o lucro a imputar;

b) A cadeia de participações directas e indirectas existentes entre entidades residentes e a sociedade não residente;

c) A demonstração do imposto pago pela sociedade não residente e dos cálculos efectuados para a determinação do IRC que seria devido se a sociedade fosse residente em território português, nos casos em que o território de residência da mesma não conste da lista aprovada por portaria do Ministro das Finanças.

8 – Quando o sócio residente em território português, que se encontre nas condições do nº 1, esteja sujeito a um regime especial de tributação, a imputação que lhe seria efectuada, nos termos aí estabelecidos, é feita directamente às primeiras entidades, que se encontrem na cadeia de participação, residentes nesse território e sujeitas ao regime geral de tributação, independentemente da sua percentagem de participação efectiva no capital da sociedade não residente, sendo aplicável o disposto nos nºs 2 e seguintes, com as necessárias adaptações.

ARTIGO 67º
Subcapitalização

1 – Quando o endividamento de um sujeito passivo para com entidade que não seja residente em território português ou em outro Estado-membro da União Europeia com a qual existam relações especiais, nos termos definidos no nº 4 do artigo 63º, com as devidas adaptações, for excessivo, os juros suportados relativamente à parte considerada em excesso não são dedutíveis para efeitos de determinação do lucro tributável.

2 – É equiparada à existência de relações especiais a situação de endividamento do sujeito passivo para com um terceiro que não seja residente em território português ou em outro Estado-membro da União Europeia, em que tenha havido prestação de aval ou garantia por parte de uma das entidades referidas no nº 4 do artigo 63º

3 – Existe excesso de endividamento quando o valor das dívidas em relação a cada uma das entidades referidas nos números anteriores, com referência a qualquer data do período de tributação, seja superior ao dobro do valor da correspondente participação no capital próprio do sujeito passivo.

4 – Para o cálculo do endividamento são consideradas todas as formas de crédito, em numerário ou em espécie, qualquer que seja o tipo de remuneração acordada, concedido pela entidade com a qual existem relações especiais, incluindo os créditos resultantes de operações comerciais quando decorridos mais de seis meses após a data do respectivo vencimento.

5 – Para o cálculo do capital próprio adiciona-se o capital social subscrito e realizado com as demais rubricas como tal qualificadas pela regulamentação contabilística em vigor, excepto as que traduzem mais-valias ou menos-valias potenciais ou latentes, designadamente as resultantes de reavaliações não autorizadas por diploma fiscal ou da aplicação do método da equivalência patrimonial.

6 – Com excepção dos casos de endividamento perante entidade residente em país, território ou região com regime fiscal claramente mais favorável que conste de lista aprovada por portaria do Ministro das Finanças, não é aplicável o disposto no nº 1 se, encontrando-se excedido o coeficiente estabelecido no nº 3, o sujeito passivo demonstrar, tendo em conta o tipo de actividade, o sector em que se insere, a dimensão e outros critérios pertinentes, e tomando em conta um perfil de risco da operação que não pressuponha o envolvimento das entidades com as quais tem relações especiais, que podia ter obtido o mesmo nível de endividamento e em condições análogas de uma entidade independente.

7 – A prova mencionada no número anterior deve integrar o processo de documentação fiscal a que se refere o artigo 130º.

ARTIGO 68º
Correcções nos casos de crédito de imposto e retenção na fonte

1 – Na determinação da matéria colectável sujeita a imposto, quando houver rendimentos obtidos no estrangeiro que dêem lugar a crédito de imposto por dupla tributação internacional, nos termos do artigo 91º, esses rendimentos devem ser considerados, para efeitos de tributação, pelas respectivas importâncias ilíquidas dos impostos sobre o rendimento pagos no estrangeiro.

2 – Sempre que tenha havido lugar a retenção na fonte de IRC relativamente a rendimentos englobados para efeitos de tributação, o montante a considerar na determinação da matéria colectável é a respectiva importância ilíquida do imposto retido na fonte.

SUBSECÇÃO II
Regime especial de tributação dos grupos de sociedades

ARTIGO 69º
Âmbito e condições de aplicação

1 – Existindo um grupo de sociedades, a sociedade dominante pode optar pela aplicação do regime especial de determinação da matéria colectável em relação a todas as sociedades do grupo.

2 – Existe um grupo de sociedades quando uma sociedade, dita dominante, detém, directa ou indirectamente, pelo menos 90% do capital de outra ou outras sociedades ditas dominadas, desde que tal participação lhe confira mais de 50% dos direitos de voto.

3 – A opção pela aplicação do regime especial de tributação dos grupos de sociedades só pode ser formulada quando se verifiquem cumulativamente os seguintes requisitos:

a) As sociedades pertencentes ao grupo têm todas sede e direcção efectiva em território português e a totalidade dos seus rendimentos está sujeita ao regime geral de tributação em IRC, à taxa normal mais elevada;

b) A sociedade dominante detém a participação na sociedade dominada há mais de um ano, com referência à data em que se inicia a aplicação do regime;

c) A sociedade dominante não é considerada dominada de nenhuma outra sociedade residente em território português que reúna os requisitos para ser qualificada como dominante.

d) A sociedade dominante não tenha renunciado à aplicação do regime nos três anos anteriores, com referência à data em que se inicia a aplicação do regime.

4 – Não podem fazer parte do grupo as sociedades que, no início ou durante a aplicação do regime, se encontrem nas situações seguintes:

a) Estejam inactivas há mais de um ano ou tenham sido dissolvidas;

b) Tenha sido contra elas instaurado processo especial de recuperação ou de falência em que haja sido proferido despacho de prosseguimento da acção;

c) Registem prejuízos fiscais nos três exercícios anteriores ao do início da aplicação do regime, salvo, no caso das sociedades dominadas, se a participação já for detida pela sociedade dominante há mais de dois anos;

d) Estejam sujeitas a uma taxa de IRC inferior à taxa normal mais elevada e não renunciem à sua aplicação;

e) Adoptem um período de tributação não coincidente com o da sociedade dominante;

f) O nível de participação exigido de, pelo menos, 90% seja obtido indirectamente através de uma entidade que não reúna os requisitos legalmente exigidos para fazer parte do grupo;

g) Não assumam a forma jurídica de sociedade por quotas, sociedade anónima ou sociedade em comandita por acções, salvo o disposto no nº 12.

5 – O requisito temporal referido na alínea *b)* do nº 3 não é aplicável quando se trate de sociedades constituídas pela sociedade dominante há menos de um ano, sendo relevante para a contagem daquele prazo, bem como do previsto na alínea *c)* do nº 4, nos casos em que a participação tiver sido adquirida no âmbito de processo de fusão, cisão ou entrada de activos, o período durante o qual a participação tiver permanecido na titularidade das sociedades fundidas, cindidas ou da sociedade contribuidora, respectivamente.

6 – Quando a participação é detida de forma indirecta, a percentagem de participação efectiva é obtida pelo processo da multiplicação sucessiva das percentagens de participação em cada um dos níveis e, havendo participações numa sociedade detidas de forma directa e indirecta, a percentagem de participação efectiva resulta da soma das percentagens das participações.

7 – A opção mencionada no nº 1 e as alterações a que se referem as alíneas *d)* e *e)* do nº 8, bem como a renúncia ou a cessação da aplicação deste regime devem ser comunicadas à Direcção-Geral dos Impostos pela sociedade dominante através do envio, por transmissão electrónica de dados, da competente declaração prevista no artigo 118º, nos seguintes prazos:

a) No caso de opção pela aplicação deste regime, até ao fim do 3º mês do período de tributação em que se pretende iniciar a aplicação;
b) No caso de alterações na composição do grupo:
   i) Até ao fim do 3º mês do período de tributação em que deva ser efectuada a inclusão de novas sociedades nos termos da alínea *d)* do nº 8;
   ii) Até ao fim do 3º mês do período de tributação seguinte àquele em que ocorra a saída de sociedades do grupo ou em que se verifiquem outras alterações nos termos da alínea *e)* do nº 8, independentemente de esse dia ser útil ou não útil, excepto se a alteração ocorrer por cessação da actividade de sociedade do grupo, caso em que a comunicação deve ser feita até ao final do prazo previsto para a entrega da correspondente declaração de cessação;([1])

c) No caso de renúncia, até ao fim do 3º mês do período de tributação em que se pretende renunciar à aplicação do regime;
d) No caso de cessação, até ao fim do 3º mês do período de tributação seguinte àquele em que deixem de se verificar as condições de aplicação do regime a que se referem as alíneas *a)* e *b)* do nº 8.

8 – O regime especial de tributação dos grupos de sociedades cessa a sua aplicação quando:

a) Deixe de se verificar algum dos requisitos referidos nos nºs 2 e 3, sem prejuízo do disposto nas alíneas *d)* e *e)*;
b) Se verifique alguma das situações previstas no nº 4 e a respectiva sociedade não seja excluída do grupo ao qual o regime está a ser ou pretende ser aplicado;
c) O lucro tributável de qualquer das sociedades do grupo seja determinado com recurso à aplicação de métodos indirectos;
d) Ocorram alterações na composição do grupo, designadamente com a entrada de novas sociedades que satisfaçam os requisitos legalmente exigidos sem que seja feita a sua inclusão no âmbito do regime e efectuada a respectiva comunicação à Direcção-Geral dos Impostos nos termos e prazo previstos no nº 7;
e) Ocorra a saída de sociedades do grupo por alienação da participação ou por incumprimento das demais condições, ou outras alterações na composição do grupo motivadas nomeadamente por fusões ou cisões, sempre que a sociedade dominante não opte pela continuidade do regime em relação às demais sociedades do grupo, mediante o envio da respectiva comunicação nos termos e prazo previstos no nº 7.

9 – Os efeitos da renúncia ou da cessação deste regime reportam-se:

a) Ao final do período de tributação anterior àquele em que foi comunicada a renúncia à aplicação deste regime nos termos e prazo previstos no nº 7;
b) Ao final do período de tributação anterior àquele em que deveria ser comunicada a inclusão de novas sociedades nos termos da alínea *d)* do nº 8 ou ao final do período de tributação anterior àquele em que deveria ser comunicada a continuidade do regime nos termos da alínea *e)* daquele número;
c) Ao final do período de tributação anterior ao da verificação dos factos previstos nas alíneas *a)*, *b)* e *c)* do nº 8.

([1]) Redacção dada pelo Decreto-Lei nº 292/2009, de 13 de Outubro.

10 – As entidades públicas empresariais, que satisfaçam os requisitos relativos à qualidade de sociedade dominante exigidos pelo presente artigo, podem optar pela aplicação deste regime ao respectivo grupo.

ARTIGO 70º
Determinação do lucro tributável do grupo

1 – Relativamente a cada um dos períodos de tributação abrangidos pela aplicação do regime especial, o lucro tributável do grupo é calculado pela sociedade dominante, através da soma algébrica dos lucros tributáveis e dos prejuízos fiscais apurados nas declarações periódicas individuais de cada uma das sociedades pertencentes ao grupo.

2 – *(Revogado.)*([1])

ARTIGO 71º
Regime específico de dedução de prejuízos fiscais

1 – Quando seja aplicável o regime estabelecido no artigo 69º, na dedução de prejuízos fiscais prevista no artigo 52º, observa-se ainda o seguinte:

a) Os prejuízos das sociedades do grupo verificados em períodos de tributação anteriores ao do início de aplicação do regime só podem ser deduzidos ao lucro tributável do grupo até ao limite do lucro tributável da sociedade a que respeitam;

b) Os prejuízos fiscais do grupo apurados em cada perío do de tributação em que seja aplicado o regime só podem ser deduzidos aos lucros tributáveis do grupo;

c) Terminada a aplicação do regime relativamente a uma sociedade do grupo, não são dedutíveis aos respectivos lucros tributáveis os prejuízos fiscais verificados durante os períodos de tributação em que o regime se aplicou, podendo, porém, ainda ser deduzidos, nos termos e condições do nº 1 do artigo 52º, os prejuízos a que se refere a alínea *a)* que não tenham sido totalmente deduzidos ao lucro tributável do grupo;

d) Quando houver continuidade de aplicação do regime após a saída de uma ou mais sociedades do grupo, extingue-se o direito à dedução da quota-parte dos prejuízos fiscais respeitantes àquelas sociedades.

2 – Quando, durante a aplicação do regime, haja lugar a fusões entre sociedades do grupo ou uma sociedade incorpore uma ou mais sociedades não pertencentes ao grupo, os prejuízos das sociedades fundidas verificados em períodos de tributação anteriores ao do início do regime podem ser deduzidos ao lucro tributável do grupo até ao limite do lucro tributável da nova sociedade ou da sociedade incorporante, desde que seja obtida a autorização prevista no artigo 75º

3 – Na dedução dos prejuízos fiscais devem ser primeiramente deduzidos os apurados há mais tempo.

SUBSECÇÃO III
Transformação de sociedades

ARTIGO 72º
Regime aplicável

1 – A transformação de sociedades, mesmo quando ocorra dissolução da anterior, não implica alteração do regime fiscal que vinha sendo aplicado nem determina, por si só, quaisquer consequências em matéria de IRC, salvo o disposto nos números seguintes.

2 – No caso de transformação de sociedade civil não constituída sob forma comercial em sociedade sob qualquer das espécies previstas no Código das Sociedades Comerciais, ao lucro tributável correspondente ao período decorrido desde o início do período de tributação em que se verificou a transformação até à data desta é aplicável o regime previsto no nº 1 do artigo 6º

3 – Para efeitos do disposto no número anterior, no exercício em que ocorre a transformação deve determinar-se separadamente o lucro correspondente aos períodos anterior e posterior a esta, podendo os prejuízos anteriores à transformação, apurados nos termos deste Código, ser deduzidos nos lucros tributáveis da sociedade resultante da transformação até ao fim do período referido no nº 1 do artigo 52º, contado do exercício a que os mesmos se reportam.

4 – A data de aquisição das partes sociais resultantes da transformação de sociedade em sociedade de outro tipo é a data de aquisição das partes sociais que lhes deram origem.

SUBSECÇÃO IV
Regime especial aplicável às fusões, cisões, entradas de activos e permutas de partes sociais

ARTIGO 73º
Definições e âmbito de aplicação

1 – Considera-se fusão a operação pela qual se realiza:

a) A transferência global do património de uma ou mais sociedades (sociedades fundidas) para outra sociedade já existente (sociedade beneficiária) e a atribuição aos sócios daquelas de partes representativas do capital social da beneficiária e, eventualmente, de quantias em dinheiro que não excedam 10% do valor nominal ou, na falta de valor nominal, do valor contabilístico equivalente ao nominal das participações que lhes forem atribuídas;

b) A constituição de uma nova sociedade (sociedade beneficiária), para a qual se transferem globalmente os patrimónios de duas ou mais sociedades (sociedades fundidas), sendo aos sócios destas atribuídas partes representativas do capital social da nova sociedade e, eventualmente, de quantias em dinheiro que não excedam 10% do valor nominal ou, na falta de valor nominal, do valor contabilístico equivalente ao nominal das participações que lhes forem atribuídas;

c) A operação pela qual uma sociedade (sociedade fundida) transfere o conjunto do activo e do passivo que integra o seu património para a sociedade (sociedade beneficiária) detentora da totalidade das partes representativas do seu capital social.

2 – Considera-se cisão a operação pela qual:

a) Uma sociedade (sociedade cindida) destaca um ou mais ramos da sua actividade, mantendo pelo menos um dos ramos de actividade, para com eles constituir outras sociedades (sociedades beneficiárias) ou para os fundir com sociedades já existentes, mediante a atribuição aos seus sócios de partes representativas do capital social destas últimas sociedades e, eventualmente, de uma quantia em dinheiro que não exceda 10% do valor nominal ou, na falta de valor nominal, do valor contabilístico equivalente ao nominal das participações que lhes sejam atribuídas;

b) Uma sociedade (sociedade cindida) é dissolvida e dividido o seu património em duas ou mais partes, sendo cada uma delas destinada a constituir um nova sociedade (sociedade beneficiária) ou a ser fundida com sociedades já existentes ou com partes do património de outras sociedades, separadas por idênticos processos e com igual finalidade, mediante a atribuição aos seus sócios de partes representativas do capital social destas últimas sociedades e, eventualmente, de uma quantia em dinheiro que não exceda 10% do valor nominal ou, na falta de valor nominal, do valor contabilístico equivalente ao nominal das participações que lhes forem atribuídas.

3 – Considera-se entrada de activos a operação pela qual uma sociedade (sociedade contribuidora) transfere, sem que seja dissolvida, o conjunto ou um ou mais ramos da sua actividade para outra sociedade (sociedade beneficiária), tendo como contrapartida partes do capital social da sociedade beneficiária.

4 – Para efeitos do número anterior e da alínea *a)* do n.º 2, considera-se ramo de actividade o conjunto de elementos que constituem, do ponto de vista organizacional, uma unidade económica autónoma, ou seja, um conjunto capaz de funcionar pelos seus próprios meios, o qual pode compreender as dívidas contraídas para a sua organização ou funcionamento.

5 – Considera-se permuta de partes sociais a operação pela qual uma sociedade (sociedade adquirente) adquire uma participação no capital social de outra (sociedade adquirida), que tem por efeito conferir-lhe a maioria dos direitos de voto desta última, ou pela qual uma sociedade, já detentora de tal participação maioritária, adquire nova participação na sociedade adquirida, mediante a atribuição aos sócios desta, em troca dos seus títulos, de partes representativas do capital social da primeira sociedade e, eventualmente, de uma quantia em dinheiro não superior a 10% do valor nominal ou, na falta de valor nominal, do valor contabilístico equivalente ao nominal dos títulos entregues em troca.

6 – Para efeitos da aplicação dos artigos 74.º e 76.º, na parte respeitante às fusões e cisões de sociedades de diferentes Estados membros da União Europeia, o termo «sociedade» tem o significado que resulta do anexo à Directiva n.º 90/434/CEE, de 23 de Julho.

7 – O regime especial estatuído na presente subsecção aplica-se às operações de fusão e cisão de sociedades e de entrada de activos, tal como são definidas nos n.ºs 1 a 3, em que intervenham:

a) Sociedades com sede ou direcção efectiva em território português sujeitas e não isentas de IRC;(¹)

b) Sociedade ou sociedades de outros Estados membros da União Europeia, desde que todas as sociedades se encontrem nas condições estabelecidas no artigo 3º da Directiva nº 90/434/CEE, de 23 de Julho.

8 – O regime especial não se aplica sempre que, por virtude das operações referidas no número anterior, sejam transmitidos navios ou aeronaves, ou bens móveis afectos à sua exploração, para uma entidade de navegação marítima ou aérea internacional não residente em território português.

9 – Às fusões e cisões, efectuadas nos termos legais, de sujeitos passivos do IRC residentes em território português que não sejam sociedades e aos respectivos membros, bem como às entradas de activos e permutas de partes sociais em que intervenha pessoa colectiva que não seja sociedade, é aplicável, com as necessárias adaptações, o regime da presente subsecção, na parte respectiva.

10 – O regime especial estabelecido não se aplica, total ou parcialmente, quando se conclua que as operações abrangidas pelo mesmo tiveram como principal objectivo ou como um dos principais objectivos a evasão fiscal, o que pode considerar-se verificado, nomeadamente, nos casos em que as sociedades intervenientes não tenham a totalidade dos seus rendimentos sujeitos ao mesmo regime de tributação em IRC ou quando as operações não tenham sido realizadas por razões económicas válidas, tais como a reestruturação ou a racionalização das actividades das sociedades que nelas participam, procedendo-se então, se for caso disso, às correspondentes liquidações adicionais de imposto.

ARTIGO 74º
Regime especial aplicável às fusões, cisões e entradas de activos

1 – Na determinação do lucro tributável das sociedades fundidas ou cindidas ou da sociedade contribuidora, no caso de entrada de activos, não é considerado qualquer resultado derivado da transferência dos elementos patrimoniais em consequência da fusão, cisão ou entrada de activos, nem são considerados como rendimentos, nos termos do nº 3 do artigo 28º e do nº 3 do artigo 35º, os ajustamentos em inventários e as perdas por imparidade e outras correcções de valor que respeitem a créditos, inventários e, bem assim, nos termos do nº 4 do artigo 39º, as provisões relativas a obrigações e encargos objecto de transferência, aceites para efeitos fiscais, com excepção dos que respeitem a estabelecimentos estáveis situados fora do território português quando estes são objecto de transferência para entidades não residentes, desde que se trate de:

a) Transferência efectuada por sociedade residente em território português e a sociedade beneficiária seja igualmente residente nesse território ou, sendo residente de um Estado membro da União Europeia, esses elementos sejam efectivamente afectos a um estabelecimento estável situado em território português dessa mesma sociedade e concorram para a determinação do lucro tributável imputável a esse estabelecimento estável;

(¹) Redacção dada pela Lei nº 3-B/2010, de 28 de Abril.

b) Transferência para uma sociedade residente em território português de estabelecimento estável situado neste território de uma sociedade residente noutro Estado membro da União Europeia, verificando-se, em consequência dessa operação, a extinção do estabelecimento estável;

c) Transferência de estabelecimento estável situado em território português de uma sociedade residente noutro Estado membro da União Europeia para sociedade residente do mesmo ou noutro Estado membro, desde que os elementos patrimoniais afectos a esse estabelecimento continuem afectos a estabelecimento estável situado naquele território e concorram para a determinação do lucro que lhe seja imputável;

d) Transferência de estabelecimentos estáveis situados no território de outros Estados membros da União Europeia realizada por sociedades residentes em território português em favor de sociedades residentes neste território.

2 – Sempre que, por motivo de fusão, cisão ou entrada de activos, nas condições referidas nos números anteriores, seja transferido para uma sociedade residente de outro Estado membro um estabelecimento estável situado fora do território português de uma sociedade aqui residente, não se aplica em relação a esse estabelecimento estável o regime especial previsto neste artigo, mas a sociedade residente pode deduzir o imposto que, na falta das disposições da Directiva nº 90/434/CEE, de 23 de Julho, seria aplicável no Estado em que está situado esse estabelecimento estável, sendo essa dedução feita do mesmo modo e pelo mesmo montante a que haveria lugar se aquele imposto tivesse sido efectivamente liquidado e pago.

3 – A aplicação do regime especial determina que a sociedade beneficiária mantenha, para efeitos fiscais, os elementos patrimoniais objecto de transferência pelos mesmos valores que tinham nas sociedades fundidas, cindidas ou na sociedade contribuidora antes da realização das operações, considerando-se que tais valores são os que resultam da aplicação das disposições deste Código ou de reavaliações efectuadas ao abrigo de legislação de carácter fiscal.([1])

4 – Na determinação do lucro tributável da sociedade beneficiária deve ter-se em conta o seguinte:([1])

a) O apuramento dos resultados respeitantes aos elementos patrimoniais transferidos é feito como se não tivesse havido fusão, cisão ou entrada de activos;([1])

b) As depreciações ou amortizações sobre os elementos do activo fixo tangível, do activo intangível e das propriedades de investimento contabilizadas ao custo histórico transferidos são efectuadas de acordo com o regime que vinha sendo seguido nas sociedades fundidas, cindidas ou na sociedade contribuidora;([1])

c) Os ajustamentos em inventários, as perdas por imparidade e as provisões que foram transferidas têm, para efeitos fiscais, o regime que lhes era aplicável nas sociedades fundidas, cindidas ou na sociedade contribuidora.([1])

5 – Para efeitos da determinação do lucro tributável da sociedade contribuidora, as mais-valias ou menos-valias realizadas respeitantes às partes de capital social recebidas em contrapartida da entrada de activos são calculadas considerando como

---

([1]) Alterado pelo Decreto-Lei nº 159/2009, de 13 de Julho.

valor de aquisição destas partes de capital o valor líquido contabilístico aceite para efeitos fiscais que os elementos do activo e do passivo transferidos tinham nessa sociedade antes da realização da operação.

6 – Quando a sociedade beneficiária detém uma participação no capital das sociedades fundidas ou cindidas, não concorre para a formação do lucro tributável a mais-valia ou a menos-valia eventualmente resultante da anulação das partes de capital detidas naquelas sociedades em consequência da fusão ou cisão.

7 – Sempre que, no projecto de fusão ou cisão, seja fixada uma data a partir da qual as operações das sociedades a fundir ou a cindir são consideradas, do ponto de vista contabilístico, como efectuadas por conta da sociedade beneficiária, a mesma data é considerada relevante para efeitos fiscais desde que se situe num período de tributação coincidente com aquele em que se situe a data da produção de efeitos jurídicos da operação em causa.

8 – Quando seja aplicável o disposto no número anterior, os resultados realizados pelas sociedades a fundir ou a cindir durante o período decorrido entre a data fixada no projecto e a data da produção de efeitos jurídicos da operação são transferidos para efeitos de serem incluídos no lucro tributável da sociedade beneficiária respeitante ao mesmo período de tributação em que seriam considerados por aquelas sociedades.

ARTIGO 75º
Transmissibilidade dos prejuízos fiscais

1 – Os prejuízos fiscais das sociedades fundidas podem ser deduzidos dos lucros tributáveis da nova sociedade ou da sociedade incorporante, nos termos e condições estabelecidos no artigo 52º e até ao fim do período referido no nº 1 do mesmo artigo, contado do período de tributação a que os mesmos se reportam, desde que seja concedida autorização pelo Ministro das Finanças, mediante requerimento dos interessados entregue na Direcção-Geral dos Impostos até ao fim do mês seguinte ao do pedido do registo da fusão na conservatória do registo comercial.

2 – A concessão da autorização está subordinada à demonstração de que a fusão é realizada por razões económicas válidas, tais como a reestruturação ou racionalização das actividades das sociedades intervenientes, e se insere numa estratégia de redimensionamento e desenvolvimento empresarial de médio ou longo prazo, com efeitos positivos na estrutura produtiva, devendo ser fornecidos, para esse efeito, todos os elementos necessários ou convenientes para o perfeito conhecimento da operação visada, tanto dos seus aspectos jurídicos como económicos.

3 – O disposto nos números anteriores pode igualmente aplicar-se, com as necessárias adaptações, às seguintes operações

a) Na cisão, em que se verifique a extinção da sociedade cindida, sendo então os prejuízos fiscais transferidos para cada uma das sociedades beneficiárias proporcionalmente aos valores transferidos por aquela sociedade;

b) Na fusão, cisão ou entrada de activos, em que é transferido para uma sociedade residente em território português um estabelecimento estável nele situado de uma sociedade residente num Estado membro da União Europeia, que preencha as condições estabelecidas no artigo 3º da Directiva nº 90/434/CEE, de 23 de

Julho, verificando-se, em consequência dessa operação, a extinção do estabelecimento estável;

c) Na transferência de estabelecimentos estáveis situados em território português de sociedades residentes em Estados membros da União Europeia que estejam nas condições da Directiva nº 90/434/CEE, de 23 de Julho, em favor de sociedades também residentes de Estados membros e em idênticas condições, no âmbito de fusão ou cisão ou entrada de activos, desde que os elementos patrimoniais transferidos continuem afectos a estabelecimento estável aqui situado e concorram para a determinação do lucro tributável que lhe seja imputável.

4 – No despacho de autorização pode ser fixado um plano específico de dedução dos prejuízos fiscais a estabelecer o escalonamento da dedução durante o período em que pode ser efectuada e os limites que não podem ser excedidos em cada período de tributação.

5 – Relativamente às operações referidas nas alíneas *a*) e *b*) do nº 1 do artigo 74º, a dedução dos prejuízos, quando autorizada, é efectuada no lucro tributável do estabelecimento estável situado em território português e respeita apenas aos prejuízos que lhe sejam imputáveis.

6 – Sempre que, durante o período de aplicação do regime especial de tributação dos grupos de sociedades previsto no artigo 69º ou imediatamente após o seu termo, e em resultado de uma operação de fusão envolvendo a totalidade das sociedades abrangidas por aquele regime, uma das sociedades pertencentes ao grupo incorpore as restantes ou haja lugar à constituição de uma nova sociedade, pode o Ministro das Finanças, a requerimento da sociedade dominante apresentado no prazo de 90 dias após o pedido do registo da fusão na conservatória do registo comercial, autorizar que os prejuízos fiscais do grupo ainda por deduzir possam ser deduzidos do lucro tributável da sociedade incorporante ou da nova sociedade resultante da fusão, nas condições referidas nos números anteriores.

ARTIGO 76º
Regime aplicável aos sócios das sociedades fundidas ou cindidas

1 – Nos casos de fusão de sociedades a que seja aplicável o regime especial estabelecido no artigo 68º, na operação de troca de partes de capital não são considerados para efeitos de tributação os ganhos ou perdas eventualmente apurados desde que as partes de capital recebidas pelos sócios das sociedades fundidas sejam valorizadas, para efeitos fiscais, pelo valor que tinham as partes de capital entregues, determinado de acordo com o estabelecido neste Código.([1])

2 – O disposto no número anterior não obsta à tributação dos sócios das sociedades fundidas relativamente às importâncias em dinheiro que eventualmente lhes sejam atribuídas em resultado da fusão.

3 – O preceituado nos números anteriores é aplicável aos sócios de sociedades objecto de cisão a que se aplique o regime especial estabelecido no artigo 74º, devendo, neste caso, o valor, para efeitos fiscais, da participação detida ser repartido pelas partes de capital recebidas e pelas que continuam a ser detidas na sociedade

---

([1]) Redacção dada pelo Decreto-Lei nº 159/2009, de 13 de Julho.

cindida, com base na proporção entre o valor dos patrimónios destacados para cada uma das sociedades beneficiárias e o valor do património da sociedade cindida.

4 – O disposto nos números anteriores é igualmente aplicável aos sócios de sociedades que sejam objecto das demais operações de fusão ou cisão abrangidas pela Directiva nº 2009/133/CE, do Conselho, de 19 de Outubro de 2009.([1])

ARTIGO 77º
Regime especial aplicável à permuta de partes sociais

1 – A atribuição, em resultado de uma permuta de partes sociais, tal como esta operação é definida no artigo 67º, dos títulos representativos do capital social da sociedade adquirente, aos sócios da sociedade adquirida, não dá lugar a qualquer tributação destes últimos se os mesmos continuarem a valorizar, para efeitos fiscais, as novas partes sociais pelo valor atribuído às antigas, determinado de acordo com o estabelecido neste Código.([2])

2 – O disposto no número anterior apenas é aplicável desde que se verifiquem cumulativamente as seguintes condições:

a) A sociedade adquirente e a sociedade adquirida sejam residentes em território português ou noutro Estado membro da União Europeia e preencham as condições estabelecidas na Directiva nº 90/434/CEE, de 23 de Julho;

b) Os sócios da sociedade adquirida sejam pessoas ou entidades residentes nos Estados membros da União Europeia ou em terceiros Estados, quando os títulos recebidos sejam representativos do capital social de uma entidade residente em território português.

3 – O disposto no nº 1 não obsta à tributação dos sócios relativamente às quantias em dinheiro que lhes sejam eventualmente atribuídas nos termos do nº 5 do artigo 73º

ARTIGO 78º
Obrigações acessórias

1 – A opção pela aplicação do regime especial estabelecido na presente subsecção deve ser comunicada à Direcção-Geral dos Impostos na declaração anual de informação contabilística e fiscal, a que se refere o artigo 113º, relativa ao período de tributação em que a operação é realizada:([3])

a) Pela entidade ou entidades beneficiárias, no caso de fusão ou cisão, excepto quando estas entidades e, bem assim, a entidade ou entidades transmitentes não sejam residentes em território português nem disponham de estabelecimento estável aí situado, casos em que a obrigação de comunicação deve ser cumprida pelos sócios residentes;

b) Pela entidade beneficiária, no caso de entrada de activos, excepto quando não seja residente em território português nem disponha de estabelecimento estável aí situado, caso em que a obrigação deve ser cumprida pela entidade transmitente;

([1]) Aditado pela Lei nº 55-A/2010, de 31 de Dezembro.
([2]) Redacção dada pelo Decreto-Lei nº 159/2009, de 13 de Julho.
([3]) Aditado pelo Decreto-Lei nº 159/2009, de 13 de Julho.

c) Pelo sócio residente afectado, nas operações de permuta de partes sociais, ou pela sociedade adquirida quando seja residente em território português.

2 – Para efeitos do disposto no nº 1 do artigo 74º, a sociedade que transfere os elementos patrimoniais, por motivo de fusão ou cisão ou entrada de activos, deve integrar no processo de documentação fiscal, a que se refere o artigo 130º, os seguintes elementos:

a) Declaração passada pela sociedade para a qual aqueles elementos são transmitidos de que obedecerá ao disposto no nº 3 do artigo 74º;

b) Declarações comprovativas, confirmadas e autenticadas pelas autoridades fiscais do outro Estado Membro da União Europeia de que são residentes as outras sociedades intervenientes na operação, de que estas se encontram nas condições estabelecidas no artigo 3º da Directiva nº 90/434/CEE, de 23 de Julho, sempre que nas operações não participem apenas sociedades residentes em território português.

3 – No caso referido no nº 2 do artigo 74º, além das declarações mencionadas na alínea b) do número anterior, deve a sociedade residente integrar no processo de documentação fiscal a que se refere o artigo 130º documento passado pelas autoridades fiscais do Estado membro da União Europeia onde se situa o estabelecimento estável em que se declare o imposto que aí seria devido na falta das disposições da Directiva nº 90/434/CEE, de 23 de Julho.

4 – A entidade beneficiária ou adquirente deve integrar, no processo de documentação fiscal previsto no artigo 121º:[1]

a) As demonstrações financeiras da entidade transmitente ou contribuidora, antes da operação;

b) A relação dos elementos patrimoniais adquiridos que tenham sido incorporados na contabilidade por valores diferentes dos aceites para efeitos fiscais na sociedade transmitente, evidenciando ambos os valores, bem como as depreciações e amortizações, provisões, ajustamentos em inventários, perdas por imparidade e outras correcções de valor registados antes da realização das operações, fazendo ainda o respectivo acompanhamento enquanto não forem alienados, transferidos ou extintos.

5 – Para efeitos do artigo 76º, os sócios das sociedades fundidas ou cindidas devem integrar no processo de documentação fiscal, a que se refere o artigo 130º, uma declaração donde conste a data, identificação da operação realizada e das entidades intervenientes, número e valor nominal das partes sociais entregues e recebidas, valor fiscal das partes sociais entregues e respectivas datas de aquisição, quantia em dinheiro eventualmente recebida, nível percentual da participação detida antes e após a operação de fusão ou cisão.

6 – Para efeitos do disposto no artigo 77º, os sócios da sociedade adquirida devem integrar no processo de documentação fiscal, a que se refere o artigo 130º, os seguintes elementos:

---

[1] Aditado pelo Decreto-Lei nº 159/2009, de 13 de Julho.

a) Declaração donde conste descrição da operação de permuta de partes sociais, data em que se realizou, identificação das entidades intervenientes, número e valor nominal das partes sociais entregues e das partes sociais recebidas, valor fiscal das partes sociais entregues e respectivas datas de aquisição, quantia em dinheiro eventualmente recebida, resultado que seria integrado na base tributável se não fosse aplicado o regime previsto no artigo 77º e demonstração do seu cálculo;

b) Declaração da sociedade adquirente de como, em resultado de permuta de acções, ficou a deter a maioria dos direitos de voto da sociedade adquirida;

c) Se for caso disso, declaração comprovativa, confirmada e autenticada pelas respectivas autoridades fiscais de outro Estado membro da União Europeia de que são residentes as entidades intervenientes na operação, de que se encontram verificados os condicionalismos de que a Directiva nº 90/434/CEE, de 23 de Julho, faz depender a sua aplicação e ou de que o sócio é residente desse Estado.

SUBSECÇÃO V
Liquidação de sociedades e outras entidades

ARTIGO 79º
Sociedades em liquidação

1 – Relativamente às sociedades em liquidação, o lucro tributável é determinado com referência a todo o período de liquidação.

2 – Para efeitos do disposto no número anterior, deve observar-se o seguinte:

a) As sociedades que se dissolvam devem encerrar as suas contas com referência à data da dissolução, com vista à determinação do lucro tributável correspondente ao período decorrido desde o início do período de tributação em que se verificou a dissolução até à data desta;

b) Durante o período em que decorre a liquidação e até ao fim do período de tributação imediatamente anterior ao encerramento desta, há lugar, anualmente, à determinação do lucro tributável respectivo, que tem natureza provisória e é corrigido face à determinação do lucro tributável correspondente a todo o período de liquidação;

c) No período de tributação em que ocorre a dissolução deve determinar-se separadamente o lucro referido na alínea *a)* e o lucro mencionado na primeira parte da alínea *b)*.

3 – Quando o período de liquidação ultrapasse dois anos, o lucro tributável determinado anualmente, nos termos da alínea *b)* do número anterior, deixa de ter natureza provisória.

4 – Os prejuízos anteriores à dissolução que na data desta ainda sejam dedutíveis nos termos do artigo 52º podem ser deduzidos ao lucro tributável correspondente a todo o período de liquidação, se este não ultrapassar dois anos.

5 – A liquidação de sociedades decorrente da declaração de nulidade ou da anulação do respectivo contrato é aplicável, com as necessárias adaptações, o disposto nos números anteriores.

ARTIGO 80º
Resultado de liquidação

Na determinação do resultado de liquidação, havendo partilha dos bens patrimoniais pelos sócios, considera-se como valor de realização daqueles o respectivo valor de mercado.

ARTIGO 81º
Resultado da partilha

1 – É englobado para efeitos de tributação dos sócios, no período de tributação em que for posto à sua disposição, o valor que for atribuído a cada um deles em resultado da partilha, abatido do custo de aquisição das correspondentes partes sociais.

2 – No englobamento, para efeitos de tributação da diferença referida no número anterior, deve observar-se o seguinte:

a) Essa diferença, quando positiva, é considerada como rendimento de aplicação de capitais até ao limite da diferença entre o valor que for atribuído e o que, face à contabilidade da sociedade liquidada, corresponda a entradas efectivamente verificadas para realização do capital, tendo o eventual excesso a natureza de mais-valia tributável;

b) Essa diferença, quando negativa, é considerada como menos-valia, sendo dedutível apenas quando as partes sociais tenham permanecido na titularidade do sujeito passivo durante os três anos imediatamente anteriores à data da dissolução, e pelo montante que exceder os prejuízos fiscais transmitidos no âmbito da aplicação do regime especial de tributação dos grupos de sociedades e desde que a entidade liquidada não seja residente em país, território ou região com regime fiscal claramente mais favorável que conste de lista aprovada por portaria do Ministro das Finanças.

3 – À diferença considerada como rendimento de aplicação de capitais nos termos da alínea *a)* do número anterior é aplicável a dedução prevista no artigo 51º, sujeita à verificação dos mesmos requisitos e condições.

4 – Relativamente aos sócios de sociedades abrangidas pelo regime de transparência fiscal, nos termos do artigo 6º, ao valor que lhes for atribuído em virtude da partilha é ainda abatida a parte do resultado de liquidação que, para efeitos de tributação, lhes tenha sido já imputada, assim como a parte que lhes corresponder nos lucros retidos na sociedade nos períodos de tributação em que esta tenha estado sujeita àquele regime.

ARTIGO 82º
Liquidação de pessoas colectivas que não sejam sociedades

O disposto nos artigos anteriores é aplicável, com as necessárias adaptações, à liquidação de pessoas colectivas que não sejam sociedades.

SUBSECÇÃO VI
Transferência de residência de uma sociedade para o estrangeiro e cessação de actividade de entidades não residentes

ARTIGO 83º
Transferência de residência

1 – Para a determinação do lucro tributável do período de tributação em que ocorra a cessação de actividade de entidade com sede ou direcção efectiva em território português, incluindo a Sociedade Europeia e a Sociedade Cooperativa Europeia, por virtude da sede e a direcção efectiva deixarem de se situar nesse território, constituem componentes positivas ou negativas as diferenças entre os valores de mercado e os valores contabilísticos fiscalmente relevantes dos elementos patrimoniais à data da cessação.

2 – O disposto no número anterior não se aplica aos elementos patrimoniais que permaneçam efectivamente afectos a um estabelecimento estável da mesma entidade e contribuam para o respectivo lucro tributável, desde que sejam observadas relativamente a esses elementos as condições estabelecidas pelo nº 3 do artigo 74º, com as necessárias adaptações.

3 – É aplicável à determinação do lucro tributável do estabelecimento estável, com as necessárias adaptações, o disposto no nº 4 do artigo 74º

4 – Na situação referida no nº 2, os prejuízos fiscais anteriores à cessação de actividade podem ser deduzidos ao lucro tributável imputável ao estabelecimento estável da entidade não residente, nos termos e condições do artigo 15º

5 – O regime especial estabelecido nos nºs 2, 3 e 4 não se aplica nos casos estabelecidos no nº 10 do artigo 73º

ARTIGO 84º
Cessação da actividade de estabelecimento estável

O disposto no nº 1 do artigo anterior é aplicável, com as necessárias adaptações, na determinação do lucro tributável imputável a um estabelecimento estável de entidade não residente situado em território português, quando ocorra:

a) A cessação da actividade em território português;

b) A transferência, por qualquer título material ou jurídico, para fora do território português de elementos patrimoniais que se encontrem afectos ao estabelecimento estável.

ARTIGO 85º
Regime aplicável aos sócios

1 – No período de tributação em que a sede e direcção efectiva deixem de se situar em território português considera-se, para efeitos de tributação dos sócios, a diferença entre o valor do património líquido a essa data e o preço de aquisição que corresponderem às respectivas partes sociais, aplicando-se com as necessárias adaptações o disposto nos nºs 2 a 4 do artigo 81º

2 – Para efeitos do disposto no número anterior, a avaliação dos elementos que integram o património é efectuada ao valor de mercado.

3 – A transferência de sede de uma Sociedade Europeia ou de Sociedade Cooperativa Europeia não implica, por si mesma, a aplicação do disposto no nº 1.

SUBSECÇÃO VII
Realização de capital de sociedades por entrada de património de pessoa singular

ARTIGO 86º
Regime especial de neutralidade fiscal

1 – Quando seja aplicável o regime estabelecido no nº 1 do artigo 38º do Código do IRS, os bens que constituem o activo e o passivo do património objecto de transmissão devem continuar, para efeitos fiscais, a ser valorizados pela sociedade para a qual se transmitem pelos valores mencionados na alínea *c*) do referido nº 1 e na determinação do lucro tributável desta sociedade deve atender-se ao seguinte:

a) O apuramento dos resultados respeitantes aos bens que constituem o património transmitido é calculado como se não tivesse havido essa transmissão;

b) As depreciações ou amortizações sobre os elementos do activo depreciáveis ou amortizáveis são efectuadas de acordo com o regime que vinha a ser seguido para efeito de determinação do lucro tributável da pessoa singular;

c) Os ajustamentos em inventários, as perdas por imparidade e as provisões que tiverem sido transferidos têm, para efeitos fiscais, o regime que lhes era aplicável para efeito de determinação do lucro tributável da pessoa singular.

2 – Quando seja aplicável o regime estabelecido no nº 1 do artigo 38º do Código do IRS, os prejuízos fiscais relativos ao exercício pela pessoa singular de actividade empresarial ou profissional e ainda não deduzidos ao lucro tributável podem ser deduzidos nos lucros tributáveis da nova sociedade até ao fim do período referido no artigo 52º, contado do período de tributação a que os mesmos se reportam, até à concorrência de 50% de cada um desses lucros tributáveis.

CAPÍTULO IV
Taxas

ARTIGO 87º
Taxas

1 – As taxas do imposto, com excepção dos casos previstos nos nºs 4 e seguintes, são as constantes da tabela seguinte:

Matéria colectável (em euros)	Taxas (em percentagens)
Até 12 500	12,5
Superior a 12 500	25

2 – O quantitativo da matéria colectável, quando superior a € 12 500, é dividido em duas partes: uma, igual ao limite do 1º escalão, à qual se aplica a taxa correspondente; outra, igual ao excedente, a que se aplica a taxa do escalão superior.

3 – Relativamente aos sujeitos passivos abrangidos pelo regime simplificado previsto no artigo 58º, a taxa aplicável é de 20%.

4 – Tratando-se de rendimentos de entidades que não tenham sede nem direcção efectiva em território português e aí não possuam estabelecimento estável ao qual os mesmos sejam imputáveis, a taxa do IRC é de 25%, excepto relativamente aos seguintes rendimentos:

a) Rendimentos provenientes da propriedade intelectual ou industrial, da prestação de informações respeitantes a uma experiência adquirida no sector industrial, comercial ou científico e bem assim da assistência técnica, em que a taxa é de 15%;

b) Rendimentos derivados do uso ou da concessão do uso de equipamento agrícola, industrial, comercial ou científico, em que a taxa é de 15%;

c) Rendimentos de títulos de dívida e outros rendimentos de capitais não expressamente tributados a taxa diferente, em que a taxa é de 21,5%; ([1])

d) Prémios de rifas, totoloto, jogo de loto, bem como importâncias ou prémios atribuídos em quaisquer sorteios ou concursos, em que a taxa é de 35%;

e) Comissões por intermediação na celebração de quaisquer contratos e rendimentos de prestações de serviços referidos no nº 7) da alínea *c)* do nº 3 do artigo 4º, em que a taxa é de 15%.

f) Rendimentos prediais em que a taxa é de 15%.

g) Juros e *royalties*, cujo beneficiário efectivo seja uma sociedade de outro Estado membro da União Europeia ou um estabelecimento estável situado noutro Estado membro de uma sociedade de um Estado membro, devidos ou pagos por sociedades comerciais ou civis sob forma comercial, cooperativas e empresas públicas residentes em território português ou por um estabelecimento estável aí situado de uma sociedade de outro Estado membro, em que a taxa é de 10% durante os primeiros quatro anos contados da data de aplicação da Directiva nº 2003/49/CE, do Conselho, de 3 de Junho, e de 5% durante os quatro anos seguintes, desde que verificados os termos, requisitos e condições estabelecidos na referida directiva, sem prejuízo do disposto nas convenções bilaterais em vigor;

h) Rendimentos de capitais sempre que sejam pagos ou colocados à disposição em contas abertas em nome de um ou mais titulares mas por conta de terceiros não identificados, em que a taxa é de 30%, excepto quando seja identificado o beneficiário efectivo, termos em que se aplicam as regras gerais.([1])

5 – Relativamente ao rendimento global de entidades com sede ou direcção efectiva em território português que não exerçam, a título principal, actividades de natureza comercial, industrial ou agrícola, a taxa é de 21,5%. ([2])

([1]) Redacção dada pela Lei nº 55-A/2010, de 31 de Dezembro.
([1]) Aditada pela Lei nº 55-A/2010, de 31 de Dezembro.
([2]) Alterado pela Lei nº 55-A/2010, de 31 de Dezembro.

6 – As taxas previstas na alínea *g*) do nº 4 não são aplicáveis:

a) Aos juros e *royalties* obtidos em território português por uma sociedade de outro Estado membro ou por um estabelecimento estável situado noutro Estado membro de uma sociedade de um Estado membro, quando a maioria do capital ou a maioria dos direitos de voto dessa sociedade são detidos, directa ou indirectamente, por um ou vários residentes de países terceiros, excepto quando seja feita prova de que a cadeia de participações não tem como objectivo principal ou como um dos objectivos principais beneficiar da redução da taxa de retenção na fonte;

b) Em caso de existência de relações especiais, nos termos do disposto no nº 4 do artigo 63º, entre o pagador ou o devedor e o beneficiário efectivo dos juros ou *royalties*, ou entre ambos e um terceiro, ao excesso sobre o montante dos juros ou *royalties* que, na ausência de tais relações, teria sido acordado entre o pagador e o beneficiário efectivo.

7 – A taxa prevista no primeiro escalão da tabela prevista no nº 1 não é aplicável, sujeitando-se a totalidade da matéria colectável à taxa de 25% quando:

a) Em consequência de operação de cisão ou outra operação de reorganização ou reestruturação empresarial efectuada depois de 31 de Dezembro de 2008, uma ou mais sociedades envolvidas venham a determinar matéria colectável não superior a € 12.500;

b) O capital de uma entidade seja realizado, no todo ou em parte, através da transmissão dos elementos patrimoniais, incluindo activos intangíveis, afectos ao exercício de uma actividade empresarial ou profissional por uma pessoa singular e a actividade exercida por aquela seja substancialmente idêntica à que era exercida a título individual.

ARTIGO 87º-A
Derrama estadual[1]

1 – Sobre a parte do lucro tributável superior a € 2 000 000 sujeito e não isento de imposto sobre o rendimento das pessoas colectivas apurado por sujeitos passivos residentes em território português que exerçam, a título principal, uma actividade de natureza comercial, industrial ou agrícola e por não residentes com estabelecimento estável em território português, incide uma taxa adicional de 2,5%.

2 – Quando seja aplicável o regime especial de tributação dos grupos de sociedades, a taxa a que se refere o número anterior incide sobre o lucro tributável apurado na declaração periódica individual de cada uma das sociedades do grupo, incluindo a da sociedade dominante.

3 – Os sujeitos passivos referidos nos números anteriores devem proceder à liquidação da derrama adicional na declaração periódica de rendimentos a que se refere o artigo 120º

---

[1] Aditado pela Lei nº 12-A/2010, de 30 de Junho.

ARTIGO 88º
Taxas de tributação autónoma

1 – As despesas não documentadas são tributadas autonomamente, à taxa de 50%, sem prejuízo da sua não consideração como gastos nos termos do artigo 23º

2 – A taxa referida no número anterior é elevada para 70% nos casos em que tais despesas sejam efectuadas por sujeitos passivos total ou parcialmente isentos, ou que não exerçam, a título principal, actividades de natureza comercial, industrial ou agrícola.

3 – São tributados autonomamente à taxa de 10% os encargos efectuados ou suportados por sujeitos passivos não isentos subjectivamente e que exerçam, a título principal, actividade de natureza comercial, industrial ou agrícola, relacionados com viaturas ligeiras de passageiros ou mistas cujo custo de aquisição seja igual ou inferior ao montante fixado nos termos da alínea e) do nº 1 do artigo 34º, motos ou motociclos, excluindo os veículos movidos exclusivamente a energia eléctrica.([1])

4 – São tributados autonomamente à taxa de 20% os encargos efectuados ou suportados pelos sujeitos passivos mencionados no número anterior, relacionados com viaturas ligeiras de passageiros ou mistas cujo custo de aquisição seja superior ao montante fixado nos termos da alínea e) do nº 1 do artigo 34º([1])

5 – Consideram-se encargos relacionados com viaturas ligeiras de passageiros, motos e motociclos, nomeadamente, depreciações, rendas ou alugueres, seguros, manutenção e conservação, combustíveis e impostos incidentes sobre a sua posse ou utilização.

6 – Excluem-se do disposto no nº 3 os encargos relacionados com viaturas ligeiras de passageiros, motos e motociclos, afectos à exploração de serviço público de transportes, destinados a serem alugados no exercício da actividade normal do sujeito passivo, bem como as depreciações relacionadas com viaturas relativamente às quais tenha sido celebrado o acordo previsto no nº 9) da alínea b) do nº 3 do artigo 2º do Código do IRS.

7 – São tributados autonomamente à taxa de 10% os encargos dedutíveis relativos a despesas de representação, considerando-se como tal, nomeadamente, as despesas suportadas com recepções, refeições, viagens, passeios e espectáculos oferecidos no País ou no estrangeiro a clientes ou fornecedores ou ainda a quaisquer outras pessoas ou entidades.([1])

8 – São sujeitas ao regime do nº 1 ou do nº 2, consoante os casos, sendo as taxas aplicáveis, respectivamente, 35% ou 55%, as despesas correspondentes a importâncias pagas ou devidas, a qualquer título, a pessoas singulares ou colectivas residentes fora do território português e aí submetidas a um regime fiscal claramente mais favorável, tal como definido nos termos do Código, salvo se o sujeito passivo puder provar que correspondem a operações efectivamente realizadas e não têm um carácter anormal ou um montante exagerado.

9 – São ainda tributados autonomamente, à taxa de 5%, os encargos dedutíveis relativos a ajudas de custo e à compensação pela deslocação em viatura própria do trabalhador, ao serviço da entidade patronal, não facturados a clientes, escriturados

([1]) Redacção dada pela Lei nº 55-A/2010, de 31 de Dezembro.

a qualquer título, excepto na parte em que haja lugar a tributação em sede de IRS na esfera do respectivo beneficiário, bem como os encargos não dedutíveis nos termos da alínea *f)* do nº 1 do artigo 45º suportados pelos sujeitos passivos que apresentem prejuízo fiscal no período de tributação a que os mesmos respeitam.

10 – Excluem-se do disposto nos nºs 3 e 9 os sujeitos passivos a que seja aplicado o regime previsto no artigo 58º

11 – São tributados autonomamente, à taxa de 20%, os lucros distribuídos por entidades sujeitas a IRC a sujeitos passivos que beneficiam de isenção total ou parcial, abrangendo, neste caso, os rendimentos de capitais, quando as partes sociais a que respeitam os lucros não tenham permanecido na titularidade do mesmo sujeito passivo, de modo ininterrupto, durante o ano anterior à data da sua colocação à disposição e não venham a ser mantidas durante o tempo necessário para completar esse período.

12 – Ao montante do imposto determinado, de acordo com o disposto no número anterior, é deduzido o imposto que eventualmente tenha sido retido na fonte, não podendo nesse caso o imposto retido ser deduzido ao abrigo do nº 2 do artigo 90º

13 – São tributados autonomamente, à taxa de 35%:([1])

a) Os gastos ou encargos relativos a indemnizações ou quaisquer compensações devidas não relacionadas com a concretização de objectivos de produtividade previamente definidos na relação contratual, quando se verifique a cessação de funções de gestor, administrador ou gerente, bem como os gastos relativos à parte que exceda o valor das remunerações que seriam auferidas pelo exercício daqueles cargos até ao final do contrato, quando se trate de rescisão de um contrato antes do termo, qualquer que seja a modalidade de pagamento, quer este seja efectuado directamente pelo sujeito passivo quer haja transferência das responsabilidades inerentes para uma outra entidade;

b) Os gastos ou encargos relativos a bónus e outras remunerações variáveis pagas a gestores, administradores ou gerentes quando estas representem uma parcela superior a 25% da remuneração anual e possuam valor superior a € 27 500, salvo se o seu pagamento estiver subordinado ao diferimento de uma parte não inferior a 50% por um período mínimo de três anos e condicionado ao desempenho positivo da sociedade ao longo desse período.

14 – As taxas de tributação autónoma previstas no presente artigo são elevadas em 10 pontos percentuais quanto aos sujeitos passivos que apresentem prejuízo fiscal no período de tributação a que respeitem quaisquer dos factos tributários referidos nos números anteriores.([2])

([1]) Redacção dada pela Lei nº 3-B/2010, de 28 de Abril.
([2]) Redacção dada pela Lei nº 55-A/2010, de 31 de Dezembro.

CAPÍTULO V
Liquidação

ARTIGO 89º
Competência para a liquidação

A liquidação do IRC é efectuada:

a) Pelo próprio sujeito passivo, nas declarações a que se referem os artigos 120º e 122º;

b) Pela Direcção-Geral dos Impostos, nos restantes casos.

ARTIGO 90º
Procedimento e forma de liquidação

1 – A liquidação do IRC processa-se nos seguintes termos:[1]

a) Quando a liquidação deva ser feita pelo sujeito passivo nas declarações a que se referem os artigos 120º e 122º, tem por base a matéria colectável que delas conste;

b) Na falta de apresentação da declaração a que se refere o artigo 120º, a liquidação é efectuada até 30 de Novembro do ano seguinte àquele a que respeita ou, no caso previsto no nº 2 do referido artigo, até ao fim do 6º mês seguinte ao do termo do prazo para apresentação da declaração aí mencionada e tem por base o valor anual da retribuição mínima mensal ou, quando superior, a totalidade da matéria colectável do exercício mais próximo que se encontre determinada;[1]

c) Na falta de liquidação nos termos das alíneas anteriores, a mesma tem por base os elementos de que a administração fiscal disponha.

2 – Ao montante apurado nos termos do número anterior são efectuadas as seguintes deduções, pela ordem indicada:

a) A correspondente à dupla tributação internacional;

b) A relativa a benefícios fiscais;

c) A relativa ao pagamento especial por conta a que se refere o artigo 106º;

d) A relativa a retenções na fonte não susceptíveis de compensação ou reembolso nos termos da legislação aplicável.

3 – *(Revogado.)*[2]

4 – Ao montante apurado nos termos do nº 1, relativamente às entidades mencionadas no nº 4 do artigo 120º, apenas é de efectuar a dedução relativa às retenções na fonte quando estas tenham a natureza de imposto por conta do IRC.

5 – As deduções referidas no nº 2 respeitantes a entidades a que seja aplicável o regime de transparência fiscal estabelecido no artigo 6º são imputadas aos respectivos sócios ou membros nos termos estabelecidos no nº 3 desse artigo e deduzidas ao montante apurado com base na matéria colectável que tenha tido em consideração a imputação prevista no mesmo artigo.

---

[1] Alterado pela Lei nº 3-B/2010, de 28 de Abril.
[2] Revogado pela Lei nº 3-B/2010, de 28 de Abril.

6 – Quando seja aplicável o regime especial de tributação dos grupos de sociedades, as deduções referidas no nº 2 relativas a cada uma das sociedades são efectuadas no montante apurado relativamente ao grupo, nos termos do nº 1.

7 – Das deduções efectuadas nos termos das alíneas a), b) e c) do nº 2 não pode resultar valor negativo.

8 – Ao montante apurado nos termos das alíneas b) e c) do nº 1 apenas são feitas as deduções de que a administração fiscal tenha conhecimento e que possam ser efectuadas nos termos dos nºs 2 a 4.

9 – Nos casos em que seja aplicável o disposto na alínea b) do nº 2 do artigo 79º, são efectuadas anualmente liquidações com base na matéria colectável determinada com carácter provisório, devendo, face à liquidação correspondente à matéria colectável respeitante a todo o período de liquidação, cobrar-se ou anular-se a diferença apurada.

10 – A liquidação prevista no nº 1 pode ser corrigida, se for caso disso, dentro do prazo a que se refere o artigo 101º, cobrando-se ou anulando-se então as diferenças apuradas.

ARTIGO 91º
Crédito de imposto por dupla tributação internacional

1 – A dedução a que se refere a alínea a) do nº 2 do artigo 90º é apenas aplicável quando na matéria colectável tenham sido incluídos rendimentos obtidos no estrangeiro e corresponde à menor das seguintes importâncias:

a) Imposto sobre o rendimento pago no estrangeiro;

b) Fracção do IRC, calculado antes da dedução, correspondente aos rendimentos que no país em causa possam ser tributados, líquidos dos gastos directa ou indirectamente suportados para a sua obtenção.

2 – Quando existir convenção para eliminar a dupla tributação celebrada por Portugal, a dedução a efectuar nos termos do número anterior não pode ultrapassar o imposto pago no estrangeiro nos termos previstos pela convenção.

ARTIGO 92º
Resultado da liquidação

1 – Para as entidades que exerçam, a título principal, uma actividade de natureza comercial, industrial ou agrícola, bem como as não residentes com estabelecimento estável em território português, o imposto liquidado nos termos do nº 1 do artigo 90º, líquido das deduções previstas nas alíneas a) e b) do nº 2 do mesmo artigo, não pode ser inferior a 90% do montante que seria apurado se o sujeito passivo não usufruísse de benefícios fiscais e dos regimes previstos no nº 13 do artigo 43º e no artigo 75º([1])

2 – Excluem-se do disposto no número anterior os seguintes benefícios fiscais:([1])

a) Os que revistam carácter contratual;

b) O sistema de incentivos fiscais em investigação e desenvolvimento empresarial II (SIFIDE II);

([1]) Redacção dada pela Lei nº 55-A/2010, de 31 de Dezembro.

c) Os benefícios fiscais às zonas francas previstos nos artigos 33º e seguintes do Estatuto dos Benefícios Fiscais e os que operem por redução de taxa;
d) Os previstos nos artigos 19º, 32º e 42º do Estatuto dos Benefícios Fiscais.

ARTIGO 93º
Pagamento especial por conta

1 – A dedução a que se refere a alínea *c)* do nº 2 do artigo 90º é efectuada ao montante apurado na declaração a que se refere o artigo 120º do próprio período de tributação a que respeita ou, se insuficiente, até ao quarto período de tributação seguinte, depois de efectuadas as deduções referidas nas alíneas *a)* e *b)* do nº 2 e com observância do nº 7, ambos do artigo 90º

2 – Em caso de cessação de actividade no próprio período de tributação ou até ao terceiro período de tributação posterior àquele a que o pagamento especial por conta respeita, a parte que não possa ter sido deduzida nos termos do número anterior, quando existir, é reembolsada mediante requerimento do sujeito passivo, dirigido ao chefe do serviço de finanças da área da sede, direcção efectiva ou estabelecimento estável em que estiver centralizada a contabilidade, apresentado nos 90 dias seguintes ao da cessação da actividade.

3 – Os sujeitos passivos podem ainda, sem prejuízo do disposto no nº 1, ser reembolsados da parte que não foi deduzida ao abrigo do mesmo preceito desde que preenchidos os seguintes requisitos:([1])

a) Não se afastem, em relação ao período de tributação a que diz respeito o pagamento especial por conta a reembolsar, em mais de 10%, para menos, da média dos rácios de rentabilidade das empresas do sector de actividade em que se inserem, a publicar em portaria do Ministro das Finanças;

b) A situação que deu origem ao reembolso seja considerada justificada por acção de inspecção feita a pedido do sujeito passivo formulado nos 90 dias seguintes ao termo do prazo de apresentação da declaração periódica relativa ao mesmo período de tributação.

ARTIGO 94º
Retenção na fonte

1 – O IRC é objecto de retenção na fonte relativamente aos seguintes rendimentos obtidos em território português:

a) Rendimentos provenientes da propriedade intelectual ou industrial e bem assim da prestação de informações respeitantes a uma experiência adquirida no sector industrial, comercial ou científico;

b) Rendimentos derivados do uso ou da concessão do uso de equipamento agrícola, industrial, comercial ou científico;

c) Rendimentos de aplicação de capitais não abrangidos nas alíneas anteriores e rendimentos prediais, tal como são definidos para efeitos de IRS, quando o seu devedor seja sujeito passivo de IRC ou quando os mesmos constituam encargo relativo à

([1]) Redacção dada pela Lei nº 3-B/2010, de 28 de Abril.

actividade empresarial ou profissional de sujeitos passivos de IRS que possuam ou devam possuir contabilidade;

d) Remunerações auferidas na qualidade de membro de órgãos estatutários de pessoas colectivas e outras entidades;

e) Prémios de jogo, lotarias, rifas e apostas mútuas, bem como importâncias ou prémios atribuídos em quaisquer sorteios ou concursos;

f) Rendimentos referidos na alínea *d)* do nº 3 do artigo 4º obtidos por entidades não residentes em território português, quando o devedor dos mesmos seja sujeito passivo de IRC ou quando os mesmos constituam encargo relativo à actividade empresarial ou profissional de sujeitos passivos de IRS que possuam ou devam possuir contabilidade;

g) Rendimentos provenientes da intermediação na celebração de quaisquer contratos e rendimentos de outras prestações de serviços realizados ou utilizados em território português, com excepção dos relativos a transportes, comunicações e actividades financeiras.

2 – Para efeitos do disposto no número anterior, consideram-se obtidos em território português os rendimentos mencionados no nº 3 do artigo 4º, exceptuados os referidos no nº 4 do mesmo artigo.

3 – As retenções na fonte têm a natureza de imposto por conta, excepto nos seguintes casos em que têm carácter definitivo:

a) Quando, nos termos dos artigos 9º e 10º, ou nas situações previstas no Estatuto dos Benefícios Fiscais, se excluam da isenção de IRC todos ou parte dos rendimentos de capitais;

b) Quando, não se tratando de rendimentos prediais, o titular dos rendimentos seja entidade não residente que não tenha estabelecimento estável em território português ou que, tendo-o, esses rendimentos não lhe sejam imputáveis;

c) Quando se trate de rendimentos de capitais que sejam pagos ou colocados à disposição em contas abertas em nome de um ou mais titulares mas por conta de terceiros não identificados, excepto quando seja identificado o beneficiário efectivo, termos em que se aplicam as regras gerais.([1])

4 – As retenções na fonte de IRC são efectuadas às taxas previstas para efeitos de retenções na fonte de IRS, relativas a residentes em território português, aplicando-se aos rendimentos referidos na alínea *d)* do nº 1 a taxa de 21,5%.([1])

5 – Exceptuam-se do disposto no número anterior as retenções que, nos termos do nº 3, tenham carácter definitivo, em que são aplicáveis as correspondentes taxas previstas no artigo 87º

6 – A obrigação de efectuar a retenção na fonte de IRC ocorre na data que estiver estabelecida para obrigação idêntica no Código do IRS ou, na sua falta, na data da colocação à disposição dos rendimentos, devendo as importâncias retidas ser entregues ao Estado até ao dia 20 do mês seguinte àquele em que foram deduzidas e essa entrega ser feita nos termos estabelecidos no Código do IRS ou em legislação complementar.

([1]) Redacção dada pela Lei nº 55-A/2010, de 31 de Dezembro.

7 – Salvo o disposto no nº 9, tratando-se de rendimentos de valores mobiliários sujeitos a registo ou depósito, emitidos por entidades residentes em território português, a obrigação de efectuar a retenção na fonte é da responsabilidade das entidades registadoras ou depositárias.([1])

8 – É aplicável, com as devidas adaptações, o disposto nos nºs 8, 9, 10 e 11 do artigo 71º do Código do IRS.

9 – Tratando-se de rendimentos pagos ou colocados à disposição por sociedades gestoras de património residentes em território português com conta aberta nos termos do nº 1 do artigo 5º do Decreto-Lei nº 163/94, de 4 de Junho, junto de entidades registadoras ou depositárias, a obrigação de efectuar a retenção na fonte é da sua responsabilidade.([2])

ARTIGO 95º
Retenção na fonte – Direito comunitário

1 – Sempre que, relativamente aos lucros referidos nos nºs 3, 6, 8, 10 e 11 do artigo 14º, tenha sido efectuada a retenção na fonte por não se verificar o requisito temporal de detenção da participação mínima neles previsto, pode haver lugar à devolução do imposto que tenha sido retido na fonte até à data em que se complete o período de um ano, no caso dos nºs 3, 6, 10 e 11, e de dois anos, no caso do nº 8, de detenção ininterrupta da participação, por solicitação da entidade beneficiária dos rendimentos, dirigida aos serviços competentes da Direcção-Geral dos Impostos, a apresentar no prazo de dois anos contados daquela data, devendo ser feita a prova exigida nos nºs 4, 9 ou 10 do mesmo artigo, consoante o caso.([3])

2 – No caso dos lucros que uma sociedade residente em território português e sujeita e não isenta de IRC, ou sujeita ao imposto referido no artigo 7º, pague ou coloque à disposição de entidades residentes noutro Estado membro da União Europeia ou do espaço económico europeu, neste último caso desde que exista obrigação de cooperação administrativa em matéria fiscal equivalente à estabelecida na União Europeia, pode haver lugar à devolução do imposto retido e pago na parte em que seja superior ao que resultaria da aplicação das taxas previstas no nº 1 do artigo 87º e no nº 1 do artigo 87º-A.([1])

3 – A aplicação do disposto no número anterior tem em consideração todos os rendimentos, incluindo os obtidos em território português, e depende de requerimento da entidade beneficiária dos rendimentos, dirigido aos serviços competentes da Direcção-Geral dos Impostos, a apresentar no prazo de dois anos contados do final do ano civil seguinte àquele em que se verificou o facto tributário, devendo ser feita prova de que a entidade beneficiária preenche as condições estabelecidas no artigo 2º da Directiva nº 90/435/CE, do Conselho, de 23 de Julho de 1990.([1])

4 – Nas situações previstas nos números anteriores, a restituição deve ser efectuada até ao fim do terceiro mês seguinte ao da apresentação dos elementos e informações indispensáveis à comprovação das condições e requisitos legalmente exigidos.([2])

([1]) Redacção dada pela Lei nº 55-A/2010, de 31 de Dezembro.
([2]) Aditado pela Lei nº 55-A/2010, de 31 de Dezembro.
([3]) Redacção dada pela Lei nº 3-B/2010, de 28 de Abril.

5 – Em caso de incumprimento do prazo referido no número anterior, acrescem à quantia a restituir juros indemnizatórios a taxa idêntica à aplicável aos juros compensatórios a favor do Estado.([1])

ARTIGO 96º
Retenção na fonte – Directiva nº 2003/49/CE, do Conselho, de 3 de Junho

1 – As retenções na fonte efectuadas às taxas previstas na alínea *g*) do nº 4 do artigo 87º dependem da verificação dos requisitos e condições seguintes:

a) As sociedades beneficiárias dos juros ou *royalties*:
  i) Estejam sujeitas a um dos impostos sobre os lucros enumerados na subalínea *iii*) da alínea *a*) do artigo 3º da Directiva nº 2003/49/CE, sem beneficiar de qualquer isenção;
  ii) Assumam uma das formas jurídicas enunciadas na lista do anexo à Directiva nº 2003/49/CE;
  iii) Sejam consideradas residentes de um Estado membro da União Europeia e que, ao abrigo das convenções destinadas a evitar a dupla tributação, não sejam consideradas, para efeitos fiscais, como residentes fora da União Europeia;

b) A entidade residente em território português ou a sociedade de outro Estado membro com estabelecimento estável aí situado seja uma sociedade associada à sociedade que é o beneficiário efectivo ou cujo estabelecimento estável é considerado como beneficiário efectivo dos juros ou *royalties*, o que se verifica quando uma sociedade:
  i) Detém uma participação directa de, pelo menos, 25% no capital de outra sociedade; ou
  ii) A outra sociedade detém uma participação directa de, pelo menos, 25% no seu capital; ou
  iii) Quando uma terceira sociedade detém uma participação directa de, pelo menos, 25% tanto no seu capital como no capital da outra sociedade, e, em qualquer dos casos, a participação seja detida de modo ininterrupto durante um período mínimo de dois anos;

c) Quando o pagamento seja efectuado por um estabelecimento estável, os juros ou as *royalties* constituam encargos relativos à actividade exercida por seu intermédio e sejam dedutíveis para efeitos da determinação do lucro tributável que lhe for imputável;

d) A sociedade a quem são efectuados os pagamentos dos juros ou *royalties* seja o beneficiário efectivo desses rendimentos, considerando-se verificado esse requisito quando aufira os rendimentos por conta própria e não na qualidade de intermediária, seja como representante, gestor fiduciário ou signatário autorizado de terceiros e no caso de um estabelecimento estável ser considerado o beneficiário efectivo, o crédito, o direito ou a utilização de informações de que resultam os rendimentos estejam efectivamente relacionados com a actividade desenvolvida por seu intermé-

---

([1]) Aditado pela Lei nº 55-A/2010, de 31 de Dezembro.

dio e constituam rendimento tributável para efeitos da determinação do lucro que lhe for imputável no Estado membro em que esteja situado.

2 – Para efeitos de aplicação do disposto na alínea *g*) do nº 4 do artigo 87º, entende-se por:

a) 'Juros' os rendimentos de créditos de qualquer natureza, com ou sem garantia hipotecária e com direito ou não a participar nos lucros do devedor, e em particular os rendimentos de títulos e de obrigações que gozem ou não de garantia especial, incluindo os prémios associados a esses títulos e obrigações, com excepção das penalizações por mora no pagamento;

b) '*Royalties*' as remunerações de qualquer natureza recebidas em contrapartida da utilização, ou concessão do direito de utilização, de direitos de autor sobre obras literárias, artísticas ou científicas, incluindo filmes cinematográficos e suportes lógicos, patentes, marcas registadas, desenhos ou modelos, planos, fórmulas ou processos secretos, ou em contrapartida de informações relativas à experiência adquirida no domínio industrial, comercial ou científico e, bem assim, em contrapartida da utilização ou da concessão do direito de utilização de equipamento industrial, comercial ou científico;

c) 'Estabelecimento estável' uma instalação fixa situada em território português ou noutro Estado membro através da qual uma sociedade de um Estado membro sujeita a um dos impostos sobre os lucros enumerados na subalínea *iii*) da alínea *a*) do artigo 3º da Directiva nº 2003/49/CE, sem beneficiar de qualquer isenção e que cumpre os demais requisitos e condições referidos no nº 1 exerce no todo ou em parte uma actividade de natureza comercial, industrial ou agrícola.

3 – As retenções na fonte sobre os juros ou *royalties* não são efectuadas às taxas previstas na alínea *g*) do nº 4 do artigo 87º sempre que, mesmo estando verificadas as condições e requisitos enunciados no presente artigo, a participação referida na alínea *b*) do nº 1 não tenha sido detida, de modo ininterrupto, durante os dois anos anteriores à data em que se verifica a obrigação de retenção na fonte.

4 – Nos casos em que o período de dois anos de detenção, de modo ininterrupto, da participação mínima mencionada no número anterior se complete após a data em que se verifica a obrigação de retenção na fonte, pode haver lugar a restituição da diferença entre o imposto retido na fonte e o imposto que poderia ser retido, durante aquele período, com base na correspondente taxa prevista na alínea *g*) do nº 4 do artigo 87º, a solicitação da entidade beneficiária, dirigida aos serviços competentes da Direcção-Geral dos Impostos, apresentada no prazo de dois anos contados da data da verificação dos pressupostos, desde que seja feita prova da observância das condições e requisitos estabelecidos para o efeito.

5 – A restituição deve ser efectuada no prazo de um ano contado da data da apresentação do pedido e do certificado com as informações indispensáveis à comprovação das condições e requisitos legalmente exigidos e, em caso de incumprimento desse prazo, acrescem à quantia a restituir juros indemnizatórios calculados a taxa idêntica à aplicável aos juros compensatórios a favor do Estado.

6 – Para efeitos da contagem do prazo referido no número anterior, considera-se que o mesmo se suspende sempre que o procedimento estiver parado por motivo imputável ao requerente.

ARTIGO 97º
Dispensa de retenção na fonte sobre rendimentos auferidos por residentes

1 – Não existe obrigação de efectuar a retenção na fonte de IRC, quando este tenha a natureza de imposto por conta, nos seguintes casos:

a) Juros e quaisquer outros rendimentos de capitais, com excepção de lucros distribuídos, de que sejam titulares instituições financeiras sujeitas, em relação aos mesmos, a IRC, embora dele isentas;

b) Juros ou quaisquer acréscimos de crédito pecuniário, resultantes da dilação do respectivo vencimento ou de mora no seu pagamento, quando aqueles créditos sejam consequência de vendas ou prestações de serviços de pessoas colectivas ou outras entidades sujeitas, em relação aos mesmos, a IRC, embora dele isentas;

c) Lucros obtidos por entidades a que seja aplicável o regime estabelecido no nº 1 do artigo 51º, desde que a participação no capital tenha permanecido na titularidade da mesma entidade, de modo ininterrupto, durante o ano anterior à data da sua colocação à disposição;

d) Rendimentos referidos nas alíneas *b)* e *g)* do nº 1 do artigo 94º, quando obtidos por pessoas colectivas ou outras entidades sujeitas, relativamente aos mesmos, a IRC, embora dele isentas;

e) Rendimentos obtidos por sociedades tributadas segundo o regime definido no artigo 69º, de que seja devedora sociedade do mesmo grupo abrangida por esse regime, desde que esses rendimentos respeitem a períodos a que o mesmo seja aplicado e, quando se trate de lucros distribuídos, estes sejam referentes a resultados obtidos em períodos em que tenha sido aplicado aquele regime;

f) Remunerações referidas na alínea *d)* do nº 1 do artigo 94º, quando auferidas por sociedades de revisores oficiais de contas que participem nos órgãos aí indicados;

g) Rendimentos prediais referidos na alínea *c)* do nº 1 do artigo 94º, quando obtidos por sociedades que tenham por objecto a gestão de imóveis próprios e não se encontrem sujeitas ao regime de transparência fiscal, nos termos da alínea *c)* do nº 1 do artigo 6º, e, bem assim, quando obtidos por fundos de investimento imobiliários;

h) Rendimentos obtidos por sociedades gestoras de participações sociais (SGPS), de que seja devedora sociedade por elas participada durante pelo menos um ano e a participação não seja inferior a 10% do capital com direito de voto da sociedade participada, quer por si só, quer conjuntamente com participações de outras sociedades em que as SGPS sejam dominantes, resultantes de contratos de suprimento celebrados com aquelas sociedades ou de tomadas de obrigações daquelas.

2 – Não existe ainda obrigação de efectuar a retenção na fonte de IRC, no todo ou em parte, consoante os casos, quando os sujeitos passivos beneficiem de isenção, total ou parcial, relativa a rendimentos que seriam sujeitos a essa retenção na fonte, feita que seja a prova, perante a entidade pagadora, da isenção de que aproveitam, até ao termo do prazo estabelecido para a entrega do imposto que deveria ter sido deduzido.

3 – Quando não seja efectuada a prova a que se refere o número anterior, fica o substituto tributário obrigado a entregar a totalidade do imposto que deveria ter sido deduzido nos termos da lei.

4 – Sem prejuízo da responsabilidade contra-ordenacional, a responsabilidade estabelecida no número anterior pode ser afastada sempre que o substituto tributário comprove a verificação dos pressupostos para a dispensa total ou parcial de retenção.

ARTIGO 98º
Dispensa total ou parcial de retenção na fonte sobre rendimentos auferidos por entidades não residentes

1 – Não existe obrigação de efectuar a retenção na fonte de IRC, no todo ou em parte, consoante os casos, relativamente aos rendimentos referidos no nº 1 do artigo 94º do Código do IRC quando, por força de uma convenção destinada a eliminar a dupla tributação ou de um outro acordo de direito internacional que vincule o Estado Português ou de legislação interna, a competência para a tributação dos rendimentos auferidos por uma entidade que não tenha a sede nem direcção efectiva em território português e aí não possua estabelecimento estável ao qual os mesmos sejam imputáveis não seja atribuída ao Estado da fonte ou o seja apenas de forma limitada.

2 – Nas situações referidas no número anterior, bem como na alínea *g*) do nº 4 do artigo 87º, os beneficiários dos rendimentos devem fazer prova perante a entidade que se encontra obrigada a efectuar a retenção na fonte, até ao termo do prazo estabelecido para a entrega do imposto que deveria ter sido deduzido nos termos das normas legais aplicáveis:

a) Da verificação dos pressupostos que resultem de convenção destinada a eliminar a dupla tributação ou de um outro acordo de direito internacional ou ainda da legislação interna aplicável, através da apresentação de formulário de modelo a aprovar por despacho do Ministro das Finanças certificado pelas autoridades competentes do respectivo Estado de residência;

b) Da verificação das condições e do cumprimento dos requisitos estabelecidos no artigo 96º, através de formulário de modelo a aprovar pelo Ministro das Finanças que contenha os seguintes elementos:

1) Residência fiscal da sociedade beneficiária dos rendimentos e, quando for o caso, da existência do estabelecimento estável, certificada pelas autoridades fiscais competentes do Estado membro da União Europeia de que a sociedade beneficiária é residente ou em que se situa o estabelecimento estável;
2) Cumprimento pela entidade beneficiária dos requisitos referidos nas subalíneas *i*) e *ii*) da alínea *a*) do nº 1 do artigo 96º;
3) Qualidade de beneficiário efectivo, nos termos da alínea *d*) do nº 1 do artigo 96º, a fornecer pela sociedade beneficiária dos juros ou *royalties*;
4) Quando um estabelecimento estável for considerado como beneficiário dos juros ou *royalties*, além dos elementos referidos no número anterior, deve ainda fazer prova de que a sociedade a que pertence preenche os requisitos referidos nas alíneas *a*) e *b*) do nº 1 do artigo 96º;
5) Verificação da percentagem de participação e do período de detenção da participação, nos termos referidos na alínea *b*) do nº 1 do artigo 96º;
6) Justificação dos pagamentos de juros ou *royalties*.

3 – Os formulários a que se refere o número anterior, devidamente certificados, são válidos por um período máximo de:

a) Dois anos, na situação prevista na alínea *b)* do nº 2 e no respeitante a cada contrato relativo a pagamentos de juros ou *royalties*, devendo a sociedade ou o estabelecimento estável beneficiários dos juros ou *royalties* informar imediatamente a entidade ou o estabelecimento estável considerado como devedor ou pagador quando deixarem de ser verificadas as condições ou preenchidos os requisitos estabelecidos no artigo 96º;

b) Um ano, nas demais situações, devendo a entidade beneficiária dos rendimentos informar imediatamente a entidade devedora ou pagadora das alterações verificadas nos pressupostos de que depende a dispensa total ou parcial de retenção na fonte.

4 – Não obstante o disposto no número anterior, quando a entidade beneficiária dos rendimentos seja um banco central ou uma agência de natureza governamental domiciliado em país com o qual Portugal tenha celebrado convenção para evitar a dupla tributação internacional, a prova a que se refere o nº 2 é feita uma única vez, sendo dispensada a sua renovação periódica, devendo a entidade beneficiária dos rendimentos informar imediatamente a entidade devedora ou pagadora das alterações verificadas nos pressupostos de que depende a dispensa total ou parcial de retenção na fonte.

5 – Sem prejuízo do disposto no número seguinte, quando não seja efectuada a prova até ao termo do prazo estabelecido para a entrega do imposto, e, bem assim, nos casos previstos nos nºs 3 e seguintes do artigo 14º, fica o substituto tributário obrigado a entregar a totalidade do imposto que deveria ter sido deduzido nos termos da lei.

6 – Sem prejuízo da responsabilidade contra-ordenacional, a responsabilidade estabelecida no número anterior pode ser afastada sempre que o substituto tributário comprove com o documento a que se refere o nº 2 do presente artigo e os nºs 3 e seguintes do artigo 14º, consoante o caso, a verificação dos pressupostos para a dispensa total ou parcial de retenção.

7 – As entidades beneficiárias dos rendimentos que verifiquem as condições referidas no nº 1 e na alínea *b)* do nº 2 do presente artigo e nos nºs 3 e seguintes do artigo 14º, quando não tenha sido efectuada a prova nos prazos e nas condições estabelecidas, podem solicitar o reembolso total ou parcial do imposto que tenha sido retido na fonte, no prazo de dois anos contados a partir do termo do ano em que se verificou o facto gerador do imposto, mediante a apresentação de um formulário de modelo aprovado pelo membro do Governo responsável pela área das finanças e, quando necessário, de outros elementos que permitam aferir a legitimidade do reembolso.([1])

8 – O reembolso do excesso do imposto retido na fonte deve ser efectuado no prazo de um ano contado da data da apresentação do pedido e dos elementos que constituem a prova da verificação dos pressupostos de que depende a concessão do

---

([1]) Redacção dada pela Lei nº 3-B/2010, de 28 de Abril.

benefício e, em caso de incumprimento desse prazo, acrescem à quantia a reembolsar juros indemnizatórios calculados a taxa idêntica à aplicável aos juros compensatórios a favor do Estado.

9 – Para efeitos da contagem do prazo referido no número anterior, considera-se que o mesmo se suspende sempre que o procedimento estiver parado por motivo imputável ao requerente.

ARTIGO 99º
Liquidação adicional

1 – A Direcção-Geral dos Impostos procede à liquidação adicional quando, depois de liquidado o imposto, seja de exigir, em virtude de correcção efectuada nos termos do nº 10 do artigo 90º ou de fixação do lucro tributável por métodos indirectos, imposto superior ao liquidado.

2 – A Direcção-Geral dos Impostos procede ainda à liquidação adicional, sendo caso disso, em consequência de:

a) Revisão do lucro tributável nos termos do artigo 62º;
b) Exame à contabilidade efectuado posteriormente à liquidação correctiva referida no nº 1;
c) Erros de facto ou de direito ou omissões verificados em qualquer liquidação.

ARTIGO 100º
Liquidações correctivas no regime de transparência fiscal

Sempre que, relativamente às entidades a que se aplique o regime de transparência fiscal definido no artigo 6º, haja lugar a correcções que determinem alteração dos montantes imputados aos respectivos sócios ou membros, a Direcção-Geral dos Impostos promove as correspondentes modificações na liquidação efectuada àqueles, cobrando-se ou anulando-se em consequência as diferenças apuradas.

ARTIGO 101º
Caducidade do direito à liquidação

A liquidação de IRC, ainda que adicional, só pode efectuar-se nos prazos e nos termos previstos nos artigos 45º e 46º da Lei Geral Tributária.

ARTIGO 102º
Juros compensatórios

1 – Sempre que, por facto imputável ao sujeito passivo, for retardada a liquidação de parte ou da totalidade do imposto devido ou a entrega do imposto a pagar antecipadamente ou a reter no âmbito da substituição tributária ou obtido reembolso indevido, acrescem ao montante do imposto juros compensatórios à taxa e nos termos previstos no artigo 35º da Lei Geral Tributária.

2 – São igualmente devidos juros compensatórios nos termos do número anterior pela entrega fora do prazo ou pela falta de entrega, total ou parcial, do pagamento especial por conta.

3 – Os juros compensatórios contam-se dia a dia nos seguintes termos:

a) Desde o termo do prazo para a apresentação da declaração até ao suprimento, correcção ou detecção da falta que motivou o retardamento da liquidação;

b) Se não tiver sido efectuado, total ou parcialmente, o pagamento especial por conta a que se refere o artigo 106º, desde o dia imediato ao termo do respectivo prazo até ao termo do prazo para a entrega da declaração de rendimentos ou até à data da autoliquidação, se anterior, devendo os juros vencidos ser pagos conjuntamente;

c) Se houver atraso no pagamento especial por conta, desde o dia imediato ao do termo do respectivo prazo até à data em que se efectuou, devendo ser pagos conjuntamente;

d) Desde o recebimento do reembolso indevido até à data do suprimento ou correcção da falta que o motivou.

4 – Entende-se haver retardamento da liquidação sempre que a declaração periódica de rendimentos a que se refere a alínea *b)* do nº 1 do artigo 117º seja apresentada ou enviada fora do prazo estabelecido sem que o imposto devido se encontre totalmente pago no prazo legal.

ARTIGO 103º
Anulações

1 – A Direcção-Geral dos Impostos procede oficiosamente à anulação, total ou parcial, do imposto que tenha sido liquidado, sempre que este se mostre superior ao devido, nos seguintes casos:

a) Em consequência de correcção da liquidação nos termos dos nºs 9 e 10 do artigo 90º ou do artigo 100º;
b) Em resultado de exame à contabilidade;
c) Devido à determinação da matéria colectável por métodos indirectos;
d) Por motivos imputáveis aos serviços;
e) Por duplicação de colecta.

2 – Não se procede à anulação quando o seu quantitativo seja inferior a € 24,94 ou, no caso de o imposto já ter sido pago, tenha decorrido o prazo de revisão oficiosa do acto tributário previsto no artigo 78º da Lei Geral Tributária.

CAPÍTULO VI
Pagamento

SECÇÃO I
Entidades que exerçam, a título principal, actividade comercial, industrial ou agrícola

ARTIGO 104º
Regras de pagamento

1 – As entidades que exerçam, a título principal, actividade de natureza comercial, industrial ou agrícola, bem como as não residentes com estabelecimento estável em território português, devem proceder ao pagamento do imposto nos termos seguintes:

a) Em três pagamentos por conta, com vencimento em Julho, Setembro e 15 de Dezembro do próprio ano a que respeita o lucro tributável ou, nos casos dos nºs 2 e 3 do artigo 8º, no 7º mês, no 9º mês e no dia 15 do 12º mês do respectivo período de tributação;

b) Até ao último dia do prazo fixado para o envio da declaração periódica de rendimentos, pela diferença que existir entre o imposto total aí calculado e as importâncias entregues por conta;([1])

c) Até ao dia do envio da declaração de substituição a que se refere o artigo 122º, pela diferença que existir entre o imposto total aí calculado e as importâncias já pagas.([1])

2 – Há lugar a reembolso ao sujeito passivo quando:

a) O valor apurado na declaração, líquido das deduções a que se referem os nºs 2 e 4 do artigo 90º, for negativo, pela importância resultante da soma do correspondente valor absoluto com o montante dos pagamentos por conta;

b) O valor apurado na declaração, líquido das deduções a que se referem os nºs 2 e 4 do artigo 90º, não sendo negativo, for inferior ao valor dos pagamentos por conta, pela respectiva diferença.

3 – O reembolso é efectuado, quando a declaração periódica de rendimentos for enviada no prazo legal e desde que a mesma não contenha erros de preenchimento, até ao fim do 3.º mês seguinte ao do seu envio.([1])

4 – Os sujeitos passivos são dispensados de efectuar pagamentos por conta quando o imposto do exercício de referência para o respectivo cálculo for inferior a € 199,52.

5 – Se o pagamento a que se refere a alínea *a)* do nº 1 não for efectuado nos prazos aí mencionados, começam a correr imediatamente juros compensatórios, que são contados até ao termo do prazo para envio da declaração ou até à data do pagamento da autoliquidação, se anterior, ou, em caso de mero atraso, até à data da entrega por conta, devendo, neste caso, ser pagos simultaneamente.([1])

6 – Não sendo efectuado o reembolso no prazo referido no nº 3, acrescem à quantia a restituir juros indemnizatórios a taxa idêntica à aplicável aos juros compensatórios a favor do Estado.

7 – Não há lugar ao pagamento a que se referem as alíneas *b)* e *c)* do nº 1 nem ao reembolso a que se refere o nº 2 quando o seu montante for inferior a € 24,94.

ARTIGO 104º-A
Pagamento da derrama estadual([2])

1 – As entidades que exerçam, a título principal, uma actividade de natureza comercial, industrial ou agrícola e os não residentes com estabelecimento estável devem proceder ao pagamento da derrama estadual nos termos seguintes:

a) Em três pagamentos adicionais por conta, de acordo com as regras estabelecidas na alínea *a)* do nº 1 do artigo 104º;

([1]) Redacção dada pelo Decreto-Lei nº 292/2009, de 13 de Outubro.
([2]) Aditado pela Lei nº 12-A/2010, de 30 de Junho.

b) Até ao último dia do prazo fixado para o envio da declaração periódica de rendimentos a que se refere o artigo 120º, pela diferença que existir entre o valor total da derrama estadual aí calculado e as importâncias entregues por conta nos termos do artigo 105º-A;

c) Até ao dia do envio da declaração de substituição a que se refere o artigo 122º, pela diferença que existir entre o valor total da derrama estadual aí calculado e as importâncias já pagas.

2 – Há lugar a reembolso ao sujeito passivo, pela respectiva diferença, quando o valor da derrama estadual apurado na declaração for inferior ao valor dos pagamentos adicionais por conta.

3 – São aplicáveis às regras de pagamento da derrama estadual não referidas no presente artigo as regras de pagamento de imposto sobre o rendimento das pessoas colectivas, com as necessárias adaptações.

ARTIGO 105º
Cálculo dos pagamentos por conta

1 – Os pagamentos por conta são calculados com base no imposto liquidado nos termos do nº 1 do artigo 90º relativamente ao período de tributação imediatamente anterior àquele em que se devam efectuar esses pagamentos, líquido da dedução a que se refere a alínea *d)* do nº 2 do mesmo artigo.

2 – Os pagamentos por conta dos sujeitos passivos cujo volume de negócios do período de tributação imediatamente anterior àquele em que se devam efectuar esses pagamentos seja igual ou inferior a € 498.797,90 correspondem a 70% do montante do imposto referido no número anterior, repartido por três montantes iguais, arredondados, por excesso, para euros.

3 – Os pagamentos por conta dos sujeitos passivos cujo volume de negócios do período de tributação imediatamente anterior àquele em que se devam efectuar esses pagamentos seja superior a € 498.797,90 correspondem a 90% do montante do imposto referido no nº 1, repartido por três montantes iguais, arredondados, por excesso, para euros.

4 – No caso referido na alínea *d)* do nº 4 do artigo 8º, o imposto a ter em conta para efeitos do disposto no nº 1 é o que corresponderia a um período de 12 meses, calculado proporcionalmente ao imposto relativo ao período aí mencionado.

5 – Tratando-se de sociedades de um grupo a que seja aplicável pela primeira vez o regime especial de tributação dos grupos de sociedades, os pagamentos por conta relativos ao primeiro período de tributação são efectuados por cada uma dessas sociedades e calculados nos termos do nº 1, sendo o total das importâncias por elas entregue tomado em consideração para efeito do cálculo da diferença a pagar pela sociedade dominante ou a reembolsar-lhe, nos termos do artigo 104º

6 – No período de tributação seguinte àquele em que terminar a aplicação do regime previsto no artigo 69º, os pagamentos por conta a efectuar por cada uma das sociedades do grupo são calculados nos termos do nº 1 com base no imposto que lhes teria sido liquidado relativamente ao período de tributação anterior se não estivessem abrangidas pelo regime.

7 – No período de tributação em que deixe de haver tributação pelo regime especial de tributação dos grupos de sociedades, observa-se o seguinte:

a) Os pagamentos por conta a efectuar após a ocorrência do facto determinante da cessação do regime são efectuados por cada uma das sociedades do grupo e calculados da forma indicada no número anterior;

b) Os pagamentos por conta já efectuados pela sociedade dominante à data da ocorrência da cessação do regime são tomados em consideração para efeito do cálculo da diferença que tiver a pagar ou que deva ser-lhe reembolsada nos termos do artigo 104º

ARTIGO 105º-A
Cálculo do pagamento adicional por conta([1])

1 – As entidades obrigadas a efectuar pagamentos por conta e pagamentos especiais por conta devem efectuar o pagamento adicional por conta nos casos em que no período de tributação anterior fosse devida derrama estadual nos termos referidos no artigo 87º-A.

2 – O valor dos pagamentos adicionais por conta devidos nos termos da alínea *a)* do nº 1 do artigo 104º-A é igual a 2% da parte do lucro tributável superior a € 2 000 000 relativo ao período de tributação anterior.

3 – Quando seja aplicável o regime especial de tributação dos grupos de sociedades, é devido pagamento adicional por conta por cada uma das sociedades do grupo, incluindo a sociedade dominante.

ARTIGO 106º
Pagamento especial por conta

1 – Sem prejuízo do disposto na alínea *a)* do nº 1 do artigo 104º, os sujeitos passivos aí mencionados ficam sujeitos a um pagamento especial por conta, a efectuar durante o mês de Março ou em duas prestações, durante os meses de Março e Outubro do ano a que respeita ou, no caso de adoptarem um período de tributação não coincidente com o ano civil, nos 3º e 10º meses do período de tributação respectivo.([2])

2 – O montante do pagamento especial por conta é igual a 1% do volume de negócios relativo ao período de tributação anterior, com o limite mínimo de € 1000, e, quando superior, é igual a este limite acrescido de 20% da parte excedente, com o limite máximo de € 70 000.([2])

3 – Ao montante apurado nos termos do número anterior deduzem-se os pagamentos por conta calculados nos termos do artigo anterior, efectuados no período de tributação anterior.

4 – Para efeitos do disposto no nº 2, o volume de negócios corresponde ao valor das vendas e dos serviços prestados.

5 – No caso dos bancos, empresas de seguros e outras entidades do sector financeiro para as quais esteja prevista a aplicação de planos de contabilidade específicos, o volume de negócios é substituído pelos juros e rendimentos similares e comissões

---

([1]) Aditado pela Lei nº 12-A/2010, de 30 de Junho.
([2]) Redacção dada pela Lei nº 3-B/2010, de 28 de Abril.

ou pelos prémios brutos emitidos e comissões de contratos de seguro e operações consideradas como contratos de investimento ou contratos de prestação de serviços, consoante a natureza da actividade exercida pelo sujeito passivo.(¹)

6 – Nos sectores de revenda de combustíveis, de tabacos, de veículos sujeitos ao imposto automóvel e de álcool e bebidas alcoólicas podem não ser considerados, no cálculo do pagamento especial por conta, os impostos abaixo indicados, quando incluídos nos rendimentos:

a) Impostos especiais sobre o consumo (IEC);
b) Imposto sobre veículos (ISV).(²)

7 – Para efeitos do disposto na alínea *a)* do número anterior, quando não for possível determinar os impostos efectivamente incluídos nos rendimentos podem ser deduzidas as seguintes percentagens:(²)

a) 50% nos rendimentos relativos à venda de gasolina;
b) 40% nos rendimentos relativos à venda de gasóleo;
c) 60% nos rendimentos relativos à venda de cigarros;
d) 10% nos rendimentos relativos à venda de cigarrilhas e charutos;
e) 30% nos rendimentos relativos à venda de tabacos de corte fino destinados a cigarros de enrolar;
f) 30% nos rendimentos relativos à venda dos restantes tabacos de fumar.

8 – Para efeitos do disposto do nº 2, em relação às organizações de produtores e aos agrupamentos de produtores do sector agrícola que tenham sido reconhecidos ao abrigo de regulamentos comunitários, os rendimentos das actividades para as quais foi concedido o reconhecimento são excluídos do cálculo do pagamento especial por conta.

9 – *(Revogado.)*(³)

10 – O disposto no nº 1 não é aplicável no período de tributação de início de actividade e no seguinte.

11 –Ficam dispensados de efectuar o pagamento especial por conta:(²)

a) Os sujeitos passivos totalmente isentos de IRC, ainda que a isenção não inclua rendimentos que sejam sujeitos a tributação por retenção na fonte com carácter definitivo;(²)

b) Os sujeitos passivos que se encontrem com processos no âmbito do Código da Insolvência e da Recuperação de Empresas, a partir da data de instauração desse processo;

c) Os sujeitos passivos que tenham deixado de efectuar vendas ou prestações de serviços e tenham entregue a correspondente declaração de cessação de actividade a que se refere o artigo 33º do Código do IVA.

12 – Quando seja aplicável o regime especial de tributação dos grupos de sociedades, é devido um pagamento especial por conta por cada uma das sociedades do

---

(¹) Redacção dada pela Lei nº 55-A/2010, de 31 de Dezembro.
(²) Redacção dada pela Lei nº 3-B/2010, de 28 de Abril.
(³) Revogado pela Lei nº 3-B/2010, de 28 de Abril.

grupo, incluindo a sociedade dominante, cabendo a esta última as obrigações de determinar o valor global do pagamento especial por conta, deduzindo o montante dos pagamentos por conta respectivos, e de proceder à sua entrega.

ARTIGO 107º
Limitações aos pagamentos por conta

1 – Se o sujeito passivo verificar, pelos elementos de que disponha, que o montante do pagamento por conta já efectuado é igual ou superior ao imposto que será devido com base na matéria colectável do período de tributação, pode deixar de efectuar novo pagamento por conta.

2 – Verificando-se, face à declaração periódica de rendimentos do exercício a que respeita o imposto, que, em consequência da suspensão da entrega por conta prevista no número anterior, deixou de ser paga uma importância superior a 20% da que, em condições normais, teria sido entregue, há lugar a juros compensatórios desde o termo do prazo em que cada entrega deveria ter sido efectuada até ao termo do prazo para envio da declaração ou até à data do pagamento da autoliquidação, se anterior.([1])

3 – Se a entrega por conta a efectuar for superior à diferença entre o imposto total que o sujeito passivo julgar devido e as entregas já efectuadas, pode aquele limitar o pagamento a essa diferença, sendo de aplicar o disposto nos números anteriores, com as necessárias adaptações.

SECÇÃO II
Entidades que não exerçam, a título principal, actividade comercial, industrial ou agrícola

ARTIGO 108º
Pagamento do imposto

1 – O imposto devido pelas entidades não referidas no nº 1 do artigo 104º e que sejam obrigadas a enviar a declaração periódica de rendimentos é pago até ao último dia do prazo estabelecido para o envio daquela ou, em caso de declaração de substituição, até ao dia do seu envio.([1])

2 – Havendo lugar a reembolso de imposto, o mesmo efectua-se nos termos dos nºs 3 e 6 do artigo 104º

SECÇÃO III
Disposições comuns

ARTIGO 109º
Falta de pagamento de imposto autoliquidado

Havendo lugar a autoliquidação de imposto e não sendo efectuado o pagamento deste até ao termo do respectivo prazo, começam a correr imediatamente juros de

---

([1]) Redacção dada pelo Decreto-Lei nº 292/2009, de 13 de Outubro.

mora e a cobrança da dívida é promovida pela Direcção-Geral dos Impostos nos termos previstos no artigo seguinte.

ARTIGO 110º
Pagamento do imposto liquidado pelos serviços

1 – Nos casos de liquidação efectuada pela Direcção-Geral dos Impostos, o sujeito passivo é notificado para pagar o imposto e juros que se mostrem devidos, no prazo de 30 dias a contar da notificação.

2 – A notificação a que se refere o número anterior é feita nos termos do Código de Procedimento e de Processo Tributário.

3 – Não sendo pago o imposto no prazo estabelecido no nº 1, começam a correr imediatamente juros de mora sobre o valor da dívida.

4 – Decorrido o prazo no nº 1 sem que se mostre efectuado o respectivo pagamento, há lugar a procedimento executivo.

5 – Se a liquidação referida no nº 1 der lugar a reembolso de imposto, o mesmo é efectuado nos termos dos nºs 3 e 6 do artigo 104º

ARTIGO 111º
Limite mínimo

Não há lugar a cobrança quando, em virtude de liquidação efectuada, a importância liquidada for inferior a € 24,94.

ARTIGO 112º
Modalidades de pagamento

1 – O pagamento de IRC é efectuado nos termos previstos no nº 1 do artigo 40º da Lei Geral Tributária.

2 – Se o pagamento for efectuado por meio de cheque, a extinção da obrigação de imposto só se verifica com o recebimento efectivo da respectiva importância, não sendo, porém, devidos juros de mora pelo tempo que mediar entre a entrega ou expedição do cheque e aquele recebimento, salvo se não for possível fazer a cobrança integral da dívida por falta de provisão.

3 – Tratando-se de vale postal, a obrigação do imposto considera-se extinta com a sua entrega ou expedição.

ARTIGO 113º
Local de pagamento

1 – O pagamento do IRC, quando efectuado no prazo de cobrança voluntária, pode ser feito nos bancos, correios e tesourarias de finanças.

2 – No caso de cobrança coerciva, o pagamento é efectuado nas tesourarias de finanças que funcionem junto dos serviços de finanças ou do tribunal tributário onde correr a execução.

ARTIGO 114º
Juros e responsabilidade pelo pagamento nos casos de retenção na fonte

1 – Quando a retenção na fonte tenha a natureza de imposto por conta e a entidade que a deva efectuar a não tenha feito, total ou parcialmente, ou, tendo-a feito,

não tenha entregue o imposto ou o tenha entregue fora do prazo, são por ela devidos juros compensatórios sobre as respectivas importâncias, contados, no último caso, desde o dia imediato àquele em que deviam ter sido entregues até à data do pagamento ou da liquidação e, no primeiro caso, desde aquela mesma data até ao termo do prazo para entrega da declaração periódica de rendimentos pelo sujeito passivo, sem prejuízo da responsabilidade que ao caso couber.

2 – Sempre que a retenção na fonte tenha carácter definitivo, são devidos juros compensatórios pela entidade a quem incumbe efectuá-la, sobre as importâncias não retidas, ou retidas mas não entregues dentro do prazo legal, contados desde o dia imediato àquele em que deviam ter sido entregues até à data do pagamento ou da liquidação.

3 – Aos juros compensatórios referidos nos números anteriores aplica-se o disposto no artigo 35º da Lei Geral Tributária.

4 – No caso das retenções na fonte contempladas no nº 1, a entidade devedora dos rendimentos é subsidiariamente responsável pelo pagamento do imposto que vier a revelar-se devido pelo sujeito passivo titular dos rendimentos, até à concorrência da diferença entre o imposto que tenha sido deduzido e o que deveria tê-lo sido.

5 – Quando a retenção na fonte tenha carácter definitivo, os titulares dos rendimentos são subsidiariamente responsáveis pelo pagamento do imposto, pela diferença mencionada no número anterior.

6 – Os juros compensatórios devem ser pagos:

a) Conjuntamente com as importâncias retidas, quando estas sejam entregues fora do prazo legalmente estabelecido;

b) Autonomamente, no prazo de 30 dias a contar do termo do período em que são devidos, quando, tratando-se de retenção com a natureza de imposto por conta, esta não tenha sido efectuada.

ARTIGO 115º
Responsabilidade pelo pagamento no regime especial de tributação dos grupos de sociedades

Quando seja aplicável o disposto no artigo 69º, o pagamento do IRC incumbe à sociedade dominante, sendo qualquer das outras sociedades do grupo solidariamente responsável pelo pagamento daquele imposto, sem prejuízo do direito de regresso pela parte do imposto que a cada uma delas efectivamente respeite.

ARTIGO 116º
Privilégios creditórios

Para pagamento do IRC relativo aos três últimos anos, a Fazenda Pública goza de privilégio mobiliário geral e privilégio imobiliário sobre os bens existentes no património do sujeito passivo à data da penhora ou outro acto equivalente.

CAPÍTULO VII
Obrigações acessórias e fiscalização

SECÇÃO I
Obrigações acessórias dos sujeitos passivos

ARTIGO 117º
Obrigações declarativas

1 – Os sujeitos passivos de IRC, ou os seus representantes, são obrigados a apresentar:

a) Declaração de inscrição, de alterações ou de cessação, nos termos dos artigos 118º e 119º;

b) Declaração periódica de rendimentos, nos termos do artigo 120º;

c) Declaração anual de informação contabilística e fiscal, nos termos do artigo 121º

2 – As declarações a que se refere o número anterior são de modelo oficial, aprovado por despacho do Ministro das Finanças, devendo ser-lhes juntos, fazendo delas parte integrante, os documentos e os anexos que para o efeito sejam mencionados no referido modelo oficial.

3 – São regulamentados por portaria do Ministro das Finanças o âmbito de obrigatoriedade, os suportes, o início de vigência e os procedimentos do regime de envio de declarações por transmissão electrónica de dados.

4 – São recusadas as declarações apresentadas que não se mostrem completas, devidamente preenchidas e assinadas, bem como as que sendo enviadas por via electrónica de dados se mostrem desconformes com a regulamentação estabelecida na portaria referida no número anterior, sem prejuízo das sanções estabelecidas para a falta da sua apresentação ou envio.

5 – Quando as declarações não forem consideradas suficientemente claras, a Direcção-Geral dos Impostos notifica os sujeitos passivos para prestarem por escrito, no prazo que lhes for fixado, nunca inferior a cinco dias, os esclarecimentos indispensáveis.

6 – A obrigação a que se refere a alínea *b)* do nº 1 não abrange, excepto quando estejam sujeitas a uma qualquer tributação autónoma, as entidades que, não exercendo a título principal uma actividade comercial, industrial ou agrícola:

a) Não obtenham rendimentos no período de tributação;

b) Obtendo rendimentos, beneficiem de isenção definitiva, ainda que a mesma não inclua os rendimentos de capitais e desde que estes tenham sido tributados por retenção na fonte a título definitivo;

c) Apenas aufiram rendimentos de capitais cuja taxa de retenção na fonte, com natureza de pagamento por conta, seja igual à prevista no nº 5 do artigo 87º

7 – A obrigação referida na alínea *b)* do nº 1 não abrange, igualmente, as entidades que, embora exercendo, a título principal, uma actividade de natureza comercial, industrial ou agrícola, beneficiem de isenção definitiva e total, ainda que a mesma

não inclua rendimentos que sejam sujeitos a tributação por retenção na fonte com carácter definitivo, excepto quando estejam sujeitas a uma qualquer tributação autónoma.

8 – A obrigação referida na alínea *b*) do nº 1 também não abrange as entidades não residentes que apenas aufiram, em território português, rendimentos isentos.([¹])

9 – Relativamente às sociedades ou outras entidades em liquidação, as obrigações declarativas que ocorram posteriormente à dissolução são da responsabilidade dos respectivos liquidatários ou do administrador da falência.

ARTIGO 118º
Declaração de inscrição, de alterações ou de cessação

1 – A declaração de inscrição no registo a que se refere a alínea *a*) do nº 1 do artigo anterior deve ser apresentada pelos sujeitos passivos, em qualquer serviço de finanças ou noutro local legalmente autorizado, no prazo de 90 dias a partir da data de inscrição no Registo Nacional de Pessoas Colectivas, sempre que esta seja legalmente exigida, ou, caso o sujeito passivo esteja sujeito a registo comercial, no prazo de 15 dias a partir da data de apresentação a registo na Conservatória do Registo Comercial.

2 – Sempre que a declaração de início de actividade a que se refere o artigo 30º do Código do Imposto sobre o Valor Acrescentado deva ser apresentada até ao termo do prazo previsto no número anterior, esta declaração considera-se, para todos os efeitos, como a declaração de inscrição no registo.

3 – Os sujeitos passivos não residentes e que obtenham rendimentos não imputáveis a estabelecimento estável situado em território português relativamente aos quais haja lugar à obrigação de apresentar a declaração a que se refere o artigo 120º são igualmente obrigados a apresentar a declaração de inscrição no registo, em qualquer serviço de finanças ou noutro local legalmente autorizado, no prazo de 15 dias a contar da data da ocorrência do facto que originou o direito aos mesmos rendimentos.

4 – Da declaração de inscrição no registo deve constar, relativamente às pessoas colectivas e outras entidades mencionadas no nº 2 do artigo 8º, o período anual de imposto que desejam adoptar.

5 – Sempre que se verifiquem alterações de qualquer dos elementos constantes da declaração de inscrição no registo, deve o sujeito passivo entregar a respectiva declaração de alterações no prazo de 15 dias a contar da data da alteração, salvo se outro prazo estiver expressamente previsto.

6 – Os sujeitos passivos de IRC devem apresentar a declaração de cessação no prazo de 30 dias a contar da data da cessação da actividade ou, tratando-se dos sujeitos passivos mencionados no nº 3, da data em que tiver ocorrido a cessação da obtenção de rendimentos.

7 – O contribuinte fica dispensado da entrega da declaração mencionada no nº 5 sempre que as alterações em causa sejam de factos sujeitos a registo na conser-

---

([¹]) Aditado pelo Decreto-Lei nº 292/2009, de 13 de Outubro.

vatória do registo comercial e a entidades inscritas no ficheiro central de Pessoas colectivas que não estejam sujeitas no registo comercial.([1])

ARTIGO 119º
Declaração verbal de inscrição, de alterações ou de cessação

1 – Quando o serviço de finanças ou outro local legalmente autorizado a receber as declarações referidas na alínea *a*) do nº 1 do artigo 117º disponha de meios informáticos adequados, essas declarações são substituídas pela declaração verbal, efectuada pelo sujeito passivo, de todos os elementos necessários à inscrição no registo, à alteração dos dados constantes daquele registo e ao seu cancelamento, sendo estes imediatamente introduzidos no sistema informático e confirmados pelo declarante, após a sua impressão em documento tipificado.

2 – O documento tipificado nas condições referidas no número anterior substitui, para todos os efeitos legais, as declarações a que se refere a alínea *a*) do nº 1 do artigo 117º

3 – O documento comprovativo da inscrição das alterações ou do cancelamento no registo de sujeitos passivos de IRC é o documento tipificado, consoante os casos, processado após a confirmação dos dados pelo declarante, autenticado com a assinatura do funcionário receptor e com aposição da vinheta do técnico oficial de contas que assume a responsabilidade fiscal do sujeito passivo a que respeitam as declarações.

ARTIGO 120º
Declaração periódica de rendimentos

1 – A declaração periódica de rendimentos a que se refere a alínea *b*) do nº 1 do artigo 117º deve ser enviada, anualmente, por transmissão electrónica de dados, até ao último dia do mês de Maio, independentemente de esse dia ser útil ou não útil.([2])

2 – Relativamente aos sujeitos passivos que, nos termos dos nºs 2 e 3 do artigo 8º, adoptem um período de tributação diferente do ano civil, a declaração deve ser enviada até ao último dia do 5º mês seguinte à data do termo desse período, independentemente de esse dia ser útil ou não útil, prazo que é igualmente aplicável relativamente ao período mencionado na alínea *d*) do nº 4 do artigo 8º([2])

3 – No caso de cessação de actividade nos termos do nº 5 do artigo 8º, a declaração de rendimentos relativa ao período de tributação em que a mesma se verificou deve ser enviada até ao 30º dia seguinte ao da data da cessação, independentemente de esse dia ser útil ou não útil, aplicando-se igualmente este prazo ao envio da declaração relativa ao período de tributação imediatamente anterior, quando ainda não tenham decorrido os prazos mencionados nos nºs 1 e 2.([2])

4 – As entidades que não tenham sede nem direcção efectiva em território português, e que neste obtenham rendimentos não imputáveis a estabelecimento estável aí situado, são igualmente obrigadas a enviar a declaração mencionada no nº 1, desde que relativamente aos mesmos não haja lugar a retenção na fonte a título definitivo.([2])

([1]) Aditado pelo Decreto-Lei nº 122/2009, de 21 de Maio.
([2]) Redacção dada pelo Decreto-Lei nº 292/2009, de 13 de Outubro.

5 – Nos casos previstos no número anterior, a declaração deve ser enviada:

a) Relativamente a rendimentos derivados de imóveis, exceptuados os ganhos resultantes da sua transmissão onerosa, a ganhos mencionados na alínea b) do nº 3 do artigo 4º, e a rendimentos mencionados nos nºs 3) e 8) da alínea c) do nº 3 do artigo 4º, até ao último dia do mês de Maio do ano seguinte àquele a que os mesmos respeitam, ou até ao 30º dia posterior à data em que tenha cessado a obtenção dos rendimentos, independentemente de esse dia ser útil ou não útil;([1])

b) Relativamente a ganhos resultantes da transmissão onerosa de imóveis, até ao 30º dia posterior à data da transmissão, independentemente de esse dia ser útil ou não útil;([1])

c) Relativamente a incrementos patrimoniais derivados de aquisições a título gratuito, até ao 30º dia posterior à data da aquisição, independentemente de esse dia ser útil ou não útil.([1])

6 – Quando for aplicável o regime especial de tributação dos grupos de sociedades:

a) A sociedade dominante deve enviar a declaração periódica de rendimentos relativa ao lucro tributável do grupo apurado nos termos do artigo 70º;([1])

b) Cada uma das sociedades do grupo, incluindo a sociedade dominante, deve enviar a sua declaração periódica de rendimentos na qual seja determinado o imposto como se aquele regime não fosse aplicável.([1])

7 – Nos casos previstos nos nºs 5 e 6 do artigo 51º, o sujeito passivo deve integrar, no processo de documentação fiscal a que se refere o artigo 130º, a declaração confirmada e autenticada pelas autoridades fiscais competentes do Estado membro da União Europeia de que é residente a entidade que distribui os lucros de que esta se encontra nas condições de que depende a aplicação do que nele se dispõe.

8 – A correcção a que se refere o nº 9 do artigo 51º deve ser efectuada através do envio da declaração de substituição, no prazo de 60 dias a contar da data da verificação do facto que a determinou, independentemente de esse dia ser útil ou não útil, relativa a cada um dos períodos de tributação em que já tenha decorrido o prazo de envio da declaração periódica de rendimentos.([1])

9 – Sempre que não se verifique o requisito temporal estabelecido na parte final do nº 11 do artigo 88º, para efeitos da tributação autónoma aí prevista, o sujeito passivo deve enviar a declaração de rendimentos no prazo de 60 dias a contar da data da verificação do facto que a determinou, independentemente de esse dia ser útil ou não útil.([1])

10 – Os elementos constantes das declarações periódicas devem, sempre que for caso disso, concordar exactamente com os obtidos na contabilidade ou nos registos de escrituração, consoante o caso.

([1]) Redacção dada pelo Decreto-Lei nº 292/2009, de 13 de Outubro.

ARTIGO 121º
Declaração anual de informação contabilística e fiscal

1 – A declaração anual de informação contabilística e fiscal a que se refere a alínea c) do nº 1 do artigo 117º deve ser enviada nos termos e com os anexos que para o efeito sejam mencionados no respectivo modelo.([1])

2 – A declaração deve ser enviada, por transmissão electrónica de dados, até ao dia 15 de Julho, independentemente de esse dia ser útil ou não útil.([1])

3 – Relativamente aos sujeitos passivos que, nos termos dos nºs 2 e 3 do artigo 8º, adoptem um período de tributação diferente do ano civil, a declaração deve ser enviada até ao 15º dia do 7º mês posterior à data do termo desse período, independentemente de esse dia ser útil ou não útil, reportando-se a informação, consoante o caso, ao período de tributação ou ao ano civil cujo termo naquele se inclua.([1])

4 – No caso de cessação de actividade, nos termos do nº 5 do artigo 8º, a declaração relativa ao período de tributação em que a mesma se verificou deve ser enviada no prazo referido no nº 3 do artigo 120º, aplicando-se igualmente esse prazo para o envio da declaração relativa ao período de tributação imediatamente anterior, quando ainda não tenham decorrido os prazos mencionados nos nºs 2 e 3.([1])

5 – Os elementos constantes das declarações devem, sempre que se justificar, concordar exactamente com os obtidos na contabilidade ou registos de escrituração, consoante o caso.

ARTIGO 122º
Declaração de substituição

1 – Quando tenha sido liquidado imposto inferior ao devido ou declarado prejuízo fiscal superior ao efectivo, pode ser apresentada declaração de substituição, ainda que fora do prazo legalmente estabelecido, e efectuado o pagamento do imposto em falta.

2 – A autoliquidação de que tenha resultado imposto superior ao devido ou prejuízo fiscal inferior ao efectivo pode ser corrigida por meio de declaração de substituição a apresentar no prazo de um ano a contar do termo do prazo legal.

3 – Em caso de decisão administrativa ou sentença superveniente, o prazo previsto no número anterior conta-se a partir da data em que o declarante tome conhecimento da decisão ou sentença.

4 – Sempre que seja aplicado o disposto no número anterior, o prazo de caducidade é alargado até ao termo do prazo aí previsto, acrescido de um ano.

ARTIGO 123º
Obrigações contabilísticas das empresas

1 – As sociedades comerciais ou civis sob forma comercial, as cooperativas, as empresas públicas e as demais entidades que exerçam, a título principal, uma actividade comercial, industrial ou agrícola, com sede ou direcção efectiva em território português, bem como as entidades que, embora não tendo sede nem direcção efectiva naquele território, aí possuam estabelecimento estável, são obrigadas a dispor

---

([1]) Redacção dada pelo Decreto-Lei nº 292/2009, de 13 de Outubro.

de contabilidade organizada nos termos da lei comercial e fiscal que, além dos requisitos indicados no nº 3 do artigo 17º, permita o controlo do lucro tributável.

2 – Na execução da contabilidade deve observar-se em especial o seguinte:

a) Todos os lançamentos devem estar apoiados em documentos justificativos, datados e susceptíveis de serem apresentados sempre que necessário;

b) As operações devem ser registadas cronologicamente, sem emendas ou rasuras, devendo quaisquer erros ser objecto de regularização contabilística logo que descobertos.

3 – Não são permitidos atrasos na execução da contabilidade superiores a 90 dias, contados do último dia do mês a que as operações respeitam.

4 – Os livros, registos contabilísticos e respectivos documentos de suporte devem ser conservados em boa ordem durante o prazo de 10 anos.

5 – Quando a contabilidade for estabelecida por meios informáticos, a obrigação de conservação referida no número anterior é extensiva à documentação relativa à análise, programação e execução dos tratamentos informáticos.

6 – Os documentos de suporte previstos no nº 4 que não sejam documentos autênticos ou autenticados podem, decorridos três períodos de tributação após aquele a que se reportam e obtida autorização prévia do director-geral dos Impostos, ser substituídos, para efeitos fiscais, por microfilmes que constituam sua reprodução fiel e obedeçam às condições que forem estabelecidas.([1])

7 – É ainda permitido o arquivamento em suporte electrónico das facturas ou documentos equivalentes, dos talões de venda ou de quaisquer outros documentos com relevância fiscal emitidos pelo sujeito passivo, desde que processados por computador, nos termos definidos no nº 7 do artigo 52º do Código do IVA.([1])

8 – As entidades referidas no nº 1 que organizem a sua contabilidade com recurso a meios informáticos devem dispor de capacidade de exportação de ficheiros nos termos e formatos a definir por portaria do Ministro das Finanças.

9 – Os programas e equipamentos informáticos de facturação dependem de prévia certificação pela DGCI, nos termos a definir por portaria do Ministro das Finanças.

ARTIGO 124º
Regime simplificado de escrituração

1 – As entidades com sede ou direcção efectiva em território português que não exerçam, a título principal, uma actividade comercial, industrial ou agrícola e que não disponham de contabilidade organizada nos termos do artigo anterior devem possuir obrigatoriamente os seguintes registos:

a) Registo de rendimentos, organizado segundo as várias categorias de rendimentos considerados para efeitos de IRS;

b) Registo de encargos, organizado de modo a distinguirem-se os encargos específicos de cada categoria de rendimentos sujeitos a imposto e os demais encargos a deduzir, no todo ou em parte, ao rendimento global;

([1]) Redacção dada pela Lei nº 55-A/2010, de 31 de Dezembro.

c) Registo de inventário, em 31 de Dezembro, dos bens susceptíveis de gerarem ganhos tributáveis na categoria de mais-valias.

2 – Os registos referidos no número anterior não abrangem os rendimentos das actividades comerciais, industriais ou agrícolas eventualmente exercidas, a título acessório, pelas entidades aí mencionadas, devendo, caso existam esses rendimentos, ser também organizada uma contabilidade que, nos termos do artigo anterior, permita o controlo do lucro apurado.

3 – O disposto no número anterior não se aplica quando os rendimentos brutos resultantes das actividades aí referidas, obtidos no exercício imediatamente anterior, não excedam o montante de € 75.000.

4 – Se, em dois exercícios consecutivos, for ultrapassado o montante referido no número anterior, a entidade é obrigada, a partir do exercício seguinte, inclusive, a dispor de contabilidade organizada.

5 – É aplicável à escrituração referida no nº 1 e, bem assim, à contabilidade organizada nos termos do nº 2 o disposto nos nºs 2 a 6 do artigo anterior.

ARTIGO 125º
Centralização da contabilidade ou da escrituração

1 – A contabilidade ou a escrituração mencionada nos artigos anteriores deve ser centralizada em estabelecimento ou instalação situado no território português, nos seguintes termos:

a) No tocante às pessoas colectivas e outras entidades residentes naquele território, a centralização abrange igualmente as operações realizadas no estrangeiro;

b) No que respeita às pessoas colectivas e outras entidades não residentes no mesmo território, mas que aí disponham de estabelecimento estável, a centralização abrange apenas as operações que lhe sejam imputadas nos termos deste Código, devendo, no caso de existir mais de um estabelecimento estável, abranger as operações imputáveis a todos eles.

2 – O estabelecimento ou instalação em que seja feita a centralização mencionada no número anterior deve ser indicado na declaração de inscrição no registo mencionada no artigo 118º e, quando se verificarem alterações do mesmo, na declaração de alterações, igualmente referida naquela disposição.

ARTIGO 126º
Representação de entidades não residentes

1 – As entidades que, não tendo sede nem direcção efectiva em território português, não possuam estabelecimento estável aí situado mas nele obtenham rendimentos, assim como os sócios ou membros referidos no nº 9 do artigo 5º, são obrigadas a designar uma pessoa singular ou colectiva com residência, sede ou direcção efectiva naquele território para as representar perante a administração fiscal quanto às suas obrigações referentes a IRC.

2 – A designação a que se refere o nº 1 é feita na declaração de início ou de alterações, devendo dela constar expressamente a sua aceitação pelo representante.

3 – Na falta de cumprimento do disposto no nº 1, e independentemente da penalidade que ao caso couber, não há lugar às notificações previstas neste Código, sem prejuízo de os sujeitos passivos poderem tomar conhecimento das matérias a que as mesmas respeitariam junto da Direcção-Geral dos Impostos.

SECÇÃO II
Outras obrigações acessórias de entidades públicas e privadas

ARTIGO 127º
Deveres de cooperação dos organismos oficiais e de outras entidades

Os serviços, estabelecimentos e organismos do Estado, das Regiões Autónomas e das autarquias locais, incluindo os dotados de autonomia administrativa ou financeira e ainda que personalizados, as associações e federações de municípios, bem como outras pessoas colectivas de direito público, as pessoas colectivas de utilidade pública, as instituições particulares de solidariedade social e as empresas públicas devem, por força do dever público de cooperação com a administração fiscal, apresentar anualmente o mapa recapitulativo previsto na alínea *f)* do nº 1 do artigo 29º do Código do IVA.

ARTIGO 128º
Obrigações das entidades que devam efectuar retenções na fonte

O disposto nos artigos 119º e 120º do Código do IRS é aplicável com as necessárias adaptações às entidades que sejam obrigadas a efectuar retenções na fonte de IRC.

ARTIGO 129º
Obrigações acessórias relativas a valores mobiliários

O disposto nos artigos 125º e 138º do Código do IRS é aplicável com as necessárias adaptações às entidades intervenientes no mercado de valores mobiliários quando se trate de titulares que sejam sujeitos passivos de IRC.

ARTIGO 130º
Processo de documentação fiscal

1 – Os sujeitos passivos de IRC, com excepção dos isentos nos termos do artigo 9º, são obrigados a manter em boa ordem, durante o prazo de 10 anos, um processo de documentação fiscal relativo a cada período de tributação, que deve estar constituído até ao termo do prazo para entrega da declaração a que se refere a alínea *c)* do nº 1 do artigo 117º, com os elementos contabilísticos e fiscais a definir por portaria do Ministro das Finanças.

2 – O referido processo deve estar centralizado em estabelecimento ou instalação situada em território português nos termos do artigo 125º ou nas instalações do representante fiscal, quando o sujeito passivo não tenha a sede ou direcção efectiva em território português e não possua estabelecimento estável aí situado.

3 – Os sujeitos passivos que integrem o cadastro especial de contribuintes, nos termos da alínea *a*) do artigo 14º da Portaria nº 348/2007, de 30 de Março, e as entidades a que seja aplicado o regime especial de tributação dos grupos de sociedades são obrigados a proceder à entrega do processo de documentação fiscal conjuntamente com a declaração anual referida na alínea *c*) do nº 1 do artigo 117º

ARTIGO 131º
Garantia de observância de obrigações fiscais

1 – Sem prejuízo das regras especiais do Código de Processo Civil, as petições relativas a rendimentos sujeitos a IRC, ou relacionadas com o exercício de actividades comerciais, industriais ou agrícolas por sujeitos passivos deste imposto, não podem ter seguimento ou ser atendidas perante qualquer autoridade, repartição pública ou pessoas colectivas de utilidade pública sem que seja feita prova de apresentação da declaração a que se refere o artigo 120º, cujo prazo de apresentação já tenha decorrido, ou de que não há lugar ao cumprimento dessa obrigação.

2 – A prova referida na parte final do número anterior é feita através de certidão passada pelo serviço fiscal competente.

3 – A apresentação dos documentos referidos no número anterior é averbada no requerimento, processo ou registo da petição, devendo o averbamento ser datado e rubricado pelo funcionário competente, que restitui os documentos ao apresentante.

ARTIGO 132º
Pagamento de rendimentos a entidades não residentes

Não podem realizar-se transferências para o estrangeiro de rendimentos sujeitos a IRC, obtidos em território português por entidades não residentes, sem que se mostre pago ou assegurado o imposto que for devido.

SECÇÃO III
Fiscalização

ARTIGO 133º
Dever de fiscalização em geral

O cumprimento das obrigações impostas por este diploma é fiscalizado, em geral, e dentro dos limites da respectiva competência, por todas as autoridades, corpos administrativos, repartições públicas, pessoas colectivas de utilidade pública e, em especial, pela Direcção-Geral dos Impostos.

ARTIGO 134º
Dever de fiscalização em especial

A fiscalização em especial das disposições do presente Código rege-se pelo disposto no artigo 63º da Lei Geral Tributária, aprovada pelo Decreto-Lei nº 398/98, de 17 de Dezembro, e no Regime Complementar do Procedimento de Inspecção Tributária, aprovado pelo artigo 1º do Decreto-Lei nº 413/98, de 31 de Dezembro.

ARTIGO 135º
Registo de sujeitos passivos

1 – Com base nas declarações para inscrição no registo e de outros elementos de que disponha, a Direcção-Geral dos Impostos organiza um registo dos sujeitos passivos de IRC.

2 – O registo a que se refere o número anterior é actualizado tendo em conta as alterações verificadas em relação aos elementos anteriormente declarados, as quais devem ser mencionadas na declaração de alterações no registo.

3 – O cancelamento da inscrição no registo verifica-se face à respectiva declaração de cessação ou em consequência de outros elementos de que a Direcção-Geral dos Impostos disponha.

ARTIGO 136º
Processo individual

1 – O serviço fiscal competente deve organizar em relação a cada sujeito passivo um processo, com carácter sigiloso, em que se incorporem as declarações e outros elementos que se relacionem com o mesmo.

2 – Os sujeitos passivos, através de representante devidamente credenciado, podem examinar no respectivo serviço fiscal o seu processo individual.

CAPÍTULO VIII
Garantias dos contribuintes

ARTIGO 137º
Reclamações e impugnações

1 – Os sujeitos passivos de IRC, os seus representantes e as pessoas solidária ou subsidiariamente responsáveis pelo pagamento do imposto podem reclamar ou impugnar a respectiva liquidação, efectuada pelos serviços da administração fiscal, com os fundamentos e nos termos estabelecidos no Código de Procedimento e de Processo Tributário.

2 – A faculdade referida no número anterior é igualmente conferida relativamente à autoliquidação, à retenção na fonte e aos pagamentos por conta, nos termos e prazos previstos nos artigos 131º a 133º do Código de Procedimento e de Processo Tributário, sem prejuízo do disposto nos números seguintes.

3 – A reclamação, pelo titular dos rendimentos ou seu representante, da retenção na fonte de importâncias total ou parcialmente indevidas só tem lugar quando essa retenção tenha carácter definitivo e deve ser apresentada no prazo de dois anos a contar do termo do prazo de entrega, pelo substituto, do imposto retido a fonte ou da data do pagamento ou colocação à disposição dos rendimentos, se posterior.

4 – A impugnação dos actos mencionados no nº 2 é obrigatoriamente precedida de reclamação para o director de finanças competente, nos casos previstos no Código de Procedimento e de Processo Tributário.

5 – As entidades referidas no nº 1 podem ainda reclamar e impugnar a matéria colectável que for determinada e que não dê origem a liquidação de IRC, com os

fundamentos e nos termos estabelecidos no Código de Procedimento e de Processo Tributário para a reclamação e impugnação dos actos tributários.

6 – Sempre que, estando pago o imposto, se determine, em processo gracioso ou judicial, que na liquidação houve erro imputável aos serviços, são liquidados juros indemnizatórios nos termos do artigo 43º da Lei Geral Tributária.

7 – A faculdade referida no nº 1 é igualmente aplicável ao pagamento especial por conta previsto no artigo 106º, nos termos e com os fundamentos estabelecidos no artigo 133º do Código de Procedimento e de Processo Tributário.

ARTIGO 138º
Acordos prévios sobre preços de transferência

1 – Os sujeitos passivos podem solicitar à Direcção-Geral dos Impostos, para efeitos do disposto no artigo 63º do Código do IRC, a celebração de um acordo que tenha por objecto estabelecer, com carácter prévio, o método ou métodos susceptíveis de assegurar a determinação dos termos e condições que seriam normalmente acordados, aceites ou praticados entre entidades independentes nas operações comerciais e financeiras, incluindo as prestações de serviços intragrupo e os acordos de partilha de custos, efectuadas com entidades com as quais estejam em situação de relações especiais ou em operações realizadas entre a sede e os estabelecimentos estáveis.

2 – Sempre que o sujeito passivo pretenda incluir no âmbito do acordo operações com entidades com as quais existam relações especiais residentes em país com o qual tenha sido celebrada uma convenção destinada a eliminar a dupla tributação, deve solicitar que o pedido, a que se refere o número anterior, seja submetido às respectivas autoridades competentes no quadro do procedimento amigável a instaurar para o efeito.

3 – O pedido é dirigido ao director-geral dos impostos e deve:

a) Apresentar uma proposta sobre os métodos de determinação dos preços de transferência devidamente fundamentada e instruída com a documentação relevante;

b) Identificar as operações abrangidas e o período de duração;

c) Ser subscrito por todas as entidades intervenientes nas operações que se pretende incluir no acordo;

d) Conter uma declaração do sujeito passivo sobre o cumprimento do dever de colaboração com a administração tributária na prestação de informações e o fornecimento da documentação necessária sem que possa ser oposta qualquer regra de sigilo profissional ou comercial.

4 – O acordo alcançado entre a Direcção-Geral dos Impostos e as autoridades competentes de outros países, quando for o caso, é reduzido a escrito e notificado ao sujeito passivo e demais entidades abrangidas, para efeito de manifestarem, por escrito, a sua aceitação.

5 – O acordo é confidencial e as informações transmitidas pelo sujeito passivo no processo de negociação estão protegidas pelo dever de sigilo fiscal.

6 – Os elementos contidos no acordo devem indicar designadamente o método ou os métodos aceites, as operações abrangidas, os pressupostos de base, as condi-

ções de revisão, revogação e de prorrogação e o prazo de vigência, que não pode ultrapassar três anos.

7 – Não havendo alterações na legislação aplicável nem variações significativas das circunstâncias económicas e operacionais e demais pressupostos de base que fundamentam os métodos, a Direcção-Geral dos Impostos fica vinculada a actuar em conformidade com os termos estabelecidos no acordo.

8 – Os sujeitos passivos não podem reclamar ou interpor recurso do conteúdo do acordo.

9 – Os requisitos e condições para a formulação do pedido, bem como os procedimentos, informações e documentação ligados à celebração dos acordos, são regulamentados por portaria do Ministro das Finanças.

ARTIGO 139º
Prova do preço efectivo na transmissão de imóveis

1 – O disposto no nº 2 do artigo 64º não é aplicável se o sujeito passivo fizer prova de que o preço efectivamente praticado nas transmissões de direitos reais sobre bens imóveis foi inferior ao valor patrimonial tributário que serviu de base à liquidação do imposto municipal sobre as transmissões onerosas de imóveis.

2 – Para efeitos do disposto no número anterior, o sujeito passivo pode, designadamente, demonstrar que os custos de construção foram inferiores aos fixados na portaria a que se refere o nº 3 do artigo 62º do Código do Imposto Municipal sobre Imóveis, caso em que ao montante dos custos de construção deverão acrescer os demais indicadores objectivos previstos no referido Código para determinação do valor patrimonial tributário.

3 – A prova referida no nº 1 deve ser efectuada em procedimento instaurado mediante requerimento dirigido ao director de finanças competente e apresentado em Janeiro do ano seguinte àquele em que ocorreram as transmissões, caso o valor patrimonial tributário já se encontre definitivamente fixado, ou nos 30 dias posteriores à data em que a avaliação se tornou definitiva, nos restantes casos.

4 – O pedido referido no número anterior tem efeito suspensivo da liquidação, na parte correspondente ao valor da diferença positiva prevista no nº 2 do artigo 64º, a qual, no caso de indeferimento total ou parcial do pedido, é da competência da Direcção-Geral dos Impostos.

5 – O procedimento previsto no nº 3 rege-se pelo disposto nos artigos 91º e 92º da Lei Geral Tributária, com as necessárias adaptações, sendo igualmente aplicável o disposto no nº 4 do artigo 86º da mesma lei.

6 – Em caso de apresentação do pedido de demonstração previsto no presente artigo, a administração fiscal pode aceder à informação bancária do requerente e dos respectivos administradores ou gerentes referente ao período de tributação em que ocorreu a transmissão e ao período de tributação anterior, devendo para o efeito ser anexados os correspondentes documentos de autorização.

7 – A impugnação judicial da liquidação do imposto que resultar de correcções efectuadas por aplicação do disposto no nº 2 do artigo 64º, ou, se não houver lugar a liquidação, das correcções ao lucro tributável ao abrigo do mesmo preceito, depende de prévia apresentação do pedido previsto no nº 3, não havendo lugar a reclamação graciosa.

8 – A impugnação do acto de fixação do valor patrimonial tributário, prevista no artigo 77º do Código do Imposto Municipal sobre Imóveis e no artigo 134º do Código de Procedimento e de Processo Tributário, não tem efeito suspensivo quanto à liquidação do IRC nem suspende o prazo para dedução do pedido de demonstração previsto no presente artigo.

CAPÍTULO IX
Disposições finais

ARTIGO 140º
Recibo de documentos

1 – Quando neste Código se determine a entrega de declarações ou outros documentos em mais de um exemplar, um deles deve ser devolvido ao apresentante, com menção de recibo.

2 – Nos casos em que a lei estabeleça a apresentação de declaração ou outro documento num único exemplar, pode o obrigado entregar cópia do mesmo, para efeitos do disposto no número anterior.

3 – Sempre que os deveres de comunicação sejam cumpridos através de transmissão electrónica de dados, o documento comprovativo da recepção é enviado por via postal.

ARTIGO 141º
Envio de documentos pelo correio([1])

1 – As declarações e outros documentos que, nos termos deste Código, devam ser apresentados em qualquer serviço da administração fiscal, podem ser remetidos pelo correio, sob registo postal, ou por telefax, desde que, sendo necessário, possa confirmar-se o conteúdo da mensagem e o momento em que foi enviada.([1])

2 – No caso de remessa pelo correio, a mesma pode ser efectuada até ao último dia do prazo fixado, considerando-se que foi efectuada na data constante do carimbo dos CTT ou na data do registo.([1])

3 – Ocorrendo extravio, a administração fiscal pode exigir segunda via, que, para todos os efeitos, se considera como remetida na data em que, comprovadamente, o tiver sido o original.

ARTIGO 142º
Classificação das actividades

As actividades exercidas pelos sujeitos passivos de IRC são classificadas, para efeitos deste imposto, de acordo com a Classificação Portuguesa de Actividades Económicas – CAE, do Instituto Nacional de Estatística.

([2]) Redacção dada pelo Decreto-Lei nº 292/2009, de 13 de Outubro.

Regime das Reintegrações e Amortizações

Decreto Regulamentar nº 25/2009, de 14 de Setembro

Na sequência da alteração do Código do Imposto sobre o Rendimento das Pessoas Colectivas (abreviadamente designado por Código do IRC), destinada a adaptar as regras de determinação do lucro tributável ao enquadramento contabilístico resultante da adopção das normas internacionais de contabilidade (NIC), nos termos do artigo 3º do Regulamento nº 1606/2002, do Parlamento Europeu e do Conselho, de 19 de Julho, bem como da aprovação do Novo Sistema de Normalização Contabilística (SNC), que adaptou as NIC na ordem jurídica interna, importa rever o regime regulamentar das depreciações e amortizações, adaptando-o a este novo contexto.

O Código do IRC continua a definir de forma bastante desenvolvida os elementos essenciais do regime de depreciações e amortizações, nomeadamente os elementos depreciáveis e amortizáveis, a respectiva base de cálculo e os métodos aceites para efeitos fiscais, permitindo uma grande flexibilidade aos agentes económicos. Definido este quadro de referência, o Código do IRC revisto continua a remeter para diploma regulamentar o desenvolvimento deste regime, que agora se apresenta.

Embora a nova regulamentação mantenha a estrutura e os elementos essenciais já constantes do regime aprovado pelo Decreto Regulamentar nº 2/90, de 12 de Janeiro, entendeu-se ser adequado proceder à revogação daquele decreto regulamentar, aprovando-se um novo enquadramento jurídico em matéria de depreciações e amortizações. Assim se dá cumprimento, por um lado, à preocupação de aproximação entre fiscalidade e contabilidade e à necessidade de evitar constrangimentos à plena adopção das NIC, e, por outro, ao intuito reformador que presidiu à alteração do quadro jurídico nacional em matéria contabilística.

No entanto, entendeu-se ser adequado que os bens que ainda estavam a ser amortizados à data de entrada em vigor deste novo regime continuassem a beneficiar do regime que têm vindo a seguir – o que se acautela através das normas de direito transitório.

Não obstante a grande proximidade entre o regime que agora se adopta e o constante do Decreto Regulamentar nº 2/90, de 12 de Janeiro, cabe salientar, de entre as principais alterações face ao regime anterior, as seguintes:

A dedutibilidade fiscal das depreciações e amortizações deixa de estar dependente da respectiva contabilização como gasto no mesmo período de tributação, passando a permitir-se que as mesmas sejam também aceites quando tenham sido contabilizadas como gastos nos períodos de tributação anteriores, desde que, naturalmente, não fossem dedutíveis por excederem as quotas máximas admitidas;

No mesmo sentido, prevê-se a inclusão, no custo de aquisição ou de produção dos elementos depreciáveis ou amortizáveis, de acordo com a normalização contabilística especificamente aplicável, dos custos de empréstimos obtidos, incluindo diferenças de câmbio a eles associados, quando respeitarem ao período anterior à sua entrada em funcionamento ou utilização, desde que este seja superior a um ano, e elimina-se a exigência de diferimento, durante um período mínimo de três anos, das diferenças de câmbio desfavoráveis relacionadas com os activos e correspondentes ao período anterior à sua entrada em funcionamento, dos encargos com campanhas publicitárias e das despesas com emissão de obrigações;

Elimina-se, igualmente, a exigência de evidenciar separadamente na contabilidade a parte do valor dos imóveis correspondente ao terreno, transferindo-se essa exigência para o processo de documentação fiscal;

Passa ainda a prever-se expressamente a possibilidade de, mediante autorização da Direcção-Geral dos Impostos, serem praticadas e aceites para efeitos fiscais depreciações ou amortizações inferiores às quotas mínimas que decorrem da aplicação das taxas das tabelas anexas ao presente decreto regulamentar;

Finalmente, houve a preocupação de se atender às especificidades dos activos não correntes detidos para venda e das propriedades de investimento.

Assim:

Ao abrigo do disposto no nº 1 do artigo 31º do Código do IRC, aprovado pelo Decreto-Lei nº 442-B/88, de 30 de Novembro, na redacção dada pelo Decreto-Lei nº 159/2009, de 13 de Julho, e nos termos da alínea c) do artigo 199º da Constituição, o Governo decreta o seguinte:

ARTIGO 1º
Condições gerais de aceitação das depreciações e amortizações

1 – Podem ser objecto de depreciação ou amortização os elementos do activo sujeitos a deperecimento, considerando-se como tais os activos fixos tangíveis, os activos intangíveis e as propriedades de investimento contabilizadas ao custo histórico que, com carácter sistemático, sofrerem perdas de valor resultantes da sua utilização ou do decurso do tempo.

2 – Salvo razões devidamente justificadas e aceites pela Direcção-Geral dos Impostos, as depreciações e amortizações só são consideradas:

a) Relativamente a activos fixos tangíveis e a propriedades de investimento, a partir da sua entrada em funcionamento ou utilização;

b) Relativamente aos activos intangíveis, a partir da sua aquisição ou do início de actividade, se for posterior, ou, ainda, quando se trate de elementos especificamente associados à obtenção de rendimentos, a partir da sua utilização com esse fim.

3 – As depreciações e amortizações só são aceites para efeitos fiscais desde que contabilizadas como gastos no mesmo período de tributação ou em períodos de tributação anteriores.

ARTIGO 2º
Valorimetria dos elementos depreciáveis ou amortizáveis

1 – Para efeitos de cálculo das quotas máximas de depreciação ou amortização, os elementos do activo devem ser valorizados do seguinte modo:

a) Custo de aquisição ou de produção, consoante se trate, respectivamente, de elementos adquiridos a terceiros a título oneroso ou de elementos construídos ou produzidos pela própria empresa;

b) Valor resultante de reavaliação ao abrigo de legislação de carácter fiscal;

c) Valor de mercado, à data da abertura de escrita, para os bens objecto de avaliação para este efeito, quando não seja conhecido o custo de aquisição ou de produção, podendo esse valor ser objecto de correcção, para efeitos fiscais, quando se considere excedido.

2 – O custo de aquisição de um elemento do activo é o respectivo preço de compra, acrescido dos gastos acessórios suportados até à sua entrada em funcionamento ou utilização.

3 – O custo de produção de um elemento do activo obtém-se adicionando ao custo de aquisição das matérias-primas e de consumo e da mão-de-obra directa, os outros custos directamente imputáveis ao produto considerado, assim como a parte dos custos indirectos respeitantes ao período de construção ou produção que, de acordo com o sistema de custeio utilizado, lhe seja atribuível.

4 – No custo de aquisição ou de produção inclui-se o imposto sobre o valor acrescentado (IVA) que, nos termos legais, não for dedutível, designadamente em consequência de exclusão do direito à dedução, não sendo, porém, esses custos influenciados por eventuais regularizações ou liquidações efectuadas em períodos de tributação posteriores ao da entrada em funcionamento ou utilização.

5 – São, ainda, incluídos no custo de aquisição ou de produção, de acordo com a normalização contabilística especificamente aplicável, os custos de empréstimos obtidos que sejam directamente atribuíveis à aquisição ou produção de elementos referidos no nº 1 do artigo anterior, na medida em que respeitem ao período anterior à sua entrada em funcionamento ou utilização, desde que este seja superior a um ano.

6 – Sem prejuízo do referido no número anterior, não se consideram no custo de aquisição ou de produção as diferenças de câmbio relacionadas com os activos resultantes quer de pagamentos efectivos, quer de actualizações à data do balanço.

ARTIGO 3º
Período de vida útil

1 – A vida útil de um elemento do activo depreciável ou amortizável é, para efeitos fiscais, o período durante o qual se deprecia ou amortiza totalmente o seu valor, excluído, quando for caso disso, o respectivo valor residual.

2 – Qualquer que seja o método de depreciação ou amortização aplicado, considera-se:

a) Período mínimo de vida útil de um elemento do activo, o que se deduz da quota de depreciação ou amortização que seja fiscalmente aceite nos termos dos nºs 1 e 2 do artigo 5º;

b) Período máximo de vida útil de um elemento, o que se deduz de quota igual a metade da referida na alínea anterior.

3 – Exceptuam-se do disposto na alínea b) do número anterior as despesas com projectos de desenvolvimento, cujo período máximo de vida útil é de cinco anos.

4 – Os períodos mínimo e máximo de vida útil contam-se a partir da ocorrência dos factos mencionados no nº 2 do artigo 1º

5 – Não são aceites como gastos para efeitos fiscais as depreciações ou amortizações praticadas para além do período máximo de vida útil, ressalvando-se os casos devidamente justificados e aceites pela Direcção-Geral dos Impostos.

ARTIGO 4º
Métodos de cálculo das depreciações e amortizações

1 – O cálculo das depreciações e amortizações faz-se, em regra, pelo método das quotas constantes.

2 – Pode, no entanto, optar-se pelo cálculo das depreciações pelo método das quotas decrescentes, relativamente aos activos fixos tangíveis novos, adquiridos a terceiros ou construídos ou produzidos pela própria empresa, e que não sejam:

a) Edifícios;

b) Viaturas ligeiras de passageiros ou mistas, excepto quando afectas à exploração de serviço público de transportes ou destinadas a ser alugadas no exercício da actividade normal do sujeito passivo;

c) Mobiliário e equipamentos sociais.

3 – Quando a natureza do deperecimento ou a actividade económica do sujeito passivo o justifique podem, ainda, ser aplicados métodos de depreciação e amortização diferentes dos indicados nos números anteriores, mantendo-se os períodos máximos e mínimos de vida útil, desde que, mediante requerimento, seja obtido o reconhecimento prévio da Direcção-Geral dos Impostos, salvo quando daí não resulte uma quota anual de depreciação ou amortização superior à prevista nos artigos seguintes.

ARTIGO 5º
Método das quotas constantes

1 – No método das quotas constantes, a quota anual de depreciação ou amortização que pode ser aceite como gasto do período de tributação é determinada aplicando-se aos valores mencionados no nº 1 do artigo 2º as taxas de depreciação ou amortização específicas fixadas na tabela I anexa ao presente decreto regulamentar, e que dele faz parte integrante, para os elementos do activo dos correspondentes ramos de actividade ou, quando estas não estejam fixadas, as taxas genéricas mencionadas na tabela II anexa ao presente decreto regulamentar, e que dele faz parte integrante.

2 – Exceptuam-se do disposto no número anterior os seguintes casos, em que as taxas de depreciação ou amortização são calculadas com base no correspondente período de utilidade esperada, o qual pode ser corrigido quando se considere que é inferior ao que objectivamente deveria ter sido estimado:

a) Bens adquiridos em estado de uso;
b) Bens avaliados para efeitos de abertura de escrita;
c) Grandes reparações e beneficiações;
d) Obras em edifícios e em outras construções de propriedade alheia.

3 – Relativamente aos elementos para os quais não se encontrem fixadas, nas tabelas referidas no nº 1, taxas de depreciação ou amortização são aceites as que pela Direcção-Geral dos Impostos sejam consideradas razoáveis, tendo em conta o período de utilidade esperada.

4 – Quando, em relação aos elementos mencionados nas alíneas *a)* e *b)* do nº 2, for conhecido o ano em que pela primeira vez tiverem entrado em funcionamento ou utilização, o período de utilidade esperada não pode ser inferior à diferença entre o período mínimo de vida útil do mesmo elemento em estado de novo e o número de anos de utilização já decorrido.

5 – Para efeitos de depreciação ou amortização, consideram-se:

a) «Grandes reparações e beneficiações» as que aumentem o valor ou a duração provável dos elementos a que respeitem;

b) «Obras em edifícios e em outras construções de propriedade alheia» as que, tendo sido realizadas em edifícios e em outras construções de propriedade alheia, e não sendo de manutenção, reparação ou conservação, ainda que de carácter plurianual, não dêem origem a elementos removíveis ou, dando-o, estes percam então a sua função instrumental.

ARTIGO 6º
Método das quotas decrescentes

1 – No método das quotas decrescentes, a quota anual de depreciação que pode ser aceite como gasto do período de tributação determina-se aplicando aos valores mencionados no nº 1 do artigo 2º, que ainda não tenham sido depreciados, as taxas referidas no nº 1 do artigo anterior, corrigidas pelos seguintes coeficientes máximos:

a) 1,5, quando o período de vida útil do elemento seja inferior a cinco anos;
b) 2, quando o período de vida útil do elemento seja de cinco ou seis anos;
c) 2,5, quando o período de vida útil do elemento seja superior a seis anos.

2 – Nos casos em que, nos períodos de tributação já decorridos de vida útil do elemento do activo, não tenha sido praticada uma quota de depreciação inferior à referida no nº 1 do artigo anterior, quando a quota anual de depreciação determinada de acordo com o disposto no número anterior for inferior, num dado período de tributação, à que resulta da divisão do valor pendente de depreciação pelo número de anos de vida útil que restam ao elemento a contar do início desse período de tributação, pode ser aceite como gasto, até ao termo dessa vida útil, uma depreciação de valor correspondente ao quociente daquela divisão.

3 – Para efeitos do disposto no número anterior, a vida útil de um elemento do activo reporta-se ao período mínimo de vida útil segundo o disposto na alínea *a*) do nº 2 do artigo 3º

4 – O disposto no nº 2 não prejudica a aplicação do que se estabelece no artigo 18º relativamente a quotas mínimas de depreciação.

ARTIGO 7º
Depreciações e amortizações por duodécimos

1 – No ano da entrada em funcionamento ou utilização dos activos, pode ser praticada a quota anual de depreciação ou amortização em conformidade com o disposto nos artigos anteriores, ou uma quota de depreciação ou amortização, determinada a partir dessa quota anual, correspondente ao número de meses contados desde o mês da entrada em funcionamento ou utilização desses activos.

2 – No caso referido no número anterior, no ano em que se verificar a transmissão, a inutilização ou o termo de vida útil dos mesmos activos nas condições do nº 2 do artigo 3º, só são aceites depreciações ou amortizações correspondentes ao número de meses decorridos até ao mês anterior ao da verificação desses eventos.

3 – A quota de depreciação ou amortização que pode ser aceite como gasto do período de tributação é também determinada tendo em conta o número de meses em que os elementos estiveram em funcionamento ou utilização nos seguintes casos:

a) Relativamente ao período de tributação em que se verifique a cessação da actividade, motivada pelo facto de a sede e a direcção efectiva deixarem de se situar em território português, continuando, no entanto, os activos afectos ao exercício da mesma actividade, através de estabelecimento estável aí situado;

b) Relativamente ao período de tributação referido na alínea *d*) do nº 4 do artigo 8º do Código do IRC;

c) Quando seja aplicável o disposto no nº 3 do artigo 74º do Código do IRC, relativamente ao número de meses em que, no período de tributação da transmissão, os activos estiveram em funcionamento ou utilização nas sociedades fundidas ou cindidas ou na sociedade contribuidora e na sociedade para a qual se transmitem em consequência da fusão ou cisão ou entrada de activos;

d) Relativamente ao período de tributação em que se verifique a dissolução da sociedade para efeitos do disposto na alínea *c*) do nº 2 do artigo 79º do Código do IRC.

ARTIGO 8º
Aplicação uniforme dos métodos de depreciação e amortização

Salvo razões devidamente justificadas, para efeitos de cálculo do limite máximo das quotas de depreciação ou amortização que podem ser aceites, em cada período de tributação, deve ser aplicado, em relação a cada elemento do activo, o mesmo método de depreciação e amortização desde a sua entrada em funcionamento ou utilização até à sua depreciação ou amortização total, transmissão ou inutilização.

ARTIGO 9º
Regime intensivo de utilização dos activos depreciáveis

1 – Quando os activos fixos tangíveis estiverem sujeitos a desgaste mais rápido do que o normal, em consequência de laboração em mais do que um turno, pode ser aceite como gasto do período de tributação:

a) Se a laboração for em dois turnos, uma quota de depreciação correspondente à que puder ser praticada pelo método que estiver a ser aplicado, acrescida até 25%;

b) Se a laboração for superior a dois turnos, uma quota de depreciação correspondente à que puder ser praticada pelo método que estiver a ser aplicado, acrescida até 50%.

2 – No caso do método das quotas decrescentes, o disposto no número anterior não pode ser aplicado relativamente ao primeiro período de depreciação, nem dele pode decorrer, nos períodos seguintes, uma quota de depreciação superior à que puder ser praticada nesse primeiro período.

3 – O regime mencionado no nº 1 pode igualmente ser extensivo a outros casos de desgaste mais rápido do que o normal, em consequência de outras causas devidamente justificadas, até ao máximo referido na alínea *c)* do nº 1, com as limitações mencionadas no número anterior, desde que, mediante requerimento, seja obtido o reconhecimento prévio da Direcção-Geral dos Impostos.

4 – O disposto nos números anteriores não é aplicável, em regra, relativamente a:

a) Edifícios e outras construções;

b) Bens que, pela sua natureza ou tendo em conta a actividade económica em que especificamente são utilizados, estão normalmente sujeitos a condições intensivas de exploração.

ARTIGO 10º
Depreciações de imóveis

1 – No caso de imóveis, do valor a considerar nos termos do artigo 2º, para efeitos do cálculo das respectivas quotas de depreciação, é excluído o valor do terreno ou, tratando-se de terrenos de exploração, a parte do respectivo valor não sujeita a deperecimento.

2 – De modo a permitir o tratamento referido no número anterior, devem ser evidenciados separadamente, no processo de documentação fiscal previsto no artigo 130º do Código do IRC:

a) O valor do terreno e o valor da construção, sendo o valor do primeiro apenas o subjacente à construção e o que lhe serve de logradouro;

b) A parte do valor do terreno de exploração não sujeita a deperecimento e a parte desse valor a ele sujeita.

3 – Em relação aos imóveis adquiridos sem indicação expressa do valor do terreno referido na alínea *a)* do número anterior, o valor a atribuir a este, para efeitos fiscais, é fixado em 25% do valor global, a menos que o sujeito passivo estime outro valor com base em cálculos devidamente fundamentados e aceites pela Direcção--Geral dos Impostos.

4 – O valor a atribuir ao terreno, para efeitos fiscais, nunca pode, porém, ser inferior ao determinado nos termos do Código do Imposto Municipal sobre Imóveis, aprovado pelo Decreto-Lei nº 287/2003, de 12 de Novembro.

5 – O valor depreciável de um imóvel corresponde ao seu valor de construção ou, tratando-se de terrenos para exploração, à parte do respectivo valor sujeita a deperecimento.

ARTIGO 11º
Depreciações de viaturas ligeiras, barcos de recreio e aviões de turismo

1 – Não são aceites como gastos as depreciações de viaturas ligeiras de passageiros ou mistas, na parte correspondente ao custo de aquisição superior a € 40 000, bem como dos barcos de recreio e aviões de turismo e todos os gastos com estes relacionados.

2 – Exceptuam-se do disposto no número anterior os bens que estejam afectos à exploração de serviço público de transportes, ou que se destinem a ser alugados no exercício da actividade normal do sujeito passivo.

ARTIGO 12º
Activos revertíveis

1 – Os elementos depreciáveis ou amortizáveis adquiridos ou produzidos por entidades concessionárias e que, nos termos das cláusulas do contrato de concessão, sejam revertíveis no final desta, podem ser depreciados ou amortizados em função do número de anos que restem do período de concessão, quando aquele for inferior ao seu período mínimo de vida útil.

2 – Para efeitos do disposto no número anterior, a quota anual de depreciação ou amortização que pode ser aceite como gasto do período de tributação determina-se dividindo o custo de aquisição ou de produção dos elementos, deduzido, se for caso disso, da eventual contrapartida da entidade concedente, pelo número de anos que decorrer desde a sua entrada em funcionamento ou utilização até à data estabelecida para a reversão.

3 – Na determinação da quota anual de depreciação ou amortização deve ser tido em consideração, com a limitação mencionada na parte final do nº 1, o novo período que resultar de eventual prorrogação ou prolongamento do período de concessão, a partir do período de tributação em que esse facto se verifique.

ARTIGO 13º
Locação financeira

1 – As depreciações ou amortizações dos bens objecto de locação financeira são gastos do período de tributação dos respectivos locatários, sendo-lhes aplicável o regime geral constante do Código do IRC e do presente decreto regulamentar.

2 – A transmissão dos bens locados, para o locatário, no termo dos respectivos contratos de locação financeira, bem como na relocação financeira prevista no artigo 25º do Código do IRC, não determinam qualquer alteração do regime de depreciações ou amortizações que vinha sendo seguido em relação aos mesmos pelo locatário.

ARTIGO 14º
Peças e componentes de substituição ou de reserva

1 – As peças e componentes de substituição ou de reserva, que sejam perfeitamente identificáveis e de utilização exclusiva em activos fixos tangíveis, podem ser excepcionalmente depreciadas, a partir da data da entrada em funcionamento ou utilização destes activos ou da data da sua aquisição, se posterior, durante o mesmo período da vida útil dos elementos a que se destinam ou, no caso de ser menor, no decurso do respectivo período de vida útil calculado em função do número de anos de utilidade esperada.

2 – O regime referido no número anterior não se aplica às peças e componentes que aumentem o valor ou a duração esperada dos elementos em que são aplicados.

ARTIGO 15º
Depreciações de bens reavaliados

1 – O regime de aceitação como gastos das depreciações de bens reavaliados ao abrigo de legislação de carácter fiscal é o mencionado na mesma, com as adaptações resultantes do presente decreto regulamentar, aplicando-se aos bens reavaliados nos termos da Portaria nº 20 258, de 28 de Dezembro de 1963, o regime previsto no nº 2 do artigo 5º.

2 – Relativamente às reavaliações ao abrigo de diplomas de carácter fiscal, é de observar o seguinte:

a) Não é aceite como gasto, para efeitos fiscais, o produto de 0,4 pela importância do aumento das depreciações resultantes dessas reavaliações;

b) Não é aceite como gasto, para efeitos fiscais, a parte do valor depreciável dos bens que tenham sofrido desvalorizações excepcionais nos termos do artigo 38º do Código do IRC que corresponda à reavaliação efectuada.

3 – Exceptuam-se do disposto no número anterior as reavaliações efectuadas ao abrigo da Portaria nº 20 258, de 28 de Dezembro de 1963, e do Decreto-Lei nº 126//77, de 2 de Abril, desde que efectuadas nos termos previstos nessa legislação e, na parte aplicável, com observância das disposições do presente decreto regulamentar, caso em que o aumento das depreciações resultante da reavaliação é aceite na totalidade como gasto para efeitos fiscais.

ARTIGO 16º
Activos intangíveis

1 – Os activos intangíveis são amortizáveis quando sujeitos a deperecimento, designadamente por terem uma vigência temporal limitada.

2 – São amortizáveis os seguintes activos intangíveis:

a) Despesas com projectos de desenvolvimento;

b) Elementos da propriedade industrial, tais como patentes, marcas, alvarás, processos de produção, modelos ou outros direitos assimilados, adquiridos a título oneroso e cuja utilização exclusiva seja reconhecida por um período limitado de tempo.

3 – Excepto em caso de deperecimento efectivo devidamente comprovado, reconhecido pela Direcção-Geral dos Impostos, não são amortizáveis:

a) Trespasses;
b) Elementos mencionados na alínea *b)* do número anterior quando não se verifiquem as condições aí referidas.

ARTIGO 17º
Projectos de desenvolvimento

1 – As despesas com projectos de desenvolvimento podem ser consideradas como gasto fiscal no período de tributação em que sejam suportadas.

2 – Para efeitos do disposto no presente decreto regulamentar, consideram-se despesas com projectos de desenvolvimento, as realizadas através da exploração de resultados de trabalhos de investigação ou de outros conhecimentos científicos ou técnicos, com vista à descoberta ou à melhoria substancial de matérias-primas, produtos, serviços ou processos de produção.

3 – Não é aplicável o disposto no nº 1, nem o referido na alínea *a)* do nº 2 do artigo anterior, aos projectos de desenvolvimento efectuados para outrem mediante contrato.

ARTIGO 18º
Quotas mínimas de depreciação ou amortização

1 – As quotas mínimas de depreciação ou amortização que não tiverem sido contabilizadas como gastos do período de tributação a que respeitam, não podem ser deduzidas dos rendimentos de qualquer outro período de tributação.

2 – Para efeitos do disposto no número anterior, as quotas mínimas de depreciação ou amortização são determinadas através da aplicação, aos valores mencionados no artigo 2º das taxas iguais a metade das fixadas no artigo 5º, salvo quando a Direcção-Geral dos Impostos conceda previamente autorização para a utilização de quotas inferiores, na sequência da apresentação de requerimento em que se indiquem as razões que as justificam.

3 – O disposto nos números anteriores não é aplicável aos activos não correntes detidos para venda.

ARTIGO 19º
Elementos de reduzido valor

1 – Os elementos do activo sujeitos a deperecimento, cujos custos unitários de aquisição ou de produção não ultrapassem € 1000, podem ser totalmente depreciados ou amortizados num só período de tributação, excepto quando façam parte integrante de um conjunto de elementos que deva ser depreciado ou amortizado como um todo.

2 – Considera-se sempre verificado o condicionalismo da parte final do número anterior quando os mencionados elementos não possam ser avaliados e utilizados individualmente.

3 – Os activos depreciados ou amortizados nos termos do nº 1 devem constar dos mapas das depreciações e amortizações pelo seu valor global, numa linha própria para os elementos adquiridos ou produzidos em cada período de tributação, com a designação «Elementos de custo unitário inferior a € 1000», elementos estes cujo período máximo de vida útil se considera, para efeitos fiscais, de um ano.

ARTIGO 20º
Depreciações e amortizações tributadas

As depreciações e amortizações que não sejam consideradas como gastos fiscais no período de tributação em que foram contabilizadas, por excederem as importâncias máximas admitidas, são aceites como gastos fiscais nos períodos seguintes, na medida em que não se excedam as quotas máximas de depreciação ou amortização fixadas no presente decreto regulamentar.

ARTIGO 21º
Mapas de depreciações e amortizações

1 – Os sujeitos passivos devem incluir, no processo de documentação fiscal previsto nos artigos 130º do Código do IRC e 129º do Código do IRS, os mapas de depreciações e amortizações de modelo oficial, apresentando separadamente:

a) Os elementos que entraram em funcionamento até 31 de Dezembro de 1988;
b) Os elementos que entraram em funcionamento a partir 1 de Janeiro de 1989;
c) Os elementos que foram objecto de reavaliação ao abrigo de diploma de carácter fiscal.

2 – Os mapas a que se refere o número anterior devem ser preenchidos de acordo com a codificação expressa nas tabelas anexas ao presente decreto regulamentar, e que dele fazem parte integrante.

3 – A contabilidade organizada nos termos do artigo 123º do Código do IRC e do artigo 117º do Código do IRS deve permitir o controlo dos valores constantes dos mapas referidos no nº 1, em conformidade com o disposto no presente decreto regulamentar e na demais legislação aplicável.

ARTIGO 22º
Disposição transitória

Na aplicação do disposto no presente decreto regulamentar deve ter-se em conta o seguinte:

a) O método das quotas degressivas é aplicável apenas relativamente aos elementos cuja entrada em funcionamento se tenha verificado a partir de 1 de Janeiro de 1989;
b) O disposto no nº 3 do artigo 7º é aplicável às situações ocorridas a partir de 1 de Janeiro de 1989, incluindo igualmente as situações mencionadas na parte final do artigo 8º do Decreto-Lei nº 442-B/88, de 30 de Novembro;
c) Relativamente aos imóveis de que não tenha sido ainda determinado o respectivo valor nos termos da legislação mencionada no nº 4 do artigo 10º, o limite mínimo aí referido é constituído por 25% do respectivo valor patrimonial constante da matriz à data da aquisição do imóvel;
d) No tocante aos contratos de locação financeira celebrados antes de 1 de Janeiro de 1990, aplica-se, com as necessárias adaptações, para efeitos do cálculo das quotas de depreciação, nos termos do nº 1 do artigo 13º, o disposto no nº 1 do artigo 1º do Decreto-Lei nº 311/82, de 4 de Agosto;

e) As taxas de depreciação e amortização constantes das tabelas anexas ao presente decreto regulamentar, e que dele fazem parte integrante, são aplicáveis apenas aos elementos cuja entrada em funcionamento se tenha verificado a partir de 1 de Janeiro de 1989, aplicando-se aos que entraram em funcionamento anteriormente as constantes das tabelas anexas à Portaria nº 737/81, de 29 de Agosto, com as alterações que lhe foram introduzidas pelas Portarias nºs 990/84, de 29 de Dezembro, e 85/88, de 9 de Fevereiro;

f) As despesas com a emissão de obrigações, os encargos financeiros com a aquisição ou produção de elementos do imobilizado, as diferenças de câmbio desfavoráveis relacionadas com o imobilizado e os encargos com campanhas publicitárias, reconhecidos como gastos e ainda não aceites fiscalmente, concorrem igualmente para a formação do lucro tributável de acordo com o regime que vinha sendo adoptado.

ARTIGO 23º
Norma revogatória

É revogado o Decreto Regulamentar nº 2/90, de 12 de Janeiro.

ARTIGO 24º
Entrada em vigor e produção de efeitos

O presente decreto regulamentar entra em vigor em 1 de Janeiro de 2010, aplicando-se, para efeitos de IRC e de IRS, relativamente aos períodos de tributação que se iniciem em, ou após, 1 de Janeiro de 2010.

DECRETO REGULAMENTAR Nº 25/2009, DE 14 DE SETEMBRO

TABELA I
Taxas específicas

Código		Percentagens
	DIVISÃO I	
	Agricultura, silvicultura, pecuária e pesca	
	Grupo 1 — Agricultura, silvicultura e pecuária	
	Construções:	
0005	Construções de tijolo, pedra ou betão	5
0010	Construções de madeira com fundações de alvenaria	6,66
	Estufas:	
0015	De estrutura metálica ou de betão ou similares	10
0020	De estrutura de madeira	20
0025	Silos	8,33
0030	Nitreiras e fossas	5
0035	Construções ligeiras (em fibrocimento, madeira, zinco, etc.)	10
	Plantações:	
0040	Bosques e florestas	(a)
0045	Oliveiras	4
0050	Vinhas	5
0055	Amendoeiras, citrinos, figueiras e nogueiras	5
0060	Amoreiras, framboesas, groselheiras e pessegueiros	14,28
0065	Outros pomares	10
0070	Flores e outras plantações	(b)
	Equipamentos motorizados:	
0075	Tractores, ceifeiras — debulhadoras, motocultivadores, etc.	16,66
	Equipamentos não motorizados:	
0090	Arrancadora — carregadora, desbastador, ensiladora e semeador mecânico de precisão	14,28
0095	Outros equipamentos	12,5
	Equipamentos especializados:	
	Equipamento de rega por aspersão:	
0100	Barragens e rede primária	3,33
0105	Rede secundária e canalizações enterradas	5
0110	Restante equipamento	12,5
0115	Equipamento de ordenha	12,5
0120	Equipamento de vinificação	12,5
	Melhoramentos fundiários:	
0125	Subsolagens de efeito duradouro	33,33
0130	Ripagens e correcções de solos de efeito duradouro	20
0135	Barragens de terra batida e charcas	5
0140	Surribas profundas, trabalhos de enxugo ou drenagens, obras de defesa contra inundações, etc.	14,28
0145	Poços e furos	10
0150	Cercas	10
	Animais:	
0155	De trabalho	12,5
	Reprodutores:	
0160	Suínos	33,33
0165	Outros	10

REGIME DAS REINTEGRAÇÕES E AMORTIZAÇÕES

Código		Percentagens
	Grupo 2 — Pesca	
	Barcos de pesca:	
0170	Costeiros (traineiras e outras embarcações cuja arqueação bruta ou calado as caracterize como costeiras)........	12,5
	De alto mar:	
0175	De ferro............	7,14
0180	De madeira........	10
0185	Navios — fábricas e navios — frigoríficos............	10
0190	Instalações de congelação e conservação............	12,5
0195	Aparelhos localizadores, de telefonia, de radiogoniometria e de radar............	20
0200	Apresto de pesca............	33,33
	DIVISÃO II	
	Indústrias extractivas	
0210	Terrenos de exploração............	(c)
0215	Terrenos destinados a entulheiras............	(d)
0220	Fornos de ustulação e fundição............	20
	Equipamento mineiro fixo:	
0225	De superfície............	12,5
0230	De subsolo............	20
0235	Vias férreas e respectivo material rolante............	12,5
0240	Equipamento móvel sobre rodas ou lagartas............	20
0245	Ferramentas e utensílios de uso específico............	33,33
	DIVISÃO III	
	Indústrias transformadoras	
	Grupo 1 — De alimentação, bebidas e tabaco	
	A) **Indústria de panificação**	
0250	Fornos mecânicos, eléctricos, a vapor, etc............	12,5
0255	Fornos a caruma ou a lenha............	8,33
0260	Equipamento mecânico e específico............	12,5
0265	Instalações frigoríficas e de ventilação............	12,5
0270	Silos (tecido)............	25
	B) **Outras Indústrias de alimentação**	
0275	Silos............	5
	Depósitos:	
0280	De cimento............	6,66
0285	De metal............	7,14
	Fornos fixos:	
0290	Eléctricos e de combustíveis líquidos ou gasosos............	12,5
0295	A lenha ou a carvão............	8,33
0300	Fornos móveis............	14,28
0305	Prensas............	6,25
	Torradores:	
0310	Fixos............	12,5
0315	Móveis............	14,28
	Maquinaria e instalações industriais de uso específico:	
0320	De moagem, descasque e polimento de arroz e refinação de óleos vegetais............	10
0325	Conservas de carne, cacau e gelados............	14,28
0330	Outras indústrias............	12,5

DECRETO REGULAMENTAR Nº 25/2009, DE 14 DE SETEMBRO

Código		Percentagens
	C) Bebidas não alcoólicas	
0345	Instalações de captação, poços e depósitos de água	5
	Depósitos e tanques para a preparação de misturas e armazenagem:	
0350	De aço inoxidável	5
0355	De outros materiais	8,33
	Maquinaria para filtragem, esterilização, engarrafamento e rotulagem:	
0360	Automáticas e semiautomáticas...	12,5
0365	Não automáticas..	10
	Maquinaria e instalações de selecção, lavagem, trituração, prensagem e concentração de frutos:	
0370	Automáticas e semiautomáticas...	14,28
0375	Não automáticas..	12,5
0380	Instalações frigoríficas..	12,5
	D) Bebidas alcoólicas	
	Tanques, cubas e depósitos de fermentação, repouso e armazenagem:	
0390	De madeira...	7,14
0395	Metálicos...	6,66
0400	De betão e similares...	5
0405	Caldeiras e alambiques	6,66
0410	Maquinaria e instalações de uso específico	12,5
	E) Tabaco	
	Câmaras de secagem de tabaco:	
0420	De betão ou alvenaria..	5
0425	Construções ligeiras...	12,5
0430	Máquinas e instalações de uso específico	12,5
	Grupo 2 — Têxteis	
0440	Maquinaria para o fabrico de malhas...	20
0445	Maquinaria para o fabrico de cordas, cabos e redes	12,5
0450	Teares para a indústria de tapeçaria	14,28
	Outras máquinas e instalações de uso específico:	
0455	Para uso em ambiente normal	12,5
0460	Para uso em ambiente corrosivo	20
	Grupo 3 — Calçado, vestuário e têxteis em obra	
0470	Máquinas e instalações industriais de uso específico	12,5
0475	Caldeiras para a produção de vapor...	20
0480	Moldes e formas para calçado	50
	Grupo 4 — Madeira e cortiça	
	A) Madeiras	
0490	Instalação industriais de uso específico...	12,5
	Maquinaria:	
0495	De serração e fabrico de móveis e alfaias de madeira................................	14,28
0500	Para o fabrico de folheados, contraplacados e aglomerados de partículas e fibras de madeira.......	12,5
	B) Preparação e transformação de cortiças, aglomerados e granulados	
0510	Caldeiras a vapor	20
0515	Autoclaves de cocção..	14,28
0520	Fornos de fogo semidirecto	12,5
0525	Instalações de uso específico	8,33
0530	Máquinas de uso específico..	10
	Grupo 5 — Indústrias do papel e de artigos de papel	
0540	Geradores de vapor	6,66
0545	Lixiviadores..	14,28
	Máquinas de uso específico para:	
0550	Fabricação de pasta	10

REGIME DAS REINTEGRAÇÕES E AMORTIZAÇÕES

Código		Percentagens
0555	Formação de folha de papel.	8,33
0560	Preparação e acabamento de papel.	12,5
0565	Transformação de papel.	14,28

Grupo 6 — Tipografia, editoriais e indústrias conexas

0575	Máquinas de composição de jornais diários.	20
0580	Máquinas de impressão.	14,28
0585	Aparelhagem electrónica para comando, reprodução, iluminação e corte.	20
0590	Outras máquinas e apetrechos de uso específico.	12,5
0595	Tipos e cortantes.	33,33

Grupo 7 — Indústrias de curtumes e de artigos de couro e pele (excepto calçado e artigos de vestuário)

0605	Instalações industriais de uso específico.	12,5
0610	Máquinas de uso específico.	14,28

Grupo 8 — Indústria de borracha

0620	Máquinas e instalações industriais de uso específico.	14,28
0625	Moldes e formas.	33,33

Grupo 9 — Indústrias químicas

A) Derivados do petróleo bruto e carvão

0640	Máquinas e instalações industriais de uso específico.	12,5
0645	Máquinas e instalações industriais de uso específico sujeitas a ambiente corrosivo.	16,66
0650	Oleodutos, reservatórios e instalações de distribuição.	10
0655	Bombas de gás (petróleo).	14,28

B) Produções de gases comprimidos

0665	Instalações industriais de uso específico.	10
0670	Máquinas de uso específico.	14,28
0680	Material de distribuição de gases (embalagens).	12,5

C) Fabricação de explosivos e pirotecnia

0690	Máquinas e instalações industriais de uso específico.	12,5
0695	Máquinas e instalações industriais de uso específico em ambiente corrosivo.	20
0700	Ferramentas e utensílios de uso específico.	33,33

D) Sabões, detergentes e óleos e gorduras animais ou vegetais não alimentares

0710	Máquinas e instalações industriais de uso específico.	12,5
0715	Máquinas e instalações industriais de uso específico em ambiente corrosivo.	20
0720	Aparelhos e utensílios de laboratório.	20
0725	Ferramentas e utensílios de uso específico.	33,33

E) Fabricação de fibras artificiais e sintéticas, resinas sintéticas e outras matérias plásticas

0730	Máquinas e instalações industriais de uso específico.	14,28
0735	Prensas.	6,25
0740	Moldes e formas.	33,33
0745	Material de laboratório.	20

F) Outras indústrias químicas

0760	Fornos reactores para sínteses.	20
0765	Fornos reactores para fusão.	20
0770	Instalações de electrólise e de electrossíntese.	20
0775	Instalações de fabricação de ácidos.	20
0780	Máquinas e outras instalações industriais de uso específico.	12,5
0785	Máquinas e outras instalações industriais de uso específico em ambiente corrosivo.	16,66

Grupo 10 — Indústrias dos produtos minerais não metálicos

A) Cerâmica de construção

0800	Terrenos de exploração.	(e)
0805	Fornos e muflas intermitentes.	14,28
0810	Fornos e muflas contínuos.	16,66
0815	Máquinas e outras instalações industriais de uso específico.	14,28
0825	Moldes (gesso ou madeira).	33,33

500

Código		Percentagens
	B) Porcelanas e faianças	
0835	Fornos	14,28
0840	Máquinas e outras instalações industriais de uso específico	14,28
0845	Ferramentas e utensílios de uso específico	33,33
	C) Vidros e artigos de vidro	
0850	Fornos	14,28
0855	Máquinas e instalações de uso específico	12,5
0865	Ferramentas e utensílios de uso específico	33,33
	D) Cimento	
0875	Fornos	14,28
0880	Máquinas e instalações industriais de uso específico	14,28
	E) Artefactos de cimento	
0890	Máquinas e instalações industriais de uso específico	12,5
	F) Cal e gesso	
0910	Fornos	12,5
0915	Máquinas e instalações industriais de uso específico	12,5
	Grupo 11 — Indústrias metalúrgicas, metalomecânicas e de material eléctrico	
	A) Básicas do ferro e do aço	
0930	Fornos	12,5
0935	Máquinas e outros instrumentos industriais de uso específico	14,28
	B) Básicas de metais não ferrosos	
0950	Fornos	14,28
0955	Células electrolíticas e outras instalações para reagentes químicos	16,66
0960	Máquinas e outras instalações industriais de uso específico	14,28
0965	Ferramentas e utensílios de uso específico	33,33
	C) Construção e reparação naval	
0970	Docas flutuantes	8,33
0975	Docas secas, cais e pontes-cais	5
	Embarcações para navegação fluvial:	
0980	De ferro	7,14
0985	De madeira	10
0990	Fornos	14,28
0995	Outras instalações industriais de uso específico	10
1000	Máquinas de uso específico	16,66
	D) Outras indústrias metalúrgicas, metalomecânicas e de material eléctrico	
1010	Fornos de secagem	20
1015	Outros fornos e estufas	14,28
1020	Instalações de vácuo	20
1025	Células electrolíticas e instalações para reagentes químicos	14,28
1030	Equipamento de soldadura	20
1035	Outras instalações industriais de uso específico	10
	Prensas:	
1040	De tipo ligeiro	14,28
1045	De tipo pesado	10
1050	Máquinas de bobinar	25
1055	Máquinas para corte de chapa magnética	20
1060	Outras máquinas de uso específico	14,28
1065	Moldes	33,33
1070	Ferramentas e utensílios de uso específico	33,33
	Grupo 12 — Indústrias transformadoras diversas	
	A) Fabricação de aparelhos e instrumentos de medida e verificação	
1075	Instalações industriais de uso específico	10
1080	Máquinas de uso específico	14,28
1085	Fornos	12,5
1090	Ferramentas e utensílios de uso específico	33,33

REGIME DAS REINTEGRAÇÕES E AMORTIZAÇÕES

Código		Percentagens
	B) Fabricação de jóias e de artigos de ourivesaria	
1095	Instalações industriais de uso específico	10
1100	Máquinas de uso específico	14,28
1105	Ferramentas e utensílios de uso específico	33,33
	C) Fabricação de artigos de matérias plásticas	
1110	Instalações industriais de uso específico	10
1115	Máquinas de uso específico	20
1120	Moldes	33,33
1125	Ferramentas e utensílios de uso específico	33,33
	DIVISÃO IV	
	Construção civil e obras públicas	
1130	Construções ligeiras não afectas a obras em curso	12,5
1135	Material de desenho, de topografia e de ensaio e medida	16,66
	Materiais auxiliares de construção:	
	De madeira:	
1140	Andaimes	100
1145	Cofragem	100
	Metálicos:	
1150	Andaimes	14,28
1155	Cofragem	25
1160	Diversos	20
	Equipamentos:	
1165	De transporte geral	25
	De oficinas:	
1170	Carpintaria	16,66
1175	Serralharia	14,28
1180	Produção e distribuição de energia eléctrica	14,28
1185	Para movimentação e armazenagem de materiais	14,28
1190	Para trabalhos de ar comprimido	25
1195	Para trabalhos de escavação e terraplenagem	20
1200	De sondagens e fundações	20
1205	Para exploração de pedreiras, fabricação e aplicação de betões e argamassas	20
1210	Para construção de estradas	20
1215	Para obras hidráulicas	6,25
1220	Ferramentas e equipamentos individuais	33,33
	DIVISÃO V	
	Electricidade, gás e água	
	Grupo 1 — Produção, transporte e distribuição de energia eléctrica	
1225	Obras hidráulicas fixas	3,33
	Equipamentos de centrais:	
1230	Hidroeléctricas	6,25
1235	Termoeléctricas	8,33
1240	Subestações e postos de transformação	5
1245	Linhas de AT e suportes	5
1250	Linhas de BT e suportes	7,14
1255	Aparelhos de medida e controlo	12,5
	Grupo 2 — Produção e distribuição de gás	
1265	Instalações de destilação de carvões minerais	6,25
1270	Gasómetros e depósitos para armazenagem de gás	6,25
1275	Subestações redutoras e rede de distribuição	6,25
1280	Máquinas e outras instalações de uso específico	12,5
1285	Aparelhos de medida e controlo	12,5

DECRETO REGULAMENTAR Nº 25/2009, DE 14 DE SETEMBRO

Código		Percentagens
	Grupo 3 — Captação e distribuição de águas	
1295	Obras hidráulicas fixas...	3,33
1300	Comportas	5
	Reservatórios:	
1305	De torre ou de superfície	4
1310	Subterrâneos...	2,5
1315	Condutas	4
	Redes de distribuição:	
1320	De ferro	5
1325	De fibrocimento ou similares..	6,25
1330	Outras instalações e máquinas de uso específico...............................	12,5
1335	Aparelhos de medida e controlo	12,5
	DIVISÃO VI	
	Transportes e comunicações	
	Grupo 1 — Transportes	
	A) Transportes ferroviários	
1345	Túneis e obras de arte	2
1350	Vias-férreas	6,25
1355	Subestações de electricidade e postos de transformação.....................	5
1360	Linhas eléctricas e respectivas instalações	5
1365	Instalações de sinalização e controlo...	14,28
1370	Locomotivas..	7,14
	Automotoras:	
1375	Ligeiras	7,14
1380	Pesadas...	6,25
	Vagões:	
1385	Cubas, cisternas e frigoríficos	6,25
1390	Não especificadas...	5
1395	Carruagens e outro material rolante...	5
1400	Material de carga e descarga	8,33
1405	Outras máquinas e instalações de uso específico.............................	12,5
	B) Outros transportes terrestres	
1415	Linhas eléctricas e respectivas instalações	5
1420	Carros eléctricos...	6,25
1425	*Trolley-cars*	10
	Veículos automóveis de serviço público:	
1430	Pesados, para passageiros	25
1435	Pesados e reboques, para mercadorias..	25
1440	Ligeiros e mistos	25
1445	Outras instalações de uso específico	10
	C) Transportes marítimos, fluviais e lacustres	
1455	Navios de carga geral convencionais e navios mistos de passageiros e de carga	10
1460	Navios de passageiros, ferries, graneleiros, porta-contentores, navios -tanques, navios — frigoríficos e outros navios especializados	12,5
1465	Dragas, gruas flutuantes, barcaças, etc., de ferro.............................	8,33
1470	Fragatas, barcaças e outras embarcações de madeira	12,5
1475	Embarcações de borracha	10
1476	Embarcações de fibra de vidro..	25
1480	Máquinas e instalações portuárias..	14,28
1485	Outras máquinas e instalações de uso específico.............................	12,5
	D) Transportes aéreos	
	Aviões:	
1495	Com motores de reacção	16,66
1500	Com motores a turbo — hélice	16,66
1505	Com motores convencionais	25

503

REGIME DAS REINTEGRAÇÕES E AMORTIZAÇÕES

Código		Percentagens
1510	Frota terrestre...	20
1515	Instalações auxiliares, nos aeroportos, para carga, embarque, etc.	10
1520	Máquinas e instalações de oficinas de reparação e revisão	12,5
	Grupo 2 — Comunicações telefónicas, telegráficas e radiotelegráficas	
1530	Centrais de transmissão e de recepção...	12,5
1535	Redes aéreas, suportes e cabos subterrâneos	5
1540	Instalações de sincronização e de controlo	14,28
1545	Instalações de registo de rádio	20
1550	Postos públicos e particulares	10
	DIVISÃO VII	
	Serviços	
	Grupo 1 — Serviços de saúde com ou sem internamento	
1560	Decorações interiores, incluindo tapeçarias..	25
1565	Mobiliário	12,5
1570	Colchoaria e cobertores	25
1575	Roupas brancas e atoalhados	50
1580	Louças e objectos de vidro, excepto decorativos.....................................	33,33
1585	Talheres e utensílios de cozinha...	25
1590	Aparelhagem e material médico-cirúrgico de rápida evolução técnica	33,33
1595	Outro material, aparelhos, utensílios e instalações de uso específico	14,28
	Grupo 2 — Serviços recreativos	
	A) Casas de espectáculos	
1600	Máquinas de projecção e instalação sonora..	14,28
1605	Cortinas metálicas contra incêndios...	5
1610	Decorações interiores, incluindo tapeçarias (*f*)	20
1615	Aparelhagem e mobiliário de uso específico.......................................	12,5
	B) Estações de radiodifusão e televisão	
1620	Instalações radiofónicas...	12,5
1625	Instalações de teledifusão e televisão	16,66
1630	Instalações de sincronização e controlo..	14,28
1635	Instalações de gravação e registo...	25
1640	Equipamento móvel para serviço no exterior	20
	Grupo 3 — Hotéis, restaurantes, cafés e actividades similares	
1650	Decorações de interiores, incluindo tapeçarias (*f*)...................................	25
1655	Mobiliário (*f*)	12,5
1660	Colchoaria e cobertores	20
1665	Roupas brancas e atoalhados	50
1670	Louças e objectos de vidro, excepto decorativos.....................................	33,33
1675	Talheres e utensílios de cozinha...	25
1680	Máquinas, aparelhos, utensílios e instalações de uso específico...........................	14,28
	Grupo 4 — Serviços de higiene e de estética	
	A) Lavandarias e tinturarias	
1685	Maquinaria de uso específico...	14,28
1690	Instalações industriais de uso específico..	10
	B) Barbearias, salões de cabeleireiro e institutos de beleza	
1700	Aparelhos e instrumentos para massagens, depilação, secagem e trabalhos similares	20
1705	Instalações de uso específico..	10
1710	Roupas brancas	50

(*a*) De acordo com o regime de exploração, mas as espécies arbóreas cuja vida útil normal é igual ou superior a 100 anos não são depreciáveis.
(*b*) De acordo com o regime de exploração.
(*c*) Em função do esgotamento.
(*d*) Em função da superfície degradada.
(*e*) Em função do esgotamento.
(*f*) Excluem-se os móveis e objectos de arte e antiguidades.

DECRETO REGULAMENTAR Nº 25/2009, DE 14 DE SETEMBRO

TABELA II
Taxas genéricas

Código		Percentagens
	DIVISÃO I	
	Activos fixos tangíveis e propriedades de investimento	
	Grupo 1 — Imóveis	
2005	Edificações ligeiras (fibrocimento, madeira, zinco, etc.)	10
	Edifícios (*a*):	
2010	Habitacionais	2
2015	Comerciais e administrativos	2
2020	Industriais ou edificações integradas em conjuntos industriais	5
2025	Afectos a hotéis, restaurantes e similares, a garagens e estações de serviço, a serviços de saúde e de ensino e a serviços recreativos e culturais	5
2035	Fornos	10
2040	Obras hidráulicas, incluindo poços de água	5
2045	Obras de pavimentação de pedra, cimento, betão, etc.	5
	Pontes e aquedutos:	
2050	De betão ou alvenaria	3,33
2055	De madeira	20
2060	Metálicos	8,33
	Reservatórios de água:	
2065	De torre ou de superfície	5
2070	Subterrâneos	3,33
2075	Silos	5
	Vedações e arranjos urbanísticos:	
2080	Arranjos urbanísticos	10
2085	Vedações ligeiras	8,33
2090	Muros	5
	Grupo 2 — Instalações	
2095	De água, electricidade, ar comprimido, refrigeração e telefónicas (instalações interiores)	10
2100	De aquecimento central	6,66
2105	Ascensores, monta-cargas e escadas mecânicas	10
2110	De cabos aéreos e suportes	10
2115	De caldeiras e alambiques	7,14
2120	De captação e distribuição de água (instalações privativas)	5
2125	De carga, descarga e embarque (instalações privativas)	7,14
2130	Centrais telefónicas privativas	10
2135	De distribuição de combustíveis líquidos (instalações privativas)	10
2140	De embalagem	10
	Instalações de armazenagem e de depósito:	
2145	De betão	5
2150	De madeira	6,66
2155	Metálicos	8,33
2160	De lagares e prensas	7,14
2165	Postos de transformação	5
2170	Radiofónicas, radiotelegráficas e de televisão (instalações privativas)	12,5
2175	Refeitórios e cozinhas privativas	10
2180	Reservatórios para combustíveis líquidos	6,66
2185	Vitrinas e estantes fixas	12,5
2186	Espaços expositivos de carácter itinerante	25
2190	Instalações de centros de formação profissional	16,66
2195	Não especificadas	10
	Grupo 3 — Máquinas, aparelhos e ferramentas	
2200	Aparelhagem e máquinas electrónicas	20
2205	Aparelhagem de reprodução de som	20
2210	Aparelhos de ar condicionado	12,5
2215	Aparelhos de aquecimento (irradiadores e outros)	12,5
2220	Aparelhos de laboratório e precisão	14,28
2225	Aparelhos de ventilação (ventoinhas e outros)	12,5
2230	Balanças	12,5
2235	Compressores	25
2240	Computadores	33,33
2245	Equipamento de centros de formação profissional	16,66
	Máquinas, aparelhos e ferramentas:	

505

REGIME DAS REINTEGRAÇÕES E AMORTIZAÇÕES

Código		Percentagens
2250	Equipamentos de energia solar....................................	25
2251	Aparelhos telemóveis..	20
	Equipamento de oficinas privativas:	
2255	De carpintaria..	12,5
2260	De serralharia e mecânica..................................	14,28
2265	Ferramentas e utensílios..	25
2270	Guindastes...	12,5
2275	Máquinas de escrever, de calcular, de contabilidade e de fotocopiar....	20
	Máquinas — ferramentas:	
2280	Ligeiras..	20
2285	Pesadas...	12,5
2290	Máquinas de lavagem automática de veículos......................	20
2295	Máquinas não especificadas......................................	12,5
2300	Material de incêndio (extintores e outros).......................	25
2305	Material de queima...	14,28
2310	Motores..	12,5
2315	Televisores..	14,28
	Grupo 4 — Material rolante ou de transporte	
2320	Aeronaves...	20
	Barcos:	
2325	De ferro..	7,14
2330	De madeira..	10
2335	De borracha...	12,5
2340	Bicicletas, triciclos e motociclos.............................	25
2345	Tractores e atrelados, empilhadores e carros com caixa basculante *(dumpers)*....	16,66
2350	Vagões..	4
2355	Veículos de tracção animal, compreendendo animais de tiro.......	12,5
2360	Vias-férreas normais...	4
2365	Vias-férreas (sistema Decauville) e respectivo material rolante....	10
	Veículos automóveis:	
2370	Funerários..	12,5
2375	Ligeiros e mistos...	25
2380	Pesados de passageiros......................................	14,28
2385	Pesados e reboques, de mercadorias..........................	20
2390	Pesados e reboques de mercadorias, quando utilizados normalmente em vias que provoquem forte desgaste de material...........	25
2395	Tanques...	16,66
	Grupo 5 — Elementos diversos	
	Artigos de conforto e decoração (*b*):	
2400	Alcatifas...	25
2405	Outros..	12,5
2410	Encerados...	50
2415	Equipamento publicitário colocado na via pública...............	12,5
2420	Filmes, discos e *cassettes*...................................	25
2425	Material de desenho e topografia..............................	12,5
2430	Mobiliário (*b*) (*c*)...	12,5
2435	Moldes, matrizes, formas e cunhos.............................	25
2440	Programas de computadores.....................................	33,33
	Taras e vasilhame:	
2445	De madeira..	20
2450	De metal..	14,28
2455	De outros materiais...	33,33
	DIVISÃO II	
	Activos intangíveis	
2470	Projectos de desenvolvimento...................................	33,33
2475	Elementos da propriedade industrial, tais como patentes, marcas, alvarás, processos de produção, moldes ou outros direitos assimilados, adquiridos a título oneroso e cuja utilização exclusiva seja reconhecida por um período limitado de tempo...................	(*d*)

(*a*) Tratando-se de edifícios onde se exerçam actividades enquadráveis em mais de uma das rubricas, o regime de depreciação será determinado pela classificação que lhes couber face característica neles predominante.
(*b*) Excluem-se os móveis e objectos de arte e antiguidades.
(*c*) O mobiliário e outros elementos afectos a centros de formação profissional são depreciados à taxa máxima anual de 16,66% se taxa mais elevada não estiver fixada na presente ta bela.
(*d*) A taxa de amortização é determinada em função do período de tempo em que tiver lugar a utilização exclusiva.

Tributação do Património

Reforma da Tributação do Património

Decreto-Lei nº 287/2003, de 12 de Novembro[1]

O presente Decreto-Lei procede à reforma da tributação do património, aprovando os novos Códigos do Imposto Municipal sobre Imóveis (CIMI) e do Imposto Municipal sobre as Transmissões Onerosas de Imóveis (CIMT) e procedendo a alterações de diversa legislação tributária conexa com a mesma reforma.

Para além do que consta nos preâmbulos dos novos Códigos, onde são explicitadas as principais linhas dos impostos que vão entrar em vigor, e das alterações introduzidas no Código do Imposto do Selo, cumpre chamar a atenção para um conjunto de disposições transitórias incluídas neste Decreto-Lei que se prendem, nomeadamente, com a fixação de um prazo máximo para promover a avaliação geral dos prédios urbanos e, enquanto essa avaliação não for efectuada, com as regras de actualização transitória dos seus valores patrimoniais tributários, com soluções diferenciadas para os que estão arrendados e para os que o não estão, com a determinação da avaliação dos prédios que entretanto forem transmitidos, a que se aplicará o novo mecanismo de avaliações constante do CIMI, com o estabelecimento de um regime de salvaguarda fixando o aumento da colecta do imposto municipal sobre imóveis (IMI) resultante da actualização do valor dos prédios em montantes moderados e com algumas regras transitórias quanto à liquidação do imposto municipal sobre as transmissões onerosas de imóveis (IMT) e do imposto do selo.

Por outro lado, são ainda objecto deste decreto-lei alterações ao Estatuto dos Benefícios Fiscais, com algumas novas regras sobre a atribuição de benefícios fiscais às casas de habitação e com a ampliação da possibilidade de os sujeitos passivos de baixos rendimentos poderem aceder à isenção do IMI, consagrando-se ainda benefícios em sede deste imposto e de IMT em relação aos prédios objecto de reabilitação urbanística.

As alterações aos Códigos do IRS e do IRC têm subjacentes dois tipos de medidas das mais emblemáticas desta reforma. Por um lado, a eliminação do imposto sobre as sucessões e doações com a tributação em IRC dos incrementos patrimoniais a título gratuito obtidos pelos sujeitos passivos deste imposto. Por outro lado, como os valores patrimoniais tributários que servirem de

---

[1] Rectificado pela Declaração de Rectificação nº 4/2004, de 9 de Janeiro.

base à liquidação do IMT passam a constituir o valor mínimo para a determinação do lucro tributável, quer do IRS, rendimentos empresariais, quer do IRC, tornou-se necessário proceder a diversas adaptações nos respectivos Códigos, para consagração destas medidas, as quais constituem igualmente objecto do presente decreto-lei.

Foi ouvida a Associação Nacional dos Municípios Portugueses.

Assim:

No uso da autorização legislativa concedida pela Lei nº 26/2003, de 30 de Julho, e nos termos das alíneas a) e b) do nº 1 do artigo 198º da Constituição, o Governo decreta o seguinte:

CAPÍTULO I
Aprovação

ARTIGO 1º
Objecto

O presente diploma visa proceder à reforma da tributação do património, bem como à alteração do Código do Imposto sobre o Rendimento das Pessoas Singulares (CIRS), do Código do Imposto sobre o Rendimento das Pessoas Colectivas (CIRC), do Código do Imposto do Selo (CIS), do Estatuto dos Benefícios Fiscais (EBF) e do Código do Notariado (CN).

ARTIGO 2º
Aprovação

1 – É aprovado o Código do Imposto Municipal sobre Imóveis (CIMI), publicado no anexo I ao presente diploma e que dele faz parte integrante.

2 – É aprovado o Código do Imposto Municipal sobre as Transmissões Onerosas de Imóveis (CIMT), publicado no anexo II ao presente diploma e que dele faz parte integrante.

CAPÍTULO II
Alterações legislativas

ARTIGO 3º-C
Alteração ao Código do IRS

Os artigos 31º, 32º e 36º-B do Código do Imposto sobre o Rendimento das Pessoas Singulares, aprovado pelo Decreto-Lei nº 442-A/88, de 30 de Novembro, passam a ter a seguinte redacção:

....

ARTIGO 4º
Aditamento ao Código do IRS

É aditado o artigo 31º-A ao Código do Imposto sobre o Rendimento das Pessoas Singulares, aprovado pelo Decreto-Lei nº 442-A/88, de 30 de Novembro, com a seguinte redacção:

....

ARTIGO 5º
Alteração ao Código do IRC

Os artigos 3º, 4º, 8º, 15º, 21º, 48º, 49º, 51º, 53º e 112º do Código do Imposto sobre o Rendimento das Pessoas Colectivas, aprovado pelo Decreto-Lei nº 442-B/88, de 30 de Novembro, passam a ter a seguinte redacção:

....

ARTIGO 6º
Aditamento ao Código do IRC

São aditados os artigos 58º-A e 129º ao Código do Imposto sobre o Rendimento das Pessoas Colectivas, aprovado pelo Decreto-Lei nº 442-B/88, de 30 de Novembro, com a seguinte redacção:

....

ARTIGO 7º
Alteração ao Código do Imposto do Selo

Os artigos 1º a 37º do Código do Imposto do Selo, aprovado pela Lei nº 150/99, de 11 de Setembro e respectiva Tabela Geral, passam a ter a seguinte redacção:

....

ARTIGO 8º
Aditamento ao Código do Imposto do Selo

São aditados ao Código do Imposto do Selo, aprovado pela Lei nº 150/99, de 11 de Setembro, os artigos 38º a 70º, com a seguinte redacção:

....

ARTIGO 9º
Republicação do Código do Imposto do Selo

É republicado o Código do Imposto do Selo e respectiva Tabela Geral, no anexo III ao presente diploma e que dele faz parte integrante.

ARTIGO 10º
Alteração ao Estatuto dos Benefícios Fiscais

Os artigos 41º, 42º e 45º do Estatuto dos Benefícios Fiscais, aprovado pelo Decreto-Lei nº 215/89, de 1 de Julho, passam a ter a seguinte redacção:

....

ARTIGO 11º
Aditamento ao Estatuto dos Benefícos ficasis

1 – É aditado ao Estatuto dos Benefícios Fiscais, aprovado pelo Decreto-Lei nº 215/89, de 1 de Julho, o artigo 40º-A com a seguinte redacção:

....

2 – As alterações referidas no artigo anterior e no nº 1 entram em vigor simultaneamente com o CIMI, salvo quanto à isenção prevista no nº 2 do artigo 40º-A do EBF, que entra em vigor com o CIMT.

3 – As isenções que tenham sido concedidas ou reconhecidas no âmbito da contribuição autárquica mantêm-se nos termos em que foram concedidas ou reconhecidas, reportadas ao IMI.

4 – Relativamente às isenções previstas no artigo 42º do EBF e no que diz respeito às situações pendentes e aos pedidos formulados após a data da entrada em vigor do CIMI, mas cujos pressupostos se verificaram antes daquela data, aplica-se o regime mais favorável.

5 – O disposto no nº 1 do artigo 45º do EBF aplica-se aos valores patrimoniais tributários respeitantes a 2003, devendo, para o efeito, os sujeitos passivos apresentar o requerimento referido no nº 2 do citado artigo em Abril e Maio de 2004.

ARTIGO 12º
Alteração ao Código do Notariado

1 – O artigo 186º do Código do Notariado, aprovado pelo Decreto-Lei nº 207/95, de 14 de Agosto, passa a ter a seguinte redacção:

....

CAPÍTULO III
Regime transitório

ARTIGO 13º
Elementos para avaliações

1 – Os elementos referidos nas alíneas a) a d) do nº 1 do artigo 62º do CIMI deverão ser aprovados no prazo de 180 dias a contar da data da publicação do presente diploma.

2 – As plantas previstas na alínea b) do artigo 128º do CIMI devem ser remetidas aos serviços de finanças da área do município no prazo de 30 dias a contar da data da publicação do presente diploma.

3 – As câmaras municipais devem colaborar com os serviços competentes da Direcção-Geral dos Impostos na elaboração das propostas de fixação dos elementos de avaliação, as quais devem ser-lhes previamente remetidas para que se pronunciem no prazo de 15 dias.

ARTIGO 14º
Taxas de conservação de esgotos

1 – As taxas de conservação de esgotos, calculadas com base nos valores patrimoniais tributários de prédios urbanos, não poderão exceder um quarto ou um oitavo, respectivamente, das taxas fixadas ao abrigo das alíneas b) e c) do nº 1 do artigo 112º do CIMI ou das que forem aplicáveis face ao disposto na parte final do nº 8 do mesmo artigo.

2 – No caso a que se refere o nº 3 do artigo 112º do CIMI, a taxa de conservação de esgotos não poderá exceder um quarto da taxa de imposto aí prevista.

ARTIGO 15º
Avaliação de prédios já inscritos na matriz

1 – Enquanto não se proceder à avaliação geral, os prédios urbanos já inscritos na matriz serão avaliados, nos termos do CIMI, aquando da primeira transmissão ocorrida após a sua entrada em vigor.([1])

([1]) Redacção dada pela Lei nº 6/2006, de 27 de Fevereiro.

2 - O disposto no n.º 1 aplica-se às primeiras transmissões gratuitas isentas de imposto do selo, bem como às previstas na alínea e) do n.º 5 do artigo 1º do Código do Imposto do Selo, ocorridas após 1 de Janeiro de 2004, inclusivé.

3 - O disposto no presente artigo aplica-se também às primeiras transmissões de partes sociais de sociedades sujeitas a IMT, ou de estabelecimentos comerciais, industriais ou agrícolas de cujo activo façam parte prédios urbanos, ocorridas após 1 de Janeiro de 2004, inclusivé.

4 - Será promovida uma avaliação geral dos prédios urbanos, no prazo máximo de 10 anos após a entrada em vigor do CIMI.

5 - Quando se proceder à avaliação geral dos prédios urbanos ou rústicos, será afectada para despesas do serviço de avaliações uma percentagem até 5, a fixar e regulamentar por portaria do Ministro das Finanças, do IMI cobrado nos anos em que se realizar aquela avaliação.

6 - Tratando-se de transmissões gratuitas de prédios urbanos, a declaração modelo n.º 1 do imposto municipal sobre imóveis, aprovada pela Portaria n.º 1282/2003, de 13 de Novembro, é apresentada no prazo estabelecido no n.º 3 do artigo 26º do Código do Imposto do Selo.([1])

7 - As plantas de arquitectura previstas no n.º 2 do artigo 37º do Código do Imposto Municipal sobre Imóveis, a juntar à declaração modelo n.º 1, para efeitos de avaliação dos prédios referidos no n.º 1, são fornecidas gratuitamente pelas câmaras municipais, mediante declaração de que as mesmas se destinam exclusivamente ao cumprimento da obrigação imposta pelo presente artigo, podendo aquelas entidades cobrar apenas os custos associados à reprodução daqueles documentos.([1])

8 - O disposto no n.º 2 do presente artigo não se aplica ao cônjuge, descendentes e ascendentes, nas transmissões por morte de que forem beneficiários, salvo vontade expressa pelos próprios.([2])

ARTIGO 16º
Actualização do valor patrimonial tributário

1 - Enquanto não se proceder à avaliação geral, o valor patrimonial tributário dos prédios urbanos, para efeitos de IMI, é actualizado com base em coeficientes de desvalorização da moeda ajustados pela variação temporal dos preços no mercado imobiliário nas diferentes zonas do País.([3])

2 - Os coeficientes referidos no n.º 1 são estabelecidos, entre um máximo de 44,21 e um mínimo de 1, e constam de portaria do Ministro das Finanças.

3 - Aos valores dos prédios inscritos nas matrizes até ao ano de 1970, inclusive, é aplicado o coeficiente que lhe corresponder nesse ano e, aos dos prédios inscritos posteriormente, aquele que corresponder ao ano da inscrição matricial.

4 - Em qualquer dos casos previstos no número anterior, o coeficiente é sempre aplicado aos referidos valores já expurgados de quaisquer correcções efectuadas posteriormente ao ano de 1970 e aos anos da respectiva inscrição matricial.

5 - No caso de prédios urbanos arrendados que o deixaram de estar até 31 de Dezembro de 1988, é aplicado ao valor patrimonial resultante da renda o coeficiente correspondente ao ano a que respeita a última actualização da renda.

([1]) Redacção dada pelo Decreto-Lei nº 238/2006, de 20 de Dezembro.
([2]) Redacção dada pela Lei nº 64-A/2008, de 31 de Dezembro.
([3]) Redacção dada pela Lei nº 6/2006, de 27 de Fevereiro.

ARTIGO 17º
Regime transitório para os prédios urbanos arrendados([1])

1 – Para efeitos exclusivamente de IMI, o valor patrimonial tributário de prédio ou parte de prédio urbano arrendado é determinado nos termos do artigo anterior, com excepção do previsto nos números seguintes.

2 – Quando se proceder à avaliação de prédio arrendado, o IMI incidirá sobre o valor patrimonial tributário apurado nos termos do artigo 38º do CIMI, ou, caso haja lugar a aumento da renda de forma faseada, nos termos do artigo 38º da Lei nº 6/2006, de 27 de Fevereiro, que aprova o Novo Regime do Arrendamento Urbano, sobre a parte desse valor correspondente a uma percentagem igual à da renda actualizada prevista nos artigos 39º, 40º, 41º e 53º da referida lei sobre o montante máximo da nova renda.

3 – Quando o senhorio requeira a avaliação do imóvel para efeitos de actualização da renda e não possa proceder a actualização devido ao nível de conservação do locado, o IMI passa a incidir sobre o valor patrimonial tri butário apurado nos termos do artigo 38º do CIMI no 3º ano posterior ao da avaliação.

4 – Não tendo sido realizada a avaliação nos termos do nº 2, no ano da entrada em vigor da Lei nº 6/2006, de 27 de Fevereiro, que aprova o Novo Regime do Arrendamento Urbano, o valor patrimonial tributário de prédio ou parte de prédio urbano arrendado, por contrato ainda vigente e que tenha dado lugar ao pagamento de rendas até 31 de Dezembro de 2001, é o que resultar da capitalização da renda anual pela aplicação do factor 12, se tal valor for inferior ao determinado nos termos do artigo anterior.

5 – A partir do ano seguinte ao da entrada em vigor da Lei nº 6/2006, 27 de Fevereiro, que aprova o Novo Regime do Arrendamento Urbano, e enquanto não existir avaliação nos termos do artigo 38º do CIMI, o valor patrimonial tributário do prédio, para efeitos de IMI, é determinado nos termos do artigo anterior.

ARTIGO 18º
Apresentação de participação

(Revogado pela Lei nº 6/2006, de 27 de Fevereiro)

ARTIGO 19º
Prédios parcialmente arrendados

Tratando-se de prédios urbanos só em parte arrendados, cujos rendimentos parciais estão discriminados nas matrizes urbanas, aplicam-se os dois critérios a que se referem os artigos 16º e 17º à parte não arrendada e à parte arrendada, respectivamente, somando-se os dois valores para determinar o valor patrimonial tributário global do prédio.

ARTIGO 20º
Reclamação da actualização do valor patrimonial tributário

1 – O sujeito passivo pode reclamar do resultado das actualizações efectuadas nos termos dos artigos 16º, 17º, nº 1, e 19º, designadamente com fundamento em erro de facto ou de direito.

2 – As reclamações são deduzidas no prazo de 90 dias contados do termo do prazo para pagamento voluntário da primeira ou única prestação do IMI, salvo se o documento de cobrança res-

---

([1]) Redacção dada pela Lei nº 6/2006, de 27 de Fevereiro.

pectivo tiver sido emitido em nome de outrem que não o sujeito passivo, caso em que aquele prazo é contado a partir da data da citação efectuada em processo de execução fiscal.

3 – Tratando-se de prédios urbanos isentos de IMI, as reclamações são deduzidas no prazo de 90 dias a contar de 30 de Abril de 2004, devendo a DGCI comunicar aos interessados os novos valores resultantes da actualização.

4 – O sujeito passivo pode solicitar que o valor patrimonial tributário do prédio seja determinado por avaliação de acordo com as regras estabelecidas no CIMI, nos prazos referidos nos n⁰s 2 e 3, consoante o caso.

5 – O disposto nos números anteriores não prejudica a dedução de impugnação judicial, nos termos do Código de Procedimento e de Processo Tributário.

ARTIGO 21º
Vigência dos valores patrimoniais tributários corrigidos

Os valores patrimoniais tributários resultantes das correcções efectuadas, nos termos dos artigos 16º, 17º, nº 1, e 19º, entram em vigor em 31 de Dezembro de 2003, reportando-se, também, a esta data os resultados das participações e eventuais reclamações efectuadas nos termos dos artigos 18º e 20º.

ARTIGO 22º
Regime de cobrança

O Decreto-Lei nº 492/88, de 30 de Dezembro, com as alterações introduzidas pelo Decreto-Lei nº 172-A/90, de 31 de Maio, é aplicável, até à sua substituição, ao IMI, com as necessárias adaptações.

ARTIGO 23º
Exigência do número fiscal

1 – Os sujeitos passivos do IMI, caso ainda não o tenham feito, devem, no prazo de seis meses após a entrada em vigor do presente Decreto-Lei, proceder à identificação dos prédios com o respectivo número de identificação fiscal.

2 – Ao incumprimento da obrigação prevista no número anterior é aplicável o disposto no artigo 117º do Regime Geral das Infracções Tributárias.

ARTIGO 24º
Comunicação das deliberações das assembleias municipais

No ano de entrada em vigor do CIMI, a comunicação das deliberações referidas no artigo 112º deve dar entrada na Direcção-Geral dos Impostos até 31 de Dezembro.

ARTIGO 25º
Regime de salvaguarda

1 – O aumento da colecta do IMI resultante da actualização dos valores patrimoniais tributários não pode exceder, por prédio, os seguintes valores anuais adicionados à colecta da Contribuição Autárquica ou do IMI devido no ano anterior ou que o devesse ser, no caso de prédios isentos:

Ano de 2004 – € 60;
Ano de 2005 – € 75;
Ano de 2006 – € 90;

Ano de 2007 – € 105;
Ano de 2008 – € 120;
Ano de 2009 – € 135;
Ano de 2010 – € 150;
Ano de 2011 – € 165.([1])

2 – A limitação prevista no número anterior não se aplica aos prédios avaliados, no período temporal aí referido, com aplicação das regras de avaliação previstas nos artigos 38º e seguintes do CIMI.

3 – (Revogado.)

4 – O disposto nos números anteriores não é aplicável:([1])

a) Aos prédios que sejam propriedade das entidades referidas no nº 4 do artigo 112º do CIMI;

b) Aos prédios devolutos e aos prédios em ruínas referidos no nº 3 do artigo 112º do CIMI.([2])

ARTIGO 26º
Revisão dos elementos aprovados pela CNAPU

1 – Os elementos referidos nas alíneas a) e b) do nº 1 do artigo 62º do CIMI, constantes da portaria prevista no seu nº 2, podem ser revistos, com fundamento na sua errada qualificação ou quantificação, durante o período decorrido entre a primeira e a segunda publicação.

2 – A revisão prevista no número anterior é efectuada sobre proposta apresentada pela Comissão Nacional de Avaliação de Prédios Urbanos (CNAPU), com base nos elementos fornecidos pelos serviços competentes da Direcção-Geral dos Impostos, a apresentar durante o primeiro triénio de vigência do novo regime de avaliação.

3 – A revisão a que se refere o número anterior é aprovada nos termos do nº 3 do artigo 62º, originando a repetição das avaliações entretanto efectuadas.

4 – Os erros a que alude o nº 1 consideram-se imputáveis aos serviços.

ARTIGO 27º
Liquidação do IMT e do Imposto do Selo

1 – O IMT relativo aos prédios cujo valor patrimonial tributário tenha sido determinado nos termos do Código da Contribuição Predial e do Imposto sobre a Indústria Agrícola, e enquanto não for efectuada a avaliação geral da propriedade imobiliária, nos termos previstos no Código do Imposto Municipal sobre Imóveis (CIMI), é liquidado, sem prejuízo das regras especiais previstas no CIMT, nos termos seguintes:

a) O imposto relativo aos prédios urbanos é provisoriamente liquidado pelo valor constante do acto ou do contrato ou pelo valor patrimonial tributário inscrito na matriz à data da liquidação, consoante o que for maior, sendo a liquidação corrigida oficiosamente, sendo caso disso, logo que se torne definitivo o valor da avaliação a levar a efeito nos termos previstos no nº 1 do artigo 15º do presente diploma, relativamente a todas as primeiras transmissões que ocorrerem após a entrada em vigor do CIMT;

([1]) Redacção dada pela Lei nº 67-A/2007, de 31 de Dezembro.
([2]) Redacção dada pela Lei nº 64-A/2008, de 31 de Dezembro.

b) O imposto relativo aos prédios arrendados até 31 de Dezembro de 2001 e que ainda se encontrem arrendados na data da liquidação é liquidado pelo preço constante do acto ou do contrato ou pelo valor determinado nos termos do nº 3 do artigo 17º do presente diploma, consoante o que for maior;

c) O imposto relativo a prédios rústicos é liquidado sobre o valor patrimonial tributário inscrito na matriz à data da liquidação, actualizado com base em factores de correcção monetária cujo limite não poderá exceder 44,21, a fixar em função do ano da última avaliação geral ou cadastral, a publicar em portaria do Ministro das Finanças, ou pelo valor constante do acto ou do contrato, consoante o que for maior.

2 – O Imposto do Selo é liquidado, sem prejuízo das regras especiais pre-vistas no respectivo Código, nos seguintes termos:

a) No caso de prédios urbanos, com base no valor da avaliação prevista no nº 1 do artigo 15º do presente diploma;

b) No caso dos prédios urbanos arrendados até 31 de Dezembro de 2001 e que ainda se encontrem arrendados na data da liquidação, com base no valor determinado nos termos do nº 3 do artigo 17º do presente diploma;

c) No caso dos prédios rústicos, com base no valor patrimonial tributário actualizado pela forma prevista na alínea c) do nº 1.

3 – Havendo lugar a transmissão, para efeitos de IMT e do imposto do selo, que não envolva mudança de sujeito passivo em sede de IMI, o adquirente, o cabeça-de-casal ou o beneficiário de qualquer transmissão gratuita apresenta a declaração prevista no artigo 37º do CIMI, conjuntamente com a referida no artigo 19º do CIMT ou com a participação a que se refere o artigo 26º do Código do Imposto do Selo, consoante o caso. ([1])

4 – O valor patrimonial tributário resultante da avaliação efectuada com base na declaração referida na primeira parte do número anterior só produz efeitos no IMI quando se operar a mudança de sujeito passivo deste imposto.

CAPÍTULO IV
Disposições finais

ARTIGO 28º
Remissões

1 – Todos os textos legais que mencionam Código da Contribuição Autárquica ou contribuição autárquica consideram-se referidos ao Código do Imposto Municipal sobre Imóveis (CIMI) ou ao imposto municipal sobre imóveis (IMI).

2 – Todos os textos legais que mencionem Código do Imposto Municipal de Sisa e do Imposto sobre as Sucessões e Doações, imposto municipal de sisa ou imposto sobre as sucessões e doações consideram-se referidos ao Código do Imposto Municipal sobre as Transmissões Onerosas de Imóveis (CIMT), ao Código do Imposto do Selo, ao imposto municipal sobre as transmissões onerosas de imóveis (IMT) e ao imposto do selo, respectivamente.

([1]) Redacção dada pelo Decreto-Lei nº 211/2005, de 7 de Dezembro.

ARTIGO 29º
Modelos de impressos

Os modelos de impressos destinados a dar cumprimento às obrigações impostas pelo CIMI, pelo CIMT e pelo Código do Imposto do Selo são aprovados por portaria do Ministro das Finanças.

ARTIGO 30º
Modificações dos Códigos

As modificações a introduzir no CIMI, no CIMT, e no Código do Imposto do Selo são consideradas como fazendo parte deles e inseridas no lugar próprio, devendo essas modificações ser sempre efectuadas por meio de substituição dos artigos alterados, supressão dos inúteis ou pelo aditamento dos que forem necessários.

ARTIGO 31º
Revogação

1 – A partir da data da entrada em vigor do CIMI, são revogados os Códigos da Contribuição Autárquica, aprovado pelo Decreto-Lei nº 442-C/88, de 30 de Novembro, e da Contribuição Predial e do Imposto sobre a Indústria Agrícola, aprovado pelo Decreto-Lei nº 45 104, de 1 de Julho de 1963, na parte ainda vigente, considerando-se a Contribuição Autárquica substituída pelo imposto municipal sobre imóveis (IMI) para todos os efeitos legais.

2 – É revogado o artigo 5º da Lei nº 36/91, de 27 de Julho, bem como a alínea c) do nº 1 do artigo 10º da Lei nº 19/2003, de 20 de Junho.

3 – A partir da data da entrada em vigor do CIMT, é revogado o Código do Imposto Municipal de Sisa e do Imposto sobre as Sucessões e Doações, aprovado pelo Decreto-Lei nº 41 969, de 24 de Novembro de 1958.

4 – São revogados, a partir da data referida no nº 3, todos os benefícios fiscais relativos a imposto sobre as sucessões e doações criados por legislação extravagante ao Código aí referido.

5 – Os Códigos revogados continuam a aplicar-se aos factos tributários ocorridos até à data da entrada em vigor dos Códigos e alterações referidos no artigo 32º do presente diploma, incluindo os factos que tenham beneficiado de isenção ou de redução de taxa condicionadas e que venham a ficar sem efeito na vigência dos novos Códigos.

6 – Mantêm-se em vigor os benefícios fiscais relativos à Contribuição Autárquica, agora reportados ao IMI, bem como os respeitantes ao imposto municipal de sisa estabelecidos em legislação extravagante ao Código aprovado pelo Decreto-Lei nº 41 969, de 24 de Novembro de 1958 e no Estatuto dos Benefícios Fiscais, que passam a ser reportados ao IMT.

ARTIGO 32º
Entrada em vigor

1 – O CIMI entra em vigor em 1 de Dezembro de 2003, com excepção das normas relativas à constituição, competência e funcionamento dos organismos de avaliação e dos peritos, que entram em vigor no dia seguinte ao da publicação do presente diploma.

2 – Aos prédios omissos cujo pedido para inscrição na matriz seja apresentado a partir do dia seguinte ao da publicação do presente diploma aplica-se o regime de avaliações previsto no CIMI, sendo as liquidações da Contribuição Autárquica respeitantes aos anos anteriores ao de 2003 efectuadas com base na taxa prevista na alínea c) do nº 1 do artigo 112º daquele Código fixada para aquele ano.

3 – *O Código do Imposto Municipal sobre as Transmissões Onerosas de Imóveis entra em vigor em 1 de Janeiro de 2004.*

4 – *As alterações introduzidas ao Código do Imposto do Selo e respectiva Tabela Anexa, relativas às transmissões gratuitas e transferências onerosas de actividades ou de explorações de serviços, entram em vigor em 1 de Janeiro de 2004.*

5 – *As alterações e aditamentos aos Códigos do IRS, IRC, do Notariado e Estatuto dos Benefícios Fiscais entram em vigor em 1 de Janeiro de 2004, com excepção do disposto no nº 2 do artigo 11º do presente diploma.*

Código do Imposto Municipal Sobre Imóveis

PREÂMBULO

    Há muito tempo que se formou na sociedade portuguesa um largo consenso acerca do carácter profundamente injusto do regime actual de tributação estática do património imobiliário. Esse consenso é extensivo à identificação das causas do problema, a saber, a profunda desactualização das matrizes prediais e a inadequação do sistema de avaliações prediais.
    Embora o Código da Contribuição Autárquica tenha entrado em vigor em 1 de Janeiro de 1989, o sistema de avaliações vigente é ainda o do velho Código da Contribuição Predial e do Imposto Sobre a Indústria Agrícola, de 1963, que em grande parte manteve o sistema do Código da Contribuição Predial de 1913.
    O sistema de avaliações até agora vigente foi criado para uma sociedade que já não existe, de economia rural e onde a riqueza imobiliária era predominantemente rústica. Por essa razão, o regime legal de avaliação da propriedade urbana é profundamente lacunar e desajustado da realidade actual.
    A enorme valorização nominal dos imóveis, em especial dos prédios urbanos habitacionais, comerciais e terrenos para construção, por efeito de sucessivos processos inflacionistas e da aceleração do crescimento económico do País nos últimos 30 anos, minaram a estrutura e a coerência do actual sistema de tributação.
    A combinação destes factores conduziu a distorções e iniquidades, incompatíveis com um sistema fiscal justo e moderno e, sobretudo, a uma situação de sobretributação dos prédios novos ao lado de uma desajustada subtributação dos prédios antigos.
    Mantêm-se, no entanto, plenamente actuais as razões que, aquando da Reforma de 1988-89, levaram à criação de um imposto sobre o valor patrimonial dos imóveis, com a receita a reverter a favor dos municípios, baseado predominantemente no princípio do benefício.
    Porém, a profundidade das alterações a introduzir é de tal ordem que se entendeu, em lugar da Contribuição Autárquica, criar o Imposto Municipal Sobre Imóveis (IMI), terminologia de resto mais adequada para designar a realidade tributária em causa, para além de que existem outros tributos que têm as autarquias como seus sujeitos activos.
    No plano da incidência, o IMI segue a concepção que presidia à Contribuição Autárquica e, quanto às isenções, dado que o novo modelo irá conduzir a uma descida da tributação dos prédios mais recentes, diminuíram-se os períodos da sua duração, com base num escalonamento em dois

patamares. Modificou-se também a isenção relativa aos prédios de reduzido valor patrimonial pertencentes a famílias de baixos rendimentos, aumentando-se significativamente os limites considerados para o efeito.

Com este Código opera-se uma profunda reforma do sistema de avaliação da propriedade, em especial da propriedade urbana. Pela primeira vez em Portugal, o sistema fiscal passa a ser dotado de um quadro legal de avaliações totalmente assente em factores objectivos, de grande simplicidade e coerência interna, e sem espaço para a subjectividade e discricionariedade do avaliador.

É também um sistema simples e menos oneroso, que permitirá uma rapidez muito maior no procedimento de avaliação.

A concepção do novo sistema de avaliações beneficiou de um vasto acervo de informação, análises e estudos preparados desde há vários anos pelos serviços da Direcção-Geral dos Impostos, os quais foram actualizados e complementados segundo directrizes estabelecidas.

Foram acolhidas, no essencial, as recomendações do relatório da Comissão de Desenvolvimento da Reforma Fiscal, bem como os critérios do anteprojecto do Código de Avaliações elaborado em 1991, actualizados mais tarde no âmbito da Comissão da Reforma da Tributação do Património, considerando-se, nomeadamente, a relevância do custo médio de construção, da área bruta de construção e da área não edificada adjacente, preço por m2, incluindo o valor do terreno, localização, qualidade e conforto da construção, vetustez e características envolventes.

Estes factores são complementados com zonamentos municipais específicos, correspondentes a áreas uniformes de valorização imobiliária, com vista a impedir a aplicação de factores idênticos independentemente da localização de cada prédio e de cada município no território nacional.

Consagram-se, pois, no Código do Imposto Municipal sobre Imóveis (CIMI) os contornos precisos da realidade a tributar, partindo para isso de dados objectivos que escapem às oscilações especulativas da conjuntura, de modo a que sirvam de referência a uma sólida, sustentável e justa relação tributária entre o Estado e os sujeitos passivos.

Por outro lado, criam-se organismos de coordenação e supervisão das avaliações, com uma composição que garante a representatividade dos agentes económicos e das entidades públicas ligadas ao sector, mantendo-se as garantias de defesa das decisões dos órgãos de avaliações.

Os objectivos fundamentais das alterações propostas são, pois, o de criar um novo sistema de determinação do valor patrimonial dos imóveis, o de actualizar os seus valores e o de repartir de forma mais justa a tributação da propriedade imobiliária, principalmente no plano intergeracional.

De referir também que outro dos objectivos principais a alcançar é o da rápida melhoria do nível de equidade. Tal desiderato é prosseguido, enquanto não for determinada a avaliação geral, através da actualização imediata dos valores patrimoniais tributários, pela via da correcção monetária ponderada, da redução substancial dos limites das taxas, fixados em 0,4% e 0,8%, e do estabelecimento de limites ao aumento da colecta, por forma a que não ocorra nem um agravamento exagerado e abrupto do imposto a pagar, nem uma quebra na receita, competindo aos municípios determinar em concreto qual a taxa a aplicar.

No entanto, a actualização do valor patrimonial dos prédios urbanos arrendados até 31 de Dezembro de 2001, e que continuem arrendados no domínio de vigência do novo Código, será feita através da capitalização da renda anual, evitando assim que os seus titulares se vissem confrontados com um imposto a pagar que poderia exceder o rendimento efectivamente recebido.

Os prédios urbanos novos e os que forem transmitidos no domínio de vigência do CIMI serão objecto de avaliação com base nas novas regras de avaliação e passarão a ser tributados por uma taxa entre 0,2% e 0,5%, a fixar por cada município.

Nos prédios rústicos, continua a considerar-se como base para a tributação o seu potencial rendimento produtivo, com alterações de menor relevância, sendo a realização de uma reforma mais global diferida para o momento da reestruturação da base cadastral destes prédios.

A luta contra a fraude e evasão fiscal foi igualmente um dos objectivos da reforma, mormente face a fenómenos de deslocalização da titularidade de imóveis para países ou regiões com regimes fiscais mais favoráveis, prevendo-se uma taxa agravada para estes casos e retirando-se o benefício da não sujeição temporária do imposto aos terrenos destinados à construção de edifícios para venda e aos prédios que integrem o activo de empresas que tenham por objecto a sua venda.

Outra medida importante desta reforma é a do reforço dos poderes tributários dos municípios, nomeadamente através do alargamento do intervalo de fixação das taxas e dos novos poderes de determinar alguns benefícios fiscais, no âmbito das políticas urbanística, cultural, de desenvolvimento e de combate à desertificação.

Daí advirá certamente uma maior responsabilização das autarquias perante as populações, e uma maior exigência dos munícipes para com os seus autarcas, num domínio, como é o caso da fiscalidade, onde se projecta com maior nobreza o exercícios dos direitos e dos deveres da cidadania.

CAPÍTULO I
Incidência

ARTIGO 1º
Incidência

O imposto municipal sobre imóveis (IMI) incide sobre o valor patrimonial tributário dos prédios rústicos e urbanos situados no território português, constituindo receita dos municípios onde os mesmos se localizam.

ARTIGO 2º
Conceito de prédio

1 – Para efeitos do presente Código, prédio é toda a fracção de território, abrangendo as águas, plantações, edifícios e construções de qualquer natureza nela incorporados ou assentes, com carácter de permanência, desde que faça parte do património de uma pessoa singular ou colectiva e, em circunstâncias normais, tenha valor económico, bem como as águas, plantações, edifícios ou construções, nas circunstâncias anteriores, dotados de autonomia económica em relação ao terreno onde se encontrem implantados, embora situados numa fracção de território que constitua parte integrante de um património diverso ou não tenha natureza patrimonial.

2 – Os edifícios ou construções, ainda que móveis por natureza, são havidos como tendo carácter de permanência quando afectos a fins não transitórios.

3 – Presume-se o carácter de permanência quando os edifícios ou construções estiverem assentes no mesmo local por um período superior a um ano.

4 – Para efeitos deste imposto, cada fracção autónoma, no regime de propriedade horizontal, é havida como constituindo um prédio.

ARTIGO 3º
Prédios rústicos

1 – São prédios rústicos os terrenos situados fora de um aglomerado urbano que não sejam de classificar como terrenos para construção, nos termos do nº 3 do artigo 6º, desde que:

a) Estejam afectos ou, na falta de concreta afectação, tenham como destino normal uma utilização geradora de rendimentos agrícolas, tais como são considerados para efeitos do imposto sobre o rendimento das pessoas singulares (IRS);

b) Não tendo a afectação indicada na alínea anterior, não se encontrem construídos ou disponham apenas de edifícios ou construções de carácter acessório, sem autonomia económica e de reduzido valor.

2 – São também prédios rústicos os terrenos situados dentro de um aglomerado urbano, desde que, por força de disposição legalmente aprovada, não possam ter utilização geradora de quaisquer rendimentos ou só possam ter utilização geradora de rendimentos agrícolas e estejam a ter, de facto, esta afectação.

3 – São ainda prédios rústicos:

a) Os edifícios e construções directamente afectos à produção de rendimentos agrícolas, quando situados nos terrenos referidos nos números anteriores;

b) As águas e plantações nas situações a que se refere o nº 1 do artigo 2º.

4 – Para efeitos do presente Código, consideram-se aglomerados urbanos, além dos situados dentro de perímetros legalmente fixados, os núcleos com um mínimo de dez fogos servidos por arruamentos de utilização pública, sendo o seu perímetro delimitado por pontos distanciados 50 metros do eixo dos arruamentos, no sentido transversal, e 20 metros da última edificação, no sentido dos arruamentos.

ARTIGO 4º
Prédios urbanos

Prédios urbanos são todos aqueles que não devam ser classificados como rústicos, sem prejuízo do disposto no artigo seguinte.

ARTIGO 5º
Prédios mistos

1 – Sempre que um prédio tenha partes rústica e urbana é classificado, na íntegra, de acordo com a parte principal.

2 – Se nenhuma das partes puder ser classificada como principal, o prédio é havido como misto.

ARTIGO 6º
Espécies de prédios urbanos

1 – Os prédios urbanos dividem-se em:

a) Habitacionais;
b) Comerciais, industriais ou para serviços;
c) Terrenos para construção;
d) Outros.

2 – Habitacionais, comerciais, industriais ou para serviços são os edifícios ou construções para tal licenciados ou, na falta de licença, que tenham como destino normal cada um destes fins.

3 – Consideram-se terrenos para construção os terrenos situados dentro ou fora de um aglomerado urbano, para os quais tenha sido concedida licença ou autorização, admitida comunicação prévia ou emitida informação prévia favorável de operação de loteamento ou de construção, e ainda aqueles que assim tenham sido declarados no título aquisitivo, exceptuando-se os terrenos em que as entidades competentes vedem qualquer daquelas operações, designadamente os localizados em zonas verdes, áreas protegidas ou que, de acordo com os planos municipais de ordenamento do território, estejam afectos a espaços, infra-estruturas ou equipamentos públicos.([1])

4 – Enquadram-se na previsão da alínea *d)* do n.º 1 os terrenos situados dentro de um aglomerado urbano que não sejam terrenos para construção nem se encontrem abrangidos pelo disposto no n.º 2 do artigo 3.º e ainda os edifícios e construções licenciados ou, na falta de licença, que tenham como destino normal outros fins que não os referidos no n.º 2 e ainda os da excepção do n.º 3.

ARTIGO 7º
Valor patrimonial tributário

1 – O valor patrimonial tributário dos prédios é determinado nos termos do presente Código.

2 – O valor patrimonial tributário dos prédios urbanos com partes enquadráveis em mais de uma das classificações do n.º 1 do artigo anterior determina-se:

a) Caso uma das partes seja principal e a outra ou outras meramente acessórias, por aplicação das regras de avaliação da parte principal, tendo em atenção a valorização resultante da existência das partes acessórias;

b) Caso as diferentes partes sejam economicamente independentes, cada parte é avaliada por aplicação das correspondentes regras, sendo o valor do prédio a soma dos valores das suas partes.

3 – O valor patrimonial tributário dos prédios mistos corresponde à soma dos valores das suas partes rústica e urbana, determinados por aplicação das correspondentes regras do presente código.

ARTIGO 8º
Sujeito passivo

1 – O imposto é devido pelo proprietário do prédio em 31 de Dezembro do ano a que o mesmo respeitar.

2 – Nos casos de usufruto ou de direito de superfície, o imposto é devido pelo usufrutuário ou pelo superficiário após o início da construção da obra ou do termo da plantação.

3 – No caso de propriedade resolúvel, o imposto é devido por quem tenha o uso e fruição do prédio.

([1]) Redacção dada pela Lei nº 64-A/2008, de 31 de Dezembro.

4 – Presume-se proprietário, usufrutuário ou superficiário, para efeitos fiscais, quem como tal figure ou deva figurar na matriz, na data referida no n.º 1 ou, na falta de inscrição, quem em tal data tenha a posse do prédio.

5 – Na situação prevista no artigo 81.º o imposto é devido pela herança indivisa, representada pelo cabeça de casal.

ARTIGO 9.º
Início da tributação

1 – O imposto é devido a partir:

a) Do ano, inclusive, em que a fracção do território e demais elementos referidos no artigo 2.º devam ser classificados como prédio;

b) Do ano seguinte ao do termo da situação de isenção, salvo se, estando o sujeito passivo a beneficiar de isenção, venha a adquirir novo prédio para habitação própria e permanente e continuar titular do direito de propriedade do prédio isento, caso em que o imposto é devido no ano em que o prédio deixou de ser habitado pelo respectivo proprietário;

c) Do ano, inclusive, da conclusão das obras de edificação, de melhoramento ou de outras alterações que hajam determinado a variação do valor patrimonial tributário de um prédio;

d) Do quarto ano seguinte, inclusive, àquele em que um terreno para construção tenha passado a figurar no activo de uma empresa que tenha por objecto a construção de edifícios para venda;

e) Do terceiro ano seguinte, inclusive, àquele em que um prédio tenha passado a figurar no activo circulante de uma empresa que tenha por objecto a sua venda.

2 – Nas situações previstas nas alíneas *d)* e *e)* do número anterior, caso ao prédio seja dada diferente utilização, liquida-se o imposto por todo o período decorrido desde a sua aquisição.

3 – Na situação prevista na alínea *e)* do n.º 1, o imposto é ainda devido a partir do ano, inclusive, em que a venda do prédio tenha sido retardada por facto imputável ao respectivo sujeito passivo.

4 – Para efeitos do disposto nas alíneas *d)* e *e)* do n.º 1, devem os sujeitos passivos comunicar ao serviço de finanças da área da situação dos prédios, no prazo de 60 dias contados da verificação do facto determinante da sua aplicação, a afectação dos prédios àqueles fins.

5 – Nas situações a que alude o número anterior, se a comunicação for apresentada para além do prazo referido, o imposto é devido por todo o tempo já decorrido, iniciando-se a suspensão da tributação apenas a partir do ano seguinte ao da comunicação, cessando, todavia, no ano em que findaria caso tivesse sido apresentada em tempo.

6 – Não gozam do regime previsto nas alíneas *d)* e *e)* do n.º 1 os sujeitos passivos que tenham adquirido o prédio a entidade que dele já tenha beneficiado.

7 – O disposto nas alíneas *d)* e *e)* do n.º 1 não é aplicável aos sujeitos passivos que tenham domicílio fiscal em país, território ou região sujeitos a um regime fiscal claramente mais favorável constante de lista aprovada por portaria do Ministro das Finanças.

ARTIGO 10º
Data da conclusão dos prédios urbanos

1 – Os prédios urbanos presumem-se concluídos ou modificados na mais antiga das seguintes datas:

a) Em que for concedida licença camarária, quando exigível;
b) Em que for apresentada a declaração para inscrição na matriz com indicação da data de conclusão das obras;
c) Em que se verificar uma qualquer utilização, desde que a título não precário;
d) Em que se tornar possível a sua normal utilização para os fins a que se destina.

2 – O chefe de finanças da área da situação dos prédios fixa, em despacho fundamentado, a data da conclusão ou modificação dos prédios, nos casos não previstos no número anterior e naqueles em que as presunções nele enunciadas não devam relevar, com base em elementos de que disponha, designadamente os fornecidos pelos serviços da administração fiscal, pela câmara municipal ou resultantes de reclamação dos sujeitos passivos.

CAPÍTULO II
Isenções

ARTIGO 11º
Entidades públicas isentas

Estão isentos de imposto municipal sobre imóveis o Estado, as Regiões Autónomas e qualquer dos seus serviços, estabelecimentos e organismos, ainda que personalizados, compreendendo os institutos públicos, que não tenham carácter empresarial, bem como as autarquias locais e as suas associações e federações de municípios de direito público.

CAPÍTULO III
Matrizes prediais

ARTIGO 12º
Conceito de matrizes prediais

1 – As matrizes prediais são registos de que constam, designadamente, a caracterização dos prédios, a localização e o seu valor patrimonial tributário, a identidade dos proprietários e, sendo caso disso, dos usufrutuários e superficiários.

2 – Existem duas matrizes, uma para a propriedade rústica e outra para a propriedade urbana.

3 – Cada andar ou parte de prédio susceptível de utilização independente é considerado separadamente na inscrição matricial, a qual discrimina também o respectivo valor patrimonial tributário.

4 – As matrizes são actualizadas anualmente com referência a 31 de Dezembro.

5 – As inscrições matriciais só para efeitos tributários constituem presunção de propriedade.

ARTIGO 13º
Inscrição nas matrizes

1 – A inscrição de prédios na matriz e a actualização desta são efectuadas com base em declaração apresentada pelo sujeito passivo, no prazo de 60 dias contados a partir da ocorrência de qualquer dos seguintes factos:

a) Uma dada realidade física passar a ser considerada como prédio;
b) Verificar-se um evento susceptível de determinar uma alteração da classificação de um prédio;
c) Modificarem-se os limites de um prédio;
d) Concluírem-se obras de edificação, de melhoramento ou outras alterações que possam determinar variação do valor patrimonial tributário do prédio;
e) Verificarem-se alterações nas culturas praticadas num prédio rústico;
f) Ter-se conhecimento da não inscrição de um prédio na matriz;
g) Verificarem-se eventos determinantes da cessação de uma isenção, excepto quando estes eventos sejam de conhecimento oficioso;([1])
h) Ser ordenada uma actualização geral das matrizes;
i) Ter-se verificado uma mudança de proprietário, por ter ocorrido uma transmissão onerosa ou gratuita de um prédio ou parte de prédio, excepto quando não haja lugar à primeira avaliação prevista nos artigos 37º e seguintes deste Código;([1])
j) Verificar-se a ocorrência prevista no nº 2 do artigo 9º;
l) Iniciar-se a construção ou concluir-se a plantação, no caso de direito de superfície.

2 – Presume-se que o adquirente de um prédio omisso tomou conhecimento da omissão no momento da transmissão ou do início da posse, salvo prova em contrário.

3 – O chefe de finanças competente procede, oficiosamente:

a) À inscrição de um prédio na matriz, bem como às necessárias actualizações, quando não se mostre cumprido o disposto no nº 1;
b) À actualização do valor patrimonial tributário dos prédios, em resultado de novas avaliações ou quando tal for legalmente determinado;
c) À actualização da identidade dos proprietários, usufrutuários, superficiários e possuidores, sempre que tenha conhecimento de que houve mudança do respectivo titular;
d) À eliminação na matriz dos prédios demolidos, após informação dos serviços relativa ao termo da demolição;
e) À inscrição do valor patrimonial tributário definitivo determinado nos termos do presente Código.

4 – As inscrições ou actualizações matriciais devem referir o ano em que tenham sido efectuadas, bem como os elementos que as justifiquem.

5 – Na situação prevista na alínea *g)* do nº 1 o prazo para a apresentação da declaração é de 30 dias e no caso de transmissão gratuita de prédios urbanos a que se refere a alínea *i)* do mesmo número aplica-se o prazo estabelecido no nº 3 do artigo 26º do Código do Imposto do Selo.([2])

([1]) Redacção dada pelo Decreto-Lei nº 211/2005, de 7 de Dezembro.
([2]) Aditado pelo Decreto-Lei nº 211/2005, de 7 de Dezembro.

6 – Sempre que haja lugar à junção dos elementos referidos nos n°s 2 e 3 do artigo 37º, têm-se por não entregues as declarações que não sejam por eles acompanhadas.

CAPÍTULO IV
Do objecto e tipos de avaliação na determinação do valor patrimonial tributário

ARTIGO 14º
Objecto da avaliação

1 – O valor patrimonial tributário dos prédios é determinado por avaliação, com base em declaração do sujeito passivo, salvo se no presente Código se dispuser de forma diferente.

2 – Sempre que necessário, a avaliação é precedida de vistoria do prédio a avaliar.

ARTIGO 15º
Tipos de avaliação

1 – A avaliação dos prédios rústicos é de base cadastral, não cadastral ou directa.
2 – A avaliação dos prédios urbanos é directa.

ARTIGO 16º
Avaliação geral

1 – O Ministro das Finanças decide, por portaria, a avaliação geral dos prédios rústicos e ou urbanos de todos ou de qualquer município.

2 – Sempre que seja ordenada uma avaliação geral de prédios urbanos, devem os sujeitos passivos apresentar, no serviço de finanças da sua localização, declaração de modelo aprovado.

CAPÍTULO V
Do valor patrimonial tributário dos prédios rústicos

SECÇÃO I
Do rendimento fundiário

ARTIGO 17º
Valor patrimonial tributário

O valor patrimonial tributário dos prédios rústicos corresponde ao produto do seu rendimento fundiário pelo factor 20, arredondado para a dezena de euros imediatamente superior.

ARTIGO 18º
Rendimento fundiário

1 – O rendimento fundiário corresponde ao saldo de uma conta anual de cultura em que o crédito é representado pelo rendimento bruto e o débito pelos encargos de exploração mencionados no artigo 25º.

2 – O rendimento fundiário de um prédio apura-se a partir da soma dos rendimentos das suas parcelas com os das árvores dispersas nelas existentes, quando pertencentes ao titular do direito ao rendimento do prédio e se, no seu conjunto, tiverem interesse económico.

ARTIGO 19º
Parcela

Parcela é a porção contínua de terreno, situada num mesmo prédio rústico, a que corresponda, como norma, uma única qualidade e classe de cultura ou, ainda, uma dependência agrícola ou parte dela.

SECÇÃO II
Avaliação de base cadastral

ARTIGO 20º
Operações de avaliação

A avaliação de base cadastral consiste na elaboração dos quadros de qualificação e classificação, dos quadros de tarifas e na distribuição parcelar feitos nos termos dos artigos seguintes e é efectuada sob a superintendência da Direcção-Geral dos Impostos, com base nos elementos do cadastro predial, a fornecer pelo Instituto Geográfico Português.

ARTIGO 21º
Quadros de qualificação e classificação

1 – A elaboração dos quadros de qualificação e classificação consiste na enumeração das qualidades culturais com interesse económico e na definição de classes ou graus de produtividade sensivelmente diferenciados, bem como na escolha de parcelas tipo representativas de cada qualidade cultural e classe.

2 – Na elaboração dos quadros de qualificação e classificação atende-se exclusivamente às explorações normais, segundo os usos da região, não devendo considerar-se as que se encontram desprezadas ou excepcionalmente cuidadas, nem as formas transitórias, improvisadas ou acidentais de cultura ou produção, atendendo-se unicamente às circunstâncias especiais que possam conduzir a tarifas sensivelmente diferentes.

3 – Faz-se, em regra, uma qualificação e classificação para cada freguesia ou grupos de freguesias com características semelhantes e, excepcionalmente, nas freguesias mais extensas, com condições agrológicas ou económicas bastante diferenciadas, faz-se por zonas tanto quanto possível delimitadas por acidentes naturais ou obras de carácter permanente.

4 – As parcelas com o mesmo tipo de aproveitamento têm sempre denominações idênticas.

5 – A classificação tem por base a quantidade e qualidade de produtos e para a efectuar têm-se em conta as condições fisiográficas e económicas que influam na determinação do rendimento, precisando-se as características e os elementos que sirvam para distinguir uma classe de outra.

6 – A quantidade dos produtos é calculada pela média do quinquénio anterior ou de um período maior para as culturas que, pelo ciclo vegetativo, o exijam.

ARTIGO 22º
Parcela tipo

1 – Na elaboração dos quadros de qualificação e classificação, escolhem-se, por cada classe de parcelas e das árvores dispersas, parcelas ou árvores tipo para confronto na operação de distribuição.

2 – As parcelas e as árvores escolhidas para tipo devem objectivar as variações dos limites de produtividade da respectiva classe, não devendo a escolha recair sobre parcelas de terreno heterogéneo.

ARTIGO 23º
Quadros de tarifas

1 – A elaboração dos quadros de tarifas consiste na determinação dos rendimentos unitários de cada uma das qualidades e classes consideradas nos quadros de qualificação e classificação.

2 – A tarifa de cada qualidade e classe é o rendimento fundiário unitário das respectivas parcelas ou árvores tipo.

3 – As tarifas são calculadas tomando como padrão os processos de exploração técnica e economicamente mais generalizados.

4 – Nas qualidades culturais que proporcionem rendimentos temporários, tais como vinhas, pomares, amendoais ou matas exploradas em corte raso, a tarifa é a anuidade de capitalização equivalente à soma de todos os seus rendimentos anuais, reportados ao fim da exploração, feito o cálculo a juro composto que tem como referência a taxa prevista na alínea *j*) do artigo 25º.

5 – Nas qualidades culturais que proporcionem rendimentos perpétuos, tais como culturas arvenses, alfarrobeiras, montados ou soutos, a tarifa deve corresponder ao rendimento na época da avaliação.

6 – Nas qualidades culturais em que a cultura principal proporcione rendimentos plurianuais, a tarifa toma em consideração o período normal que decorre entre duas produções segundo os usos locais.

7 – A tarifa de qualquer qualidade e classe não pode ser inferior à estimada para a pastagem espontânea capaz de ser produzida nessa terra.

ARTIGO 24º
Cálculo da tarifa

1 – As tarifas são calculadas por meio de contas anuais de cultura de acordo com a fórmula:

$$T = RB - EE$$

em que

T – tarifa;

RB (rendimento bruto) – valor, a preços correntes de mercado na ocasião normal de venda, da produção total de um ciclo, constituída pelos produtos principais e secundários, espontâneos ou obtidos por cultura, comercializáveis em natureza ou no primeiro estádio tecnológico de transformação em que se tornem regionalmente comercializáveis;

EE (encargos de exploração) – que compreendem:

a) As despesas de cultura, conservação e transporte dos produtos para o armazém e, quando for caso disso, para os mercados;

b) As despesas de conservação e de reintegração das plantações, construções, benfeitorias e outros melhoramentos fundiários;

c) As despesas gerais de exploração;

d) O juro correspondente ao capital de exploração.

2 – As contas de cultura podem ser apresentadas abreviadamente por grupos de factores de produção ou por operações culturais.

ARTIGO 25º
Encargos de exploração

A determinação dos encargos prevista no artigo anterior obedece às seguintes regras:

a) O montante dos encargos referidos nas alíneas a) e b) do nº 1 do artigo 24º é fixado segundo os usos locais, tendo em conta os preços de custo dos factores de exploração;

b) As despesas de cultura são as habitualmente correspondentes à cultura propriamente dita, à guarda e vigilância dos produtos, à colheita e transporte até às dependências rurais, ao seguro das culturas e dos produtos armazenados e, para os produtos não comercializáveis em natureza, ao encargo das operações tecnológicas necessárias para os levar até ao primeiro estádio em que se tornem comercializáveis, compreendidas em todos os casos as despesas de conservação e reintegração do capital fixo de exploração;

c) O prémio de seguro é calculado pelas tabelas correntes das companhias de seguros;

d) As despesas de conservação dos géneros compreendem as relativas à armazenagem e ao tratamento necessário para evitar a deterioração;

e) As despesas de transporte para os mercados calculam-se com referência aos mais próximos e apenas quanto aos produtos que, segundo os usos locais, só naqueles lugares sejam negociáveis;

f) As despesas de reintegração das plantações determinam-se quer pelo número médio de plantas a renovar anualmente, quer pela anuidade de capitalização da despesa do primeiro estabelecimento da cultura, que é o custo da plantação acrescido dos saldos negativos da exploração até ao primeiro ano de saldo positivo e tudo reportado a este mesmo ano;

g) As despesas de conservação e reintegração relativas a melhoramentos fundiários não consideradas nos números anteriores são as necessárias para manter os terrenos em estado normal de cultura;

h) As despesas relativas a construções que funcionem como dependências agrícolas são imputadas a todas as culturas que, segundo os usos locais, delas careçam e devem calcular-se pelo encargo médio da conservação e reintegração das construções, servindo de confronto as que estiverem sendo utilizadas;

i) As despesas gerais de exploração compreendem outras despesas não abrangidas nos números anteriores, nomeadamente as de administração e direcção, calculadas segundo os seus usos locais, devendo ser expressa numa percentagem do total das restantes despesas, a qual não pode exceder 8%;

j) A taxa de juro do capital de exploração tem por referência a taxa Euribor, a doze meses, majorada em 30%.

ARTIGO 26º
Preços

1 – Os preços dos produtos, bem como os das sementes, adubos, correctivos, preparados a aplicar em tratamentos e outros materiais, dos serviços de gados e de máquinas e ainda os salários a utilizar no cálculo das tarifas correspondem à média de três anos do período dos últimos cinco, excluindo os anos a que corresponder o maior e o menor preço.

2 – Os preços do produtos a considerar para a formação das médias são os correntemente praticados no período de maior intensidade de vendas.

3 – Os preços das sementes, adubos, correctivos, preparados a aplicar em tratamentos e outros materiais e dos serviços de gados e de máquinas devem reportar-se à época normal de utilização.

4 – Os salários médios devem ter em conta a natureza dos trabalhos agrícolas e os períodos habituais da sua prestação.

ARTIGO 27º
Edifícios afectos a produções agrícolas

1 – Os edifícios e construções directamente afectos à produção de rendimentos agrícolas situados em prédios rústicos não são avaliados.

2 – O valor patrimonial tributário das edificações localizadas em prédios rústicos, que não forem afectos a produção de rendimentos agrícolas, é determinado de acordo com as regras aplicáveis na avaliação de prédios urbanos.

3 – As edificações referidas no número anterior podem, a requerimento do proprietário, usufrutuário ou superficiário, e desde que se prove a sua afectação exclusiva a produção de rendimentos agrícolas, ser inscritas na matriz predial rústica.

ARTIGO 28º
Outros prédios

Nos prédios ou partes de prédios afectos à piscicultura e todos aqueles que produzam rendimentos referidos nas alíneas *b)*, *c)* e *d)* do nº 4 do artigo 4º do Código do Imposto sobre o Rendimento das Pessoas Singulares, o rendimento é calculado por analogia com o das culturas, tendo em conta as receitas e despesas da actividade.

ARTIGO 29º
Distribuição parcelar

1 – A distribuição parcelar consiste na medição e determinação, no terreno, da qualidade e classe de cada uma das parcelas e de cada uma das árvores dispersas nelas existentes.

2 – Relativamente a cada parcela e a cada árvore, a distribuição é feita no terreno por confronto com as parcelas e árvores tipo, sendo a sua qualidade e classe fixadas de acordo com o respectivo quadro de qualificação e classificação.

3 – Os terrenos são qualificados e classificados segundo a afectação e graus de produtividade que tiverem no momento da distribuição parcelar, não sendo de atender a situações de abandono.

4 – A classificação da parcela deve ter em consideração a existência de árvores cujo titular não seja o mesmo que o do prédio.

5 – Nas zonas de cadastro diferido, aplicam-se, com as devidas adaptações, as regras seguidas para a avaliação de base não cadastral.

6 – A distribuição parcelar é efectuada pelo perito referido no artigo 56º

ARTIGO 30º
Registo de distribuição

Do registo da distribuição constam, em relação a cada prédio:

a) Os elementos do cadastro predial;
b) O nome, morada e número de identificação fiscal do proprietário;
c) Designação cadastral;
d) Os direitos e ónus que recaiam sobre o prédio, nomes, moradas e identificações fiscais dos respectivos titulares;
e) A qualificação e classificação atribuídas às parcelas e às árvores dispersas e a identificação do titular, quando não seja o do prédio;
f) As áreas e os valores tributáveis das parcelas e das árvores dispersas;
g) O valor patrimonial tributário do prédio;
h) Nas zonas de cadastro diferido, aplica-se, com as devidas adaptações, o disposto no artigo 32º.

SECÇÃO III
Avaliação de base não cadastral

ARTIGO 31º
Operações de avaliação

1 – A avaliação de base não cadastral consiste na elaboração de quadros de qualificação e classificação e tarifas, nos termos previstos para a avaliação cadastral, na distribuição parcelar e na medição dos prédios.

2 – A avaliação de base não cadastral é efectuada nos municípios onde não vigore o cadastro predial ou geométrico, bem como nas zonas de cadastro diferido.

3 – Na execução das operações de avaliação, podem ser utilizados suportes cartográficos, no todo ou em parte, tendo em vista a simplificação e o aumento da precisão das medições e a melhoria da identificação dos prédios.

ARTIGO 32º
Registo das operações de avaliação

1 – As operações de avaliação respeitam uma ordem topográfica, a que corresponde uma numeração dos prédios.

2 – Em relação a cada prédio é elaborado um registo da avaliação efectuada, do qual constam, com as necessárias adaptações, os elementos referidos no artigo 30º, as confrontações e a área total do prédio.

SECÇÃO IV
Avaliação directa

ARTIGO 33º
Iniciativa da avaliação

1 – A iniciativa da primeira avaliação de um prédio rústico pertence ao chefe de finanças, com base nas declarações apresentadas pelos sujeitos passivos ou em quaisquer elementos de que disponha.

2 – É dispensada a avaliação directa dos prédios cujo valor patrimonial não exceda €1210, sendo o prédio inscrito na matriz com o valor patrimonial fixado por despacho do chefe de finanças, mediante aplicação das normas do artigo seguinte.([1])

3 – Não obstante o disposto no número anterior, sempre que o chefe de finanças disponha de elementos que permitam concluir que da avaliação directa resulta um valor superior, deve determinar a realização da avaliação.([1])

4 – O valor de referência indicado no nº 2 é anualmente actualizado, através da aplicação do coeficiente de desvalorização da moeda aprovado por portaria do Ministro das Finanças.([1])

ARTIGO 34º
Operações de avaliação

1 – A avaliação directa é efectuada aos prédios omissos ou àqueles em que se verificaram modificações nas culturas ou erro de área de que resulte alteração do seu valor patrimonial tributário.

2 – A avaliação directa consiste na medição da área dos prédios e na determinação do seu valor patrimonial tributário.

3 – Na avaliação directa observa-se, com as necessárias adaptações, o disposto nos artigos 21º a 30º.

SECÇÃO V
Disposições diversas

ARTIGO 35º
Inscrição de prédios sem titular conhecido ou em litígio

1 – Os prédios cujo titular não for identificado são inscritos em nome do Estado, com anotação de que o titular não é conhecido.

2 – Os prédios ou parte de prédios cuja titularidade se encontre em litígio são inscritos em nome dos litigantes até resolução do diferendo.

([1]) Aditado pela Lei nº 53-A/2006, de 29 de Dezembro.

ARTIGO 36º
Fraccionamento ou anexação

Os prédios resultantes de fraccionamentos ou anexação não são submetidos a avaliação, desde que não tenha havido alterações nas culturas, resultando o seu valor da respectiva discriminação ou da adição do valor das parcelas dos prédios que lhes deram origem.

CAPÍTULO VI
Do valor patrimonial tributário dos prédios urbanos

SECÇÃO I
Da iniciativa da avaliação

ARTIGO 37º
Iniciativa da avaliação

1 – A iniciativa da primeira avaliação de um prédio urbano cabe ao chefe de finanças, com base na declaração apresentada pelos sujeitos passivos ou em quaisquer elementos de que disponha.

2 – À declaração referida no número anterior deve o sujeito passivo juntar plantas de arquitectura das construções correspondentes às telas finais aprovadas pela competente câmara municipal ou fotocópias das mesmas autenticadas e, no caso de construções não licenciadas, plantas da sua responsabilidade, com excepção dos prédios cuja data de construção é anterior a 7 de Agosto de 1951, caso em que deve ser efectuada a vistoria dos prédios a avaliar.([1])

3 – Em relação aos terrenos para construção, deve ser apresentada fotocópia do alvará de loteamento, que deve ser substituída, caso não exista loteamento, por fotocópia do alvará de licença de construção, projecto aprovado, comunicação prévia, informação prévia favorável ou documento comprovativo de viabilidade construtiva.([2])

4 – A avaliação reporta-se à data do pedido de inscrição ou actualização do prédio na matriz.([3])

5 – Na avaliação de prédios urbanos é aplicável o disposto no artigo 35º.

6 – Quando as telas finais e os projectos de loteamento referidos nos nºs 2 e 3 sejam entregues na câmara municipal em suporte digital e aí devidamente aprovadas, tal facto deve constar da declaração a que se refere o nº 1, ficando o sujeito passivo dispensado de proceder à sua entrega no serviço de finanças.([4])

([1]) Redacção dada pelo Decreto-Lei nº 211/2005, de 7 de Dezembro.
([2]) Alterado pela Lei nº 55-A/2010, de 31 de Dezembro.
([3]) Redacção dada pela Lei nº 64-A/2008, de 31 de Dezembro.
([4]) Redacção dada pelo Decreto-Lei nº 238/2006, de 20 de Dezembro.

SECÇÃO II
Das operações de avaliação

ARTIGO 38º
Determinação do valor patrimonial tributário

1 – A determinação do valor patrimonial tributário dos prédios urbanos para habitação, comércio, indústria e serviços resulta da seguinte expressão:

$$Vt = Vc \times A \times Ca \times Cl \times Cq \times Cv$$

em que:
  Vt = valor patrimonial tributário;
  Vc = valor base dos prédios edificados;
  A = área bruta de construção mais a área excedente à área de implantação;
  Ca = coeficiente de afectação;
  Cl = coeficiente de localização;
  Cq = coeficiente de qualidade e conforto;
  Cv = coeficiente de vetustez.

2 – O valor patrimonial tributário dos prédios urbanos apurado é arredondado para a dezena de euros imediatamente superior.

ARTIGO 39º
Valor base dos prédios edificados

1 – O valor base dos prédios edificados (Vc) corresponde ao valor médio de construção, por metro quadrado, adicionado do valor do metro quadrado do terreno de implantação fixado em 25% daquele valor.([1])

2 – O valor médio de construção é determinado tendo em conta, nomeadamente, os encargos directos e indirectos suportados na construção do edifício, tais como os relativos a materiais, mão-de-obra, equipamentos, administração, energia, comunicações e outros consumíveis.([1])

ARTIGO 40º
Tipos de áreas dos prédios edificados

1 – A área bruta de construção do edifício ou da fracção e a área excedente à de implantação (A) resultam da seguinte expressão:([1])

$$A = (Aa + Ab) \times Caj + Ac + Ad$$

em que:
  Aa representa a área bruta privativa;
  Ab representa as áreas brutas dependentes;
  Caj representa o coeficiente de ajustamento de áreas;
  Ac representa a área de terreno livre até ao limite de duas vezes a área de implantação;

([1]) Redacção dada pela Lei nº 53-A/2006, de 29 de Dezembro.

Ad representa área de terreno livre que excede o limite de duas vezes a área de implantação.

2 – A área bruta privativa (*Aa*) é a superfície total medida pelo perímetro exterior e eixos das paredes ou outros elementos separadores do edifício ou da fracção, incluindo varandas privativas fechadas, caves e sótãos privativos com utilização idêntica à do edifício ou da fracção, a que se aplica o coeficiente 1.([1])

3 – As áreas brutas dependentes (*Ab*) são as áreas cobertas e fechadas de uso exclusivo, ainda que constituam partes comuns, mesmo que situadas no exterior do edifício ou da fracção, cujas utilizações são acessórias relativamente ao uso a que se destina o edifício ou fracção, considerando-se, para esse efeito, locais acessórios as garagens, os parqueamentos, as arrecadações, as instalações para animais, os sótãos ou caves acessíveis e as varandas, desde que não integrados na área bruta privativa, e outros locais privativos de função distinta das anteriores, a que se aplica o coeficiente 0,30.([1])

4 – A área do terreno livre do edifício ou da fracção ou a sua quota-parte resulta da diferença entre a área total do terreno e a área de implantação da construção ou construções e integra jardins, parques, campos de jogos, piscinas, quintais e outros logradouros, aplicando-se-lhe, até ao limite de duas vezes a área de implantação (*Ac*), o coeficiente de 0,025 e na área excedente ao limite de duas vezes a área de implantação (*Ad*) o de 0,005.

ARTIGO 40º-A
Coeficiente de ajustamento de áreas ([2])

1 – Para os prédios cuja afectação seja a habitação, o coeficiente de ajustamento de áreas (*Caj*) é aplicado à área bruta privativa e dependente e é variável em função dos escalões de área, de acordo com a seguinte tabela e com base nas seguintes fórmulas:

$Aa + 0,3\ Ab$	Caj	Fórmulas de ajustamento de áreas
≤ 100	1,00	$Aa + 0,3\ Ab$
>100-160	0,90	$100 \times 1,0 + 0,90 \times$ $\times (Aa + 0,3\ Ab - 100)$
>160-220	0,85	$100 \times 1,0 + 0,90 \times$ $\times (160 - 100) + 0,85 \times$ $\times (Aa + 0,3\ Ab - 160)$
> 220	0,80	$100 \times 1,0 + 0,90 \times$ $\times (160 - 100) + 0,85 \times$ $\times (220 - 160) + 0,80 \times$ $\times (Aa + 0,3\ Ab - 220)$

2 – Para os prédios cujas afectações sejam o comércio ou os serviços, o coeficiente de ajustamento de áreas (*Caj*) é aplicado às áreas brutas privativa e dependente e é

([1]) Redacção dada pela Lei nº 53-A/2006, de 29 de Dezembro.
([2]) Aditado pela Lei nº 53-A/2006, de 29 de Dezembro.

variável em função dos escalões de área, seguindo a mesma metodologia de cálculo do nº 1, de acordo com a seguinte tabela:

Aa + 0,3 Ab	Caj
≤ 100	1,00
> 100-500	0,90
> 500-1 000	0,85
> 1000	0,80

3 – Para os prédios cuja afectação seja a indústria, o coeficiente de ajustamento de áreas (*Caj*) é aplicado às áreas brutas privativa e dependente e é variável em função dos escalões de área, seguindo a mesma metodologia de cálculo do nº 1, de acordo com a seguinte tabela:

Aa + 0,3 Ab	Caj
≤ 400	1,00
> 400-1 000	0,90
> 1 000-3 000	0,85
> 3 000	0,80

4 – Para os prédios cuja afectação seja a de estacionamento coberto, individual ou colectivo, fechado ou aberto, o coeficiente de ajustamento de áreas (*Caj*) é aplicado às áreas brutas privativa e dependente e é variável em função dos escalões de área, seguindo a mesma metodologia de cálculo do nº 1, de acordo com a seguinte tabela:

Aa + 0,3 Ab	Caj
≤ 100	1,00
> 100-500	0,90
> 500-1 000	0,85
> 1 000	0,80

ARTIGO 41º
Coeficiente de afectação

O coeficiente de afectação (*Ca*) depende do tipo de utilização dos prédios edificados, de acordo com o seguinte quadro:([1])

([1]) Redacção dada pela Lei nº 53-A/2006, de 29 de Dezembro.

Utilização	Coeficientes
Comércio	1,20
Serviços	1,10
Habitação	1,00
Habitação social sujeita a regimes legais de custos controlados	0,70
Armazéns e actividade industrial	0,60
Comércio e serviços em construção tipo industrial	0,80
Estacionamento coberto e fechado	0,40
Estacionamento coberto e não fechado	0,15
Estacionamento não coberto	0,08
Prédios não licenciados, em condições muito deficientes de habitabilidade	0,45
Arrecadações e arrumos	0,35

ARTIGO 42º
Coeficiente de localização

1 – O coeficiente de localização (CL) varia entre 0,4 e 2, podendo, em situações de habitação dispersa em meio rural, ser reduzido para 0,35 e em zonas de elevado valor de mercado imobiliário ser elevado até 3.

2 – Os coeficientes a aplicar em cada zona homogénea do município podem variar conforme se trate de edifícios destinados a habitação, comércio, indústria ou serviços.

3 – Na fixação do coeficiente de localização têm-se em consideração, nomeadamente, as seguintes características:

a) Acessibilidades, considerando-se como tais a qualidade e variedade das vias rodoviárias, ferroviárias, fluviais e marítimas;

b) Proximidade de equipamentos sociais, designadamente escolas, serviços públicos e comércio;

c) Serviços de transportes públicos;

d) Localização em zonas de elevado valor de mercado imobiliário.

4 – O zonamento consiste na determinação das zonas homogéneas a que se aplicam os diferentes coeficientes de localização do município e as percentagens a que se refere o nº 2 do artigo 45º.

ARTIGO 43º
Coeficiente de qualidade e conforto

1 – O coeficiente de qualidade e conforto (Cq) é aplicado ao valor base do prédio edificado, podendo ser majorado até 1,7 e minorado até 0,5, e obtém-se adicionando à unidade os coeficientes majorativos e subtraindo os minorativos que constam das tabelas seguintes:[1]

---

[1] Redacção dada pela Lei nº 53-A/2006, de 29 de Dezembro.

TABELA I – Prédios urbanos destinados a habitação

Elementos de qualidade e conforto	Coeficientes
Majorativos	
Moradias unifamiliares	Até 0,20
Localização em condomínio fechado	0,20
Garagem individual	0,04
Garagem colectiva	0,03
Piscina individual	0,06
Piscina colectiva	0,03
Campos de ténis	0,03
Outros equipamentos de lazer	0,04
Qualidade construtiva	Até 0,15
Localização excepcional	Até 0,10
Sistema central de climatização	0,03
Elevadores em edifícios de menos de quatro pisos	0,02
Localização e operacionalidade relativas	Até 0,05
Minorativos	
Inexistência de cozinha	0,10
Inexistência de instalações sanitárias	0,10
Inexistência de rede pública ou privada de água	0,08
Inexistência de rede pública ou privada de electricidade	0,10
Inexistência de rede pública ou privada de gás	0,02
Inexistência de rede pública ou privada de esgotos	0,05
Inexistência de ruas pavimentadas	0,03
Inexistência de elevador em edifícios com mais de três pisos	0,02
Existência de áreas inferiores às regulamentares	0,05
Estado deficiente de conservação	Até 0,05
Localização e operacionalidade relativas	Até 0,05
Utilização de técnicas ambientalmente sustentáveis, activas ou passivas	0,05

TABELA II – Prédios urbanos destinados a comércio, indústria e serviços

Elementos de qualidade e conforto	Coeficientes
Majorativos	
Localização em centro comercial	0,25
Localização em edifícios destinados a escritórios	0,10
Sistema central de climatização	0,10
Qualidade construtiva	Até 0,10
Existência de elevador(es) e ou escada(s) rolante(s)	0,03
Localização e operacionalidade relativas	Até 0,20

TABELA II (cont.) – **Prédios urbanos destinados a comércio, indústria e serviços**

Minorativos	
Inexistência de instalações sanitárias	0,10
Inexistência de rede pública ou privada de água	0,08
Inexistência de rede pública ou privada de electricidade	0,10
Inexistência de rede pública ou privada de esgotos	0,05
Inexistência de ruas pavimentadas	0,03
Inexistência de elevador em edifícios com mais de três pisos	0,02
Estado deficiente de conservação	Até 0,05
Localização e operacionalidade relativas	Até 0,10
Utilização de técnicas ambientalmente sustentáveis, activas ou passivas	0,10

2 – Para efeitos de aplicação das tabelas referidas no número anterior:

a) Considera-se cozinha um local onde se encontram instalados equipamentos adequados para a preparação de refeições;

b) Considera-se que são instalações sanitárias os compartimentos do prédio com um mínimo de equipamentos adequados às respectivas funções;

c) Consideram-se também redes públicas de distribuição de água, de electricidade, de gás ou de colectores de esgotos as que, sendo privadas, sirvam um aglomerado urbano constituído por um conjunto de mais de dez prédios urbanos;

d) Consideram-se áreas inferiores às regulamentares as que estejam abaixo dos valores mínimos fixados no Regime Geral das Edificações Urbanas (RGEU);

e) Considera-se condomínio fechado um conjunto de edifícios, moradias ou fracções autónomas, construído num espaço de uso comum e privado, com acesso condicionado durante parte ou a totalidade do dia;

f) Considera-se piscina qualquer depósito ou reservatório de água para a prática da natação, desde que disponha de equipamento de circulação e filtragem de água;

g) Consideram-se equipamentos de lazer todos os que sirvam para repouso ou para a prática de actividades lúdicas ou desportivas;

h) Para aferição da qualidade construtiva, considera-se a utilização de materiais de construção e revestimento superiores aos exigíveis correntemente, nomeadamente madeiras exóticas e rochas ornamentais;

i) Considera-se haver localização excepcional quando o prédio ou parte do prédio possua vistas panorâmicas sobre o mar, rios, montanhas ou outros elementos visuais que influenciem o respectivo valor de mercado;

j) Considera-se centro comercial o edifício ou parte de edifício com um conjunto arquitectonicamente unificado de estabelecimentos comerciais de diversos ramos, em número não inferior a 45, promovido, detido e gerido como uma unidade operacional, integrando zona de restauração, tendo sempre uma loja âncora e ou cinemas, zonas de lazer, segurança e parqueamento;

l) Considera-se edifício de escritórios o prédio ou parte de prédio concebido arquitectonicamente por forma a facilitar a adaptação e a instalação de equipamentos de acesso às novas tecnologias;

m) Considera-se que é deficiente o estado de conservação, quando os elementos construtivos do prédio não cumpram satisfatoriamente a sua função ou façam perigar a segurança de pessoas e bens.

n) Considera-se haver localização e operacionalidade relativas quando o prédio ou parte do prédio se situa em local que influencia positiva ou negativamente o respectivo valor de mercado ou quando o mesmo é beneficiado ou prejudicado por características de proximidade, envolvência e funcionalidade, considerando-se para esse efeito, designadamente, a existência de telheiros, terraços e a orientação da construção;([1])

o) Considera-se haver utilização de técnicas ambientalmente sustentáveis, activas ou passivas, quando o prédio utiliza energia proveniente de fontes renováveis, ou aproveita águas residuais tratadas ou águas pluviais, ou ainda quando foi construído utilizando sistemas solares passivos.([1])

3 – As directrizes para definição da qualidade de construção, localização excepcional, estado deficiente de conservação e localização e operacionalidade relativas são estabelecidas pela CNAPU com base em critérios dotados de objectividade e, sempre que possível, com base em fundamentos técnico-científicos adequados.([2])

ARTIGO 44º
Coeficiente de vetustez

1 – O coeficiente de vetustez (Cv) é função do número inteiro de anos decorridos desde a data de emissão de licença de utilização, quando exista, ou da data da conclusão das obras de edificação, de acordo com a presente tabela:([1])

Anos	Coeficientes de vetustez
Menos de 2	1
De 2 a 8	0,90
De 9 a 15	0,85
De 16 a 25	0,80
De 26 a 40	0,75
De 41 a 50	0,65
De 51 a 60	0,55
Mais de 60	0,40

2 – Nos prédios ampliados as regras estabelecidas no número anterior aplicam-se, respectivamente, de acordo com a idade de cada parte.([3])

([1]) Redacção dada pela Lei nº 53-A/2006, de 29 de Dezembro.
([2]) Aditado pela Lei nº 53-A/2006, de 29 de Dezembro.
([3]) Aditado pela Lei nº 64-A/2008, de 31 de Dezembro.

ARTIGO 45º
Valor patrimonial tributário dos terrenos para construção

1 – O valor patrimonial tributário dos terrenos para construção é o somatório do valor da área de implantação do edifício a construir, que é a situada dentro do perímetro de fixação do edifício ao solo medida pela parte exterior, adicionado do valor do terreno adjacente à implantação.

2 – O valor da área de implantação varia entre 15% e 45% do valor das edificações autorizadas ou previstas.

3 – Na fixação da percentagem do valor do terreno de implantação têm-se em consideração as características referidas no nº 3 do artigo 42º.

4 – O valor da área adjacente à construção é calculado nos termos do nº 4 do artigo 40º.

ARTIGO 46º
Valor patrimonial tributário dos prédios da espécie «Outros»

1 – No caso de edifícios, o valor patrimonial tributário é determinado nos termos do artigo 38º, com as adaptações necessárias.

2 – No caso de não ser possível utilizar as regras do artigo 38º, o perito deve utilizar o método do custo adicionado do valor do terreno.

3 – No caso de terrenos, o seu valor unitário corresponde ao que resulta da aplicação do coeficiente de 0,005, referido no nº 4 do artigo 40º, ao produto do valor base dos prédios edificados pelo coeficiente de localização.

4 – O valor patrimonial tributário dos prédios urbanos em ruínas é determinado como se de terreno para construção se tratasse, de acordo com deliberação da câmara municipal.([1])

CAPÍTULO VII
Dos organismos de coordenação e de avaliação

SECÇÃO I
Da propriedade rústica

SUBSECÇÃO I
Organismos de coordenação

ARTIGO 47º
Organismos de Coordenação

1 – Os organismos de coordenação de avaliação de prédios rústicos são:

a) A Direcção-Geral dos Impostos (DGCI);
b) A Comissão Nacional de Avaliação de Prédios Rústicos (CNAPR);
c) A Junta de Avaliação Municipal (JAM).

([1]) Redacção dada pela Lei nº 64-A/2008, de 31 de Dezembro.

2 – A CNAPR funciona junto da DGCI, que lhe presta o necessário apoio administrativo.

3 – O serviço de finanças referido no nº 1 do artigo 52º presta o necessário apoio logístico à JAM.

ARTIGO 48º
Constituição da CNAPR

1 – A CNAPR é constituída por:

a) Director-Geral dos Impostos, que preside, podendo delegar no subdirector-geral responsável pelo departamento de gestão tributária competente;

b) Dois vogais indicados pelo Ministério da Agricultura, Desenvolvimento Rural e Pescas;

c) Um vogal indicado pela Associação Nacional dos Municípios Portugueses;

d) Dois vogais indicados pela Direcção-Geral dos Impostos, sendo um secretário;

e) Um vogal indicado pelo Instituto Geográfico Português;

f) Dois vogais indicados pelas associações de agricultores;

g) Um vogal indicado pelos organismos representativos dos avaliadores.

2 – Se as associações de agricultores e os organismos representativos dos avaliadores não chegarem a acordo quanto aos vogais que lhes compete indicar, cabe ao Ministério da Agricultura, Desenvolvimento Rural e Pescas, no primeiro caso, e ao director-geral dos Impostos, no segundo, indicar os vogais de entre aqueles que tiverem sido propostos.

3 – Os membros da CNAPR são nomeados pelo Ministro das Finanças.

ARTIGO 49º
Competências da CNAPR

1 – Compete à CNAPR:

a) Aprovar os quadros de qualificação, classificação e de tarifas a considerar na avaliação dos prédios de cada município;

b) Esclarecer dúvidas apresentadas pelos membros da JAM;

c) Aprovar, a todo o tempo, qualquer alteração nos quadros de qualificação, classificação e tarifas;

d) Propor à Direcção-Geral dos Impostos as medidas que entender convenientes no sentido do aperfeiçoamento das operações de avaliação;

e) Propor ao Ministro das Finanças, em parecer fundamentado, a actualização dos quadros de qualificação, classificação e tarifas.

2 – Ao funcionamento da CNAPR aplica-se o disposto no Código de Procedimento Administrativo sobre o funcionamento dos órgãos colegiais.

ARTIGO 50º
Composição da JAM

1 – A JAM tem a seguinte composição:

a) Um técnico designado pelo director-geral dos Impostos para organizar os quadros de qualificação, classificação e de tarifas no município, que preside;

b) Um perito avaliador permanente, referido no artigo 58º, que secretaria;

c) Um vogal indicado pelo serviço regional do Ministério da Agricultura, Desenvolvimento Rural e Pescas;

d) Dois vogais indicados pelos organismos representativos dos agricultores no município.

2 – Caso os organismos representativos dos agricultores não cheguem a acordo quanto aos vogais a indicar, a indicação é feita pelo presidente da JAM de entre aqueles que tiverem sido propostos.

ARTIGO 51º
Competências da JAM e do presidente

1 – Compete à JAM:

a) Elaborar o projecto dos quadros de qualificação e classificação e de tarifas do município;

b) Pronunciar-se sobre as propostas apresentadas pelo perito avaliador, nos termos do artigo 57º e propor à CNAPR as alterações que julgar convenientes;

c) Decidir, no caso de um perito avaliador encontrar, durante a fase de distribuição, qualidades e ou classes não constantes dos quadros e não representativas ao nível do município, pela aplicação de tarifa que melhor represente essas qualidades ou classes.

2 – Compete ao presidente da JAM:

a) Nomear e dar posse aos demais membros;

b) Solicitar ao serviço de finanças a substituição de membros, verificadas as circunstâncias previstas no nº 1 do artigo 53º;

c) Comunicar à DGCI todas as ocorrências, nomeadamente de natureza disciplinar, que considere justificativas da intervenção deste organismo.

ARTIGO 52º
Da designação dos membros da JAM

1 – O chefe de finanças ou, quando haja mais de um serviço de finanças no município, o chefe do serviço de finanças 1 do mesmo solicita às entidades referidas no artigo 50º que designem, no prazo de 20 dias, os respectivos vogais.

2 – Decorrido o prazo mencionado no número anterior sem que tenham sido designados os vogais referidos na alínea *d)* do nº 1 do artigo 50º, o presidente da JAM procede à sua nomeação de entre agricultores da área do município.

ARTIGO 53º
Da substituição dos membros da JAM

1 – Os membros da JAM prestam serviço por tempo indeterminado, podendo ser substituídos nas seguintes circunstâncias:

a) Quando apresentem pedidos de escusa, aleguem impedimento ou, por faltas reiteradas às sessões devidamente convocadas, façam presumir a sua intenção de não exercer o cargo com carácter de permanência;

b) Por iniciativa fundamentada do presidente.

2 – Ao processo de substituição aplicam-se, com as devidas adaptações, as regras do artigo anterior.

ARTIGO 54º
Das reuniões da JAM

1 – A JAM reúne sempre que o julgue conveniente, estando presente a maioria dos seus membros.

2 – Na falta do presidente, este é substituído pelo vogal designado pelo Ministério da Agricultura.

3 – Na falta do secretário, o presidente designa, de entre os membros da JAM, quem o substitua.

4 – As decisões são tomadas por maioria, tendo o presidente, em caso de empate, voto de qualidade.

ARTIGO 55º
Dos membros da JAM

1 – Os membros da JAM colaboram nas tarefas de avaliação com imparcialidade e independência técnica.

2 – Os funcionários de outros serviços públicos nomeados para a JAM, embora funcionalmente subordinados à DGCI, não ficam submetidos à sua jurisdição disciplinar, competindo a esta participar aos departamentos de que os funcionários dependam as infracções por eles praticadas, sem embargo de lhes dispensar os serviços quando o entender, com base em decisão fundamentada.

3 – Os membros das JAM que não sejam funcionários da DGCI ou de serviços públicos ficam, pelos actos que nessa qualidade pratiquem, subordinados à referida Direcção-Geral, a qual pode aplicar as medidas julgadas necessárias, incluindo a de exclusão.

4 – Com excepção do presidente, os membros da JAM consideram-se domiciliados no local onde esta tiver a sede.

SUBSECÇÃO II
Dos peritos avaliadores

ARTIGO 56º
Designação

1 – A avaliação geral é efectuada por peritos avaliadores nomeados pelo director-geral dos Impostos para cada serviço de finanças.

2 – O número de peritos avaliadores em cada serviço de finanças é fixado pelo director-geral dos Impostos.

3 – A designação dos peritos avaliadores recai preferencialmente em engenheiros agrónomos, silvicultores, licenciados equivalentes, engenheiros técnicos agrários, agentes técnicos de agricultura ou em técnicos possuidores de habilitação profissional adequada ao exercício daquelas funções.([1])

([1]) Redacção dada pela Lei nº 64-A/2008, de 31 de Dezembro.

4 – Na falta de diplomados ou técnicos com as habilitações referidas no número anterior, a designação recai em proprietários de prédios rústicos.(¹)

5 – Os peritos avaliadores podem, no exercício das suas tarefas, socorrer-se de auxiliares locais, que prestarão, designadamente, informações e apoio na medição de áreas.

ARTIGO 57º
Competências

1 – Compete aos peritos avaliadores realizar as operações de distribuição parcelar e registo de distribuição nas avaliações gerais de base cadastral e não cadastral.

2 – Sempre que o perito avaliador, por inexistência ou insuficiência de elementos dos quadros, encontre dificuldades na distribuição e registo das parcelas deve, sem suspender os trabalhos, comunicar o facto à JAM.

ARTIGO 58º
Peritos avaliadores permanentes

1 – As avaliações directas de prédios rústicos são efectuadas por peritos avaliadores permanentes, pelo menos um por cada serviço de finanças, com observância do disposto no artigo 56º(¹)

2 – Os peritos avaliadores permanentes tomam posse perante o chefe de finanças.

3 – Os peritos avaliadores permanentes devem ser substituídos quando apresentem pedido de escusa, aleguem impedimento, ou por proposta fundamentada dos serviços com base na falta de capacidade técnica para o exercício das funções ou em grave violação dos deveres funcionais.

ARTIGO 59º
Competência dos peritos avaliadores permanentes

Compete aos peritos avaliadores permanentes:

a) Realizar as avaliações directas que lhes forem cometidas;

b) Dar parecer sobre o valor dos prédios rústicos quando para tal forem solicitados nos termos da lei.

SECÇÃO II
Da propriedade urbana

ARTIGO 60º
Organismos de coordenação de avaliação

1 – Os organismos de coordenação de avaliação de prédios urbanos são:

a) A Direcção-Geral dos Impostos;

b) A Comissão Nacional de Avaliação de Prédios Urbanos (CNAPU).

(¹) Redacção dada pela Lei nº 64-A/2008, de 31 de Dezembro.

2 – A CNAPU funciona junto da DGCI, que lhe presta o necessário apoio administrativo.

ARTIGO 61º
Constituição da CNAPU

1 – A CNAPU é constituída por:

a) Director-Geral dos Impostos, que preside, podendo delegar no subdirector-geral responsável pelo departamento de gestão tributária competente;
b) Dois vogais indicados pelo Ministério das Obras Públicas, Transportes e Habitação;
c) Dois vogais indicados pela Associação Nacional de Municípios Portugueses;([1])
d) Dois vogais indicados pela Direcção-Geral dos Impostos, sendo um secretário;
e) Um vogal indicado pelo Instituto Geográfico Português;
f) Um vogal indicado pelas associações de proprietários;
g) Um vogal indicado pelas associações de inquilinos;([1])
h) Um vogal indicado pelas associações de construtores;
i) Um vogal indicado pelas associações de empresas de promoção e de mediação imobiliária;
j) Um vogal indicado pelos organismos representativos dos avaliadores.

2 – Se as entidades referidas nas alíneas f) a i) do número anterior não chegarem a acordo quanto aos vogais que lhes compete indicar, é proposto pelo presidente um vogal de entre os indicados por cada uma daquelas entidades.

3 – Os membros da CNAPU são nomeados pelo Ministro das Finanças.

ARTIGO 62º
Competências da CNAPU

1 – Compete à CNAPU:

a) Propor trienalmente, até 31 de Outubro, os coeficientes de localização mínimos e máximos a aplicar em cada município, com base designadamente em elementos fornecidos pelos peritos locais e regionais e pelas entidades representadas na CNAPU, para vigorarem nos três anos seguintes;([2])
b) Propor trienalmente, até 31 de Outubro, o zonamento e respectivos coeficientes de localização, as percentagens a que se refere o nº 2 do artigo 45º e as áreas da sua aplicação, bem como os coeficientes majorativos aplicáveis às mora-dias unifamiliares, com base em propostas dos peritos locais e regionais, para vigorarem nos três anos seguintes em cada município;
c) Propor as directrizes relativas à apreciação da qualidade construtiva, da localização excepcional, do estado deficiente de conservação e da localização e operacionalidade relativas;([3])
d) Propor anualmente, até 30 de Novembro, para vigorar no ano seguinte, o valor médio de construção por metro quadrado, ouvidas as entidades oficiais e as associações privadas do sector imobiliário urbano;([3])

([1]) Aditado pela Lei nº 6/2006, de 27 de Fevereiro.
([2]) Redacção dada pela Lei nº 64-A/2008, de 31 de Dezembro.
([3]) Redacção dada pela Lei nº 53-A/2006, de 29 de Dezembro.

e) Propor à Direcção-Geral dos Impostos as medidas que entender convenientes no sentido do aperfeiçoamento das operações de avaliação.

2 – Tratando-se de conjuntos ou empreendimentos urbanísticos implantados em áreas cujo zonamento não tenha ainda sido aprovado ou, tendo-o sido, se encontre desactualizado, as propostas referidas nas alíneas *a)* e *b)* do n.º 1 são apresentadas anualmente.

3 – As propostas a que se referem as alíneas *a)* a *d)* do n.º 1 e o número anterior são aprovadas por portaria do Ministro das Finanças.([1])

4 – Aplica-se à CNAPU o disposto no n.º 2 do artigo 49.º.

ARTIGO 63º
Perito local

1 – Em cada serviço de finanças existem um ou mais peritos locais, nomeados pelo director-geral dos Impostos, que prestam serviço por tempo indeterminado.

2 – O número de peritos locais, em cada serviço de finanças, é fixado pelo director-geral dos Impostos.

3 – A designação dos peritos locais recai, preferencialmente, em engenheiros civis, arquitectos, engenheiros técnicos civis, agentes técnicos de engenharia ou arquitectura ou em diplomados com currículo adequado e em técnicos possuidores de habilitação profissional adequada ao exercício daquelas funções.([2])

4 – *(Revogado.)*

ARTIGO 64º
Competências do perito local

Compete aos peritos locais:

a) Realizar as avaliações dos prédios que lhe forem cometidas e dar parecer sobre o valor dos prédios urbanos quando para tal forem solicitados nos termos da lei;

b) Elaborar trienalmente ou anualmente proposta do zonamento do município ou parte do município em que exercem a actividade, consoante o previsto nos n.ºs 1 e 2 do artigo 62.º.

ARTIGO 65º
Perito regional

1 – Os peritos regionais a que se referem os artigos 74.º e 76.º são nomeados pelo director-geral dos Impostos, mediante proposta do director de finanças.([3])

2 – Os peritos regionais constam de listas organizadas nas direcções de finanças, observando-se o disposto nos n.ºs 3 e 4 dos artigos 56.º e 63.º, consoante o caso.([3])

3 – As listas referidas no número anterior incluem os engenheiros pertencentes ao quadro dos serviços centrais da Direcção-Geral dos Impostos que superintendem nos serviços de avaliações.

([1]) Ver Portaria n.º 16-A/2008, de 9 de Janeiro.
([2]) Redacção dada pela Lei n.º 64-A/2008, de 31 de Dezembro.
([3]) Redacção dada pelo Decreto-Lei n.º 211/2005, de 7 de Dezembro.

ARTIGO 66º
Competências do perito regional

1 – Compete ao perito regional:

a) Intervir nas segundas avaliações;
b) Coordenar os peritos locais na elaboração da proposta dos zonamentos municipais;
c) Dar parecer sobre o valor dos prédios, quando para tal for solicitado, nos termos da lei.

2 – Os peritos regionais que fazem a coordenação referida na alínea *b)* do número anterior são designados pelo director-geral dos Impostos.

SECÇÃO III
Disposições comuns

ARTIGO 67º
Orientação e fiscalização

A orientação e fiscalização dos trabalhos dos peritos cabem aos chefes de finanças, sem prejuízo de poderem ser atribuídas pelo director-geral dos Impostos aos técnicos da Direcção de Serviços de Avaliações.

ARTIGO 68º
Remunerações e transportes

1 – O Ministro das Finanças fixará anualmente, por despacho, as remunerações dos vogais da CNAPR e da CNAPU, as remunerações e abonos de transporte dos membros da JAM, dos peritos avaliadores, dos peritos avaliadores permanentes, dos peritos locais e dos peritos regionais, bem como os salários dos auxiliares locais.

2 – Ficam a cargo do sujeito passivo as despesas da avaliação efectuada a seu pedido, sempre que o valor contestado se mantenha.

ARTIGO 69º
Impedimentos

1 – Nenhum perito avaliador, perito avaliador permanente, perito local e perito regional pode intervir na avaliação de prédios próprios ou em que seja interessada, a qualquer título, entidade de que seja administrador ou colaborador, nem de prédios em que sejam interessados seus ascendentes, descendentes ou parentes e afins até ao 4º grau da linha colateral.

2 – As avaliações efectuadas contra o disposto no número anterior são anuladas oficiosamente ou a requerimento dos interessados.

3 – A nomeação de perito regional não é incompatível com a de perito avaliador, de perito avaliador permanente ou de perito local.

4 – Nenhum perito regional pode integrar uma comissão de avaliação de que faça parte um seu ascendente, descendente, irmão, tio ou sobrinho ou afins do mesmo grau.

ARTIGO 70º
Posse e substituição

1 – Os peritos avaliadores, os peritos avaliadores permanentes, os peritos locais e os vogais nomeados pelas câmaras municipais tomam posse perante o chefe de finanças onde prestam serviço e os peritos regionais, salvo os mencionados no nº 3 do artigo 65º, tomam posse perante o chefe de finanças da área da sua residência.([1])

2 – Os peritos referidos no número anterior devem ser substituídos quando apresentem pedido de escusa, aleguem impedimento ou por proposta fundamentada dos serviços com base na falta de capacidade técnica para o exercício das suas funções ou grave violação dos deveres funcionais.

3 – O disposto no número anterior aplica-se aos vogais nomeados pelas câmaras municipais, cabendo ao chefe de finanças solicitar a substituição à entidade competente.([2])

CAPÍTULO VIII
Reclamações e impugnações da avaliação

SECÇÃO I
De prédios rústicos

ARTIGO 71º
Reclamações das avaliações gerais

1 – Concluída a avaliação cadastral ou não cadastral dos prédios rústicos da área de um serviço de finanças, o seu resultado é posto à reclamação por um período de 30 dias, que pode ser prorrogado, até ao máximo de 60 dias, pelo director de finanças, quando as circunstâncias o justifiquem.

2 – O local e o período durante o qual o resultado da distribuição está patente aos interessados são publicitados, com a antecedência mínima de 10 dias, através de editais e de outros meios adequados, nomeadamente a imprensa local.

3 – Nos municípios não submetidos a cadastro, a reclamação contra as áreas de prédios rústicos só é aceite se a diferença entre a área apurada pelo perito avaliador e a contestada for superior a 10%, a não ser que seja comprovada por suporte cartográfico da responsabilidade do proprietário.

ARTIGO 72º
Formalidades da reclamação

1 – A reclamação referida no artigo anterior é dirigida ao chefe de finanças e tem por base uma petição da qual deve constar:

a) Identificação do reclamante;

b) Identificação e designação do prédio ou das parcelas objecto da reclamação;

([1]) Redacção dada pela Lei nº 64-A/2008, de 31 de Dezembro.
([2]) Aditado pela Lei nº 64-A/2008, de 31 de Dezembro.

c) Indicação da qualidade e classe que considerem aplicáveis, quanto à distribuição parcelar;

d) Indicação de todas as circunstâncias julgadas relevantes, nomeadamente a identificação de parcelas que se entenda deverem servir para confronto;

e) A área considerada correcta para as parcelas e, nas zonas de cadastro diferido e de base não cadastral, também as confrontações e a área total do prédio quando seja contestada.

2 – As petições podem ser instruídas com os documentos de que o reclamante disponha e que julgue de interesse para a decisão.

ARTIGO 73º
Apreciação das reclamações

1 – O chefe de finanças decide as reclamações que tenham por fundamento erro na designação das pessoas, moradas e descrição dos prédios.

2 – Caso verifique a existência de prédios omissos, o chefe de finanças promove a sua avaliação, nos termos do presente Código.

3 – O resultado das avaliações referidas no número anterior é notificado ao sujeito passivo, podendo este reclamar no prazo de 30 dias.

ARTIGO 74º
Segunda avaliação

1 – As reclamações que tenham por fundamento a área, qualidade e classe das parcelas ou os elementos em que se baseou a avaliação dos prédios ou parte de prédios referidos no artigo 28º dão lugar a uma segunda avaliação, a efectuar por uma comissão composta por dois peritos regionais designados pelo director de finanças, um dos quais preside, e pelo sujeito passivo ou seu representante.

2 – Nas zonas de cadastro diferido e nos municípios com avaliação de base não cadastral, as reclamações referidas no número anterior abrangem também a área total do prédio.

3 – O perito regional que presidir à comissão de avaliação tem apenas voto de desempate, devendo conformar-se com um dos laudos.

4 – A indicação do representante do sujeito passivo deve ser comunicada por escrito ao chefe de finanças até 10 dias antes da data marcada para a avaliação.

5 – O sujeito passivo ou o seu representante prestam compromisso de honra perante o chefe de finanças, no dia designado para a avaliação, lavrando-se o respectivo termo.

6 – A falta de comparência do sujeito passivo ou do seu representante torna definitivo o resultado da primeira avaliação, salvo se a falta for justificada no prazo de 8 dias, caso em que apenas é permitido um adiamento.

ARTIGO 75º
Segunda avaliação directa

1 – Quando o sujeito passivo ou o chefe de finanças não concordarem com o resultado da avaliação directa de prédios rústicos podem, respectivamente, requerer

ou promover uma segunda avaliação, no prazo de 30 dias contados da data em que o primeiro tenha sido notificado.

2 – A segunda avaliação é realizada com observância do disposto no presente Código por uma comissão com a composição e nos termos referidos no artigo 74º.

3 – Se a segunda avaliação for requerida pelo sujeito passivo, a sua falta de comparência ou a do seu representante torna definitivo o resultado da primeira avaliação, salvo se a falta for justificada no prazo de 8 dias, caso em que se permite um adiamento.

4 – Sempre que a segunda avaliação seja promovida pelo chefe de finanças, o sujeito passivo deve ser notificado para, no prazo de 20 dias, comunicar se pretende integrar a comissão ou nomear o seu representante.

5 – No caso previsto no número anterior, se o sujeito passivo não comunicar que pretende integrar a comissão ou não indicar o seu representante no prazo aí fixado ou, indicando-o, o mesmo não compareça, a competência para a nomeação do representante devolve-se ao chefe de finanças, que nomeará um perito regional.([1])

6 – No caso referido no nº 4, à não comparência do sujeito passivo ou do seu representante aplica-se a parte final do nº 3.

SECÇÃO II
De prédios urbanos

ARTIGO 76º
Segunda avaliação de prédios urbanos

1 – Quando o sujeito passivo, a câmara municipal ou o chefe de finanças não concordarem com o resultado da avaliação directa de prédios urbanos, podem, respectivamente, requerer ou promover uma segunda avaliação, no prazo de 30 dias contados da data em que o primeiro tenha sido notificado.([1])

2 – A segunda avaliação é realizada com observância do disposto nos artigos 38º e seguintes, por uma comissão composta por um perito regional designado pelo director de finanças em função da sua posição na lista organizada por ordem alfabética para esse efeito, que preside à comissão, um vogal nomeado pela respectiva câmara municipal e o sujeito passivo ou seu representante.([1])

3 – Pelo pedido da segunda avaliação é devida uma taxa a fixar entre 5 e 20 unidades de conta, tendo em conta a complexidade da matéria, cujo montante é devolvido se o valor patrimonial se considerar distorcido.([1])

4 – Não obstante o disposto no nº 2, desde que o valor patrimonial tributário, determinado nos termos dos artigos 38º e seguintes, se apresente distorcido relativamente ao valor normal de mercado, a comissão efectua a avaliação em causa e fixa novo valor patrimonial tributário que releva apenas para efeitos de IRS, IRC e IMT, devidamente fundamentada, de acordo com as regras constantes do nº 2 do artigo 46º, quando se trate de edificações, ou por aplicação do método comparativo dos valores de mercado no caso dos terrenos para construção e dos terrenos previstos no nº 3 do mesmo artigo.([1])

([1]) Redacção dada pelo Decreto-Lei nº 211/2005, de 7 de Dezembro.

5 – Para efeitos dos números anteriores, o valor patrimonial tributário considera-se distorcido quando é superior em mais de 15% do valor normal de mercado, ou quando o prédio apresenta características valorativas que o diferenciam do padrão normal para a zona, designadamente a sumptuosidade, as áreas invulgares e a arquitectura, e o valor patrimonial tributário é inferior em mais de 15% do valor normal de mercado.([1])

6 – Sempre que o pedido ou promoção da segunda avaliação sejam efectuados nos termos do nº 4, devem ser devidamente fundamentados.([1])

7 – É aplicável o disposto nos nºs 3 a 6 do artigo 74º e nos nºs 4 a 6 do artigo 75º

8 – Quando uma avaliação de prédio urbano seja efectuada por omissão à matriz ou na sequência de transmissão onerosa de imóveis e o alienante seja interessado para efeitos tributários deverá o mesmo ser notificado do seu resultado para, querendo, requerer segunda avaliação, no prazo e termos dos números anteriores, caso em que poderá integrar a comissão referida no nº 2 ou nomear o seu representante.

9 – Nas avaliações em que intervierem simultaneamente o alienante e o adquirente ou os seus representantes, o perito regional que presidir à avaliação tem direito a voto e, em caso de empate, voto de qualidade.

10 – Na designação dos peritos regionais que integram a comissão referida no nº 2, deve atender-se ao seu domicílio e à localização do prédio a avaliar, com vista a uma maior economia de custos.([2])

11 – A designação dos vogais nomeados pela câmara municipal é efectuada nos seguintes termos:([2])

a) São afectos por tempo indeterminado, a um ou mais serviços de finanças;

b) Na falta de nomeação do vogal da câmara municipal por prazo superior a 20 dias a contar da data em que for pedida, a comissão é composta por dois peritos regionais designados pelo director de finanças, um dos quais preside, e pelo sujeito passivo ou seu representante;

c) Na falta de comparência do vogal nomeado pela câmara municipal, o chefe de finanças nomeia um perito regional, que o substitui.

12 – É aplicável aos vogais designados pelas câmaras municipais, o disposto nos artigos 67º e 69º([2])

13 – No caso dos prédios em compropriedade, sempre que haja mais do que um pedido de segunda avaliação, devem os comproprietários nomear um só representante para integrar a comissão referida no nº 2.([2])

14 – A remuneração do vogal é da responsabilidade da câmara municipal e do sujeito passivo no caso do seu representante.([2])

([1]) Redacção dada pela Lei nº 64-A/2008, de 31 de Dezembro.
([2]) Aditado pela Lei nº 64-A/2008, de 31 de Dezembro.

SECÇÃO III
Disposição comum

ARTIGO 77º
Impugnação

1 – Do resultado das segundas avaliações cabe impugnação judicial, nos termos definidos no Código de Procedimento e de Processo Tributário.

2 – A impugnação referida no número anterior pode ter como fundamento qualquer ilegalidade, designadamente a errónea quantificação do valor patrimonial tributário do prédio.

CAPÍTULO IX
Organização e conservação das matrizes

SECÇÃO I
Disposições comuns

ARTIGO 78º
Competência para a organização e conservação das matrizes

1 – A organização e conservação das matrizes incumbem aos serviços de finanças onde os prédios se encontram situados.

2 – Podem os serviços centrais da Direcção-Geral dos Impostos, ouvido o director de finanças, chamar a si a competência para a organização das matrizes de qualquer serviço de finanças.

ARTIGO 79º
Inscrição de prédio situado em mais do que uma freguesia

1 – Se um prédio se encontrar em duas freguesias do mesmo ou de diferentes concelhos e for urbano, é inscrito na matriz da freguesia em que se localize a parte onde tenha a entrada principal.

2 – Se o prédio for rústico e não vedado, é inscrito na freguesia onde esteja situada a maior parte.

3 – Se o prédio for rústico e vedado, deve inscrever-se na freguesia a que pertença a parte onde se situe a serventia principal.

4 – Diz-se vedado o prédio circunscrito por cerca, muro ou outro meio tendente a impedir o acesso do público de maneira eficaz e duradoura.

ARTIGO 80º
Forma das matrizes

1 – As matrizes são constituídas por registos efectuados, por artigo, em suporte informático ou de papel.

2 – Salvo o disposto nos artigos 84º e 92º, a cada prédio corresponde um único artigo na matriz.

3 – A numeração dos artigos é seguida na matriz de cada freguesia e em cada secção na matriz cadastral.

ARTIGO 81º
Inscrição de prédio de herança indivisa

1 – Quando um prédio faça parte de herança indivisa, é inscrito na matriz predial respectiva em nome do autor da herança com o aditamento «Cabeça-de-casal da herança de...», sendo atribuído à herança indivisa, oficiosamente, o respectivo número de identificação fiscal pelo serviço de finanças referido no artigo 25º do Código do Imposto do Selo.

2 – O serviço de finanças referido no número anterior comunica ao serviço de finanças da área da situação dos prédios transmitidos o número de identificação fiscal atribuído para efeitos do competente averbamento na matriz.

3 – Quando os prédios que integram a herança forem transmitidos para um único herdeiro serão inscritos na matriz predial respectiva nesse nome.([1])

ARTIGO 82º
Inscrição de prédio em regime de compropriedade

1 – A compropriedade deve inscrever-se em nome de todos os comproprietários, com indicação da parte que caiba a cada um e das correspondentes fracções do valor patrimonial tributário, sem prejuízo do disposto no artigo 92º quanto à propriedade horizontal.

2 – Quando não seja conhecida a parte que caiba a cada um dos comproprietários, o prédio é inscrito em nome de todos eles, por ordem alfabética.

ARTIGO 83º
Inscrição de prédios isentos

A inscrição dos prédios isentos faz-se nos termos gerais, mencionando-se, porém, na coluna das observações, o preceito legal que estabeleça a isenção, devendo ainda, quando esta situação seja temporária, indicar-se, na referida coluna, as datas em que tenha início e termo, bem como o respectivo despacho e o processo em que haja sido proferido, sendo caso disso.

ARTIGO 84º
Inscrição de prédios mistos

Cada uma das partes distintas do prédio misto é inscrita na matriz que lhe competir.

([1]) Aditado pela Lei nº 64-A/2008, de 31 de Dezembro.

SECÇÃO II
Matrizes cadastrais rústicas

ARTIGO 85º
Base cadastral das matrizes

As matrizes rústicas são organizadas com base nos elementos do cadastro extraídos da carta cadastral do País, fornecida pelo Instituto Geográfico Português.

ARTIGO 86º
Matriz rústica

1 – As matrizes cadastrais rústicas devem especificar:

a) A designação cadastral do prédio;

b) O nome, identificação fiscal e residência dos proprietários usufrutuários ou superficiários;

c) A localização e nome dos prédios, quando o tenham;

d) Os direitos referentes a cada prédio, incluindo os resultantes de ónus e encargos permanentes que incidam sobre outros prédios;

e) As parcelas com o seu número de ordem, qualidade de cultura, classe, destino e área em hectares;

f) O valor patrimonial tributário.

2 – Nos municípios onde exista cadastro predial, a matriz deve compreender ainda o número de identificação predial (NIP).

ARTIGO 87º
Árvores

1 – Se no prédio existirem árvores dispersas pertencentes ao dono do terreno, são tais árvores, para efeitos de inscrição, incluídas nas parcelas em que estiverem situadas, devendo figurar na matriz, em coluna própria, o número de exemplares de cada qualidade e classe.

2 – Quando os proprietários ou usufrutuários das árvores dispersas não o forem do terreno, as ditas árvores constam de tantas inscrições quantos os titulares referidos.

3 – As inscrições a que se refere o número anterior mencionam as parcelas em que as árvores dispersas estão situadas, as qualidades e classes que foram atribuídas às mesmas árvores e recebem a designação cadastral do terreno, distinguindo-se por letras maiúsculas, segundo a ordem alfabética.

ARTIGO 88º
Publicação

O Ministro das Finanças fixa, em despacho publicado no *Diário da República*, a data a partir da qual cada concelho fica submetido, para efeitos fiscais, ao regime de cadastro predial.

SECÇÃO III
Matrizes não cadastrais rústicas

ARTIGO 89º
Registos de avaliação

As inscrições definitivas dos registos de avaliação devem ser reproduzidas nas matrizes rústicas, seguindo-se a ordem topográfica adoptada.

ARTIGO 90º
Arquivo

Os registos de avaliação, depois de organizadas as matrizes, devem ser arquivadas na direcção de finanças do respectivo distrito.

SECÇÃO IV
Matrizes urbanas

ARTIGO 91º
Matriz urbana

1 – As matrizes urbanas devem especificar:

a) O nome, identificação fiscal e residência dos proprietários, usufrutuários ou superficiários;

b) A localização e nome do prédio, quando o tenha, confrontações ou número de polícia, quando exista;

c) Descrição do prédio ou indicação da sua tipologia, quando esta exista;

d) Os elementos considerados para o cálculo do valor patrimonial tributário do prédio;

e) O valor patrimonial tributário.

2 – Nos municípios onde exista cadastro predial, a matriz deve compreender ainda o número de identificação predial (NIP).

ARTIGO 92º
Inscrição de prédio em regime de propriedade horizontal

1 – A cada edifício em regime de propriedade horizontal corresponde uma só inscrição na matriz.

2 – Na descrição genérica do edifício deve mencionar-se o facto de ele se encontrar em regime de propriedade horizontal.

3 – Cada uma das fracções autónomas é pormenorizadamente descrita e individualizada pela letra maiúscula que lhe competir segundo a ordem alfabética.

SECÇÃO V
Cadernetas prediais

ARTIGO 93º
Cadernetas prediais

1 – Por cada prédio inscrito na matriz é preenchida e entregue ao sujeito passivo uma caderneta predial do modelo aprovado.([1])

2 – As cadernetas prediais podem ser substituídas, na parte respeitante ao extracto dos elementos matriciais constantes das matrizes, por fotocópias devidamente autenticadas.

3 – O preenchimento das cadernetas ou fotocópia compete ao serviço que organizar as respectivas matrizes.

4 – Os notários, conservadores e oficiais dos registos, bem como as entidades profissionais com competência para autenticar documentos particulares que titulem actos ou contratos sujeitos a registo predial, sempre que intervenham em actos ou contratos que exijam a apresentação da caderneta predial referida no nº 1 relativa a prédios objecto desses actos, contratos ou factos, podem obtê-la por via electrónica e entregá-la, gratuitamente, ao sujeito passivo.([2])

5 – Nos casos em que a declaração modelo nº 1 do IMI é entregue para efeitos de inscrição de prédio urbano ou fracção autónoma na matriz, os notários, conservadores e oficiais dos registos, bem como as entidades profissionais com competência para autenticar documentos particulares que titulem actos ou contratos sujeitos a registo predial que intervenham em actos ou contratos que exijam a sua apresentação podem obtê-la por via electrónica.([1])

ARTIGO 94º
Encerramento das matrizes

O serviço anual de conservação das matrizes é encerrado em 31 de Dezembro.

SECÇÃO VI
Guarda e conservação do cadastro geométrico

ARTIGO 95º
Competência para conservar os elementos

1 – Compete à Direcção-Geral dos Impostos a guarda e conservação dos elementos de base geométrica em seu poder, bem como das matrizes.

2 – As alterações nos mapas parcelares incumbem ao Instituto Geográfico Português e são consignadas em três exemplares dos mesmos mapas, um dos quais fica no Instituto, outro na referida Direcção-Geral dos Impostos e o terceiro no serviço de finanças respectivo.

([1]) Aditado pelo Decreto-Lei nº 238/2006, de 20 de Dezembro.
([2]) Redacção dada pela Lei nº 64-A/2008, de 31 de Dezembro.

ARTIGO 96º
Secções cadastrais nas direcções de finanças

Em tudo o que se refira à guarda e conservação do cadastro, o director de finanças deve corresponder-se com o Instituto Geográfico Português através das delegações deste que actuem na área da sua jurisdição, ou directamente, se estas não existirem.

ARTIGO 97º
Alterações nas matrizes

1 – As modificações que se verifiquem nos limites dos prédios, por transmissão de parte deles, parcelamento ou qualquer outra causa, devem ser comunicadas pelos serviços da Direcção-Geral dos Impostos ao Instituto Geográfico Português, para que este possa proceder às correspondentes alterações nos mapas parcelares e seus duplicados.

2 – Os peritos que procedam às alterações previstas neste artigo podem, quando se justifique, actualizar o mapa parcelar para além das alterações requeridas, com excepção das estremas com outros proprietários.

3 – Na divisão de prédios, a requerimento dos interessados, o perito pode corrigir a distribuição das parcelas divididas.

4 – Nas alterações podem ser fixadas tarifas de qualidades e classes não consideradas nos quadros primitivos, por analogia com outras semelhantes de freguesias próximas.

5 – Sempre que ocorram as modificações previstas no nº 1, o perito do Instituto Geográfico Português encarregado de introduzir nos mapas parcelares as correspondentes alterações pode ainda corrigir a qualificação e classificação das parcelas divididas, se verificar que tais alterações implicam a sua correcção.

ARTIGO 98º
Verbetes

1 – As comunicações a que se refere o artigo anterior devem ser feitas relativamente a cada prédio que tenha sofrido modificação em verbetes do modelo aprovado pelo Ministro das Finanças, nos termos seguintes:

a) Se a modificação for consequência da divisão do prédio, são preenchidos tantos verbetes quantos os prédios que resultarem da divisão;

b) No caso de eliminação do prédio na matriz por destruição total ou transformação de rústico em urbano, o verbete indica apenas o nome do proprietário, a designação cadastral e o motivo da supressão;

c) Quando os prédios rústicos sejam parcialmente destruídos, ou só em parte se transformem em urbanos, procede-se em harmonia com as regras anteriores;

d) No caso de emparcelamento ou de reunião de prédios confinantes, preenche-se um verbete por cada nova unidade constituída, com indicação do nome do proprietário e das designações cadastrais que lhes competiam.

([1]) Redacção dada pela Lei nº 64-A/2008, de 31 de Dezembro.

2 – A remessa dos verbetes é feita no mês seguinte àquele em que se tenha verificado qualquer das hipóteses abrangidas pelas regras precedentes.

3 – Os verbetes, depois de verificados, são remetidos pelo serviço competente da Direcção-Geral dos Impostos ao Instituto Geográfico Português, para alteração dos mapas parcelares.

ARTIGO 99º
Inscrição de novos prédios ou de prédios modificados quanto aos limites

Os novos prédios e aqueles cujos limites tenham sido modificados recebem o número de inscrição que na matriz lhes competir, atendendo às regras seguintes:

a) Não podem ser utilizados os números de prédios que passem a constituir um novo artigo matricial;

b) São referenciadas as designações cadastrais anteriormente atribuídas aos elementos que entrarem na formação de novos prédios e nas inscrições de cada um desses elementos menciona-se o artigo matricial da nova unidade;

c) O prédio constituído pela reunião de prédios confinantes tem uma só inscrição na matriz cadastral.

ARTIGO 100º
Parcelas

As parcelas de qualquer prédio devem ser novamente numeradas sempre que em ulterior distribuição se modifique o número delas ou haja alteração por anexação ou divisão de prédios.

ARTIGO 101º
Alteração da classificação de prédio

A transformação de prédio urbano em rústico ou de rústico em urbano determina o ajustamento do mapa parcelar e a correspondente inscrição ou eliminação na matriz cadastral, conforme o caso.

ARTIGO 102º
Parcelas cadastrais de prédios rústicos

A nova distribuição das parcelas cadastrais deve ser efectuada segundo os quadros de qualificação e classificação que se encontrem em vigor, do mesmo modo se procedendo no respeitante à aplicação das tarifas.

ARTIGO 103º
Alterações promovidas pelo IGP

As alterações que o Instituto Geográfico Português detectar, independentemente de comunicação dos serviços de finanças, são consignadas em três exemplares dos mapas parcelares, um dos quais fica em seu poder, outro na Direcção-Geral dos Impostos ou na direcção de finanças, quando a esta competir a guarda e conservação do cadastro, e o terceiro no serviço de finanças.

ARTIGO 104º
Processo

As alterações referidas no artigo anterior são introduzidas nas fichas dos prédios por elas afectadas, mediante processo organizado pelo Instituto Geográfico Português, que é remetido aos serviços de finanças após resolução.

ARTIGO 105º
Relações das alterações das matrizes cadastrais

1 – Das alterações que se efectuarem nas matrizes cadastrais, quer oficiosamente, quer em virtude das decisões proferidas a requerimento dos sujeitos passivos, organizam-se todos os meses relações em triplicado, por cada matriz, contendo a referência à designação cadastral dos prédios por ordem da sua inscrição, as alterações ocorridas e os factos que as motivaram.

2 – Aos serviços competentes da Direcção-Geral dos Impostos são enviados dois exemplares da mencionada relação, até ao dia 15 do mês imediato àquele a que respeite, ficando o terceiro arquivado no respectivo serviço de finanças.

3 – Um dos exemplares da relação é remetido ao Instituto Geográfico Português.

SECÇÃO VII
Alterações matriciais

ARTIGO 106º
Regras para a alteração das matrizes

As alterações a introduzir nas matrizes devem obedecer às regras seguintes:

a) Os prédios omissos inscrevem-se em artigos adicionais, continuando-se a numeração precedente e acrescentando-se ao texto a nota «Omisso desde ...»;

b) Os prédios novos são inscritos pela forma declarada na alínea anterior, devendo, quanto aos urbanos, indicar-se a data referida no artigo 10º e eliminar-se o artigo correspondente ao terreno de implantação e, quanto aos prédios rústicos, indicar-se a data em que lhes foi atribuída essa classificação e os motivos;

c) Os prédios melhorados, modificados ou reconstruídos inscrevem-se em novos artigos da matriz, lançando-se nos respectivos textos, conforme os casos: «Melhorado (modificado ou reconstruído) em ... de ... – Estava inscrito sob o artigo ...»;

d) Tratando-se de prédios modificados ou melhorados sem variação de número de fogos ou andares, a alteração é feita no respectivo artigo, anotando-se no texto: «Modificado (ou melhorado) em ... de ...»;

e) Se um prédio for dividido, é eliminada a sua inscrição na matriz e cada novo prédio resultante da divisão é inscrito em artigo adicional;

f) O prédio constituído pela reunião de outros prédios é inscrito em artigo adicional, eliminando-se as inscrições dos que deixaram de ter existência autónoma e anotando-se na nova inscrição: «Formado pela reunião dos ar tigos ...»;

g) Quando se verifique demolição ou destruição total de um prédio, o correspondente artigo é eliminado, rectificando-se a descrição na matriz e alterando-se o valor patrimonial tributário, de harmonia com o resultado da avaliação, se a demolição ou destruição forem parciais;

h) Quando haja lugar a nova classificação de um prédio, procede-se à eliminação do artigo correspondente da matriz e se a transformação for parcial atende-se ao disposto na segunda parte da alínea anterior;

i) As alterações do valor patrimonial tributário fazem-se indicando os novos valores patrimoniais tributários, sempre com menção do ano em que as alterações forem efectuadas e dos documentos em que se fundarem, e anulando os correspondentes elementos anteriores, mas de forma a não impossibilitar a sua leitura;

j) Quando a folha correspondente a uma inscrição não comporte mais alterações são as mesmas continuadas em folha adicional;

l) A anulação de um artigo da matriz efectua-se cortando com um traço o respectivo número e o correspondente valor patrimonial tributário.

SECÇÃO VIII
Renovação das matrizes

ARTIGO 107º
Renovação das matrizes

1 – Sempre que as matrizes não informatizadas se encontrem em estado de deterioração tal que, no todo ou em parte, não possam continuar a ser utilizadas, deve a Direcção-Geral dos Impostos ordenar a sua renovação.

2 – A renovação das matrizes consiste na cópia fiel do que nelas se encontre em vigor à data em que se efectue e faz-se apenas na medida em que se mostre necessária.

3 – A renovação incumbe ao serviço competente para a organização das matrizes, devendo ser autenticadas, com a rubrica do respectivo chefe, todas as folhas da matriz renovada.

ARTIGO 108º
Substituição das matrizes

As matrizes prediais devem ser substituídas quando, por inutilização acidental, deterioração irremediável, ou inexactidão manifesta, não possam continuar em serviço.

ARTIGO 109º
Competência

1 – Compete ao Ministro das Finanças, sob proposta do director-geral dos Impostos, mandar proceder à substituição das matrizes.

2 – Consoante as razões que a determinem, a substituição pode ser or de nada para todas as matrizes de um distrito para as de um ou mais municípios e ainda para as de uma ou mais freguesias do mesmo ou de diversos municípios.

ARTIGO 110º
Declaração

1 – Quando for ordenada a substituição das matrizes prediais urbanas, todos os proprietários usufrutuários ou superficiários são obrigados a apresentar, no serviço de finanças da área em que se situem os prédios, declaração do modelo aprovado.

2 – As declarações devem ser apresentadas em relação a cada prédio no prazo anunciado nos editais.

ARTIGO 111º
Procedimento

1 – O serviço de finanças deve verificar se as declarações, referidas no artigo 110º, correspondem a todos os prédios urbanos situados na freguesia ou freguesias.

2 – Esta verificação tem de estar concluída dentro de 60 dias a contar do termo do prazo para entrega das declarações.

3 – Quando os sujeitos passivos não tenham apresentado declarações referentes a quaisquer prédios, os serviços de finanças preenchem e assinam os respectivos impressos.

CAPÍTULO X
Taxas

ARTIGO 112º
Taxas

1 – As taxas do imposto municipal sobre imóveis são as seguintes:

a) Prédios rústicos: 0,8%;
b) Prédios urbanos: 0,4% a 0,7%;([1])
c) Prédios urbanos avaliados, nos termos do CIMI: 0,2% a 0,4%.([1])

2 – Tratando-se de prédios constituídos por parte rústica e urbana, aplica-se ao valor patrimonial tributário de cada parte a respectiva taxa.

3 – As taxas previstas nas alíneas b) e c) do nº 1 são elevadas, anualmente, ao dobro nos casos de prédios urbanos que se encontrem devolutos há mais de um ano e elevadas, anualmente, ao triplo nos casos de prédios em ruínas, considerando-se devolutos ou em ruínas, os prédios como tal definidos em diploma próprio.([1])

4 – Para os prédios que sejam propriedade de entidades que tenham domicílio fiscal em país, território ou região sujeitos a um regime fiscal claramente mais favorável, constantes de lista aprovada por portaria do Ministro das Finanças, a taxa do imposto é de 1%, sendo elevado a 2% nas situações a que se refere o número anterior.([2])

5 – Os municípios, mediante deliberação da assembleia municipal, fixam a taxa a aplicar em cada ano, dentro dos intervalos previstos nas alíneas b) e c) do nº 1, podendo esta ser fixada por freguesia.([3])

6 – Os municípios, mediante deliberação da assembleia municipal, podem definir áreas territoriais, correspondentes a freguesias ou zonas delimitadas de freguesias, que sejam objecto de operações de reabilitação urbana ou combate à desertifi-

---

([1]) Redacção dada pela Lei nº 64/2008, de 5 de Dezembro.
([2]) Redacção dada pela Lei nº 55-A/2010, de 31 de Dezembro.
([3]) Redacção dada pela Lei nº 64/2008, de 5 de Dezembro.

cação, e majorar ou minorar até 30% a taxa que vigorar para o ano a que respeita o imposto.

7 – Os municípios, mediante deliberação da assembleia municipal, podem definir áreas territoriais correspondentes a freguesias ou zonas delimitadas de freguesias e fixar uma redução até 20% da taxa que vigorar no ano a que respeita o imposto a aplicar aos prédios urbanos arrendados, que pode ser cumulativa com a definida no número anterior.

8 – Os municípios, mediante deliberação da assembleia municipal, podem majorar até 30% a taxa aplicável a prédios urbanos degradados, considerando-se como tais os que, face ao seu estado de conservação, não cumpram satisfatoriamente a sua função ou façam perigar a segurança de pessoas e bens.

9 – As deliberações da assembleia municipal referidas no presente artigo devem ser comunicadas à Direcção-Geral dos Impostos para vigorarem no ano seguinte, aplicando-se as taxas mínimas referidas no n.º 1, caso as comunicações não sejam recebidas até 30 de Novembro.

10 – No caso de as deliberações compreenderem zonas delimitadas de freguesias, as comunicações referidas no número anterior são acompanhadas de listagem contendo a indicação dos artigos matriciais dos prédios abrangidos, bem como o número de identificação fiscal dos respectivos titulares.

11 – Constitui competência dos municípios proceder ao levantamento dos prédios rústicos com áreas florestais em situação de abandono e à identificação dos respectivos proprietários, até 30 de Março de cada ano, para posterior comunicação à Direcção-Geral dos Impostos.([1])

12 – Os municípios, mediante deliberação da assembleia municipal, podem fixar uma redução até 50% da taxa que vigorar no ano a que respeita o imposto a aplicar aos prédios classificados como de interesse público, de valor municipal ou património cultural, nos termos da legislação em vigor, desde que estes prédios não se encontrem abrangidos pela alínea *n*) do n.º 1 do artigo 40.º do Estatuto dos Benefícios Fiscais.([2])

13 – As deliberações da assembleia municipal referidas no presente artigo devem ser comunicadas à Direcção-Geral dos Impostos, por transmissão electrónica de dados, para vigorarem no ano seguinte, aplicando-se as taxas mínimas referidas no n.º 1, caso as comunicações não sejam recebidas até 30 de Novembro.([3])

14 – No caso de as deliberações compreenderem zonas delimitadas de freguesias ou prédios individualmente considerados, das comunicações referidas no número anterior deve constar a indicação dos artigos matriciais dos prédios abrangidos, bem como o número de identificação fiscal dos respectivos titulares.([3])

15 – Para efeitos da aplicação da taxa do IMI prevista no n.º 3, a identificação dos prédios ou fracções autónomas em ruínas compete às câmaras municipais e deve ser comunicada à Direcção-Geral dos Impostos, nos termos e prazos referidos no n.º 13.([1])

([1]) Aditado pela Lei n.º 21/2006, de 23 de Junho.
([2]) Redacção dada pela Lei n.º 64-A/2008, de 31 de Dezembro.
([3]) Redacção dada pela Lei n.º 53-A/2006, de 29 de Dezembro.

CAPÍTULO XI
Liquidação

ARTIGO 113º
Competência e prazo da liquidação

1 – O imposto é liquidado anualmente, em relação a cada município, pelos serviços centrais da Direcção-Geral dos Impostos, com base nos valores patrimoniais tributários dos prédios e em relação aos sujeitos passivos que constem das matrizes em 31 de Dezembro do ano a que o mesmo respeita.

2 – A liquidação referida no número anterior é efectuada nos meses de Fevereiro e Março do ano seguinte.

3 – Logo que a avaliação de prédio omisso, melhorado, modificado ou ampliado se torne definitiva, liquida-se o imposto a que houver lugar, com observância do disposto no nº 1 do artigo 116º.

4 – As restantes liquidações, nomeadamente as adicionais e as resultantes de revisões oficiosas, são efectuadas a todo o tempo, sem prejuízo do disposto no artigo 116º.

5 – Sempre que os pressupostos da isenção deixem de verificar-se e os sujeitos passivos não dêem cumprimento ao disposto na alínea *g*) do nº 1 do artigo 13º, a administração fiscal procede à liquidação extraordinária do imposto desde o ano, inclusive, ao da caducidade da isenção.

6 – Não há lugar a qualquer liquidação sempre que o montante do imposto a cobrar seja inferior a €10.

ARTIGO 114º
Transmissão de prédios em processo judicial

Quando um prédio possa vir a ser objecto de transmissão em processo onde deva haver lugar a graduação de créditos, a entidade responsável pelo processo notifica o serviço de finanças da área da localização dos prédios para este lhe certificar o montante total em dívida e ainda o que deve ser liquidado com referência ao ano em curso por aplicação das taxas em vigor, caso a transmissão presumivelmente venha a acontecer após o termo desse ano.

ARTIGO 115º
Revisão oficiosa da liquidação e anulação

1 – Sem prejuízo do disposto no artigo 78º da Lei Geral Tributária, as liquidações são oficiosamente revistas:

a) Quando, por atraso na actualização das matrizes, o imposto tenha sido liquidado por valor diverso do legalmente devido ou em nome de outrem que não o sujeito passivo, desde que, neste último caso, não tenha ainda sido pago;

b) Em resultado de nova avaliação;

c) Quando tenha havido erro de que tenha resultado colecta de montante diferente do legalmente devido;

d) Quando, havendo lugar, não tenha sido considerada, concedida ou reconhecida isenção.

2 – A revisão oficiosa das liquidações, prevista nas alíneas *a)* a *d)* do n.º 1, é da competência dos serviços de finanças da área da situação dos prédios.

3 – Não há lugar a qualquer anulação sempre que o montante do imposto a restituir seja inferior a €10.

ARTIGO 116º
Caducidade do direito à liquidação

1 – As liquidações do imposto, ainda que adicionais, são efectuadas nos prazos e termos previstos nos artigos 45º e 46º da Lei Geral Tributária, salvo nas situações previstas no n.º 5 do artigo 113º, caso em que a liquidação é efectuada relativamente a todos os anos em que o sujeito passivo gozou indevidamente dos benefícios, com o limite de oito anos seguintes àquele em que os pressupostos da isenção deixaram de se verificar.

2 – No caso previsto no n.º 2 do artigo 9º, o prazo de caducidade do direito à liquidação conta-se a partir do ano em que ao prédio seja dada diferente utilização.

ARTIGO 117º
Juros compensatórios

1 – Quando, por facto imputável ao sujeito passivo, for retardada a liquidação de parte ou totalidade do imposto devido, a esta acrescem juros compensatórios, nos termos do artigo 35º da Lei Geral Tributária.

2 – O juro conta-se dia a dia, desde o momento em que for retardada a liquidação até à data em que vier a ser suprida ou corrigida a falta.

ARTIGO 118º
Suspensão da liquidação

1 – Enquanto não tiver decorrido o prazo de 30 dias contados a partir da notificação da primeira avaliação, ou não se tornar definitivo o resultado da segunda avaliação, quando requerida, fica suspensa a liquidação do imposto, salvo se for apresentada impugnação judicial, que não tem efeito suspensivo.

2 – Fica igualmente suspensa a liquidação do imposto enquanto não for decidido o pedido de isenção apresentado pelo sujeito passivo, para os prédios destinados a habitação própria e permanente e para os prédios de reduzido valor patrimonial de sujeitos passivos de baixos rendimentos, ao abrigo dos artigos 42º e 45º do Estatuto dos Benefícios Fiscais, desde que o requerimento seja apresentado dentro do prazo e o valor declarado, nomeadamente o valor de aquisição do acto ou contrato, seja inferior aos limites estabelecidos nesses artigos, aplicando-se, para efeitos do pagamento do imposto que venha a ser devido, os prazos previstos nos nºs 2 a 5 do artigo 120º, e sem quaisquer encargos se o indeferimento do pedido for por motivo não imputável ao sujeito passivo.([1])

([1]) Redacção dada pelo Decreto-Lei nº 211/2005, de 7 de Dezembro.

CAPÍTULO XII
Pagamento

ARTIGO 119º
Documento de cobrança

1 – Os serviços da Direcção-Geral dos Impostos enviam a cada sujeito passivo, até ao fim do mês anterior ao do pagamento, o competente documento de cobrança, com discriminação dos prédios, suas partes susceptíveis de utilização independente, respectivo valor patrimonial tributário e da colecta imputada a cada município da localização dos prédios.

2 – No mesmo período é disponibilizada às câmaras municipais e aos serviços de finanças da área da situação dos prédios a informação contendo os elementos referidos no número anterior, que pode ser aí consultada pelos interessados.

3 – Caso o sujeito passivo não receba o documento mencionado no nº 1, deve solicitar em qualquer serviço de finanças uma 2ª via.

ARTIGO 120º
Prazo de pagamento

1 – O imposto deve ser pago em duas prestações, nos meses de Abril e Setembro, desde que o seu montante seja superior a €250, devendo o pagamento, no caso de esse montante ser igual ou inferior àquele limite, ser efectuado de uma só vez, durante o mês de Abril.

2 – Sempre que a liquidação deva ter lugar fora do prazo referido no nº 2 do artigo 113º o sujeito passivo é notificado para proceder ao pagamento, o qual deve ter lugar até ao fim do mês seguinte ao da notificação.

3 – Sempre que no mesmo ano, por motivos imputáveis aos serviços, seja liquidado imposto respeitante a dois ou mais anos e o montante total a cobrar seja superior a €250, o imposto relativo a cada um dos anos em atraso é pago com intervalos de seis meses contados a partir do mês seguinte inclusive ao da notificação referida no número anterior, sendo pago em primeiro lugar o imposto mais antigo.

4 – No caso previsto nos números 1 e 3, o não pagamento de uma prestação ou de uma anuidade, no prazo estabelecido, implica o imediato vencimento das restantes.

5 – Se o atraso na liquidação for imputável ao sujeito passivo é este notificado para proceder ao pagamento do imposto respeitante a todos os anos em atraso.

ARTIGO 121º
Juros de mora

São devidos juros de mora nos termos do artigo 44º da Lei Geral Tributária, quando o sujeito passivo não pague o imposto dentro do prazo legalmente estabelecido no documento de cobrança, quer a liquidação tenha ocorrido no prazo normal, quer fora do prazo normal, ou ainda na sequência de liquidação adicional.

ARTIGO 122º
Garantias especiais

1 – O imposto municipal sobre imóveis goza das garantias especiais previstas no Código Civil para a contribuição predial.

2 – Compete ao chefe de finanças da área da situação do prédio promover o registo da hipoteca legal, quando esta deva ter lugar.

CAPÍTULO XIII
Fiscalização

ARTIGO 123º
Poderes de fiscalização

O cumprimento das obrigações previstas no presente Código é assegurado, em geral, pela aplicação do disposto no artigo 63º da Lei Geral Tributária e no regime complementar do procedimento de inspecção tributária, aprovado pelo artigo 1º do Decreto Lei nº 413/98, de 31 de Dezembro.

ARTIGO 124º
Entidades públicas

1 – As entidades públicas, ou que desempenhem funções públicas, que intervenham em actos relativos à constituição, transmissão, registo ou litígio de direitos sobre prédios, devem exigir a exibição de documento comprovativo da inscrição do prédio na matriz ou, sendo omisso, de que foi apresentada a declaração para inscrição.

2 – Sempre que o cumprimento do disposto no número anterior se mostre impossível, faz-se expressa menção do facto e das razões dessa impossibilidade, devendo comunicar-se tal facto ao serviço de finanças da área da situação dos prédios.

ARTIGO 125º
Entidades fornecedoras de água, energia e telecomunicações

1 – As entidades fornecedoras de água, energia e do serviço fixo de telefones devem, até 31 de Julho e 31 de Janeiro de cada ano, em relação ao semestre anterior, comunicar ao serviço de finanças da área da situação dos prédios os contratos celebrados com os seus clientes, bem como as suas alterações.

2 – Da comunicação referida no número anterior deve constar a identificação fiscal do proprietário, usufrutuário ou superficiário e respectivo domicílio, bem como a do artigo matricial do prédio, fracção ou parte ou, tratando-se de prédio omisso, a indicação da data da entrega da declaração para a sua inscrição na matriz.

3 – A comunicação é feita mediante impresso de modelo aprovado oficialmente ou por suporte informático.

ARTIGO 126º
Alteração de mapas parcelares

Os serviços da administração central, as autarquias locais e os concessionários de serviços públicos devem comunicar ao serviço de finanças da área da situação dos prédios, trimestralmente, todos os factos em que tenham tido intervenção e que importem alterações de mapas parcelares.

ARTIGO 127º
Pagamento de indemnizações

Não são pagas quaisquer indemnizações por expropriação sem observância do disposto no artigo 124º e sem que se mostrem pagas ou garantidas todas as dívidas vencidas do imposto.

ARTIGO 128º
Câmaras municipais

1 – Às câmaras municipais compete, em particular, colaborar com a administração fiscal na fiscalização do cumprimento do disposto no presente Código, devendo, nomeadamente:

a) Enviar mensalmente ao serviço de finanças da área da situação dos prédios os dados de que disponham relativos a alvarás de loteamento, projectos e licenças de construção, licenças de demolição e de obras, pedidos de vistorias, datas de conclusão de edifícios e seus melhoramentos ou da sua ocupação;

b) Enviar bienalmente, até 31 de Março, aos serviços de finanças da área do município plantas dos aglomerados urbanos à escala disponível donde conste a toponímia;

c) Enviar, oficiosamente ou a solicitação da administração fiscal, outros dados considerados pertinentes para uma eficaz fiscalização.

2 – Para efeitos do disposto no nº 6 do artigo 37º, as câmaras municipais devem remeter a informação aí referida ao serviço de finanças até ao fim do mês seguinte ao da sua aprovação.([1])

3 – As normas, formatos e procedimentos necessários ao cumprimento do disposto no número anterior são definidos por portaria do Ministro das Finanças, após audição da Associação Nacional de Municípios Portugueses.([1])

CAPÍTULO XIV
Garantias

ARTIGO 129º
Garantias

Os sujeitos passivos do imposto, para além do disposto no tocante às avaliações, podem socorrer-se dos meios de garantia previstos na Lei Geral Tributária e no Código de Procedimento e de Processo Tributário.

ARTIGO 130º
Reclamação das matrizes

1 – O sujeito passivo ou qualquer titular de um interesse directo, pessoal e legítimo, pode consultar ou obter documento comprovativo dos elementos constantes das inscrições matriciais no serviço de finanças da área da situação dos prédios.

([1]) Aditado pelo Decreto-Lei nº 238/2006, de 20 de Dezembro.

2 – Sem prejuízo do disposto no número anterior, os pedidos sobre a existência de imóveis efectuados por qualquer entidade devem ser dirigidos ao serviço de finanças do domicílio fiscal do sujeito passivo.

3 – Os sujeitos passivos referidos no nº 1 podem, a todo o tempo, reclamar de qualquer incorrecção nas inscrições matriciais, nomeadamente com base nos seguintes fundamentos:

a) Valor patrimonial tributário considerado desactualizado;
b) Indevida inclusão do prédio na matriz;
c) Erro na designação das pessoas e residências ou na descrição dos prédios;
d) Erro de transcrição dos elementos cadastrais ou das inscrições constantes de quaisquer elementos oficiais;
e) Duplicação ou omissão dos prédios ou das respectivas parcelas;
f) Não averbamento de isenção já concedida ou reconhecida;
g) Alteração na composição dos prédios em resultado de divisão, anexação de outros confinantes, rectificação de estremas ou arredondamento de propriedades;
h) Não discriminação do valor patrimonial tributário dos prédios urbanos por andares ou divisões de utilização autónoma;
i) Passagem de prédio ao regime da propriedade horizontal;
j) Erro na representação topográfica, confrontações e características agrárias dos prédios rústicos;
l) Erro nos mapas parcelares cometidos na divisão de prédios referidos na alínea anterior;
m) Erro na actualização dos valores patrimoniais tributários;
n) Erro na determinação das áreas de prédios rústicos ou urbanos, desde que a diferença entre as áreas apuradas pelo perito avaliador e a contestada sejam superiores a 10% e 5%, respectivamente.

4 – O valor patrimonial tributário resultante de avaliação directa só pode ser objecto de alteração com o fundamento previsto na alínea *a*) do nº 3 por meio de avaliação decorridos três anos sobre a data do encerramento da matriz em que tenha sido inscrito o resultado daquela avaliação.

5 – Quando ocorram sinistros que no todo ou em parte destruam prédios, podem os sujeitos passivos reclamar com esse fundamento a eliminação do prédio na matriz ou a redução do seu valor patrimonial tributário através da competente avaliação.

6 – Tratando-se de sinistros que afectem significativamente uma freguesia ou um município, pode a junta de freguesia ou a câmara municipal apresentar reclamação colectiva.

7 – Os efeitos das reclamações efectuadas com qualquer dos fundamentos previstos neste artigo só se produzirão na liquidação respeitante ao ano em que o pedido for apresentado.

ARTIGO 131º
Competência e prazo para apreciar as reclamações

A apreciação das reclamações referidas no artigo anterior é da competência dos chefes de finanças da área de situação dos prédios, devendo ser decididas no prazo de 90 dias, excepto as que tiverem por fundamento o valor patrimonial tributário exagerado do prédio, as quais devem ser resolvidas no prazo de 180 dias, podendo as reclamações ser apresentadas no serviço de finanças da área do domicílio fiscal do reclamante.([1])

ARTIGO 132º
Forma das reclamações

1 – As reclamações que tiverem por fundamento erro na designação das pessoas, nas suas residências ou na descrição dos prédios podem ser feitas verbalmente quando o reclamante apresente prova documental ou esta consista em informação já existente no serviço de finanças, sem prejuízo de as mesmas serem reduzidas a escrito.

2 – As reclamações apresentadas com outros fundamentos devem ser apresentadas por escrito.

ARTIGO 133º
Conteúdo das reclamações

1 – As reclamações apresentadas por escrito devem ser acompanhadas dos documentos de prova necessários à decisão.

2 – Quando necessário, as reclamações relativas a matrizes cadastrais são enviadas pelos serviços de finanças aos serviços regionais para que estes promovam junto do Instituto Geográfico Português a emissão de parecer sobre os factos alegados pelos reclamantes.

ARTIGO 134º
Prazo para a conclusão do processo de segunda avaliação

1 – O processo de segunda avaliação deve estar concluído no prazo de 180 dias após a entrada do pedido.

2 – Se for excedido o prazo referido no número anterior, deve o sujeito passivo ser informado do motivo que levou à não conclusão do processo, devendo indicar-se um prazo previsível para a sua conclusão.

ARTIGO 135º
Avaliação de prédio em regime de propriedade horizontal

O resultado da avaliação de edifício em regime de propriedade horizontal é notificado ao respectivo administrador, havendo-o, ou, caso contrário, a cada um dos condóminos relativamente à sua fracção autónoma, para que, querendo, possam requerer no prazo de 30 dias segunda avaliação.

([1]) Redacção dada pelo Decreto-Lei nº 211/2005, de 7 de Dezembro.

CAPÍTULO XV
Disposições diversas

ARTIGO 136º
Serviço de finanças competente

1 – Os actos tributários consideram-se praticados nos serviços de finanças da área da situação dos prédios.

2 – Sem prejuízo do disposto no número anterior, a obrigação de entrega da declaração referida nos artigos 13º e 37º, bem como dos elementos referidos nos nºs 2 e 3 do artigo 37º, nos casos da alínea *d*) do nº 4 da Portaria nº 1282/2003, de 13 de Novembro, pode ser cumprida em qualquer serviço de finanças.([1])

ARTIGO 137º
Juros indemnizatórios

São devidos juros indemnizatórios nos termos previstos no artigo 43º da Lei Geral Tributária, liquidados e pagos nos termos do Código de Procedimento e de Processo Tributário.

ARTIGO 138º
Actualização periódica

Os valores patrimoniais tributários dos prédios urbanos são actualizados trienalmente com base em factores correspondentes a 75% dos coeficientes de desvalorização da moeda fixados anualmente por portaria do Ministro das Finanças para efeitos dos impostos sobre o rendimento.

ARTIGO 139º
Comunicação às câmaras municipais dos resultados da avaliação directa dos prédios urbanos ([2])

A Direcção-Geral dos Impostos disponibiliza, por via electrónica, à câmara municipal da área da situação do imóvel, a informação relativa ao resultado da avaliação directa de prédios urbanos para efeitos do disposto no nº 1 do artigo 76º

([1]) Aditado pelo Decreto-Lei nº 211/2005, de 7 de Dezembro.
([2]) Aditado pela Lei nº 64-A/2008, de 31 de Dezembro.

Código do Imposto Municipal Sobre as Transmissões Onerosas de Imóveis

PREÂMBULO

O imposto municipal sobre as transmissões onerosas de imóveis, que substitui o imposto municipal de sisa, continua a incidir sobre as transmissões, a título oneroso, do direito de propriedade sobre imóveis e das figuras parcelares desse direito, podendo estes direitos transmitir-se sob diversas formas ou ocorrer na constituição ou extinção de diversos tipos de contratos.

Além dos factos que integram a regra geral da incidência objectiva, o Código continua também a ficcionar, como transmissões sujeitas a imposto, determinadas operações que directa ou indirectamente implicam a transmissão de bens imóveis e que se revestem de características económicas que justificam o seu enquadramento no âmbito da incidência. É o caso, por exemplo, das promessas de aquisição e alienação acompanhadas da tradição dos bens, do contrato de locação em que seja desde logo clausulada a posterior venda do imóvel, dos arrendamentos a longo prazo e da aquisição de partes sociais que confiram ao titular uma participação dominante em determinadas sociedades comerciais se o seu activo for constituído por bens imóveis.

Porém, o novo Código não se limita a reproduzir o anterior e, além de pro-ceder a uma reformulação da linguagem normativa e de reestruturar o seu articulado, vem alargar a base de incidência a negócios jurídicos que, embora anteriores ou mesmo laterais à formalização de contratos translativos de imóveis, têm um resultado económico equivalente mas que passam ao lado de qualquer tipo de tributação. É o caso das cedências sucessivas da posição contratual de promitentes adquirentes nos contratos-promessa de compra e venda que, sendo frequentemente utilizados por alguns promotores imobiliários com o objectivo legítimo de antecipar o financiamento da construção e por investidores com o objectivo de obter alguns lucros, mas que, na maioria das vezes, não são declarados, quer para efeitos de tributação do rendimento quer para efeitos de tributação da transmissão. Assim, a celebração dos contratos-promessa em que seja clausulado que o promitente adquirente poderá ceder a sua posição contratual a terceiro, bem como essas mesmas cedências, passam a integrar a incidência, ainda que, em obediência ao princípio da neutralidade, a tributação seja feita apenas pela parte do preço paga em cada um destes contratos, aplicando-se a taxa que corresponder à totalidade do preço acordado e, por outro lado, sempre que o promitente adquirente ou cessionário venha a celebrar o contrato definitivo, o imposto já pago por ele será levado em conta na liquidação final.

Outra forma frequente de contornar a tributação é a utilização de procurações, vulgarmente designadas por procurações irrevogáveis, em que o representado renuncia ao direito de revogar a procuração, conferindo ao representante um resultado económico equivalente ao do exercício do direito de propriedade, uma vez que, na maioria dos casos, este paga a totalidade do preço do imóvel ao representado, passando, em termos práticos, a poder alienar o bem a um terceiro. Nestes casos, o procurador e o substabelecido ficarão sujeitos a tributação pelas taxas de 5% ou de 6,5%, consoante a procuração confira poderes para alienar prédios rústicos ou urbanos, não podendo pois beneficiar de qualquer isenção ou redução de taxas, sem prejuízo de delas virem a beneficiar, se o contrato definitivo de compra e venda vier a ser celebrado com o procurador ou com o substabelecido.

Em matéria de isenções, mantêm-se, no essencial, as que já vigoravam no domínio da anterior legislação, sem prejuízo de se revogarem formalmente algumas delas que já não tinham aplicabilidade ou deixaram de ter justificação. Por outro lado, como concretização do poder tributário próprio dos municípios, estabelece-se que, em relação a algumas delas, deverão ser as câmaras municipais a reconhecer previamente a sua atribuição.

Quanto à determinação do valor tributável, observa-se que passa a ser determinado segundo as regras previstas pelo novo regime de avaliações previsto no Código do Imposto Municipal sobre Imóveis, apenas com as excepções dos prédios urbanos arrendados até 31 de Dezembro de 2001 e dos prédios rústicos.

Com efeito, com a entrada em vigor da reforma, todos os imóveis urbanos antigos que não estavam arrendados em 31 de Dezembro de 2001, bem como os que foram arrendados depois dessa data, que forem objecto de transmissão onerosa, serão avaliados através da aplicação do novo mecanismo legal de avaliações, obtendo-se assim garantias de actualização, de objectividade e de uniformidade dos valores oficiais dos imóveis que se transmitam, mesmo que tais valores já se encontrem corrigidos através da aplicação dos factores de correcção monetária. Quanto aos imóveis novos, serão avaliados para efeitos da sua inscrição na matriz, relevando o seu valor patrimonial quer para efeitos do imposto municipal sobre imóveis quer do IMT.

Quanto aos prédios urbanos que foram arrendados até 31 de Dezembro de 2001 e que se mantenham nessa situação à data da liquidação, o seu valor tributável para efeitos do IMT será determinado através de um factor de capitalização, com o limite máximo de 15, aplicável ao valor da renda anual. Esta solução tem em vista manter uma maior compatibilidade e equilíbrio entre o valor de mercado desses imóveis e a tributação que o adquirente vai suportar no momento da aquisição.

No caso dos prédios rústicos que sejam objecto de transmissão, prevê-se a actualização do seu valor patrimonial com aplicação de factores de correcção monetária a fixar em função do ano da última avaliação geral ou cadastral.

As elevadas taxas do anterior imposto municipal de sisa e a ausência de qualquer correspondência credível entre os valores matriciais da esmagadora maioria dos prédios e os valores praticados no mercado imobiliário, a que se aliava a convergência de interesses entre alienantes e adquirentes, vinham gerando um endémico e elevado grau de fuga fiscal que se reflectia, sobretudo, no domínio da tributação do rendimento, afectando os legítimos interesses do Estado e, perante a distorção da concorrência resultante destas práticas, afectando em não menor medida as empresas cumpridoras das suas obrigações fiscais.

Tendo em vista inverter esta situação, alteram-se alguns preceitos dos Códigos do IRS e do IRC, de modo a que o valor tributável para efeitos da tributação das transmissões de imóveis seja, em regra, igualmente relevante para efeitos da determinação do lucro tributável das empresas, individuais ou colectivas, cuja actividade seja a alienação de bens imóveis, quer por si construídos, quer no âmbito da actividade de compra para revenda. Não obstante, não se trata de uma regra absoluta, já que se confere ao alienante o direito de requerer segunda avaliação, em pé de igualdade com o adquirente, podendo ainda requerer a instauração de um procedimento próprio para demonstrar que o preço efectivamente praticado foi inferior ao valor patrimonial tributário que serviu de base à liquidação do IMT.

Em matéria de taxas procede-se a uma descida muito significativa dos seus valores nominais, o que, em simultâneo com a actualização dos escalões, originará uma clara diminuição da carga fiscal relativa às aquisições de imóveis. Esta redução da tributação será uma realidade mesmo considerando que o incremento patrimonial resultante da aplicação das novas regras de avaliação aproximará os valores patrimoniais a cerca de 80% a 90% dos valores de mercado destes mesmos bens.

CAPÍTULO I
Incidência

ARTIGO 1º
Incidência geral

1 – O imposto municipal sobre as transmissões onerosas de imóveis (IMT) incide sobre as transmissões previstas nos artigos seguintes, qualquer que seja o título por que se operem.

2 – Para efeitos do IMT, o conceito de prédio é o definido no Código do Imposto Municipal sobre Imóveis (CIMI).

ARTIGO 2º
Incidência objectiva e territorial

1 – O IMT incide sobre as transmissões, a título oneroso, do direito de propriedade ou de figuras parcelares desse direito, sobre bens imóveis situados no território nacional.

2 – Para efeitos do nº 1, integram, ainda, o conceito de transmissão de bens imóveis:

a) As promessas de aquisição e de alienação, logo que verificada a tradição para o promitente adquirente, ou quando este esteja usufruindo os bens, excepto se se tratar de aquisição de habitação para residência própria e permanente do adquirente ou do seu agregado familiar e não ocorra qualquer das situações previstas no nº 3;

b) O arrendamento com a cláusula de que os bens arrendados se tornam propriedade do arrendatário depois de satisfeitas todas as rendas acordadas;

c) Os arrendamentos ou subarrendamentos a longo prazo, considerando-se como tais os que devam durar mais de trinta anos, quer a duração seja estabelecida no início do contrato, quer resulte de prorrogação, durante a sua vigência, por acordo expresso dos interessados, e ainda que seja diferente o senhorio, a renda ou outras cláusulas contratuais;

d) A aquisição de partes sociais ou de quotas nas sociedades em nome colectivo, em comandita simples ou por quotas, quando tais sociedades possuam bens imóveis, e quando por aquela aquisição, por amortização ou quaisquer outros factos, algum dos sócios fique a dispor de, pelo menos, 75% do capital social, ou o número de sócios se reduza a dois, sendo marido e mulher, casados no regime de comunhão geral de bens ou de adquiridos.

3 – Considera-se que há também lugar a transmissão onerosa para efeitos do nº 1 na outorga dos seguintes actos ou contratos:

a) Celebração de contrato-promessa de aquisição e alienação de bens imóveis em que seja clausulado no contrato ou posteriormente que o promitente adquirente pode ceder a sua posição contratual a terceiro;

b) Cessão da posição contratual no exercício do direito conferido por contrato-promessa referido na alínea anterior;

c) Outorga de procuração que confira poderes de alienação de bem imóvel ou de partes sociais a que se refere a alínea *d*) do nº 2 em que, por renúncia ao direito de revogação ou cláusula de natureza semelhante, o representado deixe de poder revogar a procuração;

d) Outorga de instrumento com substabelecimento de procuração com os poderes e efeitos previstos na alínea anterior;

e) Cedência de posição contratual ou ajuste de revenda, por parte do promitente adquirente num contrato-promessa de aquisição e alienação, vindo o contrato definitivo a ser celebrado entre o primitivo promitente alienante e o terceiro.

4 – O disposto na alínea *e*) do número anterior não é aplicável sempre que o contrato definitivo seja celebrado com terceiro nomeado ou com sociedade em fase de constituição no momento em que o contrato-promessa é celebrado e que venha a adquirir o imóvel, desde que o promitente adquirente seja titular do seu capital social.

5 – Em virtude do disposto no nº 1, são também sujeitas ao IMT, designadamente:

a) A resolução, invalidade ou extinção, por mútuo consenso, do contrato de compra e venda ou troca de bens imóveis e as do respectivo contrato-promessa, quando, neste último caso, ocorrerem depois de passados 10 anos sobre a tradição ou posse;

b) As permutas, pela diferença declarada de valores ou pela diferença entre os valores patrimoniais tributários, consoante a que for maior;

c) O excesso da quota-parte que ao adquirente pertencer, nos bens imóveis, em acto de divisão ou partilhas, bem como a alienação da herança ou quinhão hereditário;

d) A venda ou cessão do direito a determinadas águas, ainda que sob a forma de autorização para as explorar ou para minar em terreno alheio;

e) As entradas dos sócios com bens imóveis para a realização do capital das sociedades comerciais ou civis sob a forma comercial ou das sociedades civis a que tenha sido legalmente reconhecida personalidade jurídica e, bem assim, a adjudicação dos bens imóveis aos sócios, na liquidação dessas sociedades;

f) As entradas dos sócios com bens imóveis para a realização do capital das restantes sociedades civis, na parte em que os outros sócios adquirirem comunhão, ou qualquer outro direito, nesses imóveis, bem como, nos mesmos termos, as cessões de partes sociais ou de quotas ou a admissão de novos sócios;

g) As transmissões de bens imóveis por fusão ou cisão das sociedades referidas na antecedente alínea *e*), ou por fusão de tais sociedades entre si ou com sociedade civil;

h) As transmissões de benfeitorias e as aquisições de bens imóveis por acessão.

6 – O disposto na alínea *c*) do número anterior não é aplicável sempre que o excesso da quota-parte resultar de acto de partilha por efeito de dissolução do casamento que não tenha sido celebrado sob o regime de separação de bens.([1])

ARTIGO 3º
Incidência simultânea a IMT e a imposto do selo

São simultaneamente sujeitas a IMT e a imposto do selo, nos termos do respectivo Código, as transmissões de bens imóveis:

a) Por meio de doações com entradas ou pensões a favor do doador, ou com o encargo de pagamento de dívidas ao donatário ou a terceiro, nos termos do artigo 964º do Código Civil;

b) Por meio de sucessão testamentária com o encargo expresso do pagamento de dívidas ou de pensões devidas ao próprio herdeiro ou legatário, ou a terceiro, tenham-se ou não determinado os bens sobre que recai o encargo e desde que, quanto ao herdeiro, o seu valor exceda a respectiva quota nas dívidas.

ARTIGO 4º
Incidência subjectiva

O IMT é devido pelas pessoas, singulares ou colectivas, para quem se transmitam os bens imóveis, sem prejuízo das seguintes regras:

a) Nas divisões e partilhas, o imposto é devido pelo adquirente dos bens imóveis cujo valor exceda o da sua quota nesses bens;

b) Nos contratos para pessoa a nomear, o imposto é devido pelo contraente originário, sem prejuízo de os bens se considerarem novamente transmitidos para a pessoa nomeada se esta não tiver sido identificada ou sempre que a transmissão para o contraente originário tenha beneficiado de isenção;

c) Nos contratos de troca ou permuta de bens imóveis, qualquer que seja o título por que se opere, o imposto é devido pelo permutante que receber os bens de maior valor, entendendo-se como de troca ou permuta o contrato em que as prestações de ambos os permutantes compreendem bens imóveis, ainda que futuros;

d) Nos contratos de promessa de troca ou permuta com tradição de bens apenas para um dos permutantes, o imposto será desde logo devido pelo adquirente dos bens, como se de compra e venda se tratasse, sem prejuízo da reforma da liquidação ou da reversão do sujeito passivo, conforme o que resultar do contrato definitivo, procedendo-se, em caso de reversão, à anulação do imposto liquidado ao permutante adquirente;

e) Nas situações previstas nas alíneas *a*) e *b*) do nº 3 do artigo 2º, o imposto é devido pelo primitivo promitente adquirente e por cada um dos sucessivos promi-

---

([1]) Aditado pela Lei nº 64-A/2008, de 31 de Dezembro.

tentes adquirentes, não lhes sendo aplicável qualquer isenção ou redução de taxa, ainda que a parte do preço paga ao promitente vendedor ou ao cedente corresponda a qualquer dos escalões previstos na alínea b) do nº 1 do artigo 17º, sem prejuízo do disposto no nº 5 do artigo 17º e no nº 3 do artigo 22º;([1])

f) Nas situações previstas nas alíneas *c*) e *d*) do nº 3 do artigo 2º, o imposto é devido pelo procurador ou por quem tiver sido substabelecido, não lhe sendo aplicável qualquer isenção ou redução de taxa, sem prejuízo do disposto no nº 3 do artigo 22º;

g) Na situação prevista na alínea *e*) do nº 3 do artigo 2º, o imposto é devido pelo contraente originário, não lhe sendo aplicável qualquer isenção, excluindo-se, porém, a incidência se o mesmo declarar no prazo de 30 dias a contar da cessão da posição contratual ou do ajuste de revenda que não houve lugar ao pagamento ou recebimento de qualquer quantia, para além da que constava como sinal ou princípio de pagamento no contrato-promessa, demonstrando-o através de documentos idóneos ou concedendo autorização à administração fiscal para aceder à sua informação bancária.

ARTIGO 5º
Nascimento da obrigação tributária

1 – A incidência do IMT regula-se pela legislação em vigor ao tempo em que se constituir a obrigação tributária.

2 – A obrigação tributária constitui-se no momento em que ocorrer a transmissão.

3 – Nos contratos de permuta de bens presentes por bens futuros, a transmissão, relativamente a estes, ocorre logo que os mesmos se tornem presentes, a não ser que, por força das disposições do presente Código, se tenha de considerar verificada em data anterior.

CAPÍTULO II
Isenções

ARTIGO 6º
Isenções

Ficam isentos de IMT:

a) O Estado, as Regiões Autónomas, as autarquias locais e as associações e federações de municípios de direito público, bem como quaisquer dos seus serviços, estabelecimentos e organismos, ainda que personalizados, compreendidos os institutos públicos, que não tenham carácter empresarial;

b) Os Estados estrangeiros pela aquisição de edifícios destinados exclusivamente à sede da respectiva missão diplomática ou consular ou à residência do chefe da missão ou do cônsul, bem como dos terrenos para a sua construção, desde que haja reciprocidade de tratamento;

([1]) Redacção dada pela Lei nº 64-A/2008, de 31 de Dezembro.

c) As constantes de acordo entre o Estado e quaisquer pessoas, de direito público ou privado, que são mantidas nos termos da respectiva lei;

d) As pessoas colectivas de utilidade pública administrativa e de mera utilidade pública, quanto aos bens destinados, directa e imediatamente, à realização dos seus fins estatutários;

e) As instituições particulares de solidariedade social e entidades a estas legalmente equiparadas, quanto aos bens destinados, directa e imediatamente, à realização dos seus fins estatutários;

f) As aquisições de bens para fins religiosos, efectuadas por pessoas colectivas religiosas, como tal inscritas, nos termos da lei que regula a liberdade religiosa;

g) As aquisições de prédios individualmente classificados como de interesse nacional, de interesse público ou de interesse municipal, nos termos da legislação aplicável;([1])

h) As aquisições de bens situados nas regiões economicamente mais desfavorecidas, quando efectuadas por sociedades comerciais ou civis sob a forma comercial, que os destinem ao exercício, naquelas regiões, de actividades agrícolas ou industriais consideradas de superior interesse económico e social;

i) As aquisições de bens por associações de cultura física, quando destinados a instalações não utilizáveis normalmente em espectáculos com entradas pagas;

j) As aquisições de prédios rústicos que se destinem à primeira instalação de jovens agricultores candidatos aos apoios previstos no Decreto-Lei nº 81/91, de 18 de Fevereiro, ainda que operadas em épocas diferentes, até ao valor previsto no artigo 9º, independentemente do valor sobre que incidiria o imposto ultrapassar aquele limite;([2])

l) As aquisições por museus, bibliotecas, escolas, entidades públicas empresariais responsáveis pela rede pública de escolas, institutos e associações de ensino ou educação, de cultura científica, literária ou artística e de caridade, assistência ou beneficência, quanto aos bens destinados, directa ou indirectamente, à realização dos seus fins estatutários.([3])

ARTIGO 7º
Isenção pela aquisição de prédios para revenda

1 – São isentas do IMT as aquisições de prédios para revenda, nos termos do número seguinte, desde que se verifique ter sido apresentada antes da aquisição a declaração prevista no artigo 112º do Código do Imposto sobre o Rendimento das Pessoas Singulares (IRS) ou na alínea *a)* do nº 1 do artigo 109º do Código do Imposto sobre o Rendimento das Pessoas Colectivas (IRC), consoante o caso, relativa ao exercício da actividade de comprador de prédios para revenda.

2 – A isenção prevista no número anterior não prejudica a liquidação e pagamento do imposto, nos termos gerais, salvo se se reconhecer que o adquirente exerce normal e habitualmente a actividade de comprador de prédios para revenda.

([1]) Redacção dada pela Lei nº 55-A/2010, de 31 de Dezembro.
([2]) Redacção dada pela Lei nº 53-A/2006, de 29 de Dezembro.
([3]) Redacção dada pela Lei nº 64-A/2008, de 31 de Dezembro.

3 – Para efeitos do disposto na parte final do número anterior, considera-se que o sujeito passivo exerce normal e habitualmente a actividade quando comprove o seu exercício no ano anterior mediante certidão passada pelo serviço de finanças competente, devendo constar sempre daquela certidão se, no ano anterior, foi adquirido para revenda ou revendido algum prédio antes adquirido para esse fim.

4 – Quando o prédio tenha sido revendido sem ser novamente para revenda, no prazo de três anos, e haja sido pago imposto, este será anulado pelo chefe de finanças, a requerimento do interessado, acompanhado de documento comprovativo da transacção.

ARTIGO 8º
Isenção pela aquisição de imóveis por instituições de crédito([1])

1 – São isentas do IMT as aquisições de imóveis por instituições de crédito ou por sociedades comerciais cujo capital seja directa ou indirectamente por aquelas dominado, em processo de execução movido por essas instituições ou por outro credor, bem como as efectuadas em processo de falência ou de insolvência, desde que, em qualquer caso, se destinem à realização de créditos resultantes de empréstimos feitos ou de fianças prestadas.

2 – A isenção prevista no número anterior é ainda aplicável às aquisições de imóveis por entidades nele referidas, desde que a entrega dos imóveis se destine à realização de créditos resultantes de empréstimos ou fianças prestadas, nos termos seguintes:

a) Nas aquisições de prédios urbanos ou de fracções autónomas destes exclusivamente destinados a habitação, que derivem de actos de dação em cumprimento;

b) Nas aquisições de prédios ou de fracções autónomas destes não abrangidos no número anterior, que derivem de actos de dação em cumprimento, desde que tenha decorrido mais de um ano entre a primeira falta de pagamento e o recurso à dação em cumprimento e não existam relações especiais entre credor e devedor, nos termos do nº 4 do artigo 58º do CIRC.

3 – No caso de serem adquirentes sociedades directa ou indirectamente dominadas pelas instituições de crédito, só há lugar à isenção quando as aquisições resultem da cessão do crédito ou da fiança efectuadas pelas mesmas instituições àquelas sociedades comerciais e desde que estas sociedades sejam qualificadas como instituições de crédito ou como sociedades financeiras.

ARTIGO 9º
Isenção pela aquisição de prédios destinados exclusivamente a habitação

São isentas do IMT as aquisições de prédio urbano ou de fracção autónoma de prédio urbano destinado exclusivamente a habitação própria e permanente cujo valor que serviria de base à liquidação não exceda € 92 407.([2])

([1]) Redacção dada pela Lei nº 53-A/2006, de 29 de Dezembro.
([2]) Redacção dada pela Lei nº 55-A/2010, de 31 de Dezembro.

ARTIGO 10º
Reconhecimento das isenções

1 – As isenções são reconhecidas a requerimento dos interessados, a apresentar antes do acto ou contrato que originou a transmissão junto dos serviços competentes para a decisão, mas sempre antes da liquidação que seria de efectuar.

2 – O pedido a que se refere o nº 1 deve, quando for caso disso, conter a identificação e descrição dos bens, bem como o fim a que se destinam, e ser acompanhado dos documentos para demonstrar os pressupostos da isenção, designadamente:

a) No caso a que se refere a alínea *b)* do artigo 6º, de documento emitido pelo organismo competente do Ministério dos Negócios Estrangeiros comprovativo do destino dos bens, bem como da existência de reciprocidade de tratamento;

b) Nos casos a que se referem as alíneas *d)*, *e)* e *f)* do artigo 6º, de documento comprovativo da qualidade do adquirente e de certidão ou cópia autenticada da deliberação sobre a aquisição onerosa dos bens, da qual conste expressa e concretamente o destino destes;

c) No caso a que se refere a alínea *g)* do artigo 6º, de documento emitido pelo serviço competente do Ministério da Cultura;

d) Nos casos a que se referem as alíneas *h)*, *i)* e *l)* do artigo 6º, de documento comprovativo da qualidade do adquirente e certidão ou cópia autenticada da deliberação sobre a aquisição onerosa dos bens, da qual conste expressa e concretamente o destino destes;

e) No caso a que se refere a alínea *j)* do artigo 6º, cópia dos documentos de candidatura aos apoios previstos no Decreto-Lei nº 81/91, de 19 de Fevereiro.

3 – As isenções a que se referem as alíneas *h)*, *i)*, *j)* e *l)* do artigo 6º só serão reconhecidas se a câmara municipal competente comprovar previamente que se encontram preenchidos os requisitos para a sua atribuição.

4 – Para efeitos do disposto no número anterior, a Direcção-Geral dos Impostos solicita à câmara municipal competente a emissão do parecer vinculativo.

5 – Nos casos referidos no nº 2, a Direcção-Geral dos Impostos poderá ouvir os serviços competentes dos ministérios que superintendem nas respectivas actividades.

6 – São de reconhecimento prévio, por despacho do Ministro das Finanças sobre informação e parecer da Direcção-Geral dos Impostos, as seguintes isenções:[1]

a) As previstas na alínea *b)* do artigo 6º;[2]

b) As previstas na alínea *a)* do nº 2 do artigo 8º desde que o valor que serviria de base a liquidação do IMT, caso este fosse devido, apurado nos termos da regra 5ª do artigo 12º, exceda o montante referido no artigo 9º, bem como as previstas na alínea *b)* do nº 2 do artigo 8º;[3]

---

[1] Redacção dada pela Lei nº 53-A/2006, de 29 de Dezembro.
[2] Redacção dada pela Lei nº 55-A/2010, de 31 de Dezembro.
[3] Aditada pela Lei nº 55-A/2010, de 31 de Dezembro.

c) As estabelecidas em legislação extravagante ao presente código, cuja competência, nos termos dos respectivos diplomas, seja expressamente atribuída ao Ministro das Finanças.

7 – São de reconhecimento prévio, por despacho do director-geral dos impostos sobre informação dos serviços competentes, as seguintes isenções:([1])

a) As previstas nas alíneas *d)*, *e)*, *f)*, *g)*, *h)*, *i)*, *j)* e *l)* do artigo 6º;

b) As estabelecidas em legislação extravagante ao presente código, cuja competência, nos termos dos respectivos diplomas, seja expressamente atribuída ao director-geral dos impostos.

8 – São de reconhecimento automático, competindo a sua verificação e declaração ao serviço de finanças onde for apresentada a declaração prevista no nº 1 do artigo 19º, as seguintes isenções:([1])

a) As previstas nas alíneas *a)* e *c)* do artigo 6º, no artigo 7º e na alínea *a)* do nº 2 do artigo 8º, desde que o valor que serviria de base à liquidação do IMT, caso este fosse devido, apurado nos termos da regra 5ª do artigo 12º, não exceda o montante referido no artigo 9º;

b) As previstas no artigo 9º;

c) As estabelecidas nos termos do nº 2 do artigo 12º da Lei nº 2/2007, de 15 de Janeiro;

d) As isenções de reconhecimento automático constantes de legislação extravagante ao presente código.

9 – Os serviços da Direcção-Geral dos Impostos competentes para informar os pedidos de isenção poderão ouvir os organismos que superintendem nas actividades em que os requerentes se integram, sempre que tal se revele necessário para a adequada proposta de decisão.

10 – Não obstante o disposto na alínea *b)* do nº 6, para as situações aí previstas, o requerente pode obter a suspensão do pagamento do imposto nos casos em que a dação em cumprimento tenha sido efectuada por devedor pessoa singular, desde que entregue o requerimento a solicitar a respectiva isenção devidamente instruído conjuntamente com a declaração referida no nº 1 do artigo 19º([2])

11 – A emissão da declaração de isenção a que se refere o número anterior compete ao serviço de finanças onde for apresentada a declaração referida no nº 1 do artigo 19º([2])

12 – Se a isenção a que se refere o nº 10 não vier a ser objecto de reconhecimento, ao imposto devido são acrescidos juros compensatórios, nos termos do artigo 35º da lei geral tributária, pelo prazo máximo de 180 dias.([2])

([1]) Redacção dada pela Lei nº 67-A/2007, de 31 de Dezembro.
([2]) Aditado pela Lei nº 55-A/2010, de 31 de Dezembro.

ARTIGO 11º
Caducidade das isenções

1 – Ficam sem efeito as isenções a que se referem as alíneas *d*), *e*), *f*), *h*) e *i*) do artigo 6º quando os bens forem alienados ou lhes for dado outro destino sem autorização prévia do Ministro das Finanças.

2 – A autorização prevista no número anterior só será de conceder quando se verificar a impossibilidade ou reconhecer a inconveniência de aos bens ser dado o primitivo destino e o novo destino desses bens ou dos adquiridos com o produto da sua venda justificar igualmente a isenção.

3 – A isenção concedida aos jovens agricultores fica sem efeito nos mesmos casos em que, por desistência, perda de apoio ou outros factos, aqueles incorram nas consequências previstas no Decreto-Lei nº 81/91, de 19 de Fevereiro.

4 – As isenções concedidas ao abrigo do disposto na alínea *g*) do artigo 6º, ficarão sem efeito se os bens forem desclassificados do património cultural.

5 – A aquisição a que se refere o artigo 7º deixará de beneficiar de isenção logo que se verifique que aos prédios adquiridos para revenda foi dado destino diferente ou que os mesmos não foram revendidos dentro do prazo de três anos ou o foram novamente para revenda.

6 – Deixarão de beneficiar de isenção as aquisições a que se refere o artigo 8º, se os prédios não forem alienados no prazo de cinco anos a contar da data da aquisição.

7 – Deixam de beneficiar igualmente de isenção e de redução de taxas previstas no artigo 9º e nas alíneas *a*) e *b*) do nº 1 do artigo 17º as seguintes situações:([1])

a) Quando aos bens for dado destino diferente daquele em que assentou o benefício, no prazo de seis anos a contar da data da aquisição, salvo no caso de venda;([1])

b) Quando os imóveis não forem afectos à habitação própria e permanente no prazo de seis meses a contar da data da aquisição.([1])

8 – Os organismos públicos que emitirem qualquer parecer ou documento para reconhecimento de isenções deverão informar a Direcção-Geral dos Impostos, no prazo de 30 dias, de quaisquer factos susceptíveis de fazer caducar a isenção concedida.

CAPÍTULO III
Determinação do valor tributável

ARTIGO 12º
Valor tributável

1 – O IMT incidirá sobre o valor constante do acto ou do contrato ou sobre o valor patrimonial tributário dos imóveis, consoante o que for maior.

2 – No caso de imóveis omissos na matriz ou nela inscritos sem valor patrimonial tributário, bem como de bens ou direitos não sujeitos a inscrição matricial, o valor patrimonial tributário é determinado nos termos do CIMI.

([1]) Redacção dada pela Lei nº 55-A/2010, de 31 de Dezembro.

3 – Ao valor patrimonial tributário junta-se o valor declarado das partes integrantes, quando o mesmo não esteja incluído no referido valor patrimonial.

4 – O disposto nos números anteriores entende-se, porém, sem prejuízo das seguintes regras:

1ª Quando qualquer dos comproprietários ou quinhoeiros alienar o seu direito, o imposto é liquidado pela parte do valor patrimonial tributário que lhe corresponder ou incide sobre o valor constante do acto ou do contrato, consoante o que for maior;

2ª Quando ao tempo da constituição do direito de superfície temporário já esteja terminada a construção das obras ou ultimada a plantação, deve observar-se o seguinte:

   a) Se a propriedade do solo for transmitida separadamente do direito de superfície, o imposto é calculado pelo valor patrimonial tributário da propriedade do solo, determinado nos termos da alínea h) do artigo 13º, ou incide sobre o valor constante do acto ou do contrato, consoante o que for maior;

   b) Na constituição do direito de superfície, ou na transmissão deste direito separadamente da propriedade do solo, o imposto municipal sobre as transmissões onerosas incide sobre o valor actual do direito de superfície, determinado nos termos da alínea i) do artigo 13º, ou sobre o valor constante do acto ou do contrato, consoante o que for maior;

3ª Quando ao tempo da constituição do direito de superfície temporário ainda não esteja terminada a construção das obras ou ultimada a plantação, deve observar-se o seguinte:

   a) Se a propriedade do solo for transmitida separadamente do direito de superfície, o imposto é liquidado pelo valor patrimonial tributário da propriedade do solo, calculado nos termos da alínea h) do artigo 13º, com base no valor do terreno, ou incide sobre o valor constante do acto ou do contrato, consoante o que for maior;

   b) Na constituição do direito de superfície, bem como na transmissão deste direito separadamente da propriedade do solo antes de terminada a construção das obras ou de ultimada a plantação, o imposto incide sobre o valor actual do direito de superfície, determinado nos termos da alínea i) do artigo 13º, mas se a transmissão ocorrer depois ou o proprietário do solo adquirir a propriedade da obra ou das árvores pelo decurso do prazo, o imposto será calculado sobre o valor patrimonial tributário da propriedade plena do imóvel, deduzido o valor patrimonial tributário da propriedade do solo nessa altura, determinado nos termos da alínea h) do artigo 13º, com base no valor do terreno, incidindo o imposto, em qualquer dos casos, sobre o valor constante do acto ou do contrato, se for superior aos indicados.

4ª Nas permutas de bens imóveis, toma-se para base da liquidação a diferença declarada de valores, quando superior à diferença entre os valores patrimoniais tributários;

5ª Nas transmissões por meio de dação de bens em pagamento, o imposto é calculado sobre o seu valor patrimonial tributário, ou sobre a importância da dívida que for paga com os bens transmitidos, se for superior;

6ª Quando a transmissão se efectuar por meio de renúncia ou cedência, o imposto é calculado sobre o valor patrimonial tributário dos respectivos bens imóveis, ou incide sobre o valor constante do acto ou do contrato, se for superior;

7ª Se a propriedade for transmitida separadamente do usufruto, uso ou habitação, o imposto é calculado sobre o valor da nua-propriedade, nos termos da alínea a) do artigo 13º, ou sobre o valor constante do acto ou do contrato, se for superior;

8ª Quando se constituir usufruto, uso ou habitação, bem como quando se renunciar a qualquer desses direitos ou o usufruto for transmitido separadamente da propriedade, o imposto é liquidado pelo valor actual do usufruto, uso ou habitação, calculado nos termos da alínea b) do artigo 13º, ou incide sobre o valor constante do acto ou do contrato, se for superior;

9ª Se o pensionista adquirir os bens onerados com pensão, o imposto incide sobre o valor patrimonial tributário abatido do valor actual da pensão, ou sobre o valor constante do acto ou do contrato, se for superior;

10ª Nos arrendamentos e nas sublocações a longo prazo, o imposto incide sobre o valor de 20 vezes a renda anual, quando seja igual ou superior ao valor patrimonial tributário do respectivo prédio, e incide sobre a diferença entre o valor patrimonial que os bens tinham na data do arrendamento e o da data da aquisição ou sobre o valor declarado se for superior, caso o arrendatário venha a adquirir o prédio;

11ª Nas partilhas judiciais ou extrajudiciais, o valor do excesso de imóveis sobre a quota-parte do adquirente, nos termos da alínea c) do nº 5 do artigo 2º, é calculado em face do valor patrimonial tributário desses bens adicionado do valor atribuído aos imóveis não sujeitos a inscrição matricial ou, caso seja superior, em face do valor que tiver servido de base à partilha;

12ª Nos actos previstos nas alíneas e) e f) do nº 5 do artigo 2º, o valor dos imóveis é o valor patrimonial tributário ou aquele por que os mesmos entrarem para o activo das sociedades, consoante o que for maior;

13ª Na fusão ou na cisão das sociedades referidas na alínea g) do nº 5 do artigo 2º, o imposto incide sobre o valor patrimonial tributário de todos os imóveis das sociedades fusionadas ou cindidas que se transfiram para o activo das sociedades que resultarem da fusão ou cisão, ou sobre o valor por que esses bens entrarem para o activo das sociedades, se for superior;

14ª O valor dos bens imóveis ou do direito de superfície constituído sobre os imóveis locados, adquiridos pelo locatário, através de contrato de compra e venda, no termo da vigência do contrato de locação financeira e nas condições nele estabelecidas, será o valor residual determinado ou determinável, nos termos do respectivo contrato;

15ª Se o direito de superfície for constituído pelo Estado, pelas Regiões Autónomas ou pelas autarquias locais, o valor da propriedade do solo transmitida ao superficiário é o preço constante do acto ou do contrato, e o do direito de superfície, quando da sua constituição ou prorrogação, é o preço único constante do acto ou do contrato ou o valor da pensão, determinado este nos termos da alínea d) do artigo 13º e, quando da sua cessação ou reversão, é o montante da indemnização;

16ª O valor dos bens adquiridos ao Estado, às Regiões Autónomas ou às autarquias locais, bem como o dos adquiridos mediante arrematação judicial ou administrativa, é o preço constante do acto ou do contrato;

17ª O valor dos bens expropriados por utilidade pública é o montante da indemnização, salvo se esta for estabelecida por acordo ou transacção, caso em que se aplica o disposto no nº 1;

18ª Nas situações previstas nas alíneas *a*) e *b*) do nº 3 do artigo 2º, o imposto incide apenas sobre a parte do preço paga pelo promitente adquirente ao promitente alienante ou pelo cessionário ao cedente;

19ª Quando se verificar a transmissão prevista na alínea *d*) do nº 2 do artigo 2º, o imposto será liquidado nos termos seguintes:

a) Pelo valor patrimonial tributário dos imóveis correspondente à quota ou parte social maioritária, ou pelo valor total desses bens, consoante os casos, preferindo em ambas as situações o valor do balanço, se superior;

b) No caso de aquisições sucessivas, o imposto respeitante à nova transmissão será liquidado sobre a diferença de valores determinada nos termos da alínea anterior;

c) Se a sociedade vier a dissolver-se e todos ou alguns dos seus imóveis ficarem a pertencer ao sócio ou sócios que já tiverem sido tributados, o imposto respeitante à nova transmissão incidirá sobre a diferença entre o valor dos bens agora adquiridos e o valor por que anteriormente o imposto foi liquidado.

20ª O valor dos bens imóveis adquiridos ao abrigo de regimes legais de apoio financeiro à habitação, quando se trate da primeira transmissão, é o valor ou o preço fixado pelo Instituto da Habitação e da Reabilitação Urbana, I. P., nos termos estabelecidos nesses regimes.([1])

5 – Para efeitos dos números anteriores, considera-se, designadamente, valor constante do acto ou do contrato, isolada ou cumulativamente:

a) A importância em dinheiro paga a título de preço pelo adquirente;

b) O valor dos móveis dados em troca, a determinar nos termos do Código do Imposto do Selo;

c) O valor actual das pensões temporárias ou das pensões ou rendas vi talícias;

d) O valor das prestações ou rendas perpétuas;

e) O valor da prestação temporária no caso do direito de superfície;

f) A importância de rendas que o adquirente tiver pago adiantadamente, enquanto arrendatário, e que não sejam abatidas ao preço;

g) A importância das rendas acordadas, no caso da alínea *b*) do nº 2 do artigo 2º;

h) Em geral, quaisquer encargos a que o comprador ficar legal ou contratualmente obrigado.

ARTIGO 13º
Regras especiais

São ainda aplicáveis à determinação do valor tributável do IMT, as regras constantes das alíneas seguintes:

a) O valor da propriedade, separada do usufruto, uso ou habitação vitalícios, obtém-se deduzindo ao valor da propriedade plena as seguintes percentagens, de

---

([1]) Redacção dada pela Lei nº 67-A/2007, de 31 de Dezembro.

harmonia com a idade da pessoa de cuja vida dependa a duração daqueles direitos ou, havendo várias, da mais velha ou da mais nova, consoante eles devam terminar pela morte de qualquer ou da última que sobreviver:

Idade	Percentagens a deduzir
Menos de 20 anos	80
Menos de 25 anos	75
Menos de 30 anos	70
Menos de 35 anos	65
Menos de 40 anos	60
Menos de 45 anos	55
Menos de 50 anos	50
Menos de 55 anos	45
Menos de 60 anos	40
Menos de 65 anos	35
Menos de 70 anos	30
Menos de 75 anos	25
Menos de 80 anos	20
Menos de 85 anos	15
85 ou mais anos	10

Se o usufruto, uso ou habitação forem temporários, deduzem-se ao valor da propriedade plena 10% por cada período indivisível de cinco anos, conforme o tempo por que esses direitos ainda devam durar, não podendo, porém, a dedução exceder a que se faria no caso de serem vitalícios;

b) O valor actual do usufruto obtém-se descontando ao valor da propriedade plena o valor da propriedade, calculado nos termos da regra ante cedente, sendo o valor actual do uso e habitação igual a esse valor do usufruto, quando os direitos sejam renunciados, e a esse valor menos 30%, nos demais casos;

c) O valor da pensão ou renda vitalícia determina-se aplicando ao produto da pensão ou renda anual por 20 as percentagens indicadas na alínea a), conforme a idade da pessoa ou pessoas de cuja vida dependa a subsistência da pensão ou renda e, se for temporária, o seu valor actual determina-se multiplicando seis décimas partes da pensão ou renda anual pelo número de anos por que deva durar, não podendo, porém, esse valor exceder o que a pensão ou renda teria se fosse vitalícia;

d) O valor da pensão a pagar pelo superficiário será o produto das oito décimas partes do seu montante anual pelo número de anos por que deva durar, com o limite de 20;

e) O valor de qualquer prestação, pensão ou renda perpétua será o produto do seu montante anual por 20;

f) O valor patrimonial tributário do direito de propriedade do solo, quando o direito de superfície for perpétuo, será o correspondente a 20% do valor do terreno;

g) O valor patrimonial tributário do direito de superfície perpétuo será igual ao valor da propriedade plena do imóvel, deduzido o valor da propriedade do solo, calculado nos termos da alínea anterior;

h) O valor patrimonial tributário da propriedade do solo, quando o direito de superfície for temporário, obtém-se deduzindo ao valor da propriedade plena 10%

por cada período indivisível de cinco anos, conforme o tempo por que aquele direito ainda deva durar, não podendo, porém, a dedução exceder 80%;([1])

i) O valor actual do direito de superfície temporário obtém-se descontando ao valor da propriedade plena o valor da propriedade do solo, calculado nos termos da alínea anterior;

j) O valor do terreno de prédio rústico sujeito a direito de superfície será o correspondente a 20% do valor patrimonial tributário.

ARTIGO 14º
Avaliação nos termos do CIMI

1 – Quando houver de proceder-se à avaliação de bens imóveis, à discriminação ou à destrinça de valores patrimoniais tributários de prédios já inscritos na matriz, todas as diligências, procedimentos e critérios de avaliação serão os estabelecidos no CIMI.

2 – No caso de contratos de permuta de bens presentes por bens futuros, a avaliação do bem futuro será efectuada quando o bem adquirir a natureza de prédio, nos termos do CIMI.

3 – Para efeitos do disposto no número anterior considera-se que o bem futuro adquire a natureza de prédio quando, no caso de imóveis urbanos a construir, já se encontre aprovado o respectivo projecto de construção.

4 – Os valores dos bens ou direitos que não possam ser determinados por aplicação do CIMI são avaliados com base no valor normal de mercado.

5 – A avaliação prevista no número anterior é efectuada pelo perito local referido no nº 1 do artigo 63º do CIMI, sendo ainda aplicável o disposto nos artigos 76º e 77º do mesmo Código, quando for caso disso.

6 – O chefe de finanças pode dispensar a avaliação de bens a que se refere o nº 2 do artigo 12º sempre que, em face de informação fundamentada, se conclua que o valor declarado não se afasta, para menos, em mais de 10% do seu valor normal de mercado.

ARTIGO 15º
Aquisições consideradas a título gratuito e oneroso

Nas transmissões de bens imóveis previstas nas alíneas *a*) e *b*) do artigo 3º, o valor sujeito a imposto corresponde:

a) À importância das entradas e das dívidas, ou do valor actual das pensões, calculado este nos termos da alínea *c*) do artigo 13º, a título de tributação da aquisição onerosa;([2])

b) Ao excedente do valor dos bens, a título de tributação da aquisição gratuita.

ARTIGO 16º
Aplicação temporal do valor patrimonial tributário

O valor patrimonial tributário para efeitos deste imposto é o valor dos bens imóveis inscritos nas matrizes à data da liquidação.

([1]) Redacção dada pela Lei nº 64-A/2008, de 31 de Dezembro.
([2]) Redacção dada pela Lei nº 53-A/2006, de 29 de Dezembro.

CAPÍTULO IV
Taxas

ARTIGO 17º
Taxas

1 – As taxas do IMT são as seguintes:([1])

a) Aquisição de prédio urbano ou de fracção autónoma de prédio urbano destinado exclusivamente a habitação própria e permanente:([1])

Valor sobre que incide o IMT (em euros)	Taxas percentuais Marginal	Taxas percentuais Média (*)
Até 92 407	0	0
De mais de 92 407 e até 126 403	2	0,537 9
De mais de 126 403 e até 172 348	5	1,727 4
De mais de 172 348 e até 287 213	7	3,836 1
De mais de 287 213 e até 574 323	8	
Superior a 574 323	6 taxa única	

(*) No limite superior do escalão.

b) Aquisição de prédio urbano ou de fracção autónoma de prédio urbano destinado exclusivamente a habitação, não abrangidas pela alínea anterior:([1])

Valor sobre que incide o IMT (em euros)	Taxas percentuais Marginal	Taxas percentuais Média (*)
Até 92 407	1	1
De mais de 92 407 e até 126 403	2	1,268 9
De mais de 126 403 e até 172 348	5	2,263 6
De mais de 172 348 e até 287 213	7	4,157 8
De mais de 287 213 e até 550 836	8	
Superior a 550 836	6 taxa única	

(*) No limite superior do escalão.

c) Aquisição de prédios rústicos – 5%;
d) Aquisição de outros prédios urbanos e outras aquisições onerosas – 6,5%.

2 – À aquisição onerosa de figuras parcelares do direito de propriedade aplica-se a taxa referida no número anterior correspondente à natureza dos bens sobre que incide o direito adquirido, sendo aplicável a taxa referida na alínea *a)* do número anterior apenas quando estiver em causa a transmissão do usufruto, uso ou habitação de prédio urbano ou fracção autónoma de prédio urbano destinado exclusivamente a habitação própria e permanente.([2])

([1]) Redacção dada pela Lei nº 55-A/2010, de 31 de Dezembro.
([2]) Redacção dada pela Lei nº 64-A/2008, de 31 de Dezembro.

3 – Quando, relativamente às aquisições a que se referem as alíneas *a*) e *b*) do n.º 1, o valor sobre que incide o imposto for superior a € 92 407, é dividido em duas partes, sendo uma igual ao limite do maior dos escalões que nela couber, à qual se aplica a taxa média correspondente a este escalão, e outra, igual ao excedente, a que se aplica a taxa marginal respeitante ao escalão imediatamente superior.([1])

4 – A taxa é sempre de 8%, não se aplicando qualquer isenção ou redução sempre que o adquirente tenha a residência ou sede em país, território ou região sujeito a um regime fiscal mais favorável, constante de lista aprovada por portaria do Ministro das Finanças, sem prejuízo da isenção prevista no artigo 7.º do Decreto-Lei n.º 540/76, de 9 de Julho.([2])

5 – Nos casos previstos nas alíneas *a*) e *b*) do n.º 3 do artigo 2.º, a taxa aplicável aos montantes referidos na regra 18ª do n.º 4 do artigo 12.º é a que corresponder à totalidade do preço acordado no contrato, não lhe sendo aplicável a taxa referida na alínea *a*) do n.º 1.([3])

6 – Para efeitos das alíneas *a*) e *b*) do n.º 1, na transmissão de partes de prédio aplicam-se as seguintes regras:([4])

a) Se no mesmo acto se transmitir a totalidade do prédio, a cada valor aplica-se a taxa correspondente à totalidade da transmissão;

b) Se no acto não se transmitir a totalidade do prédio, ao valor tributável aplica-se a taxa correspondente ao valor global do prédio tendo em consideração a parte transmitida.

ARTIGO 18º
Aplicação temporal das taxas

1 – O imposto será liquidado pelas taxas em vigor ao tempo da ocorrência do facto tributário.

2 – Se ocorrer a caducidade da isenção, a taxa e o valor a considerar na liquidação serão os vigentes à data da liquidação.

3 – Quando, no caso referido no número anterior e após a aquisição dos bens, tenham ocorrido factos que alterem a sua natureza, o imposto será liquidado com base nas taxas e valores vigentes à data da transmissão.

CAPÍTULO V
Liquidação

ARTIGO 19º
Iniciativa da liquidação

1 – A liquidação do IMT é de iniciativa dos interessados, para cujo efeito devem apresentar, em qualquer serviço de finanças ou por meios electrónicos, uma declaração de modelo oficial devidamente preenchida.([3])

([1]) Redacção dada pela Lei nº 55-A/2010, de 31 de Dezembro.
([2]) Redacção dada pela Lei nº 53-A/2006, de 29 de Dezembro.
([3]) Redacção dada pela Lei nº 64-A/2008, de 31 de Dezembro.
([4]) Aditado pela Lei nº 64-A/2008, de 31 de Dezembro.

2 – A liquidação é promovida oficiosamente pelos serviços de finanças que forem competentes e sempre que os interessados não tomem a iniciativa de o fazer dentro dos prazos legais, bem como quando houver lugar a qualquer liquidação adicional, sem prejuízo dos juros compensatórios a que haja lugar e da penalidade que ao caso couber.

3 – A declaração prevista no nº 1 deve também ser apresentada, em qualquer serviço de finanças ou por meios electrónicos, antes do acto ou facto translativo dos bens, nas situações de isenção.([1])

ARTIGO 20º
Conteúdo da declaração

1 – Para efeitos da liquidação, deve o interessado fornecer os seguintes elementos:

a) A identificação dos imóveis ou a indicação de estarem omissos nas matrizes, bem como o valor constante do acto ou do contrato;

b) O valor atribuído aos bens, com especificação do que corresponder às partes integrantes cujo valor não esteja compreendido no valor patrimonial tributário dos respectivos prédios;

c) Informação sobre se a aquisição vai ou não ser feita no âmbito de um dos actos ou contratos previstos no nº 3 do artigo 2º, juntando cópia do respectivo documento nos casos previstos nas suas alíneas *a)* e *b)*;

d) Os demais esclarecimentos indispensáveis à exacta liquidação do imposto.

2 – Nos contratos de permuta de bens presentes por bens futuros em que estes já se encontrem determinados com base em projecto de construção aprovada pela câmara municipal, deve o interessado juntar à declaração referida no artigo anterior cópia da planta de arquitectura devidamente autenticada.

3 – Quando se tratar de alienação de heranças ou de quinhões hereditários, devem declarar-se todos os bens imóveis e indicar-se a quota-parte que o alienante tem na herança.

4 – Em caso de transmissão parcial de prédios inscritos em matrizes cadastrais, devem declarar-se as parcelas compreendidas na respectiva fracção do prédio.

ARTIGO 21º
Competência para a liquidação

1 – O IMT é liquidado pelos serviços centrais da Direcção-Geral dos Impostos, com base na declaração do sujeito passivo ou oficiosamente, considerandose, para todos os efeitos legais, o acto tributário praticado no serviço de finanças competente.([2])

2 – Para efeitos do número anterior, são aplicáveis as regras seguintes:([2])

a) Quando a liquidação for efectuada com base na declaração do sujeito passivo, considera-se competente para a liquidação do IMT, o serviço de finanças onde é apresentada a declaração referida no nº 1 do artigo 19º;

([1]) Aditado pela Lei nº 64-A/2008, de 31 de Dezembro.
([2]) Redacção dada pela Lei nº 64-A/2008, de 31 de Dezembro.

b) Nos casos em que a liquidação é promovida oficiosamente considera-se competente para a liquidação do IMT, o serviço de finanças da área da situação dos prédios, sem prejuízo do disposto nos números seguintes.

3 – Nas alienações de herança ou de quinhão hereditário, bem como no caso de transmissões por partilha judicial ou extrajudicial, a liquidação do IMT é sempre promovida pelo serviço de finanças competente para a liquidação do imposto do selo.

4 – Nos casos previstos no numero anterior, se não houver lugar a liquidação de imposto do selo, a liquidação do IMT é promovida pelo serviço de finanças onde estiverem situados os bens, e se estes ficarem situados na área de mais de um serviço de finanças, por aquele a que pertencerem os de maior valor patrimonial tributário.

ARTIGO 22º
Momento da liquidação

1 – A liquidação do IMT precede o acto ou facto translativo dos bens, ainda que a transmissão esteja subordinada a condição suspensiva, haja reserva de propriedade, bem como nos casos de contrato para pessoa a nomear nos termos previstos na alínea *b)* do artigo 4º, salvo quando o imposto deva ser pago posterior-mente, nos termos do artigo 36º.

2 – Nas transmissões previstas nas alíneas *a)*, *b)*, *c)* e *d)* do nº 3 do artigo 2º, o imposto é liquidado antes da celebração do contrato-promessa, antes da cessão da posição contratual, da outorga notarial da procuração ou antes de ser lavrado o instrumento de substabelecimento, sem prejuízo do disposto no número seguinte.

3 – Sempre que o contrato definitivo seja celebrado com um dos contraentes previstos nas alíneas *a)*, *b)*, *c)* e *d)* do nº 3 do artigo 2º, ou que o facto tributário ocorra antes da celebração do contrato definitivo que opere a transmissão jurídica do bem, e o contraente já tenha pago o imposto devido por esse facto, só há lugar a liquidação adicional quando o valor que competir à transmissão definitiva for superior ao que serviu de base à liquidação anterior, procedendo-se à anulação parcial ou total do imposto se o adquirente beneficiar de redução de taxa ou de isenção.([1])

4 – Não se realizando dentro de 2 anos o acto ou facto translativo por que se pagou o IMT, fica sem efeito a liquidação.

ARTIGO 23º
Liquidações com base em documentos oficiais

Nas transmissões operadas por divisão, partilha, arrematação, venda judicial ou administrativa, adjudicação, transacção ou conciliação, servem de base à liquidação os correspondentes instrumentos legais.

ARTIGO 24º
Direito de preferência

1 – Se, por exercício judicial de direito de preferência, houver substituição de adquirentes, só se liquidará imposto ao preferente se o que lhe competir for diverso do liquidado ao preferido, arrecadando-se ou anulando-se a diferença.

([1]) Redacção dada pela Lei nº 64-A/2008, de 31 de Dezembro.

2 – Se o preferente beneficiar de isenção, procede-se à anulação do imposto liquidado ao preferido, e aos correspondentes averbamentos.

ARTIGO 25º
Contratos para pessoa a nomear

1 – Nos contratos para pessoa a nomear, o contraente originário, seu representante ou gestor de negócios pode apresentar no serviço de finanças que procedeu à liquidação do imposto, para os efeitos previstos na alínea b) do artigo 4º, até 5 dias após a celebração do contrato, declaração, por escrito, contendo todos os elementos necessários para a completa identificação do terceiro para quem contratou, ainda que se trate de pessoa colectiva em constituição, desde que seja indicada a sua denominação social ou designação e o nome dos respectivos fundadores ou organizadores.

2 – Uma vez feita a declaração, antes ou depois da celebração do contrato, não é possível identificar pessoa diferente.

3 – Se vier a ser nomeada a pessoa identificada na declaração, averba-se a sua identidade na declaração para efeitos de liquidação de IMT e procede-se à anulação deste se a pessoa nomeada beneficiar de isenção.

ARTIGO 26º
Alienações de quinhão hereditário

1 – Nas alienações de quinhão hereditário, quando não se conheça a quota do co-herdeiro alienante, o IMT é calculado sobre o valor constante do contrato em relação aos bens imóveis, devendo proceder-se à correcção da liquidação logo que se determine a quota-parte dos bens respeitantes ao co-herdeiro.

2 – A partilha não pode efectuar-se sem que, sendo caso disso, a liquidação esteja corrigida.

ARTIGO 27º
Liquidação relativa a prédio omisso

Nos casos previstos no nº 2 do artigo 12º, o imposto é liquidado sobre o valor constante do acto ou contrato, corrigindo-se oficiosamente a liquidação, sendo caso disso, logo que o valor da avaliação, a efectuar nos termos do CIMI, se torne definitivo.

ARTIGO 28º
Transmissão de fracção de prédio ou fracção de parcela cadastral

1 – Se se transmitir parte de prédio ou fracção de parcela cadastral, o imposto é liquidado sobre o valor constante do acto ou do contrato, procedendo-se seguidamente, sempre que for necessário para se apurar o valor correspondente à parte transmitida, à discriminação do valor patrimonial tributário de todo o prédio ou de toda a parcela, corrigindo-se a liquidação, sendo caso disso.

2 – A discriminação é efectuada nos termos do CIMI, correndo as respectivas despesas por conta do Estado.

ARTIGO 29º
Mudança nos possuidores de bens

1 – Todas as vezes que ocorra mudança nos possuidores de bens sem que tenha sido pago IMT, são notificados os novos possuidores para apresentarem, dentro de trinta dias, os títulos da sua posse.

2 – Concluindo-se desses títulos que se operou transmissão de imóveis a título oneroso, o chefe de finanças liquida imediatamente o imposto se lhe competir ou comunicará o facto ao serviço de finanças competente, sem prejuízo das sanções que ao caso couberem.

3 – Se os novos possuidores não apresentarem os títulos da sua posse, presume-se, salvo prova em contrário, que os bens foram adquiridos a título gratuito, liquidando-se o correspondente imposto do selo.

ARTIGO 30º
Valor patrimonial tributário excessivo

1 – Antes da celebração do acto ou contrato, os sujeitos passivos podem requerer, ao abrigo do CIMI, a avaliação de imóveis quando fundamentadamente considerem excessivo o valor patrimonial tributário inscrito na matriz que serviu de base à liquidação do IMT, procedendo-se à reforma da liquidação, sendo caso disso, logo que a avaliação se torne definitiva.

2 – O resultado da avaliação efectuada nos termos do número anterior, será levado à matriz para todos os efeitos legais.

ARTIGO 31º
Liquidação adicional

1 – Em caso de omissão de bens ou valores sujeitos a tributação ou havendo indícios fundados de que foram praticados ou celebrados actos ou contratos com o objectivo de diminuir a dívida de imposto ou de obter outras vantagens indevidas, são aplicáveis os poderes de correcção atribuídos à administração fiscal pelo presente Código ou pelas demais leis tributárias.

2 – Quando se verificar que nas liquidações se cometeu erro de facto ou de direito, de que resultou prejuízo para o Estado, bem como nos casos em que haja lugar a avaliação, o chefe do serviço de finanças onde tenha sido efectuada a liquidação ou entregue a declaração para efeitos do disposto no nº 3 do artigo 19º, promove a competente liquidação adicional.([1])

3 – A liquidação só pode fazer-se até decorridos quatro anos contados da liquidação a corrigir, excepto se for por omissão de bens ou valores, caso em que poderá ainda fazer-se posteriormente, ficando ressalvado, em todos os casos, o disposto no artigo 35º.

4 – A liquidação adicional deve ser notificada ao sujeito passivo, nos termos previstos no Código de Procedimento e de Processo Tributário, a fim de efectuar o pagamento e, sendo caso disso, poder utilizar os meios de defesa aí previstos.

([1]) Redacção dada pela Lei nº 64-A/2008, de 31 de Dezembro.

ARTIGO 32º
Isenção técnica([1])

1 – Não há lugar ao pagamento sempre que o montante de imposto liquidado seja inferior a €10 por cada documento de cobrança que for de processar.

2 – O limite a que se refere o número anterior é elevado para €25 por cada documento de cobrança que for de processar, nos casos de liquidação adicional.

ARTIGO 33º
Juros compensatórios

1 – Sempre que, por facto imputável ao sujeito passivo, for retardada a liquidação de imposto devido, a este acrescerão juros compensatórios nos termos do artigo 35º da Lei Geral Tributária.

2 – Os juros serão contados dia a dia, desde o termo do prazo para o pedido de liquidação até à data em que a falta for suprida, dentro do prazo fixado no artigo 35º do presente Código.

ARTIGO 34º
Caducidade da isenção – pedido de liquidação

1 – No caso de ficar sem efeito a isenção ou a redução de taxas, nos termos do artigo 11º, devem os sujeitos passivos solicitar, no prazo de 30 dias, a respectiva liquidação.

2 – O pedido é efectuado em declaração de modelo oficial e deve ser entregue no serviço de finanças da localização do imóvel.

ARTIGO 35º
Caducidade do direito à liquidação

1 – Só pode ser liquidado imposto nos oito anos seguintes à transmissão ou à data em que a isenção ficou sem efeito, sem prejuízo do disposto no número seguinte e, quanto ao restante, no artigo 46º da Lei Geral Tributária.

2 – Sendo desconhecida a quota do co-herdeiro alienante, para efeitos do artigo 26º, aos oito anos acrescerá o tempo por que o desconhecimento tiver durado.

3 – Nos actos ou contratos por documento particular autenticado, ou qualquer outro título, quando essa forma seja admitida em alternativa à escritura pública, o prazo de caducidade do imposto devido conta-se a partir da data da promoção do registo predial.([2])

CAPÍTULO VI
Cobrança

ARTIGO 36º
Prazos para pagamento

1 – O IMT deve ser pago no próprio dia da liquidação ou no primeiro dia útil seguinte, sob pena de esta ficar sem efeito, sem prejuízo do disposto nos números seguintes.

([1]) Redacção dada pela Lei nº 67-A/2007, de 31 de Dezembro.
([2]) Aditado pela Lei nº 55-A/2010, de 31 de Dezembro.

2 – Se a transmissão se operar por acto ou contrato celebrado no estrangeiro, o pagamento do imposto deve efectuar-se durante o mês seguinte.

3 – Se os bens se transmitirem por arrematação e venda judicial ou administrativa, adjudicação, transacção e conciliação, o imposto será pago dentro de 30 dias contados da assinatura do respectivo auto ou da sentença que homologar a transacção.

4 – Quando qualquer dos actos referidos no número anterior não opere a transmissão dos bens, o imposto, quando devido, deve ser pago nos termos gerais.

5 – O imposto deve ser pago no prazo de 30 dias a contar, da notificação nos casos previstos nos n°s 1 e 2 do artigo 31º, do trânsito em julgado da sentença no caso do artigo 24º, e da data do contrato, se o adquirente já estiver usufruindo os bens, ou da data da tradição, nas promessas de aquisição e alienação ou troca.

6 – Se caducar qualquer isenção ou redução de taxas, o imposto deve ser pago no prazo previsto no nº 1 do artigo 34º.

7 – Nas partilhas judiciais e extrajudiciais, o imposto deve ser pago nos 30 dias posteriores ao acto.([1])

8 – Sempre que o IMT seja liquidado conjuntamente com o imposto do selo, o seu pagamento deve ser efectuado no prazo da respectiva notificação.([1])

9 – No caso previsto na alínea e) do nº 3 do artigo 2º, o imposto deve ser pago nos termos seguintes:

a) No prazo de 30 dias a contar da data da celebração do contrato definitivo;

b) No prazo de 30 dias a contar da data da decisão que não reconheceu o direito à exclusão, quando o interessado tiver requerido a prova prevista na alínea g) do artigo 4º.

10 – No caso previsto no nº 3 do artigo 5º, o imposto deve ser pago nos termos seguintes:

a) Tratando-se de prédios a construir, antes da celebração do contrato;

b) Nas demais situações, no prazo de 30 dias a contar da data da aquisição pelo alienante.

11 – Nos casos em que houver prazo de pagamento fixado em legislação especial, o IMT deve ser pago nesse prazo.

ARTIGO 37º
Local de pagamento

1 – O IMT é pago nas tesourarias de finanças ou em qualquer outro local autorizado nos termos da lei, mediante documento de cobrança de modelo oficial.

2 – A prova do pagamento do IMT é feita mediante a apresentação da declaração referida no artigo 19º, acompanhada do comprovativo da cobrança.

ARTIGO 38º
Consequências do não pagamento

1 – Se o imposto não for pago antes do acto ou facto translativo, ou a sua liquidação não for pedida, devendo-o ser, dentro dos prazos fixados para o pagamento

---

([1]) Redacção dada pela Lei nº 55-A/2010, de 31 de Dezembro.

no artigo 36º, o chefe de finanças promove a sua liquidação oficiosa e notifica o sujeito passivo para pagar no prazo de 30 dias, sem prejuízo dos juros compensatórios e da sanção que ao caso couber.

2 – Sendo a liquidação requerida pelo sujeito passivo depois do acto ou facto translativo ou de decorridos os prazos previstos no artigo 36º, o imposto deve ser pago no próprio dia, sem prejuízo dos juros compensatórios e da sanção que ao caso couber.

3 – Quando o imposto, depois de liquidado, não for pago até ao termo dos prazos a que referem os nºs 1 e 2, começarão a contar-se juros de mora e será extraída pelos serviços competentes certidão de dívida para cobrança coerciva.

ARTIGO 39º
Privilégio mobiliário e imobiliário

O IMT goza dos privilégios creditórios previstos nos artigos 738º e 744º do Código Civil para a sisa.

ARTIGO 40º
Prescrição

1 – O IMT prescreve nos termos dos artigos 48º e 49º da Lei Geral Tributária.

2 – Sendo desconhecida a quota do co-herdeiro alienante, para efeitos do artigo 26º, ao prazo de prescrição acresce o tempo por que o desconhecimento tiver durado.

CAPÍTULO VII
Garantias

ARTIGO 41º
Garantias

1 – Sem prejuízo do disposto nos artigos seguintes, os sujeitos passivos podem socorrer-se dos meios de garantia previstos na Lei Geral Tributária e no Código de Procedimento e de Processo Tributário.

2 – Para efeitos do disposto neste artigo e seguintes, é competente o serviço de finanças que tenha efectuado a liquidação.([1])

ARTIGO 42º
Revisão oficiosa da liquidação

À revisão oficiosa da liquidação aplica-se o disposto no artigo 78º da Lei Geral Tributária.

ARTIGO 43º
Legitimidade para reclamar ou impugnar

1 – Os sujeitos passivos e as pessoas solidária ou subsidiariamente responsáveis pelo pagamento do imposto podem reclamar contra a respectiva liquidação, ou

---

([1]) Redacção dada pela Lei nº 64-A/2008, de 31 de Dezembro.

impugná-la, com os fundamentos e nos termos estabelecidos no Código de Procedimento e de Processo Tributário.

2 – Quando se invocar, como prova de um dos fundamentos alegados, documento ou sentença superveniente, os prazos contam-se desde a data em que se tornar possível obter o documento ou do trânsito em julgado da sentença.

ARTIGO 44º
Anulação por acto ou facto que não se realizou

1 – A anulação da liquidação de imposto pago por acto ou facto translativo que não chegou a concretizar-se pode ser pedida a todo o tempo, com o limite de um ano após o termo do prazo de validade previsto no nº 4 do artigo 22º, em processo de reclamação ou de impugnação judicial.

2 – Quando tiver havido tradição dos bens para o reclamante ou impugnante ou este os tiver usufruído, o imposto será anulado em importância equivalente ao produto da sua oitava parte pelo número de anos completos que faltarem para oito, de acordo com a data em que o mesmo abandonou a posse.

ARTIGO 45º
Anulação proporcional

1 – Se antes de decorridos oito anos sobre a transmissão, vier a verificar-se a condição resolutiva ou se der a resolução do contrato, pode obter-se, por meio de reclamação ou de impugnação judicial, a anulação proporcional do IMT.

2 – Os prazos para deduzir a reclamação ou a impugnação com tais fundamentos contam-se a partir da ocorrência do facto.

3 – O imposto é anulado em importância equivalente ao produto da sua oitava parte pelo número de anos completos que faltarem para oito.

ARTIGO 46º
Reembolso do imposto

1 – Anulada a liquidação, quer oficiosamente, quer por decisão da entidade ou tribunal competente, com trânsito em julgado, efectua-se o respectivo reembolso.

2 – Não há lugar a anulação sempre que o montante de imposto a anular seja inferior a €10.

3 – São devidos juros indemnizatórios, nos termos do artigo 43º da Lei Geral Tributária que são liquidados e pagos nos termos do Código de Procedimento e de Processo Tributário.

ARTIGO 47º
Reembolso independentemente da anulação

1 – Independentemente da anulação da liquidação, o Ministro das Finanças pode ordenar o reembolso do imposto pago nos últimos quatro anos, quando o considere indevidamente cobrado, observando-se, na parte aplicável, o disposto nos nºs 1 e 2 do artigo anterior.

2 – O disposto no número anterior só é aplicável se não tiverem sido utilizados, em tempo oportuno, os meios próprios previstos no Código de Procedimento e de Processo Tributário.

CAPÍTULO VIII
Fiscalização

ARTIGO 48º
Obrigações de cooperação dos tribunais

1 – Os juízes de paz devem remeter ao serviço de finanças competente, até ao dia 15 de cada mês, uma cópia dos autos de conciliação lavrados no mês anterior pelos quais se operaram ou venham a operar transmissões de imóveis a título oneroso.

2 – Os juízes de paz não podem entregar aos interessados os autos de conciliação sem neles averbarem o número e a data do documento de cobrança do IMT, quando devido, e a tesouraria onde tiver sido pago.

3 – Não pode ser ordenada entrega de bens imóveis a preferentes sem estes apresentarem documento comprovativo de estar paga, ou não ser devida, diferença de IMT.

4 – Os secretários judiciais e os secretários técnicos de justiça remetem igualmente uma participação, em duplicado, dos termos ou documentos de transacção, das liquidações e partilhas de estabelecimentos comerciais ou industriais ou de sociedades, das partilhas e divisões de coisa comum de que façam parte bens imóveis, bem como das sentenças que reconheçam direitos de preferência, que tenham sido concluídos ou lavrados no mês anterior e pelos quais se opera-ram ou venham a operar transmissões sujeitas a IMT.

ARTIGO 49º
Obrigações de cooperação dos notários
e de outras entidades

1 – Quando seja devido IMT, os notários e outros funcionários ou entidades que desempenhem funções notariais, bem como as entidades e profissionais com competência para autenticar documentos particulares que titulem actos ou contratos sujeitos a registo predial, não podem lavrar as escrituras, quaisquer outros instrumentos notariais ou documentos particulares ou autenticar documentos particulares que operem transmissões de bens imóveis nem proceder ao reconhecimento de assinaturas nos contratos previstos nas alíneas a) e b) do nº 3 do artigo 2º, sem que lhes seja apresentado o extracto da declaração referida no artigo 19º acompanhada do correspondente comprovativo da cobrança, que arquivarão, disso fazendo menção no documento a que respeitam, sempre que a liquidação deva preceder a transmissão.([1])

2 – Caso se alegue extravio, os referidos documentos podem ser substituídos, conforme os casos, por certidão ou fotocópia autenticada, passada pelos serviços emitentes dos documentos originais.

3 – Havendo lugar a isenção, as entidades referidas no nº 1 devem averbar a isenção e exigir o documento comprovativo que arquivam.([1])

([1]) Redacção dada pela Lei nº 64-A/2008, de 31 de Dezembro.

4 – As entidades referidas no nº 1 devem submeter, até ao dia 15 de cada mês, à Direcção-Geral dos Impostos, em suporte electrónico, os seguintes ele-mentos:([1])

a) Uma relação dos actos ou contratos sujeitos a IMT, ou dele isentos, efectuados no mês antecedente, contendo, relativamente a cada um desses actos, o número, data e importância dos documentos de cobrança ou os motivos da isenção, nomes dos contratantes, artigos matriciais e respectivas freguesias, ou menção dos prédios omissos;

b) Cópia das procurações que confiram poderes de alienação de bens imóveis em que por renúncia ao direito de revogação ou cláusula de natureza semelhante o representado deixe de poder revogar a procuração, bem como dos respectivos substabelecimentos, referentes ao mês anterior;

c) Cópia das escrituras ou documentos particulares autenticados de divisões de coisa comum e de partilhas de que façam parte bens imóveis.

5 – A obrigação a que se refere o número anterior compete também às entidades e profissionais que autentiquem documentos particulares, ou qualquer outro título, quando essa forma seja admitida em alternativa à escritura pública, ou reconheçam as assinaturas neles apostas.([2])

6 – São solidariamente responsáveis com o sujeito passivo pelo pagamento do imposto os notários que celebrem escrituras públicas e as pessoas que, por qualquer outra forma, intervenham nos documentos particulares autenticados, ou qualquer outro título, quando essa forma seja admitida em alternativa à escritura pública, desde que tenham colaborado na falta de liquidação ou arrecadação do imposto ou, na data daquela intervenção, recepção ou utilização, não tenham exigido o documento comprovativo do pagamento ou da isenção, se for caso disso.([2])

ARTIGO 50º
Actos relativos a bens imóveis sujeitos a registo

Nenhum facto, acto ou negócio jurídico relativo a bens imóveis sujeitos a registo pode ser definitivam ente registado sem que se mostre pago o IMT que seja devido.

ARTIGO 51º
Obrigações dos serviços do Ministério dos Negócios Estrangeiros

1 – Os serviços competentes do Ministério dos Negócios Estrangeiros não podem legalizar nenhum documento comprovativo de transmissão de imóveis situados em Portugal, operada no estrangeiro, sem que lhe seja apresentado o documento de cobrança do IMT, quando devido, devendo averbar-se no mencionado documento, o número, a data e a tesouraria onde o pagamento foi efectuado.

2 – Os serviços referidos no número anterior devem remeter à Direcção-Geral dos Impostos, em Janeiro e Julho de cada ano, uma relação referente aos actos ou contratos celebrados no estrangeiro e legalizados no semestre an terior.

3 – A relação referida no número anterior deve indicar o tipo de acto ou contrato, a data da legalização, o serviço de finanças em que o IMT foi liquidado, o

---

([1]) Redacção dada pela Lei nº 64-A/2008, de 31 de Dezembro.
([2]) Aditado pela Lei nº 64-A/2008, de 31 de Dezembro.

número, data e importância do respectivo documento de cobrança, nomes dos outorgantes, artigos matriciais e respectivas freguesias, ou menção dos prédios omissos.

ARTIGO 52º
Não atendimento de documentos ou títulos respeitantes a transmissões

Salvo disposição de lei em contrário, não podem ser atendidos em juízo, nem perante qualquer autoridade, autarquia local, repartição pública e pessoa colectiva de utilidade pública, os documentos ou títulos respeitantes a transmissões pelas quais se devesse ter pago IMT, sem a prova de que o pagamento foi feito ou de que dele estão isentas.

ARTIGO 53º
Entregas de bens por parte dos testamenteiros e cabeças-de-casal

Os testamenteiros e cabeças-de-casal não devem fazer entrega de quaisquer legados ou quinhões de heranças constituídos por bens imóveis sem que o IMT tenha sido pago, quando devido, ficando solidariamente responsáveis com os sujeitos passivos se a fizerem.

ARTIGO 54º
Obrigações de fiscalização das autoridades públicas em geral

1 – O cumprimento das obrigações impostas por este diploma é fiscalizado, em geral, e dentro dos limites da respectiva competência, por todas as autoridades, autarquias locais, repartições públicas e pessoas colectivas de utilidade pública, e, em especial, pela Direcção-Geral dos Impostos.

2 – Os serviços da Direcção-Geral dos Impostos, em especial os serviços de finanças, devem verificar os documentos que, nos termos dos artigos anteriores ou de outras disposições legais, lhes forem enviados por quaisquer entidades, promovendo as liquidações ou reforma das mesmas a que houver lugar, incluindo as motivadas por reconhecimento indevido de benefícios fiscais, sem prejuízo da responsabilidade que for de imputar ao autor do acto.

3 – No caso de se tratar de aquisição de prédio ou fracção autónoma de prédio urbano destinado a habitação, a verificação a que se refere o número anterior é feita, designadamente, através do processo administrativo de reconhecimento de benefício fiscal em sede de IMT.

CAPÍTULO IX
Disposições diversas

ARTIGO 55º
Direito de preferência de organismos públicos

1 – Se, por indicação inexacta do preço, ou simulação deste, o imposto tiver sido liquidado por valor inferior ao devido, o Estado, as autarquias locais e demais pessoas colectivas de direito público, representados pelo Ministério Público, poderão preferir na venda, desde que assim o requeiram perante os tribunais comuns e provem

que o valor por que o IMT deveria ter sido liquidado excede em 30% ou em €5000, pelo menos, o valor sobre que incidiu.

2 – A acção deve ser proposta em nome do organismo que primeiro se dirigir ao agente do Ministério Público junto do tribunal competente, e dentro do prazo de seis meses a contar da data do acto ou contrato, quando a liquidação do imposto tiver precedido a transmissão, ou da data da liquidação, no caso contrário.

3 – O Ministério Público deve requisitar ao serviço de finanças que liquidou o imposto os elementos de que ele já disponha ou possa obter para comprovar os factos alegados pelo autor.

4 – Os bens são entregues ao preferente mediante depósito do preço inexactamente indicado ou simulado e do imposto liquidado ao preferido.

5 – Com vista a permitir o exercício do direito de preferência das autarquias locais previsto no presente artigo, a Direcção-Geral dos Impostos disponibiliza, por via electrónica, à câmara municipal da área da situação do imóvel a informação relativa às escrituras e aos documentos particulares autenticados efectuados no mês anterior.([1])

([1]) Redacção dada pela Lei nº 64-A/2008, de 31 de Dezembro.

Portaria nº 1337/2003, de 5 de Dezembro

O sistema de tributação do património em Portugal que a recente reforma fiscal veio abolir sofria há várias décadas de dois desajustamentos fundamentais geradores de injustiça fiscal entre os contribuintes. Por um lado, o regime de avaliações de prédios urbanos era profundamente discricionário, dado que assentava no valor da renda potencial e a sua determinação era sempre um exercício pouco objectivo. Por outro lado, porque a inexistência de um regime de actualização de valores patrimoniais tributários fazia recair sobre os titulares de prédios novos uma carga fiscal desproporcionada relativamente aos titulares de prédios antigos. Os fenómenos de desvalorização monetária das últimas décadas tornaram fortemente desajustados da realidade os valores patrimoniais tributários destes últimos prédios.

A reforma da tributação do património responde a esses dois factores de injustiça com duas medidas fundamentais. A primeira institui um sistema simples e integralmente objectivo de avaliações de prédios urbanos. A segunda determina a actualização dos valores patrimoniais tributários dos prédios já existentes, com base em factores de correcção monetária, reduzindo-se significativamente as taxas vigentes.

A actualização de valores patrimoniais tributários, que a reforma determina, tem apenas em vista a correcção das injustiças entre os contribuintes, geradas pela erosão da base tributável em função da desvalorização monetária.

Daí que o método mais objectivo e justo de actualização dos valores patrimoniais seja o que assenta na aplicação dos coeficientes de correcção monetária, tal como a lei determina no artigo 16º, nº 1, do Decreto-Lei nº 287/2003, de 12 de Novembro.

Os coeficientes de correcção monetária estabelecidos resultam da evolução do índice de preços no consumidor desde 1970, cujas componentes integram a evolução temporal dos preços no mercado imobiliário.

A presente actualização respeita também as diferenças de valores patrimoniais tributários nos diferentes municípios geradas pelo funcionamento das comissões de avaliação e pela fixação definitiva dos valores patrimoniais tributários no momento em que foram realizadas as avaliações.

Seguindo o mesmo princípio, fixam-se também os coeficientes de correcção monetária para actualização do valor patrimonial tributário dos prédios rústicos para efeitos de liquidação do imposto municipal sobre as transmissões onerosas de imóveis e de imposto do selo nas transmissões gratuitas.

Assim:
Manda o Governo, pela Ministra de Estado e das Finanças, ao abrigo do nº 2 do artigo 16º e da alínea c) do nº 1 do artigo 27º do Decreto-Lei nº 287/2003, de 12 de

Novembro, que os coeficientes de desvalorização da moeda a aplicar para a actualização dos valores patrimoniais tributários dos prédios urbanos não arrendados e dos prédios rústicos sejam os constantes do quadro anexo.

A Ministra de Estado e das Finanças, *Maria Manuela Dias Ferreira Leite*, em 13 de Novembro de 2003.

ANEXO

Quadro de actualização dos coeficientes de desvalorização da moeda aplicáveis para actualização do valor patrimonial tributário dos prédios urbanos não arrendados a que se refere o artigo 16º e dos prédios rústicos a que se refere a alínea *e*) do nº 1 do artigo 27º do Decreto-Lei nº 287/2003, de 12 de Novembro.

Ano	Coeficiente
Até 1970	44,21
1971	42,08
1972	39,34
1973	35,76
1974	27,42
1975	23,43
1976	19,62
1977	15,06
1978	11,80
1979	9,29
1980	8,38
1981	6,85
1982	5,69
1983	4,54
1984	3,54
1985	2,94
1986	2,68
1987	2,44
1988	2,22
1989	1,97
1990	1,77
1991	1,56
1992	1,46
1993	1,35
1994	1,28
1995	1,23
1996	1,19
1997	1,17
1998	1,14
1999	1,11
2000	1,08
2001	1,04
2002	1,00

Código do Imposto do Selo

PREÂMBULO

O Imposto do Selo é o imposto mais antigo do sistema fiscal português (foi criado por Alvará de 24 de Dezembro de 1660) e era considerado, até à sua reforma, operada em 2000, um imposto anacrónico.

A reforma de 2000 veio remodelar profundamente a estrutura normativa do imposto, eliminando do seu extenso universo de incidência uma parte importante dos tipos de tributação, que se revelavam mais arcaicos, porque mais flagrantemente desajustados das realidades actuais.

Manteve, porém, as características de simplicidade na liquidação e pagamento, tendo-se, nessa linha, abolido a estampilha fiscal como forma de pagamento.

A reforma de 2000 reduziu em mais de um terço o número de verbas da Tabela Geral e pôs termo à acumulação de tributação do mesmo facto por mais de uma verba.

Merece especial relevo a alteração da filosofia de tributação do crédito, que passou a recair sobre a sua utilização e já não sobre a celebração do respectivo negócio jurídico de concessão. Outra inovação importante nesta matéria, foi a relevância que o factor tempo passou a ter na determinação da taxa do imposto.

Foi ainda alargada a base de incidência à tributação dos cartões de crédito, garantias, cessões de crédito, designadamente as associadas à actividade de factoring, locação financeira e comissões de mediação no âmbito da actividade seguradora.

A reforma de 2000 marcou uma tendência para a alteração de uma das suas mais ancestrais características, que de imposto sobre os documentos se tende a afirmar cada vez mais como imposto sobre as operações que, independentemente da sua materialização, revelem rendimento ou riqueza.

Uma outra referência prende-se com a modernização dos meios de controlo do cumprimento das obrigações fiscais, bem como os meios de defesa dos sujeitos passivos, colocando-os ao nível dos restantes impostos.

Com a reforma da tributação do património que agora se opera, o Código do Imposto do Selo sofre uma profunda remodelação. A decisão de abolir o imposto sobre as sucessões e doações relativo às transmissões gratuitas a favor de herdeiros legitimários tornou injustificável a manutenção de um Código destinado a tributar apenas as restantes transmissões gratuitas.

Essas transmissões passam, a partir de agora, a ser tributadas em imposto do selo, pelo que o Código teve de ser ajustado e dotado das normas necessárias a esse fim.

Mas esta reforma não se limita a introduzir no Código as normas do antigo imposto sobre as sucessões e doações. Antes pelo contrário, introduz outras alterações na tributação das transmissões gratuitas.

Quanto à incidência objectiva passa a indicar-se expressamente quais os bens ou direitos não sujeitos a imposto, eliminando-se a tributação dos bens pessoais ou domésticos, bem como a presunção da sua existência, até agora vigente.

Também se excluem da incidência do imposto as transmissões gratuitas a favor dos sujeitos passivos do imposto sobre o rendimento das pessoas colectivas.

Esta exclusão, que representa outra das alterações profundas da reforma, vem reafirmada nas normas de incidência subjectiva em que só as pessoas singulares passam a ser sujeitos passivos deste imposto.

Por esta via, introduz-se um princípio de maior coerência no sistema tributário, no sentido da concretização do conceito de rendimento acréscimo consagrado no Código do IRC, já que todos os afluxos patrimoniais que ingressem na esfera jurídico-patrimonial das pessoas colectivas ou equiparadas passarão a relevar para efeitos da determinação da sua matéria colectável.

A sujeição destas transmissões a IRC não prejudica, porém, as eventuais isenções ou exclusões em sede desse imposto, que agora passarão igualmente a incluir os ingressos patrimoniais que tinham idênticos benefícios em sede de imposto sucessório.

Quanto à territorialidade, mantém-se a regra de tributar as transmissões de bens situados em território nacional, seja qual for a residência dos beneficiários dessas transmissões e do respectivo autor. Porém, quando os bens transmitidos forem direitos sobre pessoas colectivas, limita-se a sujeição aos casos em que também os adquirentes tenham domicílio em território nacional.

No que respeita ao apuramento do valor tributável nas transmissões gratuitas, simplifica-se profundamente o sistema, articulando-o simultaneamente com outros impostos e aproveitando mecanismos de controlo já instituídos que podem ser de utilização comum como é o caso, por exemplo, dos objectos de arte, de colecção e de antiguidades.

Quanto aos veículos automóveis, aeronaves de turismo e barcos de recreio, estabelecem-se igualmente critérios de quantificação, aqui por remissão para o Código do Imposto Sobre o Rendimento das Pessoas Singulares onde, para outros efeitos, está prevista a fixação de valores de mercado para os referidos bens.

Introduzem-se novas regras, ou aperfeiçoam-se outras, de determinação do valor tributável como, por exemplo, dos estabelecimentos comerciais, industriais ou agrícolas, dos estabelecimentos afectos ao exercício de profissões liberais, bem como um novo mecanismo de avaliação indirecta, por adaptação do disposto na Lei Geral Tributária.

No caso concreto dos estabelecimentos comerciais, industriais ou agrícolas sem contabilidade organizada estabelece-se um mecanismo indirecto de determinação do seu valor tributável, através da utilização de factores de capitalização do rendimento fixados em função do zonamento dos imóveis onde esses estabelecimentos se encontram instalados, utilizando regras estabelecidas no Código do Imposto Municipal sobre Imóveis (CIMI).

No que respeita aos bens imóveis, a determinação do seu valor tributável terá por base o novo sistema de avaliações constante do CIMI.

Em matéria de liquidação, o imposto incidente sobre as transmissões gratuitas passa a ser liquidado pelos serviços centrais da DGCI, com introdução de inovações significativas no respectivo procedimento, todas subordinadas a uma preocupação de simplicidade e eficiência.

A inovação mais importante nesta matéria é que a base tributável nas transmissões por morte, deixa de ser a quota hereditária de cada herdeiro, passando a ser a massa hereditária global na *pessoa do cabeça de casal. Desta forma, a liquidação do imposto não exige a partilha prévia, ainda que ideal, da herança, o que constituirá importante factor de simplificação e desburocratização dos procedimentos administrativos.*

Esta inovação permitirá, ainda, eliminar o regime de suspensão do procedimento de liquidação do imposto relativamente aos bens onerados com o direito de usufruto.

Por outro lado, o sistema adoptado, que se traduz numa considerável simplificação da estrutura do sistema de tributação, designadamente ao nível das taxas e da liquidação, permitirá a sua informatização.

A taxa do imposto nas transmissões gratuitas sofre uma forte redução, passando a aplicar-se apenas uma taxa única de 10%, facto que também constituirá um factor de simplicidade.

Elimina-se a taxa de 5% prevista nos artigos 182º e seguintes do Código do Imposto sobre Sucessões e Doações, face à jurisprudência que o Tribunal de Justiça vem proferindo a propósito da interpretação do nº 4 do artigo 5º da Directiva 90/435/CEE, do Conselho, de 23 de Julho, relativa ao regime comum aplicável às sociedades mães e sociedades afiliadas de Estados membros diferentes, no sentido de aquela imposição não poder ser aplicável aos dividendos distribuídos pelas filiais às sociedades participantes.

Ora se o imposto sucessório por avença não pode ser aplicável aos dividendos distribuídos a empresas não residentes em Portugal não faz sentido mantê-lo quando os beneficiários sejam residentes.

Assim, as participações sociais e os títulos de crédito, incluindo as obrigações, passarão a ser tributados nos termos gerais do Código, isto é, apenas se e quando ocorrer a sua transmissão gratuita.

Ainda no âmbito da presente reforma é acrescentada à Tabela Geral a verba 27, como resultado de não serem incluídas na incidência do novo imposto municipal sobre as transmissões onerosas de imóveis as subconcessões e trespasses de concessões feitas pelo Estado ou entidades públicas para exploração de empresas ou serviços, que vinham sendo tributadas em imposto de sisa.

Entendeu-se que não faria sentido manter tais contratos sujeitos a um imposto sobre transmissões de imóveis e que a sede natural da sua tributação seria em imposto do selo.

Ao proceder-se desse modo, e por razões de equidade e uniformidade, passam a incluir-se na mesma verba os trespasses de estabelecimentos comerciais, industriais ou agrícolas.

CAPÍTULO I
Incidência

ARTIGO 1º
Incidência objectiva

1 – O imposto do selo incide sobre todos os actos, contratos, documentos, títulos, papéis e outros factos previstos na Tabela Geral, incluindo as transmissões gratuitas de bens.([1])

2 – Não são sujeitas a imposto as operações sujeitas a imposto sobre o valor acrescentado e dele não isentas.

([1]) Redacção dada pela Lei nº 3-B/2010, de 28 de Abril.

3 – Para efeitos da verba 1.2 da Tabela Geral, são consideradas transmissões gratuitas, designadamente, as que tenham por objecto:

a) Direito de propriedade ou figuras parcelares desse direito sobre bens imóveis, incluindo a aquisição por usucapião;
b) Bens móveis sujeitos a registo, matrícula ou inscrição;
c) Participações sociais, valores mobiliários e direitos de crédito associados, ainda que transmitidos autonomamente, títulos e certificados da dívida pública, bem como valores monetários, ainda que objecto de depósito em contas bancárias;([1])
d) Estabelecimentos comerciais, industriais ou agrícolas;
e) Direitos de propriedade industrial, direitos de autor e direitos conexos;
f) Direitos de crédito dos sócios sobre prestações pecuniárias não comerciais associadas à participação social, independentemente da designação, natureza ou forma do acto constitutivo ou modificativo, designadamente suprimentos, empréstimos, prestações suplementares de capital prestações acessórias pecuniárias, bem como quaisquer outros adiantamentos ou abonos à sociedade;
g) Aquisição derivada de invalidade, distrate, renúncia ou desistência, resolução, ou revogação da doação entre vivos com ou sem reserva de usufruto, salvo nos casos previstos nos artigos 970º e 1765º do Código Civil, relativamente aos bens e direitos enunciados nas alíneas antecedentes.

4 – São considerados simultaneamente como aquisições a título oneroso e gratuito as constantes do artigo 3º do Código do Imposto Municipal Sobre as Transmissões Onerosas de Imóveis (CIMT).

5 – Para efeitos da verba 1.2 da tabela geral, não são sujeitas a imposto do selo as seguintes transmissões gratuitas:([2])

a) O abono de família em dívida à morte do titular, os créditos provenientes de seguros de vida, as pensões e subsídios atribuídos, ainda que a título de subsídio por morte, por sistemas de segurança social;([3])
b) De valores aplicados em fundos de poupança-reforma, fundos de pou-pança-educação, fundos de poupança-reforma-educação, fundos de poupança-acções, fundos de pensões ou fundos de investimento mobiliário e imobiliário;
c) Donativos efectuados nos termos da Lei do Mecenato;
d) Donativos conforme os usos sociais, de bens ou valores não incluídos nas alíneas anteriores, até ao montante de €500;
e) Transmissões a favor de sujeitos passivos de imposto sobre o rendimento das pessoas colectivas, ainda que dele isentas;
f) Bens de uso pessoal ou doméstico.

6 – Para efeitos do presente Código, o conceito de prédio é o definido no Código do Imposto Municipal Sobre Imóveis (CIMI).

7 – Os valores e dinheiro depositados em contas conjuntas, guardados em cofres de aluguer ou confiados a qualquer pessoa ou entidade, consideram-se pertencentes

---

([1]) Redacção dada pelo Decreto-Lei nº 211/2005, de 7 de Dezembro.
([2]) Redacção dada pela Lei nº 64-A/2008, de 31 de Dezembro.
([3]) Redacção dada pela Lei nº 39-A/2005, de 29 de Julho.

em partes iguais aos respectivos titulares, salvo prova em contrário, tanto da Fazenda Nacional como dos interessados.([1])

8 – O disposto no nº 2 não se aplica às situações previstas na verba nº 11.2 da Tabela Geral.([2])

ARTIGO 2º
Incidência subjectiva

1 – São sujeitos passivos do imposto:

a) Notários, conservadores dos registos civil, comercial, predial e de outros bens sujeitos a registo, outras entidades públicas, incluindo os estabelecimentos e organismos do Estado, bem como todas as entidades ou profissionais que autentiquem os documentos particulares, relativamente aos actos, contratos e outros factos em que sejam intervenientes, com excepção dos celebrados perante notários relativos a crédito e garantias concedidos por instituições de crédito, sociedades financeiras ou outras entidades a elas legalmente equiparadas e por quaisquer outras instituições financeiras, e quando, nos termos da alínea *n)* do artigo 5º, os contratos ou documentos lhes sejam apresentados para qualquer efeito legal;([3])

b) Entidades concedentes do crédito e da garantia ou credoras de juros, prémios, comissões e outras contraprestações;

c) Instituições de crédito, sociedades financeiras ou outras entidades a elas legalmente equiparadas residentes em território nacional, que tenham intermediado operações de crédito, de prestação de garantias ou juros, comissões e outras contraprestações devidos por residentes no mesmo território a instituições de crédito ou sociedades financeiras não residentes;

d) Entidades mutuárias, beneficiárias de garantia ou devedoras dos juros, comissões e outras contraprestações no caso das operações referidas na alínea anterior que não tenham sido intermediadas por instituições de crédito, sociedades financeiras ou outras entidades a elas legalmente equiparadas, e cujo credor não exerça a actividade, em regime de livre prestação de serviços, no território português;

e) Empresas seguradoras relativamente à soma do prémio do seguro, custo da apólice e quaisquer outras importâncias cobradas em conjunto ou em do cumento separado, bem como às comissões pagas a mediadores, líquidas de imposto;

f) Entidades emitentes de letras e outros títulos de crédito, entidades editantes de cheques e livranças ou, no caso de títulos emitidos no estrangeiro, a primeira entidade que intervenha na negociação ou pagamento;

g) Locador e sublocador, nos arrendamentos e subarrendamentos;

h) Outras entidades que intervenham em actos e contratos ou emitam ou utilizem os documentos, títulos ou papéis;([2])

i) Representantes que, para o efeito, são obrigatoriamente nomeados em Portugal, pelas entidades emitentes de apólices de seguros efectuados no território de

---

([1]) Aditado pela Lei nº 39-A/2005, de 29 de Julho.
([2]) Redacção dada pela Lei nº 3-B/2010, de 28 de Abril.
([3]) Redacção dada pela Lei nº 64-A/2008, de 31 de Dezembro.

outros Estados membros da União Europeia ou fora desse território, cujo risco ocorra em território português;

j) Representantes que, para o efeito, são obrigatoriamente nomeados em Portugal pelas instituições de crédito ou sociedades financeiras que, no território português, realizam operações financeiras em regime de livre prestação de serviços que não sejam intermediadas por instituições de crédito ou sociedades financeiras domiciliadas em Portugal;

l) Representantes que, para o efeito, são obrigatoriamente nomeados em Portugal por quaisquer entidades que, no território português, realizem quaisquer outras operações abrangidas pela incidência do presente Código em regime de livre prestação de serviços.

m) (Revogada.)([1])

n) (Revogada.)([1])

o) A Santa Casa da Misericórdia de Lisboa, relativamente aos contratos de jogo celebrados no âmbito dos jogos sociais do Estado, cuja organização e exploração se lhe encontre atribuída em regime de direito exclusivo.([2])

p) As entidades que concedem os prémios do bingo, das rifas e do jogo do loto, bem como quaisquer prémios de sorteios ou de concursos.([3])

2 – Nas transmissões gratuitas são sujeitos passivos do imposto as pessoas singulares para quem se transmitam os bens, sem prejuízo das seguintes regras:

a) Nas sucessões por morte, o imposto é devido pela herança, representada pelo cabeça de casal, e pelos legatários;

b) Nas demais transmissões gratuitas, incluindo as aquisições por usucapião, o imposto é devido pelos respectivos beneficiários.

3 – Não obstante o disposto no nº 1, nos actos ou contratos da verba 1.1 da tabela geral, são sujeitos passivos do imposto as pessoas singulares ou colectivas para quem se transmitam os bens.([4])

ARTIGO 3º
Encargo do imposto

1 – O imposto constitui encargo dos titulares do interesse económico nas situações referidas no artigo 1º.

2 – Em caso de interesse económico comum a vários titulares, o encargo do imposto é repartido proporcionalmente por todos eles.

3 – Para efeitos do nº 1, considera-se titular do interesse económico:

a) Nas transmissões por morte, a herança e os legatários e, nas restantes transmissões gratuitas, bem como no caso de aquisições onerosas, os adquirentes dos bens;

b) No arrendamento e subarrendamento, o locador e o sublocador;

c) Nas apostas, incluindo em todos os jogos sociais do Estado, o apostador;([2])

([1]) Revogada pela Lei nº 3-B/2010, de 28 de Abril.
([2]) Aditada pelo Decreto-Lei nº 175/2009, de 4 de Agosto.
([3]) Aditada pela Lei nº 3-B/2010, de 28 de Abril.
([4]) Aditado pela Lei nº 64-A/2008, de 31 de Dezembro.

d) (Revogada);
e) Nas garantias, as entidades obrigadas à sua apresentação;
f) Na concessão do crédito, o utilizador do crédito;
g) Nas restantes operações financeiras realizadas por ou com intermediação de instituições de crédito, sociedades ou outras instituições financeiras, o cliente destas;
h) (Revogada);([1])
i) Nos cheques, o titular da conta;
j) Nas letras e livranças, o sacado e o devedor;
l) Nos títulos de crédito não referidos anteriormente, o credor;
m) (Revogada);([1])
n) No reporte, o primeiro alienante;
o) Nos seguros, o tomador e, na actividade de mediação, o mediador;
p) (Revogada);([1])
q) (Revogada);([1])
r) (Revogada);([1])
s) Em quaisquer outros actos, contratos e operações, o requerente, o requisitante, o primeiro signatário, o beneficiário, o destinatário dos mesmos, bem como o prestador ou fornecedor de bens e serviços;
t) Nos prémios do bingo, das rifas e do jogo do loto, bem como em quaisquer prémios de sorteios ou de concursos, o beneficiário.([2])

4 – (Revogado).([1])

ARTIGO 4º
Territorialidade

1 – Sem prejuízo das disposições do presente Código e da Tabela Geral em sentido diferente, o imposto do selo incide sobre todos os factos referidos no artigo 1º ocorridos em território nacional.

2 – São, ainda, sujeitos a imposto:

a) Os documentos, actos ou contratos emitidos ou celebrados fora do território nacional, nos mesmos termos em que o seriam se neste território fossem emitidos ou celebrados, caso aqui sejam apresentados para quaisquer efeitos legais;

b) As operações de crédito realizadas e as garantias prestadas por instituições de crédito, por sociedades financeiras ou por quaisquer outras entidades, independentemente da sua natureza, sediadas no estrangeiro, por filiais ou sucursais no estrangeiro de instituições de crédito, de sociedades financeiras, ou quaisquer outras entidades, sediadas em território nacional, a quaisquer entidades, independentemente da sua natureza, domiciliadas neste território, considerando-se domicílio a sede, filial, sucursal ou estabelecimento estável;

c) Os juros, as comissões e outras contraprestações cobrados por instituições de crédito ou sociedades financeiras sediadas no estrangeiro ou por filiais ou sucursais

---

([1]) Revogada pela Lei nº 3-B/2010, de 28 de Abril.
([2]) Aditada pela Lei nº 3-B/2010, de 28 de Abril.

no estrangeiro de instituições de crédito ou sociedades financeiras sediadas no território nacional a quaisquer entidades domiciliadas neste território, considerando-se domicílio a sede, filial, sucursal ou estabelecimento estável das entidades que intervenham na realização das operações;

d) Os seguros efectuados noutros Estados membros da União Europeia, cujo risco tenha lugar no território nacional, não sendo devido, no entanto, quanto aos seguros efectuados em Portugal cujo risco ocorra noutro Estado membro da União Europeia;

e) Os seguros efectuados fora da União Europeia, cujo risco tenha lugar no território nacional.

3 – Nas transmissões gratuitas, o imposto é devido sempre que os bens estejam situados em território nacional.

4 – Para efeitos do disposto no número anterior, consideram-se bens situados em território nacional:

a) Os direitos sobre bens móveis e imóveis aí situados;

b) Os bens móveis registados ou sujeitos a registo, matrícula ou inscrição em território nacional;

c) Os direitos de crédito ou direitos patrimoniais sobre pessoas singulares ou colectivas quando o seu devedor tiver residência, sede, direcção efectiva ou estabelecimento estável em território nacional, e desde que aí tenha domicílio o adquirente;

d) As participações sociais quando a sociedade participada tenha a sua sede, direcção efectiva ou estabelecimento estável em território nacional, desde que o adquirente tenha domicílio neste território;

e) Os valores monetários depositados em instituições com sede, direcção efectiva ou estabelecimento estável em território nacional, ou, não se tratando de valores monetários depositados, o autor da transmissão tenha domicílio, sede, direcção efectiva ou estabelecimento estável neste território;([1])

f) Os direitos de propriedade industrial, direitos de autor e direitos conexos, registados ou sujeitos a registo em território nacional.

5 – Nas transmissões gratuitas, consideram-se domiciliadas em território nacional as pessoas referidas no artigo 16º do Código do IRS.

ARTIGO 5º
Nascimento da obrigação tributária

A obrigação tributária considera-se constituída:

a) Nos actos e contratos, no momento da assinatura pelos outorgantes;

b) Nas apólices de seguros, no momento da cobrança dos prémios;

c) Nos cheques editados por instituições de crédito domiciliadas em território nacional, no momento da recepção de cada impressão;

([1]) Aditado pela Lei nº 53-A/2006, de 29 de Dezembro.
([1]) Aditada pela Lei nº 39-A/2005, de 29 de Julho.

d) Nos documentos expedidos ou passados fora do território nacional, no momento em que forem apresentados em Portugal junto de quaisquer entidades;

e) Nas letras emitidas no estrangeiro, no momento em que forem aceites, endossadas ou apresentadas a pagamento em território nacional;

f) Nas letras e livranças em branco, no momento em que possam ser preenchidas nos termos da respectiva convenção de preenchimento;

g) Nas operações de crédito, no momento em que forem realizadas ou, se o crédito for utilizado sob a forma de conta corrente, descoberto bancário ou qualquer outro meio em que o prazo não seja determinado nem determinável, no último dia de cada mês;

h) Nas operações realizadas por ou com intermediação de instituições de crédito, sociedades financeiras ou outras entidades a elas legalmente equiparadas, no momento da cobrança dos juros, prémios, comissões e outras contraprestações, considerando-se efectivamente cobrados, sem prejuízo do disposto no nº 1 do artigo 51º, os juros e comissões debitados em contas correntes à ordem de quem a eles tiver direito;

i) *(Revogada)*;([1])

j) *(Revogada)*;([1])

l) Sem prejuízo do disposto na alínea seguinte, nos restantes casos, na data da emissão dos documentos, títulos e papéis ou da ocorrência dos factos;

m) Nos empréstimos efectuados pelos sócios às sociedades em que seja estipulado prazo não inferior a um ano e sejam reembolsados antes desse prazo, no momento do reembolso;

n) Em caso de actos, contratos, documentos, títulos, papéis e outros factos previstos na tabela anexa ao presente Código em que não intervenham a qualquer título pessoas colectivas ou pessoas singulares no exercício de actividade de comércio, indústria ou prestação de serviços, quando forem apresentados perante qualquer sujeito passivo do imposto referido na alínea *a)* do nº 1 do artigo 2º; ([2])

o) *(Revogada)*;([1])

p) Nas sucessões por morte, na data da abertura da sucessão;

q) Nos créditos litigiosos, definidos nos termos do nº 3 do artigo 579º do Código Civil, quando transitar em julgado a decisão;

r) Nas aquisições por usucapião, na data em que transitar em julgado a acção de justificação judicial, for celebrada a escritura de justificação notarial ou no momento em que se tornar definitiva a decisão proferida em processo de justificação nos termos do Código do Registo Predial;([1])

s) *(Revogada)*;([1])

t) Nos prémios do bingo, das rifas e do jogo do loto, bem como em quaisquer prémios de sorteios ou de concursos, no momento da atribuição.([3])

([1]) Revogada pela Lei nº 3-B/2010, de 28 de Abril.
([2]) Redacção dada pela Lei nº 55-A/2010, de 31 de Dezembro.
([1]) Redacção dada pela Lei nº 60-A/2005, de 30 de Dezembro.
([1]) Redacção dada pela Lei nº 64-A/2008, de 31 de Dezembro.
([3]) Aditada pela Lei nº 3-B/2010, de 28 de Abril.

CAPÍTULO II
Isenções

ARTIGO 6º
Isenções subjectivas

São isentos de imposto do selo, quando este constitua seu encargo:

a) O Estado, as Regiões Autónomas, as autarquias locais e as suas associações e federações de direito público e quaisquer dos seus serviços, estabelecimentos e organismos, ainda que personalizados, compreendidos os institutos públicos, que não tenham carácter empresarial;

b) As instituições de segurança social;

c) As pessoas colectivas de utilidade pública administrativa e de mera utilidade pública;

d) As instituições particulares de solidariedade social e entidades a estas legalmente equiparadas;

e) O cônjuge ou unido de facto, descendentes e ascendentes, nas transmissões gratuitas sujeitas à verba 1.2 da tabela geral de que são beneficiários.([1])

ARTIGO 7º
Outras isenções

1 – São também isentos do imposto:

a) Os prémios recebidos por resseguros tomados a empresas operando legalmente em Portugal;

b) Os prémios e comissões relativos a seguros do ramo «Vida»;

c) *(Revogada)*;([2])

d) As garantias inerentes a operações realizadas, registadas, liquidadas ou compensadas através de entidade gestora de mercados regulamentados ou através de entidade por esta indicada ou sancionada no exercício de poder legal ou regulamentar, ou ainda por entidade gestora de mercados organizados registados na CMVM, que tenham por objecto, directa ou indirectamente, valores mobiliários, de natureza real ou teórica, direitos a eles equiparados, contratos de futuros, taxas de juro, divisas ou índices sobre valores mobiliários, taxas de juro ou divisas;

e) Os juros e comissões cobrados, as garantias prestadas e, bem assim, a utilização de crédito concedido por instituições de crédito, sociedades financeiras e instituições financeiras a sociedades de capital de risco, bem como a sociedades ou entidades cuja forma e objecto preencham os tipos de instituições de crédito, sociedades financeiras e instituições financeiras previstos na legislação comunitária, umas e outras domiciliadas nos Estados membros da União Europeia ou em qualquer Estado, com excepção das domiciliadas em territórios com regime fiscal privilegiado, a definir por portaria do Ministro das Finanças;

f) As garantias prestadas ao Estado no âmbito da gestão da respectiva dívida pública directa com a exclusiva finalidade de cobrir a sua exposição a risco de crédito;

([1]) Redacção dada pela Lei nº 64-A/2008, de 31 de Dezembro.
([2]) Revogada pela Lei nº 3-B/2010, de 28 de Abril.

g) As operações financeiras, incluindo os respectivos juros, por prazo não superior a um ano, desde que exclusivamente destinadas à cobertura de carência de tesouraria e efectuadas por sociedades de capital de risco (SCR) a favor de sociedades em que detenham participações, bem como as efectuadas por sociedades gestoras de participações sociais (SGPS) a favor de sociedades por elas dominadas ou a sociedades em que detenham participações previstas no nº 2 do artigo 1º e nas alíneas *b)* e *c)* do nº 3 do artigo 3º do Decreto-Lei nº 495/88, de 30 de Dezembro, e, bem assim, efectuadas em benefício da sociedade gestora de participações sociais que com ela se encontrem em relação de domínio ou de grupo;
h) As operações, incluindo os respectivos juros, referidas na alínea anterior, quando realizadas por detentores de capital social a entidades nas quais detenham directamente uma participação no capital não inferior a 10% e desde que esta tenha permanecido na sua titularidade durante um ano consecutivo ou desde a constituição da entidade participada, contanto que, neste último caso, a participação seja mantida durante aquele período;
i) Os empréstimos com características de suprimentos, incluindo os respectivos juros efectuados por sócios à sociedade em que seja estipulado um prazo inicial não inferior a um ano e não sejam reembolsados antes de decorrido esse prazo;([1])
j) Os mútuos constituídos no âmbito do regime legal do crédito à habitação até ao montante do capital em dívida, quando deles resulte mudança da instituição de crédito ou sub-rogação nos direitos e garantias do credor hipotecário, nos termos do artigo 591º do Código Civil;
l) Os juros cobrados por empréstimos para aquisição, construção, reconstrução ou melhoramento de habitação própria;
m) O reporte de valores mobiliários ou direitos equiparados realizado em bolsa de valores;([2])
n) O crédito concedido por meio de conta poupança-ordenado, na parte em que não exceda, em cada mês, o montante do salário mensalmente creditado na conta;
o) Os actos, contratos e operações em que as instituições comunitárias ou o Banco Europeu de Investimentos sejam intervenientes ou destinatárias;
p) O jogo do bingo e os jogos organizados por instituições de solidariedade social, pessoas colectivas legalmente equiparadas ou pessoas colectivas de utilidade pública que desempenhem única e, exclusiva ou predominantemente, fins de caridade, de assistência ou de beneficência, quando a receita se destine aos seus fins estatutários ou, nos termos da lei, reverta obrigatoriamente a favor de outras entidades, com excepção dos jogos sociais do Estado;([3])
q) (Revogada);
r) (Revogada);([4])
s) (Revogada);([4])

([1]) Redacção dada pela Lei nº 55-A/2010, de 31 de Dezembro.
([2]) Redacção dada pela Lei nº 60-A/2005, de 30 de Dezembro.
([3]) Redacção dada pelo Decreto-Lei nº 175/2009, de 4 de Agosto.
([4]) Revogada pela Lei nº 3-B/2010, de 28 de Abril.

t) As aquisições onerosas ou a título gratuito de imóveis por entidades públicas empresariais responsáveis pela rede pública de escolas, destinadas directa ou indirectamente à realização dos seus fins estatutários.([1])

2 – O disposto nas alíneas *g)* e *h)* do nº 1 não se aplica quando qualquer dos intervenientes não tenha sede ou direcção efectiva no território nacional, com excepção das situações em que o credor tenha sede ou direcção efectiva noutro Estado membro da União Europeia ou num Estado em relação ao qual vigore uma convenção para evitar a dupla tributação sobre o rendimento e o capital acordada com Portugal, caso em que subsiste o direito à isenção, salvo se o credor tiver previamente realizado os financiamentos previstos nas alíneas *g)* e *h)* do nº 1 através de operações realizadas com instituições de crédito ou sociedades financeiras sediadas no estrangeiro ou com filiais ou sucursais no estrangeiro de instituições de crédito ou sociedade financeiras sediadas no território nacional.

3 – O disposto na alínea *i)* do nº 1 não se aplica quando o sócio seja entidade domiciliada em território sujeito a regime fiscal privilegiado a definir por portaria do Ministério das Finanças.

4 – O disposto na alínea *p)* do nº 1 não se aplica quando se trate de imposto devido nos termos da verba nº 11.2 da Tabela Geral.([2])

5 – Mantêm-se em vigor as isenções nas transmissões gratuitas, constantes de acordos entre o Estado e quaisquer pessoas, de direito público ou privado.

ARTIGO 8º
Averbamento da isenção

Sempre que haja lugar a qualquer isenção, deve averbar-se no documento ou título a disposição legal que a prevê.

CAPÍTULO III
Valor Tributável

SECÇÃO I
Regras Gerais

ARTIGO 9º
Valor tributável

1 – O valor tributável do imposto do selo é o que resulta da Tabela Geral, sem prejuízo do disposto nos números e artigos seguintes.

2 – A determinação do valor tributável por métodos indirectos terá lugar quando se verificarem os casos e condições previstos nos artigos 87º e 89º da Lei Geral Tributária (LGT) e segue os termos do artigo 90º da mesma lei e do artigo 52º do

---

([1]) Aditada pela Lei nº 55-A/2010, de 31 de Dezembro.
([2]) Aditado pela Lei nº 3-B/2010, de 28 de Abril.

Código do Imposto sobre o Rendimento das Pessoas Colectivas (IRC), com as necessárias adaptações.

3 – Nos contratos de valor indeterminado, a sua determinação é efectuada pelas partes, de acordo com os critérios neles estipulados ou, na sua falta, segundo juízos de equidade.

4 – À tributação dos negócios jurídicos sobre bens imóveis, prevista na tabela geral, aplicam-se as regras de determinação da matéria tributável do Código do Imposto Municipal sobre as Transmissões Onerosas de Imóveis (CIMT).([1])

ARTIGO 10º
Valor representado em moeda sem curso legal em Portugal

1 – Sempre que os elementos necessários à determinação do valor tributável sejam expressos em moeda sem curso legal em Portugal, as taxas de câmbio a utilizar são as de venda.

2 – Para os efeitos do número anterior, pode optar-se entre considerar a taxa do dia em que se efectuar a liquidação ou a do 1º dia útil do respectivo mês.

ARTIGO 11º
Valor representado em espécie

A equivalência em unidade monetária nacional dos valores em espécie faz-se de acordo com as regras seguintes e pela ordem indicada:

a) Pelo preço tabelado oficialmente;
b) Pela cotação oficial de compra;
c) Tratando-se de géneros, pela cotação de compra na Bolsa de Mercadorias de Lisboa ou, não existindo essa cotação, pelo preço médio do respectivo ano ou do último determinado e que constem da estiva camarária;
d) Pelos preços dos bens ou serviços homólogos publicados pelo Instituto Nacional de Estatística;
e) Pelo valor do mercado em condições de concorrência;
f) Por declaração das partes.

ARTIGO 12º
Contratos de valor indeterminado

Sem prejuízo do disposto no artigo 9º, o serviço de finanças da área do domicílio ou sede do sujeito passivo pode alterar o valor tributável declarado sempre que, nos contratos de valor indeterminado ou na determinação da equivalência em unidades monetárias nacionais de valores representados em espécie, não tiverem sido seguidas as regras, respectivamente, dos artigos 9º e 11º.

([1]) Aditada pela Lei nº 60-A/2005, de 30 de Dezembro.

SECÇÃO II
Nas transmissões gratuitas

ARTIGO 13º
Valor tributável dos bens imóveis

1 – O valor dos imóveis é o valor patrimonial tributário constante da matriz nos termos do CIMI à data da transmissão, ou o determinado por avaliação nos casos de prédios omissos ou inscritos sem valor patrimonial.

2 – No caso de imóveis e direitos sobre eles incidentes cujo valor não seja determinado por aplicação do disposto neste artigo e no caso do artigo 14º do CIMT, é o valor declarado ou o resultante de avaliação, consoante o que for maior.

3 – Se os bens forem expropriados por utilidade pública antes da liquidação, o seu valor será o montante da indemnização.

4 – Na determinação dos valores patrimoniais tributários de bens imóveis ou de figuras parcelares do direito de propriedade, observam-se as regras previstas no CIMT para as transmissões onerosas.

5 – No prazo para a apresentação da participação a que se refere o artigo 26º, podem os interessados requerer a avaliação de imóveis nos termos e para os efeitos previstos no artigo 30º do CIMT.

6 – Quando a propriedade for transmitida separadamente do usufruto, o imposto devido pelo adquirente, em consequência da consolidação da propriedade com o usufruto, incide sobre a diferença entre o valor patrimonial tributário do prédio constante da matriz e o valor da sua propriedade considerado na respectiva liquidação.([1])

ARTIGO 14º
Valor tributável dos bens móveis

1 – O valor dos bens móveis de qualquer natureza que não seja determinado por aplicação de regras específicas previstas no presente Código é o dos valores oficiais, quando existam, ou o declarado pelo cabeça de casal ou pelo beneficiário, consoante o que for maior, devendo, tanto quanto possível, aproximar-se do seu valor de mercado.

2 – O valor dos veículos automóveis, motociclos, bem como o das aeronaves de turismo e barcos de recreio, é o valor de mercado ou o determinado nos termos do nº 7 do artigo 24º do Código do Imposto sobre o Rendimento das Pessoas Singulares, consoante o que for maior.

3 – O valor dos objectos de arte, objectos de colecção e antiguidades, tal como se encontram definidos na lista em anexo ao regime de tributação em imposto sobre o valor acrescentado, aprovado pelo Decreto-Lei nº 199/96, de 18 de Outubro, determina-se nos termos das alíneas seguintes, segundo a sua ordem de prioridade:

a) Por avaliador oficial, caso exista, desde que o cabeça de casal ou interessado junte a respectiva certidão de avaliação com a participação prevista no artigo 26º;

([2]) Aditada pela Lei nº 60-A/2005, de 30 de Dezembro.

b) Pelo valor de 60% do valor de substituição ou perda fixado em contrato de seguro que incida sobre esses bens, caso tenha sido celebrado e esteja em vigor à data da transmissão ou até 30 dias anteriores e seja apresentado com a participação prevista no mesmo artigo;

c) Pelo valor do contrato de seguro referido na regra anterior, caso seja a administração fiscal a obter os seus dados junto das companhias de seguros;

d) Por avaliação promovida pela administração fiscal a expensas do interessado, a qual, para o efeito, obterá o necessário parecer de perito idóneo e independente, devendo o interessado colaborar na avaliação facultando o acesso aos referidos bens.

4 – O valor do ouro para investimento e o dos títulos que comportem um direito de propriedade ou de crédito sobre os mesmos e o das moedas de ouro, como tal qualificadas no regime previsto no Decreto-Lei nº 362/99, de 16 de Setembro, é o valor de aquisição que serviu de base à liquidação do imposto sobre o valor acrescentado, ainda que dele isentos, ou o valor declarado, conforme o que for maior.

5 – Para efeitos do disposto no nº 3, considera-se como avaliador oficial o que se encontrar habilitado, por parte dos organismos oficiais competentes, para proceder à avaliação dos bens aí referidos e como perito independente o que, face aos seus conhecimentos, dê garantias de idoneidade técnica para avaliar os mesmos bens.

ARTIGO 15º
Valor tributável de participações sociais, títulos de créditos e valores monetários

1 – O valor das quotas ou partes em sociedades que não sejam por acções e o dos estabelecimentos comerciais, industriais ou agrícolas com contabilidade organizada determina-se pelo último balanço, ou pelo valor atribuído em partilha ou liquidação dessas sociedades, salvo se, não continuando as sociedades com o herdeiro, legatário ou donatário do sócio falecido ou doador, o valor das quotas ou partes tiver sido fixado no contrato social.

2 – Se o último balanço referido no número anterior precisar de ser corrigido, o valor do estabelecimento ou das quotas e partes sociais determinar-se-á pelo balanço resultante das correcções feitas.

3 – O valor das acções, títulos e certificados da dívida pública e outros papéis de crédito é o da cotação na data da transmissão e, não a havendo nesta data, o da última mais próxima dentro dos 6 meses anteriores, observando-se o seguinte, na falta de cotação oficial:

a) O valor das acções é o correspondente ao seu valor nominal, quando o total do valor assim determinado, relativamente a cada sociedade participada, correspondente às acções transmitidas, não ultrapassar € 500 e o que resultar da aplicação da seguinte fórmula nos restantes casos:

$$Va = \frac{1}{2n}\left[S + \frac{(R1 + R2)}{2} f\right]$$

em que:

Va representa o valor de cada acção à data da transmissão;
n é o número de acções representativas do capital da sociedade participada;

S é o valor substancial da sociedade participada, o qual é calculado a partir do valor contabilístico correspondente ao último exercício anterior à transmissão com as correcções que se revelem justificadas, considerando-se, sempre que for caso disso, a provisão para impostos sobre lucros;

R1 e *R2* são os resultados líquidos obtidos pela sociedade participada nos dois últimos exercícios anteriores à transmissão, considerando-se *R1* + *R2* = 0 nos casos em que o somatório desses resultados for negativo;

f é o factor da capitalização dos resultados líquidos calculado com base na taxa de juro aplicada pelo Banco Central Europeu às suas principais operações de refinanciamento, tal como publicada no *Jornal Oficial da União Europeia* e em vigor na data em que ocorra a transmissão;

b) No caso de sociedades constituídas há menos de dois anos, quando tiver de recorrer-se ao uso da fórmula, o valor das respectivas acções é o que lhes corresponder no valor substancial, ou seja:

$$Va = \frac{S}{n}$$

c) Os títulos e certificados da dívida pública e outros valores mobiliários para os quais não se estabelecem no presente Código regras próprias de valorização são tomados pelo valor indicado pela Comissão do Mercado de Valores Mobiliários, nos termos da alínea *d)* do nº 6 do artigo 26º, que resultar da aplicação da seguite fórmula:

$$Vt = \frac{N + J}{1 + \frac{rt}{1200}}$$

em que:

Vt representa o valor do título à data da transmissão;

N é o valor nominal do título;

J representa o somatório dos juros calculados deste o último vencimento anterior à transmissão até à data da amortização do capital, devendo o valor apurado ser reduzido a metade quando os títulos estiverem sujeitos a mais de uma amortização;

r é a taxa de desconto implícita no movimento do valor das obrigações e outros títulos, cotados na bolsa, a qual é fixada anualmente por portaria do Ministro das Finanças, sob proposta da Direcção-Geral dos Impostos, após audição da Comissão do Mercado dos Valores Mobiliários;

t é o tempo que decorre entre a data da transmissão e a da amortização, expresso em meses e arredondado por excesso, devendo o número apurado ser reduzido a metade quando os títulos estiverem sujeitos a mais de uma amortização.

d) Os títulos ou certificados da dívida pública cujo valor não possa determinar-se por esta forma são considerados pelo valor indicado pelo Instituto de Gestão do Crédito Público;

4 – Exceptuam-se do disposto no número anterior os seguintes casos especiais:

a) Tratando-se de sociedades liquidadas ou partilhadas, o valor das acções é o que lhes for atribuído na liquidação ou partilha, mas se a sociedade for liquidada ou partilhada extrajudicialmente tal valor é confrontado com o que resultar da aplicação da alínea *a*) do número anterior, prevalecendo o maior;

b) O valor dos títulos representativos do capital social das cooperativas é o correspondente ao seu valor nominal;

c) O valor das acções que apenas conferem direito a participação nos lucros é o que resultar da multiplicação da média do dividendo distribuído nos dois exercícios anteriores ao da transmissão pelo factor *f* mencionado na alínea *a*) do número anterior.

5 – O valor tributável dos valores monetários corresponde ao montante existente à data da transmissão, o qual, quando estiver expresso em moeda sem curso legal em Portugal, é determinado de acordo com o disposto no artigo 10º, aplicando-se as taxas de câmbio à data da transmissão.([1])

ARTIGO 16º
Valor tributável dos estabelecimentos comerciais, industriais ou agrícolas

1 – O valor dos estabelecimentos comerciais, industriais ou agrícolas sujeitos a tributação para efeitos do imposto sobre o rendimento das pessoas singulares que não sejam obrigados a possuir contabilidade organizada é determinado com base em inventário elaborado para o efeito que, com referência à data da transmissão, inclua as respectivas existências, os bens de equipamento, créditos, valores de patentes, de marcas de fabrico e de direitos conexos, bem como os respectivos débitos, de acordo com as seguintes regras que originarem maior valor:

a) Valor atribuído pelo cabeça de casal ou beneficiário;

b) Valor de trespasse que é obtido pela aplicação de um factor entre 5 e 10 à média dos rendimentos tributáveis para efeitos da tributação sobre o rendimento dos últimos três anos já apurados.

2 – Os factores previstos na alínea *b*) do nº 1 são fixados em função dos coeficientes de localização definidos para a zona de situação dos imóveis em que os estabelecimentos se encontram instalados, conforme previsto no artigo 42º do CIMI, nos seguintes valores:

a) Estabelecimentos localizados em imóveis a que seja aplicável um coeficiente até 1,2 – 5;

b) Estabelecimentos localizados em imóveis a que seja aplicável um coeficiente entre 1,2 e 1,8 – 7;

c) Estabelecimentos localizados em imóveis a que seja aplicável um coeficiente entre 1,8 e 3 – 10;

d) Estabelecimentos não localizados em imóveis urbanos – 5;

3 – Os imóveis, automóveis e motociclos, bem como as aeronaves de turismo e os barcos de recreio, são tributados autonomamente de acordo com as regras de determinação do valor tributável que lhes são aplicáveis.

([1]) Aditado pela Lei nº 39-A/2005, de 29 de Julho.

4 – O valor dos estabelecimentos previstos no n.º 1 é, no entanto, o que lhe for atribuído em partilha ou liquidação judicial ou, sendo liquidado ou partilhado extrajudicialmente, o que lhe tiver sido atribuído, se for superior.

ARTIGO 17º
Sociedades de transparência fiscal e estabelecimentos afectos a profissões liberais

O valor tributável de participações de pessoas singulares em sociedades tributadas no regime de transparência fiscal e o de espaços afectos ao exercício de profissões liberais é o valor de trespasse declarado pelo cabeça de casal ou pelo beneficiário ou o determinado pela aplicação dos factores previstos no n.º 2 do artigo 16º, consoante o que for maior.

ARTIGO 18º
Avaliação indirecta

1 – O valor dos estabelecimentos comerciais, industriais ou agrícolas obrigados a possuir contabilidade organizada e das sociedades comerciais que não sejam por acções, sempre que se verifique uma das situações previstas no artigo 88º da LGT, é determinado pela aplicação dos factores previstos no n.º 2 do artigo 16º do presente Código, aplicáveis a um rendimento presumido para esse efeito, se ainda o não tiver sido para efeitos da tributação sobre o rendimento, com base nos elementos previstos no artigo 90º da mesma lei.

2 – O disposto no número anterior é igualmente aplicável aos estabelecimentos comerciais, industriais ou agrícolas e aos espaços previstos no artigo 17º que não sejam obrigados a possuir contabilidade organizada e que, nos 3 exercícios anteriores ao da transmissão já apurados, apresentem uma média negativa de rendimento tributável para efeitos de IRS.

ARTIGO 19º
Transmissão gratuita da propriedade ou do usufruto com encargo

1 – Quando a propriedade for transmitida com o encargo de pensão ou renda vitalícia ou temporária a favor de terceiro, o imposto relativo à aquisição da propriedade incide sobre o valor dos bens, deduzido do valor actual da pensão.

2 – Sucedendo o pensionista ao proprietário, ou doando-lhe este os bens, o imposto incide sobre o valor da propriedade, deduzido do valor actual da pensão.

3 – Quando o usufruto for transmitido com o encargo de pensão ou renda vitalícia ou temporária a favor de terceiro, o imposto relativo à aquisição do usufruto incide sobre o valor igual ao da propriedade, sendo vitalício, e, sendo temporário, sobre o produto da 20.ª parte do valor da propriedade por tantos anos quantos aqueles por que o usufruto foi deixado, sem que exceda 20, deduzido daquelas importâncias.

ARTIGO 20º
Dedução de encargos

Ao valor da transmissão de bens deduz-se o montante dos encargos e dívidas constituídas a favor do autor da herança até à data da abertura da sucessão mediante actos ou contratos que onerarem os bens relacionados, bem como dos impostos cujo facto tributário tenha ocorrido até àquela data.

ARTIGO 21º
Remissão

Sem prejuízo do disposto no nº 2 do artigo 9º, e no artigo 18º, são ainda aplicáveis à determinação do valor tributável nas transmissões gratuitas as regras constantes dos artigos 13º e 15º do CIMT.

CAPÍTULO IV
Taxas

ARTIGO 22º
Taxas

1 – As taxas do imposto são as constantes da Tabela anexa, em vigor no momento em que o imposto é devido.
2 – Não haverá acumulação de taxas do imposto relativamente ao mesmo acto ou documento.
3 – Quando mais de uma taxa estiver prevista, aplica-se a maior.
4 – O disposto nos nºs 2 e 3 não se aplica aos factos previstos nas verbas nºs 1.1, 1.2 e 11.2 da Tabela Geral.([1])

CAPÍTULO V
Liquidação

SECÇÃO I
Regras gerais

ARTIGO 23º
Competência para a liquidação

1 – A liquidação do imposto compete aos sujeitos passivos referidos nos nºs 1 e 3 do artigo 2º([1])
2 – Tratando-se de imposto devido por operações de crédito ou garantias prestadas por um conjunto de instituições de crédito ou de sociedades financeiras, a liquidação do imposto pode ser efectuada globalmente por qualquer daquelas entidades, sem prejuízo da responsabilidade, nos termos gerais, de cada uma delas em caso de incumprimento.
3 – *(Revogado.)*([2])
4 – Tratando-se do imposto devido pelos actos ou contratos previstos na verba 1.1 da tabela geral, à liquidação do imposto aplicam-se, com as necessárias adaptações, as regras contidas no CIMT.([3])

([1]) Redacção dada pela Lei nº 3-B/2010, de 28 de Abril.
([2]) Revogado pela Lei nº 3-B/2010, de 28 de Abril.
([3]) Redacção dada pela Lei nº 64-A/2008, de 31 de Dezembro.

5 – Não obstante o disposto nos nºs 1 e 4, havendo simultaneamente sujeição ao imposto das verbas 1.1 e 1.2 da tabela geral, à liquidação do imposto são aplicáveis as regras do artigo 25º([1])

6 – Nos documentos e títulos sujeitos a imposto são mencionados o valor do imposto e a data da liquidação.([2])

ARTIGO 24º
Processo individual

No serviço de finanças competente, organiza-se em relação a cada sujeito passivo um processo em que se incorporam as declarações e outros elementos que se relacionem com o mesmo.

SECÇÃO II
Nas transmissões gratuitas

ARTIGO 25º
Competência

1 – A liquidação do imposto devido pelas transmissões gratuitas compete aos serviços centrais da DGCI, sendo promovida pelo serviço de finanças da residência do autor da transmissão ou do usucapiente, sempre que os mesmos residam em território nacional.

2 – Na falta de residência em território nacional, a liquidação do imposto é promovida pelo serviço de finanças da residência do cabeça-de-casal ou do beneficiário, conforme o caso.

3 – Havendo vários beneficiários pela mesma transmissão, nos casos previstos na parte final do número anterior, a liquidação é promovida pelo serviço de finanças onde residir o beneficiário de mais idade ou, caso sejam transmitidos bens situados em território nacional, onde estiverem os bens de maior valor.

4 – Sendo vários os doadores, todos ou alguns domiciliados em território nacional, a liquidação é promovida pelo serviço de finanças do local onde tenha domicílio o doador residente neste território que dispôs de bens de maior valor e, se os bens forem de igual valor, pelo serviço de finanças de qualquer dos locais em que residir o doador de mais idade.

5 – Encontrando-se todos os doadores domiciliados fora de território nacional, aplicam-se as regras dos nºs 2 e 3, consoante o caso.

ARTIGO 26º
Participação da transmissão de bens

1 – O cabeça-de-casal e o beneficiário de qualquer transmissão gratuita sujeita a imposto são obrigados a participar ao serviço de finanças competente a doação, o falecimento do autor da sucessão, a declaração de morte presumida ou a justificação

---

([1]) Redacção dada pela Lei nº 64-A/2008, de 31 de Dezembro.
([2]) Redacção dada pela Lei nº 3-B/2010, de 28 de Abril.

judicial do óbito, a justificação judicial, notarial ou efectuada nos termos previstos no Código do Registo Predial da aquisição por usucapião ou qualquer outro acto ou contrato que envolva transmissão de bens.([1])

2 – A participação a que se refere o número anterior é de modelo oficial, identifica o autor da sucessão ou da liberalidade, as respectivas datas e locais, bem como os sucessores, donatários, usucapientes ou beneficiários, as relações de parentesco e respectiva prova, devendo, sendo caso disso, conter a relação dos bens transmitidos com a indicação dos valores que devam ser declarados pelo apresentante.([2])

3 – A participação deve ser apresentada no serviço de finanças competente para promover a liquidação, ou noutro local previsto em lei especial, até ao final do 3º mês seguinte ao do nascimento da obrigação tributária.([1])

4 – O cabeça-de-casal deve identificar todos os beneficiários, se possuir os elementos para esse efeito, caso em que os mesmos ficam desonerados da participação que lhes competir.

5 – Os prazos são improrrogáveis, salvo alegando-se e provando-se motivo justificado, caso em que o chefe de finanças pode conceder um adiamento até ao limite máximo de 60 dias.

6 – A participação é instruída com os documentos seguintes, salvo quando estes contenham informação já do conhecimento da administração fiscal através do cumprimento da obrigação da apresentação da declaração anual de informação contabilística e fiscal a que se refere o artigo 113º do Código do IRS e o artigo 113º do Código do IRC, consoante os casos:([3])

a) Certidão do testamento com que tiver falecido o autor da herança;

b) Certidão da escritura de doação, ou da escritura de partilha, se esta já tiver sido efectuada;

c) Certidão da sentença, transitada em julgado, que justificou a aquisição, ou da escritura de justificação notarial;

d) Certidão, passada pela Comissão do Mercado de Valores Mobiliários ou pelo Instituto de Gestão do Crédito Público, conforme os casos, da cotação das acções, títulos ou certificados de dívida pública e de outros valores mobiliários ou do valor determinado nos termos do artigo 15º;

e) Certidão comprovativa da falta de cotação oficial das acções, passada pela Comissão do Mercado de Valores Mobiliários, contendo sempre a indicação do respectivo valor nominal;

f) Havendo lugar a aplicação da fórmula constante da alínea *a)* do nº 3 do artigo 15º, extracto do último balanço da sociedade participada, acompanhado de declaração emitida por esta de onde conste a data da sua constituição, o número de acções em que se divide o seu capital e respectivo valor nominal e os resultados líquidos obtidos nos 2 últimos exercícios;

([1]) Redacção dada pela Lei nº 64-A/2008, de 31 de Dezembro.
([2]) A Portaria nº 895/2004, de 22 de Julho, aprovou a participação modelo 1 de transmissões gratuitas sujeitas a imposto de selo.
([3]) Redacção dada pelo Decreto-Lei nº 211/2005, de 7 de Dezembro.

g) No caso referido na alínea *a)* do nº 4 do artigo 15º, além da declaração mencionada na parte final da alínea anterior, extracto do último balanço ou do balanço de liquidação;

h) No caso referido na alínea *b)* do nº 4 do artigo 15º, declaração passada por cada uma das cooperativas donde conste o valor nominal dos títulos;

i) No caso referido na alínea *c)* do nº 4 do artigo 15º, documento comprovativo, passado pela sociedade participada, de que as acções apenas dão direito a participação nos lucros, o qual deve evidenciar igualmente o valor do dividendo distribuído nos dois exercícios anteriores;

j) Extracto do último balanço do estabelecimento comercial, industrial ou agrícola, ou do balanço de liquidação, havendo-o, ou certidão do contrato social, nos termos e para os efeitos das alíneas *a)* e *b)* do nº 4 do artigo 15º ou, não havendo balanço, o inventário previsto no nº 1 do artigo 16º, podendo a certidão do contrato social ser substituída por exemplar do *Diário da República* onde tenha sido publicado;

l) Documento comprovativo dos valores monetários existentes, emitido pelas instituições competentes, no caso de valores depositados, bem como, tratando-se de dinheiro depositado em instituições bancárias, extracto do depósito ou da respectiva conta-corrente à data da transmissão, com demonstração dos movimentos efectuados nos últimos 60 dias;([1])

m) Documentos necessários para comprovar o passivo referido no artigo 20º.

7 – Quando não possa juntar-se a certidão do testamento por este se encontrar em poder de terceiro, o chefe de finanças deve notificá-lo para, dentro do prazo de 15 dias, lhe fornecer aquela certidão.([2])

8 – Alegando e provando os interessados que não lhes é possível obter o extracto do balanço ou inventário ou as declarações referidas nas alíneas *f)* a *h)* do nº 6, serão notificados os administradores, gerentes ou liquidatários da empresa ou os administradores da massa falida para os apresentarem dentro de 15 dias.([2])

9 – Se, no termo do prazo, houver bens da herança na posse de qualquer herdeiro ou legatário que não tenham sido relacionados pelo cabeça-de-casal, incumbirá àqueles descrevê-los nos 30 dias seguintes.([2])

10 – Os documentos referidos nas alíneas *f)*, *g)* e *j)* do nº 6 devem conter a assinatura de quem represente a sociedade no momento da sua emissão, a qual deve ser comprovada através do reconhecimento, podendo este ser efectuado pelo serviço de finanças competente.([2])

11 – Ficam dispensados da obrigação de participação prevista no nº 1 os beneficiários de doações isentos não abrangidos pela obrigação do nº 1 do artigo 28º([3])

ARTIGO 27º
Formalidades da participação

1 – A participação a que se refere o artigo 26º é assinada pelos interessados, seus representantes legais ou mandatários.

([1]) Aditada pela Lei nº 39-A/2005, de 29 de Julho.
([2]) Redacção dada pelo Decreto-Lei nº 211/2005, de 7 de Dezembro.
([3]) Redacção dada pelo Decreto-Lei nº 277/2007, de 1 de Agosto.

2 – Com base na mesma participação, instaura-se o respectivo processo de liquidação do imposto.

ARTIGO 28º
Obrigação de prestar declarações e relacionar os bens

1 – Os beneficiários de transmissões gratuitas estão obrigados a prestar as declarações e proceder à relação dos bens e direitos, a qual, em caso de isenção, deve abranger os bens e direitos referidos no artigo 10º do Código do IRS e outros bens sujeitos a registo, matrícula ou inscrição, bem como, excepto no caso de doações a favor de beneficiários isentos, os valores monetários, ainda que objecto de depósito em contas bancárias.([1])

2 – Não sendo apresentada a participação nos termos dos artigos anteriores, ou contendo a mesma omissões ou inexactidões, e tendo o chefe de finanças conhecimento, por qualquer outro meio, de que se operou uma transmissão de bens a título gratuito, compete-lhe instaurar oficiosamente o processo de liquidação do imposto.

3 – Antes de cumprir o disposto no nº 2, o chefe de finanças notifica o infractor ou infractores, sob pena de serem havidos por sonegados todos os bens, para efectuar a participação ou suprir as deficiências ou omissões, dentro do prazo por ele estabelecido, não inferior a dez nem superior a trinta dias.

4 – Caso persista a recusa de entrega da relação de bens, a liquidação é feita com base na informação disponível e na que for apurada pelos serviços, face ao disposto no artigo 29º.

ARTIGO 29º
Sonegação de bens

1 – Em caso de suspeita fundada de sonegação de bens, o chefe de finanças competente requer o respectivo arrolamento nos termos dos artigos 141º e 142º do Código de Procedimento e de Processo Tributário.

2 – Tratando-se de bens a que a administração fiscal esteja impedida de aceder, face a situações de sigilo legalmente previstas, é comunicado o facto ao agente do Ministério Público do tribunal da comarca da residência do autor da transmissão ou da residência do beneficiário para que o mesmo desenvolva as diligências que entender adequadas em defesa dos interesses do Estado.

ARTIGO 30º
Desconhecimento dos interessados ou dos bens

Quando forem desconhecidos os interessados ou os bens, ou estes tiverem desaparecido, o respectivo processo será enviado com todas as informações ao director de finanças, que decidirá se ele deve ser arquivado, ou ordenará as diligências que entender ainda convenientes.

([1]) Redacção dada pelo Decreto-Lei nº 277/2007, de 1 de Agosto.

ARTIGO 31º
Valor de estabelecimento ou de partes sociais

1 – Fazendo parte da herança ou da doação estabelecimento comercial, industrial ou agrícola ou outro estabelecimento com contabilidade organizada, bem como quotas e partes em sociedades que não sejam por acções cujo valor de liquidação não esteja fixado no pacto social, ou ainda quando façam parte da herança ou da doação acções cujo valor tenha de ser determinado por aplicação da fórmula constante da alínea *a*) do nº 3 do artigo 15º, o chefe de finanças remeterá à direcção de finanças o duplicado do extracto do balanço, havendo-o, e demais elementos apresentados ou de que dispuser, a fim de se proceder à determinação do seu valor.

2 – Os imóveis são considerados no activo do balanço pelo valor patrimonial tributário.

ARTIGO 32º
Certidão do valor patrimonial tributário

1 – O chefe de finanças deve juntar ao processo de liquidação a certidão do valor patrimonial tributário dos prédios ou documento equivalente extraído do sistema informático.

2 – Havendo prédios omissos na matriz ou nela inscritos sem valor patrimonial tributário, procede-se, quanto a eles, nos termos do artigo 14º do CIMT.

3 – Sempre que se verifique qualquer das hipóteses previstas no nº 1 do artigo 28º do CIMT, procede-se à discriminação do valor patrimonial tributário de todo o prédio ou de toda a parcela, com observância do disposto no nº 2 daquele artigo.

ARTIGO 33º
Liquidação do imposto

1 – Depois de instruído o processo com os documentos ou elementos mencionados nos artigos anteriores, bem como dos respeitantes aos elementos obtidos pela administração fiscal, o chefe de finanças promove a liquidação do imposto, observando as disposições do presente código e as aplicáveis da lei civil que as não contrariem.

2 – Desde que exista acto ou contrato susceptível de operar transmissão, o chefe de finanças só pode abster-se de promover a respectiva liquidação com fundamento em invalidade ou ineficácia julgada pelos tribunais competentes, sem prejuízo do disposto no artigo 38º da LGT.

3 – Não obstante o disposto na parte final do número anterior, os efeitos da tributação subsistem em relação aos bens em que ocorreu a tradição ou se verificou a usufruição, sendo-lhes aplicável, com as necessárias adaptações, o disposto no nº 2 do artigo 44º do CIMT.

4 – Sempre que o imposto devido pelas transmissões gratuitas deva ser liquidado pelos serviços da administração fiscal, só se procede à liquidação, ainda que adicional, se o seu quantitativo não for inferior a €10.[1]

---

[1] Aditado pela Lei nº 53-A/2006, de 29 de Dezembro.

ARTIGO 34º
Suspensão do processo por litígio judicial

1 – Se estiver pendente litígio judicial acerca da qualidade de herdeiro, validade ou objecto da transmissão, ou processo de expropriação por utilidade pública de bens pertencentes à herança ou doação, o cabeça-de-casal, o testamenteiro ou os donatários podem requerer, em qualquer altura, a suspensão do processo de liquidação, apresentando certidão do estado da causa.

2 – A suspensão refere-se apenas aos bens que forem objecto do litígio.

3 – Transitada em julgado a decisão, devem os interessados declarar o facto dentro de 30 dias no serviço de finanças competente, juntando certidão da decisão, prosseguindo o processo de liquidação ou reformando-se no que for necessário, conforme o que houver sido julgado.

ARTIGO 35º
Suspensão do processo por exigência de dívidas activas

1 – As pessoas referidas no artigo anterior também podem requerer a suspensão do processo de liquidação, nos termos nele previstos, quando penda acção judicial a exigir dívidas activas pertencentes à herança ou doação, ou quando tenha corrido ou esteja pendente processo de insolvência ou de falência contra os devedores.

2 – Enquanto durar o processo, os requerentes da suspensão devem apresentar nova certidão do seu estado, no mês de Janeiro de cada ano.

3 – À medida que as dívidas activas forem sendo recebidas, em parte ou na totalidade, os responsáveis pelo imposto devem declarar o facto no serviço de finanças competente, dentro dos 30 dias seguintes, a fim de se proceder à respectiva liquidação.

ARTIGO 36º
Notificação da liquidação

Feita ou reformada a liquidação, devem os interessados ser dela notificados nos termos do Código de Procedimento e de Processo Tributário, a fim de efectuarem o pagamento ou utilizarem os meios de defesa aí previstos.

ARTIGO 37º
Impedimento do chefe de finanças

Não é permitido ao chefe de finanças promover a liquidação do imposto quando nela for interessado, por si, por seu cônjuge ou por pessoa que represente, devendo o director de finanças designar outro chefe de finanças da sua área de competência.

ARTIGO 38º
Disposições comuns com o CIMT

São aplicáveis à liquidação do imposto nas transmissões gratuitas, com as necessárias adaptações, as disposições contidas nos artigos 14º, 29º, 31º e 34º do CIMT.

SECÇÃO III
Regras comuns

ARTIGO 39º
Caducidade do direito à liquidação

1 – Só pode ser liquidado imposto nos prazos e termos previstos nos artigos 45º e 46º da LGT, salvo tratando-se de transmissões gratuitas, em que o prazo de liquidação é de oito anos contados da transmissão ou da data em que a isenção ficou sem efeito, sem prejuízo do disposto nos nºs 2 e 3.

2 – Se forem entregues ao ausente quaisquer bens por cuja aquisição não lhe tenha ainda sido liquidado imposto, os oito anos contar-se-ão desde a data da entrega.

3 – Sendo desconhecida a quota do co-herdeiro alienante, para efeitos do artigo 26º do CIMT, ou suspendendo-se o processo de liquidação, nos termos dos artigos 34º e 35º, aos oito anos acrescerá o tempo por que o desconhecimento ou a suspensão tiverem durado.

4 – Nos actos ou contratos por documento particular autenticado, ou qualquer outro título, quando essa forma seja admitida em alternativa à escritura pública, o prazo de caducidade do imposto devido conta-se a partir da data da promoção do registo predial.([1])

ARTIGO 40º
Juros compensatórios

1 – Sempre que, por facto imputável ao sujeito passivo, for retardada a liquidação ou a entrega de parte ou da totalidade do imposto devido, acrescerão ao montante do imposto juros compensatórios, de harmonia com o artigo 35º da LGT.

2 – Os juros referidos no número anterior serão contados dia a dia, a partir do dia imediato ao termo do prazo para a entrega do imposto ou, tratando-se de retardamento da liquidação, a partir do dia em que o mesmo se iniciou, até à data em que for regularizada ou suprida a falta.

CAPÍTULO VI
Pagamento

ARTIGO 41º
Dever de pagamento

O pagamento do imposto é efectuado pelas pessoas ou entidades referidas no artigo 23º

ARTIGO 42º
Responsabilidade tributária

1 – Sem prejuízo do disposto no artigo 23º, são solidariamente responsáveis com o sujeito passivo pelo pagamento do imposto as pessoas ou entidades habilitadas

---

([1]) Aditado pela Lei nº 64-A/2008, de 31 de Dezembro.

legalmente a autenticar documentos, quando essa forma seja admitida em alternativa à escritura pública, e as pessoas ou entidades que, por qualquer outra forma, intervierem nos actos, contratos e operações ou receberem ou utilizarem livros, papéis e outros documentos, sempre que tenham colaborado na falta de liquidação ou arrecadação do imposto ou, na data daquela intervenção, recepção ou utilização, não tenham exigido a menção a que alude o nº 6 do artigo 23º([1])

2 – São também solidariamente responsáveis com o sujeito passivo pelo pagamento do imposto liquidado nas transmissões gratuitas as pessoas que, nos factos sujeitos a registo, tenham autorizado ou procedido à sua realização sem se certificarem de que o imposto se encontrava liquidado, de que fora promovida a sua liquidação ou de que não era devido.

3 – Tratando-se das operações referidas nas alíneas *i*), *j*) e *l*) do nº 1 do artigo 2º, a entidade a quem os serviços são prestados é sempre responsável solidariamente com as entidades emitentes das apólices e com as instituições de crédito, sociedades financeiras e demais entidades nelas referidas.

4 – O disposto no nº 1 aplica-se aos funcionários públicos que tenham sido condenados disciplinarmente pela não liquidação ou falta de entrega dolosa da prestação tributária ou pelo não cumprimento da exigência prevista na parte final do mesmo número.

ARTIGO 43º
Forma de pagamento

O imposto do selo é pago mediante documento de cobrança de modelo oficial.

ARTIGO 44º
Prazo e local de pagamento

1 – O imposto é pago nas tesourarias de finanças, ou em qualquer outro local autorizado nos termos da lei, até ao dia 20 do mês seguinte àquele em que a obrigação tributária se tenha constituído.([2])

2 – Sempre que o imposto deva ser liquidado pelos serviços da administração fiscal, só se procede a liquidação, ainda que adicional, se o seu quantitativo não for inferior a € 10.

3 – Havendo lugar a liquidação do imposto pelos serviços da administração fiscal, o sujeito passivo é notificado para efectuar o seu pagamento no prazo de 30 dias, sem prejuízo do disposto no nº 1 do artigo 45º.

4 – Havendo lugar a liquidação do imposto pelos sujeitos passivos referidos no nº 3 do artigo 2º, excepto tratando-se de situações em que há lugar à sujeição simultânea das verbas 1.1 e 1.2 da tabela geral, o imposto é pago nos prazos, termos e condições definidos no artigo 36º do CIMT.([3])

([1]) Redacção dada pela Lei nº 64-A/2008, de 31 de Dezembro.
([2]) Redacção dada pela Lei nº 3-B/2010, de 28 de Abril.
([3]) Aditado pela Lei nº 64-A/2008, de 31 de Dezembro.

ARTIGO 45º
Pagamento do imposto nas transmissões gratuitas

1 – O imposto liquidado nas transmissões gratuitas é pago pela totalidade até ao fim do segundo mês seguinte ao da notificação ou durante o mês em que se vence cada uma das prestações.

2 – Se o imposto for pago pela totalidade até ao fim do segundo mês seguinte ao da notificação, haverá lugar a um desconto de 0,5% ao mês calculado sobre a importância de cada uma das prestações em que o imposto tivesse de ser dividido, nos termos do número seguinte, com exclusão da primeira.

3 – O imposto, quando superior a € 1000, é dividido em prestações iguais, no máximo de 10 e com o mínimo de € 200 por prestação, acrescendo à primeira as fracções resultantes do arredondamento de todas elas, assim como os juros compensatórios e o IMT que for de liquidar no processo, vencendo-se a primeira no segundo mês seguinte ao da notificação e cada uma das restantes seis meses após o vencimento da anterior.

4 – Não sendo paga qualquer das prestações, ou a totalidade do imposto, no prazo do vencimento, começam a correr imediatamente juros de mora.

5 – Findo o prazo de pagamento previsto no nº 4 sem que a prestação em dívida ou o imposto tenha sido pago, há lugar a procedimento executivo, o qual abrange todas as prestações vincendas, que para o efeito se consideram logo vencidas.

6 – A notificação a efectuar é acompanhada do plano de pagamento em prestações e do desconto, devendo o interessado comunicar ao serviço de finanças competente, no prazo de 15 dias a contar da notificação, se pretende efectuar o pagamento do imposto de pronto, sendo o mesmo pago em prestações na falta de tal comunicação.

7 – O imposto respeitante à transmissão de bens móveis só pode ser dividido em prestações mediante prestação de garantia idónea, nos termos do artigo 199º do Código de Procedimento e de Processo Tributário.

8 – Havendo lugar a liquidação adicional por erro imputável aos serviços, é aplicável o disposto nos números antecedentes.

ARTIGO 46º
Documento de cobrança

1 – A cobrança do imposto liquidado nas transmissões gratuitas, faz-se mediante documento de cobrança de modelo oficial, pelo qual se procede também à cobrança do IMT que tiver sido liquidado no mesmo processo.

2 – O documento de cobrança é extraído em nome das pessoas para quem se transmitirem os bens.

3 – No caso de o imposto ser devido pela herança, o documento de cobrança é extraído em nome do autor da herança com o aditamento «cabeça-de-casal da herança de» e identificado pelo número fiscal que for atribuído à herança, nos termos do artigo 81º do CIMI.

4 – O documento de cobrança de cada prestação ou da totalidade do imposto é enviado ao interessado, até ao fim do mês anterior ao do pagamento.

ARTIGO 47º
Privilégio creditório

1 – Os créditos do Estado relativos ao imposto do selo incidente sobre aquisições de bens têm privilégio mobiliário e imobiliário sobre os bens transmitidos, nos termos do nº 2 do artigo 738º ou do nº 2 do artigo 744º do Código Civil, consoante a natureza dos bens.

2 – O Imposto liquidado nas transmissões gratuitas goza dos privilégios que nas disposições legais referidas no número anterior se estabelecem para o imposto sobre as sucessões e doações.

ARTIGO 48º
Prescrição

1 – O imposto do selo prescreve nos termos dos artigos 48º e 49º da LGT.

2 – Se forem entregues ao ausente quaisquer bens por cuja aquisição não tenha ainda sido liquidado imposto, o prazo de prescrição conta-se a partir do ano seguinte ao da entrega.

3 – Sendo desconhecida a quota do co-herdeiro alienante, para efeitos do artigo 26º do CIMT, ou suspendendo-se o processo de liquidação, nos termos dos artigos 34º e 35º, ao prazo de prescrição acresce o tempo por que o desconhecimento ou a suspensão tiverem durado.

4 – Nos actos ou contratos por documento particular autenticado, ou qualquer outro título, quando essa forma seja admitida em alternativa à escritura pública, o prazo de prescrição do imposto conta-se a partir da data da promoção do registo predial.([1])

CAPÍTULO VII
Garantias

ARTIGO 49º
Garantias

1 – Às garantias dos sujeitos passivos aplicam-se, conforme a natureza das matérias, a LGT e o Código de Procedimento e de Processo Tributário (CPPT).

2 – Aplica-se às liquidações do imposto previsto nas verbas 1.1 e 1.2 da tabela geral, com as necessárias adaptações, o disposto nos artigos 41º a 47º do CIMT.([2])

ARTIGO 50º
Restituição do imposto

1 – Sem prejuízo do disposto nos artigos anteriores, o Ministro das Finanças pode ordenar o reembolso do imposto pago nos últimos quatro anos quando o considere indevidamente cobrado.

([1]) Aditado pela Lei nº 64-A/2008, de 31 de Dezembro.
([2]) Redacção dada pela Lei nº 64-A/2008, de 31 de Dezembro.

2 – Para efeitos do disposto no número anterior, os interessados apresentam, juntamente com o pedido, os documentos comprovativos da liquidação e pagamento do imposto.

3 – O disposto no nº 1 só é aplicável se não tiverem sido utilizados, em tempo oportuno, os meios próprios previstos no CPPT.

ARTIGO 51º
Compensação do imposto

1 – Se depois de efectuada a liquidação do imposto pelas entidades referidas nas alíneas *a)* a *e)* do nº 1 do artigo 2º, for anulada a operação ou reduzido o seu valor tributável em consequência de erro ou invalidade, as entidades poderão efectuar a compensação do imposto liquidado e pago até à concorrência das liquidações e entregas seguintes relativas ao mesmo número ou verba da Tabela Geral.

2 – No caso de erros materiais ou de cálculo do imposto liquidado e entregue, a correcção, pelas entidades referidas no número anterior, poderá ser efectuada por compensação nas entregas seguintes.

3 – A compensação do imposto referida nos números anteriores deve ser efectuada no prazo de um ano contado a partir da data que o imposto se torna devido.

4 – A compensação do imposto só poderá ser efectuada se devidamente evidenciada na contabilidade, nos termos da alínea *d)* do nº 3 do artigo 53º.

CAPÍTULO VIII
Fiscalização

SECÇÃO I
Regras gerais

SUBSECÇÃO I
Obrigações dos sujeitos passivos

ARTIGO 52º
Declaração anual

1 – Os sujeitos passivos do imposto referidos no nº 1 do artigo 2º, ou os seus representantes legais, são obrigados a apresentar anualmente declaração discriminativa do imposto do selo liquidado, preferencialmente por via electrónica.([1])

2 – A declaração a que se refere o número anterior é de modelo oficial e constitui um anexo da declaração anual de informação contabilística e fiscal prevista no artigo 113º do Código do IRC e no artigo 113º do Código do IRS, devendo ser apresentada nos prazos aí previstos.([2])

3 – Sempre que aos serviços da administração fiscal se suscitem dúvidas sobre quaisquer elementos constantes das declarações, notificarão os sujeitos passivos

---

([1]) Redacção dada pela Lei nº 64-A/2008, de 31 de Dezembro.
([2]) Redacção dada pelo Decreto-Lei nº 238/2006, de 20 de Dezembro.

para prestarem por escrito, no prazo que lhes for fixado, nunca inferior a 10 dias, os esclarecimentos necessários.

ARTIGO 53º
Obrigações contabilísticas

1 – As entidades obrigadas a possuir contabilidade organizada nos termos dos Códigos do IRS e do IRC devem organizá-la de modo a possibilitar o conhecimento claro e inequívoco dos elementos necessários à verificação do imposto do selo liquidado, bem como a permitir o seu controlo.

2 – Para cumprimento do disposto no nº 1, são objecto de registo as operações e os actos realizados sujeitos a imposto do selo.

3 – O registo das operações e actos a que se refere o número anterior é efectuado de forma a evidenciar:

a) O valor das operações e dos actos realizados sujeitos a imposto, segundo a verba aplicável da Tabela;

b) O valor das operações e dos actos realizados isentos de imposto, segundo a verba aplicável da Tabela;

c) O valor do imposto liquidado, segundo a verba aplicável da Tabela;

d) O valor do imposto compensado.

4 – As entidades que nos termos dos Códigos do IRC e do IRS não estejam obrigadas a possuir contabilidade organizada, bem como os serviços públicos, quando obrigados à liquidação e entrega do imposto nos cofres do Estado, devem possuir registos adequados ao cumprimento do disposto no nº 3.

5 – Os documentos de suporte aos registos referidos neste artigo e os documentos comprovativos do pagamento do imposto serão conservados em boa ordem durante o prazo de 10 anos.

ARTIGO 54º
Relação de cheques e vales do correio passados ou de outros títulos

As entidades que passem cheques e vales de correio, ou outros títulos a definir por despacho do Ministro das Finanças, devem remeter aos serviços regionais da administração fiscal da respectiva área, até ao último dia do mês de Março de cada ano, relação do número de cheques, vales de correio, ou dos outros títulos acima definidos, passados no ano anterior.

ARTIGO 55º
Elaboração de questionários

Os serviços da administração fiscal poderão enviar às pessoas singulares ou colectivas e aos serviços públicos questionários quanto a dados e factos de carácter específico relevantes para o controlo do imposto, que devem ser devolvidos, depois de preenchidos e assinados, no prazo que lhes for assinalado, o qual não poderá ser inferior a 10 dias úteis, aplicando-se o Regime Complementar de Inspecção Tributária.

SUBSECÇÃO II
Obrigações de entidades públicas e privadas

ARTIGO 56º
Declaração anual das entidades públicas

Os serviços, estabelecimentos e organismos do Estado, das Regiões Autónomas e das autarquias locais, incluindo os dotados de autonomia administrativa ou financeira e ainda que personalizados, as associações e federações de municípios, bem como outras pessoas colectivas de direito público, as pessoas colectivas de utilidade pública, as instituições particulares de solidariedade social e as empresas públicas remetem aos serviços regionais da administração fiscal da respectiva área a declaração a que se refere o artigo 52º.

ARTIGO 57º
Obrigações dos tribunais

Quando, em processo judicial, se mostre não terem sido cumpridas quaisquer obrigações previstas no presente Código directa ou indirectamente relacionadas com a causa, deve o secretário judicial, no prazo de 10 dias, comunicar a infracção ao serviço de finanças da área da ocorrência do facto tributário, para efeitos da aplicação do presente Código.

ARTIGO 58º
Títulos de crédito passados no estrangeiro

Os títulos de crédito passados no estrangeiro não podem ser sacados, aceites, endossados, pagos ou por qualquer modo negociados em território nacional sem que se mostre pago o respectivo imposto.

ARTIGO 59º
Legalização dos livros

(Revogado)[1]

ARTIGO 60º
Contratos de arrendamento

1 – As entidades referidas no artigo 2º, bem como os locadores e sublocadores que, sendo pessoas singulares, não exerçam actividades de comércio, indústria ou prestação de serviços, comunicam ao serviço de finanças da área da situação do prédio os contratos de arrendamento, subarrendamento e respectivas promessas, bem como as suas alterações.

2 – A comunicação referida no número anterior é efectuada até ao fim do mês seguinte ao do início do arrendamento, subarrendamento, das alterações ou, no caso de promessa, da disponibilização do bem locado.

3 – No caso de o contrato de arrendamento ou subarrendamento apresentar a forma escrita, a comunicação referida no nº 1 é acompanhada de um exemplar do contrato.

---

[1] Revogado pela Lei nº 3-B/2010, de 28 de Abril.

SECÇÃO II
Nas transmissões gratuitas

ARTIGO 61º
Obrigações dos serviços de informática tributária

Os serviços de informática tributária disponibilizam aos serviços de finanças competentes para a liquidação informação sobre os óbitos ocorridos.

ARTIGO 62º
Participação de inventário judicial

1 – Quando houver inventário, o tribunal remeterá, em duplicado, ao serviço de finanças competente, no prazo de trinta dias contados da data da sentença que julgou definitivamente as partilhas, uma participação circunstanciada contendo o nome do inventariado e os do cabeça-de-casal, herdeiros e legatários, respectivo grau de parentesco ou vínculo de adopção e bens que ficaram pertencendo a cada um, com a especificação do seu valor.

2 – Se o inventário for arquivado antes da conclusão, é este facto comunicado ao serviço de finanças no prazo de oito dias.

3 – A participação ou comunicação é junta ao processo.

ARTIGO 63º
Obrigações de fiscalização

1 – São aplicáveis a este imposto, na parte referente às transmissões gratuitas, com as necessárias adaptações, as disposições contidas nos artigos 48º a 54º do CIMT.

2 – Para efeitos do cumprimento das obrigações previstas no número anterior, o imposto do selo sobre as transmissões gratuitas de bens imóveis considerase assegurado, desde que esteja instaurado o processo referido no nº 2 do artigo 27º e dele constem todos os imóveis transmitidos.([1])

ARTIGO 63º-A
Levantamento de depósitos de valores monetários([2])

1 – Nenhuma pessoa singular ou colectiva poderá autorizar o levantamento de quaisquer depósitos que lhe tenham sido confiados, que hajam constituído objecto de uma transmissão gratuita, por ela de qualquer forma conhecida, sem que se mostre pago o imposto do selo relativo a esses bens, ou, verificando-se qualquer isenção, sem que se mostre cumprida a respectiva obrigação declarativa a que se refere o nº 2 do artigo 26º([3])

2 – A inobservância do disposto no número anterior importará a responsabilidade solidária da pessoa singular ou colectiva pelo pagamento do imposto, bem como a dos administradores, directores ou gerentes desta última que tomaram ou sancionaram a decisão.

([1]) Aditado pelo Decreto-Lei nº 211/2005, de 7 de Dezembro.
([2]) Aditado pela Lei nº 39-A/2005, de 29 de Julho.
([3]) Redacção dada pela Lei nº 60-A/2005, de 30 de Dezembro.

CAPÍTULO IX
Disposições diversas

ARTIGO 64º
Cheques

1 – A impressão dos cheques é feita pelas instituições de crédito para uso das entidades emitentes que nelas tenham disponibilidades, podendo as entidades privadas que não sejam instituições de crédito mandar imprimir os seus próprios cheques, por intermédio dessas instituições e de acordo com as normas aprovadas.

2 – Os cheques são numerados por séries e, dentro destas, por números.

3 – Em cada instituição de crédito, haverá um registo dos cheques impressos contendo número de série, número de cheques de cada série, total de cheques de cada impressão, data da recepção de cheques impressos, imposto do selo devido e data e local do pagamento.

ARTIGO 65º
Letras e livranças

1 – As letras emitidas obedecerão aos requisitos previstos na lei uniforme relativa a letras e livranças.

2 – O modelo das letras e livranças e suas características são estabelecidos em portaria do Ministro das Finanças.

3 – As letras são editadas oficialmente ou, facultativamente, pelas empresas públicas e sociedades regularmente constituídas, desde que o número de letras emitidas durante o ano não seja inferior a 600.

4 – Para efeitos da segunda parte do número anterior, podem as entidades nele referidas emitir letras no ano de início da sua actividade quando prevejam que o número de letras a emitir nesse ano será igual ou superior ao múltiplo do número de meses de calendário desde o início da actividade até ao final do ano, por 50.

5 – As letras editadas pelas empresas públicas e sociedades regularmente constituídas são impressas nas tipografias autorizadas para o efeito por despacho do Ministro das Finanças.

6 – As letras referidas no número anterior contêm numeração sequencial impressa tipograficamente com uma ou mais séries, convenientemente referenciadas.

7 – A aquisição das letras é efectuada mediante requisição de modelo oficial que contém a identificação fiscal da entidade adquirente, bem como da tipografia, ficando esta sujeita, relativamente ao registo e comunicação, às mesmas obrigações aplicáveis à impressão das facturas com as adaptações necessárias.

8 – As entidades que emitam letras e livranças devem possuir registo onde constem o número sequencial, a data de emissão e o valor da letra ou livrança, bem como o valor e a data de liquidação do imposto.

9 – As letras editadas oficialmente são requisitadas nos serviços locais da administração fiscal ou noutros estabelecimentos que aquela autorize.

10 – As livranças são exclusivamente editadas pelas instituições de crédito e sociedades financeiras.

ARTIGO 66º
Sociedade de capitais

(Revogado.)(¹)

ARTIGO 67º
Matérias não reguladas

Às matérias não reguladas no presente Código aplica-se a LGT e, subsidiariamente, o disposto no Código do IRC.

ARTIGO 68º
Assinatura de documentos

1 – As declarações, relações e comunicações são assinadas pelas entidades obrigadas à sua apresentação ou pelos seus representantes ou por gestor de negócios, devidamente identificados.

2 – São recusadas as declarações, relações e comunicações que não se mostrem devidamente preenchidas e assinadas, sem prejuízo das sanções estabelecidas para a falta da sua apresentação.

ARTIGO 69º
Envio pelo correio

1 – As declarações previstas neste Código, assim como quaisquer outros elementos declarativos ou informativos que devam ser enviados à administração fiscal, podem ser remetidas pelo correio.

2 – No caso previsto no número anterior, a remessa deve ser efectuada de modo que a recepção ocorra dentro do prazo fixado, considerando-se cumprido o prazo desde que se prove que a remessa se fez com uma antecedência mínima de cinco dias ao do termo do prazo.

3 – As declarações e elementos previstos no nº 1 poderão ser enviados por fax ou por correio electrónico, em termos a regulamentar por portaria do Ministro das Finanças.

ARTIGO 70º
Direito de preferência

1 – Nos trespasses de estabelecimento comercial, industrial ou agrícola, se, por indicação inexacta de preço, ou simulação deste, o imposto do selo tiver sido liquidado por valor inferior ao devido, o Estado, as autarquias locais e demais pessoas colectivas de direito público poderão preferir na aquisição desde que assim o requeiram perante os tribunais comuns e provem que o valor por que o imposto deveria ter sido liquidado excede em 30% ou em € 5000, pelo menos, o valor sobre que incidiu.

2 – Ao exercício do direito de preferência, aplica-se, com as necessárias adaptações, o disposto no artigo 55º do CIMT.

(¹) Revogado pela Lei nº 3-B/2010, de 28 de Abril.

Tabela Geral do Imposto do Selo

1 – Aquisição de bens:
1.1 – Aquisição onerosa ou por doação do direito de propriedade ou de figuras parcelares desse direito sobre imóveis, bem como a resolução, invalidade ou extinção, por mútuo consenso, dos respectivos contratos – sobre o valor................................... 0,8%
1.2 – Aquisição gratuita de bens, incluindo por usucapião, a acrescer, sendo caso disso, à da verba 1.1 – sobre o valor... 10%
2 – Arrendamento e subarrendamento, incluindo as alterações que envolvam aumento de renda operado pela revisão de cláusulas contratuais e a promessa quando seguida da disponibilização do bem locado ao locatário – sobre a renda ou seu aumento convencional, correspondentes a um mês ou, tratando-se de arrendamentos por períodos inferiores a um mês, sem possibilidade de renovação ou prorrogação, sobre o valor da renda ou do aumento estipulado para o período da sua duração...... 10%
3 – *(Revogada pela Lei nº 3-B/2010, de 28 de Abril.)*
4 – Cheques de qualquer natureza, passados no território nacional – por cada um € 0,05
5 – *(Revogada pela Lei nº 64-A/2008, de 31 de Dezembro.)*
6 – *(Revogada pela Lei nº 64-A/2008, de 31 de Dezembro.)*
7 – *(Revogada pela Lei nº 3-B/2010, de 28 de Abril.)*
8 – *(Revogada pela Lei nº 3-B/2010, de 28 de Abril.)*
9 – *(Revogada pela Lei nº 64-A/2008, de 31 de Dezembro.)*
10 – Garantias das obrigações, qualquer que seja a sua natureza ou forma, designadamente o aval, a caução, a garantia bancária autónoma, a fiança, a hipoteca, o penhor e o seguro-caução, salvo quando materialmente acessórias de contratos especialmente tributados na presente Tabela e sejam constituídas simultaneamente com a obrigação garantida, ainda que em instrumento ou título diferente – sobre o respectivo valor, em função do prazo, considerando-se sempre como nova operação a prorrogação do prazo do contrato:
10.1 – Garantias de prazo inferior a um ano – por cada mês ou fracção.................. 0,04%
10.2 – Garantias de prazo igual ou superior a um ano... 0,5%
10.3 – Garantias sem prazo ou de prazo igual ou superior a cinco anos................. 0,6%
11 – Jogo:
11.1 – Apostas de jogos não sujeitos ao regime do imposto especial sobre o jogo, designadamente as representadas por bilhetes, boletins, cartões, matrizes, rifas ou tômbolas – sobre o respectivo valor:
11.1.1 – Apostas mútuas 25%
11.1.2 – Outras apostas 25%
11.2 – Os prémios do bingo, de rifas e do jogo do loto, bem como de quaisquer sorteios ou concursos, com excepção dos prémios dos jogos sociais previstos na verba nº 11.3 da presente Tabela – sobre o valor ilíquido, acrescendo 10% quando atribuídos em espécie:([1])
11.2.1 – Do bingo([1]) 25%
11.2.2 – Dos restantes([1]) 35%

([1]) Redacção dada pela Lei nº 3-B/2010, de 28 de Abril.

11.3 – Jogos sociais do Estado: Euromilhões, Lotaria Nacional, Lotaria Instantânea, Totobola, Totogolo, Totoloto e Joker — incluídos no preço de venda da aposta([1])   4,5%
12 – *(Revogada pela Lei nº 3-B/2010, de 28 de Abril.)*
13 – *(Revogada pela Lei nº 3-B/2010, de 28 de Abril.)*
14 – *(Revogada pela Lei nº 64-A/2008, de 31 de Dezembro.)*
15 – *(Revogada pela Lei nº 3-B/2010, de 28 de Abril.)*
16 – *(Revogada pela Lei nº 64-A/2008, de 31 de Dezembro.)*
17 – Operações financeiras:
17.1 – Pela utilização de crédito, sob a forma de fundos, mercadorias e outros valores, em virtude da concessão de crédito a qualquer título excepto nos casos referidos na verba 17.2, incluindo a cessão de créditos, o *factoring* e as operações de tesouraria quando envolvam qualquer tipo de financiamento ao cessionário, aderente ou devedor, considerando-se, sempre, como nova concessão de crédito a prorrogação do prazo do contrato – sobre o respectivo valor, em função do prazo:([2])
17.1.1 – Crédito de prazo inferior a um ano – por cada mês ou fracção................. 0,04%
17.1.2 – Crédito de prazo igual ou superior a um ano 0,5%
17.1.3 – Crédito de prazo igual ou superior a cinco anos.. 0,6%
17.1.4 – Crédito utilizado sob a forma de conta corrente, descoberto bancário ou qualquer outra forma em que o prazo de utilização não seja determinado ou determinável, sobre a média mensal obtida através da soma dos saldos em dívida apurados diariamente, durante o mês, divididos por 30.. 0,04%
17.2 – Pela utilização de crédito em virtude da concessão de crédito no âmbito de contratos de crédito a consumidores abrangidos pelo Decreto-Lei nº 133/2009, de 2 de Junho, considerando-se, sempre, como nova concessão de crédito a prorrogação do prazo do contrato – sobre o respectivo valor, em função do prazo:([3])
17.2.1 – Crédito de prazo inferior a um ano – por cada mês ou fracção([3]) 0,07%
17.2.2 – Crédito de prazo igual ou superior a um ano([3]).. 0,90%
17.2.3 – Crédito de prazo igual ou superior a cinco anos([3]) 1%
17.2.4 – Crédito utilizado sob a forma de conta corrente, descoberto bancário ou qualquer outra forma em que o prazo de utilização não seja determinado ou determinável, sobre a média mensal obtida através da soma dos saldos em dívida apurados diariamente, durante o mês, divididos por 30([3]) 0,07%
17.3 – Operações realizadas por ou com intermediação de instituições de crédito, sociedades financeiras ou outras entidades a elas legalmente equiparadas e quaisquer outras instituições financeiras – sobre o valor cobrado:([2])
17.3.1 – Juros por, designadamente, desconto de letras e bilhetes do Tesouro, por empréstimos, por contas de crédito e por crédito sem liquidação 4%
17.3.2 – Prémios e juros por letras tomadas, de letras a receber por conta alheia, de saques emitidos sobre praças nacionais ou de quaisquer transferências.......... 4%
17.3.3 – Comissões por garantias prestadas... 3%
17.3.4 – Outras comissões e contraprestações por serviços financeiros 4%
18 – Precatórios ou mandados para levantamento e entrega de dinheiro ou valores existentes – sobre a importância a levantar ou a entregar 0,5%
19 – *(Revogada pela Lei nº 3-B/2010, de 28 de Abril.)*

([1]) Redacção dada pelo Decreto-Lei nº 175/2009, de 4 de Agosto.
([2]) Redacção dada pela Lei nº 12-A/2010, de 30 de Junho.
([3]) Aditada pela Lei nº 12-A/2010, de 30 de Junho.

20 – *(Revogada pela Lei nº 3-B/2010, de 28 de Abril.)*
21 – Reporte – sobre o valor do contrato 0,5%
22 – Seguros:
22.1 – Apólices de seguros – sobre a soma do prémio do seguro, do custo da apólice e de quaisquer outras importâncias que constituam receita das empresas seguradoras, cobradas juntamente com esse prémio ou em documento separado:
22.1.1 – Seguros do ramo «Caução» 3%
22.1.2 – Seguros dos ramos «Acidentes», «Doenças» e «Crédito» e das modalidades de seguro «Agrícola e pecuário» 5%
22.1.3 – Seguros do ramo «Mercadorias transportadas» 5%
22.1.4 – Seguros de «Embarcações» e de «Aeronaves» 5%
22.1.5 – Seguros de quaisquer outros ramos 9%
22.2 – Comissões cobradas pela actividade de mediação sobre o respectivo valor líquido de imposto do selo 2%
23 – Títulos de crédito:
23.1 – Letras – sobre o respectivo valor, com o mínimo de A 1 .... 0,5%
23.2 – Livranças – sobre o respectivo valor, com o mínimo de A 1 .... 0,5%
23.3 – Ordens e escritos de qualquer natureza, com exclusão dos cheques, nos quais se determine pagamento ou entrega de dinheiro com cláusula à ordem ou à disposição, ainda que sob a forma de correspondência – sobre o respectivo valor, com o mínimo de A 1 .... 0,5%
23.4 – Extractos de facturas e facturas conferidas – sobre o respectivo valor, com o mínimo de A 0,5 .... 0,5%
24 – *(Revogada pela Lei nº 64-A/2008, de 31 de Dezembro.)*
25 – *(Revogada pela Lei nº 64-A/2008, de 31 de Dezembro.)*
26 – *(Revogada pela Lei nº 3-B/2010, de 28 de Abril.)*
27 – Transferências onerosas de actividades ou de exploração de serviços:
27.1 – Trespasses de estabelecimento comercial, industrial ou agrícola – sobre o seu valor 5%
27.2 – Subconcessões e trespasses de concessões feitos pelo Estado, pelas Regiões Autónomas ou pelas autarquias locais para exploração de empresas ou de serviços de qualquer natureza, tenha ou não principiado a exploração sobre o seu valor 5%

ÍNDICE GERAL

NOTA PRÉVIA   5

CONSTITUIÇÃO DA REPÚBLICA PORTUGUESA
CONSTITUIÇÃO DA REPÚBLICA PORTUGUESA   9

LEI GERAL TRIBUTÁRIA
DECRETO-LEI Nº 398/98, DE 17 DE DEZEMBRO   19

   TÍTULO I Da ordem tributária   23
      CAPÍTULO I Princípios gerais 23
      CAPÍTULO II Normas tributárias 26
   TÍTULO II Da relação jurídica tributária   27
      CAPÍTULO I Sujeitos da relação jurídica tributária   27
      CAPÍTULO II Objecto da relação jurídica tributária   32
      CAPÍTULO III Constituição e alteração da relação jurídica tributária   34
      CAPÍTULO IV Extinção da relação jurídica tributária   35
         SECÇÃO I Pagamento da prestação tributária   35
         SECÇÃO II Caducidade do direito de liquidação   36
         SECÇÃO III Prescrição da prestação tributária   38
      CAPÍTULO V Garantia da prestação tributária   39
   TÍTULO III Do procedimento tributário   40
      CAPÍTULO I Regras gerais   40
      CAPÍTULO II Sujeitos   44
         SECÇÃO I Administração tributária   44
         SECÇÃO II Contribuintes e outros interessados   50
      CAPÍTULO III Do procedimento   53
         SECÇÃO I Início do procedimento   53
         SECÇÃO II Instrução   53
      CAPÍTULO IV Decisão   55
      CAPÍTULO V Procedimentos de avaliação   57
         SECÇÃO I Princípios gerais   57
         SECÇÃO II Avaliação indirecta   59

ÍNDICE GERAL

SUBSECÇÃO I Pressupostos	59
SUBSECÇÃO II Critérios	62
SUBSECÇÃO III Procedimentos	63
TÍTULO IV Do processo tributário	66
CAPÍTULO I Acesso à justiça tributária	66
CAPÍTULO II Formas de processo e processo de execução	68

CÓDIGO DE PROCEDIMENTO E DE PROCESSO TRIBUTÁRIO
DECRETO-LEI Nº 433/99, DE 26 DE OUTUBRO 71

TÍTULO I Disposições gerais	75
CAPÍTULO I Âmbito e direito subsidiário	75
CAPÍTULO II Dos sujeitos procedimentais e processuais	76
SECÇÃO I Da personalidade e da capacidade tributárias	76
SECÇÃO II Da legitimidade	77
SECÇÃO III Da competência	78
SECÇÃO IV Dos actos procedimentais e processuais	81
SUBSECÇÃO I Dos prazos	81
SUBSECÇÃO II Do expediente interno	82
SUBSECÇÃO III Das notificações e citações	85
TÍTULO II Do procedimento tributário	90
CAPÍTULO I Disposições gerais	90
CAPÍTULO II Procedimentos prévios de informação e avaliação	92
CAPÍTULO III Do procedimento de liquidação	94
SECÇÃO I Da instauração	94
SECÇÃO II Da decisão	95
SECÇÃO III Dos juros indemnizatórios	95
SECÇÃO IV Procedimentos próprios	96
CAPÍTULO IV Do reconhecimento dos benefícios fiscais	98
CAPÍTULO V Dos recursos hierárquicos	98
CAPÍTULO VI Do procedimento de reclamação graciosa	99
CAPÍTULO VII Da cobrança	102
SECÇÃO I Disposições gerais	102
SECÇÃO II Das garantias da cobrança	103
SECÇÃO III Do pagamento voluntário	104
SECÇÃO IV Das formas e meios de pagamento	109
CAPÍTULO VIII Do procedimento de correcção de erros da administração tributária	111
TÍTULO III Do processo judicial tributário	112
CAPÍTULO I Disposições gerais	112
SECÇÃO I Da natureza e forma de processo judicial tributário	112
SECÇÃO II Das nulidades do processo judicial tributário	114
CAPÍTULO II Do processo de impugnação	114
SECÇÃO I Disposições gerais	114
SECÇÃO II Da petição	115
SECÇÃO III Da contestação	117
SECÇÃO IV Do conhecimento inicial do pedido	118

SECÇÃO V Da instrução	119
SECÇÃO VI Da sentença	121
SECÇÃO VII Dos incidentes	123
SECÇÃO VIII Da impugnação dos actos de auto-liquidação, substituição tributária e pagamentos por conta	123
CAPÍTULO III Dos processos de acção cautelar	125
SECÇÃO I Disposições gerais	125
SECÇÃO II Do arresto	125
SECÇÃO III Do arrolamento	127
SECÇÃO IV Da apreensão	127
SECÇÃO V Da impugnação das providências cautelares adoptadas pela administração tributária	128
CAPÍTULO IV Acção para o reconhecimento de um direito ou interesse legítimo em matéria tributári	128
CAPÍTULO V Dos meios processuais acessórios	129
CAPÍTULO VI Da intimação para um comportamento	130
TÍTULO IV Da execução fiscal	131
CAPÍTULO I Disposições gerais	131
SECÇÃO I Do âmbito	131
SECÇÃO II Da competência	131
SECÇÃO III Da legitimidade	132
SUBSECÇÃO I Da legitimidade dos exequentes	132
SUBSECÇÃO II Da legitimidade dos executados	133
SECÇÃO IV Dos títulos executivos	135
SECÇÃO V Das nulidades processuais	136
SECÇÃO VI Dos incidentes e impugnações	136
SECÇÃO VII Da suspensão, interrupção e extinção do processo	137
CAPÍTULO II Do processo	140
SECÇÃO I Disposições gerais	140
SECÇÃO II Da instauração e citação	144
SECÇÃO III Garantias especiais	147
SECÇÃO IV Do pagamento em prestações	147
SECÇÃO V Da dação em pagamento	150
SECÇÃO VI Da oposição	152
SECÇÃO VII Da apreensão de bens	155
SUBSECÇÃO I Do arresto	155
SUBSECÇÃO II Da penhora	155
SUBSECÇÃO III Dos embargos de terceiro	163
SECÇÃO VIII Da convocação dos credores e da verificação dos créditos	163
SECÇÃO IX Da venda dos bens penhorados	166
SECÇÃO X Da extinção da execução	171
SUBSECÇÃO I Da extinção por pagamento coercivo	171
SUBSECÇÃO II Da extinção por pagamento voluntário	172
SUBSECÇÃO III Da declaração em falhas	174
SECÇÃO XI Das reclamações e recursos das decisões do órgão da execução fiscal	175
TÍTULO V Dos recursos dos actos jurisdicionais	176

ÍNDICE GERAL

ESTATUTO DOS BENEFÍCIOS FISCAIS

DECRETO-LEI Nº 215/89, DE 1 DE JULHO	183
PARTE I Princípios gerais	189
PARTE II Benefícios fiscais com carácter estrutural	193
CAPÍTULO I Benefícios fiscais de natureza social	193
CAPÍTULO II Benefícios fiscais à poupança	196
CAPÍTULO III Benefícios fiscais ao sistema financeiro e mercado de capitais	198
CAPÍTULO IV Benefícios fiscais às zonas francas	208
CAPÍTULO V Benefícios fiscais relativos a relações internacionais	219
CAPÍTULO VI Benefícios fiscais ao investimento produtivo	220
CAPÍTULO VII Benefícios fiscais relativos a imóveis	224
CAPÍTULO VIII Outros benefícios fiscais	231
CAPÍTULO IX Benefícios fiscais à reestruturação empresarial	233
CAPÍTULO X Benefícios fiscais relativos ao mecenato	236
PARTE III Benefícios fiscais com carácter temporário	241

CÓDIGO DO IMPOSTO SOBRE O RENDIMENTO DAS PESSOAS SINGULARES

DECRETO-LEI Nº 442-A/88, DE 30 DE NOVEMBRO	251
PREÂMBULO	255
CAPÍTULO I Incidência	266
SECÇÃO I Incidência real	266
SECÇÃO II Incidência pessoal	283
CAPÍTULO II Determinação do rendimento colectável	290
SECÇÃO I Regras gerais	290
SECÇÃO II Rendimentos do trabalho	293
SECÇÃO III Rendimentos empresariais e profissionais	295
SECÇÃO IV Rendimentos de capitais	301
SECÇÃO V Rendimentos prediais	302
SECÇÃO VI Incrementos patrimoniais	303
SECÇÃO VII Pensões	307
SECÇÃO VIII Dedução de perdas	308
SECÇÃO IX Abatimentos (Revogada)	309
SECÇÃO X Processo de determinação do rendimento colectável	310
CAPÍTULO III Taxas	314
CAPÍTULO IV Liquidação	319
CAPÍTULO V Pagamento	330
CAPÍTULO VI Obrigações acessórias	336
CAPÍTULO VII Fiscalização	346
CAPÍTULO VIII Garantias	348
CAPÍTULO IX Disposições diversas	349
ANEXO I – Tabela de actividades do artigo 151º do CIRS	351

RETENÇÃO NA FONTE

DECRETO-LEI Nº 42/91, DE 22 DE JANEIRO	355

CÓDIGO DO IMPOSTO SOBRE O RENDIMENTO DAS PESSOAS COLECTIVAS
DECRETO-LEI Nº 442-B/88, DE 30 DE NOVEMBRO — 367

PREÂMBULO — 371
  CAPÍTULO I Incidência — 377
  CAPÍTULO II Isenções — 384
  CAPÍTULO III Determinação da matéria colectável — 388
    SECÇÃO I Disposições gerais — 388
    SECÇÃO II Pessoas colectivas e outras entidades residentes que exerçam, a título principal, actividade comercial, industrial ou agrícola — 390
      SUBSECÇÃO I Regras gerais — 390
      SUBSECÇÃO II Inventários — 396
      SUBSECÇÃO III Depreciação e amortizações — 397
      SUBSECÇÃO IV Imparidades e provisões — 400
      SUBSECÇÃO V Regime de outros encargos — 406
      SUBSECÇÃO VI Regime das mais-valias e menos-valias realizadas — 412
      SUBSECÇÃO VII Instrumentos financeiros derivados — 415
      SUBSECÇÃO VIII Empresas de seguros — 417
      SUBSECÇÃO IX Dedução de lucros anteriormente tributados — 417
      SUBSECÇÃO X Dedução de prejuízos — 420
    SECÇÃO III Pessoas colectivas e outras entidades residentes que não exerçam, a título principal, actividade comercial, industrial ou agrícola — 421
    SECÇÃO IV Entidades não residentes — 422
    SECÇÃO V Determinação do lucro tributável por métodos indirectos — 423
    SECÇÃO VI Disposições comuns e diversas — 426
      SUBSECÇÃO I Correcções para efeitos da determinação da matéria colectável — 426
      SUBSECÇÃO II Regime especial de tributação dos grupos de sociedades — 433
      SUBSECÇÃO III Transformação de sociedades — 437
      SUBSECÇÃO IV Regime especial aplicável às fusões, cisões, entradas de activos e permutas de partes sociais — 437
      SUBSECÇÃO V Liquidação de sociedades e outras entidades — 445
      SUBSECÇÃO V-A Transferência de residência de uma sociedade para o estrangeiro e cessação de actividade de entidades não residentes — 447
      SUBSECÇÃO VI Realização de capital de sociedades por entrada de património de pessoa singular — 448
  CAPÍTULO IV Taxas — 448
  CAPÍTULO V Liquidação — 453
  CAPÍTULO VI Pagamento — 464
    SECÇÃO I Entidades que exerçam, a título principal, actividade comercial, industrial ou agrícola — 464
    SECÇÃO II Entidades que não exerçam, a título principal, actividade comercial, industrial ou agrícola — 469
    SECÇÃO III Disposições comuns — 469

ÍNDICE GERAL

CAPÍTULO VII Obrigações acessórias e fiscalização	472
SECÇÃO I Obrigações acessórias dos sujeitos passivos	472
SECÇÃO II Outras obrigações acessórias de entidades públicas e privadas	479
SECÇÃO III Fiscalização	480
CAPÍTULO VIII Garantias dos contribuintes	481
CAPÍTULO IX Disposições finais	484

REGIME DAS REINTEGRAÇÕES E AMORTIZAÇÕES
DECRETO REGULAMENTAR Nº 25/2009, DE 14 DE SETEMBRO — 485

TRIBUTAÇÃO DO PATRIMÓNIO
DECRETO-LEI Nº 287/2003, DE 12 DE DEZEMBRO — 509

CAPÍTULO I Aprovação	510
CAPÍTULO II Alterações legislativas	510
CAPÍTULO III Regime transitório	512
CAPÍTULO IV Disposições finais	517

CÓDIGO DO IMPOSTO MUNICIPAL SOBRE IMÓVEIS

PREÂMBULO	521
CAPÍTULO I Incidência	523
CAPÍTULO II Isenções	527
CAPÍTULO III Matrizes prediais	527
CAPÍTULO IV Do objecto e tipos de avaliação na determinação do valor patrimonial tributário	529
CAPÍTULO V Do valor patrimonial tributário dos prédios rústicos	529
SECÇÃO I Do rendimento fundiário	529
SECÇÃO II Avaliação de base cadastral	530
SECÇÃO III Avaliação de base não cadastral	534
SECÇÃO IV Avaliação directa	535
SECÇÃO V Disposições diversas	535
CAPÍTULO VI Do valor patrimonial tributário dos prédios urbanos	536
SECÇÃO I Da iniciativa da avaliação	536
SECÇÃO II Das operações de avaliação	537
CAPÍTULO VII Dos organismos de coordenação e de avaliação	544
SECÇÃO I Da propriedade rústica	544
SUBSECÇÃO I Organismos de coordenação	544
SUBSECÇÃO II Dos peritos avaliadores	547
SECÇÃO II Da propriedade urbana	548
SECÇÃO III Disposições comuns	551
CAPÍTULO VIII Reclamações e impugnações da avaliação	552
SECÇÃO I De prédios rústicos	552
SECÇÃO II De prédios urbanos	554
SECÇÃO III Disposição comum	556
CAPÍTULO IX Organização e conservação das matrizes	556
SECÇÃO I Disposições comuns	556

SECÇÃO II Matrizes cadastrais rústicas	558
SECÇÃO III Matrizes não cadastrais rústicas	559
SECÇÃO IV Matrizes urbanas	559
SECÇÃO V Cadernetas prediais	560
SECÇÃO VI Guarda e conservação do cadastro geométrico	560
SECÇÃO VII Alterações matriciais	563
SECÇÃO VIII Renovação das matrizes	560
CAPÍTULO X Taxas	565
CAPÍTULO XI Liquidação	567
CAPÍTULO XII Pagamento	569
CAPÍTULO XIII Fiscalização	570
CAPÍTULO XIV Garantias	571
CAPÍTULO XV Disposições diversas	574

CÓDIGO DO IMPOSTO MUNICIPAL SOBRE AS TRANSMISSÕES ONEROSAS DE IMÓVEIS

PREÂMBULO	575
CAPÍTULO I Incidência	577
CAPÍTULO II Isenções	580
CAPÍTULO III Determinação do valor tributável	585
CAPÍTULO IV Taxas	591
CAPÍTULO V Liquidação	592
CAPÍTULO VI Cobrança	597
CAPÍTULO VII Garantias	599
CAPÍTULO VIII Fiscalização	601
CAPÍTULO IX Disposições diversas	603

PORTARIA Nº 1337/2003, DE 5 DE DEZEMBRO	605

CÓDIGO DO IMPOSTO DO SELO

PREÂMBULO	607
CAPÍTULO I Incidência	609
CAPÍTULO II Isenções	616
CAPÍTULO III Valor tributável	618
SECÇÃO I Regras gerais	618
SECÇÃO II Nas transmissões gratuitas	620
CAPÍTULO IV Taxas	625
CAPÍTULO V Liquidação	625
SECÇÃO I Regras gerais	625
SECÇÃO II Nas transmissões gratuitas	626
SECÇÃO III Regras comuns	632
CAPÍTULO VI Pagamento	632
CAPÍTULO VII Garantias	635
CAPÍTULO VIII Fiscalização	636

ÍNDICE GERAL

SECÇÃO I Regras gerais	636
SUBSECÇÃO I Obrigações dos sujeitos passivos	636
SUBSECÇÃO II Obrigações de entidades públicas e privadas	638
SECÇÃO II Nas transmissões gratuitas	639
CAPÍTULO IX Disposições diversas	640
TABELA GERAL DO IMPOSTO DO SELO	642
ÍNDICE	645